最新 サッカー百科大事典

ENCYCLOPEDIA OF FOOTBALL

財団法人日本サッカー協会
日本サッカーライターズ協議会 編

大修館書店

発刊にあたって

韓国との共同開催で行われるワールドカップの年に，『最新サッカー百科大事典』が発行の運びとなりましたことは，まことに意義深いことと喜んでおります。

サッカーは，<世界の言葉>といわれるほどの広がりをもつスポーツです。国際サッカー連盟の最近の調査によれば，直接的にサッカーにかかわっている人の数は，全世界で2億5000万人にもなるといいます。さらに，その周囲には，その5倍以上のファンがいるといわれています。ワールドカップ開催は，共同開催の仲間である韓国との友好を深めることにとどまらず，全世界の<サッカー・ファミリー>との絆を深め，日本に本当の国際化をもたらす重要なきっかけになると，私たちは考えています。

本書は，そのサッカーの世界を余すところなく網羅し，同時に，戦術やルール，サッカーのスポーツ医科学，さらには施設など，サッカーを支える下部構造にまで踏み込んで解説を加えたものです。本書がサッカーというスポーツのより深い理解を促進し，ワールドカップ開催とともに日本と世界の架け橋になることを心から願っております。

2002年3月

財団法人日本サッカー協会会長

岡野俊一郎

『最新サッカー百科大事典』刊行に際して

インターネットの時代にも役立つサッカーの本を——と考えて，『最新サッカー百科大事典』を送り出すことになりました。

いま，インターネット上に，サッカーの情報があふれています。地球上のいたるところで，刻々に新しく生まれ，変化するサッカーの情報をフォローするには，インターネットは実に便利な，すばらしいメディアです。ブラジルのサッカー界の出来事も，イタリア・リーグの最近の成績も，いながらにして，即座に知ることができます。

しかし，あまりにも多くの情報があふれているために，サッカー情報の大海のなかで溺れそうになることもあります。自分が求めている情報は何なのか，信頼できる情報はどれなのか，その情報の価値をどう判断すればよいのかが，見えなくなることがあります。

大洋を航海するには，海図と羅針盤が必要です。海図で海の全体の広さと様子を知り，羅針盤で自分の位置と行く先を知らなければなりません。このサッカー事典が，インターネットのサッカー情報の大海を航海するための海図として，また羅針盤として役立ってほしいと思います。

海図として役に立つには，全体像が見える必要があります。サッカーが世界中にどのように広がっているのかを，つかめるような事典にすることを，まず考えました。一つひとつのことを調べるための検索性ではインターネットのようなコンピュータ・メディアが便利ですが，全体像をつかむための一覧性では，この事典のような印刷メディアが役に立ちます。

また，時の流れのなかで，サッカーに関するいろいろな出来事が，どのような意味をもっているのかを考えることができる事典にしたいとも考えました。20世紀における世界のスポーツのなかで，サッカーのペレは，どのような地位を占めているだろうか，ワールドカップの創設は，どんな役割をはたしただろうか，というようなことを知るために，歴史的にも全体像がつかめるようにくふうしました。

この事典の編集と執筆のために，主として3分野の人びとが協力しました。指導者として活躍している日本サッカー協会の役員など，大学などに籍を置いているスポーツ科学や体育学の研究者など，そして新聞雑誌やテレビで活動しているサッカー・ジャーナリストなどです。いろいろな人びとが，いろいろな角度からサッカーに迫ったことによって，断片的な情報の集積ではなく，地球規模で，歴史的に，サッカーの全体像を描くことができたのではないかと自負しています。

最後に，本事典の編集の中心となって全精力を傾注いただいた大住良之氏に謝意を表します。また，こうした意義ある出版に全面的に支援いただいた大修館書店，ならびに編集部の平井啓允氏，和田義智氏に深く感謝の意を表します。

2002年3月

日本サッカージャーナリスト協議会会長
牛木素吉郎

第1部 サッカーとは どんなスポーツか

第2部 サッカーの 歴史

第3部 ワールドカップ

第6部 世界のサッカー

第7部 資料編

第1部 サッカーとはどんなスポーツか

ENCYCLOPEDIA OF FOOTBALL

世界のスポーツ 1-1

サッカーの発展史と現在

シンプルさが世界のスポーツに

〈サッカーは世界の言葉〉といわれる。

世界のサッカーを統括する唯一の機関である国際サッカー連盟(FIFA)の加盟協会(原則として1か国1協会)は204(2001年)にのぼり，世界の大半の地域でナンバーワンスポーツとして絶大な人気をもっている。

ナショナルチーム同士の国際試合は1年で1,000を超し，クラブチームの国際交流はその数倍にもなる。いまや国境を超越して衛星から降り注ぐテレビ電波に乗って，幅広く外国のサッカーが楽しまれ，情報が世界を駆け巡っている。

言葉は通じなくても，サッカーという競技を通じれば，世界中の人びとがコミュニケーションをとることができる。それが〈世界の言葉〉といわれるゆえんである。人びとを感動させるプレーが，国や民族の違いで変わるわけではない。すばらしいプレーを見れば，国籍や年齢，性別の違いを超えて，だれもが感嘆の声をあげ，表情が明るくなる。

▼ワールドカップは世界最大のスポーツイベントである（1998年フランス大会の開幕戦）　©P.Kishimoto

〈ザ・シンプレスト・ゲーム〉という別称がある。サッカーのルールは全部で17条しかない。競技場に関する規定，用具に関する規定，チームの人数に関する規定，審判に関する規定，試合の始め方と終わり方，ゴールの認定に関する規定，そして反則とその罰則に関する規定。世界の隅々まで，プロでも子どものサッカーでも，基本的なルールはまったく変わることがない。その〈シンプルさ〉こそ，サッカーがこれほど広まり，人気を得ている大きな要因になっている。

ボールが１個あれば，数十人で遊ぶことができる。貧困にあえぐ地域でも，子どもたちはぼろきれを丸めたボールで夢を追い，大人たちも生活の苦しさからひとときき解放されてゲームを楽しむ。その〈手軽さ〉も，サッカーを〈世界の言葉〉とした要因だ。

2001年現在，全世界で約２億5,000万人がサッカーをプレーしている。ファンの数はその５倍。合わせると15億人，世界の全人口の約４分の１にもなる。その数字は，1998年ワールドカップの決勝戦をテレビで観戦した人の数とピタリと一致する。民族紛争やテロの絶えないこの地球上で，フランス対ブラジルの決勝戦が行われた約２時間は，４人にひとりが同じ瞬間に同じプレーを見て歓声を上げ，また，ため息をついていた。

１か月間にわたって世界の生産性を下げてしまうとまでいわれるワールドカップ。その人気も，そしてそれにもとづく商業的価値も，すべてはサッカーが世界中で愛され，プレーされているという事実に支えられているのである。

▼どんなに貧しくても空き地とボール１つあればどこでも手軽に楽しめる
©P.Kishimoto

サッカーの誕生

近代スポーツとしてのサッカーの誕生日は，明確に記録されている。1863年10月26日，ロンドンのグレート・クイーン街にある〈フリーメイソンズ・タバーン〉と呼ばれる居酒屋で歴史的な会議が行われた。出席者は，このころイングランド各地にできつつあったフットボール・クラブの代表者たちだった。

中世からイングランド各地で盛んに行われ，たび重なる禁止令にもかかわらず伝えられてきた〈フットボール〉という集団的な遊びがあった。その起源は，ローマ時代ともギリシャ時代ともいわれ，欧州各地にも同じような遊びがあったことが記録に残されている。しかし，それが近代的なスポーツの形になるのは，イングランドにおいてであった。

19世紀のはじめ，イングランドで上流階級の子弟が通う私立学校であるパブリック・スクールの間で体育教育が重要だという認識が深まり，フットボールが教育の一環として採り入れられた。育ち盛りの少年たちのエネルギーを思う存分に発揮させるフットボールは少年たちの心をとらえ，彼らが大学に進学するとともに大学でもフットボール熱が高まった。さらに彼らが大学を卒業してもプレーをつづけたいと各地につくったのがクラブであり，1863年の会議への出席者は，その大半がパブリック・スクールの卒業生だった。

▼スコットランド・カークウォールで今も行われている民俗フットボール
©吉田文久

▲学生たちが行ったフットボール ©FIFA

大学でフットボールが盛んになるころには，大きな問題が起きていた。各パブリック・スクールでは，校内のスポーツとしてのみ行われていたため，コートの広さ，１チームの人数，そして反則の種類など，ルールがまちまちだったのだ。大学では試合のたびにルールを決めなければならない煩雑さとともに，対外試合になると，いつも大きな問題になった。

大学生たちは，1848年にケンブリッジ大学に集まって会議を開き，フットボールの統一ルールを制定した。しかし，その後もルールをめぐる争いはやむことはなかった。その最大の論争点は，〈ハッキング〉と呼ばれる，むこうずねを蹴る行為を容認するかどうかだった。同時に，ラグビー校のルールであるボールを手に持って走ることが許されるかどうかも，議論の分かれ目だった。

1863年の最初の会議で，〈フットボール・アソシエーション（フットボール協会）〉を組織することが決まった。しかし，ルール制定には時間がかかった。この年の12月に開催された５回目の会議で，ハッキングとボールを持って走ることを禁止するルールの制定が可決されると，反対者はその場を退席し，８年後に〈ラグビー・ユニオン〉を結成することになる。

こうして統一ルールの下に誕生した競技は，〈アソシエーション・フットボール（協会式フットボール）〉と呼ばれた。そして当時の学生たちにはやっていた単語を短縮してerをつける造語法で，〈アソシエーション〉から〈サッカー〉という名称が生まれた。

労働者への普及とプロのはじまり

統一ルールの制定は対外試合を促進し，サッカーは急速な発展期に向かっていく。その発展を支えたのは，ルール制定当時に活躍した上流階級のパブリック・スクール卒業生たちではなく，都市で働く労働者たちだった。

このころ，英国ではワットによる蒸気機関の実用化，そしてスティーブンソンによる蒸気機関車の実用化により，産業革命が急速に進展していた。大都市に賃金労働者が集まるという，人類史上かつてなかった現象が生まれたのが，この時代だった。最初は日曜日だけが休日だったが，1850年に制定された〈工場条令〉により，1870年代までに土曜の午後をオフとする制度が一般化した。余暇が増大した労働者たちが熱中したのが，サッカーだった。もっとも手軽で，安上がりだったからだ。

1870年に，教育条令が制定されて公立学校が急速に増加したことも，サッカーの発展を助けた。学校教育の一環として体育が重視され，教師たちは子どもたちの求めるままにサッカーをプレーさせたからだ。

▲初期のプロによるゲーム風景

こうしてサッカーが盛んになると，各クラブは競争してチームの強化に励み，職業同然にサッカーに取り組む者が出てきた。イングランド中部，工業都市となっていたダーウェンというクラブでは，1878年，スコットランドから優秀な選手を労働者として招聘した。事実上の〈プロ〉のはじまりだった。

1871年に，世界最初の公式大会である勝ち抜き式の〈FAカップ〉がはじまり，1888年には強豪クラブだけを集めてホーム・アンド・アウェーで戦う〈フットボール・リーグ〉が結成された。こうした試合は大観衆を集め，サッカーは事業としても成立するものとなった。選手たちは，1885年からサッカーによって賃金を得ることを公認され，クラブはプロ選手を中心に戦いを進めることになった。

世界への普及とオリンピック種目への採用

当時，産業革命で生まれた工業製品を売るために，英国人たちは欧州の各地に移り住んでいた。ドイツ，フランス，ベルギー，スイス，オーストリア，イタリアなどで，英国人たちはサッカーを広め，そして地元の人びとの間にサッカー熱を高めていった。

19世紀後半の英国は〈日の沈まない帝国〉として世界の各地に植民地を持っていた。そして植民地化されていない国にも，鉄道建設などのためにたくさんの英国人たちが居住していた。サッカーボールは，彼らの手によってあっという間に世界の隅々まで運ばれた。そして，英国人たちが楽しそうにプレーす

▼イタリアのフィレンツェで行われている中世のフットボール〈カルチョ〉
©P.Kishimoto

▲国際サッカー連盟（FIFA）初代会長のローベル・ゲラン ©FIFA

るゲームに，現地の人びとが興味を示すまでには，そう時間はかからなかった。

そのひとつの理由には，サッカーという競技のシンプルさがあるだろう。しかし，忘れてならないのは，世界の各地には，ボールを蹴る遊びや，神聖な行事としてボールを使う競技が古くから行われ，民族の記憶として残っていたことがあげられるだろう。

たとえばイタリアでは，中世から〈カルチョ〉というゲームが行われていた。中世のフットボールに近い競技だった。1887年に英国から帰ったイタリア人ビジネスマンが「こんなゲームが英国ではやっている」と紹介したとき，イタリア人たちは「それはカルチョだ」と考えた。

世界の各地で，サッカーは外来語として〈フットボール〉という名称そのもの，あるいは，それを現地の言葉に翻訳した名称（たとえば中国の〈足球〉など）で呼ばれている。しかし，イタリアでは〈カルチョ〉である。自分たちが伝統的にプレーしていたゲームが，英国人たちの手で近代的スポーツになり，イタリアに戻ってきたのだと考えられたのだ。

イタリアのような例は他にはないが，多くの国でサッカーの喜びは〈再発見〉されたものだった。日本の蹴鞠のようなボールを蹴って楽しむ行事やゲームが，世界の各地にあった。こうして，サッカーはごく自然に世界各地に広まり，浸透していった。

20世紀を迎えるころには，欧州各地で盛んに行われ，南米，アフリカ，アジアなどの国ぐににも広がり，人気を得るようになっていた。サッカー熱は〈国際競技会〉開催への熱望となり，1904年，欧州の7か国によって国際サッカー連盟（FIFA）が誕生する。そして1908年には，オリンピックの正式競技となった。

南米の台頭とワールドカップの創設

1914年，人類史上かつてない大規模な戦争がはじまった。第1次世界大戦である。4年間にわたって行われたこの戦争で欧州は疲弊し，復興に時間がかかった。しかし，この時期に，サッカーは大きな発展を遂げる。

平和になって工場に戻った労働者たちにとっての大きな楽しみは，サッカー観戦だった。欧州の各地でスタジアムが満員になり，イングランドやスコットランドの独走状態だったプロ化への準備が進んでいった。

1924年のパリ・オリンピック，1928年のアムステルダム・オリンピックで，南米の小国ウルグアイが連覇したことは，欧州の人びとにとって大きな衝撃だった。欧州が戦争で苦しんでいる間に，南米では南米サッカー連盟（CONCACAF）が組織さ

▲第1回ワールドカップに優勝したウルグアイチーム　©FIFA

れ，南米選手権(コパ・アメリカ)もはじまっていた。そして，サッカーは，まったく独自のスタイルをもつサッカーが発展していたのだ。

イングランドふうの固い〈ブーツ〉ではなく，やわらかなシューズをはいてボールを自在に操り，多彩なフェイントやドリブルで攻撃を切り開いていくサッカー。大戦中に英国人の影響から離れ，〈南米スタイル〉のサッカーが形成されたのだった。

1930年，FIFAは第３代会長ジュール・リメのリーダーシップの下，念願の第１回ワールドカップをウルグアイで開催した。大西洋を渡るのに船で２週間を要する時代，欧州の国ぐにはしりごみしたが，最終的に13チームが参加し，大会が行われた。

地元ウルグアイが手堅いサッカーで勝ち進み，この大会のために建設された10万人収容のスタジアムが満員となった。大会は，競技レベルの面でも，財政面でも大成功だった。この年から，世界のサッカーは４年に一度，オリンピックの中間年に開催されるワールドカップを中心に回っていくことになる。

第２次世界大戦までに３回，そして大戦後には1950年からコンスタントに13回つづいてきたワールドカップは，サッカーの人気をさらに広めるとともに，競技の発展にも大きな役割を果たしてきた。1958年スウェーデン大会でブラジルが披露した〈4-2-4システム〉は，その後世界の主流となり，全員攻撃，全員守備の新しい流れをつくった。1974年西ドイツ大会でヨハン・クライフを中心とするオランダが見せた〈トータル・フットボール〉は，その後，世界のサッカーの目標となった。そして1982年スペイン大会では，ブラジルとフランスが中盤の重要性をそれまでにないほどに高め，その後のサッカーに多大な影響を与えた。

回を追うごとにワールドカップは巨大化し，影響力を増していった。ワールドカップの成功が，サッカーの発展に与えた影響は大きい。

航空機の発達と国際試合の隆盛

1955年には，新しい試みがはじまった。欧州のクラブチームで争う〈チャンピオンズ・カップ〉の創設である。

その背景には，第２次世界大戦で急速に発達した航空機による輸送の高速化があった。毎週週末に自国のリーグ戦をこなしながら水曜日に他国に出かけて国際大会に参加するためには，航空機による移動が不可欠だった。

それまで，国内のサッカーしか見ることのできなかったファンは，外国のクラブとの対戦，まったく異質なスタイルをもったチームとの対戦に熱狂した。

クラブのサッカーは，国籍にとらわれることなく選手を集めることができるという点で，ワールドカップとはまったく違う魅力をもっていた。〈チャンピオンズ・カップ〉で第１回大会から５連覇を飾ったスペインのレアル・マドリードは，アルゼンチン出身のディ・ステファノ，フランス人のコパ，ハンガリー出身のプスカシュなど国際的なスターを並べていた。

チャンピオンズ・カップは欧州サッカーの花形となり，サッカーの人気をさらに加速させた。

その成功にあやかるように，1960年には南米で〈リベルタドーレス杯〉と呼ばれるクラブの国際大会がはじまった。第１回大会の優勝チームが決まると，南米サッカー連盟と欧州サッカー連盟が話し合い，両大陸のチャンピオン同士を戦わせることで合意した。俗に〈世界クラブ選手権〉と呼ばれ，現在は〈トヨタカップ〉として引き継がれている大会となった。

アジア，アフリカ，北中米カリブ海，オセアニアでも同種のクラブ大会がはじまり，各地域のサッカーに大きな刺激を与えている。それは，航空交通の発達と切り離せない関係にあった。

▲ライト兄弟による初の動力飛行の成功は1903年であり，その急速な進歩は驚異的である

▲1958年の飛行機事故ではマンチェスター・ユナイテッドの多くの選手の命が失われた

サッカーのビッグビジネス化

1982年にスペインで開催された第12回大会から，ワールドカップは大きく変貌していく。参加がそれまでの16チームから24チームにふやされて拡大しただけではない。FIFAが広告代理店と組んで大会の〈公式スポンサー〉を募り，巨額の収益を得るようになったことである。

サッカーの〈ビッグビジネス化〉が，このころから顕著になる。

1974年にFIFA会長に就任したブラジル人実業家のジョア

ン・アベランジェは，サッカーを欧州と南米だけのものではなく，真の世界のスポーツとすることをめざした。そのための施策第一弾として20歳以下の世界選手権〈ワールドユース選手権〉の開催を決め，コカコーラの協賛を得て1977年に第１回大会の開催にこぎつけた。FIFAと広告代理店の関係はこのときはじまり，年を追うごとに濃密になっていく。

ビッグビジネス化は，ワールドカップやFIFAにとどまらない。クラブも，1980年代からユニフォームの胸や背や肩口に広告を入れて試合をするのが当たり前になり，クラブの収入は飛躍的に増した。選手は高額の年俸を得るようになり，さらに，20億円，30億円という気の遠くなるような巨額で選手が移籍するようになる。

ビッグビジネスになれば，当然選手や監督たちにプレッシャーがかかる。ファンを喜ばせ，祖国やクラブの名誉のためにプレーしてきた時代は去り，結果が何よりも重要なものとなった。結果を出すためにフィジカル能力が極限まで伸ばされ，しまいにはドーピングをして筋力や持久力を伸ばそうという者たちまで現れた。監督たちは，守備重視の戦術の選択を余儀なくされ，勝つための〈プロフェッショナル・ファウル〉やレフェリーをあざむく行為が蔓延した。

1990年代にはいると，テレビから途方もない契約がサッカー界に舞い込む。デジタル多チャンネル時代への切り替え時に，テレビ産業は視聴者契約獲得のもっとも強力な武器であるサッカーに目を向け，チャンピオンズ・カップなどの国際大会だけでなく，主要国の国内リーグに途方もない放映権料を支払うようになったのである。チャンピオンズ・カップは，テレビとビッグクラブの要望により，〈チャンピオンズ・リーグ〉と名称を変更し，より収入がふえる形となった。

▲ユニフォームにつける広告はもはや当たり前　©P.Kishimoto

▼テレビ時代には競技場の広告収入も莫大なものになっている　©P.Kishimoto

このテレビ資金は，ビッグクラブの年間予算を一挙に数倍にふやし，さらに〈ビッグビジネス〉化を加速させた。サッカーは華やかなショーとなり，そして残酷な勝負となった。勝者は，名誉や社会からの称賛だけでなく，大きな金銭的見返りを受ける。敗者は失望だけでなく，大きな金銭的ダメージを受ける。

選手たちにかかるプレッシャーは，ほんの10年ほど前とも比較にならないほど大きい。

選手の流動化と将来

▲EU内のプロ選手は，契約が満了したら自分の意思でどこへでも移籍できることになった。写真はバルセロナからチェルシーへ移籍したエマヌエル・プティ
©P.Kishimoto

1995年12月にベルギーの〈欧州司法裁判所〉で出された判決が，世界のサッカーを根本から揺るがすことになった。

契約満了時に，労働者としてクラブとサッカー連盟から不当な扱いを受けたと提訴し，勝訴したジャンマルク・ボスマンというベルギーの無名選手の名前から〈ボスマン判決〉と呼ばれるこの判決で，1880年代から慣習としてつづけられてきた「クラブは選手の保有権を持つ」という考え方が真っ向から否定され，以後，EU内のプロサッカー選手は，普通の労働者とまったく同じ権利を認められ，フリーエージェントとなった。すなわち，契約が満了したら，自己の意思でどこへでも移ることが可能になったのである。

欧州司法裁判所は，ヨーロッパ連合(EU)の最高裁であり，EU以外にはその効力はない。しかし，サッカー界で大きな比重を持つ欧州の主要国とその他の国の〈二重構造〉を放置しておくのはまずい。2001年，FIFAは〈保有権〉を認めていた従来の〈国際移籍規定〉を全面的に書き換え，EU圏も含めて世界のルールを統一した。この規定改正は，21世紀のサッカーに大きな影響を与えることになるだろう。

ビッグビジネス化の道を突き進む世界のサッカー。しかし，その一方で，豊かになった財源を〈次代〉のために投資して成果を生みはじめている例もある。フランスやイングランド，アルゼンチンで進んでいる次世代の代表選手の育成事業だ。施設を整え，指導者のレベルアップをはかり，育成システムを改善していくことにより，こうした国からは次つぎと好プレーヤーが育ちはじめている。

現在，ヨーロッパのサッカーを潤しているテレビからの巨大な資金は，遠からぬ将来に引き上げられていくと予想される。そのときに，サッカーが生き残ることができるかどうかは，魅力的なプレーを見せられる選手がいるかどうかにかかっている。次世代の選手育成への投資がどうなされていくか，そこに〈サッカーの未来〉がかかっている。　(大住良之)

サッカーはなぜ世界最大のスポーツになったか 1-2

〈広がり〉と〈深さ〉

▲サッカーほど世界中で行われているスポーツはない　©P.Kishimoto

サッカーは，〈世界最大のスポーツ〉である。サッカーほど，世界のどの国でも広く行われているスポーツはない。また，これほど多くの人びとに愛されているスポーツはない。スポーツとしての〈広がり〉と〈深さ〉では断然，ナンバーワンである。

国際サッカー連盟(FIFA)に加盟している国と地域(各国協会)の数は，21世紀に入った時点で200を超えている。国際連合の加盟国数はまだ190に達していない。この数字は，世界のほとんどの国がサッカーを組織的に行っていることを示している。

それぞれの国際連盟(IF)への加盟が多いスポーツとしては，陸上競技や卓球などがある。しかし，こういう個人スポーツとサッカーでは事情が違う。個人スポーツの場合は，国内に十数人の愛好者しかいなくても，国際大会に出場するために加盟登録をする場合がある。しかし，サッカーの場合は，各国はそれぞれの地域のなかに多くの登録チームを抱えており，国内で〈リーグ〉と呼ばれる選手権試合を組織している。選手権の組織は，トップは国の全国リーグから，町や村のリーグにいたるまで，縦にも深くいきわたっている。サッカーほど，しっかりした試合組織が各国のすみずみにまでいきわたっているスポーツは，ほかにはない。

FIFAの調査によれば，世界のサッカー人口は2億5,000万人にのぼる。

さらに，もっと多くの未登録プレーヤーがいる。広っぱやストリートで遊びのサッカーを楽しんでいる人たちである。子どもたちから60歳過ぎの年配者まで，いたるところでサッカーを楽しんでいる。競技人口の点でもサッカーは世界最大である。

サッカーの〈広がり〉と〈深さ〉は，プレーをすることを楽しむ人だけにとどまらない。〈見るスポーツ〉としても，サッカーは世界最大である。

いまや世界の多くの国にプロフェッショナルなサッカーがある。国内リーグは〈見るスポーツ〉として最大の観衆を集めている。サッカーが〈見るスポーツ〉としてナンバーワンでない国は，日本とアメリカくらいのものだろう。

▲子どもたちは広っぱやちょっとした空き地さえあればサッカーを楽しむ　©P.Kishimoto

ブラジルのリオデジャネイロにあるマラカナン競技場は，世

▲10万人収容の世界最大のスタジアム・マラカナン競技場　©P.Kishimoto

界最大のスタジアムである。

1950年のワールドカップ決勝戦は，このスタジアムに19万9,854人を集めた。これはチェックされた観客数であって，実際には25万人に近い観衆がすし詰めになっていたといわれている。これほど多くの観衆をひとつの建物のなかに集めるスポーツはほかにない。

1998年にフランスで行われたワールドカップをテレビで見た人は，世界で延べ340億人だった。サッカーは，テレビ視聴者数でも世界最大である。

スポーツの起源と普及

サッカーは，なぜ〈世界最大のスポーツ〉になったのか?

この謎を解くためには，いくつかのアプローチが必要だろう。

ひとつは，サッカーの競技としての性質である。ルールやテクニックや戦法が，人間という動物に共通する性質に非常に合っていたのかもしれない。日本人に向いたスポーツ，英国人に向いたスポーツ，アメリカ人に向いたスポーツなどが，それぞれあるなかで，サッカーは万人に向いていたのかもしれない。

ここでは，そういうサッカーの競技としての性質を踏まえながら，別のふたつのポイントから考えてみたい。ひとつは「サッカーが，なぜ世界中に広まったか」という問題であり，もうひとつは「サッカーは，なぜ多くの大衆に愛されるようになったか」という問題である。

まず，サッカーがどのようにして，世界に広まっていったかを見てみよう。

サッカーに限らず，現代のスポーツの起源はそれほど古いものではない。おおむね19世紀の後半から20世紀の初頭にかけてと考えてよい。もちろん，古代ギリシャや古代ローマ，あるいは古代中国にさかのぼってスポーツの起源を求めることもできる。走ったり，投げたりする基本的な運動，レスリングや相撲のような格闘技，あるいは剣や槍や弓矢を使う武術などが，古代から行われていたことは確かである。その当時から，狩猟や戦闘のための技術あるいは訓練を離れて，そういう技術が個人的な，あるいは社会的な楽しみのために行われていた。球技についても,古代ギリシャや中国にルーツを求めることができる。

▲古代アステカの大球技場。古代の球技を現代の祖先とするにはむりがあろう

しかしながら，古代のスポーツが，20世紀に急速に発展した現代のスポーツに，直接つながっていると考えるのはむりだろう。現代のスポーツは，ほとんど19世紀後半以降に発生し，あるいは発明され，ルールが整備されたものである。

現代のサッカーのもとであるフットボールも，その起源を古代ローマ時代の〈エピスキロス〉などの球技や中国の〈蹴鞠〉に求めることができる。しかし，現在〈世界最大のスポーツ〉となっているサッカーの直接の祖先とするのはむりなようである。ましてや，サッカーが世界的に普及している理由を，古代にまでさかのぼって考える必要はない。

サッカーが世界的に普及したのは，ほかの多くのスポーツと同じように，20世紀に入ってからだった。だが，その普及のしかたには，ほかのスポーツとは違うふたつの特徴があった。

ひとつは，普及が非常に急速でかつ広い地域にわたったことである。そしてもうひとつは，オリンピックの力を借りなかったことである。

大英帝国とともに

「フットボールは，大英帝国の船とともに世界に運ばれた」といわれている。軍艦によって運ばれたのか？　商船によって運ばれたのか？　おそらくは両方だったのだろう。

18世紀から20世紀にかけて英国は，世界のいたるところに植民地を持ち，〈七つの海〉を支配しているといわれた。サッカーは19世紀に英国で生まれたから，それが七つの海をかけめぐって広まったのは容易に想像できる。

現在でも，英国の軍艦や商船，貨物船が寄港すると，乗組員のサッカーチームがその港の地元のチームとの試合を求める。

また，英国人の進出した港町には，英国人を中心にした外国人のスポーツクラブができる。日本では横浜のYC & AC(横浜カントリー・アスレチッククラブ)と神戸のKR & AC(神戸レガッタ・アスレチッククラブ)が，それである。こういうクラブには，必ずサッカーチームがあった。

▲1873年ごろ横浜に居住した外国人のフットボール　©あゆみ

▲ラグビーもサッカーと同じくフットボールから派生したスポーツである
©P.Kishimoto

しかし，19世紀に英国ではじまったスポーツは，サッカーだけではない。ラグビーは，サッカーと同じようにイングランドで生まれたフットボールから派生したスポーツである。イングランドのサッカー協会(The Football Association)は，1863年に結成されてルールを統一した。ラグビー・ユニオン(The Rugby Union)が結成されたのは，その８年後の1871年である。スタートの時期に，それほど大きな違いはない。

しかし，同じように英国の艦船がボールを積んで世界に運びながら，ラグビーが普及した国は限られている。英国本土のイングランド，スコットランド，ウェールズ，アイルランドのほかでは，英国植民地だった南アフリカ，オーストラリア，ニュージーランドなどで主要なスポーツになったにすぎない。英国植民地以外では，フランスで普及したが，サッカーにははるかに及ばない。

クリケットは，イングランドではサッカーと並ぶ主要なスポーツで，これも大英帝国の艦船によって輸出されたが，根を降ろしたのは南アフリカ，インド，パキスタン，スリランカ，オーストラリアなど旧英領植民地に限られている。

チームの球技としては，英国系のスポーツのほかにアメリカで発達したものがある。ベースボールは英国のラウンダースというスポーツがルーツといわれているが，まったく別のスポーツとして発達して，アメリカのメジャースポーツとなった。しかし，アメリカ以外の国で広く深く浸透したのは日本だけである。

バスケットボールとバレーボールは，19世紀末にアメリカのYMCAで発明されたスポーツである。バスケットボールは，一時アメリカ領だったフィリピンで普及し，欧州にもかなり急速に普及した。バレーボールが世界に普及したのは，1964年の東京オリンピックで実施された以後である。

シンプルなゲーム

サッカーが急速に普及した理由として，だれもがあげるのは〈簡素なゲーム〉だからということである。

サッカーは，３つの点でシンプルである。

第１に，ボール１つあればできる。英国の艦船は，ボール１つを積んで世界の港を訪問し，サッカーを楽しんでみせた。

皮革とゴムのチューブで，サッカーボールのような大きな球形を作るのは簡単ではないが，なかに詰め物をしたものであれば昔から各地で作られている。日本にも蹴鞠があり，長崎県の五島列島に縄で作ったボールによる，サッカーに似たゲームが伝わっている。

▲蹴鞠は神事としてはじまったが，やがて娯楽として行われるようになった

東南アジアには，竹ひごを編んで球形にした籠のようなボール(チンロン)によるゲームがある。そういうところでは，サッ

◀もともと東南アジアの民俗フットボールであったが，近年競技化して競技会も行われているセパタクロウ　©P.Kishimoto

▼籐を編んで作ったボール

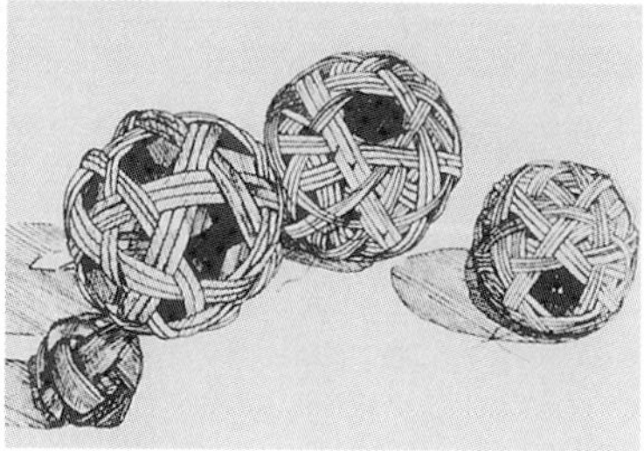

カーは比較的容易に受け入れられたのではないだろうか。

第2に，ちょっとした野原があればできる。

11人制で正規の広さのグラウンドがなければならないというのは，現代の競技としてのサッカーにとらわれた考え方である。遊びとしてのサッカーは，どこででもできた。数人ずつでもよいし，空き地でも，町の通りでも楽しめた。ゴールも簡便なものでよい。初期のころは，２本の柱の上を紐でつないだものだった。学校帰りの子どもたちが，カバンを２つ並べてゴール代わりにして遊んでいる風景は，いまでも，いろいろな国で見ることができる。

第3に，〈手を使わない〉という，しごく簡単なルールでできる。

スポーツにはルールが必要である。ルールのない争いは，けんかや戦争になる。ルールとは，なんらかの制限を課することであるが，手を使わないのは，もっとも簡単な制限である。いちばん使いやすい手を使わないことによって，ボールを扱うのが非常にむずかしくなる。その困難を克服することに楽しさがある。また，一方の足でボールを扱うと身体は１本足で立つことになる。二足歩行の人間が，１本足で立つのはむずかしい。その困難を克服することに楽しさがある。

このように，シンプルな道具，シンプルな場所，シンプルなルールによってゲームが成り立つために，サッカーは世界の大衆に受け入れられた。貧しい国でも民衆が楽しむことができた。

だから，サッカーは世界のスポーツになるとともに，大衆のスポーツになった。

ベースボールやクリケットは，複雑なルールといろいろな道具が必要なスポーツである。ラグビーは楕円形のボールを使う。楕円形のボールは作るのもむずかしいし，扱うのもむずかしい。困難を克服するのは楽しみだが，むずかしすぎてもいけない。その点でサッカーは，〈世界の大衆のスポーツ〉の要件を備えていた。

プロ・アマ共存の理念

サッカーが急速に世界のスポーツになった原因は，シンプルであるという競技そのものの性質のほかに，国際サッカー連盟(FIFA)の組織が寛容だったことにある。

FIFAは，発足の時点からプロフェッショナルなプレーヤーとアマチュアのプレーヤーを区別なく包容した。この〈プロ・アマ共存〉の考え方が，サッカーの世界的な普及と発展に大きく役立った。なぜならば，それが各国の実情にあった現実的な哲学だったからである。

1896年にはじまった近代オリンピックは，アマチュアリズムを基本理念としていた。これは，近代スポーツが組織化されたころの英国の社会事情を反映したものだった。当時の英国でスポーツを楽しむことができたのは，産業革命以後に育ってきた経済的に余力のある上・中流階級であり，彼らはスポーツは本来，生活の余暇に自分で経費を支払って楽しむものだと考えていた。それがアマチュアリズムである。

▲近代オリンピックはアマチュアリズムを基本理念としていた。写真は1912年ストックホルム大会にはじめて参加した日本選手団（左端は嘉納治五郎）

しかし，現実にはクラブがよい成績をあげるために，下層階級のなかから，すぐれた能力を持つプレーヤーを雇って，クラブを代表して出場させるようなことが行われていた。そういう雇われプレーヤーには，金銭的な報酬が支払われた。現在のプロ選手のように，全面的にクラブに雇われるわけではなく，スポーツのために本来の仕事を休んだために得られなかった賃金を，クラブが代わって補償するケースが多かった。これを〈ブロークンタイム・ペイメント〉と呼んでいた。さらに進むと，本来の仕事で賃金を得るほかに，休日などにスポーツで報酬を得るものも現れた。パートタイムのプロスポーツ選手である。サッカーのように入場料収入をあてにできるスポーツでは，これがやがてフルタイムのプロ選手の登場につながった。

オリンピックは，英国風のアマチュアリズムに忠実で〈スポーツによって金銭的報酬を得る者〉を大会から締め出した。

このオリンピックの哲学の影響で，多くのスポーツがプロとアマチュアを区別して,アマチュアだけの国際組織をつくった。

しかし，サッカーはプロとアマチュアを区別しない方針で国際組織をつくった。その傘下の各国サッカー協会も，プロとアマを差別しないで，すべてのプレーヤーを同じ協会で統括することが求められた。実際に，地域のスポーツクラブには，アマチュアでない選手がいるのだから，それが現実的だった。

「1％のプロフェッショナル・プレーヤーが99％のアマチュア・プレーヤーのために」というのがFIFAのプロ・アマ共存の理念である。このようなFIFAの現実的な考え方によるところが大きい。

日本への移入と普及

サッカーは，世界中いたるところに急速に普及し発展した。しかし，日本とアメリカは例外だった。なぜだろうか。

アメリカは19世紀の後半には，英国の影響下からはすでに離れ，ベースボールが急速に普及しつつあった。英国からの独立の気概が，英国のスポーツよりも自分たちのスポーツを育てるほうに向いたのだろう。サッカーは，新しい欧州からの移民の間で行われていたが，大きな勢力にはならなかった。

日本は事情が違う。野球(ベースボール)もサッカーも明治時代に入るとまもなく，ほぼ同時期に日本に移入された。しかし，アメリカから入った野球が明治中期に急速に大衆のスポーツになっていったのに対して，サッカーは明治の末期になるまでゲームとして本格的に行われることはなかった。

野球が日本に伝えられたのは，1872(明治5)年とされている。東京第一大学区第一番中学(東京開成学校)に招かれたアメリカ人ホーレス・ウイルソンが，生徒たちに教えたという。

東京開成学校は，のちに第一高等学校となり，現在の東京大学になった。つまり，社会の指導者育成の学校だったわけである。ここで学んだ学生たちを中心に，1880年代(明治20年代)に東京の学生たちの間で野球の試合が行われるようになった。

サッカーの日本への移入は1873(明治6)年で，野球に1年遅れただけである。海軍兵学寮で，英国人教官のダグラス少佐が教えたとされている。しかし，明治中期にはほとんど行われた形跡がなく，坪井玄道が英国留学から帰って，明治30年ころに東京高等師範学校にフートボール部をつくったのが，本格的に試合を行うようになったはじまりである。この間の15年間ほどのブランクが，その後の日本での野球とサッカーの発展に大きな差を生んだと考えられる。

この違いが生まれた理由については，いろいろな仮説があるが，次のように考えるのはどうだろうか。

①最初に移入されたのが海軍の学校だったので，一般には伝わらなかった。

②明治初期に日本へきた多数の外国人教員のなかで，アメリカ人は知識階級であってもスポーツが好きで熱心に指導したが，英国人の知識階級は大衆のスポーツであるサッカーに熱心でなかった。

③坪井玄道がサッカーを伝えた東京高師は教員養成の学校だったので，サッカーは学校スポーツとしては普及したが，大衆化するのは遅れた。

ともあれ，日本はサッカーの大衆化が遅れ，野球が大衆化した世界でも珍しい国のひとつである。 (牛木素吉郎)

▲野球は明治中期に急速に大衆のスポーツになった

▲坪井玄道が英国留学から帰って東京高師にフートボル部をつくった

サッカーはなぜ 1-3 人びとを魅了するのか

サッカーの魅力は〈足〉でのプレー

近代スポーツは，19世紀後半にそれまでの地域的，土着的スポーツから脱皮して，組織化，大衆化，国際化の道をたどって世界中に広まり，20世紀最大のヒット商品のひとつといわれるまでになった。今では夏季，冬季のオリンピック大会で合わせて30数種目の競技が行われているのをはじめ，50を優に超す競技種目が国際組織を持って広く世界で多くの人たちに行われている。そのなかでもサッカーは，行うスポーツとしても，見るスポーツとしても，もっとも世界中の人びとに愛され親しまれていることは，だれもが認めるところである。サッカーの頂点というだけでなく，オリンピックを上まわる世界最大規模のスポーツ競技大会であるFIFAワールドカップの1998年フランス大会では，世界中でのテレビ観戦者が340億人だったことが，世界一の人気スポーツであることを証明している。当時の世界人口はおよそ59億人であることから，赤ん坊まで入れて１人が５試合強テレビ観戦したことになる数字である。

▼1998年のフランス・ワールドカップは世界中で340億人がテレビ観戦した
©P.Kishimoto

なぜサッカーは，これほどまでに世界中の人を魅了してやまないのだろうか。「瞬時に攻防が入れ替わり息つく暇もない」とか，「筋書きのないドラマである」，「リズム，テンポ，強弱，ハーモニーの変化が交響曲のように展開される」，「競技者とボールが緑の芝生の上に展開する幾何学模様の変化が面白い」などなど，さまざまな表現でサッカーの魅力が語られている。しかし，そのいずれもがそのまま他のスポーツにもあてはまるものであり，サッカーがなぜスポーツのなかで一番魅力があるのかという本質的なところをついてはいない。他のスポーツにはなくて，サッカーにある何ものかが，サッカーの魅力の本質として語られなければならないところである。

私は，それは〈足でプレーする〉ところにあると考えている。足が主役を果たすスポーツは，サッカー以外にもある。陸上競技の走と跳躍種目は，まさに足が主役のスポーツだが，その足は日常生活のなかでの役割と同じく，体重を支え，それを移動するという役割を果たしているにすぎない。その点，フットボールと称されるスポーツは，他の多くのスポーツでは手で扱うボールを，足で扱うという特徴を持っている。しかし，サッカー以外のラグビーやアメリカンフットボールなどは，時にキックで足も使うが，そのほとんどは手でボールを扱っている。その点サッカーは，ゴールキーパーを除けば手でボールをプレーすることはないどころか，手でボールを扱うことは〈禁止〉されているただひとつのスポーツである。ここにサッカーだけが持つ，他の競技種目とはきわだって違う特徴を見いだすことができる。

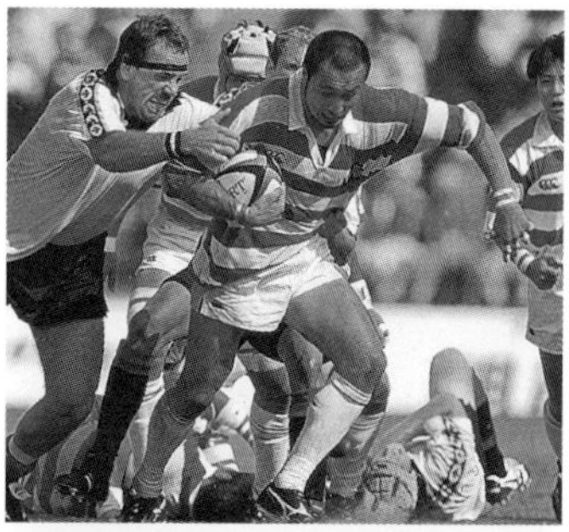

▲ラグビーやアメリカンフットボールは時にキックも使うが，ほとんどが手でボールを扱う　©P.Kishimoto

なぜ足でのプレーに魅せられたか

では，足でボールをプレーすることが，なぜサッカーを世界一の魅力あるスポーツにしたのだろうか。これについては，「人間とは何か」という根源的な問いに答えられる要因を見いださなければならないだろう。

競馬やサーカスなどでスポーツ的なことをする動物はいるが，それは動物自身がスポーツを考え出し，自らそれをしようと思って行っているのではない。猫はボールにじゃれて遊ぶが，それが組織化されてスポーツに発展することはない。スポーツをするのは人間だけなのだから，その人間にサッカーが一番面白いと感じさせる何かがあるはずだと考えるのである。そのためには，なぜ人間だけが他の動物と違って文化を創り出し，しかもそれを発展させつづけているのかを説明しなければならないだろう。

動物も人間も，進化の過程をたどって変化を遂げて現在にいたっている。しかし，ここ１万年というような時間での変化を

▲サッカーは手でさえむずかしいボールコントロールを足で行う
©ユニフォトプレス

考えれば，他の動物の変化はきわめてわずかであるのに対して，人間の変化はきわめて大きい。最近50年というような短い時間を考えても，人間はその生き方を大きく変化させている。他の動物の変化が自然の摂理のなかで起きているのに対して，人間の変化は人間自身が自ら起こしている変化である。

なぜ人間だけが自らを変えることができるのだろうか。それは，さらにさかのぼって，人間が２足歩行という移動形態をとったことに起因している。なぜ哺乳類の多くがとっている４足歩行から２足になったかは，ここでは深く議論しない。樹上の枝から枝への腕での移動がすでに直立姿勢だったからとか，樹上から地上に降りたとき草原のなかで直立しないとまわりが見えなかったからだとか，人類学者はいろいろな説を唱えているが，ここで重要なのは２本足で立ったという事実だけである。

●手と足の違い

この姿勢をとったことによって，それまでは前肢，後肢としてともに体重を支え，移動の仕事を担当していた四肢が，前肢は上肢，後肢は下肢と名前を変えて，しかも機能もまったく異なるものとなった。後肢はあい変わらずというより，それまでに前肢が分担していたぶんまで労働が倍加して，体重を支え，移動する仕事に専念しつづけなければならなかった。これに対して，こうした重労働から解放された上肢は，手，指，肩の構造を変えて動きの自由度を増し，これも重心の真上に位置したことによって重さを増してもバランス上の問題がなくなった大脳と手を組んで，大脳と手の両方の機能を拡大していった。そして，大脳の中に前頭葉という意欲・創造を司（つかさど）る部分を発達させることができたことが，他の動物との違いを際立たせることになった。たんに遺伝子による親からの継承だけでなく，前頭葉のよりよく生きようとする働きによって，文明を生み出し，発展させてきたのである。スポーツもそのひとつである。

ここでは，人類学や文明史を語ろうというのではない。人類発展史のなかでの，手と足の違いを述べたかったのである。手は大脳と組んで文明発展のそれこそ手先となって大きな仕事をしてきたのに，足はあい変わらず，それも手のぶんまでも背負い込んで重労働を一手に（２足にというべきか）引き受け，手や大脳の晴れやかな仕事を裏方に徹して支えつづけてきた。もし，足に心があったら，どんな気持ちでその仕事をしてきたのだろうか。

ところがサッカーでは，手でさえも扱うのがむずかしいボールを，足が懸命にコントロールしようとする。そして熟達すれば，足でもこんなすばらしいことができるのだと驚かせるような技を披露する。パワーにかけては，日ごろの重労働で鍛えられているから手など遠く及ばない。手よりもはるかに力強く，遠くへボールを飛ばすことができる。日ごろ鬱屈している足が，サッカーでは脚光を浴びて主役として活躍する。手は脇役どころか，ボールを扱ったり，相手をつかまえたりすれば反則だ。キーパーは別として，スローインという端役でしか登場する場はない。

●大衆と〈足〉

スポーツは，もともと語源的に〈日常から離れて気晴らしをする〉ということである。労働から離れて，日常の行動とは別のことをすることである。足にとっては単純な労働から解放されて，のびのびと遊ぶことができるのがサッカーである。まさに，スポーツの本質がそこにある。もともとサッカーは，支配階級の暇つぶしからきたスポーツではなく，労働者階級である大衆のゲームであった。大衆の数少ない気晴らしであり，心が解放される場であった。それゆえ，国王や市長などの支配者から禁止令が出されても，それに抗してまでも受け継がれてきたのである。近代スポーツになる過程では，一時的に上流階級の手に渡ったが，それも短期間で，たちまちのうちに世界中の大衆の心をとらえたのも，大衆と足の共通性，シンパシーがあったからこそと考えるのである。

同じフットボールでも，足よりも手でのプレーを重視し，またアマチュア中心の生き方を長くとっていたラグビーが，上流階級には愛されたが，サッカーほど大衆に愛されなかったのも，このことがかかわっているといってよい。私がイギリスに滞在していたときも，プロフェッサーは大学ではラグビーの話はするがサッカーは話題にしないのに，パブに行くとサッカーの話になるとか，レディーはラグビーは見に行くがサッカーには行かない，といったことを聞いた。これは，ラグビーとサッカーの違いをよく表しているといってよい。

アメリカで普及しなかったかのはなぜか

では，このように世界中の大衆の心をとらえたサッカーが，最近までアメリカや日本など一部の国では，例外的にそれほど普及しなかったのはなぜか，その理由を考えてみたい。それをきちんと説明できなければ，これまでの論拠も説得性が乏しくなるからである。

まずアメリカであるが，ここは〈新世界〉という言葉が象徴するように，欧州から脱出した人たちが，欧州とは違う新しい世界を築こうとしたところである。文化の面でも，欧州文化とは違うアメリカ文化を創り出していったのである。ジャズをはじめとする新しい音楽を創ったのもその典型であろう。スポーツでも欧州に原型を求めてはいるが，クリケットからベースボールを，ラグビーからアメリカンフットボールを，さらにそれを室内に入れたバスケットボールを，テニスを大衆化してバレー

▲1970年代にアメリカで誕生したが成功しなかった北米リーグの元スター軍団，ニューヨーク・コスモス　©P.Kishimoto

ボールをと，次つぎに新しいスポーツを創り出していった。

●子どもの世界では普及していたが…

こうしたアメリカ生まれのスポーツが新大陸で花開いて，野球，アメリカンフットボール，バスケットボールはプロスポーツとしてますます大衆に愛好されるようになった。その反面サッカーは，これらプロスポーツの隆盛の陰に隠れて，マイナースポーツの位置におかれていたのである。しかし，もっとも人気のあるアメリカンフットボールが女子には適さないことから，女子の学校体育のなかでは，サッカーは大学を含む多くの学校で主要な教材のひとつになっていた。こうして，サッカーの楽しみを知った女性が母親になって，子どものスポーツとしてはアメリカンフットボールは危険をともなうということもあって，子どもたちにサッカーをすすめるようになり，子どもの世界ではサッカーはかなり普及していたのである。

1970年代には，サッカーのプロリーグも誕生した。しかし，ペレやベッケンバウアーなどとうに盛りをすぎた元スター軍団を中心としたチーム編成だったことや，人工芝のグラウンドで激しいプレーとはなりにくい環境などがあって，一時的には観客を集めたが，すぐに衰退して消滅してしまった。

●ワールドカップ・アメリカ大会は大成功

世界一の経済大国であり，大きな市場を持っているアメリカにサッカーが普及しないというのは，FIFAの世界戦略にとっては大きな問題であった。そこで，1994年のワールドカップはアメリカで開催することが決定され，しかも「アメリカにサッカーを」という戦略は大成功を収めたのである。子どもの間にはサッカーがすでにかなり浸透していた，というのも成功の原因であったのであろう。アメリカンフットボールの大きなスタジアムを使用したこともあって，観客動員では延べ356万人と，前回イタリア大会の250万人をはるかに上まわる成果をあげたのである。1998年のフランス大会は265万人だったし，器の大きさからいって日韓共催の2002年大会もすべて満員になってもはるかにこの数字には及ばないから，当分この記録は破られないであろう。

この成功が契機となって，1995年にふたたびプロサッカーが誕生し，アメリカ人競技者の技量も上がって，メジャースポーツの仲間入りをするまでになっている。アメリカにはサッカーは育たない，という特別の何かがあったわけではなかったのである。

▲観客動員では延べ356万人の記録をつくった1994年アメリカ大会
©P.Kishimoto

メジャーにならなかった日本

ところで，もうひとつサッカーが育たなかった大国である日本はどうだったのであろうか。なぜ最近まで野球がダントツのメジャースポーツで，世界でもっともメジャーなサッカーは，その他大勢のスポーツのひとつにすぎなかったのだろうか。このことについては，日本人の民族性というか特性との関係で議論されているので，まずそれを紹介しよう。

●農耕民族はサッカーに向いていないか

西洋史が専門で文明評論家でもある木村尚三郎氏(東大名誉教授)は，ある講演のなかで，日本人は農耕民族で〈待ち〉の文化を好み，狩猟民族の好む〈追いかけ型〉のスポーツは肌に合わないとして，「サッカーのようなものですと，相手も自分もしょっちゅう動いている。これはハンティング型のスポーツでありまして，日本人にはどうも具合が悪い。心が騒がしく，落ち着かないのであります」と述べている。日本オリジンの相撲も，仕切りなおしで機が熟するのを待って立つという，農耕型の〈待ち〉のスポーツの典型だというのである。

また，スポーツ科学が専門の大築立志氏(東大教授)は，その著書『手の日本人，足の西洋人』のなかで，西洋人は足の文化を発展させたのに対して日本人は手の文化であり，西洋人の創ったスポーツは基本的には足の文化で，なかでもサッカーはその典型であると述べている。これに対して，野球はスポーツのなかではもっとも手に依存していることが，日本人に向いていたのだという。そして，「手と足に対する見方の違いは，農耕・漁撈(ろう)と牧畜・狩猟という食糧生産手段の違いに起因している」と，木村氏とほぼ同じ見解を示している。

このふたつの考え方は，なるほどと思わせる点はあるし，面白い見方であるが，どうも全面的には納得しがたいものがある。日本人だけでなく農耕民族は他にもたくさんいるが，それがすべて野球を好んでいるわけではない。それどころか，そのほと

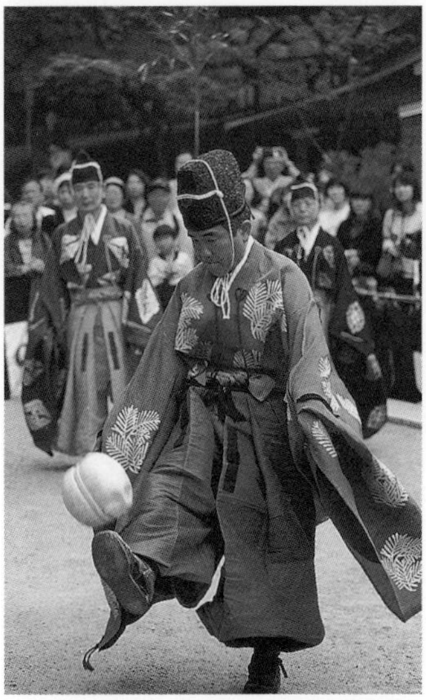

▲中世期から江戸期にかけて盛んに行われていた蹴鞠　©P.Kishimoto

んどがサッカーの盛んなところである。野球を生み出し，メジャースポーツとなっているアメリカ人の多数は，欧州由来の狩猟民族に分類される人びとである。野球とサッカーの文化圏は，農耕，狩猟のそれとは一致しないのである。

日本で中世期から江戸期にかけて〈蹴鞠（けまり）〉が貴族，武士階級ばかりでなく庶民の間でも盛んに行われていたという事実もある。また，16世紀後半に30年も日本に滞在したルイス・フロイスが「われわれの間では球戯は手でする。日本人は足を使って遊ぶ」とその様子を書き記している。

日本スポーツ史が専門で蹴鞠に詳しい渡邉融氏（東大名誉教授）は，当時の名足は，蹴り上げた鞠を背中や肩で受け止めて身体に沿って転がしたり，右足で蹴りながら左足の足袋を脱いだり，鞠を蹴り上げながら階段を昇り降りしたり，杭の上を渡ったりと，かなり難度の高い技をこなしたことを紹介している。また，なぜこうした蹴鞠が廃（すた）ってしまったかを，江戸時代に飛鳥井・難波家以外に蹴鞠道で弟子を取ることや同家の許しを得ずに勝手に曲足，曲鞠を演ずることなどを禁じたことから，庶民への普及が著しく阻害されてしまったことをあげて，日本のサッカーのためには大変惜しむべきことだったと述べている。

●野球が普及した理由

また渡邉氏は，明治期になぜ日本に野球が普及して，サッカーやクリケットがそうならなかったかについても説得力のある論を展開している。同氏は，スポーツが普及・発展していくための重要な要件として，施設，用具，指導者，試合相手も含めた仲間づくり，広報活動の５点をあげている。そして，明治初期から中期にかけての日本では，施設，組織づくりを除く３点で，野球がその要件で他のスポーツより条件が整っていたという。まず，アメリカ人のお雇い教師のほうがイギリス人教師よりもスポーツの伝導に熱心であり，かつアメリカ帰りの留学生が野球の普及に熱心だったのに対して，イギリス帰りの留学生はフットボールやクリケットを日本に持ち帰ってきた事例は見当たらないという。

さらに，ボールの違いが日本でのボールの供給に大きな差を生じ，それが普及に大きく関係したという。野球のボールは糸巻き型で，日本にもその技術があってすぐに生産できたが，動物の膀胱（ぼうこう）やチューブに皮をかぶせて空気を詰めるボールは，日本ではすぐに生産できなかった。明治30年ごろになっても日本製のフットボールは外側こそ皮であったが，中には海綿を詰めたものであったという。これでは，ボールが心地よく弾むというサッカー本来の面白さを味わえなかったであろう。

当時の文献によると，明治30年ごろのボールの値段は，野球が最上から下等までの９段階あって，20銭～１円50銭，真中の４等級が40銭であるのに対して，サッカーのボールは英国製ゴム入りで４円50銭～６円25銭まで４段階，日本製の海綿入りが１円70銭～２円80銭の３段階になっている。この値段の違いも，サッカーの普及には隘路(あいろ)になったと思われる。

なお私は，当時の日本人の体力もサッカーをするには問題だったのではないかと考えている。「駆足運動を命ずれば一二遍巡りて後ち申し合せし如く五人七人芝生の上にころりと倒れ，脚気にて足が進まず……」，これは江戸末期の外人による軍事訓練の様子を表した文章である。江戸後期から明治期にかけては，庶民までが白米を食するようになり，まだ脚気の原因がつきとめられていなかった時代である。当時，スポーツに接することができたのは，学生などの上流階級であるからなおさらのこと脚気またはその予備軍が多かったであろうことが想像される。とすると，野球のようにときどきパッと走ってもあとはほとんど立っているスポーツはできても，サッカーのように走りつづけるスポーツは苦手だったのではないかと推測されるのである。

▲1968年　メキシコ五輪で銅メダルを受ける日本チーム　©P.Kishimoto

●東京オリンピック後の追い風

このように見てくると，明治時代に日本人がサッカーを選ばずに野球を選んだのは，日本人の本質とか民族性がそうさせたのではなく，そのときのさまざまな環境や条件が野球に有利に働いたからであると考えられるのである。そしてその後の新聞，ラジオ，テレビと発展するマスコミの積極的なかかわり，六大学や甲子園，さらにはプロ野球といった組織上の環境がいっそう野球への関心を高めることに相乗的に働いて，ますます日本人は野球好きになっていったのであろう。さらに戦後は，アメリカの影響がきわめて強くなったことも，サッカーには不利に働いたといってよいだろう。こうしてサッカーは，その本来の魅力が理解されないままに，その他大勢のスポーツのなかのひとつとしての地位に置かれつづけてきたのである。

それが東京オリンピックを機に，日本代表チームの強化がはかられ，メキシコで銅メダルを得たこと，さらに日本サッカーリーグがスタートしたことなどによって関心が高まってきたのである。その後一時は人気が下降したが，情報の国際化によって世界の一流のサッカーに接する機会が多くなったことや，学校体育のなかにサッカーが取り入れられて男女とも子どものときに全員がサッカーに接するようになったことなど，サッカーの本物の魅力に触れることができる環境が整ってきた。そして，Ｊリーグがスタートしたことによって，日本でもサッカーが本来のメジャーなスポーツとしての地位を獲得するにいたったのである。

そして，2002年ワールドカップの韓国との共催で，世界の超一流のプレーと熱狂的な雰囲気にじかに接することにより，さらにtotoによる間接的な刺激も追い風になって，日本のサッカーの地位はより確固たるものとなっていくであろう。

（浅見俊雄）

第2部 サッカーの歴史

ENCYCLOPEDIA OF FOOTBALL

2-1 サッカーの誕生と競技規則の変遷

1 サッカーの誕生

サッカー的ゲームのはじまり

サッカーの起源となるゲーム，あるいは遊びがいつはじまったのかについては，ほかのスポーツでもそうであるように，これだという決め手になるような定説はないといってよい。ペットの犬や猫はもとより，野生の猿なども丸いもの，転がるものには興味を示してそれに戯れるということからも，ボールあるいはボールのような丸いものに動物的な本能で戯れたのがはじまりで，いろいろな球技が発生したものと思われる。しかも，人にとって手でボールを器用に扱えるようになるより以前から，足で素朴にボールを蹴ることはできたであろうから，サッカー的なゲームのほうが，野球やテニスなどの手を主体的に使うゲームよりも早くからできるようになったと考えられる。

事実，世界の各地で足によってボールを遊ぶゲームは，古くから記録に残っている。中国では5,000年以前と推定されている黄帝の時代に，足でプレーするボールゲームがあったという記録があるし，紀元前200年ごろの前漢の時代には，今のサッカーに似たゲームが兵士の訓練に使われていたといわれている。欧州でもギリシャには〈エピスキロス〉，ローマには〈ハルパスツーム〉という今のサッカーにつながっていると考えられる競技があり，メキシコにはアステカの聖地で神に捧げる儀式として，生ゴムのボールを手を使わずに足や腰で空中のゴールへ入れるという競技が行われていた。そして日本にも，中国，朝鮮半島を経由して伝来したと思われる〈蹴鞠〉が，中大兄皇子と藤原鎌足を結びつけ，大化の改新へと歴史を展開させるきっかけとなったと語り伝えられている。

ここでは，それらがどんなゲームだったのかとか，伝えられていることが真実だったのかどうかを詮索するつもりはない。要は世界の各地でかなり古い時代から，人びとはボールを蹴ることを行っていたし，それをゲームとして楽しんでいたことは事実であったということを確認すればそれでよい。

中世から近世へかけてのイングランドのフットボール

●起源に関する諸説

そうした世界各地で行われていたサッカー的なゲームのうちで，サッカーが誕生したイングランドで中世期に行われていた〈フットボール〉と呼ばれる素朴で粗野なゲームを，サッカーに直接つながる系譜に位置づけるのが妥当と思われる。このフットボールについて，いくつかの文献から見てみたい。

まずはじめは，それがどこからイングランドに来たのかについてである。ひとつは，11世紀に北欧から侵入してきたデーン人の海岸に残された首をボールの代わりに蹴ったのがはじまりという言い伝えがある。これは，そのころからはじめられたということと，それがきわめて乱暴なゲームだったことからいわれたものと思われる。

もっともらしいのは，ローマの侵攻によってイングランド各地に〈ハルパスツーム〉が持

▲中世紀の街頭で行われていた荒々しいフットボール

▼17世紀初期イタリア・パドヴァでのカルチョ
左右の城門がゴール。鼓手がタイコをたたいて文字どおり鼓舞している

ち込まれ，守備隊兵士の訓練にこれが用いられたのが，紀元400〜500年にローマが撤退したあともその影響が残っていたという説である。このハルパスツームというゲームは，ボールを手で運んでも打っても，足で蹴ってもよく，相手のエンドラインまでボールを持ち込むことを目的としている。生命に危険を及ぼすこと以外は，激しくても相手が痛くても認められる。協力して相手を後退させる戦争技術，戦術の練習として行われ，センターとウィングの３人を先頭に，後ろの支援するグループと，最後尾に控えの守備隊を配置するなど，かなり組織的に攻守を展開していたようである。

●フランスの〈スール〉が起源?

最近になって，フットボールの起源はフランスにあるとの説が登場してきた。中世期のフランスでは，騎士の間で城塞をめぐる攻防戦をゲーム化した〈パダルム(pas d'armes)〉という競技が盛んに行われていた。そして，これをモデルにして〈スール〉と呼ばれるフランスの民俗フットボールとテニスが考案されたという。決められたゴールにボールを持ち込めば勝利となる，というフットボールのもっとも重要な特徴は，パダルムの試合でもっともエキサイティングな城門を奪取するという場面を模しているものだという。このスールが，イングランドに渡ってフットボールになり，南下してイタリアでは〈カルチョ(calcio)〉になったというのである。 試合内容以外にも，パダルムが結婚式の余興に行われたのと同様のことが，フットボールにもカルチョにも見られるというし，試合時に用いられる掛け声にも共通性を見いだすことができるという。

●確かな記録は禁止令

いずれにしても，文献的に決め手となる証拠はない。イングランドでフットボールが行われていたことの確かな記録は，1314年にロンドン市長が「市中に大騒動が起こる」として出したフットボールを禁止する布告が最古のものとされていて，それまでには文章で残されている証拠は今のところはない。どこからフットボールが伝えられたのかについては，イングランド以外の断片的な記録からの推測や言語学的な推理の域を出ないのである。

ところで，中世から近世にかけてのイングランドのフットボールについては，中房敏朗(仙台大学教授)の論文を中心に論を進めていることをお断りしておきたい。中房は詳細な文献考証から，この時期のフットボールを論じた労作を何編も発表されている。中房は，イングランドのフットボールのはじまりは13世紀の中ごろであり，しかも資料がほとんど見られないことと，当時経済的に後退期にあったことから，その時代にはそれほど広くは行われていなかったのではないかと推測している。また，どんなゲームが行われていたかについては，これも資料のなさから究明できないとしながら，マグーンの「不特定多数の競技者によって行われる，ルールも何もなく，ボールをパントする競技だったと想像せざるをえない」という一文を引用して，これに異論をはさむことはできないとしている。また，これより後にマスフットボールと呼ばれ，告解火曜日(後述)といった特定の祭日に行われるようになったゲームとは違って，頻繁に行われる行事性の希薄なゲームであった可能性が強いという。くり返し行われたからこそ，国防上必要な弓術の練習の妨げになるとして禁令が出されたのであろうとしている。告解火曜日にフットボールが行われたという記録は，1533年が最初である。

しかし，後に述べるようにフットボールに対する禁止令が1314年を皮切りに14世紀に5回，15世紀に15回もくり返し出されていることから，13世紀後半からフットボールは民衆の間に広く根づいていったと考えてよいと思われる。

マスフットボールと禁止令

●くり返し出された禁止令

先にも述べたように，1314年に当時のロンドン市長ニコラス・ファーンドンが，エドワード２世の名で布告した〈フットボール禁

▶18世紀，ロンドン市街でのフットボール

止令〉が，フットボールいう名前が公に記録された最初である。この禁止令は，「公共の広場で多くの人びとがフットボールを行うことによって発生する大騒ぎが，神がお許しにならない多くの悪徳をはびこらせるがゆえに，余は国王に代わってこれを禁じ，以後市中においてこれを行った者を投獄する」という内容であった。

これ以後1847年までの間に，明らかにされているものだけで42回にわたって，国王または市長など為政者の名前でフットボール禁止令が出されている。地域別に見れば，ロンドンが16回ともっとも多く，パース(スコットランド) 6 回，マンチェスター，ダービー 3 回とつづき，オックスフォード，ケンブリッジ両大学でも学長名でそれぞれ二度の禁止令が出されている。時期的に見れば，14世紀に 5 回，15世紀に15回，16世紀に 8 回，17世紀に 8 回，18世紀に 3 回で，19世紀は1847年のダービー市の 1 回があるだけである。

●当時のゲーム内容

では，どのようなゲームが行われていて，なぜ禁止令が出されたのだろうか。これも中房の論文から見てみよう。中房は，イングランド，スコットランド，ウェールズで16世紀中ごろから19世紀中ごろまで行われていたフットボールについて，多くの文献から75地域で行われていたゲームの様態を明らかにしている。

まず，いつ行われたかについては，随時頻繁に行われていたもの，結婚式のお祝いに行われていたものもあるが，地域の祝祭行事として行われていたものが多く，しかも大半は告解火曜日(Shrove Tuesday)に行われていたという。この日以外では，新年，クリスマス，聖金曜日，復活祭火曜日などの例がある。告解火曜日は懺悔(ざんげ)火曜日ともいわれ，四旬節の第1日目である聖灰水曜日(Ash Wednesday)の前日で，精進に先立って懺悔が行われる日である。冬季から春先にかけての，農耕がはじまる前の寒い時期に行われていたのである。

試合前には準備がある。行事として行われるゲームでは，食品や飲料を準備したり，道路沿いの家の窓にバリケードを組んだり，隊

列を組んで街を練り歩くなど，試合前のセレモニー的なことが行われた例もある。なかには敵味方が一緒に昼食をとったり，礼拝に出席したり，神聖な場所でボールを清めたりするところもあった。乱暴なゲームとはひと味違ったプロローグがあったのである。

ボールでもっとも多いのは，わらや削りくず，布などを皮の袋に詰めた詰球系のボールである。後に主流となる動物の膀胱を空気で膨らませたボールは，ウェールズの１か所に見られるだけである。ほかに切出球系のものや，詰球か中空かは不明だが革製のボール，麻か皮を堅く巻きつけた巻球系，珍しいものではビールを満たした樽，水を満たしたボールなども用いられていた。

競技者の人数も決まってはいない。随時行われるゲームでは，十数名の同人数で行われるものもあったが，行事として行われるゲームの多くは数百人，時には千人を超す大集団が入り乱れてボールを奪い合ったようである。多くは教区と教区，あるいは村落と村落といった地域社会同士の対決であった。しかし，町村民を東西や川を隔てて２つに分けたり，商人対農民，未婚者対既婚者であったりといった対戦もあった。異なるコミュニティによるゲームと，同一コミュニティを２つに分けた場合とでは，おのずから敵対意識には違いがあろうし，試合内容，とくに激しさとか暴力性では前者のほうが強いものであったと想像される。

ゲームに参加した階層は，随時行われるゲームでは比較的同じ社会階層のものが集まって行ったようであるが，行事として行われるものでは，「あらゆる階級の何百人」とか，「紳士階級を含む教区全員」，「医者から労働者まで全階級が参加」といった記録も見られるが，やはり中心は労働者階級で，「下層階級の楽しみ」，「気性の荒い連中」，「のらくらもの」が参加者の多くを占めていたといってよい。

また，周辺に住む住民や見物に訪れた人も，自由に参加できたようである。ゲームの内容からいって，中心となるのは男性の若者たちであった。女性は応援やゲーム中の飲食のサービス，あるいはゲーム後の宴会の用意などにあたっていたようである。もっとも，男装してゲームにまぎれ込んだという記録もある。

勝敗の決め方は，「決められたゴールにボールを持ち込めば勝ち」という方法が圧倒的に多い。ゴールは池や川，教会や水車，特徴のある建造物，自然物などであった。随時行われる小規模なゲームでは，そのつどゴール用の杭が設けられたりした。また，特定のゴールは設けず，試合終了時にボールを所持していた，あるいは味方陣営にボールがあったほうが勝ちという，ボール保持型のゲームもあった。集団と集団の争いではなく，個人個人が敵でボールを奪い合うというものもあった。勝敗は争わずに，ただボールを蹴り回すという儀礼型のゲームもあったようである。

競技時間もまちまちであるが，多くは朝から準備が行われて，昼前後に競技を開始するというものが多く，ほとんどが11時ごろから２時ごろの間に競技が行われていた。教会の鐘を合図に競技がはじまり，ゴール型のゲームでは決着がつくまで競技がつづけられることになるが，それでも日没になれば引き分けで終わるというのが一般的であった。保持型のゲームでは，４時間とか90分とかあらかじめ競技時間が決められていた。試合のはじまりには，市役所，教会，市場など街の中心の由緒ある場所が選ばれて，市長や教会関係者，著名人がボールを群がる競技者に投げ入れたり，蹴り込んだりするという始球式で開始された。

ところで，試合の中身はどうだったのであろうか。文献史料に見られる文章を拾うと，「街灯柱を倒し，囲い塀が倒壊し，壁ははげ落ち」「ひどく蹴ったりけがをさせたり」「激しい戦いであり」「荒れ狂うスクラム」「一団となって殴り合い」「思うぞんぶん蹴ったり殴ったり」「走る喧嘩」であり，「殺人を除くあらゆる手段が使われ」「鼻が血まみれになり」「命さえ落としかねない」といった物騒な表現がされている。しかし，お互いが素手，丸腰で戦ったようであるし，際限なく暴力を振るったというものではなかったようである。事実このゲームでの死者は，18世紀後半の3例のみが記録に残っているだけであり，しかも死を報ずる記事がきわめて異例の事態であるといった論調で書かれていることからも，乱暴ではあるが人間の節度の範囲で行われていたということができるであろう。御輿(みこし)のぶつかり合いなどに見られるような，日本のお祭りでの荒々しい行為を想像すればよいのではないかと思う。

●なぜ禁止されたのか

しかし，こうしたゲームが国王や為政者たちにとっては，頭痛の種であったことは想像に難くない。つねに体制側は，秩序を求めるものであり，若者たちが集団で騒乱的状態を起こし，けが人や時には死者まで出すようなことをしているのは見過ごすことはできなかったであろう。しかも，当時の戦争技術としてもっとも重要なアーチェリーの練習はそっちのけで，フットボールの練習(行事的なゲームでは年中していたとも思われないが，時期が近づくと血が騒いでくるのであろう)にふけるというようなこともあったようである。

英国王朝では，ライオンハート・リチャードからヘンリー8世までみな弓の名手であり，娯楽としても弓が好きだったようである。そして，ガーター勲章を創設したエドワード3世は，次のような布告を出している。

「ロンドン市の正常で健康な男子は，余暇と休日には弓矢を用いてアーチェリーの技術の練習をするように命じる。フットボール，石投げ，石打ち，鉄投げといった軽薄な，何も得るもののないゲームにふけることを禁じ，行ったものは収監する。1369年6月12日，国王」

こうした理由で，国王や市長などから禁止令が出されるのだが，それがくり返し出されていることは，禁止令が出ると一時的には効果があっても，またすぐ禁止令を破ってフットボールがはじめられ，それもはじめは目を盗んでおそるおそるであったものが，しだいにもとのような盛大なものになり，目に余るものとなってまた禁止令が出るということがくり返されたのであろう。ちなみに，もっとも多く禁止令の出されているロンドンでは，わかっているだけで1314，31，49，65，88年，1401，09，10，14，74，77，78，96年，1572，81年，1615年と302年の間に16回出されている。なかには，2年連続というのが2回あることからも，大衆のこのゲームに対する思いは強いものがあったと推測されるのである。

2 競技規則の制定と国際化

パブリックスクールのフットボールへ

●ルール化はイタリアから

中世期，イタリアのフィレンツェとシエナで，ハルパスツームの流れを汲むと思われる〈カルチョ(Calcio)〉が盛んに行われていた。市場の広場で年中行事として行われ，中世期のきらびやかな衣装をまとってゲームをするもので，現代にもその行事は受け継がれている。ルネサンスの影響によって，ゲームの規則をつくることがイタリアから広まり，イングランドでもそれが行われるようになった。また，イングランドでは紳士となるトレーニングの一部に，健康な運動やボールゲームが行われるようになり，ボールゲームがいろいろな教育改革者によって推奨されるようになった。リチャード・マルカスター(Richard Mulcaster：1596～1608年にSt. Paul's Schoolの校長)がフィレンツェとシエナのゲームの知識からフットボールを推奨する文を教育改革の本のなかに書いたことも，その後の学校での受け入れにつながり，スクールボーイたちの生活の一部にもなっていった。しかし，この動きはクロムウェルの改革を受けて，清教徒ピューリタンの非難によって止まってしまうことになる。

ピューリタン革命で欧州に追われたチャールズとその一行は，母国の乱暴なゲームとは違う，組織化されきらびやかなゲームであるカルチョをイタリアで見て強い印象を持ったと思われる。1660年に復権して国王となったチャールズ２世は，ロンドンに居住し，教会の主でもあったが，1681年に彼の農奴とアールオブアルバーメイルの農奴の間でのゲームを許可した。結果は自分のチームが敗れたが，相手の高い技術を称え，相手のもっとも活躍した選手に特別の記念品を贈ったという。国王はこのゲームを保護し，またそれが好みでもあった。

●教育への利用

これが急速に広がることはなかったが，国王の庇護によってこのゲームの社会的評価はしだいに高まっていった。マルカスターの書の影響もあって，教育者が生徒の身体的能力の発達に有用であり，将来の国への奉仕にも役立つと考えるようになり，18世紀にはパブリックスクールと呼ばれる有力な学校でカリキュラムの一部に取り入れるようになった。学校のなかのゲームでは，文書にされ法制化された規則はまだないが，競技者や観衆によって承認された標準の行為による礼儀といったある種の文書化されていない形の規範によって自己規制されていた。それらは，紳士にとって〈すべきこと〉と〈してはいけないこと〉であった。パブリックスクールは，紳士を養成する学校であったので，このことは重要な教育規範であった。これは後の規則の，〈非紳士的行為〉に反映されている。

それぞれの学校は，多くの場合地理的にかなり離れたところにあり，交流するための大量交通手段もなかった。したがって，試合は学校内のみで行われ，他校と試合をすることはほとんどなかったから，ゲームのやり方が成文化されていく過程でもそれぞれの学校の環境，あるいは教育者の指導理念に合わせたものとなっていくのは当然であった。使えるスペース，ボール，ある境界を出たときどうするか，ボールを手で拾い上げることができるか，パントキックをしてよいか，近接する教会の窓や低い壁がこのことを許すかなど，それぞれ異なるものとなっていったが，とくに初期から次の２点で基本的な違いがあった。

①ボールを手で扱うこと(ハンドリング)は許されるか。

②手を使うことは許されず，ボールをドリブルすることが前進の主な方法か。

また，規律の重んじられる学校のなかでは，乱暴な〈モブ・フットボール〉は否定され，それぞれの学校で禁止事項を含めて規則がつく

▼19世紀，パブリックスクールでのフットボール
学校の制服のままプレーしている

られていった。それ以上に，生徒の運動や気晴らしというだけでなく，子どもたちを紳士に育てあげる使命を持っている学校では，人格の形成，激しい試合のなかで感情を抑制し，ストレスのもとで自分自身をコントロールして紳士らしく振る舞うことが重要と考えられた。

規則のなかには，共通的に次の要素が含まれていた。

・競技のフィールドの大きさや境界
・ゴール
・ボールを蹴ったり，ドリブルしたりする方法
・ボールキャッチとボールを持って走る方法（これが許されている場合）
・得点の方法
・競技者がしてはいけないことと，してはいけない場所の規定
・疑問点や異議を提起する権限を持った人についての規定

最後の項目は審判の原点となる人についての規定だが，マルカスターの1561年の本に，トレーニング・マスター（training master）という名称で，プレーを判定し，適切な命令を出す権限を持ち，試合中の議論や衝突，論争を避けるための人として書かれている。校長自らがこの役をしたようで，生徒のゲームでのトレーニングに責任を持つとともに，審判の役を果たしたことを示している。

●統一ルール化への流れ

パブリックスクールを卒業して大学に進学した学生が，フットボールをつづけたいと思うのは当然であり，この強い願望がフットボールのさらなる発展をもたらした。まずそこで直面した問題は，卒業した学校によって規則が違うということであった。

1846年に，ケンブリッジ大学において〈University Football Club〉がシュルーズベリー校とイートン校の卒業生によってつくられ，〈Parker′s Piece〉と呼ばれているグラウンドで両者の間で試合が行われるようになった。1848年に新入生による試合が行われたが，それぞれの出身校の規則でプレーしようとすることでひどい混乱を引き起こした。このことがきっかけとなって，規則を統一したものにしなければならないという気運が盛り上がり，その年の10月にトリニティ校で会合が持たれた。会議は８時間つづいたが，フットボールの歴史にとってはもっとも重要な会議のひとつとなった。

各学校の卒業生代表が出席し，大学が中立の立場で議長となった。各学校の規則が検討され，出席者の同意が得られた規則のセットが，今日のサッカーの規則にも重要な部分として受け継がれている。まず，どの学校にも大きな違いのない部分が採用され，違いのある部分については多数決によった。その際，道理にかなっているか，フェアか，実際的かという３つの観点から審議された。

こうして〈ケンブリッジ・ルール〉が制定され，この規則によってどの学校の出身者であっても，すぐにプレーできるようになった。次に示すのは，その後も修正が加えられ，FA誕生直前の時点での規則である。

●クラブの発生

こうして，パブリックスクールや大学でフットボールを楽しんだ卒業生たちが，牧師，校長，公務員，会社員など，社会のリーダーになっていった。

そして，社会人になっても余暇にフットボールをつづけようと，学校のOB同士や地域の仲間でクラブをつくっていった。イートン，ハロー，ウエストミンスター，カルトジオ修道会など学校のOBのクラブ，教会に集う人たちでつくった地域のクラブ，若い仲間たちのクラブである。

また，産業革命と技術革新による社会状況の変化が，ゲームの発展に大きな役割を果たした。1814年にはスティーブンソンによって実用的な蒸気機関車がつくられ，1825年にはストックトンとダーリントン間に最初の鉄道が開通し，1830年にリバプールとマンチェスターの間で鉄道の営業運転が開始され，19世紀後半には英国内に鉄道のネットワークが広がっていった。また，技術革新による生産性の向上が労働時間の短縮をもたら

〈Cambridge Rule 1863〉

1.グラウンドの大きさは　長さ150ヤード，幅100ヤードを超えてはならない。グラウンドはpostsでマークされ，各サイドライン上のゴールラインから25ヤードの地点にpostを立てる。
2.ゴールは15フィート離れた２本のpoleからなる。
3.ゴールとキックオフの選択はトスによって行い，グラウンドの中央からキックオフを行う。
4.同意した時間の半分が経過したら，その次のアウトオブプレーのときにside を交替する。ハーフタイムのあと，および得点のあとには，その前と同じ方向に中央からキックオフする。競技時間と競技者の数は，両チームのheadが定める。
5.競技者がボールを蹴ったときにその前方にいた競技者はout of playで，そのボールに触れたり，他の競技者がプレーしようとしたりするのをいかなる方法でも妨げてはならない。
6.サイドラインを越えてボールがグラウンドの外に出たときはout of playで，出た地点からボールを直角にグラウンドに蹴り入れる。
7.競技者が相手のゴールラインを越えてボールを蹴り出したときは，グラウンド上で最初にボールに手で触れた競技者が，ゴールラインから直角に25ヤードの地点までボールを運んでフリーキックを行う。
8.ボールが相手ゴールラインの後方に蹴られたときは，攻撃側の競技者はボールにプレーすることはできない。
9.ゴールラインの後方，side-postのラインの外でtouch downされたときは，25ヤード postからフリーキックを行う。
10.フリーキックを行うときは，味方側競技者はキッカーと相手ゴールラインの間にいてはならず，相手側競技者はキッカーから10ヤード内にいてはならない。
11.フリーキックはどんな方法で行ってもよい。
12.得点は，ボールがポールの間を通過してグラウンド外に出たとき，または十分な高さがあればその間を通過したときに与えられる。
13.インプレー中，ボールをからだのどの部分でも止めることができるが，手，腕，肩でheldやhitしてはいけない。
14.すべてのchargingは認められるが，holding, pushing with hands, tripping upおよびshinningは許されない。

▲フリーメイソンズ・タバーン　©FIFA

し，多くの労働者が土曜日は半日の労働となって，ふえた余暇時間にフットボールやその他のスポーツなどを楽しめるようになった。

このような情勢の変化から，それまでは仲間同士でしかゲームができなかったのが，1860年ごろから他の学校やクラブとの試合をしたいという希望がふえ，また現実に可能となってきた。当時，ケンブリッジ・ルールはある程度は普及していたが，必ずしもすべてに受け入れられていたわけではなく，地方や環境の違いによって，それぞれで異なる規則によるゲームが行われていた。こうしたことから，ケンブリッジ大学の場合と同様のことがもっと広い範囲で問題となってきたのである。

●FAの誕生

これを解決するために，ロンドン近郊の15クラブのキャプテンが1863年10月26日にFreemason's Tavern in Lincolns' Inn Fieldsに集まって，The Football Asso-

〈The Football Associationで採択された規則〉

1.グラウンドの最大の長さは200ヤード,最大の幅は100ヤードとする。
長さと幅は旗でマークする。
ゴールは8ヤード離れて垂直に立てた2本の柱(posts)とし,それを結んだテープやバーは設けない。

2.トスに勝ったチームがゴールを選ぶ。競技はトスに負けたチームがグラウンドの中央からのプレースキックによってはじまる。キックオフされるまで,相手側はボールから10ヤード以内に入ってはいけない。

3.得点の後は,ゴールを交換し,得点された側がキックオフする。

4.得点は,投げる,打つ,運ぶ以外によって,ボールが2本のポストの間,あるいはその上の空間を(いかなる高さであっても)通過したときに認められる。

5.ボールがタッチに出たときは,最初にそのボールに触れた競技者が,ボールが境界線を越えた地点から,境界線と直角の方向にボールを投げ入れる。ボールがグラウンドに触れるまではインプレーとはならない。

6.競技者がボールを蹴ったとき,相手ゴールライン近くにいる競技者はアウトオブプレーとなり,プレーされるまではそのボールに触れたり,プレーしようとしている相手競技者をいかなる方法でも妨害したりしてはならない。ただし,ボールがゴールラインの後方から蹴られた場合は,アウトオブプレーになることはない。

7.ボールがゴールラインを越えたとき,最初にそのゴール側の競技者がボールに触れた場合は,そのチームの競技者がボールが越えた地点のゴールライン上からフリーキックを行う。相手側の競技者が最初にボールに触れた場合は,そのチームの競技者がボールが越えた地点のゴールラインから15ヤード離れた地点でフリーキック(ゴールをねらうのみの)を行う。相手競技者はボールが蹴られるまでゴールライン後方に立っていなければならない。

8.競技者がかかとでマークすると同時に宣言してフェアキャッチしたときは,フリーキックが与えられる。このキックを行うために,彼は後方に好きなだけ下がることができる。相手側はボールが蹴られるまで彼がマークした地点より前方に出てはならない。

9.競技者はボールを運ぶことはできない。

10.トリッピング(tripping)とハッキング(hacking)は許されない。また手を使って相手を抑えること(hold),押すこと(push)をしてはならない。

11.競技者は他の競技者にボールを投げたり(throw),パス(pass)してはならない。

12.競技者はインプレー中いかなる理由でもグラウンド上のボールを手にとってはならない。

13.競技者はフェアキャッチしたとき,またはワンバウンドでボールをキャッチしたときは,ボールを他の競技者に投げたりパスしたりしてよい。

14.競技者は靴の底やかかとにとび出した釘,鉄の板,ガッタパーチャをつけてはならない。

ciationを結成した。FAの誕生である。FA設立の最大の目的は,どのクラブ間でも共通に試合のできる規則をつくることであった。そのため,それぞれが原案を持ち寄って検討が進められた。その際,ケンブリッジ・ルールも参考とはされたが,もっとも単純な規則をつくるということを原則とすることが共通に確認されていた。

5回の会合のなかで活発な議論がなされ,とくに〈hacking of shins〉(すねを蹴ること)とボールを手で扱うかどうかについては大議論となったが,1863年12月8日に,次の規則が採択された。これがサッカーの最初の規則である。

議論の分かれたハッキングは禁止され,ハンドリングは折衷案としてフェアキャッチすることは認められたが,これも翌年には禁止され,基本的にはボールを手では扱わないゲームとなった。このことから一部のクラブがFAから脱退し,後にこの2つを認める〈ラグビー・フットボール〉の誕生(1871年にRugby Unionが設立される)へと発展するのである。

●シェフィールドとFAの合意

この規則は実験的なものであり,1870年

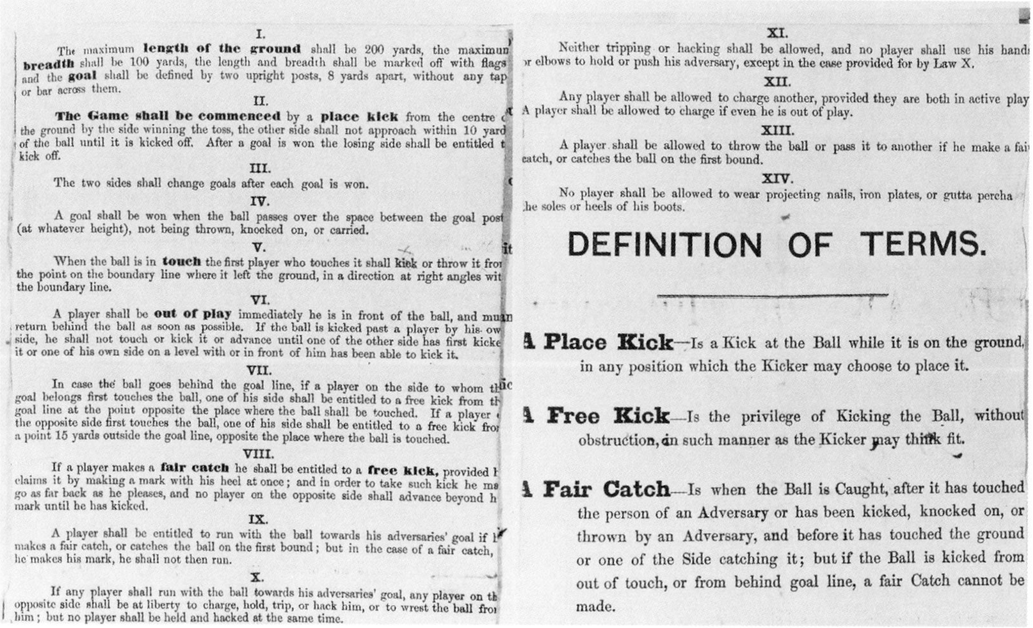

I.

The maximum **length of the ground** shall be 200 yards, the maximun **breadth** shall be 100 yards, the length and breadth shall be marked off with flags and the **goal** shall be defined by two upright posts, 8 yards apart, without any tap or bar across them.

II.

The Game shall be commenced by a **place kick** from the centre c the ground by the side winning the toss, the other side shall not approach within 10 yard of the ball until it is kicked off. After a goal is won the losing side shall be entitled t kick off.

III.

The two sides shall change goals after each goal is won.

IV.

A goal shall be won when the ball passes over the space between the goal post (at whatever height), not being thrown, knocked on, or carried.

V.

When the ball is in **touch** the first player who touches it shall kick or throw it fror the point on the boundary line where it left the ground, in a direction at right angles wit the boundary line.

VI.

A player shall be **out of play** immediately he is in front of the ball, and mu return behind the ball as soon as possible. If the ball is kicked past a player by his ow side, he shall not touch or kick it or advance until one of the other side has first kicke it or one of his own side on a level with or in front of him has been able to kick it.

VII.

In case the ball goes behind the goal line, if a player on the side to whom th goal belongs first touches the ball, one of his side shall be entitled to a free kick from th goal line at the point opposite the place where the ball shall be touched. If a player c the opposite side first touches the ball, one of his side shall be entitled to a free kick fror a point 15 yards outside the goal line, opposite the place where the ball is touched.

VIII.

If a player makes a **fair catch** he shall be entitled to a **free kick,** provided h claims it by making a mark with his heel at once; and in order to take such kick he ma go as far back as he pleases, and no player on the opposite side shall advance beyond h mark until he has kicked.

IX.

A player shall be entitled to run with the ball towards his adversaries' goal if h makes a fair catch, or catches the ball on the first bound; but in the case of a fair catch, he makes his mark, he shall not then run.

X.

If any player shall run with the ball towards his adversaries' goal, any player on th opposite side shall be at liberty to charge, hold, trip, or hack him, or to wrest the ball fror him; but no player shall be held and hacked at the same time.

XI.

Neither tripping or hacking shall be allowed, and no player shall use his hand or elbows to hold or push his adversary, except in the case provided for by Law X.

XII.

Any player shall be allowed to charge another, provided they are both in active play A player shall be allowed to charge even if he is out of play.

XIII.

A player shall be allowed to throw the ball or pass it to another if he make a fai catch, or catches the ball on the first bound.

XIV.

No player shall be allowed to wear projecting nails, iron plates, or gutta percha he soles or heels of his boots.

DEFINITION OF TERMS.

A Place Kick—Is a Kick at the Ball while it is on the ground, in any position which the Kicker may choose to place it.

A Free Kick—Is the privilege of Kicking the Ball, without obstruction, in such manner as the Kicker may think fit.

A Fair Catch—Is when the Ball is Caught, after it has touched the person of an Adversary or has been kicked, knocked on, or thrown by an Adversary, and before it has touched the ground or one of the Side catching it; but if the Ball is kicked from out of touch, or from behind goal line, a fair Catch cannot be made.

▲1863年に制定された最初のサッカー規則　©FIFA

までしばしば規則は変更された。また，この規則はロンドン近郊のクラブで行われたもので，北，とくにシェフィールドではいくつかのクラブが1866年に協会をつくってFAとは異なる規則を制定した。シェフィールドがロンドンに挑戦して1866年３月13日に代表による試合が行われることになったとき，両方が合意した規則が次のものである。

1.グラウンドは長さ120ヤード，幅80ヤードとする。
2.ロンドン協会のチームは白のジャージーかシャツ，トラウザーズを着用する。
3.ボールはLillywhiteの５号とする。
4.試合は３時にはじまり４時30分に終わる。

この５号ボールが現在のボールの大きさであり，試合時間の90分もその後に受け継がれている。ちなみに，ボールはほぼ人間の頭の大きさを目安として牛や豚の膀胱を皮で覆ってつくられていたが，19世紀後半からは技術革新によってゴムチューブが用いられるようになった。これによって形状，性能，耐久性などで格段に向上したことが，フットボールの魅力を倍増させたといってよいだろう。空気入りタイヤが実用化されたのが1888年だから，早くても1880年前後のことであろう。

▶FAカップ，そして国際試合の
▶開始と規則の変更

1871～72年に，協会の加盟クラブはすべて参加できるノックアウト方式の大会がはじめられた。これがFootball Association Challenge Cup，略してFAカップである。そして，大会規定で競技者数11人，競技時間90分と決められ，それが後に競技規則に書き込まれた。

また，1872年11月30日にはイングランド対スコットランドの初の国際試合が行われ，1873年３月にはScottish Associationが設立されてカップ戦もはじめられた。こうしたカップ戦や国際試合では，勝利をめざした激しい戦いが展開され，紳士協定的な約束ごとではすまされなくなり，シェフィールドの規則にはあったラフプレーに対する罰則としてのフリーキックが取り入れられたり，クロスバーあるいはテープをゴールに取りつけたり，ハーフタイムのみのエンドの交換が採用されていった。これ以外の協会を含めて，協会間の試合で規則の統一の必要性が再度強調され，1877年に合意に達したのが1878年の規則である。

審判はまだアンパイアであり，ペナルティ

〈1878年競技規則〉

1.グラウンドとゴールの大きさ

長さ	最大 200ヤード	最小100ヤード
幅	100	50

長さと幅は旗でマークする。ゴールは8ヤード離れた2本の垂直のポストとそれを結ぶ8フィートの高さのテープあるいはバーからなる。

2.トスに勝ったチームがキックオフかゴールのいずれかを選ぶ。グラウンドの中央からのプレースキックで試合を開始する。ボールがキックオフされるまで，相手側は10ヤード以内に入ってはいけない。また，両チームともキックオフされるまでグラウンドのセンターを越えて相手側ゴールのほうに入ってはいけない。

3.エンドはハータイムにのみ変える。得点のあとは得点されたチームが，ハーフタイムにエンドを変えたあとは最初にキックオフを行わなかったチームがキックオフをする。

4.得点は両ゴールポスト間でテープまたはバーの下を，投げる，打つ，運ぶ以外でボールが通過したとき与えられる。ゴールやポスト，バー，テープに当たってプレーに戻ったときはインプレーである。

5.ボールがタッチに出たときは，出した相手側競技者が境界線のボールが出た地点からボールを投げ入れる。どちらの方向に投げてもよい。ボールは6ヤード以上投げる。スローインされたときインプレーとなるが，投げた競技者は他の競技者がボールをプレーするまでつづけてプレーすることはできない。

6.競技者がボールを蹴ったとき，あるいはタッチからボールを投げたとき，その瞬間にボールより前方にいる競技者は，それより相手側ゴールライン寄りに相手競技者が少なくとも3人いなければout of playで，ボールがプレーされるまではボールに触れたり，他の競技者がプレーしようとしたりするのを妨げてはならない。ゴールラインからのキックの場合はout of playはない。

7.ボールが相手側によってゴールラインから出された場合は，ゴールライン側の競技者が近いほうのゴールポストから6ヤード以内の地点からボールを蹴る。ゴールライン側が出した場合は，相手側が近いほうのコーナーフラッグポストから1ヤード以内の地点からボールを蹴る。どちらの場合も，ボールが蹴られるまで相手側はボールから6ヤード以内に入ってはいけない。

8.ゴールキーパー以外の競技者は，どんな場合でも手でボールを運んだり，打ったり，扱ってはならない。ゴールキーパーはゴールを守ることで，手でボールを打ったり投げたりすることができるが，運んではいけない。ゴールキーパーは，試合中に交替することができるが，同時には1人しかゴールキーパーとして行動できない。正規のゴールキーパーがその場所を空けているときに，他の競技者がそこへ入ってキーパーの行動をしてはいけない。

9.トリッピングとハッキングは許されない。相手を手で抑えたり押したりしてはいけないし，後方からチャージしてはいけない。競技者が相手ゴールに背を向けているときは，後方からチャージされても9条の特権を要求することはできない。

10.釘の頭が皮と平らに打ち込まれている場合を除いて，釘や，鉄の板や，ガッタパーチャを靴底やかかとにつけてはならない。

11.6，8，9，14条の違反が起きた場合は，その違反の起きた地点で蹴るフリーキックによって罰する。

12.フリーキックからは得点を上げることはできない。また，フリーキックを蹴った競技者は，他の競技者に触れてからでなければそのボールにプレーすることはできない。キックオフとコーナーフラッグキックも，本条でいうフリーキックである。

13.6，8，9，10，14条の違反と考えられることが起きても，アッピールがなされてアンパイアが決定を下すまではインプレーである。

14.相手に飛びかかってチャージすることはできない。

キック，警告，退場といったより厳しい罰則もまだないが，ほぼ現在の規則の原型をここに見ることができる。ゴールキーパーもはじめて登場している。オフサイドもまだ言葉はアウトオブプレーだが，相手の後方から3人目より前と制約がぐっとゆるめられている。

▲1878年，イングランド対スコットランド戦

国際評議会 (International FA Board)の設立

1877年にウェールズとアイルランドに協会があいついで設立され，その年にスコットランド対ウェールズ戦が，さらに1978〜79年にイングランド対ウェールズ戦，1981〜82年にはイングランド対アイルランド，ウェールズ対アイルランド戦とあいついで英国４協会内の国際試合が行われるようになった。

こうした国際試合を円滑に行うために，４協会による競技規則を協議する組織の必要性が検討され，はじめはスコットランドの反対にあったが，結局1882年12月６日にマンチェスターで４協会それぞれ２人の代表による会合がもたれた。FAの会長メジャー・マリンディンが議長を務め，そのリーダーシップのもとに友好的な協議がなされて統一された規則が承認され，さらに４か国で批准されて，1883〜84年から施行された。

同時にこの会議で，International Football Association Board(IFAB，国際サッカー評議会)が設立され，現在にいたるまで規則を改正する権限を持った世界で唯一の機関となった。

また，この年から４協会の国際大会がはじめられた。今につづくホームインターナショナル・マッチのはじまりである。

1904年に設立されたFIFA(国際サッカー連盟)からも1913年からIFABに代表が出席するようになったが，英国４協会に対して，その他の世界の協会を代表するFIFAの権限は１協会分でしかなかった。英国４協会各１票に対してFIFAが４票持つようになったのは，ずっと最近になってからである。

IFABは毎年英国４協会が回り持ちで,ワールドカップ開催年にはFIFAがホストして大会の開催国で２月中旬〜３月中旬の土曜日に年次総会を開いて，英国４協会および他の世界の協会を代表してFIFAから提案された競技規則の改正や解釈について審議決定する。規則の改正には，４分の３以上の賛成を必要としている。

決定された事項はFIFAを通して世界各国協会に通達され，その年の７月１日から発効することになっている。

▲1891年のFAカップ決勝
ブラックバーン・ロバース対ノッツ・カウンティ（3-1）。ゴールにバーとネットがあり，旗を持ったアンパイアがいる。スタンドには観客が鈴なりになっている　©FIFA

審判員の登場

●2人のアンパイア

1863年のFA最初の競技規則には，反則は規定されていても罰則はなく，審判員も規定されていなかった。「紳士としてこういうことはしてはいけないと約束したのだから，意図的にそうしたことをする競技者はいるはずがない，たまたまそうした反則が起きてもわざとやったのではないから罰することはない」という考えだったのだろう。そして，何か問題が起きたときは両チームのキャプテンが話し合って，どうするかを決めて試合を進めていった。しかし，勝敗が激しく争われるようになり，またプロ的なクラブや競技者が登場するようになって，わざと反則をしてチームを有利にしようというようなプレーもふえてきて，反則に対する罰則が規定され，またそれを判断する人としての審判員が必要になってきたのである。こうして審判員が登場するまでのいきさつをたどってみたい。

1860年からFA成立までのハロー校の規則には，2人のアンパイアをおき，疑義のあることを判断し，不正に得られたゴールを取り消し，およびSchoolboy (House) Matchでは意図的に規則を破った競技者を退場にする任務を持ち，事実に関する限り彼らの決定は最終であることが規定されていた。そして，FAの主要なメンバーはハローのOBで占められていたから，試合中に問題が起きたときの仲裁者として，このアンパイアが登場してくるのは当然の流れであった。もともとアンパイアはクリケットの審判のことで，「ただ1人の人」という意味だが，サッカーでもこれを取り入れて両チームがそれぞれ1人を任命することからはじまったようである。

●タッチラインの外にいたレフェリー

しかし，この2人の判断が分かれたり，対立したりすることも当然起こる。そうしたときの相談役，仲裁者が必要となってきた。そこで，観客のなかからしかるべき人，偉い人にお願いして，最終決定を任せることになった。Refer(任せる，ゆだねる)する人ということで〈Referee(レフェリー)〉という名称になったのである。このころは，アンパイアはフィールドの中にいたが，レフェリーはタッチラインの外にいた。

審判員がFAの文書ではじめて出てくるのは1871年のFAカップの規定で，準決勝以上の試合では，試合するチームとは中立の２人のアンパイアと１人のレフェリーをおくとなっている。さらに1886年には，FAが審判員への手引きとしてメモランダムを発行して，審判員の任務と権限を示したが，そのなかで興味を引くのは「クレイムがなされ，アンパイアの１人がそれを認め，レフェリーも同意したら，もう１人のアンパイアの意見の確認を待つことなく，レフェリーは笛を吹くべきである。アンパイアがアピールに同意したら杖を上げ，レフェリーが笛を吹くという，これまで大変うまく行われてきた方法を今後もつづけるべきである」という項である。

これによれば，競技者には反則のアピール権があったということと，レフェリーは外からではあるが笛で合図をしていたことがわかる。この笛は，鉄道員の使う笛がよく聞こえるのでそれから思いついたといわれている。実際には，競技者が「あれはどうなんだ」，「ファウル」，「ハンド」などとアピールして，アンパイアもそうだと思えば手に持っている杖を上げ，もう１人も杖を上げれば当然笛が鳴るが，もう１人が同意しなくてもレフェリーが同意すれば笛を吹くということである。このメモランダムには，アピールに疑問がある場合は，反対側に有利に笛を吹くことができる，などレフェリーは与えられた大きな権限を恐れることなく行使すべきであるとしている。

●主審，線審の確立

1888年には，プロフェッショナルなリーグとしてフットボールリーグがはじめられ，試合はいっそう激しくなり，仲裁者の役割もさらに重要性を増していった。1890年には，競技規則のなかにレフェリーとアンパイアの項が設けられ，1891年の規則の大改正で，レフェリー(主審)がはじめてフィールドの中に入り，アンパイアがラインズマン(線審)となってタッチラインの外に出ることになった。その後の審判員の象徴的カラーとなる黒は，レフェリーを務めていた偉い人のフロックコートのカラーであり，線審の旗はアンパイア時代の杖の名残であるという。いずれもが紳士の持ち物である。

こうして主審，線審が確立し，その権限が強化されていくにしたがって，競技者のほうのアピール権は縮小されていった。1891年には，アピールがなくても主審が反則だと判断すれば笛を吹けるようになり，1895年には「あれはどうなんだ」とか「ファウル」といったアピールはできなくなって，「ハンド」，「トリッピング」のように反則を特定してアピールしなければならなくなった。それでも競技者がやたらに反則をアピールするようになって，アピール権は20世紀はじめ(手元の史料では年代は定かではない)にはまったくなくなってしまった。

1891年の改正では，警告，退場，ペナルティキックといったより強い罰則がそろって登場している。ペナルティキックは，ゴールラインから12ヤード以内で守備側が行った故意のトリップ，ホールド，ハンドリングに対して，アピールがあってそれを主審が認めたときに与えるとあって，ゴールラインから12ヤードの任意の地点から蹴り，直接得点が認められる，というものだった。

●FIFAの設立と競技規則の改正

20世紀になって，1904年にFIFAが設立され，1906年には英国４協会もこれに加わって世界の統轄機関となった。1908年のロンドン大会からオリンピック種目となり，1930年からはワールドカップもはじまって，世界ナンバーワンのスポーツへと発展していった。競技規則も，技術・戦術の発展に合わせて毎年のようになんらかの改正が加えられていったが，ここではそのうちの主なものだけを記述するにとどめる。

1903年，反則をされた側にプレーが有利に展開したと主審が判断したときは，規則の適用をやめることができるという表現で，Advantage Clauseと呼ばれるアドバンテージの規定が加えられる。また，反則に対するフリーキックから直接得点できるようになった。

競技フィールドのマーキングの変遷

1863-1865

ゴールにバーはなく，境界のラインもない。

1866-1874

ゴールにテープがつけられる。

1875-1882

ゴールにバーをつけることができる。
フィールドの最小の大きさとして縦100ヤード，幅50ヤードが規定される。

1883-1890

バーが必須となる。境界のラインが引かれる。

1891-1895

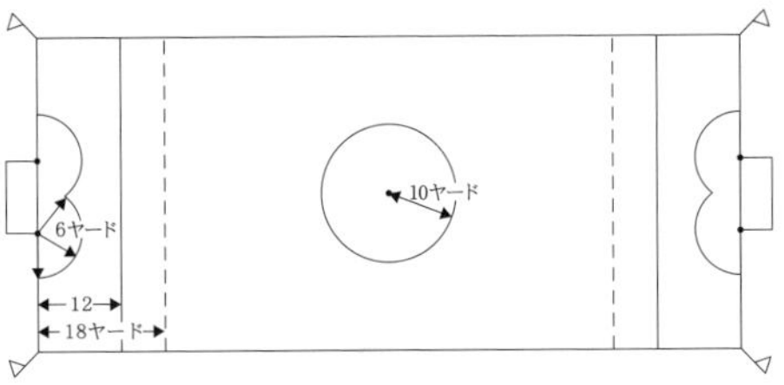

1891年にペナルティキックが導入される。

1891

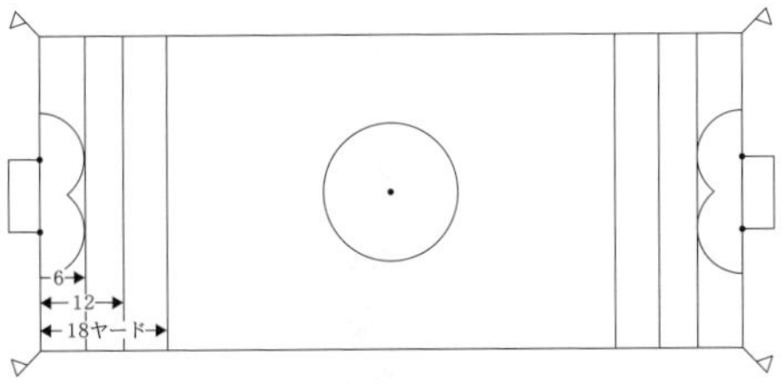

ラインの引き方にいろいろあったが，この引き方が一般的だった。

1891

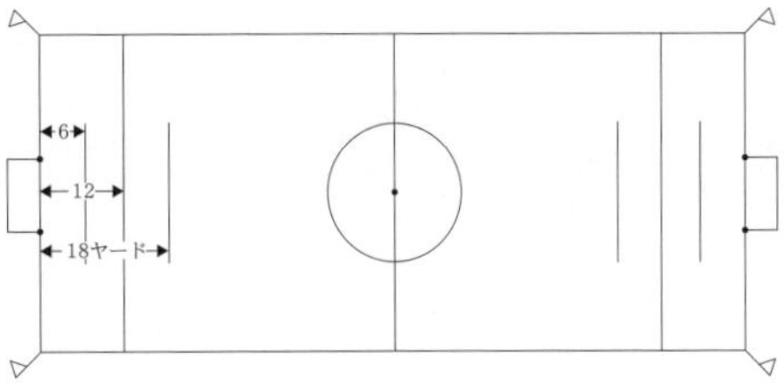

より単純化されたラインが一般的となる（規定はない）。

1896

フィールドは長方形と規定される。
大きさは，長さ100～130ヤード，幅50～100ヤード。

1901

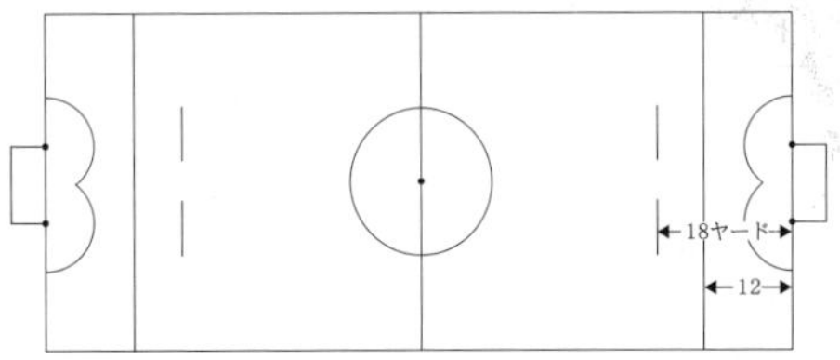

第１章に「ゴールポストから18ヤードの所に適当なマークをつける」と規定される。

1901

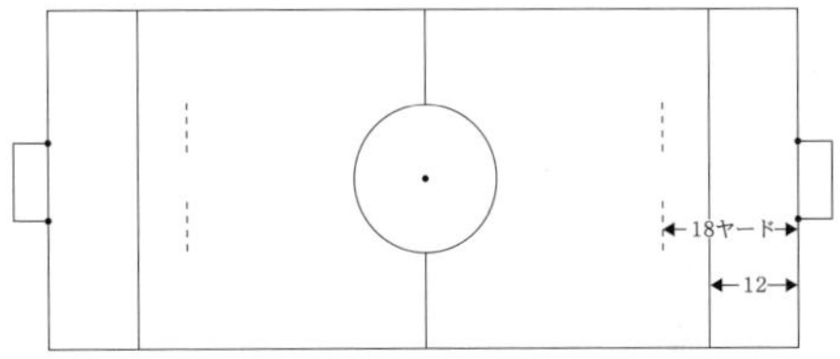

概略しか記されていない。規則からの一般的なラインの引き方。

1902

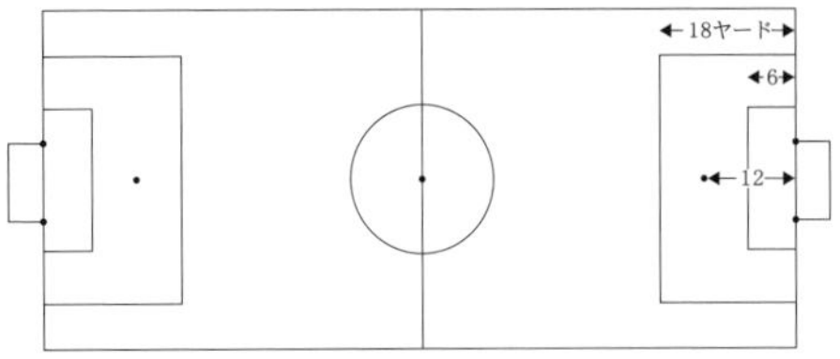

３年間の議論の後，長方形のペナルティ・ボックスが導入され，ハーフウェイラインが規定される。

1937

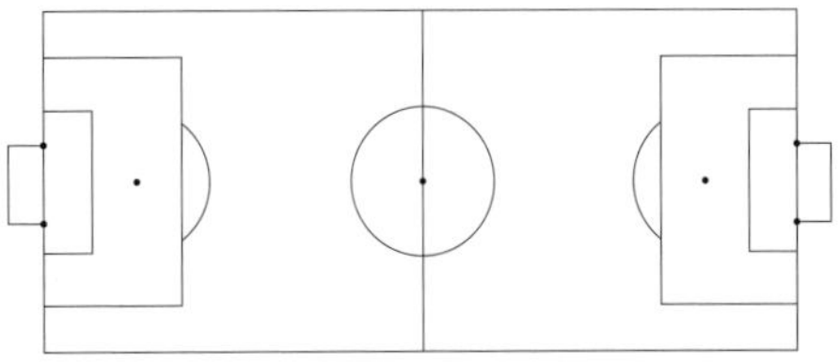

ペナルティスポットから10ヤードのペナルティ・アークが導入され，現在のマーキングになる。

▲1927年5月29日のイタリア対スペイン戦で主審を務めるサー・スタンレー・ラウス ©FIFA

1925年，表現上は3から2に変わったという小さな改正だが，戦術に大きな変化をもたらした改正が行われた。オフサイドの適用の範囲が，3人の守備側の競技者より前方から2人に変わったのである。これによって，ツーバックからスリーバック制へ，そしてWMフォーメーションへとサッカーが大きく変わったのである。

なお，規則上ではこのときもout of playが使われているが，1886年の審判へのメモランダムや1887年から出されたReferees' Chartにはすでにoff-sideが使われている。

1934年，のちにFIFAの会長を務めたスタンレー・ラウス卿が，対角線式審判法を考え出し，この年のFAカップの決勝戦の主審を務めて実際に行い，以後現在にいたる審判の基本的な動き方となった。

1938年，これもスタンレー卿がそれまでの条文立てを整理して，現在と同じ17条に書き替えた競技規則がFA経由でIFABに提案され，採択された。このなかではoff-sideが使われているが，このときが最初なのか，それ以前から規則のなかで使われていたのかは手元の文献からは定かではない。

ここまでが競技の誕生と競技規則成立についての紹介である。

3 最近の競技規則の改正

近年の競技規則改正の背景

このへんで，時計の針を一気に50年ほど回すことにしたい。この50年の間にも競技規則はサッカーの発展とともに変化し，またその変化がサッカーの進化を支えてきた。しかし，その詳細はとても限られたページのなかでは記述できないし，またサッカーに大きな変化をもたらしたような改正もなかったことから，マニアにとっては貴重であっても，現在や将来のサッカーを概観するうえではそれほど大きな価値はないと思うからである。それが最近の10余年の間には，サッカーのゲーム内容にも変化をもたらすような改正がつづけざまに行われてきた。このあたりのことを，その背景とともに紹介していきたい。

ワールドカップを頂点とする世界のサッカーは，文字どおり世界ナンバーワンのスポーツとして君臨しつづけてきた。そして，テレビをはじめとするマスコミや商業主義とのかかわりはいっそう深くなり，そのなかでスポーツも変化を求められつづけてきたといってよい。ところがサッカーでは，世界での勝負がより厳しくなるなかで，守備優先の消極的なサッカーが横行し，その結果得点は少なく，引き分けが多く，守るためのあくどい反則や時間かせぎ，あるいは審判への個人や集団での抗議，そうしたことに毅然と対処しない審判員など，サッカーの魅力を損なうネガティブな現象が数多く見られるようになっていった。1990年のイタリア・ワールドカップにおけるそうした現象の多発に，FIFAはサッカーの将来に強い危機感を抱いたのである。オリンピック大会や陸上，バレーボール，バスケットボールなどがサッカー人気を急追するようになってきたこともその背景にあった。そこで，選手や審判員の代表をも含めて〈Task Force 2000〉というチームを発足させて，21世紀にもサッカーがナンバーワン・スポーツの地位を確固としたものとするために，マイナス要因を排除し，サッカーの

▶競技時間中の飲水は，30度を超す暑さの中で開催されたスペイン大会を機に許可されるようになった
©P. Kishimoto

魅力をより増大させる方策を検討していった。その結果が，競技規則にも反映されていったのである。

ここでは，そうした改正のなかから主なものを拾い上げ，それぞれの改正にはなんらかの目的があるので，その目的別に分類して説明を加えていきたい。

なおこの目的は，IFABやFIFAがその目的を明らかに示しているケースもあるが，私なりの考えで分類したものもあることをお断りしておきたい。IFABは競技規則の条文(条)の改正だけではなく，決定事項(決)を条文に付していてそこも改訂を行っているし，そのほかにも「強制力を持った指示」あるいは付加的な指示(指)という形で審判員への通達を行っている。また新しい試みを試行(試)する場合もある。さらにFIFAは，アメリカ・ワールドカップまでは主催する世界大会ごとに参加したチームと審判員に対して規則と審判に関する「Memorandum(覚え書き)」(覚)を出していたが，これは1994年からは「審判員への追加指示」(追)という形で通達されている。さらに理事会も，時に規則に絡む決定(理)をしてきている。そこで，以下には事項のあとの(　)のなかに，その改正などの行われた年度と，どこにそれが示されているのかを上記の各文書に付した略号で記した。

なお，1937年の全面書き換え以来，部分的な手直しを重ねてきたことによって，文章表現が古くなっていたり，整合性が失われていたりしていたことから，IFABは1997年に条文立てはそのまま，内容もその年の改正以外はそのままで文章上の大改訂を行い，それに合わせて日本語版も大改訂したことを付記しておく。

▶競技者の安全を守り，▶スキルフルなサッカーを保障する

①競技中の飲水の許可(1982/覚)
②すね当て着用の義務づけ(1988/理→1990/規)
③出血している競技者の止血するまでの競技参加の一時停止(1990/勧告→1997/規)
④相手の安全に危険を及ぼすような後方からの無謀なタックルの厳罰(退場)の適用(1994，1995/指→1998/決，1999/指)
⑤肘打ちへの厳罰(退場)の適用(1994/指)
⑥移動式ゴールの固定の義務づけ(1994/規)

競技時間中の飲水は，ワールドカップ・スペイン大会(1982年)が30度を超す暑熱環境で行われ，FIFAの医学委員会からの提言を受け入れて，アウトオブプレー中のタッチライン上での飲水を認めたことから，現在では寒いときの試合にも適用されている。

後方からの無謀なタックルについては，世界的な選手がこれによって引退をせざるをえないようなことがつづいて起きたことから，

▲後方からの無謀なタックルは，厳罰（退場）の適用となる
©P. Kishimoto

安全とスキルフルなプレーを保障するためにFIFAがとくに重点をおいて審判員に強く要求しつづけているものである。

すね当てと出血した選手への対処は，HIVなどの血液を介した感染症に対する対策でもある。

得点の機会をふやす

●オフサイド規則と解釈の改正

①守備側人数の削減（1990/規）

②積極的なかかわりの重視（1994/指→1995/規）

オフサイドは25年の改正以来，相手守備側の後方から２人目と並んでいるか前方がオフサイド・ポジションだったが，1990年の改正で前方のみがオフサイド・ポジションになった。相手と同じライン上にいれば，オンサイドとなったのである。わずか数センチの違いではあるが，競技者と線審（当時）への心理的影響は，攻撃側に有利になったという点できわめて大きな意味を持ったといえる。

さらにその適用にあたって，ワールドカップ・アメリカ大会時に，積極的にプレーにかかわったときにのみ罰則を適用するよう審判員へ指示した。そのときの研修会では，このことに関して〈Area of active play〉という言葉を使って，そのエリアにいる場合は，積極的にプレーにかかわっていると判断してよいという指導をした。また，線審には〈if doubt no flag〉という指示も出している。そしてブラジル対オランダ戦で，ロブのパスの落下点のすぐ近くにいたロマリオが，まったくプレーする意志を見せずに後方に歩いて戻り，これをオフサイドと判断して止まってしまったオランダ守備陣に対して，ベベトがオンサイドから走り込んで得点をあげたプレーを審判が得点と認めたことから，世界中の大論争となった。

１年間沈黙していたFIFAは，翌1995年の改正で規則に積極的なプレーへのかかわりを盛り込むとともに，どこにいたかではなく，積極的にプレーをしたか（しようとしたか）が判断基準であることを明らかにした。ここでも，攻撃側に有利な解釈と適用を指示したのである。

●得点の機会を奪った反則への退場処分

①ハンド以外の反則への適用（1990/指）

②ハンドも含めたすべての反則への適用（1991/決）

100年前に，ゴール近くでわざと反則して得点を阻止することが横行してペナルティキックが導入されたのと同様なことが，20世紀末にくり返されたといってよい改正である。それまでも反則そのものの悪さによっては警告されることはあったが，それでも得点が防げるのならそのほうが得だということで，キーパーと1対1になって絶対の得点のチャンスというようなときに，後ろから追ってきた守備側やキーパーが反則によってシュートをさせないというようなプレーが多くなったことに対する罰則の強化であった。これによって，反則の悪質さにかかわらず，反則によって得点を阻止したということのみで退場ということになった。

●勝点の勝利重視の改正(1995/理)

リーグ戦では勝点で順位が決まるが，それまでの勝ち2，引き分け1，負け0という配点から，勝ちに3点を与えるという改正が行われた。これは引き分ければよいということではなく，勝利への意欲をより高めようという意図であり，これは成功したといえる。

▶ 実質的な ▶ インプレー時間を長くする

①時間の浪費への厳格な対応(1991/指)

②ゴールキーパーのプレーへの制限強化

・二度手を使うことの禁止(1982/規)

・時間かせぎへの罰則(1982/規)

・足によるバックパスの制限(1992/規)

・スローインによるパスの制限(1997/規)

・ボールを保持できる時間を5～6秒に制限(1997/指→1998/決)

・4歩の歩数制限を廃止して6秒までの時間制限のみに(2000/規)

ゴールキーパーがボールを手に持つと，相手はそれにチャレンジすることはできないことから，1点差で勝っているような場合にこれを悪用すれば，相手の攻撃を受けない安全な時間を多く持つことができる。そのため，キーパーにバックパスしてキーパーがなるべく長くボールを保持するというようなやり方が広く行われていた。こうした，実質的にサッカーの攻防が起きない時間を少なくするための改正が次つぎと行われ，いたずらにキーパーにパスすることを禁止するとともに，長らくありながら適用がルーズになっていた歩数の制限は廃止して，6秒という時間の制限のみにしたのである。これによって，キーパーのところでボールが止まってしまうことがなくなり，両チームがイーブンな条件でボールをめぐる攻防が展開される時間が長くなった。

③ゴールキック(ゴールエリア内のフリーキックも)の場所の制限緩和(1992/規)

ボールの出た(反則のあった)ほうのゴールエリアの半分から蹴るというゴールキック(フリーキック)の場所の制限を，ゴールエリア内のどこからでもよいと改正して，わざと違うほうに置こうとしたりするような時間かせぎを防止した。

④負傷した競技者への迅速な担架対応(1992/試→1994/指)

これは①の安全対策とも関係することだが，主審が必要と認めたときは担架を早く入場させて早く外での治療を受けられるようにするとともに，負傷したふりをして時間をかせごうとするような行為を防止しようという意図のものである。この最初の試行は，広島のアジア大会(1992年)で行われ，その成功によって指示となったものである。

⑤マルチボールシステムの導入(1995/試→1996/指)

ラインアウトから次のリスタートまでの時間を短縮してプレー時間を長くするために，

▲負傷者を担架で迅速に運ぶのは早く治療を受けさせるとともに時間かせぎを防止する　©P. Kishimoto

複数のボールを周辺に配置して，すぐにボールを供給する方法として導入された。

⑥交代のスピードアップ(1996/指)

交代の時間を短縮するよう主審が競技者をリードすることを求めた。

⑦ロスタイムの積極的な追加

サッカーの試合時間は，アウトオブプレーも時計は止まらず，よほどのことがない限り規定の時間がくれば主審は試合終了の笛を吹いていた。ところが，アウトオブプレーを利用して時間かせぎをするケースがふえたことから，このことへの対策が必要となった。1987年に，それまでは事故などで空費された時間を延長するとなっていたものを，交代，負傷者の搬出，時間かせぎと具体例を規則に加えて，それによって空費された時間を延長することを主審に求めた。さらに，1994年には，指示で時間かせぎの具体例を示し，1997年には負傷の程度を判断する時間も，空費された時間に加えた。

こうした対応によって，前半はそれほどでもないが，後半は2，3分の時間が追加されるのが一般的になり，5分以上延長されるケースも珍しくなくなっている。

コーチの要請に応える

●交代制度の導入と交代人数枠の拡大

このことに関しては，少しさかのぼって経過を説明しよう。サッカーでは，長らく交代が認められていなかった。このメンバーで試合をしようとお互いに約束したのだから，最後までそのメンバーで試合をするという考え方だった。しかし，とくに相手の反則によって負傷し試合続行ができなくなったような場合に，それがフェアなのかという疑問が広がり，1953年に負傷した場合に限りゴールキーパーはいつでも，フィールドプレーヤーは２人まで前半に限って交代が認められるようになり，1958年には後半にまで広げられた。しかし，本人が負傷したといえば主審はそれを認めざるを得なくなり，1967年に親善試合では負傷でなくても２人の交代が認められるようになった。さらに，1972年に交代の手続きが明文化され，1973年には交代要員の事前の登録と，公式試合では２人までの交代，その他の試合では試合前の合意により２～５人の交代が行えるようになった。

1994年には，ゴールキーパーが２人以外の別枠として１人の交代が認められ，1995年には，別枠ではなく3人までの交代となり，1996年には，登録する交代要員の人数が大会規定で３～７人の間で規定することになった。さらに2000年には，その他の試合での交代の最大数の制限がなくなり，両チームの合意する数までの交代ができるようになった。

◀選手交代人数の枠は，規則改正のたびに拡大されてきた

©P. Kishimoto

●テクニカルエリアの採用(1993/決)

それまでは規則で，外からのコーチはいっさい禁じられていたが，1990年のワールドカップイタリア大会では覚書でベンチからのコーチが認められるようになり，1993年からは決定事項でベンチ前にテクニカルエリアが設けられ，そのつど１人に限って役員が競技者に戦術的な指示が与えられるようになった。指示のあとベンチに戻ることと，責任ある態度で行動することが求められている。

●ハーフタイムの延長(1995/規)

５分のインターバルの規定が，15分までの時間で大会規定で定めることになり，ワールドカップなどでの15分のインターバルという慣行が規則でも追認された。

▲監督は，テクニカルエリアから選手に指示を出すことができる　©P. Kishimoto

フェアプレーの徹底

FIFAはサッカーの魅力を高め，多くの人に愛されつづけるためのキーファクターは，プレー内容のいっそうの進化とともに，フェアプレーが徹底されることであると考えている。フェアプレーはスポーツの根元的な規範であるとともに，このコンセプトを社会生活の規範にまで広めていこうということから，FIFAは1980年代からフェアプレー・キャンペーンを開始した。1988年にはフェアプレー・フラッグとカードおよびステッカーを作成して世界中にこれを配布した。以後FIFAの大会はもとより，世界中で開かれる各種大会の試合前の審判員と競技者の入場をフェアプレー・フラッグが先導することになった。

フラッグとカードの黄色は警告のイエローカードからとっているが，警告もレッドを予防するという趣旨であることから，反則をやめてフェアプレーをしようということで黄色を採用したという。また，旗にも書かれている〈Fair Play Please〉がキャンペーンのスローガンになっている。FIFAは，競技場内でのフェアプレーを「競技規則，相手競技者，審判員を尊重する(respect)」ことと述べている。

これまで述べてきた第12条〈反則と不正行為〉に関する改正は，決定的な得点の機会を阻止する反則や後方からのタックルなどフェ

▶入場行進を先導するフェアプレー・フラッグ　©P. Kishimoto

アプレーの徹底ともかかわるものが多く，それに反するような行為に対する警告や退場を含む強い対応を審判員に求めているものといってよい。条文に規定されていないフェアプレーに反する行為は，規則成立当時から〈非紳士的行為(ungentlemanly conduct)〉として規定されていたが，女子も数多くサッカーをプレーするようになったことから，1997年の全面書き換えのときに,〈反スポーツ的行為(unsporting behavior)〉と呼ばれるようになった。その反スポーツ的行為のひとつとして1999年の決定に，主審を欺くことを意図して反則されたように装う行為が加えられた。いわゆる〈Simulation〉である。

また，足や身体での反則に厳しい対応がなされるようになったことから，手を使って相手を押したりつかんだりする反則がふえ，2001年の指示で「露骨に引っ張ることや抑えることに対しては，反則をとるだけでなく反スポーツ的行為として警告を与えること」を主審に要求している。

ちなみに，警告，退場にイエローカード，レッドカードを示すようになったのは1970年のメキシコ・オリンピックからで，日本では翌年から導入されているが，これは覚書や指示のなかでカードの使用が示されていたもので，規則の条文にカードを示すことが書き込まれたのは1992年からである。

審判員の権限を拡大

試合内容がより激しくスピーディになり，競技規則もより複雑になって，審判員に要求される規則の理解と適切な適用，そのための身体的，精神的準備もより高いレベルが求められるようになった。主審に関しては，はじめから大きな権限が与えられていたが，微妙なケースでの正しい毅然とした判定が求められるようになっている。たとえば，ゴール前でキーパーと１対１になっているようなケースで，キーパーが突進するフォワードの足下に飛び込んで両者転倒するというようなとき，両者とも正しいプレーだったのか，どちらかが反則をしたのか，キーパーの反則なら決定的な得点の機会だったのか，それともフォワードがシミュレーションで倒れたのか，などそのままプレーをつづけるか，どちらの反則で笛を吹くか，警告，退場となるケースか，といった判断を瞬時にしなければならないのである。

主審については，規則上で権限が拡大されたというよりは，すでに持っている権限を適切に行使せよという要求が強くなっているといってよいだろう。ただひとつ権限が拡大されたといえるのは，1996年に評議会の決定で,「アドバンテージを採用したときに，予期

▼手を使った〈引っ張る〉反則は，警告の対象となる
©P. Kishimoto

したようなアドバンテージにつながらなかったら，2，3秒のうちなら前の反則に笛を吹いて罰することができる」という改正がなされたことぐらいであろう。アドバンテージのロールバックである。これは,「やたらに笛を吹かずにアドバンテージを積極的に適用して，とぎれることの少ないゲーム進行をはかれ」という要求でもある。

副審については，1996年に規則上で線審(linesman)から副審(assistant referee)に名称が変更されたことに象徴されるように，主審に対して援助しなければならない事項が大幅に増大した。この名称の変更には，女性の審判員がふえてきたこともあるが，意味上の変更のほうがより大きなウエイトを占めているものであった。

1995年までは線審の任務はボールがラインを出たときと,それがどちらのボールかを,また交代が行われるときに主審に合図することと，主審の競技の運行を援助するとなっていたが，1996年にオフサイドで罰せられるときや，主審が見ていなかった不正行為についても合図することが加えられた。これらは,それまでも実際には行っていたことであるが，規則に明文化されたのである。さらに2000年には，主審よりよい位置で見ていたときは，ペナルティエリア内を含めて反則を合図すること，ペナルティキックのときのゴールキーパーの動きとボールがゴールに入ったかどうかを合図することが任務に加えられた。また，近くのフリーキックなどで9.15m離れることを競技場内に入ってコントロールできるようになった。

このように副審の任務が増大し，しかも主審とは異なる専門的な要素も多くなったことから，1991年から国際審判員の登録には国際副審が別枠となった。なお，国際審判員には1995年から女子主審，副審の登録がはじまり，女子の国際大会を中心に活躍をしている。また，1996年からフットサルの国際審判員も別枠で登録するようになった。

1973年に交代が規則化されたことから,大きな大会で交代の手続きのために置かれるようになった第4の審判員(Fourth Official,日本では規則の用語としてははじめから第4の審判員であったが，1999年までは予備審判員と一般的には呼ばれていた)は，1991年にはじめて規則に付した文書として〈第4の審判員の役割〉(1997年から〈第4の審判員〉)が掲載され,すべての時間にわたって主審を援助することを含めてその任務が示された。1993年には,評議会の決定に第4の審判員の任務が規定された。1996年には主審，副審の見ていなかった不正行為を試合後協会に報告する義務が加わり，1999年にはベンチのコントロールが，2000年には,「主審が警告，退場の対象競技者を間違えたときや，主審，副審の見えないところで乱暴な行為が行われたときは主審に合図する」ことが加えられた。

このように，より速く，激しく，とぎれなく，しかも巧妙になった試合内容に対処するために増大した主審の負担を少しでも軽減するために，主審を援助する副審と第4の審判員の任務，権限を増大させて，4人のチームワークで試合をコントロールすることが求められるようになったのである。なお，主審の負担を軽減するために，FIFAは主審2人制の採用も考えて，1999年，2000年の2年間いくつかの国で試行を行ったが，期待したようなメリットが得られなかったことから,2001年にこの考えを放棄した。実は主審2人制は1935年にも試みられたのだが，このときもうまくいかなかったという歴史をもっている。また，1993年以来，FIFAは審判員のプロ化をはかることを各国協会に求めており，いくつかのサッカー先進国ではセミプロ化，フルプロ化，あるいは審判手当の大幅アップなどでその方向への転換がはじめられている。日本でもプロ化への検討がはじめられたところである。

試合内容はどう変わったか

これまで述べたように，最近10年余の間により魅力あるサッカーをめざして競技規則にかなりの改正が行われた。その結果，試合内容がどう変化したかを，イタリア，アメリ

最近のワールドカップ3大会での試合内容のデータ

	1990年イタリア(52試合)		1994年アメリカ(52試合)		1998年フランス(64試合)	
	総数	試合あたり	総数	試合あたり	総数	試合あたり
ゴール数	115	2.21	141	2.71	171	2.67
引き分け試合数	8	22.2%	8	22.2%	15	41.7%
0-0	3	8.3%	2	5.6%	3	8.3%
1-1	5	13.9%	4	11.1%	6	16.7%
2-2	0	0.0%	2	5.6%	6	16.7%
引き分け試合得点	10	1.25	12	1.5	36	2.4
1-0の試合	14	26.9%	10	19.2%	12	18.8%
警告数	163	3.13	227	4.37	258	4.04
退場者	16	0.31	15	0.29	22	0.34
インプレー時間	55分00秒		61分05秒		62分38秒	

カ，フランスの３つのワールドカップでのいくつかの試合内容を示す数字の変化から検証してみよう(表参照)。

まずゴール数であるが，１試合の得点平均がイタリアの2.21からUSAでは2.71と0.5点増加している。フランスでは若干減少したが，ほぼ横這いといってよいものである。「より攻撃的な得点の多い試合にしよう」という目的は達成されたといってよいだろう。このことは，引き分け試合の変遷からもいえる。この引き分け試合は，グループリーグによる１次予選での数字の比較である。「勝たなくても引き分ければよい」，「得点をとらなくても２試合引き分ければ１勝と同じだ」という守り重視の考え方がどう変わったかを見ようとしたのである。勝ち点を３にして引き分けよりも勝ちを意識させたことによって，引き分け試合そのものは減らなかった，というよりフランス大会では２倍近くふえたが，内容的には１対１，あるいは２対２と点を取り合っての引き分けがふえていることが示されている。また，１対０という最少得点で勝敗のついた試合も減少している。結果は引き分けであっても，得点をあげて勝ちにいくという方向に変わったということがいえるであろう。

罰則を強化することで，よりフェアな試合展開をはかったことによって，警告数はイタリアからフランスへと１以上ふえたが，フランスでは若干減少している。退場はほぼ横這いといってよい。この数字からだけで解釈するのはむずかしいが，退場の罰則の対象を広げ，審判により厳しく対処するよう通達しているのにその数はふえていないのだから，悪質な反則が規制された結果であると見てよいであろう。

一方，数字には表れていないが，悪質なタックルによる反則は厳しい規制によって減少しているが，それに代わって手を不法に使ってつかんだり，押したりして相手の動きを規制する反則が増加傾向にあり，こうした反則に対して厳しく対処することが審判に求められていることはすでに述べた。

インプレー時間はイタリアからUSAで６分ふえ，フランスではさらに１分30秒ふえている。このなかには，ロスタイムを加えることによる時間増も含まれるが，それは２～３分程度であると思われるので，実質的なインプレーの時間がふえたことは事実である。数分のことではあるが，何も起こらないアウトオブプレーの時間が減って，実際のプレー時間のふえた試合を観客は楽しめるようになったということができる。

こうした数字から見ても，最近の一連の規則改正は，プレーをより攻撃的でかつフェアな内容にして，サッカーの魅力を増大させるという方向性にあった適切な改正であったということができるであろう。　(浅見俊雄)

技術と戦術の歴史 2-2

初期からWMシステムまでの技術・戦術

1 技術・戦術を理解するために

本項目の執筆にあたって，技術・戦術を含むシステムの記述を中心にサッカー関係書をあたってみた。そして，主に次の7冊を選んで引用・参考文献として本論をまとめた。

1）*THE HISTORY OF THE FOOTBALL ASSOCIATION.* Published for the Football-Association by the Naldrett Press, 1953.
2）竹腰重丸著，『サッカー』(旺文社スポーツ・シリーズ)，旺文社，1956年。
3）大谷四郎著，『サッカーの魅力――世界をとらえたスポーツ――』，朝日新聞社，1967年。
4）二宮　寛，ベネス・バイスバイラー著，『サッカーの戦術(Tactics of Soccer)』，講談社，1980年。
5）オルドジッフ・ジュルマン著，岡野俊一郎監修，大竹国弘訳，『世界サッカー史』，ベースボールマガジン社，1977年。
6）アルパド・チャナディ著，長沼　健監修，宮川　毅訳，『チャナディのサッカー(新版)』，ベースボールマガジン社，1989年。
7）多和健雄著，『サッカー入門』，愛隆堂，1969年。

上記の文献を通読したところ，用語の不統一に気づく。技術，戦術，戦法，戦略，作戦，システム，プレー・システム，フォーメーションなどまちまちである。これらの用語は，著者のサッカー理論にもとづいた用語であるから尊重しなければならない。しかし，それでは読者にとまどいや誤った理解を与えることにもなりかねないので，筆者の文中では〈技術(Skill)〉，〈戦術(Tactics)〉，〈システム(System)〉で述べることにする。

●時代区分について

ここでは，初期からWMシステムまでについて解説するが，ここでいう〈初期〉とは，現在のサッカーがThe Football Association Lawsの制定・承認を経て，名実ともにスタートした1863年12月からとする。それ以前のモブ・フットボール(Mob Football)やストリート・フットボール(Street Football)，各パブリック・スクール(Public School)や大学で行われていた種々のフットボールについても，ここでいう初期には含めないこととした。

また，〈技術と戦術の歴史〉となっているが，技術についての進歩・向上の年代区分は詳(つまび)らかではないので，ここではシステムの変遷を(戦法の変遷)もたらした要因としての技術水準の推移として技術を見ていきたい。

ルールとシステムとのかかわりについては，オフサイド・ルール(Offside rule)の改訂の面から考察を加えることとする。

「サッカーで，新しいシステムが採られるよ

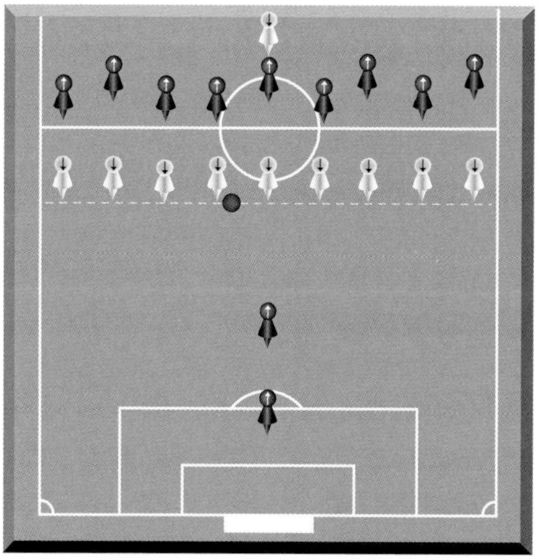

図1　1863年頃の布陣に対するオフサイド・ルールへの対応（攻撃側はボールより前方には出られない）

図2　1866年頃の布陣に対するオフサイド・ルールへの対応（相手競技者が3人前方にいるところまでならば，ボールより前方に出てもよい）

うになるのは，〈技術・戦術の進歩〉と〈ルールの改訂〉がその主な要因であるといわれている。」

1863年のオフサイド・ルールに対する対応と，1866年の3人制オフサイド・ルール，1925年の2人制オフサイド・ルールへの対応の推移を図示したのが図1～図4である。システムの変遷の要因のひとつとして理解しておきたい。

図3　1866年以降1925年のオフサイド・ルール改訂前（3人制）の攻撃側の布陣例

図4　1925年のオフサイド・ルールの改訂後（2人制）の攻撃側の布陣例

2　技術・戦術・システム

チャナディは，技術・戦術・システムについて，次のように論述している。

「サッカーでシステムという場合には，隊形のたて方，つまりあらかじめ設定した目的を達成するため，フィールド上で展開するチーム・フォーメーションの意味である。システムは，目的を達成するための補助的な役割は果たしうるが，それだけで最終目標が達成されるものではない。システムはさまざまな戦術の応用に無限の可能性を与えるひとつの〈ワク〉にすぎない。どんなシステムであっても，プレーヤー１人ひとりの役割を具体的に示すことはとてもできない。一般的な指示を与えることしかできないのである」と述べている。また，「戦術とは，与えられた試合条件のもとで最大の効果が発揮できるように，いかにプレーを計画的に，そして合理的に行うかを指示するものである」と述べている。

さらに，戦術と技術との関係について，「ボールに関する技術は，試合そのものとはまったく無関係に存在することができる。つまり，試合のためというのではなく，単にボールコントロールしたり，蹴ったり，ヘディングしたり，遊びながら楽しむことができる。戦術となると話は変わってくる。どんな戦術であっても，たとえそれがもっとも単純なものであっても，それを採用するには技術的裏づけが必要である。技術は単独に存在しうるが，戦術は技術と切り離しては考えられない。戦術は技術の裏づけがなければならず，技術水準を超えた戦術は無に等しい。戦術は比較的短時間に修正することもできるが，技術の上達のためにはより多くの時間を練習に割かなければならない。戦術がある限度内では技術の不足をカバーすることは確かである。ただし，選手の技術レベルと能力を計算に入れない限り，いかなる戦術も失敗する」と述べている。

竹腰は，戦法（システム）の理解に必要な基本的事項として，技術と戦術とルールについて，次のように論述している。

「競技場の広さや競技時間とか，手を使わないことなどの基本的な規定はもとより，敵を背後から襲ってはいけないことや，オフサイドのような競技規定もサッカーの戦法を決めるうえの条件である。それゆえ，競技規則に大きな変更があると戦法が変わることは当然であるが，歴史的に戦法の発展を大きい流れとしてみた場合には，技術（根本的にはボールを扱う技術）の向上が戦法の進歩を規定する支配的な条件であると考えてよい。しかし，どの程度の技術水準にはどのような戦法をと説明することは不可能に近い。そこで，大まかな初歩の段階から逐次高度な段階に移った戦法（システム）の歴史にしたがって，種々のやり方を述べて戦法の説明に資したい」と述べている。

二宮・バイスバイラーは，技術・戦術・システムについて，次のように論述している。

「システムの目的は，11人の１人ひとりが，それぞれの持っている能力を，チームの勝利のために，じゅうぶん発揮できるようにする。そして，全員の力をもっとも効率よく結びつけ，チームとして最大限の力を出せるようにすることである。しかし，システムがサッカーのすべてではない。もっとも重要な要素は，選手の能力である。これは，おそらく将来にわたっても変わりのないサッカーの原則であろう。システムは，プレーヤーの能力を発揮させるためのもので，システムにプレーヤーを当てはめるのは間違っている。」

以上の，チャナディ，竹腰，二宮・バイスバイラー各氏の技術・戦術・システムについての論旨からも明らかなように，技術と戦術とシステムは緊密にかかわっており，個人技術の獲得水準によってしかグループ戦術は持ち得ないこと，技術と戦術の獲得水準の活用によってしかチームのシステムは採り得ないことが理解できる。

3　システムの変遷と技術・戦術について

以下にシステムの変遷を年代順に追いながら，技術・戦術の推移とオフサイド・ルールのかかわりについて触れてみたい。

前記７冊の文献において，システム（戦法）の変遷として書かれている内容を照合したところ，『*The History of The Football Association*』に記されている1863年頃のシステムから1883年頃までのシステムについての記述は，竹腰，大谷，多和３氏の記述と同じであった。他についてもほぼ同じであったので，1863年頃のシステムから1883年頃のツーバック・システム（2 Back System）までのシステムを『*The History of The Football Association*』から引用・図示し，技術・戦術の推移およびオフサイド・ルールとの関与について考察することとしたい。

はじめに，『*The History of The Football Association*』の記述を紹介しよう。

To keep the picture in would be as well to look back over the changes that had taken place during these years in the strategy and tactics of football.

The earliest record of the disposition of players on the field shows that there were nine forwards and tow behinds, but by 1865 this formation had given way to a goalkeeper a goal cover, one back and eight forwards, and by 1870 this had altered to seven forwards while behind them four players made three lines of defence－ goalkeeper, one fullback and two half-backs, though the last named were practically forwards whose first duty it was to run back if their opponents got the ball. Already one can watch the changing pattern, the gradual evolution from attack to defence.

The players, although not permitted to knock on the ball or carry it, used to pat it down with their hands if it bounded too high for dribbling. And dribbling, of course, was a la mode. It had been encouraged and indeed taught in the public schools, whence sprang most of the great players of the age. The good dribbler retained the ball as long as possible, especially if he combined speed with control. Long runs were the thing of the day. There was, however, a system of "looking up", that of a player who followed up the dribbler, ready to receive the ball if it came to him, or to hustle and ward off any interference by the opposing forwards or back. But even "hacking-up" existed more in theory than in actual practice.

《サッカーのシステムは，ゴールキーパー＝バックス＝ハーフ（ミッドフィールド）＝フォワードの順に呼称するのが一般的なので，これに従って記述することとした。文献の中には，フォワード＝ハーフ＝バックス＝ゴールキーパーの順に記してあるものもある。》

ドリブリング・ゲーム

前記の1863年頃のシステム(図5)，1865年頃のシステム(図6)について，竹腰は〈ドリブリング・ゲーム(Dribbling game)〉と呼び，大谷は〈ドリブル戦法〉と呼び，多和は〈マス・ドリブル戦法(Mass dribble game)〉と呼んでいる。

竹腰は，ドリブリング・ゲームについて，「初期の競技規則(1865年まで)では，ボールより前にある競技者はつねにオフサイドとされていたので(図1参照)，そのころの英国では，もっぱらドリブルをおもな武器として攻撃が行われていたようである。戦法としては，ドリブルする者の左右をバック・アップ(Backing up)することが必要とされた旨の記録があり，11人の配置を1863年頃には9人のフォワードと2人のビハインド(現在のバック・メン)とし，1865年頃には8人のフォワード，1人のバック，1人のゴールカバー，1人のゴールキーパーとする習慣であったようである。これらのことは，そのころはマス・ドリブルに近い方法が戦法の中心となっていたものと想像させるにたるものである。初心者は，まともにキックができないためにおのずからボールの近くに密集して，敵にとられてもとり返す式のマス・ドリブル戦法が行われる。つまり，キックもできない最初の段階では，サッカーはドリブリング・ゲームになるのがしぜんなのである。しかしこれは戦法と称するにはあまりにも幼稚で，15～20メートル離れた目標に少しでも正確にキックできるようになれば行われなくなるので，歴史上そのような戦法がとられていた時代もあったということを記録しておくにとどめたい」

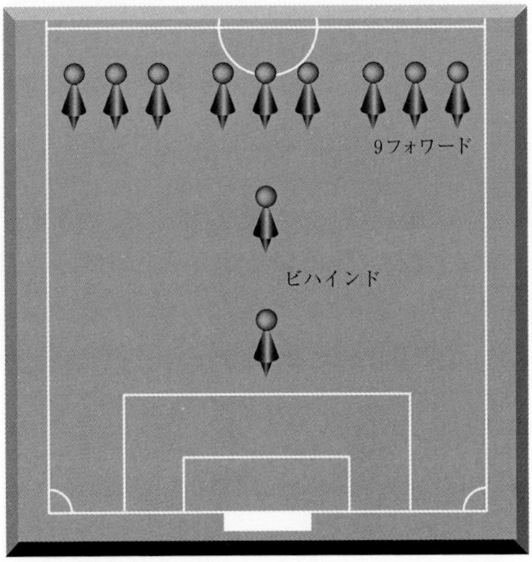

図5　1863年頃のシステム（布陣）

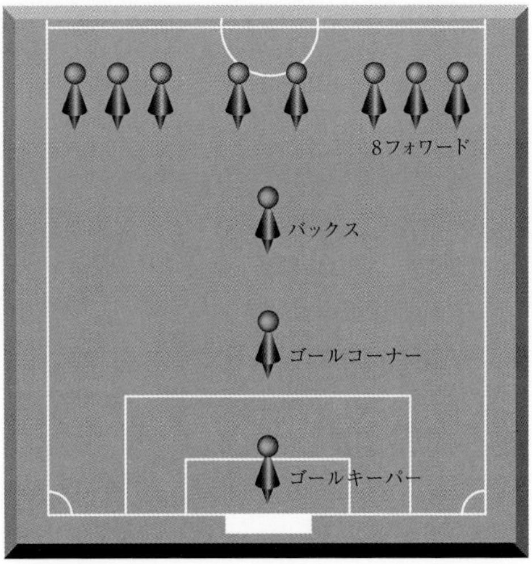

図6　1865年頃のシステム（布陣）

と述べている。

大谷は，「最も古いフォーメーションの記録は，９人のフォワードと２人のビハインドとなっている。1863年，イングランドに初めて協会が生まれたころは図５の布陣で，ドリブルの上手な選手が主役で，他はその近くに追走してバック・アップし，チームの全力はほとんど攻撃に注入されていた。オフサイド・ルールはボールより前方に出ることは全く許されないきびしさで，ゴールキーパーはまだなかった。相手の蹴ったボールを直接空中か，ワンバウンドならば手で受け止め，投げたりパスしたりしてよかった時代である。大むかしの戦法はまずドリブルであった。ドリブルが最大の武器であったとはいえ，密集隊形よりも分散隊形の方が効果のあることを知り，同じドリブル戦法でも攻め方が進歩するにつれて，２人の守備者では守り切れなくなった。1865年までにゴールキーパー１人，ゴールカバー１人，バック１人，フォワード８人の図６の布陣となった」と述べている。

また，多和も図５，図６のシステムを〈マス・ドリブル戦法〉と呼称し，竹腰，大谷とほぼ同じ内容を述べている。

以上のように，F.A. Lawsが制定・承認されてサッカーがスタートした1863～1865年頃までの初期のサッカーは，技術的にも未熟で，オフサイド・ルールの制約も厳しく，システムとしてはドリブルが主体であった。そのため，〈ドリブリング・ゲーム〉とか〈マス・ドリブル戦法〉などと呼ばれていた。その後，技術の進歩とともに，1866年にオフサイド・ルールの改訂があり，相手が３人いるところまでならばボールより前方に出てプレーできることになった。そこで，相手ゴール前にボールを大きく蹴り入れ，前方の味方がそのボールに突進していく〈キック・アンド・ラッシュ戦法(Kick and Rush game)〉が採られるようになっていくのである。この変遷をみるとき，攻撃技術の進歩が守備の強化を強いることになり，新しいシステムを生む要因としてかかわっていることを読み取ることができる。

キック・アンド・ラッシュ戦法

1870年頃のシステム(図７)，1875年頃のシステム(図８)を竹腰や多和は〈キック・アンド・ラッシュ戦法〉と呼び，大谷は〈ピラミッド型(Pyramid system)〉と呼んでいる。

竹腰は，キック・アンド・ラッシュ戦法について，「ドリブリング・ゲームから一歩進んだ段階では，味方ゴール近くに攻められたボールをできるだけ早く蹴り返し，急速に敵ゴールに襲いかかるいき方，すなわち素朴な意味でのいわゆるキック・アンド・ラッシュ戦法が登場する。この戦法は，①ボールが味

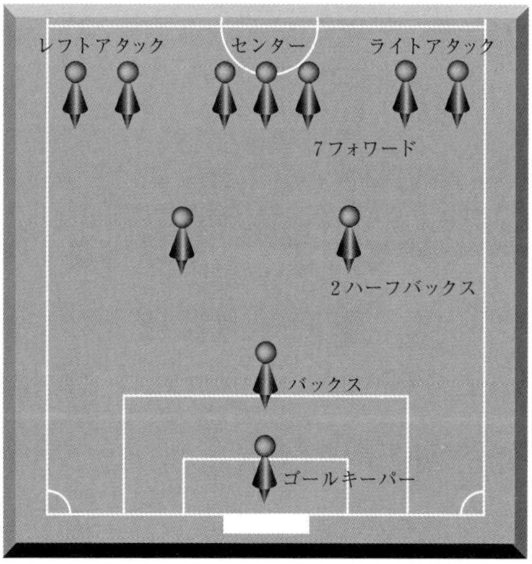

図7　1870年頃のシステム

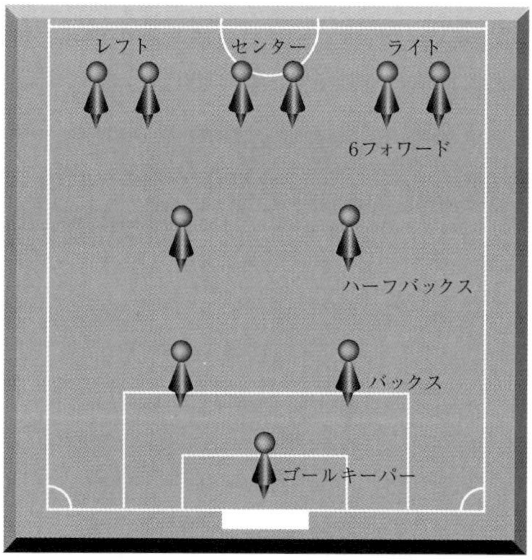

図8　1875年頃のシステム

方ゴールに近ければ近いほど危険であり，遠いほど安全である。②初心者には早く敵ゴールに達するように速攻からのシュートが有効である。③初心者はパスミスやトラップミスでボールを敵に奪われることが多いので，パスを多く使うよりは大まかに攻めたほうが有効である，等々の考えからの技術水準に合ったシステムと言える。守備者はなるべく大きく蹴り返し，フォワードがドリブルするなり，斜め前に蹴って味方に渡ることを期待して攻める攻め方で，厳密な意味でのパスの概念はない戦法(システム)である」と論述している。

多和は，「1866年にオフサイド・ルールが改正されて，〈少なくとも３人の相手が，相手ゴールラインとの間にいなければ……〉という条件をつけて緩和されました。このように相手バックの３人目のところまで出て攻めることができるようになると(図3)，味方のバックはなるべく大きなキックを相手のゴール近くに送り，前方の味方がボールに殺到して攻める戦法がとられるようになりました。この戦法に便利なように，1870年頃は7人のフォワード，２人のハーフバック，１人のバックと1人のゴールキーパーという配置がとられました。また1875年頃には，６人のフォワード，２人のハーフバック，２人のバックス，１人のゴールキーパーという配置がとられました(図８)」と述べている。

大谷は，「ドリブル戦法でも密集隊形よりは分散隊形の方が効果のあることを知り，同じドリブル戦法でも攻め方が進歩するにつれて，２人の守備者では守り切れなくなった。1870年頃にはゴールキーパー１人，フルバック１人，ハーフバック２人，フォワード７人の布陣となっていた。フォワードからさらに１人をさいて作られた２人のハーフバックは，フォワードとフルバックとの間のミゾを埋めるのだが，すでにこのような初期から守備強化はフォーメーションの中心傾向となって，最近まで続くのである。また，分散隊形やオフサイド・ルールの変更(1866年)と技術の進歩はパスの有効なことを知らしめた。パス戦法がはやく採り入れられたスコットランドでは，ゴールキーパー１人，フルバック２人，ハーフバック２人，フォワード６人というフォーメーションが生まれ，イングランドでも1875年頃から1880年代のはじめまで，これが主流を占めた」と述べている。

以上のように，ドリブリング・ゲームからキック・アンド・ラッシュ戦法への移行をみるとき，パスの有効性が確かめられ，パス戦法は，キック，トラッピング，ドリブルなどの個人技術の正確さを必要として技術の進歩を促し，コンビネーション・プレーを発展させた。また，パス戦法はチーム全体の機構に目を向けさせ，戦法の進歩で攻撃は強化され

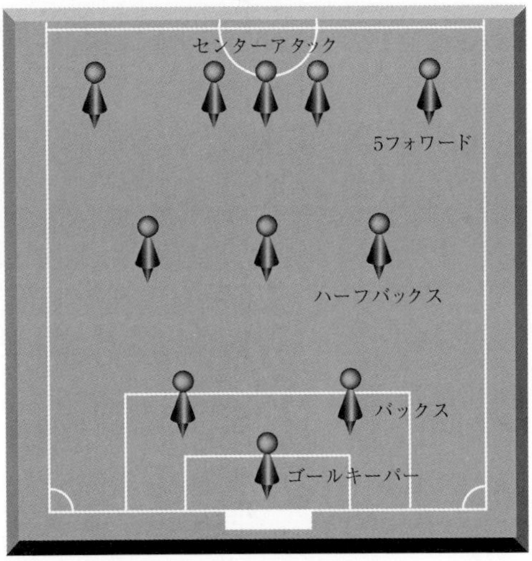

図9　1883年頃のシステム（2BKシステム）

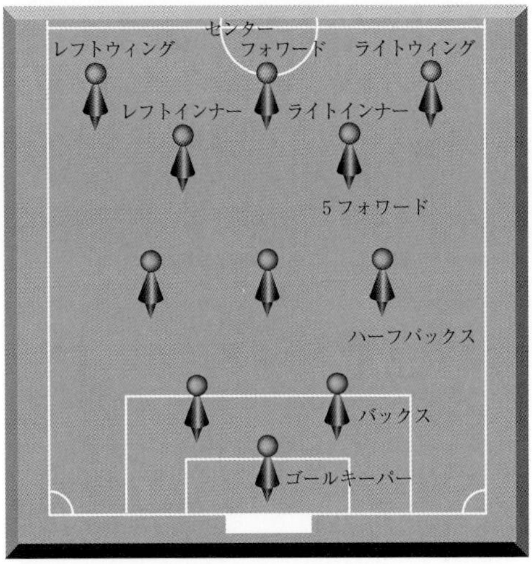

図10　ロングパス戦法時代のシステム

た。そして，守備の弱点が発見され，その強化にせまられて生まれるのがピラミッド・システムといわれるツーバック・システム（2 Backs system）であるといわれている。このように，技術の進歩とルールの改訂が，攻守にわたる戦術の有効な発揮の仕方として，新しいシステムが生み出されることになったのである。

ピラミッド・システム

キック・アンド・ラッシュ戦法につづくパス戦法によって，チーム全体として機能することを志向するようになり，技術の進歩によって攻撃は強化され，守備の弱点が明らかになってその強化にせまられた。1883年頃には，図９のようなシステムが一般的に採られていた。いわゆる〈ピラミッド・システム〉である。バックスが２人なので〈ツーバック・システム〉とも呼ばれている。このシステムを竹腰は〈ロングパス戦法（Long-pass system）〉と呼び，多和は〈ウィング戦法（Wing system）〉と呼んでいる。

ピラミッド・システムについて，大谷は次のように述べている。「1875年頃のシステムでは，フォワードが6人で２人のセンターフォワードがいたが，その１人が交替して２人のハーフバックの真中に入り，センターハーフ（Center-half back）となった。攻撃の優位が守備の強化を招き，このピラミッド・システムで人数のうえから一応攻守の均衡を得たのである。その後1900年代に入っても長らくこれがシステムの基本型として続いた。このシステムは，センターハーフがチームの中心で，守備よりもむしろ攻撃的な役割を演じたので第6のフォワードとも呼ばれた。攻撃と同時に守備もするという風に，随時随所に出没して広範囲に活躍したので，ロービング・センター（Roving Center half-back）とも呼ばれた。このとき，サイドハーフ（Side half-backs）は，相手のウィングとインサイド（Inside forward）の２人をマークし，２人のフルバックが中央を警戒した。この時代の守備戦術はゾーン・ディフェンス（Zone Defiance）が基本であった。」

竹腰は，図９のシステムを〈ロングパス戦法〉とし，次のように述べている。「相当な距離まで正確にボールをキックできるようになると，密集した中をドリブルで進むよりも敵方守備者の手薄なところに味方を配置し，それにボールを送ってドリブルさせるほうが速攻の目的を達しやすくなる。したがって，この戦法ではウィング・フォワードのタッチライン沿いの速いドリブルが攻撃法の主軸であり，ドリブルからのセンターリングや，ウィングに渡す際のバックや反対側のインナーなどからのロングパスが特徴的であったので，一般にロングパス戦法と呼びならわされてきた(図10)。ロングパスが単なるキックでなく，パスの性格をもつ程度にまで正確さが高まると，攻撃側は遠く離れた味方と連携できるようになるので，それに対する守備は前段階での4人では支えきれなくなり，攻守のバランスの上から考えて，６人のフォワードから１人を守備に回して５・３・２・１の隊形に移行した。守備はゾーン・ディフェンスに近い考え方であった。」

多和は，このシステムを〈ウィング戦法〉と呼び，次のように述べている。「キック・アンド・ラッシュ戦法で，いきなり中央から攻められるのは非常に危険なので，ゴール前中央の守備を厚くする配置をとるようになります。守備を堅めたところから攻めるよりは，守備の薄いタッチライン沿いに速いドリブルでボールを持ちこみ，相手のゴールライン近くからゴール前中央にキックするセンターリングが多用されるようになります。この戦法のために，フォワードは中央の３人と左右両翼(ウィング)の２人のフォーメーションをとり，バックはハーフ３人，バック２人，ゴールキーパー１人というふうに，ピラミッド形に布陣しました(図９)。これは最終的にゴール前に集まって守備するのに有利な布陣です。」

このように，ピラミッド・システムが採られるようになったのも，技術の進歩がロングパスの活用を生み，従前のドリブリング・ゲームとキック・アンド・ラッシュ戦法の長所を採用・ミックスして，チームとしてのより組織的な，より意図的なシステムを採用したといえる。この攻守にわたるバランスのとれたピラミッド・システムは，1925年のオフサイド・ルール改訂後のWMシステム(スリーバック・システム)の誕生までの約40年間，サッカーの主流をなすシステムであった。また，このピラミッド・システムが，ショートパス戦法，コンビネーションパス戦法を生み，近代サッカー，現代サッカーの基礎をつくったシステムといわれている。

WMシステム

1925年に行われた２回目のオフサイド・ルールの改訂で，「ボールより前方に出ている攻撃側の者は，相手ゴールラインとの間に守備側の者が３人いるところまでとの規制だったのが，守備側の者が２人いるところまで前進してもよい」ことになった(２人制のオフサイド・ルールといわれている)。

竹腰は，WMシステムについて，次のように述べている。「３人制から２人制へのオフサイド・ルールの改訂により，両翼とセンターフォワードを深く進出させて，それに有効な縦パスを送って攻めることができるようになると，ピラミッド・システムでこの攻撃法に対抗する守備としては，フルバック２人で相手の両ウィングとセンターフォワードの３人に対抗しきれなくなった。そこでセンターハーフを下げて第３のフルバックとして相手のセンターフォワードをマークし，両フルバックを左右に広げて相手両ウィングを密着マークする守備隊形がとられるに至った。フルバックを３人に増して，守備面に慎重な布陣をしたというに止まらず，考え方として，フォワードの後にハーフバック線，その後ろにフルバックという地域的な守備体制(同時に攻撃体制でもあるが)から，マン・ツー・マン(対人)守備体制への変化をもたらした。ボールを扱

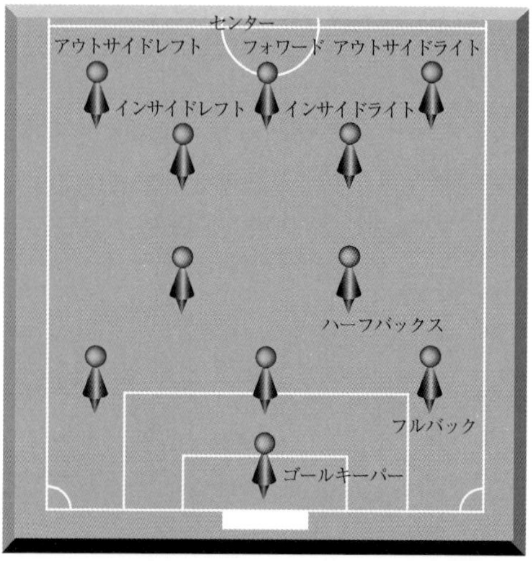

図11　1926年以降のWM(3BK)システム(1930年完成)

▲WMフォーメーションが主流となった1932年当時のゲーム

う技術が進んだためにボールを持った者に余裕を与えると，攻撃側の他の者の自由な動きに合わせるパスをされるので防ぎきれなくなったということも含んでいる。」

大谷は，「1925年のオフサイド・ルール改訂後，イギリスのアーセナル・クラブの監督ヘルバート・チャップマンが考案したシステムがスリーバック・システムである。ピラミッド時代に比べて，①マン・ツー・マン守備を基本とする。②センターハーフを守備専門とする。という斬新な着想があった。オフサイド・ルールの改訂で前進したフォワードは，技術の進歩とともに，センターフォワードに強力な選手が多くなり，中央突破力が強化され，守る側からは相手センターフォワードとゴールを結ぶコースが最も危険な地域となったので，ここに後退したセンターハーフをおき，２人のフルバックの真中に並んで３人のフルバック(スリーバック)となった。このスリーバック・システムの攻撃・守備の布陣を分けて結ぶと，フォワードがW字形，バックがM字形になることから，WMシステム(図11)と呼び，フルバックが３人になったことからサード・バック・システムとも言う」と述べている。

チャナディは，WMシステムについて，次のように述べている。「1925年に３人制のオフサイドを２人制に改訂した。その結果，フォワード陣の活動分野が飛躍的に増大し，サッカーそのものがゲームとしておもしろくなった。フォワードは以前よりも相手ゴールラインに近づくことができるようになったので，防御側はきわめて不利な立場に追い込まれた。そこで必要になったのが防御のラインナップの再編成で，フルバックは深い形から横に広がる形に変わった。そしてセンターハーフを中央に下げてフルバックを3人にしたのである。ピラミッド・システムでのゾーン・ディフェンスでは，技術の進歩したフォワードには太刀打ちできなくなり，マン・ツー・マンの防御法に変わらなければならなくなったのである。」

以上のように，ピラミッド・システム(ツーバック・システム)がWMシステム(スリーバック・システム)に移行するには，ロングパスやショートパスを駆使できるまでの技術の進歩と，３人制から２人制へのオフサイド・ルールの改訂が大きな要因として働いたことは明らかである。

システムの変遷の大きな流れは，技術の進歩とオフサイド・ルールの改訂によって，攻撃側が優位に立つことになった。そこで守備の強化に迫られ，フォワードの人数を減らして守備側の人数に回すという形で新しいシステムが採られてきたのである。この傾向は，1-4-2-4システム，1-3-4-3システム，1-3-5-2システム，1-4-5-1システム等々の現代のシステムまでつづいているのである。

(永嶋正俊)

WMシステム以降の技術・戦術

初期のサッカーにおけるシステムの大きな変化は，３人制，そして２人制といったオフサイド・ルールの大幅な変更が大きなファクターになっていることがわかる。それ以降もオフサイド・ルールはわずかながら変化をしつづけることになるものの，システムそのものを根底から覆すほどの大きな変化とはいえず，WMシステム以降のシステムの変遷は主としてサッカーの変化，またそれに対応する戦術の変化によるものととらえることができる。

ハンガリアンM

WMシステム，そしてイングランドのサッカーが全盛だったころ，当時本国で無敗だったイングランドに土をつけたのがハンガリーであった。ウェンブリーにて６－３でイングランドを破ったハンガリーは，ハンガリアンMと呼ばれたMMシステムを採用していた。

これは，センターフォワードがドロップオフすることで，相手センターハーフを引き出し，そのスペースに第２列から走り込ませるというマンマーク主体のディフェンスに対して非常に効果的に機能した。別の角度から見れば，1対1の勝負が主体であったサッカーから，クリエイト&イクスプロイト・スペース（スペースを創り，活用する）の流れへの第一歩と見ることもできる。しかしながら，サッカーがこの方向で発展するには，もう一時代を待つことになる。

ブラジルの4-2-4

一方，南米ではブラジルを中心に別の流れが起こっていた。1954年のスイス・ワールドカップにおいて，欧州のチームに勝つことができなかったブラジルは，新たな戦術を生み出し，1958年スウェーデン大会では南米の国としてはじめて欧州で開かれたワールドカップで優勝を成し遂げた。そのときに採用されたのが，4-2-4というシステムであり，最終ラインに４人のディフェンダーを置いて，マークを受け渡しながらディフェンスを行うというものであった。

相手が意図的に仕掛けてくるスペースを創る動きに対して，守備のバランスを失わないように考えられたこのゾーン・ディフェンスの裏側には，ハンガリーのプレーを十分に分析した跡がうかがえる。

図12　WMシステム

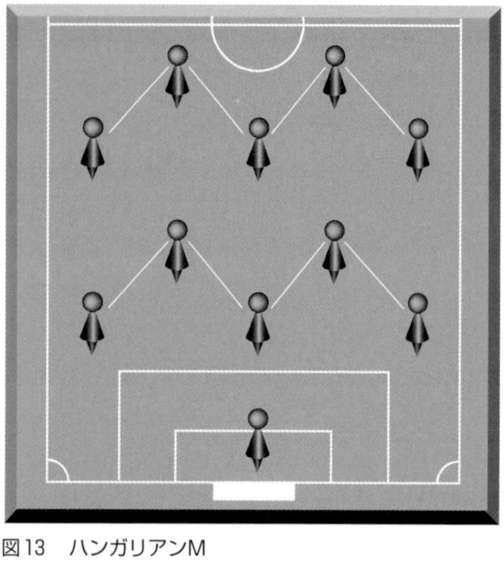
図13　ハンガリアンM

▲4-2-4システムで一時代を築いたブラジルチーム

図14　ブラジルの4-2-4システム

▲1970年代の西ドイツはベッケンバウアーをリベロとした4-3-3システムの頂点を築いた©P. Kishimoto

この4-2-4は，後にディディ，ババ，カリンシャ，ペレ……といった攻撃面でのスーパースター出現もあり，一時代を築くことになる。

▶ 4-3-3への移行と ▶ 4バックの2つの流れ

一方，世界的な傾向としては，この4-2-4に影響を受けながらも2人のミッドフィールダーにかかる負担を軽減させるべくフォワード1人を中盤に下げ，4-3-3というシステムとなって広がっていった。

なかでも大陸系の欧州チームやアルゼンチンなどは，4人のディフェンダーのうちの1人を，特定のマークを持たない選手として他のディフェンダーの後方に配置し，危険なエリアの掃除にあたらせるという，いわゆるスイーパー(掃除人)システムが主流になっていった。

このスイーパーは，当初は守備面での機能が中心であったが，攻撃面においても比較的フリーで攻撃参加しやすいことから，攻撃時には積極的に攻撃参加し，ゲームを組み立て

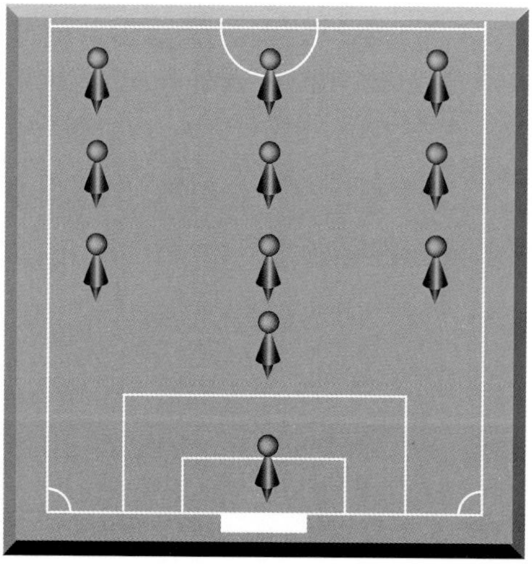

図15　スイーパーシステムの4-3-3

図16　ゾーンディフェンスを主体とした4-3-3

る役割を担うように変化してくる動きも出てきた。このような選手は，リベロ（イタリア語で自由人）と呼ばれ，1974年ワールドカップで優勝した西ドイツは，ベッケンバウアーをリベロとした４-３-３システムのひとつの頂点を築いた。

同じ４人のディフェンダーを置くシステムでも，ブラジルやイングランドなどでは４人のディフェンダーがマークを受け渡しながら行うゾーン・ディフェンスとして発展していき，これによって世界のサッカーは，マンマークを主体としたディフェンスと，ゾーンを主体としたディフェンスの２つの方向性に分化することになる。

トータル・フットボールの出現

西ドイツが優勝した1974年ワールドカップでは，もうひとつのサッカーの新しい流れが生まれていた。それは，レネ・ミケルス監督が指揮し，そのサッカーを〈トータル・フットボール〉と表現されたオランダである。

これは，ポジションを非常に流動的フルードな状態にして，攻撃面においては，引いてくるフォワードに相手のマークを攪乱（かくらん）し，さらにあらゆるところから前線に飛び出すことを可能にした。これは，ある側面からみるとハンガリアンMからの流れを汲むものである。この流れは，３人のフォワードを２人に減らし，前線に空いたスペースに多くなった中盤の選手が走り込むという〈２トップシステム〉へと発展していくことになる。

また，守備面においてはひとつのボールに対して２人，３人でボールを奪いにいき，高い位置でボールを奪うことを可能にした。これは，ひとつのボールに，１人の選手に対しては１人が守備にあたることが主流であった当時の考え方に対して非常に革命的なことである。クライフを中心とした華麗な攻撃が印象的ではあるが，しばしば〈ボール狩り〉と表現されたこのディフェンスこそ，後のサッカーに大きな影響を与えることになっていく。

スイーパーシステムや，イタリアのカテナチオ（ゴール前に鍵をかけるようにがっちり守る）に代表されるようにリスクを負わないサッカーが主流だった当時において，攻守において高いリスクを負いながらも理想のサッカーを追求したトータル・フットボールは，当時としてはあまりにも進んだ考え方であり，それを可能にする選手なしではあり得なかったであろう。

3-5-2と4-4-2システム

２トップシステムが主流になってきた1980年代は，西ドイツなどにみられるマンマークを主体にしたディフェンスを採る３-５-２システムと，ブラジルやイングランド

図17　4-4-2システム

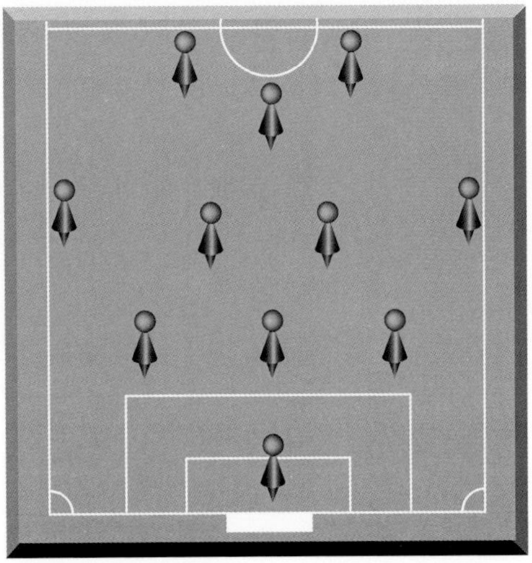

図18　3-5-2システム

などゾーン・ディフェンスを主体とした4-4-2システムとに大きく分かれ発展してくる。

また，そのなかにおいても攻撃的ミッドフィールダーと守備的ミッドフィールダーをどのように置くかで，さらに細分化されていき，1トップのシステムも登場してくる。しかし，1990年代半ばからリバプールが採用したゾーンによるフラットな3バックなど，〈マンマークを主体にした3-5-2と，ゾーン・ディフェンスを主体とした4-4-2〉といった分け方ではもはや説明がつかず，またそれらの境界線も曖昧なものになってきた。

さらに後述するように，世界のサッカーのうねりは，もはや数を並べるだけのシステム論が意味をなさない方向へと進化していく。

▶〈LESS SPACE〉〈LESS TIME〉
▶相手のよさを消すサッカーへ

1980年代以降は，選手のボーダーレス化も進み，世界的規模のビッグクラブが台頭してきた。オランダのトータル・フットボールの出現以降，戦術的によりいっそう洗練されてきた世界のサッカーは，チームとしての強化に有利な有力なクラブチームが引っ張っていく時代へと突入していく。

なかでも，ACミランなどに代表されるプレッシング・フットボールは，オフサイド・ルールを巧みに利用したディフェンス・ラインの操作でコンパクトな状態を創り，ボールに対し厳しいプレッシャーをかけることで，相手のよさを徹底的に消していった。いわゆる〈LESS SPACE〉〈LESS TIME〉時代への突入である。相手のよさを消すことで，相対的に優位に立つ，それまでは，自分たちのよさを出すこと＝勝利，であった概念への新たなアンチテーゼである。

▶システムからプレー・スタイル／
▶チーム・コンセプトの時代へ

コンパクトなサッカー，〈LESS SPACE〉〈LESS TIME〉のサッカー，21世紀のサッカーは，好むと好まざるとにかかわらず，それが前提の上に成り立っている。それをうち破っていくためには大きくふたつの方向性が出てきた。

ひとつは，ポジションを流動的にし，ボールに多くの人数がかかわることで，クリエイト&イクスプロイト・スペース（スペースを創り，活用すること）の連続性を生み出し，突破を図ろうとするものである。〈フルード（Fluid：流動的）スタイル〉と表現することもできる。

もうひとつは，ピッチをワイドに使い，1人ひとりがあらかじめできる限り広くポジションをとることで，コンパクトに使用とするディフェンスの意図を阻止し，ポゼッション（ボール保持）を優位にしようという流れで，

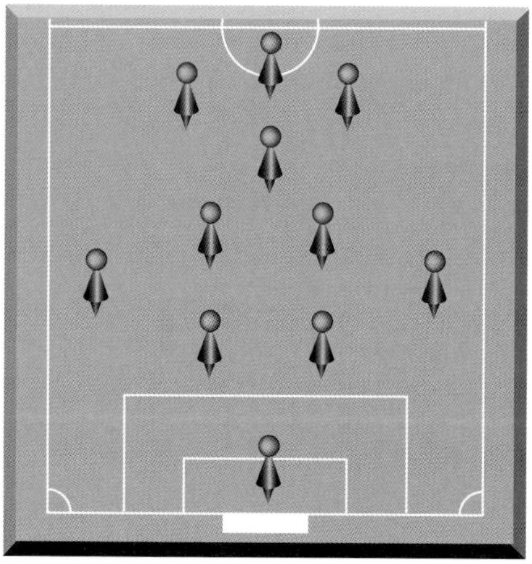

図19　Foundation Stone & Sparkling Diamond

図20　ピッチをワイドに使った4-3-3

ポジショナル(positional)あるいは，ソリッド(Solid：固定的)なスタイルと表現されることもある。とくに片方のサイドにボールがあるときの逆サイドの選手のポジショニング，すなわち流動的にボールに絡んでおくのか，ワイドに張っているのかなどにその違いを顕著にみることができる。

このような考え方は，第三者からみた表現では〈プレー・スタイル(Style of Play)〉，チーム内での表現では〈チーム・コンセプト(Team Concept)〉と表現されることが多く，他にもカウンター/イニシアティブ，ポゼッション／ダイレクトプレー，プレッシング，リトリート……といった切り口で分類することができ，その組み合わせから成っている。

2000年欧州選手権では，図19のようなシステムが台頭してきた。フランス，ポルトガルなどにみられたこのシステムは〈Foundation Stone & Sparkling Diamond〉とも呼ばれ，２人のセンターバックと高いディフェンス能力を持つ２人の守備的ミッドフィールダーが成す四角形（Foundation Stone）で強固なディフェンスを築き，一方，攻撃面ではサイドバックの攻撃参加とともに，前線のダイアモンド（Sparkling Diamond）をなす４人が流動的にスペースを創り出してはそこに飛び出すというフルード(Fluid)なスタイルが特徴である。

一方，あらかじめピッチをワイドに使ってポジションをとり，ボールをテンポよく動かし，アイソレーション，すなわち孤立した1対1の局面を創り出そうというポジショナルなスタイルのチームではどうだったであろうか。この場合も選手の配置は図20のようなものが主流であり，すなわち数を並べたシステムという面では４－３－３と表現される。

O・ジェルマンの言葉を借りるまでもなく，かつては，「4-2-4，4-3-3といった数字の並びの裏側には，チームの戦略が隠されている」ものであった。しかし，現代サッカーでは上記の例のとおり，同じシステムであってもチーム・コンセプトは異なっているもの，あるいは一貫したチーム・コンセプトを異なるシステム(たとえば３バック/４バックなど)のなかでも実践していくもの……と状況は複雑で，一概にシステム論を語ることはできなくなっている。

〈システム〉よりもむしろ〈コンセプト〉が重要な時代へと突入してきた。　（小野　剛）

ワールドカップ 第3部

ENCYCLOPEDIA
OF
FOOTBALL

人類の祭典 ワールドカップ 3-1

1　世界中を熱狂させるワールドカップ

地球全体を覆うサッカー熱。それをさらに燃え上がらせるのがワールドカップだ。

４年にいちど，開催国を代えながら行われるサッカーの世界選手権。それがワールドカップだ。世界中の予選を勝ち抜いた32か国のナショナルチームが集い，約1か月間にわたって64の試合を展開する。総観客数は300万人を超え，テレビの総視聴者数は400億人に達する。

大会がどこで開催されようと，世界中が１か月間にわたって機能停止状態となる。大人たちは仕事などそっちのけでテレビ中継に釘づけになり，子どもたちは試験勉強を放棄して地球の裏側で行われている試合に夜明けまで固唾を飲む。

クライマックスは決勝戦だ。次の大会まで４年間，〈世界チャンピオン〉を名乗る権利を持つチームを決める試合は全世界に生中継され，15億人もの視聴者がテレビの前で見守る。ひとつのシュート，ひとつのファインセーブ，そしてひとつのゴールに，地球上の全人類の4分の1にもあたる人が同じ瞬間に歓声を上げ，ため息をつく。こんなできごとがほかにあるだろうか。

2　ナショナルチームの頂点の大会

ワールドカップはナショナルチームの世界選手権である。

世界のサッカーを統括する国際サッカー連盟(FIFA)には，現在204の協会が加盟している。原則として１か国1協会。しかし，〈サッカーの母国〉であるイギリスは，イングランド，スコットランド，ウェールズ，そして北アイルランドの各地域がそれぞれ単独で加盟している。そのほかにも，本国と地理的に，あるいは歴史的に離れている〈地域〉の協会なども単独に加盟を認められているケースがある。厳密には〈204か国〉ではない。しかし，〈204のナショナルチーム〉があることはたしかだ。

サッカーという競技の基本単位はクラブである。あらゆるサッカープレーヤーは，クラブに所属してプレーしている。国内のリーグ戦，カップ戦，国際的なカップ戦など，クラブはいろいろな大会に参加する。サッカープレーヤーとは，そのクラブのためにプレーするのが〈常態〉である。

〈ナショナルチーム〉とは，外国のナショナルチームと親善試合や公式大会などを戦うために，いろいろなクラブから選抜されたプレーヤーで構成される。いわば〈臨時〉の選抜チームである。

条件は，その国の国籍(パスポート)を持っていること。どこの国のクラブに所属していようと問題はない。中田英寿選手はイタリアのパルマというクラブと契約し，プレーしているプロ選手だが，日本代表が結成されて国際試合を行うときには，日本代表選手となる。クラブチームを構成するプレーヤーの国際化が進むなかで，〈ナショナルチーム〉の存在はよりきわだったものとなってきている。

多くのナショナルチームは国旗を模したユ

ニフォームに身を包んで戦う。試合前には国歌の演奏が行われ，ナショナリズムや民族意識をかきたてる。そうした〈ナショナルチームのサッカー〉の頂点に，ワールドカップは存在する。

3 激闘つづく予選大会と決勝大会

ワールドカップには，〈予選大会〉と〈決勝大会〉がある。〈予選と本戦〉などと表現されることがあるが，いわゆる〈本戦〉だけがワールドカップのようにとらえるのは間違いだ。〈予選大会〉も，ワールドカップの重要な一部である。

2002年韓国/日本大会には，FIFA加盟の204協会のうち198がエントリーした。このうち，開催地元である日本と韓国，そして前回のチャンピオンであるフランス，計３か国が予選を免除されて出場権を獲得，残る29の決勝大会出場枠を，195のナショナルチームが争った(ミャンマーが棄権し，実際に試合をしたのは194か国。さらに予選途中でギニアが棄権)。

2000年3月4日から2001年11月25日まで，ほぼ2年間にわたって世界中で行われた予選大会。総試合数は777。記録された総得点数は2,452。総観客数は1,700万人に達した。１試合平均2万2,000人。最多観客数は，アジア最終予選，イラン対サウジアラビアでつくられた。イランの首都テヘランのスタジアムには，12万人もの観客がつめかけた。全員男性だった。最少観客記録は12人。これもやはりアジアで，１次予選のトルクメニスタン対台湾。ただし，どちらのホームでもなく，中地のヨルダンで開催された試合だった。

〈ワールドカップの優勝候補〉と前評判の高かったオランダが，欧州予選で極度の不振に陥り，出場権を逃した。南米予選では，過去優勝4回を誇る〈ワールドカップのプリマドンナ〉ブラジルが予想外の苦戦を強いられ，全18試合の最終戦でようやく出場権を確保した。

オセアニア予選では，予選初出場のアメリカ領サモアに対し，オーストラリアが31－0という信じがたいスコアで大勝した。１点が記録されるのに３分も要さなかったこの試合，アーチー・トンプソンという選手は，１人で13得点をたたき出した。しかし，そのオーストラリアも，韓国/日本大会の舞台には登場しない。オセアニア地区は単独で出場国を出すことができず，南米の５位チームとプレーオフを行わなければならなかったからだ。

2001年11月20日，メルボルンにウルグアイを迎えたオーストラリアは１－０で勝利をつかんだが，５日後にモンテビデオに遠征した試合は０－３の敗戦。この試合で2002年大会のすべての予選が終了し，32か国が出揃った。

２年間，世界の各地で行われる激烈な予選大会。その興奮が，決勝大会の人気を支えている。

4 決勝大会の方式

決勝大会は２段階に分けて行われる。

第1段階は〈１次リーグ〉だ。出場32チームを４チームずつ８グループに分け，各グループのなかで総当たりの試合を行う。１チームあたり３試合。１グループ６試合，計48試合が，大会の前半を彩る。

グループ内の順位を決定するのは，〈勝ち点〉だ。勝利に３，引き分けに１の勝ち点が与えられる。グループリーグでは，90分間を終えて同点の場合，延長戦は行われず，引き分けとなる。勝ち点が同じ場合には，〈得失点差(得点－失点)〉の大きいほうが上位となる。それも同じ場合には，〈総得点数〉，さらに同じ場合には，当該チーム同士の試合結果で決められる。ここまで同じだったら，抽選となる。

８グループから２チームずつ，計16チームが第２段階へ進む。ここから先は，勝ち抜き方式。負ければそこで大会が終わりになり，勝ったチームだけが次のラウンドに進むことができる。90分を終えて同点の場合には最大30分間(15分ハーフ)の延長戦を行う。ただし延長戦は，どちらかが得点を記録した時点で終了となる。Ｊリーグでは〈Vゴール〉と呼んでいる方式だが，FIFA用語では〈ゴールデンゴール〉だ。延長戦でゴールが記録されなかったときには，PK戦で次のラウンドに進出するチームが決められる。

〈第２ラウンド〉８試合，準々決勝４試合，準決勝２試合，そして３位決定戦と決勝戦，計16試合。大会の後半は，スリリングな試合がつづく。

5　優勝はわずか7か国

ワールドカップは1930年に南米のウルグアイで第1回大会が行われ，これまでに16回の大会が開催されてきた。

欧州から南米は船で２週間の長旅だった1930年，参加したのは13チームだけだった。そのうち南北のアメリカ大陸が９，欧州から参加したのが４チームで，アジアやアフリカからの参加はなかった。FIFAは16チームでの大会を計画したが，長旅になることを嫌った欧州のチームは軒並み棄権した。

その当時まで，サッカーの世界一を決める大会といえば，オリンピック大会だった。しかし，当時のオリンピックは厳格なアマチュア主義で固められていた。すでにイングランドでは50年近いプロの歴史があり，欧州の各国にもプロ選手が生まれはじめている時期だった。

真の〈世界チャンピオン〉を決めるには，プロも問題なく参加できる大会を組織しなければならない。それが，ワールドカップ実現の大きな力となった。

地元ウルグアイの優勝で，第１回大会はすばらしい成功を収めた。もう，オリンピックに出すためにトッププレーヤーたちをアマチュア資格のままにとどめておく必要はない。ワールドカップの開催と成功は，欧州や南米にプロ化の波を引き起こした。

第２回大会は1934年イタリア(優勝イタリア)。第３回大会は1938年フランス(イタリアが連覇)。計画どおり，４年ごと，オリンピックの中間年に開催されたが，ここで第２次世界大戦による中断を迎える。再開されたのは1950年。大戦の影響のなかった南米ブラジルで開催された(優勝ウルグアイ)。

以後は，いちどの中断もなく，４年ごとに大会が開催され，回を追うごとに華やかになり，人気と関心を高めている。

1954年スイス大会(優勝西ドイツ)，1958年スウェーデン大会(ブラジルが初優勝)，1962年チリ大会(ブラジルが連覇)，1966年イングランド大会(優勝イングランド)，1970年メキシコ大会(ブラジルが３度目の優勝)，1974年西ドイツ大会(優勝西ドイツ)，1978年アルゼンチン大会(優勝アルゼンチン)。

ここまで，ワールドカップは現在のちょうど半分にあたる16チームの大会だった。しかし，次の1982年スペイン大会で，出場国数が８ふやされ，24チームとなった。それによってアジアやアフリカに門戸が広げられ，ワールドカップは真に〈世界の大会〉となった。イタリアが３回目の優勝を飾った。

1986年，ここではじめて〈大会返上〉事件があった。南米のコロンビアで開催される予定だったが，1983年になって経済事情のため開催が返上され，FIFAは改めて開催国を募り，メキシコが史上はじめて２回目を開催することになった。16チーム，４グループの大会なら開催可能な国は多いが，24チーム，８グループに拡大されたワールドカップをわずか３年間の準備で開催できる能力をもつ国は限られていた。メキシコは，既存の施設の豊富さが評価された。優勝はアルゼンチン。

1990年イタリア大会(優勝西ドイツ)，1994年アメリカ大会(優勝ブラジル)，そして1998年フランス大会(優勝フランス)。

過去16回の大会を振り返ると，優勝チームがわずか７か国に限定されていることが目を引く。ブラジルが４回，イタリアと西ドイツ(現在のドイツ)が３回，ウルグアイとアルゼンチンが２回，そしてイングランドとフランスが各１回。

過去ワールドカップ決勝大会に出場した国は56。しかし，ワールドカップ獲得を現実的な目標にできる国は，ほんのひと握りしかいないことがわかる。しかも，イングランドとフランスは地元開催の大会で優勝しただけだ。

6 黄金に輝くワールドカップ

1970年第９回メキシコ大会で３度目の優勝を飾ったブラジルは，1930年の第１回大会から使用されてきた初代のワールドカップを永久に保持できる権利を得た。

ワールドカップの決勝戦で渡されるトロフィーはわずかにひとつ。それが黄金のワールドカップだ。しかし，優勝国がサッカー協会内の金庫にこのカップを収めておくことができるのは３年あまりにすぎない。次の大会がはじまる前には，FIFAに返納しなければならないからだ。

しかし，初代のカップには，「３回優勝したら永久に保持できる」という規約があった。ＦＩＦＡの第３代会長で，ワールドカップの実現に奔走した〈ミスターワールドカップ〉ジュール・リメの名が1950年大会から用いられ，〈ジュール・リメ杯〉と呼ばれるようになっていた。このときにはまだいちども優勝したことのなかったブラジルが，わずか20年後の1970年にこのカップを〈引退〉させてしまうなどと，だれが考えただろう。

ところが，リオデジャネイロにあるブラジル・サッカー協会金庫のなかに眠っていたはずのカップは，1983年，いつのまにか盗まれいまだに発見されていない。

1974年の西ドイツ大会から，FIFAは新しいカップをデビューさせた。これが現在も使用されている〈FIFAワールドカップ〉である。高さ36cm，重さは約５kg。純金製で，イタリアの彫刻家シルビオ・ガッツァニーガがデザインに当たった。このカップは，なんど優勝しても永久保持はできず，優勝国は，次回大会前に返却したときに金メッキ製のレプリカを受け取る。優勝チーム名は，カップの底の部分に彫られている。

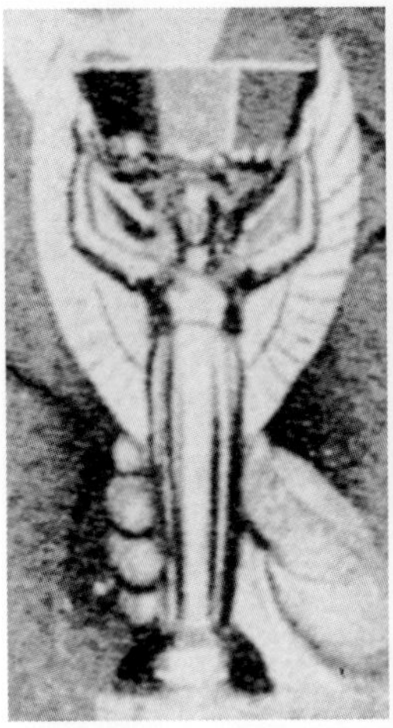

▲ジュール・リメ杯と現在のワールドカップ
©P. Kishimoto

7 歴史に残るスターたち

しかしもちろん，大会の主役はカップではない。世界の最高クラスのプレーヤーたちが誇りをかけて戦う最高クラスのサッカー。それこそ，ワールドカップの最大の魅力だ。

それは，スターたちの競演であると同時に，その時代の最先端のサッカーを反映し，同時に，これからのサッカーのあり方を指し示すショーウィンドーの役割を果たす。

1958年スウェーデン大会，ペレという天才選手の出現が，ワールドカップの世界的な人気を決定的なものとした。わずか17歳でブラジルを初優勝に導いたペレは，ワールドカップの歴史上，ただひとり選手として3回の優勝を経験している。

1974年西ドイツ大会では，フランツ・ベッケンバウアー(西ドイツ)とヨハン・クライフ(オランダ)という天才選手同士が，ともにキャプテンとしてチームを率い，決勝戦で激突した。クライフが率いるオランダは，「20年後のサッカー」と呼ばれるほど先進的なプレーを見せ，その後の世界サッカーの発展に大きな刺激を与えたが，決勝戦という舞台では，ベッケンバウアーが見事に統率してチームを一体化させた西ドイツが2－1の勝利をつかんだ。

1986年メキシコ大会では，ディエゴ・マラドーナ(アルゼンチン)という天才選手のプレ

▲ペレ（ブラジル）/ベッケンバウアー（西ドイツ）/マラドーナ（アルゼンチン）　©ユニフォトプレス／©P. Kishimoto

ーが世界を熱狂させた。準々決勝でイングランドと対戦したとき，マラドーナは自陣でパスを受けると次つぎと相手選手を抜き去り，ついにはGKまでかわしてシュートを決めた。間違いなく，ワールドカップ史上，もっともきわだった個人パフォーマンスだった。

その一方で，サッカー史を飾るような特別な天才選手を持たず，〈平凡なチーム〉といわれながらチーム全員の力を合わせて優勝を勝ち取ったチームもあった。1966年と1978年大会で，それぞれ開催地元で優勝したイングランドとアルゼンチンが，まさにそうしたチームだった。ともに地元の熱狂的な声援に後押しされて達成した優勝。その価値は，天才選手に率いられての優勝にひけをとるものではない。

32チームで開催される2002年大会，出場チームは23人の選手を登録することができる。全部で736人。それは，全世界で2億5,000万人といわれるサッカープレーヤーの頂点に立つ男たちだ。

日ごろは所属クラブでスターとして活躍し，数億円の年俸をかせいでいる選手たちが，祖国の名誉のためと，そして何よりも，子ども時代からあこがれてきたワールドカップの舞台に立つという喜びに燃えて全身全霊を傾ける——。それがワールドカップだ。

世界中の大衆にもっとも愛されているスポーツ，サッカー。世界中の人びとにとって，それは夢の大会にちがいない。だから，大会が開催される1か月間は，すべてを忘れてワールドカップに熱中する。その期間，ワールドカップは世界中の人びとをハッピーにする。もちろん，自分の国が出場権を獲得できなかったり，大会途中で不本意な敗退が決まれば，悔しい思いもする。しかし，世界のサッカーファンは，次の瞬間には，ワールドカップの見事なプレーを楽しんでいる。

それだけではない。大会が近づくとその予想で話題は尽きず，大会が終わった後には，すばらしいプレーを振り返って延々と話題がつづく。まさに，地球は4年にいちどのワールドカップで回転している。

このような大会はほかにはない。20以上の競技を開催するオリンピック大会ですら，関心の総量においてワールドカップに遠く及ばない。世界中の人びとの耳目を集め，これほど興奮をかきたてるできごとは，ワールドカップ以外には存在しない。

ワールドカップが〈人類の祭典〉と呼ばれるのは，そのためだ。　（大住良之）

テレビ放映とワールドカップ

◇ワールドカップとテレビ

●テレビ技術の発達とスポーツ中継

340億人。1998年フランス大会をテレビで〈観戦〉したといわれる全世界での延べ人数だ。この大会をスタジアムで実際に見た人の総数は延べ279万人。テレビのパワーがわかろうというものである。もはやサッカーは，テレビ抜きでは考えられず，テレビもサッカー抜きではリビングルームのご機嫌を取り結べぬ時代，といってよい。

テレビの最大の特色は,映像性・同時性だ。スポーツはまさに，これ以上ないソフトといえる。

世界のテレビ技術の本格的な歴史は，1920年代にはじまる。

アメリカ，英国，ドイツ，日本など，その開発にとりあえずのめどがつくと，まずスポーツ場へカメラをくり出した。屋外スポーツは，天候に恵まれれば照明を心配する必要がなかったのも大きい。

実用化への研究は，英国がリードしていたが，初の本格的なスポーツ中継はドイツによって行われた。1936年のベルリン・オリンピックをあらゆる分野で国威発揚の場としてとらえていた同国は，テレビ開発面でも，その力を示すように，ブラウン管方式投写型受像機による中継を試みたものだ。

英国は翌年，ジョージ6世の戴冠式のパレードを中継，つづいてウィンブルドン・テニスで，その技術に確信を得た。こうなれば，次はサッカーである。部分中継のテストを重ねた後，1938年，FAカップ決勝で初の完全ライブを成功させる。

▼1936年ベルリン・オリンピックにおける初のテレビ中継

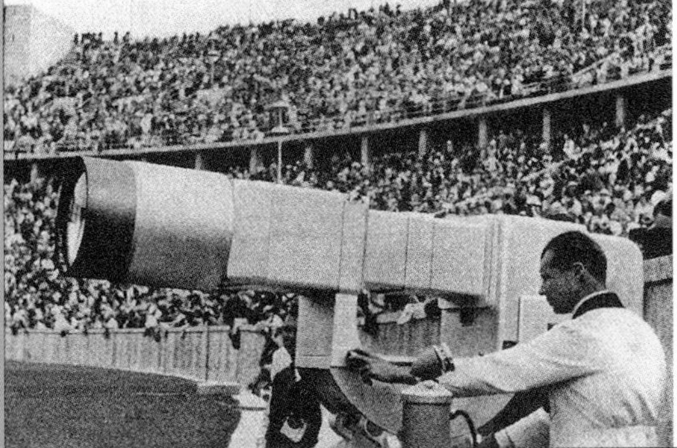

興味ぶかいのは，このとき英国放送協会(BBC)が，同国サッカー(フットボール)協会に対し〈5ギニー〉の放映権料を支払ったとする記録が残っていることだ。当時，受像機はきわめて高価，全土で2,000台程度の普及といわれたが，すでに放映権料(注・ラジオを含む場合は放送権料)は発生していたのである。

テレビに限らずスポーツ界は，メディアの進出にいつも警戒的であった。英国では，1927年にラジオによるスポーツ中継がはじめられたが，それによって入場者数の落ち込みを心配し，とくにサッカーはなかなかライブを認めたがらなかった。ましてや，テレビとなればその懸念は大きく，放送権料はその〈補償〉ともいえる。だが実際は，メディアの注目と進出によって，スポーツへの関心はふくらみにふくらむのである。

●テレビの普及とサッカー中継

1950年代後半から各国におけるテレビの普及はめざましいものとなり，スポーツは極上のソフトとして揺るぎない位置を占める。多くの国で，サッカーがその王者となったのはいうまでもない。

なかでも1954年，欧州放送連合(EBU)によって，欧州域内のネットワーク〈ユーロビジョン〉が発足したのは，スイスで開幕したワールドカップの歴史にも，新たなページを開かせることになる。

このときは,まだ映像が制作された試合も，それを受けた国も一部に限られたが，1958年のスウェーデン大会になると，すでに多くの国の人は〈テレビで見れるワールドカップ〉に期待を寄せた。陸路の伝送ルートによる国際的なナマ中継は大きな話題とされたが，制作の中心となるスウェーデンの放送会社(SR)は，前年にテレビ放送を開始したばかり，現在ほど各国からの支援態勢もなく，機材面などの事情で1日1試合の制作が限度。受像機は，各国とも一家に1台の時代ではなく，街頭受像機の前に群衆が詰めかけての〈熱狂〉で，EBUはその総数をおよそ4,000万人とはじいた。

だがその興奮は，明らかにそれまでの時代とは異なった。活字・写真と音声でしか触れられなかった各国のスターが，直接しかも現場と同時に自分の眼に飛び込んでくるのである。クローズアップの手法は，選手との距離を縮め，サッカーの新たな魅力を引き出した。

●画期的なVTR・放送衛星の開発

欧州のファンの気がかりは，欧州地域外での大会や試合が，この文明の利器をもってしても伝えられないのでは，ということであった。1962年の開催地は，チリと決まっていたのだ。

その〈不安〉を吹き飛ばす画期的な開発が明らかになったのは，1950年代の終わり近くだ。アメリカでビデオ・テープレコーダー(VTR)が実用化されたのである。

ナマに限られたテレビ映像を収録し，持ち運べるこの発明は，テレビとスポーツの関係をいっそう濃く，深いものにさせた。後年になってVTRは，スローモーションの開発でリピート演出の境地を開き，技術分析，戦略開発に欠かせぬものとなった。また，サッカーの攻守の奥深さを伝えることにもなった。

余談になるが，1960年のローマ・オリンピックは，日本にもテープが空輸され，〈テレビ・オリンピック〉時代の開幕を告げる。

ワールドカップ・チリ大会も，テレビカメラ，ムービィカメラ両面で取材された映像がテープに移され，欧州などへ空路で運ばれた。VTRを活用したさっそくの恩恵で，〈テレビのワールドカップ〉は，一気にその地域を拡大するが，試合の模様は印刷メディアとラジオ情報によって，空輸のテープより一足早く克明に伝えられていた。

ファンは新しい注文をつける。テレビの情報(映像)も，世界同時発信とならぬものか。その夢が，放送(通信)衛星の打ち上げという宇宙時代の到来でかなう。

1963年，日本・アメリカ間の衛星による映像送受信の成功は，1964年の東京オリンピックを画期的な大会へと導き，スーパー・イベントのグローバル化が進む。

1966年，ワールドカップ・イングランド大会は，28年前にFAカップを手がけたBBCを主体にして，テレビの条件がすべて整った最初の大会といえる。

●日本におけるサッカー中継

その前年，〈日本リーグ〉が設立された国内では，サッカーに対する関心が全国化し，海外の動向にも興味が集められはじめた。

国内各局のワールドカップへの関心は決して高いものではなく，1970年のメキシコ大会は東京12チャンネル(現・テレビ東京)による大会後の録画番組(ハイライト放送)にとどまり，ブラジル対イタリアの決勝戦が放送されたのは，大会終了後3か月近くたった9月で，しかも時間枠が60分のため，前半・後半が2週に分けられた。

この大会は，ワールドカップではじめて全世界へ衛星中継が行われたのだが，日本はナマどころか3か月遅れ。この〈現実〉は，当時のサッカー事情を物語るものだ。それでもファンはワールドカップにしびれ，世界のサッカーに酔いしれたのである。

東京12チャンネルは，サッカーに力を入れていた局だが，1970年の放送は，本格化しつつあったカラー番組のソフト調達のため，アメリカにプロレスリングの映像を買いつけに行った担当者が，メキシコ大会の関係者を紹介され，それがきっかけとなって一転，サッカーに切り替えたものだという。

1974年の西ドイツ大会は，東京12チャンネルが，編成の姿勢を一歩進めて，西ドイツ対オランダの決勝戦をナマ中継したのは特筆されてよい。

大会組織委員会による放送権料は，すでに〈常識化〉されており，1970年メキシコ大会のハイライト放送権料はメキシコの代表的放送会社テレビサに制作諸費を含め約2,500万円(推定)を支払ったとされる。1974年の西ドイツ大会は，東京12チャンネルが当時の西ドイツの代表的放送局ZDF(西ドイツ第2テレビ)と交渉，当時の関係者によると，伝送囲線費，制作諸費，放送権料を合わせて1億円近かったという。

こうしてワールドカップは，放送技術の革新的な発達とともに，サッカーの醍醐味を地球のすみずみにまで伝え，グローバルなイベントとしての座を揺るぎないものとしていくが，同時にビジネスとしても大会ごとにその規模を巨大化させていくことになる。その背景に，テレビの存在は隠しようもない。

◇放映権料の移り変わり

●〈佳き時代〉の放映権料

ワールドカップにテレビの思惑が最初にからんだのは，1970年のメキシコ大会だろう。EBUの強い働きかけで，組織委員会は，キックオフの時間を欧州地域の視聴好適時間に合わせ，多くの試合を現地の正午としたのだ。30度を越す暑さだが，欧州では夜のゴールデンタイムにあたった。放映権料は決して高額ではなかったから，むしろスポンサーやメーカーなどの画面露出をねらってのビジネスではなかったか。

1974年大会は，欧州にとって〈時差〉のない地域，この面での問題は薄かったが，このころから活発となりはじめたアメリカや欧州のエージェントが，放映権に食指を動かすようになる。EBUはその動きを封じるため，国際サッカー連盟(FIFA)と交渉，放映権の世界規模による複数回契約を持ちかける。すでにオリンピックは，アメリカの民放3大ネットワークの凄まじいまでの競札によって高値を生み，欧州や日本などに余波が及びかけていた。

EBUのFIFAへの接触は，サッカーがアメリカで未成熟なこともあって順調に行われ，1978年のあと1982年，1986年の2大会契約へこぎつけた。FIFAが，マネーよりもテレビの伝播力の強さを認識し，まずこの面からいっそうのグローバル化をはかろうとしたことも見逃せない。いま思えば〈佳き時代〉である。

EBUは1950年に設立され，そのあとアフリカ放送連合(URTNA)が1962年に，アジア放送連合(現・アジア太平洋放送連合＝ABU)が1964年に，アラブ放送連合(ASBU)が1969年に，イベロアメリカ・テレビ連合(OTI)が1971年に次つぎと生まれ，EBUはFIFAとの契約へこれらの地域連合にも参加を呼びかけ，国際テレビ・コンソーシアム(ITC)の発足へこぎつける。

注目されるのは，放映権料の負担(シェア)の方法で，あらかじめ大陸ごとにサッカーに対する人気度などをもとにして，連合別に割り振ったことだ。

ABUは，各国放送界の実態やサッカーの力などから，1978年は全額の16％に収められた。さらに地域連合は，加盟国・局に同様の方法で割当額を決める。1978年のABUにおける日本(NHK)の分担は32.9％。そのあとに決まったITCの総額は2,250万スイスフランで，これを前述の比率にあてはめると，ABU360万スイスフラン，日本(NHK)118万スイスフランとなる。当時の円換算で約1億7,000万円である。

各スポーツの放送権料のとどまることを知らぬ高騰のなかで，このFIFA・ITC方式は，もっとも〈常識的〉なものといえた。だがそれだけに，辣腕(らつわん)のエージェントにとっては，乗っ取りを図りやすい額でもあった。

●放映権料の高騰

FIFAとITCによる1990年大会以降の契約交渉は1985年にはじまったが，前3大会とはくらべものにならないむずかしさをともなった。いったんは〈3大会(1990年，1994年，1998年)〉の契約を了解したFIFAが，突然1990年，1994年大会に限ると態度を変えたり，1990年大会だけといい出したりする会議もあったとされる。

結局，1986年4月に〈3大会・3億4,000万スイスフラン〉でまとまったが，1978〜82年の約3倍に跳ね上がっての妥結である。

1990年代に入って筆者は，あるエージェント関係者から，このとき３大会で10億スイスフラン以上を用意していたエージェントがいたことを知らされた。真偽は確かめようもないが，21世紀２大会のなりゆきを知ると，十分に考えられる額だ。

FIFAとITCによる信頼の雲行きは，1998年大会での値上げの要求でいっそう怪しくなる。FIFAが，この大会から参加国を32か国にふやすため，放送権料の見直しを求めたのだ。ITCは事情を理解しながらも，契約は変えられないと押し切ったが，2002年大会以降の交渉の多難さを十分に予測させた。

●2002年以降の放送権料

アメリカ大会(1994年)前からはじまった契約更新の話し合いは，果たしてもつれた。ITCは2002年から３大会という要望をすぐにあきらめ，2002年，2006年の２大会にしぼったものの，FIFAはかつてない強気な態度で臨んできた。その裏に，1990年代に入って急速な伸びを示した英国，フランス，イタリア，ドイツなどの国内サッカーリーグの放映権料高騰が潜む。

各国リーグ，有力クラブには，かつてないマネーが有料契約方式による衛星放送会社から払い込まれるようになっていた。伝統のEBU傘下の放送組織は，次つぎと退けられ，そのムードがFIFAをも取り巻いたのである。

ITCは1994年，1998年両大会の３倍以上の額を〈覚悟〉したが，エージェントの額を上回ることはできなかった。1996年４月，FIFAはITC一本からエージェントを加えた〈オープン〉で交渉を行うことを明らかにした。ITCは〈復活〉をかけて引きつづき参戦し，このほか欧州，アメリカの６つのエージェントが名乗りをあげた。

決着後に明らかになったことだが，５月の末までに３者(社)が振るい落とされ，６月のFIFA財政委員会ではITCなど４者(社)の争いとなった。この前後に流れ込んでくる情報の〈多様〉さは，１か月前，2002年の開催地をめぐってつばぜりあいを演じていた日本ー韓国の〈争い〉に，優るとも劣らぬものであった。

FIFAは７月，２大会の放送権はキルヒ(ドイツ)・スポリス(スイス)のジョイントチームに獲得させると正式発表した。

2002年　13億スイスフラン

2006年　15億スイスフラン

2002年だけでも，ITCの３大会(1990年，1994年，1998年)分を４倍近く上回った。日本は，ワールドカップではじめてNHK単独から，オリンピック同様のジャパン・コンソーシアム(JC)方式を採る申し合わせができていたが，権料の跳ね上がりは避けられぬこととなった。

●有料放送局の進出

1998年11月，スポリスに代わって放送権セールスを担当するISL(スイス)社は，東京でJCに，非公式と断りながらも，２大会で６億5,000万スイスフランを期待しているとした。NHKが1990年からの３大会で分担した総額は約1,530万スイスフラン。それが２大会で40倍以上になるとは，予想をはるかに越えた。JCの態度は硬化し，交渉は長い中断に入る。わずかな動きとしては，1999年夏，2002年大会だけで邦貨250億円がオファーされたが，1998年大会の円換算６億円(概算)の40倍以上に変わりはない。

キルヒ，スポリス・ISLは，ハナからいわゆる〈地上波局〉を売り先と見ていなかったようだ。ターゲットは，欧州にブームを呼んだ有料の衛星波局である。スポンサー収入や受信料でまかなわれる地上波局と異なり，彼らは優良ソフトならば加入者が押し寄せる。収

国際テレビ・コンソーシアム（ITC）によるワールドカップ全世界放送権料（スイスフラン）

1978	アルゼンチン	2,250万	(日本　118万)
1982	スペイン	3,900万	(日本　214万)
1986	メキシコ	4,900万	(日本　268万)
1990	イタリア	9,000万	(日本　418万)
1994	アメリカ	1億1,500万	(日本　510万)
1998	フランス	1億3,500万	(日本　595万)

●日本はNHK単独，金額(スイスフラン)は推定

入の仕組みが違うし，パイの大きさははかりしれなかった。２大会で28億スイスフランに，利益を上乗せしても十分に採算を見込めたといえる。

2000年５月，日本では大きな動きがのぞく。全64試合のCS独占放映権をスカイパーフェクTV！が手中にしたのだ。にわかに，注目はJCがどれだけの放送(試合)枠を確保できるかに集まり，最終的には40試合(他に同カードのBSハイビジョンとラジオの放送権)で落ち着いた。

欧州での地上波は，英国を除いて各国とも多くても１日１試合程度とみられるだけに，JCの数量はまずまずといえるが，日本でもスーパー・イベントの有料契約時代が訪れたという点で，画期的といえる。

FIFAは，こうした流れをどう見ているか。1996年７月のコメントでは,「FIFAの目的は全世界でワールドカップをテレビ放送することで，契約した２つのエージェントも，ITCを放送上で排除してはならない」とし，オープニングマッチ，自国の出場する試合，準決勝，決勝のあわせて７試合だけは，だれもが無料でテレビ放送を見られなければならないことを付け加えている。

エージェントが，有料テレビの格好の〈商品〉として，ワールドカップを売り込むことを承知のうえで，巨額の契約に傾いたことを明らかにしたといってもよい。

●ユニバーサルアクセス

エージェントにとって，FIFAの示した付加条件は煩(わずら)わしいことだろうが，これには理由がある。

英国をはじめ欧州各国には，国民のだれもが特別な料金を負担しなくてもテレビで見ることのできる行事を法律で定めている。

〈ユニバーサルアクセス〉と呼ばれるものだ。衛星波の有料契約放送が盛んになった1990年代以降の動きに思われているが，発端は1955年，英国における民放(商業放送)の設立にあった。

当時，この放送局は，資本は豊かなものの放送範囲が全土の50％にすぎず，高額でスポーツなどの放映権が独占的に握られると，それを視聴する地域が限られてしまう心配があった。

そこで英国政府は，国民的関心の高いスポーツやイベントの独占放送を禁止するとしたのである。

これらの行事は〈リステッド・イベント〉と呼ばれ，1980年代のケーブルテレビ導入時に引き継がれ，やがて各国も倣(なら)った。

うらやましいのは，スポーツが，その文化価値を高く認められ，〈リスト〉の大半を占めている状況だ。

なかでもサッカーは筆頭格。国民生活になくてはならぬ存在であることを示している。

エージェントは，ワールドカップを，特定の局に独占させることができず，2000年以降各国で，さまざまな駆け引きが行われている。

日本の場合は，〈ユニバーサルアクセス〉の視点よりも，スカイパーフェクトTV!とJCによる放映権料(推定196億円)の分け合いのニュアンスが濃い。

英国では，伝統のBBCとITV(民放ネットワーク)の地上波連合が権料を握り，衛星波サッカーの嵐を巻き起こし，ポンドの雨を降らせたBスカイB社ははずれている。〈ユニバーサルアクセス〉を避けてのもののようだ。

●放映権ビジネスの将来

活字メディアの情報に先行されながらも，録画の映像に熱狂し，街頭受像機の前で興奮したときから40年の歳月が流れ，ワールドカップとサッカーのテレビ事情は明らかに変革のときを迎えた。有料放送局との蜜月で，クラブや選手は裕福となり，スタジアムの居心地のよさも増した。それはそれで結構だが，素朴な時代の情熱を失うことはないのだろうか。

2001年４月，2002年，2006年大会のエージェントの一角・ISL社が財政破綻を起こし，つぶれてしまう事件が起きた。サッカー以外の放送権ビジネスの失敗が傷口になったとされるが，スポーツ界にも，テレビ界にも警鐘を鳴らすできごとである。いっそうの暗雲が，エージェントにとどまらず，スポーツの上空を覆わないとも限らない。

ワールドカップは，21世紀も地球上を，人類を沸かせつづけるだろうが，マネーに任せた行動は永遠につづくとは思えない。2002年韓国・日本大会，2006年ドイツ大会は，その面でもきわめて興味深いといえよう。

◇競技映像は専門会社が制作

有料契約放送局主体の放送は，権料の高騰以外にも，さまざまな影響をもたらす。これらの局は，通常，大掛かりな制作機能を持たない。〈完成品〉を送り出すことが主な業務で，その局の独自の味つけは，スタジオ部分と解説者，アナウンサー，リポーターなどの音声部分となる。肝心の競技映像は，専門の制作会社から配信されることでカバーされる。

キルヒグループとスポリス・ISL社は，1999年春，パリに〈ホスト・ブロードキャストサービシーズ(HBS)〉社を設立した。2002年，2006年大会は，同社のスタッフが各会場で映像制作のいっさいを仕切る。

これまでは，ITCにつながる各国のテレビ会社が豊富なスポーツ中継の経験を活かして，質の高い映像を全世界に提供してきた。サッカーに不慣れな1994年のアメリカ大会も，EBUを中心にスタッフを組み，優れた映像を送り出している。

2002年は，日・韓放送界の腕の見せどころであったが，HBSの独壇場となり，出る幕がない。HBSは，欧州のフリーランスのプロデューサー，ディレクター，エンジニアでスタッフを組み，日・韓20会場で作業する。経費はかさむが(推定150億円)，放映権を売ったさきを考えれば，当然の義務である。

制作規模も，サービス充実の名のもとに大会ごとにふくらんでいる。2002年大会は，ピッチを19～23台のカメラが取り囲む。プレーだけではない。あらゆる状況が，至近のカメラによって，時にはナマで，時には録画再生で送出される。それだけの量と質をともなわなければ，放送局も視聴者も満足しなくなったともいえる。21世紀に新設されるスタジアムは，テレビカメラや機材の配置を考慮した設計が求められもしよう。

問題は，制作者(送り手)の気負いが過ぎて，受け手側の焦点をボケさせてしまう〈危険〉があることだ。

テレビの技術がどこまで昇りつめても，スポーツは現場(スタジアム)へ出かけて，ナマで見ることが最高，無二の手段であろう。テレビは，テレビ独断のストーリーを組み立て，画面に押し込んで送り出す。ワールドカップのような至極のステージは，本来なら一人ひとりが，ピッチからの風に当たり，一人ひとりのストーリーを楽しんでこそ，である。

だが，1990年イタリア大会・265億人，1994年アメリカ大会・312億人，1998年フランス大会・340億人(いずれも延べ数，ISL社発表)の視聴者数を知ると，無責任に「スタジアムへ」などといえなくなる。

テレビに科せられた責任は大きい――。

(杉山　茂)

▼2002年大会の標準的なカメラ配置図

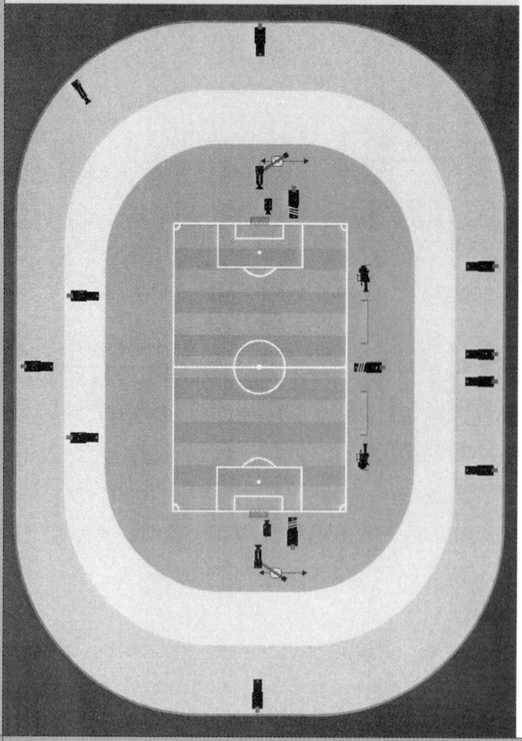

スポンサーシップとワールドカップ

◇ISLとワールドカップ

ワールドカップとスポンサーシップについて語る際，絶対に抜きにできない組織がISL(本社スイス・ルツェルン)である。国際サッカー連盟(FIFA)の代理店として，ワールドカップのマーケティング事業を独占的に手がけてきた。そのISLが2001年４月にスイスの裁判所から破産宣告を受けた。事業の多角化が経営破綻を招いたといわれ，ISLが関係していたFIFAがらみのマーケティング事業は，FIFAが設立した〈FIFAマーケティング〉が引き継ぐことになった。いずれにしても〈巨人〉ISLの行き詰まりは，スポーツ・マーケティングの世界が曲がり角を迎えていることを暗示しているのではないだろうか(文中の金額はすべて推定)。

そもそもスポーツ・マーケティングとは，何なのだろう。ワールドカップの場合でいえば，第１に大会でくり広げられる個々のゲーム自体が持つスペクタクルが価値の中心となる。さらに，主催するFIFAという組織への信頼感や大会そのものの高級感などを含めたワールドカップに関連したあらゆる資源(リソース)を有機的に結びつけ，商品化を行う。この過程でもっとも重要なのは，メディアとの連携である。そのうえで，そこで商品化されたもの(つまりメディア化された大会)をいかにスポンサーとなる企業の価値に結びつけて，モノを売るか，ということになろうか。

そのためのひとつの手法として，試合会場のピッチの周囲をぐるりと取り囲む，オフィシャル・スポンサー１社につき２枚の掲出が許された広告看板がある。

インターネットで日本初のスポーツ総合サイト〈スポーツ・ナビゲーション〉を立ち上げた広瀬一郎氏は，その著書『ドットコム・スポーツ』で「ワールドカップの広告看板スポンサー・セールスは，1978年のアルゼンチン大会から本格的にはじまった」と記している。ただ，アルゼンチン大会当時はまだ，〈オフィシャル・スポンサーとサプライヤー〉といった厳密な区分けや，それぞれのスポンサーの権利をしっかり守るような意識は乏しかったようである。

次の1982年スペイン大会は，マーケティングの権利は英国のウエストナリー社が持っていた。そこに現れたのがISLである。ISLは，スポーツ用品メーカー〈アディダス〉のホルスト・ダスラー会長がつくった持ち株会社と日本の広告代理店・電通の共同出資によってスペイン大会前に設立され，大会後，本格的に稼働した。国際オリンピック委員会(IOC)のファン・アントニオ・サマランチ会長政権の〈生みの親〉とも評されるほどスポーツ界に巨大な人脈を持つダスラー会長と世界有数の広告代理店とのタッグに，勝てる相手はいなかった。やがてISLは，オリンピックとワールドカップという２大スポーツ・イベントのマーケティング業務を手中に収めることになる。

◇インターサッカー4

FIFAから1986年メキシコ大会に向けてのマーケティングを任されたISLは，スポンサーシップ販売に秀逸なアイディアを実行する。1983年から本大会のある1986年までの４年間をひとつのパッケージとしてセット・セールスしたのである。名づけて〈インターサッカー４〉。その中身は，①FIFA主催の1986年ワールドカップ・メキシコ大会，②欧州サッカー協会連合(UEFA)主催の1984年欧州選手権フランス大会，③毎年行われる欧州チャンピオンズ・クラブカップ(現在のチャンピオンズ・リーグ)決勝戦，④毎年行われる欧州カップウィナーズカップの決勝戦，の４つだった。イベントも４つなら，期間も４年で〈インターサッカー４〉というわけだ。このパッケージ・セールスは成功を収め，1990年イタリア大会に向けた〈インターサッカー90〉から〈94〉〈98〉〈02〉までつづくことになる。

スポンサー料を払って〈インターサッカー4〉に参加した企業は，その見返りとして，対象となった4つのイベント全試合の会場に広告看板を出したり，チケットの配分，公式ロゴやマスコットをあしらった商品化，販促活動が可能となった。

ターゲットはあくまで欧州だった。もちろん，ワールドカップはワールドワイドなイベントだが，1980年代前半から後半にかけてアジア(日本でも)人気はそれほどでもなかったし，南米では熱狂度は高いが，ある企業にとっては大事でも，他の企業にとってはそうでもない市場だった。そして，ある企業が欧州で自らの認知度を高めたり，販促活動を活発にしようとしたら，サッカーほど利用価値の高いものはなかった。

FIFAやUEFAにとっても，中長期の戦略を立てるとき，4年は都合のいいサイクルだった。スポンサー企業にとっても，4年先のワールドカップという最終ゴールをにらみながら，その間にさまざまな商品をつくり，販売店へのインセンティブ・ツアーの企画や消費者キャンペーンを展開するなど，戦略を練りやすかった。また，50億円ともいわれるスポンサー料も，4年の分割払いと考えれば心理的な抵抗も小さくなる。マーケティングの期間として4年は双方にとってメリットがあったわけである。

◇テレビと広告看板

試合会場への広告看板の掲出は，テレビをめぐる当時の欧州の状況からも，きわめて有効な手段だった。

1998年フランス大会まで，ワールドカップのテレビ放送は国営放送と公営放送中心だった。英国のBBCなど，欧州各国の国営・公営放送局は欧州放送連合(EBU)を組織し，FIFAからオリンピックなどにくらべると非常に安価で大会の放映権を獲得してきた。

FIFAにすれば，懐に入る放映権料は安くても，視聴者の拡大を最優先に考えれば，国営・公営放送(日本でいえば，全国津々浦々，どこに住んでいても確実に見られるであろうNHK)と手を携えておくのが一番だったのだ。

国営・公営放送は，民放のようにCMが洪水のごとく流れることはない。おまけに，EBUでスポーツ放送に携わる人びとは，スポーツ放送のなかでサッカーを至高のものとしてとらえている。野球のようなタイムという概念はなく，試合の途中にCMを入れることなど毛の先ほども考えたことがない。そうした環境のなかで，いかに企業名を印象づけるか。ピッチの脇に広告看板を出すことだった。ハーフタイムを除いて，前後半の45分間途切れずに放送されるということは，CMという〈ノイズ〉が低減し，ピッチを取り囲む看板は逆に際立つ，という効果をもたらした。おもしろいのは，これがアメリカならまったく逆の考え方になること。アメリカのスポーツは，大リーグにしてもプロバスケットのNBA，アメリカンフットボールのNHLにしても，隙あらばという感じでCMが放送中に入る。こういう形態では逆に競技場内に看板が林立することが〈ノイズ〉になる。

ピッチの脇に並ぶ広告看板は，欧州向けのスポーツ・マーケティングであり，それは当時の欧州における放送の形態が支えていた，ということになる。

ちなみに，2枚の広告看板は，1枚はテレビに映りやすい場所ならもう1枚は映りにくい場所，という具合にセットになっていて，なるべく均等に映るチャンスがあるよう配慮されている。これらオフィシャル・スポンサーの権利を守るために，代理店は会場内をいかに〈クリーン〉に保つかに腐心する。たとえば，1986年メキシコ大会のとき，選手やチームを応援するものに混じってレストランの宣伝の横断幕が掲げられていた。これを撤去させようと話し合ったがらちがあかず，警備の軍人を呼んでライフルをちらつかせ，やっとどかせることができたという。

◇カテゴリーの細分化

ワールドカップと比肩しうるスポーツ・イベントにオリンピックがある。アマチュアスポーツの祭典といわれたオリンピックが，その姿を激変させたのが1984年ロサンゼルス大会である。オリンピックを集金マシーンに変えて〈商業オリンピック〉と批判されたが，ピーター・ユベロス大会組織委員長の商才が，税金をびた１文(ドル)も使わずに２億ドルという黒字を生み出した。このときの，ユベロス委員長のビジネス・パートナーも電通。〈公式スポンサー，公式サプライヤー〉，〈公式マーク〉といった聞き慣れない単語が飛び交い，マスコットの〈イーグルサム〉をあしらった商品が氾濫した。テレビ放映権料も爆発的に高騰。スポーツの持つ潜在能力に，人びとはようやく気づいた。ワールドカップもそういう動きに影響を受けながら，商機を拡大していった。

競技会場内にいっさい広告看板を出せないオリンピックが，どんどんワールドワイドにビジネス展開するようになっていた。マーケティングのツールとして，もう一方の雄であるワールドカップもイタリア大会あたりから世間の注目をますます集めていた。そして，〈切り売り〉という発想が生まれた。特定商品カテゴリーにつき１社，最上位の権利を持つ〈オフィシャル・スポンサー〉(販売はISL)。イタリア国内のインフラ整備にかかわる保険や航空会社などが物品提供を主体として協賛する〈オフィシャル・サプライヤー〉(販売は組織委員会)。商品化の権利を認められた〈オフィシャル・プロダクト・サービス〉(販売はISLとスポーツビリー社)，その下位の〈オフィシャル・ラインセンシー〉(販売はスポーツビリー社)。1986年メキシコ大会は，〈オフィシャル・スポンサー〉，〈オフィシャル・ライセンシー〉という２つのカテゴリーしかなかったのが，倍の４つにふえたのである。

このあたりの経緯について，ワールドカップのスポンサーシップに精通する電通の海老塚修氏は「４年のパッケージの最後にワールドカップがあって，そこに看板が出る。そのインパクトはたしかにすごいですよね。それがメリットだと思われ契約されるスポンサーもいます。しかし，それ以前にもできることはたくさんあると。看板が十分に露出しない協賛形態でも，ある程度のマーケティング上のメリット出しができるのではないか。そういう形で小さな金をかき集めていけば，主催者もエージェントにとってもパイが膨らんでいくと考えたのです」と説明する。

1994年アメリカ大会では，この４つに加えて，〈エクイップメント・サプライヤー〉というカテゴリーも創出された。「アメリカはとくにサッカーの国ではないから，国をあげてのサポートはどこを探してもなかった。資金的，制度的な援助もない。新設の競技場なんかひとつもつくらなかったし，行政のモチベーションもなかった。そういう状況で大会をやるには経費を切りつめ，ビジネス・チャンスを拡大するしかなかった」(海老塚氏)。エクイップメント・サプライヤーとして，芝を刈る芝刈り機やゴールネットの会社までかき集めた。本大会の抽選会をショーアップして商品として売ったり，食べ物抜きでスポーツ観戦することなど考えられない国民性を考慮して，土産と食事付きのプレミアム・チケットをつくったのもアメリカ大会が最初だった。

ただ，カテゴリーの細分化は，フランス大会が最後になった。2002年大会は，〈オフィシャル・スポンサー〉，〈オフィシャル・サプライヤー〉，〈オフィシャル・ライセンシー〉の３つに整理された。商機の拡大をねらってカテゴリーを細分化したものの，レベルの下のスポンサーが間隙を縫うように活動し，思いのほかの成果をあげると，上位のスポンサーはおもしろくないし，満足感も薄れてしまう。そこで原点に帰って，公式スポンサーの比率を大きくして，マーケティングのツールとして全面的に改良したのである。

◇2002年大会では

2002年大会のオフィシャル・スポンサー

は，アディダス，コカコーラ，富士フイルム，現代（ヒョンデ）自動車，NTT／コリアテレコム，マクドナルド，バドワイザー，富士ゼロックス，ジレット，日本ビクター，マスターカード，アバイア，東芝，フィリップス，ヤフーと現在16社。その16社と商品カテゴリーがバッティングしない範囲で認められたオフィシャル・サプライヤーは，日本生命，日清食品，野村証券，東京海上火災，東京電力の６社ですべて決定した。

FIFAが，ISLとともにこうしたマーケティングの手法を確立したのは，ジョアン・アベランジェ前会長が長期政権を築いていた時期と重なる。そのワンマン体質を政権末期に指弾されることになる前会長だが，アベランジェの時代にFIFAが強固な財政基盤をつくりあげ，年齢別や女子の世界選手権なども開催し，世界最強のスポーツとしての地歩を確固たるものにしたのも事実だろう。

そのアベランジェ前会長の威信が低下し，熾烈をきわめた日本と韓国の2002年ワールドカップ招致合戦が共催という決着をみたあたりから，マーケティングの世界でもISLが独占的な存在ではなくなっていった。

欧州チャンピオンズ・クラブカップは，チャンピオンズ・リーグに衣替え。クラブカップのころはUEFAの管轄は決勝だけで，後はホーム・アンド・アウェーのそれぞれのクラブがさまざまな権利を主張し，スポーツ・マーケティングのコンテンツとしては販売に手かせ足かせが多かった。それをチャンピオンズ・リーグでは，予選リーグの段階からひとつにパッケージングして売り物にした。UEFAと連携してフォーマットを変えたエージェントのTEAMは，もとはISLにいた人間たちがたもとを分かち興した会社だった。チャンピオンズ・リーグとユーロ(欧州選手権)のパワーアップをテコにUEFAは，FIFAと角突き合わせている。

メディアの変革も急だ。国営・公営放送だけでなく，衛星放送を含めた民放の力が急伸した。衛星放送は，受信契約数をふやすために，魅力あるソフト集めに躍起になり，スポーツはその格好の素材とされている。そのため，放映権料はバブルとなり，ワールドカップも2002年は13億スイスフラン，2006年が15億スイスフランで落札された。

日本国内に限っても，NHKが中継したフランス大会の放映権料は６億円だったが，2002年大会は通信衛星(CS)放送のスカイパーフェクTVが135億円，NHKおよび民放連で構成したジャパン・コンソーシアム(JC)が63億円と暴騰した。サッカーの収益構造は，テレビマネーに依存し支配されているオリンピックに，どんどん近づきつつあるように見える。

国営・公営放送と相性がよかった〈広告看板方式〉。時代の急激な変化に合わせ，スポンサーシップの世界も，次のビジネスモデルを求めて動き出している。

「枠組みの変化は当然あると思いますね。放送の形態がデジタルに変われば，より多くの情報量を中継の間に送れるようになりますし，双方向制も出てくる。データを蓄積していつでも取り出せるようにもなるでしょう。インターネットの一般化，動画も配信されるし，携帯端末でのやりとりも多くなる。技術革新が，広告のビークル(乗り物)をどんどん覆していく。こういう環境のなかでは，生中継で看板が出るという次元ではスポンサーも満足できなくなるでしょう」(海老塚氏)。

どんなに社会環境が変わろうと色あせないものがある。スポーツの持つパワーである。ワールドカップも，人の原初的なエネルギーに根差した遊戯である限り，最高峰のスポーツ・イベントでありつづけるのだろう。そのパワーを，どう伝え，何に置換するか。

小さなもので，世界を変えることはむずかしい。ワールドカップという大きなパワーを持つコンテンツのほうが，影響力は当然大きい。あるいは，時代が変革期にあるほど，ワールドカップは，ビジネス，メディア，コミュニケーションの次なる仕組みを，次代のスタンダードとして社会に提示できる可能性を秘めているのではないだろうか。 (武智幸徳)

2002年 3-2 韓国／日本大会

日韓大会のアウトライン

1 史上初の共同開催

21世紀にはじめて行われる大会は，ワールドカップ史上初めて日本と韓国の共同開催となった。1996年5月31日にスイス・チューリヒにある国際サッカー連盟（FIFA）で開かれた理事会で決定したのだが，単独開催をめざして招致運動を展開していた日本にとっては衝撃的な結果だった。

FIFAの大会規定には「〈1協会〉に開催権を与える」と明記してあり，規約改正を総会に諮ることもなく理事会で決めたのは，両国の激しい招致合戦とFIFA理事会内部の権力闘争が影を落としたためにほかならない。

日本を支援した南米のジョアン・アベランジェ会長と韓国を支持した欧州のレンナート・ヨハンソン副会長の争い。内部での権力抗争でFIFAが二つに割れることなく，しかも日韓両国が傷つかない唯一の方法は共同開催しかなかったといわれる。

新しい関係の構築へ

大会の正式名称は〈FIFA　WORLD CUP KOREA/JAPAN〉。この名称を決めるにあたっては，かなりの時間を費やしての話し合いが行われ，必ずしもすんなりと決まったわけではなかった。当初は日本語表記の場合は〈日韓大会〉で可とされていたのだが，あとになり韓国側から「英文の公式名称はKOREAが先なのだから，日本語表記にするなら韓日大会とすべきだ」と申し入れがあり，結局はFIFAに判断を仰ぐ事態にまで発展した。

日韓，韓日の表記は，自分の国からそのものごとをとらえるときは，たとえば日本と韓国の議員連盟を日本からいえば〈日韓議員連盟〉とし，韓国では〈韓日議員連盟〉とするのが恒例だった。話し合いの席で了承されたとされる恒例にしたがって表記していたのに，ある程度の期間をおいて世論に押されるような形で韓国側が動いたのだった。

問題を持ち込まれたFIFAは，これまで〈1998年フランス大会〉〈1994年アメリカ大会〉のように開催年の後に開催国をつけて表記していたのをたんに〈2002年ワールドカップ（大会）〉とし，〈日韓〉も〈韓日〉も外すよう要望し，決着した。もちろん〈2002年韓国／日本大会〉とするぶんには問題はない。

日本と韓国の間には，過去，日本が36年間の植民地政策をとるなどした不幸な時代があった。ぎくしゃくした関係は〈近くて遠い国〉という言葉で表現されてきた。韓国では〈反日〉〈克日〉の精神のもとで日本に接してきた時間も長く，そのことで日本に〈嫌韓〉の気分があったことも事実だ。ワールドカップの共同開催は，そうした過去の関係から脱して，新しい世紀に新しい関係を構築する絶好の機会ととらえられた。

大会の日本語名称問題はあったとはいえ，共同開催を記念した両国の交流は，文化からスポーツまで幅広く行われた。とくに，民間の交流は，これまで溜めてきたものが堰を切ったような勢いだった。しかし，開催前年の2001年になって，盛り上がりを見せていた気運に冷水を浴びせる事件も起きた。小泉首相の靖国神社参拝問題と教科書問題である。

強く反発した韓国では，ごく一部ではあるが「共催を返上しろ」の声まで上がったほどだった。まったく政治的な問題にもかかわらず，スポーツ交流も草の根レベルまで含めると100に近いイベントが中止になった。もっとも，ワールドカップ開催の準備が滞ることはまるでなかった。ただ，共同開催を成功させるには，両国(民)の深い相互理解が不可欠であることを再確認させたということはいえよう。

また，FIFAは大会マスコットの作成を日本と韓国に任せることをしなかった。大会のマスコットは1966年イングランド大会にはじめて登場した。ライオンの〈ウィリー〉。そして開催国ごとに楽しいキャラクターが次つぎに生まれた。1978年アルゼンチン大会はカウボーイハットの少年〈ガウチート〉，1986年メキシコ大会はトウガラシの〈ピケ〉，前回フランス大会はニワトリの〈フーティックス〉だった。

今回はFIFA主導で契約した英国のデザイン会社が公式ポスターとともに制作し，新世紀にふさわしい宇宙をイメージしたという日本，韓国どちらの国のお国柄も反映しない宇宙軟体生物となった。宇宙人の3人(匹)の名前こそ公募して，監督〈アトー〉と選手〈キャズ〉〈ニック〉に決まったが，「なじむのに時間がかかりそう」「愛着が持てない」という声が多かった。できあがったものの名前ではなく，マスコットそのものをそれぞれの国で公募して国柄と伝統を反映したものを制作していれば，もっと関心を呼んでいたのではないか。

2 テレビとワールドカップ

高騰する放映権料

21世紀初の大会はテレビ放映権料が高騰した大会としても記憶されることになるだろう。日本では，全64試合のうちNHKと民放が計40試合，有料テレビのスカイパーフェクTV！は全試合を放送する。その放映権料は両方で約200億円といわれる。1998年フランス大会は日本ではNHKのみが放送したが，放映権料は約6億円を支払ったとされ，今回は30倍にもなった。

いまや大規模なスポーツ国際大会での放映権料はどれも劇的に上がっているが，ワールドカップに関して，FIFAは従来，放映権料を安くして大勢の人に見てもらい，サッカーを普及しようとしていた。1994年アメリカ大会は延べ320億人，1998年フランス大会は延べ340億人が見たとされる。ともに放映権料が安かったときのことで，明らかな路線変更となった2002年大会で，どんな数字がでるのか注目される。

この放映権料についてFIFAは，世界各地域の放送連合との交渉からより高く売ることのできる入札制にした。2002年，2006年大会についてはドイツのキルヒ社とスイスのISL社（5月に倒産)が，計12億3500万スイスフラン（約926億円)の破格値で落札，各国との交渉にあたった。日本では最初，NHKと民放でつくる放送連合のジャパン・コンソーシアムが約250億円の提示を受け，交渉は難航。スカイパーフェクTV！が加わることでようやく決着した。同様のことは世界各地で起きた。

さらに，新たな映像使用料問題も発生した。開催地の10の自治体と日本組織委員会は，クローズドサーキット方式でスタジアムにファンを集めて他会場の試合を大スクリーンに映し出す計画を入場者無料で実行しようとしているが，FIFAはクローズドサーキット料を徴収するのではないかといわれている。入

▶日韓共催決定後，ワールドカップを共に掲げる長沼健日本協会会長（左）と鄭夢準韓国協会会長
ⒸP.Kishimoto

手しにくいチケットを考えれば，ぜひ実現してほしい方式だが…。

3 今大会のみどころ

大会の概要

さて，大会の開幕日は2002年５月31日。開幕試合は新築された韓国・ソウルのワールドカップ競技場で行われ，前回大会優勝国のフランスが登場する。準決勝は日本(埼玉スタジアム)と韓国(ソウル)でそれぞれ１試合ずつ，３位決定戦は韓国・大邱（テグ）で，そして決勝は６月30日に日本の横浜国際総合競技場で行われる。

出場国は前回1998年大会優勝のフランス，開催国の日本，韓国に各大陸の予選を勝ち抜いた29か国を加えた計32か国。２年がかりの予選の最後は，オセアニアのオーストラリアと南米５位ウルグアイのプレーオフになり，ウルグアイが勝ち名乗りをあげた。これで大会には歴代の優勝国７か国すべて(ウルグアイ，イタリア，西ドイツ，ブラジル，イングランド，アルゼンチン，フランス)が顔をそろえることになった。

１か月に及ぶ長期の大会期間はオリンピックの倍にあたる。しかし，共同開催とあって日本と韓国で受け持つのは全64試合の半分，32試合ずつになる。単独開催を想定して準備していた日本は，予定していた15の開催候補地を10に減らすという苦渋の選択をしなければならなかったが，それでも韓国の10の開催地と合わせて20もある。前回フランス大会は10会場，前々回アメリカ大会は９会場だった。同じ数の会場でこなす試合数は半分。共同開催の変則的な形が表れているといっていい。

日本の会場でもっとも多くの試合が行われるのは横浜国際総合競技場と埼玉スタジアムの4試合で，あとの８会場はいずれも３試合にすぎない。そのうち茨城・鹿島スタジアムと札幌ドームは第２ラウンドでは使用されない。札幌は初戦が６月１日にあり，第３試合日は７日。わずか７日間で〈地元開催〉が終わってしまうわけで，これも変則的といっていいだろう。いまさらいってもしかたないことだが，本来なら倍の数の試合が行われていた。この数の少なさと〈開催期間〉の短さが，開催地の盛り上がりや熱狂度，興奮度にどんな影響を与えるだろうか。

大会は32チームを８つのグループに分け，まず１次リーグを戦い，各グループ２位までの計16チームが第２ラウンドに進む。日本は開催国としてシード国となり，他のシード国，フランス，韓国，ブラジル，イタリア，アルゼンチン，ドイツ，スペインとの対決は第２ラウンドに進出しないと実現しない。

グループリーグではA～D組が韓国で，E～H組が日本で戦う。日本の初戦は６月４日の埼玉スタジアム，第２戦は９日に横浜国際総合競技場，第３戦は14日に大阪・長居スタジアムになっている。国内初戦は６月１日で新潟スタジアムで午後３時30分にキックオフの笛が鳴る。６月15日からの第２ラウンドに入ると，いよいよ日本から韓国へ，韓国から日本へと舞台を移すチームが出てくる。決勝戦は，午後8時開始。横浜で誕生する今世紀最初の世界王者は，はたしてどこだろうか。

連覇を狙うフランス，南米予選で圧倒的な強さを見せたアルゼンチン，イタリアも堅守を誇り，イングランドは泥臭さから脱して華麗な攻撃を見せる。ぎりぎりで本大会にこまを進めたドイツ，予選でまれにみる苦戦を強いられたブラジル，スター選手がそろうスペインなど注目チームは数多い。新しいスターは生まれるのか。スーパースターの座はだれが手にするのか。そして，新しいサッカーの方向を示すチームは出現するのか。

大会成功の要因

共同開催がはじめてなら，アジアで大会が開かれるのもはじめてである。これまでのワールドカップはほとんどが南米と欧州というサッカーの長い歴史を持つ伝統国で行われてきた。例外は1994年大会のアメリカだが，大いなる移民の国には，そのルーツがサッカーの伝統国にある人びとが多く，観客動員で史上最高（1試合平均6万8991人）記録して大成功だといわれた。

サッカーにおいては〈後進地域〉といわれてきたアジアで開催される意味は大きい。アジアより先に開催立候補しながら，先を越された形になったアフリカにも，次回以降チャンスが出てくるはずだ。そして，経済的負担などを考慮すると，アフリカでも共同開催の計画が立てられるかもしれない。

日本に競技としてのサッカーが入ってきたのは明治時代のはじめであり，すでに100年を超えた。日本サッカー協会の設立は1921年で，けっして歴史が浅いとはいえない。しかし，世界のサッカー界は，その国にきちんと運営され，ある程度高いレベルのプロリーグがあるかどうかを尺度に歴史を考える傾向がある。その意味で日本が認められたのは1993年に発足したJリーグ以降ということになる。もちろん，その間に先達が積み上げた功績があることはいうまでもないが。

ともかくJリーグのお陰で，サッカーの認知度は急激に高まり，理解度も深まった。テレビにおける海外の各国リーグ戦やビッグゲームの放送量は，以前とはまるで比較にならないほどふえた。スタンドの応援風景は欧州のそれと同じように行われるようになり，ホームスタジアムの雰囲気はサッカーならではのものをかもし出す。伝統国，あるいはサッカーに熱狂する国に負けない熱いスタンド風景は，ワールドカップには必須のものだといえるだけに好ましいことである。

オリンピックをしのぐ規模で行われるワールドカップがもたらす経済波及効果について，ある大手銀行の総合研究所が発表した資料には，建設，商業，対事業所サービス，食料品，対個人サービス，その他の項目を合わせた生産誘発額は1兆8800億円とある。

しかし，そうした経済効果よりも大事なのは，ワールドカップに実際に触れることで世界を感じ，サッカーとスポーツのよさを感じることができることだろう。数10万人のサポーターたちが世界からやってくる。開催地だけでなく観光地やあちらこちらの町で，乗物のなかで，世界に接する。多くのボランティアたちだけでなく，国民のみんなが世界からの人たちをもてなせたら，どんなにか素晴らしい大会になるだろう。

もちろん，大会を盛り上げるもうひとつの要因が日本代表，韓国代表の成績なのはいうまでもない。過去の大会で，開催国が1次リーグ敗退したことはない。やはり，自国の代表チームが勝ち進むことで盛り上がりは違ってくる。2000年の欧州選手権は，はじめてオランダとベルギーの共同開催で行われたが，勝ち進んだオランダと早々に敗れたベルギーとではその後の関心度に差があったといわれている。

開催国が第2ラウンドに進出するのは最低限の〈義務〉だというのが，日本サッカー界の一致した見方のようだ。それでいけば〈最低でもベスト16〉が要求される。はたして，日本代表はどんな戦いをして，どんな成績を残すだろうか。（財徳健治）

ワールドカップ日韓共催までの経緯

1 日本と韓国の招致活動の経過

日本のW杯開催意欲と アベランジェ会長の思惑

日本がワールドカップの開催を意識しはじめたのは，韓国よりもずいぶん早かった。1988年に，国際サッカー連盟(FIFA)のジョアン・アベランジェ会長(ブラジル)が「2002年にはアジアでワールドカップを開催するのが望ましい」と発言した直後だ。ワールドカップ1998年大会の開催国が決まる時期は1992年7月とされていたから，日本は〈次の次のワールドカップ〉に向け，異例の早さで準備に着手した。ワールドカップ招致委員会を立ち上げたのは1991年の６月。日本サッカー協会の関係者の胸に，プロリーグ実現とワールドカップ開催という２つの夢が重なりながら広がっていった。

日本は，1979年にワールドユース・トーナメントを開催していた。マラドーナが最優秀選手に輝いた大会だ。クラブチームの欧州一と南米一が対決するトヨタカップも毎年開催し，国際サッカー界での評価を上げていった。

FIFAときわめて強い結びつきのスポーツ用品メーカー，アディダス社が日本の電通との共同出資でスポーツ・ビジネスの代理店ISL社を創設したのが1982年。アベランジェ会長は，ISLがもたらす国際企業のマネーに潤い，なかでもコカコーラ社とのスポンサー協力関係の強化を進め，その世界戦略と連動しながら事業を拡大していった。日本にも，サッカーの全世界への浸透率に魅力を感じ，広告宣伝媒体としてのワールドカップを利用する企業が現れた。FIFAスポンサー10社のなかにキャノンとJVC，富士フイルムの３社がそろう。アベランジェ会長の〈2002年ワールドカップ・アジア開催発言〉は，たぶんにジャパンマネーを意識したものだった。

アベランジェ氏はFIFA内の非欧州勢力をまとめながら，この後1998年まで通算24年間にわたって会長を務める。その権力は強大だった。日本のワールドカップ開催構想は，会長の厚い庇護(ひご)のもとに生まれ「自分たちにはアベランジェ会長がついている」と楽観することになった。会長とのきずなの太さが，かえって自分たちのキャンペーンを弱めることになろうとは，当時はだれも予想しなかった。

日本と韓国の招致活動

日本の招致活動は，初期の段階では日本サッカー協会の村田忠男副会長と小倉純二専務理事が中心的な役割を担った。そこから，長沼健会長を軸に，国際オリンピック委員会(IOC)委員も務める岡野俊一郎副会長，川淵三郎Ｊリーグ・チェアマンを加えて活動を広げ，FIFA理事会メンバーに対する直接的なアプローチに乗り出す。

サッカーの枠を越え，政府の関与も進む。在外公館などの外交チャンネルを使う一方，宮沢喜一元首相を長とする超党派によるワールドカップ招致国会議員連盟が組織され，衛藤征士郎事務総長はサッカー日本協会の要望に耳を傾け，具体的な協力作業の実務に携わって協会幹部と一緒に世界各地に出向いた。

韓国がワールドカップ招致のキャンペーンに乗り出したのは，鄭夢準(チョンモンジュン)氏が韓国サッカー協会の会長に就任した1993年からだ。鄭氏は韓国最大の財閥，現代(ヒョンデ)グループの創始者，鄭周永(チョンジュヨン)氏の六男で，現代重工業の社長を務めあげた若手国会議員でもあった。日本にとって苦い敗北となった1993年10月のワールドカップ・アジア最終予選(カタール・ドーハ)で，韓国はアメリカ行きの切符を手にした。韓国の招致はそこから動き出す。

大会最終日の夜，表彰セレモニー後，鄭会長は取り囲む国際通信社の記者に対してこう述べた。
「われわれはワールドカップを開催できるよう，全力を尽くす。3大会連続，計4度のワールドカップ決勝大会進出の実績を世界にアピールしていく。日本はまだ一度も決勝大会に進んだことはないではないか。」

42歳の若さ。エネルギッシュな鄭会長は日本への対抗心を隠さなかった。

日本のワールドカップ決勝大会初出場の夢が破れ，韓国が4度目の出場を決めたことが，両国のワールドカップ招致活動でのギャップを埋めるきっかけとなった最初のできごとなら，第2のできごとは1994年5月のアジア・サッカー連盟（AFC）総会での鄭会長のFIFA副会長選当選だった。

FIFAは当時，世界の五大陸連盟から各1人の大陸連盟代表を副会長として迎え入れていた。クアラルンプールでのAFC総会では，日本協会の副会長だった村田忠男氏も出馬したが，大差で鄭氏に敗れた。得票数は村田氏2票，鄭氏11票だった。FIFA副会長となったことで，鄭氏はFIFA理事会メンバーと太いパイプを築ける立場になった。FIFA理事会は会長以下，21人による構成だった。ワールドカップの開催招致活動は，突き詰めればその21票をめぐる集票活動でもある。外部から働きかけるのと，理事会内部から運動するのとでは，その効力で圧倒的な差があるのはいうまでもないことだった。

2　日韓共催構想を生み出した対立

アベランジェ会長の独裁

アベランジェ会長と欧州サッカー連盟（UEFA）とによるFIFA内の権力抗争が顕在化していくのは，ちょうど鄭夢準韓国サッカー協会会長がFIFA副会長に当選した1994年なかば以降のことだ。もともとアベランジェ会長は，UEFA勢力との確執を抱えていた。1904年創設のFIFAは，70年間にわたって欧州から会長を出していた。アベランジェ会長は「脱欧州」を唱えて当選した，欧州以外からの初の会長である。スポンサーのコカコーラ社とアディダス社の全面的な支援を得て，世界ユース選手権などの年齢別世界選手権を充実・発展させながら，アフリカ，北中米カリブ海，アジアでのサッカーの人気拡大を促した。

強大な権力をもつようになったアベランジェ会長のもとで，FIFAの運営は透明性が薄れていった。会長はワールドカップ・アメリカ大会後，FIFAの幹部職員や各専門委員会のメンバーで潜在的な反乱分子と映った人物を除外した。独善的な体質が強まるのを目の当たりにした欧州は，反撃の機会をうかがうようになる。それは，ちょうど日本と韓国がワールドカップ招致競争を激化させていったタイミングと重なり合った。日本の招致はアベランジェ会長の強い支持を得ていたために，欧州には危険な存在と映るようになった。日本が当選すれば，会長は日本の経済力と結びついて，ますます力を蓄える。それは欧州にとっては，まったく迷惑なシナリオだった。

欧州と韓国の結びつき

フランスが1998年ワールドカップの開催国に決定した1992年，チューリヒFIFA理事会のとき，ヨハンソンUEFA会長は「日本はいきなり屋根を作るのではなく，しっかり土台を築くよう努力したらいい。そうすれば魅力のある候補になるだろう」と述べ，プロリーグの整備などを進めれば，有望だとの考えを示した。

一方，日本は欧州に対して漠然とした信頼感をいだいていた。欧州には韓国のことは知らなくても，日本のことはよく知っている関係者が多く，そうした知日派に対する期待感があった。

しかし，そんな淡い期待と裏腹に，日本の招致はどろどろとした政治の渦のなかに引きずり込まれていった。欧州は1995年になると，韓国との接近を加速する。〈反アベランジェ〉が，韓国と欧州を結びつけるキーワードになった。

金泳三（キムヨンサム）大統領は，1995年3月の欧州6か国歴訪で韓国のワールドカップ招致への理解を求めた。「1988年のソウル・オリンピックは，わが国にとって大きな事業だった。いま国民はオリンピック以上の期待でワールドカップ招致の行方を見守っている。」

欧州からのFIFA改革案

欧州サッカー連盟(UEFA)は，アベランジェ会長のもとでは，時代の求める新しい理念は何も出てこないと指摘した。自分たちでFIFAの改革案をまとめて，アベランジェ会長に突きつけたのは1995年6月だった。

会長が独断で行った専門委員会の人事などについては，会長ではなく理事会の権限とすることを確認し，そのうえで，①各大陸連盟の権限拡大，②ワールドカップの大陸巡回，③ワールドカップ放映権料の思い切った引き上げ，を骨子とする内容だった。〈ビジョン〉と名づけたこの提案を練ったのは，3人のドイツ人といわれる。UEFA事務局長でFIFAの専門委員会メンバーをアベランジェ会長によって追われたゲルハルト・アイグナー，元ISL幹部で当時UEFAのマーケティング代理店〈TEAM〉を立ち上げていたクラウス・ヘンペル，ユルゲン・レンツの3氏だ。ISLがFIFAを支えるように，TEAMは潤沢な資金の流れを築くことでUEFAを支援していた。

UEFAのマーケティング活動は，1990年代に入って規模拡大を加速する。サッカーは，たんなる〈スポーツ〉を離れた〈産業〉としての地位を確立していた。サッカーは，他のスポーツがどんなにあがいても手に入れることができない莫大なスポンサー・マネーを吸収した。欧州チャンピオンズカップを拡大再編した欧州チャンピオンズリーグの大盛況は，選手の移籍金の高騰を促し，南米，アフリカの優秀な選手は，ほとんどすべてが欧州の有力クラブに所属するようになった。UEFAはFIFAを構成する大陸連盟のひとつではあるが，決してFIFAの傘下に位置するような組織ではなく，対等な関係だと信じている。経済的な活況がそうした自信をさらに大きくした。ビジョンの提示は，まさに欧州の自信の表れだった。

一方，UEFAのヨハンソン会長は，アベランジェFIFA会長への対決姿勢を鮮明にしていく。「1998年のパリ総会では，欧州は独自の候補者を立てる。会長の7選は絶対に阻止する」と言明した。1995年9月のことだ。「サッカーの将来に対する考え方で，UEFAとFIFAは今大きな隔たりがある。これは明白だ」とも語った。

3　共催構想の推移

もてあそばれる共催構想

〈日韓共催構想〉の存在を最初に明らかにしたのは，アジア・サッカー連盟(AFC)のピーター・ベラパン事務局長だった。

1994年の春,「アベランジェ会長が必要なら，日本と韓国のワールドカップ共同開催が可能かどうか考えてみると言っていた」と述べた。日本は寝耳に水だった。

その後，この構想は日韓両国の政治家の発言で浮かんでは消え，消えては浮かんだ。1994年10月には河野洋平外相が，韓国の韓(ハン)昇洲(スンジュ)外相との会談のなかで「どちらかにしこりが残るような事態は避けたい」と述べ，1995年7月には李洪九(イホング)首相が韓国国会本会議で「日韓関係にひびが入る原因にならないよう，ワールドカップ招致が処理されることを望む」と発言した。韓国国会の報道資料には解説として「首相の答弁は，日韓共催問題に関して，肯定的な見解を示したものである」と明記されていた。

1995年9月には，英タイムズ紙がこう報じる。「UEFAのヨハンソン会長とアフリカ・サッカー連盟(CAF)のハヤトゥー会長がともに『日韓共催はすばらしいアイディア』との認識で一致し，支持している。」

欧州は，アベランジェ会長に支えられている日本をもはや支持するわけにはいかない。しかし，Jリーグが発足し，ブラジルや欧州からも優秀な選手が移っていった日本は，魅力的で新鮮なエネルギーであることは確かだった。ジャパンマネーはもちろんありがたい。日本を完全にたたきつぶすのは得策でないばかりか，避けたい。ではどうするか。アベランジェ会長に打撃を与え，この若い芽を摘まないためには，韓国との共同開催しかないとの結論にたどり着く。

FIFA理事会メンバーは，会長以下21人。欧州は8人を占め，アフリカは3人の枠を保持していた。両者が足並みをそろえれば，過半数に達する。

1995年10月末から11月はじめにかけて，FIFAの調査団が両国を訪れる。団長は，ドイツ・サッカー協会のホルスト・シュミット事務局長だった。シュミット氏は，サッカー先進国の経験豊かな実務者として，FIFAによって任命されたのだったが，UEFAは願ってもない人選をFIFAに受け入れてもらったとの思いだった。シュミット事務局長がまとめ上げた調査報告書は，現実を忠実に写し出したものではなかった。放送通信，宿泊，高速道路網など，ワールドカップ開催に必要な主要インフラでは日本がかなり韓国を上回っていたにもかかわらず，両国の開催能力には差がないとされた。

そして報告書の最後にこうつけ加えていた。「選択肢のひとつとして両国による共同開催を提案する。」

会長連敗

日韓共催構想がしだいに現実味を帯びていくなかで，アベランジェ会長は権力者らしからぬ力の衰えをみせる。1994年6月に6選を果たした時点で，すでに78歳。かつての豪腕はもうなかった。

2002年ワールドカップの開催国は，当初1996年6月に決定するとFIFAは決めていた。それをFIFA理事会が1996年の年明け早々への前倒しを決定する。日本は，韓国に対して序盤はリードしていた。競争の時間が長くなれば，韓国に逆転される可能性が大きくなる。「早ければ早いに越したことはない」，というのが日本側の意向だった。前倒しの公式の理由は，立候補国がわずか2か国になり，それも隣同士の日本と韓国になったことで，FIFAの現地調査は時間がかからないことがはっきりしたというものだった。

鄭夢準会長は「日本はあらゆる手を使って，活動を有利にしようとする」と猛反発し，欧州への熱心な働きかけによって，4か月後のFIFA理事会でこの決定を白紙撤回させることに成功する。開催国決定は当初予定の6月に戻って，決定日は6月1日と最終的に固まった。アベランジェ会長が欧州・韓国連合に許した最初の失点だった。

1995年12月のFIFA理事会で，アベランジェ会長は二度目の失敗を犯す。ナイジェリアを強く推したにもかかわらず，世界ユース選手権の開催がマレーシアに決まってしまう。理事会での得票数は11対9だった。会長がこうした投票で負けるなど，少し前までは考えられないことだった。結果を横目で見ていた日本は，いよいよ危機感を募らせることになった。

1996年の3月，マレーシアのクアラルンプールでアトランタ・オリンピックアジア最終予選が行われた。日本が28年ぶりのオリンピック出場を決めた大会だ。日本協会の長沼会長と韓国協会の鄭会長もその場にいた。アジア・サッカー連盟のアーマド・シャー会長(マレーシア)は2人を呼んで，共催構想に対する両者の考えを質す。

「わたしは(開催国決定の翌日から)日本と韓国がけんかするのは見たくない」とシャー会長。

長沼会長は，「われわれはどんな結果になろうとも，FIFAの意思を尊重する。心配には及びません」と答えた。

鄭会長は，「FIFAの規約を尊重する」としながらも「日韓共催が実現可能なら，検討する」と柔軟な姿勢を示した。シャー会長と鄭会長はテーブルの下でがっちり手を握っていた。

シャー会長はあまりに激しく日本と韓国が争うために，アジアの融和が損なわれる危険があるとして，日韓共催の可能性を探る大陸連盟会長会議の招集をFIFAに対して呼びかけていた。欧州のリーダーたちばかりでなく，アジア連盟会長も日本のめざす目標とはまったく異なる道を見据えていた。日本の孤立は進んだ。

4 FIFA理事会で何が起こったか

共催提案を欧州が決議

開催国決定の6か月前には，欧州と韓国が〈日韓共催〉を望み，日本とアベランジェ会長はあくまで〈日本の単独開催〉を押し通す両陣営の図式が鮮明になる。年が明け，欧州は1996年4月にジュネーブで理事会を開いた。ワールドカップ開催国決定での欧州としての態度を確認するためだった。

ここで「日韓共同開催をUEFAとして提案する」と正式に決めた。FIFA財務委員会の委員長を務め，日本の経済力，大会運営能力をすこぶる高く評価していたデンマークのポール・ヒルゴー理事が1人反対したが，ヨハンソン会長は「UEFAの一致した姿勢」と強調した。

4月末，韓国の孔魯明（コンノミョン）外相が，自民党の山崎拓政調会長らの与党訪韓団に対してこう述べる。

「日韓共催の構想は両国の関係にひびが入らないようにとの配慮から出たものだ。最近も欧州から提案があったと聞く。開会式は韓国で，決勝は日本でという案もあるようだ。(2か国による開催を認めていない)FIFA憲章の改正には1か月もあれば十分だ」とこれまで以上に踏み込んだ発言をする。

これを受けて橋本龍太郎首相は,「スポーツでルールにないことはできない。外交的な部分でぼくらが(ワールドカップ招致を)もてあそぶのは問題だ」と日本の立場を強調，再確認する。

5月に入ると，韓国の李寿成（イスソン）首相はさらに一歩前進して「韓国での単独開催が正論だ。しかし，FIFA加盟国の大多数が希望するなら，共同開催を受け入れることができるというのが政府と国民の立場」と発言した。

5月末，トリニダードトバゴでの地域大会シェルカップにアベランジェ会長と長沼会長は出向いた。共同開催構想の浮上について，アベランジェ会長は記者会見で「共催を言い出すのは，単独での開催に自信がないからではないか」と欧州・韓国側をけん制した。

一方，韓国前首相の李洪九（イホング）ワールドカップ招致委員会名誉委員長は，ソウルで1週間後に迫ったFIFA理事会に向け，こう話す。「6月1日も重要だが，前日5月31日の理事会が焦点になる。そこでアベランジェ会長が欧州の攻勢に対してどれだけふんばれるかだ。会長が票読みで，日本が勝てないと判断した場合には，状況が変わるかもしれない。」この現状分析と予測がきわめて正確な情報にもとづくものだったことは1週間後に判明する。

ヨハンソン対アベランジェの試合

外堀が埋められた状況で，日本はチューリヒ入りしてからのアベランジェ会長自身による多数派工作に最後の望みを託す。日本協会の長沼会長は5月27日にチューリヒに入った。FIFAは28日のジュニア委員会を皮切りに，本部のFIFAハウスで一連の専門委員会を開いた。理事会メンバーも続々と集まり，31日の理事会に向けて，両陣営は水面下で情報収集を進めた。

日本は欧州が一枚岩ではないことを知っていて，ヒルゴー理事を突破口に欧州の切り崩しができないか探りを入れてみた。しかし，反応は予想していたとおり厳しいものだった。あくまで単独開催を主張して，韓国との一騎打ちに持ち込んだとしても，勝てるとの自信を得るまでにはいたらなかった。

欧州の理事には，古くから親交のある日本協会幹部に対して，はっきりこう言う者もいた。

「申しわけないが，これは日本と韓国の競争ではないんだ。ヨハンソン対アベランジェの試合なんだよ。」

アベランジェ会長は過信していた。ISL社のジャンマリー・ウェーバー会長が「このままでは心配だ」と，影響力を行使するよう促したが,「大丈夫だ」といって取り合わなかった。チューリヒ入りしてからも，有効なてこ

▲1996年5月31日　チューリヒで日韓共催を発表するジョアン・アベランジェ会長(右から4人目)　©P.Kishimoto

入れは何も行わなかった。

アベランジェ会長は，アフリカのサッカーの発展については最大の貢献者だと自負していた。しかし，アフリカは優秀な選手が欧州の有力クラブにどんどん移籍していくようになってから，欧州との友好関係を発展させていく。ハヤトゥーCAF会長は，2002年ワールドカップ開催国決定については，ヨハンソンUEFA会長に同調することを確約した。欧州はヒルゴー理事を抜いて7人がいる。アフリカが3人。それに鄭副会長自身を入れれば過半数になる。

アフリカの欧州への同調を確認すると，ISLのウェーバー会長はアベランジェ会長にこう忠告する。

「このまま31日の理事会を迎え，欧州が日韓の共同開催を提案したときに，あくまで単独開催しか認めないと突っぱねたら，あなたは負ける。ここで敗北を喫すれば，会長の座を去らなければならないかもしれない。」

事務局長の共催受諾勧告

ゼップ・ブラッターFIFA事務局長が，日本側に電話を入れてきたのは5月30日だった。欧州が翌日の理事会で提出する〈日韓共同開催案〉が，可決成立する見通しは動かしがたいものになった。ブラッター氏は，アベランジェ体制を支える大番頭だった。

電話の内容は，「会長が共催案を拒否すれば，会長の不信任案が通ってしまうかもしれない。もう日本も共催案を受け入れるしかない」との趣旨だった。

日本側はそれがFIFAの正式な要望なら，文書でもらいたいと頼む。

長沼会長あてに届いたブラッター事務局長名の文書にはこう書かれていた。

「韓国協会は5月15日にFIFAに対して，FIFA理事会が日本との共同開催を正式に要請するなら，その可能性を検討するとの文書を提出しています。共同開催に対する日本側の考えをお知らせください。」

日本はこれを受けて，その夜，議員連盟会長の宮沢元首相を含めた拡大幹部会を開き，共催案受諾を決断する。

翌朝，理事会がはじまる前に，岡野俊一郎副会長は回答書を懐にFIFAハウスを訪れ，ブラッター事務局長に手渡す。長沼会長名のその文書はこう書かれていた。

「ブラッター事務局長の要請に対し，われわれは共同開催がFIFAの願いであるならば，その可能性を検討します。」

アベランジェ会長は理事会の席上，日本協会からこのような文書を受け取ったと報告する。そして，「韓国と日本の両国から，共同開催について検討するとの意思表示がそろった以上，わたしはここで共催を提案したい」と述べた。欧州が出してくる前に，自ら共催案を提出し最低限の権威を保つ道を選択したのだった。

午後4時からの記者会見。長沼会長の表情は緊張のなかに失望と疲れをのぞかせていた。寝不足の赤い目をして，最後までニコリともしなかった。一方，鄭会長はこれ以上ないといった笑顔だった。壇上から友人や知人を見つけると，手を大きく振ってみせた。勝者は喜びに包まれていた。　(竹内　浩)

ワールドカップ共同開催の意義

Message on a banner

1997年11月1日，ソウルの蚕室（チャムシル）にあるオリンピック競技場で行われた1998年ワールドカップ・フランス大会アジア地区最終予選の韓国－日本戦で，ゴール裏の韓国サポーター席に大きな横断幕が現れた。

“Let's go to France together”

大きな赤い布に白文字で書かれた英文は，この試合に勝たなければ本大会出場の可能性が消えてしまう日本に，韓国のサポーターが送った応援だった。韓国が本大会出場をすでに決めていたとはいえ，日本のフランス行きを願うことは，自分たちのチームの負けを覚悟するということになるのだが，それにもかかわらず掲げられた横断幕は，韓国サポーターが日本をたんなるライバルとしてだけではなく，パートナーとして考えているという，彼らからのメッセージにほかならなかった。こんな応援の言葉は，過去の日韓戦の会場では見られなかったものだ。試合前のセレモニーで，おそらくは戦後はじめてかの地で歌われた日本国歌とともに，それは日本のサッカー関係者に新鮮な驚きと喜びを与えた。両国のそれまでの歴史的背景を考えると，2002年ワールドカップの日韓共同開催がなければありえなかったことかもしれなかった。

▲韓国サポーター席に，“Let's go to France together”の横断幕が現れた ©P. Kishimoto

日韓関係

日本と韓国の複雑な関係は，19世紀後半にさかのぼる。

1875年の江華島事件をきっかけに，日本は当時の朝鮮に開国を迫り，翌1876年に日朝修好条規を調印。それ以降，日本は1894年の日清戦争や段階的に締結した日韓協約などを経て影響力を強めていき，1910年には朝鮮を日本の統治下においた。その後35年に及んだ日本政府の支配は，1945年のポツダム宣言受諾で終わり，1965年には日韓基本条約の締結で国交が正常化されたのだが，長年にわたった日本の韓国併合政策は韓国の人びとに反日感情という〈しこり〉となって残り，それはその後も折にふれて表面化するのだった。

そして両国の歴史的背景は，サッカーにも影響を与えてきた。

日韓のサッカー交流のはじまりは，韓国がまだ朝鮮として日本の統治下にあった1926年で，当時日本と朝鮮それぞれのチームがはじめて相手の地を訪れ，試合を行ったという。そして，韓国としての日本との初の公式戦は，1954年に行われた。

日本と韓国はワールドカップ・スイス大会の極東地区予選でアジア枠〈1〉をかけて対戦（中国は棄権）した。この対戦は本来はホーム・アンド・アウェー方式で行うところを，当時の韓国国内の反日感情を考慮した同国政府が日本人の入国を拒否したために，２試合とも日本の明治神宮競技場で行われたのだった。３月７日の第１戦，記念すべき日韓初の公式戦は，韓国の大勝（5－1）に終わった。その１週間後の第２戦を日本は2－2で引き分けたが，結局，韓国が１勝１分けでワールドカップ出場権を手にした。

韓国は，1960年代に入るとサッカーで日本を，というよりアジアをリードするようになり，それは1990年代なかばまでつづいた。韓国は，1983年にはアジアで初のプロリーグ（Kリーグ）をスタートさせ，1986年から1998年までワールドカップには連続４回（通算5回）出場した。1972年から年に１回行われてきた日韓定期戦では，1991年に韓国側の意向で中断されるまで15回開催されたが（1985〜87年は行われず），勝敗は韓国の10勝２分３敗と，日本に大きく水を空けていた。

しかし1993年，日本にもプロリーグ（Ｊリーグ）が発足すると，両者の力関係は徐々に変わっていくことになる。Ｊリーグクラブの下部組織とナショナル・トレーニングセンター制度を中心にした若手育成，代表チームへの外国人監督の導入などで日本が力をつけ，1993年10月25日のドーハで行われたワールドカップ・アメリカ大会アジア地区最終予選では，日本が韓国を1−0で破り，1984年日韓戦以来の初勝利をあげた。

その後も，両者は1994年アジア大会準々決勝，1995年ダイナスティカップなどで顔を合わせるが，日本は韓国との対戦を重ね，選手の世代交替が進むにつれ，かかえていた韓国コンプレックスを徐々に解消し，先述した1997年のワールドカップ・フランス大会アジア地区最終予選では，11月にアウェーのソウルで2−0と快勝した（その後日本はプレーオフでイランに勝ち，念願のワールドカップ出場を決めた）。

このソウルでのワールドカップ予選では，韓国サポーターの応援を受ける形になったが，一般には両国の歴史的背景ゆえに，韓国国民にとって日本は負けられない相手だという思いが強い。それは，プレーにも応援にも出る。実際，韓国が日本と対戦するときには，他国と対戦するとき以上に気合が入っていると感じる人は多い。韓国代表FWの崔龍珠（チェヨンス）はそれを〈愛国心〉と表現する。

共催のスタート

そういう２か国であるから，FIFAが日本と韓国を2002年大会の共同開催国として決定したとき，両者の歴史的背景と感情的なもつれを知る者は，不安と困惑を隠さなかった。海外のメディアのなかには，共催を「恵まれない結婚のようなもの」と揶揄（やゆ）するものもあったほどだ。

だが，長沼健日本サッカー協会会長（当時）は，開催国決定が下されたスイスから帰国後，果たせなかった単独開催への思いを「志なかば」としながらも，「長年のライバルとの共催については，どちらが勝った負けたではなく，日本と韓国の新しい時代の構築になる。これから必要なのは協調性であり，一つひとつハードルをクリアしていきたい」と語った。

また，ワールドカップ日本招致国会議員連盟会長として同じくチューリヒへ出かけていた宮沢喜一氏も，「サッカーの立場からいえば，この決定はまったく満足とはいえないのだろうが，共同開催は国全体からいうと新しいチャレンジ。全力で成功させなければならない。こういう結果がよかったのか悪かったのかは，努力してどれだけ成功に持っていけるかで決まる」とコメントしたのだった。

共催のむずかしさ

共催が決定された1996年５月31日のFIFA総会の直後に，FIFA，韓国協会，日本協会の三者で開催準備にかかわる事項を協議・検討する場として，ワーキング・グループの設置を決めたが，さっそく三者は共同開催であるがための問題に直面する。

大会名称はどちらの国を先にするのか，開幕戦，決勝戦などのビッグゲームをどちらの国で行うか，通貨単位の違う両国でチケットの販売通貨，価格設定をどうするかなど，単独開催であれば問題にならなかったことが問題になり，さらには，大会の主財源として開催国が手にする入場料収入が，単独開催の半分になるという影響も出た。また，出場チームや大会関係者が両国間を移動するために必要なマルチビザの発行や，日韓の各開催地を結ぶ航空便の運行や定期便の増便などが特別に手配されるように指摘されたのも，海を挟んだ両国による共催ならではのことだった。

チケット販売に関しては，チケットに書き

込まれる定款の文言を両国で統一したり，大会公式ポスターやキャラクターなどの発表を同じにするように調整したりということも行われた。単独開催であれば，FIFAと開催国の二者の調整でよかったものが，共催により，FIFA，韓国，日本の三者間のものとなり，事務処理の手間がふえた。

歴史の陰

さらに，日韓の歴史的背景がもとで，ワールドカップ共催をきっかけに生まれつつあった友好ムードに水が差されることもあった。

2001年の日本の中学校歴史教科書検定と小泉純一郎首相の８月15日の靖国神社参拝をめぐる問題は，アジア近隣諸国はもちろん，韓国国民の反日感情に火をつけた。韓国では1998年に金大中（キムデジュン）氏が日本文化開放政策を打ち出して以来，日本に対する友好ムードが高まっていた。しかし，これらの問題でさまざまな文化・スポーツでの市民交流活動の中止があいつぎ，中学・高校などのサッカーチームの韓国遠征や韓国チームの日本での大会参加も見送られた。

だが，韓国組織委員会（KOWOC）事務総長の文東厚（ムンドンフ）氏は，教科書問題で共催への影響が懸念されるなか，2001年７月31日に神戸で行われた日韓事務総長会議で，「教科書問題がワールドカップに悪影響を与えるとの意見もあるが，こういうときだからこそ，両組織委員会はお互いに理解し，緊密に協力していこう」と出席者に呼びかけ，現場の懸念と混乱の解消を促した。

日本組織委員会（JAWOC）の遠藤安彦事務総長も同会議後に，「事務レベルで，教科書問題は尾を引かないとの感を強くした。教科書問題は大きな問題になっているが，それを乗り越えて協力していきたい」と話し，日韓の協力体制づくりを強調した。実際，その後に引きつづいて発生した靖国神社参拝問題時にも，これらの政治外交情勢に関係なく，共催の運営準備に大きな混乱は起きなかったという。

一方で，日本と韓国は協力して，FIFAに対してさまざまな交渉を進めてきた。たとえば，チケットセールスでは第２次販売の１期分で，FIFAが買い占めを恐れて両国居住者の購入締め出しをはかった折には，これを不当とする日本と韓国がFIFAに対して歩調を合わせて交渉し，この決定を一部撤回，変更させることに成功した。また，公式ポスターの共同製作やボランティアのユニフォームの統一，テロおよびフーリガンを含めた警備強化対策とその体制づくりなど共同作業は多岐にわたった。

共催の効果

むずかしさも多いが，共催の効果は2002年の大会開催を待たずに各方面で出ている。それは，グラウンドの外での，サッカーとは直接関係のない部分での効果のほうが大きいようだ。

韓国では，日本統治下時代に日本語習得を強要された影響で，戦後日本の音楽や映画などの大衆文化が長年にわたって禁止されていたが，1998年２月に金大中大統領就任後，日韓共同声明にもとづき，韓国政府が日本映画の開放などを1998年10月から３回にわたって段階的に開放してきた。2001年８月の時点で未解禁として残された主だったものは，ドラマ，アニメと日本語CDぐらいになっている。最終的には，2002年のワールドカップ大会前までには，全面開放される見通しではないかと期待されているが，ワールドカップの共同開催とこの文化開放政策に後押しされるかのように，日韓の関係は1998年以降，かつてない友好ムードに包まれて，文化交流が進んだ。2000年に日本を訪れた韓国人は94万人を数え，韓国ではワールドカップ大会時のホームステイ提供を申し出て，日本人が来てくれればと希望する人も少なくないという。

韓国文化の日本輸入も促進され，テレビドラマの日韓共同製作もふえ，2000年には映画『シュリ』が日本で大ヒットを記録し，2001年には日韓共同製作による映画が作られることになった。韓国の人気マンガが日本語で出版され，なかでもワールドカップ共催を記念して，日韓サッカー史や在日選手の活躍を取り上げたストーリーものがお互いの国で発表されるようになった。

日本人の韓国への渡航もふえ，共催が決定した1996年には約150万人だったのが，2000年には218万人を超え，2001年5月のゴールデンウィークには前年比14％増の88,000人が韓国に出かけている。地理的条件と経済性で手軽に出かけられる土地として，韓国は人気の旅行先となったわけだが，これに呼応するようにテレビや雑誌などで韓国が特集されることもふえた。さらには，韓国料理がブームとなり，スーパーやデパートで韓国料理の食材が手軽に入手できるようになった。また，2000年には，ソウル中心街の東大門に広がるファッションタウン，〈東大門市場〉を模したショッピングエリアが東京の渋谷に登場し，2001年には大阪，福岡など全国に同様の店舗が展開されるようになった。

総理府の世論調査によると,「韓国に親しみを感じる」とする人は年々増加の傾向にあり，1996年10月の時点で35.8％だったのが，4年後の2000年10月には51.4％に上がっている。

サッカー界の変化

サッカー界でも，さまざまな変化が見られる。

なかでも目立つのは，Ｊリーグでプレーする韓国籍選手がふえたことだろう。Ｊリーグ発足当時は，サンフレッチェ広島の盧延潤（ノジュンユン）選手1人だったのが，共催決定後は代表クラスの選手が数多く来日した。1997年には韓国代表DFの洪明甫（ホンミョンボ）がベルマーレ平塚(現・湘南ベルマーレ)に加入し，その後，1999年からは柏レイソルに移り，主将としてプレー。また，この年には韓国代表FW黄善洪（ファンソンホ）がセレッソ大阪で活躍し，Ｊリーグの得点王に輝いた。なかには，滝川二高(兵庫)から京都パープルサンガへ入った在日3世の朴康造（パクカンジョ）選手のように，Ｊリーグに在籍後，Ｋリーグの城南一和のテストを受けて移籍し，韓国代表に選ばれたケースもある。同じく京都サンガの朴智星（パクチソン）選手は，Ｊリーグでプレーしたほうが伸びるという出身大学の指導者の考えで，海を越えて日本にやってきた選手だ。また，朝鮮民主主義人民共和国代表で在日朝鮮人4世の梁圭史（リャンギュサ）選手は，ヴェルディ川崎(現・東京ヴェルディ1969)からＫリーグの蔚山現代（ウルサンヒョンデ）に入り，韓国でプレーするはじめての朝鮮籍選手になった。

中断していた日韓戦も1997年5月から不定期ながら復活し，2001年1月には，Ｋリーグとリーグの選手による初のオールスター対抗戦が行われた。また，Ｊリーグ，Ｋリーグだけでなく，中国リーグをも含めた3か国の事務局長会議が同年2月に初開催され，極東地域でのプロリーグおよびサッカーのあり方について，将来的に検討・協力していくことで合意している。

韓国では，ＫリーグとＪリーグとのインターリーグ方式による交流戦の実施や代表の合同強化案などの声があり，日本サッカーに期待するところは大きいようだ。また，2002年大会を直前に控えた2002年シーズンは，日本でプレーする韓国代表選手が大会前の強化合宿や試合に参加しやすくなるように，韓国では両国のリーグ戦の日程を合わせるように調整が検討されているという。

1998年の日韓そろってのワールドカップ出場がきっかけとなって，それ以降，両国のサポーターの交流も活発になってきている。

フランス大会では〈日韓共同応援団〉を結成し，それぞれのチームの応援をした。2002年でも同様の共同応援団が結成される予定だという。これ以外にも，サポーターチームの対抗試合などの交流行事が行われたりしている。

中学・高校など，学校チームや市民チームの韓国遠征や交流試合もふえている。1995年には年間の遠征が22件，試合が5件だったのが，共催決定の翌年ごろからふえはじめ，2000年には遠征が109件，試合が31件になった。

ワールドカップに絡めて各種の文化会議や

シンポジウムなどが各地で随時行われているが，2000年11月には日本と韓国のサッカー・ジャーナリストによる会議が新潟で開催された。この第２回会議は2001年６月にソウルでも行われ，２回にわたった会議では，日韓の記者団から,「共同開催は両国関係を改善するきっかけになる」と，日韓関係改善への期待が異口同音に語られた。また，ワールドカップ後の両国のサッカー関係について，インターリーグ方式の導入や，両国籍選手のリーグ戦での国籍撤廃の導入などのアイディアが，韓国と日本の記者からそれぞれ提案された。

共催の意義

ワールドカップの共催は，日韓両国の相互理解，関係改善に役立つものと期待されている。

2002年５月31日，２つの国は共同開催国としてワールドカップの開幕を迎える。

1954年３月，はじめての日韓戦で前夜降った雪がまだ残る明治神宮競技場グラウンドで，両チームのキャプテンが試合前の握手を交わしたときから，ほぼ半世紀にあたる。2002年大会の開幕は，長くつづいた両国の複雑な関係が，次の世代の手で新しい関係と歴史を生み出すスタートの日でもある。

1970年代の日本と中国とのいわゆる〈ピンポン外交〉のように，スポーツが外交の橋渡しとなることがある。日本と韓国の場合も，サッカーを通じてその関係改善が期待されており，その可能性は1960年にすでにわずかながら表れていた。当時，まだ日本と国交が成立していなかった韓国に，はじめて訪れた日本のスポーツチームがサッカーの日本代表だった。ワールドカップ・チリ大会の予選のための渡韓だったが，韓国では反日感情が強く，試合は軍隊が会場警備にあたるというものものしい雰囲気のなかで行われた。試合後の観客の混乱も心配されていたが，韓国が２−１で勝利を収めると，試合後は観衆が日本チームを拍手で送り出したという。

アジア・サッカー連盟事務総長のピーター・ベラパン氏は，2002年ワールドカップへの期待を次のように話している。

「ワールドカップの共催は，とくに日韓の歴史を考えると，若い世代に平和と友好の橋渡しになるものと期待している。未来は若い世代のためにあり，彼らは過去にこだわらずに両者の関係を築ける。教科書問題や靖国神社参拝など日本と韓国の間には気になる問題もあるが，サッカーのもつ影響力は政治や外交などの問題よりも大きなものがあり，サッカーには人びとに気持ちを動かし，熱を呼び起こす力がある。アジアにとっては，ワールドカップを開催することは名誉なことであり，アジアの国々の発展に大きなモチベーションをもたらす。日本と韓国にはそこで，アジアのサッカー改革に変化を与える存在になってほしいと願っている。」

サッカーは，どちらかといえば若い世代に支持者が多い。2002年大会をきっかけに，彼らの交流がふえ，「韓国にいるAさんと日本のBさん」という個人の付き合いからはじめてその数をふやすことで互いの理解を深め，より太く，強いつながりを築くことができれば，新しい両国の関係を生み出すことができるのではないだろうか。

ワールドカップ大会の成功は，世界から集まる出場チームやサポーター，関係者に対する輸送，宿泊，案内などの運営面でいかに快適なサービスを提供し，開催地がいかに盛り上がり，試合がどれだけ多くの観客を動員し，テレビの視聴率がどうだったかなどではかられるのが一般的だ。だが，2002年大会に関しては，韓国と日本にとってこの共催がどう作用したのかという，もうひとつの見方がある。そしてその答えは，大会後の５年，10年，20年という長い期間での両国関係を見たときに，はじめてわかるものだろう。

（木ノ原久美）

ワールドカップの組織と運営

1 ワールドカップの組織

全体の組織系統

国際サッカー連盟(FIFA)には，理事会を含めて24の委員会がある。理事会は会長1人，副会長7人，理事16人で構成され，23の各種委員会が置かれている。緊急委員会，財務委員会，審判委員会，技術委員会，スポーツ医学委員会，選手資格委員会，法規委員会，警備フェアプレー委員会，メディア委員会，女子委員会などのほかに，FIFAワールドカップ組織委員会，シドニー・オリンピック組織委員会，FIFAコンフェデレーションズ・カップ，世界クラブ選手権組織委員会などの各種の大会準備を進める専門委員会がある。

そのなかに，サブコミッティーとして，チケッティング，マーケティング，スタジアム，警備，ロジスティックスがあり，ワールドカップに関するすべてのことがらを検討することになっている。そして，2002年FIFAワールドカップ日本組織委員会(JAWOC)と2002年FIFAワールドカップ韓国組織委員会(KOWOC)が，開催国としての運営体制を整える役割を担っている。さらに，リエゾン・コーディネーターとしてアジア・サッカー連盟(AFC)事務総長のピーター・ベラパン(マレーシア)がFIFAと両組織委員会のパイプ役を務めている。

JAWOC，KOWOCはそれぞれ日本サッカー協会(JFA)，大韓サッカー協会(KFA)が中心となり，政財界を含めて国をあげて，ワールドカップを開催するような体制を敷いている。そして，各10会場(日本＝札幌市，宮城県，茨城県，埼玉県，横浜市，新潟県，静岡県，大阪市，神戸市，大分県，韓国＝ソウル，水原(スウォン)，大邱(テグ)，蔚山(ウルサン)，光州(クワンジュ)，仁川(インチョン)，大田(テジョン)，全州(チョンジュ)，釜山(プサン)，西帰浦(ソギポ))といった開催自治体には支部が設置され，本部との緊密な連携をとりながら準備を進めている。

FIFAワールドカップ組織委員会

正式には〈2002年FIFAワールドカップ韓国・日本〉という名称で，委員長は欧州サッカー連盟(UEFA)会長で，FIFA副会長のレンナート・ヨハンソン(スウェーデン)が務めている。副委員長はFIFA副会長で，アルゼンチン・サッカー連盟会長のフリオ・グロンドーナで，サブコミッティーの座長には，ジャック・ワーナー(トリニダードトバゴ)，デービッド・ウィル(スコットランド)，アントニオ・マタレーゼ(イタリア),イッサ・ハヤトウ(カメルーン)といった有力理事が名を連ねている。

そのほかの委員にも，ブラジル・サッカー協会(CBF)のリカルド・テイシェイラ会長，南米サッカー連盟(CONMEBOL)のニコラス・レオス会長(パラグアイ)，フランス協会のクロード・シモーネ会長ら23か国の協会会長らが顔をそろえており，ワールドカップがFIFAにとって，どれほど大切な役割を担うかがうかがわれる。

委員には，岡野俊一郎日本サッカー協会会長，鄭夢準(チョンモンジュン)大韓サッカー協会会長のほか，JAWOCの那須翔会長，KOWOCの朴世直(パクセジク)委員長の後任として，鄭夢準会長と共同で引き継いだ李衍澤(イユンテク)委員長もメンバーとして入っている。

さらに，実務的な小委員会として，ビューローを置き，約半数の委員でさまざまな問題についての話し合いを行っている。

JAWOC，KOWOCで調整したことがらは，ビューロー会議，FIFA組織委員会での討議を経て一本化され，最終的にはFIFA理事会で承認される。

JAWOCの組織，特徴，役員

1991年6月，2002年ワールドカップ日本招致委員会が設立され，1996年5月31日の日韓共催決定を受けて，同年7月，2002年ワールドカップ開催準備委員会と改称。さらに1998年12月12日，文部省(現・文部科学省)から財団法人2002年FIFAワールドカップ大会日本組織委員会への設立許可証が交付され，JAWOCが発足した。

会長には東京電力社長の那須翔氏が就任。副会長にはサッカー界から岡野俊一郎日本協会会長，長沼健日本協会名誉会長，開催自治体の代表として，平松守彦大分県知事らのほか，元自治省事務次官の遠藤安彦氏が副会長兼事務総長として，実務を統括することになった。2000年3月には，副会長を増員して，川淵三郎日本サッカー協会副会長がJAWOC副会長に就任。理事，実行委員にはスポーツ団体，経済団体，開催自治体，マスコミ，政府関係，学識経験者と幅広く人材を登用した。

JAWOCの大会理念は,以下のようである。

「世界最高のプレーをプロデュースします」

フィールドに立つ選手が能力を最大限に発揮するための環境，選手と一体となってゲームを盛り上げる観客の快適性のすべてに，万全の準備を整える。

「パートナーシップを通じて喜びを分かち合います」

世界でもっとも多くの競技人口を持つサッカーが, 国境を越えたスポーツであることを, 日韓共催で実証する。日韓の密接なパートナーシップから生まれる交流をサッカーファミリーだけでなく，各開催地のボランティアや一般市民による交流を通じて喜びを分かち合い，世界平和の架け橋となる。

「スポーツが人びとの生活を充実させます」

国内10か所の開催地を中心に人類の祭典に沸き立ち，サッカーを通じたスポーツが人間の根源的な喜びに直結し生活の一部であることを発見し，21世紀の人びとの意識や社会システムに影響を与える文化となり得ることを認識する。

JAWOC事務局は，2000年4月に7局15部と大きく拡充された。総務局(西沢良之局長)，企画調整局(熊地洋二局長)，国際局(小倉純二局長)，業務局(御園慎一郎局長)，事業・警備局(安達肇局長)，競技運営局(村田忠男局長)，広報メディア局(山口光局長)の7局体制で準備作業が本格化した。

この年の事業計画は，大会運営計画の策定，チケットセンター設立とチケット販売，スポンサー対応，メディア対応が盛り込まれた。大会運営計画では，競技実施マニュアルや開催10会場周辺設備の基本設計作成などが順調に行われ，全国84か所にのぼった公認キャンプ地の認定も順調に進んだ。JAWOC側の希望が100％通ったわけではないが，マッチスケジュールも確定した。5月31日のソウルでの開幕戦から6月30日の横浜での決勝まで64試合の日時が決まった。日本は6月4日(埼玉)，9日(横浜)，14日(大阪)，韓国は4日(釜山)，10日(大邱)，14日(仁川)とそれぞれの試合日程も決まった。

KOWOCの組織，特徴，役員

2002年FIFAワールドカップ韓国組織委員会(KOWOC)は，日韓共催が決定した1996年5月31日から半年後の12月31日に設立され，李東燦(イドンチャン)委員長，鄭夢準副委員長(大韓サッカー協会会長)の体制でスタートした。1998年5月には，KOWOC臨時総会が開催され，李東燦委員長が退任し，朴世直新委員長が就任した。

しかし，2000年7月になって，朴世直委員長の独断的手法を批判する声が高まり，所管する朴智元(パクチウォン)文化観光省が辞任を勧告する事態になった。結局は，8月上旬に朴世直委員長が辞任。当面は鄭夢準副委員長が会長代行を務め，10月に李衍澤氏が共同委員長に就任した。その一方で，公式英文ホームページで韓国に関する不適切な記載に改ざんされたとされる問題で，崔昌新(チェチャンシン)事務総長，方錫峋(パンヒョクスン)広報室長が引責辞任。後任には文東厚(ムンドンフ)事務総長，印炳澤(イピョンテク)広報室長が就任した。

KOWOCの組織は共同委員長の下に，副会

JAWOC事務局本部組織体制図

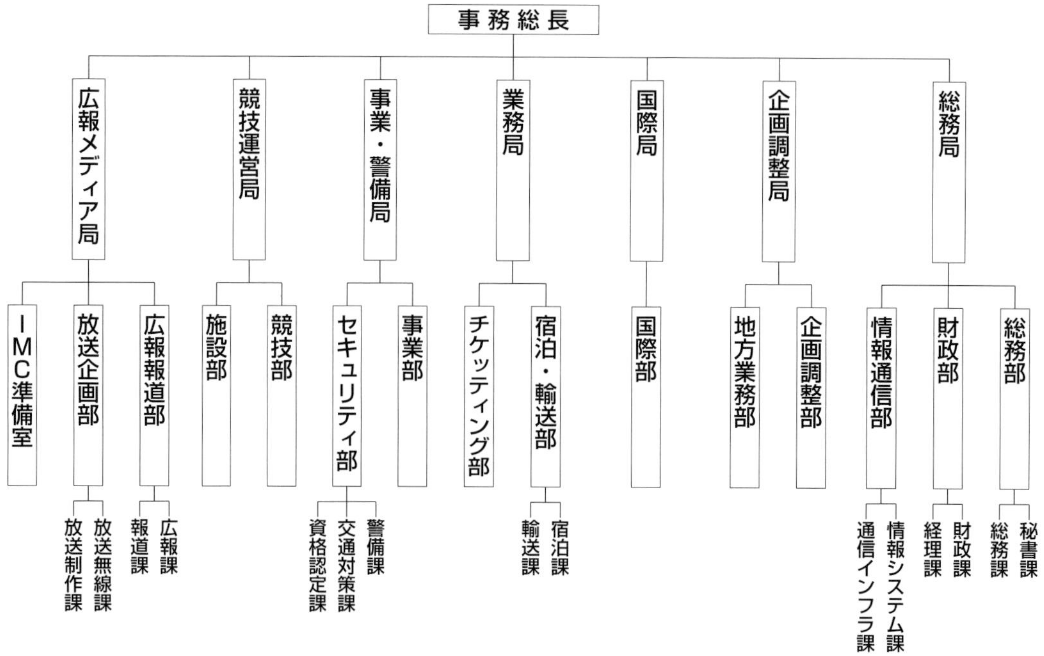

長，事務総長を置き，7局1室で構成されている。ほとんどのスタッフが政府から派遣されており，人件費の負担がないというのが特徴となっている。また，国会議員でもある鄭夢準サッカー協会会長主導で進められているため，官民サッカー界といった分野での調整がスムーズに行われている。

2　その他の組織

協力機関

2002年ワールドカップ推進国会議員連盟には，衆参合わせて300人近い議員が名を連ねている。会長は宮沢喜一元蔵相で，副会長は森喜朗元首相らが務めている。事務総長は衛藤征士郎元外務副大臣，常任幹事には釜本邦茂元参院議員らが就任。日韓国会議員選抜親善サッカー試合を開催して，両開催国の連係をはかっているほか，政界レベルでの国際関係強化に尽力している。

ワールドカップは日本国内10の開催地で行われるが，ワールドカップ出場国が練習を行う公認キャンプ地には，北海道から沖縄まで84自治体が名乗りを上げた。いずれも条件を整備したうえで公認され，2000年12月には，鹿児島県指宿市のホテルが前回優勝国で，すでに出場権を確保しているフランス代表の大会直前キャンプ地として契約を結んだ。ホテル側が宿泊費を負担するという破格の条件ではあるが，注目を集めるディフェンディング・チャンピオンのキャンプ地となることのメリットを考えれば，それなりの効果が見込めると踏んでのことだろう。

ボランティアが果たす役割

ボランティアはワールドカップやオリンピックの成功のためには欠かせない存在となっている。試合会場だけでなく，練習場，空港，ホテルなどあらゆる施設で世界各国から訪れる選手，役員，サポーターの案内役を務めることになる。とくに，欧州や南米など日ごろの交流のある地域と違って，言葉や文化の面で欧米，中東の人びとが不安なく，移動してサッカーを楽しむためには，ホスト国の人たちのサポートがより重要になる。

日本組織委員会と10開催地では，2000年からボランティアの募集を開始。決勝，準決勝を開催する横浜市，埼玉県では各1,500人，そのほかの８会場では，それぞれ1,000人を採用する予定になっている。そのほか，JAWOC本部の要員として1,000人程度を募り，国際メディアセンター（IMC）や空港，ホテルなどに配置する。そのほか，関連施設などを含めると，合計で２万人ほどのボランティアが大会運営に参加することになりそうだ。

日本全国で約２万人の要員を確保するのは簡単なことではない。そのため，各地のサッカー協会と行政の協力は不可欠となる。大会期間の６月は夏休みではないし，学生の参加もむずかしい。そこで，JAWOCでは各地の教育委員会などの協力を得て，学校単位でのボランティア参加の可能性を探り，授業の一環として単位の一部に充てることなどを検討。ワールドカップの運営に参加することを社会活動として認める方向性を打ち出している。

2000年夏ごろから実施する研修は，サッカーのルールからはじまり，ワールドカップの歴史をひととおり理解することも含めて一般的な知識をつけるのは第１段階。その後は通訳や競技運営など各業務に分かれて入念な研修が行われる。予算の関係で，どこまで研修を充実させることができるかは不透明な部分もあるが，ボランティアが大会を成功させるために重要な役割を担うことを考えれば，それなりの力を注がなければならない。日本サッカー協会が2000年６月から行っている〈2002年ワールドカップをみんなで成功させよう募金〉の使途にもあてられている。

韓国では，1988年のソウル・オリンピックなど国際大会の経験を積んだボランティアをその後も登録して管理しているという。ボランティア個々の能力を把握して，適材適所で快く働いてもらうことができるとされている。国家的規模でこうした管理をするのはむずかしいことではあるが，短期間でもボランティア養成にはある程度限界があるのも確か。Ｊリーグのクラブのある地域では，日ごろの経験を生かすことも効果的なことになる。

ワールドカップを開催するということは，世界各国から訪れるサッカー好きの人びとに楽しんでもらうことが最優先だ。サッカーの試合を楽しむことはもちろん，その地域の文化や風土を理解してもらい，人びととの交流を堪能してもらうことの意義も大きい。そのためのホスピタリティ精神はボランティアだけでなく，開催国すべての人たちに求められている。

3　運営にかかわる問題

チケット販売延期問題

日本組織委員会（JAWOC）は2000年９月に国内第１次販売の概要を発表した。国内で販売するチケットは日本で行われる32試合分約135万枚の半分に当たる約67万5,000枚のうち，スポンサー用の４万5,000枚を除く63万枚。このうち第１次販売は50万4,000枚で，一般向け，サッカーファミリー向け，開催地向けに分類され，一般向けはJAWOC，サッカーファミリー向けは日本サッカー協会，開催地向けは各自治体で申し込みのあったなかから抽選で販売することになった。

チケットの価格は６月のFIFA理事会で決定されたとおり，プレミアムチケットを除き，最高が決勝のカテゴリー１が日本円換算で84,000円（海外向け750ドル），最低が１次リーグのカテゴリー３の7,000円（60ドル）となった。海外向けは基本的に米ドル建てで販売されるが，日韓両国に限ってはそれぞれの通貨で販売され，日本組織委員会は1999年度の対米ドル平均レートの１ドル＝112円を基準として，1,000円未満を切り捨てて，国内販売価格を決めた。

ところが，10月２日に予定されていた申込受付が直前になって延期された。理由はインターネットによる販売システムの構築が間に合わなかったことと，販売ガイドに印刷された約款の文言に微妙な違いがあると，国際サッカー連盟（FIFA）がクレームをつけて，ストップしたとされていた。

しかし実状は，JAWOCが組織団体契約書に明記されている非課税措置についての対応を怠っていることに対して，FIFAが不満を募らせたものだった。結局，ブラッター会長が来日して，宮沢喜一元蔵相と会談することで，非課税問題に決着をつけることができた。FIFAはチケット収入などの法人税や消費税，各国サッカー協会に対する法人税，選手や審判への報酬に対する所得税すべてを非課税にすることを求めており，韓国はすでに特別法を制定して非課税の措置を講じているにもかかわらず，日本の対応が遅れたことに強硬な姿勢を示していた。

結局，非課税問題の決着で，チケット販売は2001年２月15日から全世界いっせいに開始された。

放映権交渉

ワールドカップの放映権はスイスに本部のある代理店ISL社が販売することになっており，1999年春から交渉が行われていたが，2000年９月に通信衛星(CS)有料放送のスカイパーフェクト・コミュニケーションズが全64試合のCS独占放映権を獲得した。放映権料は推定で135億円の巨額にのぼった。

当初，ISL社はNHKと日本民間放送連盟(民放連)で構成するジャパン・コンソーシアム(JC)に対して，1998年フランス大会の40倍以上の250億円を提示して，交渉は難航していた。これを受けて，地上波の放映権交渉は40試合で推定63億円という金額で決着した。FIFAの規約で，公共放送もしくは無料で放送することになっている決勝，開幕戦，開催国の試合は40試合のなかに含まれることにはなっているが，開催国でありながら地上波で全試合を観戦することができないという異例の事態となった。

国内スポンサー

国際サッカー連盟は全世界に及ぶ権利を有するオフィシャル・パートナーを１業種１社に限定して決めている。その次のランクに当たり，権利が国内に限定されるオフィシャル・サプライヤーとして，日韓でそれぞれ6社を決めることを日韓の各LOCに認めており，そのスポンサー料は各LOCの貴重な財源となっている。

日本の場合，スポンサー料１社10～15億円（推定）で2000年11月に日本生命，東京海上火災保険，野村証券，朝日新聞社の４社が決定した。スポンサーの権利は自社製品の販売促進に大会エンブレムを使用するほか，試合会場に看板を掲げることができる。

財源確保に悩むJAWOC

ワールドカップ史上初の共催となった2002年大会は，財政面での問題が課題となっている。試合数は64試合で前回大会と変わらないが，ひとつの国で開催される試合数は半分の32試合。会場数が日韓で計20会場にもなり，収益を得るための効率も決してよくはない。日本組織委員会では，協賛宝くじの販売や2001年３月から販売されるスポーツ振興投票(サッカーくじ＝toto)からの助成金収入を見込んでいる。しかし，スポーツ振興投票は2000年11月の静岡県内でのテスト販売を経て，はじめて全国販売されるものでもあり，どの程度の売り上げがあるのかは，あくまで試算でしかない。くじを販売する日本体育・学校健康センターは販売実績のない〈くじ〉からの助成金を特定することに慎重な姿勢を見せている一方で，Ｊリーグの試合結果を予想することで得るくじの収益が同じサッカーの大会運営に生かされないのはおかしい。「ワールドカップのためにサッカーくじをつくったのに」という声もある。（園部和弘）

ワールドカップ予選のアウトライン

1 Road to World cup

●出場枠をめぐる戦い

世界を代表するフットボーラーが国の威信をかけて戦い，その技術・戦術の完成度を競う最高の舞台がワールドカップ本大会。16回の歴史を重ねるうちに，単独競技ではもちろん飛び抜けた規模で，オリンピックをしのぐともいわれるビッグイベントに成長した。それだけに，ワールドカップ本大会へ出場するために通過しなければならない予選も厳しい戦いを強いられる。

予選はワールドカップ本大会の出場チーム数を振り分けた各大陸ごとの出場枠をめざして進められる。現在は六大陸のサッカー連盟，欧州(UEFA)，南米(CONMEBOL)，アフリカ(CAF)，北中米カリブ海(CONCACAF)，アジア(AFC)，オセアニア(OFC)に出場枠は分けられている。出場枠の振り分けからすでに〈戦い〉はスタートする。

日本と韓国で共同開催する2002年大会をめぐっては，国際サッカー連盟(FIFA)がアジアの出場枠をいったんは，開催国として予選免除の日本と韓国を除く割り当てを〈2〉と決めながら，AFCが「少なすぎる」として強く反発。AFCが一度は2002年大会予選のボイコットを決議し，1999年7月のFIFA年次総会ではアジア関係者が議事の冒頭で退席する抗議行動に出た。結局は，FIFAのゼップ・ブラッター会長，AFCのアーマド・シャー会長が会談するなど妥協点を探り，事態は収拾。しかし，それぞれの思惑もからみ，くり広げられた騒動は，〈出場枠数〉がいかに重要かを浮き彫りにした格好だった。

●サッカー戦争の勃発

予選の戦いは熾烈だ。時にフィールドをも超えた騒ぎに発展してきた。1970年メキシコ大会をめざした北中米カリブ海予選でのできごとは，その極端な例だ。

準決勝は国境を接するエルサルバドルとホンジュラスの顔合わせとなった。ともに譲らず1勝1敗で，決着はメキシコで行う第3戦に持ち込まれた。もともと国境線があいまいで，19世紀から紛争が絶えなかった両国。第3戦の前日には，エルサルバドル政府がホンジュラスに対して国交断絶を通告する事態にいたった。厳戒態勢のなかで行われた試合は，延長の末，エルサルバドルが勝利した。この直後，ホンジュラス政府もエルサルバドルとの外交関係断絶を宣言し，侵攻を開始。エルサルバドルも応戦し，交戦状態に入った。戦闘はまもなく終わったが，1969年の〈サッカー戦争〉と呼ばれることになった。

2 予選の略史

●予選の導入は第2回大会から

1930年にウルグアイで行われた第1回大会の参加チーム数は〈13〉。各チームは招待で集められ，予選を実施する必要はなかった。ちなみに地域は南米，欧州，北米からで，アジア，アフリカなどからの参加はなかった。予選が導入されたのは，1934年の第2回イタリア大会からだ。

第2回大会には，32チームがエントリーした(このうち3チームは実際には予選に参加しなかった)。前回優勝のウルグアイは，母国で開催した第1回大会に欧州勢の出場が少なかったことへの憤りもあって出場を見送った。本大会の出場チーム数は〈16〉。はじめての予選は，欧州勢を中心に27チームで争われた。開催国が予選免除で本大会に出場できる規則の決定がこの後だったため，イタリアもギリシャと予選を戦い，出場権を確保した。エジプトがアフリカ勢として初参加し，当時は英国委任統治領のパレスチナと予選で対戦して本大会へ進んだ。

●予選免除規則の採用

第３回大会は，1938年にフランスで開催された。前回優勝チームと開催国が予選免除で自動的に本大会の出場権を得る規則は，この大会から採用された。

時代は欧州動乱のさなかで，予選も大きく揺れた。エントリーは37チーム。予選が行われたのは欧州だけで，９組に分けて実施された。オーストリアは予選で本大会の出場権を得たが，予選期間中にドイツへ併合され，参加できなくなった。スペインは内戦中で，予選出場を認められなかった。オーストリア，ラトビアの２チームが本大会を辞退した代わりとして，FIFAはサッカー発祥の地，イングランドに出場を打診したが，受け入れられなかった。

南米ではウルグアイがいまだに欧州勢が第１回大会をボイコットしたことを根に持ち，出場しなかった。アルゼンチンも同調し，唯一ブラジルが代表となった。

北中米カリブ海地域では，当初７チームがエントリーしながら，キューバを除く６チームが辞退した。結局，本大会は15チームで実施された。

アジアからは，日本とオランダ領東インド(現・インドネシア)の２チームがエントリーした。しかし，中国侵略戦争に突入していた日本は辞退を余儀なくされた。

●辞退あいつぐ大戦後の予選

第２次世界大戦をはさみ，第４回大会は1950年にブラジルで行われた。世界大戦の戦禍からの復興も意図して，ワールドカップの再開は南米が選ばれた。34チームがエントリーした。これまで未出場だった英国４協会は，1946年にFIFA加盟を果たし，４チームのうち上位２チームに本大会出場権が与えられることになった。イングランドが初出場を決めたが，２位のスコットランドは１位になれなかったことで本大会出場を断った。

エントリーはしたが，世界大戦後間もないため，予選への出場辞退があいついだ。トルコ，インドは本大会出場権を獲得しながら，辞退した。予選通過に失敗したフランス，ポルトガルの２チームは，辞退したトルコ，スコットランドの代替として本大会出場を要請されたが，断った。本大会は13チームで争わなければならなかった。

●日本と西ドイツの初参加

1954年の第５回スイス大会には45チームがエントリーした。９チームが辞退したものの，前回優勝のウルグアイ，開催国のスイスを除く14チームの本大会出場枠をめざした予選計57試合が行われた。英国４協会は第４回大会と同じ予選方法で競い，結果も１位がイングランド，２位がスコットランドとなったが，スコットランドは本大会に進んだ。

FIFAへの加盟復帰が許された戦争加害国の西ドイツと日本は，この大会から予選参加も認められた。西ドイツはいきなり優勝を果たした。予選13組の日本は，同様に初参加の韓国と２試合を戦った。日本の１分け１敗で，韓国の本大会初出場が決まった。

スウェーデンで行われた1958年の第６回大会も，前回優勝チームと開催国を除く，本大会出場14チームを予選で決定した。本大会を16チームで争う方式は，1978年のアルゼンチン大会までつづく。欧州，南米，アフリカ，北中米カリブ海がそれぞれ地域ごとに独自の予選をスタートしたのはこの大会からだった。今回，エントリーしたチーム数は50を超え，55チームに達した(９チームが辞退)。英国４協会のイングランド，スコットランド，ウェールズ，北アイルランドの４チームがそろって予選を突破した大会ともなった。ウェールズは予選で敗れながらの復活だった。イスラエルの予選対戦チームが，政治的な理由などからあいついで辞退。予選を１試合も経ずに本大会出場する辞退を避けるため，FIFAは急きょ「前回優勝チームとホスト国以外は，少なくとも２試合を戦わなければ本大会出場は認められない」と定めた。結果，ウェールズはイスラエルに２連勝し，本大会の切符を得た。このほか，ソビエト連邦がはじめて予選に参加し，本大会へ出場した。

1962年の第７回チリ大会には56チームがエントリー。エクアドル，ガーナ，モロッコ，ナイジェリアなどがはじめて予選に参加した。日本は韓国に２連敗だった。

●エントリー国が急増

1966年の第８回イングランド大会では，エントリーが74に急増した。この時代，植民地からの独立があいついでいたことが背景にはあった。しかし，国ができて間もなかったため，辞退も多く，21にのぼった。アジアでは，朝鮮民主主義人民共和国（北朝鮮）が予選に初参加し，旋風を巻き起こした。オーストラリアとのプレーオフ２試合を６－１，３－１のスコアで連勝して本大会に進んだ。北朝鮮は，本大会でもイタリアに勝つなど予想を覆す健闘で第４組の２位となり，アジア勢としてはじめて決勝トーナメント（準々決勝）へ進出した。

1970年にメキシコで開かれた第９回大会のエントリー数は75（５チームが辞退）で，前回の大会とほとんど変わらなかった。ただし，予選史上はじめて六大陸すべてで予選の試合が実施された大会となった。この大会からアジアも独自の予選をスタートした。

西ドイツで開催された1974年の第10回大会では，100の大台に近づく99チーム（このうち10チームは辞退）がエントリーし，200試合を超える予選が戦われた。北中米カリブ海の予選では，前評判の高くなかったハイチが快進撃を見せ，初の本大会出場を決定。東ドイツなどもはじめて予選を突破した。

1978年の第11回アルゼンチン大会では，エントリー数は107に達した。実際には11チームが辞退したものの，世界的な広がりはより大きくなった。オセアニアでも独自の予選がはじまり，これで六大陸連盟すべてに広がった。イランとチュニジアが初出場を決めた。

●出場枠24に拡大

スペインで1982年に行われた第12回大会から，本大会の出場チーム数が〈24〉に拡大した。エントリーは109（このうち５チームは辞退）で，各大陸での予選方法もかなり整理された。ウルグアイを除き，歴代優勝チームは順当に本大会へ進出。プレーオフで中国を下したニュージーランドやクウェートなどがはじめて本大会へ進んだ。

1986年の第13回メキシコ大会では，エントリー数が121まで伸びた。日本は最終予選まで進んだが，韓国とのホーム・アンド・アウェー２戦は連敗に終わった。

第14回イタリア大会は1990年に実施され，エントリーは116（このうち辞退は12チーム）と前回より減少した。南米予選では，ブラジル戦でチリのGKロハスの狂言事件が発生した。北中米カリブ海の強豪メキシコは，1988年のU-19選手権での出場選手の年齢詐称でこの大会の予選参加を禁じられた。アラブ首長国連邦などがはじめて予選を突破した。

●日本〈ドーハの悲劇〉に泣く

1994年の第15回アメリカ大会では，エントリー数がふたたび伸び，147（このうち辞退は17チーム）となった。アフリカでは前回の26から40にふえた。また，人種隔離政策で予選参加を禁じられてきた南アフリカは1992年に処分が解け，予選に初参加した。日本は，本大会出場切符をほぼ手中にしながら逃した。アジア最終予選最終戦の後半ロスタイムにイラクに同点ゴールを許し，勝ち点では韓国と並びながら，得失点差で及ばなかった。〈ドーハの悲劇〉に泣いた。同様のことは，欧州予選においてフランスにも起こった。1998年大会の開催国は，予選２試合を残した段階でほぼ確実といわれながら，ホームでイスラエルに敗れ，つづくアウェーでのブルガリアとの最終戦は終了直前に失点し，２大会連続で出場権を逸した。

●出場枠32に拡大―日本予選初突破

1998年の第16回フランス大会で，さらに大会は巨大化。本大会の参加チーム数は〈32〉となった。1990年代初頭の欧州での東西冷戦の終結やソビエト連邦の消滅で生まれた国々の初参加などで，エントリー数は174にまで膨れあがった。辞退はわずか２で，予選の総試合数は643試合にのぼった。欧州では，予選各組２位同士によるプレーオフ方式をはじめて実施し，クロアチアがウクライナを下して初出場を決めた。北中米カリブ海では，メキシコ，アメリカの常連組に加え，〈レゲエ・ボーイズ〉と呼ばれるジャマイカがはじめて出場権を得た。アジアの最終予選は10チームを２組に分け，はじめてホーム・アンド・アウェー方式を採用して行った。B組の日本は，３勝４分け１敗の勝ち点13で韓国についで２位。A組２位のイランとのプレーオフに回り，マレーシアのジョホールバルで延長にもつれ込む死闘の末，悲願の初出場を果たした。南アフリカを含めて初の予選突破は４チーム。本大会では日本，クロアチア，ジャマイカの初参加組が同じグループとなり，１次リーグを戦った。

3 2002年大会

予選方式

1999年12月7日。東京・丸の内の東京国際フォーラムで，2002年大会の大陸予選組み合わせ抽選会が行われた。史上はじめて日本と韓国が共同開催する第17回大会で，初の公式行事。かつてのスーパースターや各国代表監督ら世界から集まった約4,500人の関係者が見守るなか，各大陸ごとの予選の組み合わせを決めるビッグイベントは，華やかな雰囲気に包まれながらも厳粛に進められた。

2002年大会には，史上最多の195チームがエントリーした。大会のフォーマットは1998年フランス大会とまったく同じで，本大会の出場チーム数は〈32〉。開催国の日本と韓国，前回優勝のフランスは予選免除で，残り〈29〉の出場チーム枠は，FIFAが各大陸ごとに振り分けを決定した。六大陸の連盟がそれぞれ独自にこの出場チーム枠をめざす予選の方式を決め，予選抽選はこれに当てはめる形でくり広げられた。

司会を務めたFIFAのミシェル・ゼンルフィネン事務局長の巧みなリードで，くじ引き役の〈ドロワー〉が，出場各国・地域の名前が書かれた紙が入った小さなボールを取り出す。〈ドロワー〉の元女子テニスの伊達公子さん，大相撲元大関の小錦(KONISHIKI)さんらが次つぎに選んでいった。意外な組み合わせには会場がどよめく。すでに予選の対戦方法が決定していて組み合わせ抽選の必要がない南米を除き，各大陸の出場チームの命運は淡々と決まった。黄金に光り輝くワールドカップをめざした戦いは，この夜から実質的にスタートした。

●欧州

参加協会51。出場枠13＋アジアとのプレーオフ。前回優勝のフランスは予選免除。

欧州予選は，シードを決めたうえで，フランスを除く50チームを９組に分けた。UEFA独自のランキングにもとづき，第１シードにはドイツ，チェコ，オランダ，スペイン，ルーマニア，スウェーデン，ノルウェー，ベルギー，ユーゴスラビア(順不同)があげられた。各組ともそれぞれホーム・アンド・アウェー方式で総当たり２回戦を戦い，各組１位は自動的に本大会の出場権を獲得する。各組２位のうち１チームがアジア予選３位とのプレーオフに回り，残りの２位８チームは２チームずつの４組に分けてホーム・アンド・アウェー方式のプレーオフを実施し，勝者が出場権を得る。

●南米

参加協会10。出場枠４＋オセアニアとのプレーオフ。

今回の南米予選の方式はシンプルだ。強豪が集まる大陸のため，これまでは前回優勝チームや開催国としての予選免除での出場が出た場合が多かった。しかし今回はそれがなく，単純に10チームのリーグ戦を行えばよくなった。組み合わせを決める必要がなく，大陸予選抽選も必要がなかった。

ブラジル，アルゼンチン，パラグアイ，ベネズエラ，コロンビア，エクアドル，ウルグアイ，チリ，ペルー，ボリビアの10チームが，ホーム・アンド・アウェー方式の総当たり２回戦制で争い，上位４チームが自動的に本大会への切符を獲得する。５位チームはオセアニア予選１位とのプレーオフを戦う。

●アフリカ

参加協会50。出場枠５。

アフリカ予選は，シード勢25チーム，残

り25チームのそれぞれの対戦相手を抽選で決め，ホーム・アンド・アウェー方式での予選1回戦を実施。勝者は，25チームを5組に分けた最終予選に進出し，各組の1位が出場権を獲得する。

●北中米カリブ海

参加協会35。出場枠3。

伝統的に複雑な方式で行われる。北中米カリブ海予選は一番早くスタートし，長く戦いがつづくのも特徴だ。当初は中米地域，カリブ海地域に分けた形ではじまり，シード勢は途中の段階から随時加わる。

コスタリカ，ジャマイカ，アメリカ，メキシコの4チームは準決勝リーグ。12チームを3組に分けた準決勝リーグは，各組上位2チームずつが最終予選へ進出。最終予選は6チームがホーム・アンド・アウェー方式の総当たり2回戦制で争い，上位3チームが出場権を獲得する。

●オセアニア

参加協会10。出場枠は南米とのプレーオフ。

オセアニア予選は，勝ち抜いただけでは出場権を得られない。1位となったうえで，南米予選5位とのプレーオフに臨む。1次予選は，シードのオーストラリア，ニュージーランドを分け，10チーム全体も2組に分けて戦う。

●アジア

参加協会42。出場枠2＋欧州とのプレーオフ。開催国の日本と韓国は予選免除。

アジア予選は，40チームを10組に分けて1次予選を戦い，各組1位の10チームが最終予選に進出する。最終予選は5チームずつ2組に分かれてホーム・アンド・アウェー方式で争い，1位になった2チームが出場切符を手に入れる。各組の2位同士はプレーオフを実施し，勝者が欧州とのプレーオフに進む。

Road to 2002 (2001年10月現在)

2002年大会へ向けた予選は，2000年3月4日，全世界のトップを切り，北中米カリブ海でスタートした。2試合を行い，カリブ海地域1次予選でトリニダードトバゴがオランダ領アンティルに5－0で圧勝し，中米地域1次予選ではホンジュラスがニカラグアに3－0で快勝。この後，南米は3月28日，アフリカは4月7日，欧州は8月16日，アジアは11月24日，オセアニアは2001年4月7日にそれぞれ予選がはじまった。2001年11月中に，すべての本大会出場チームが出揃う。

●欧州

予選全9組は2001年10月6日までに各1位が決まり，ロシア，ポルトガル，デンマーク，スウェーデン，ポーランド，クロアチア，スペイン，イタリア，イングランドが本大会の出場権を獲得した。イタリアは11大会連続15度目で，スペインは7大会連続，イングランドは2大会連続のともに11度目の出場。ポルトガル，ポーランドはともに4大会ぶりの復活を果たした。

一方，ポルトガルと同じ第2組で戦ったオランダ，ロシアらと第1組を争ったユーゴスラビアは，それぞれ不本意な3位に終わり，連続出場の道を閉ざされた。

●南米

今回10チームの総当たり方式になったことで，予選史上はじめてブラジルとアルゼンチンが対戦する黄金カードが実現。2000年7月，サンパウロでの第1戦はブラジルが3－1で勝った。しかし2001年9月，ブエノスアイレスでの第2戦はすでに南米一番乗りで予選突破を決めていたアルゼンチンが2－1で雪辱した。これまでの予選では一度しか負けていなかったブラジルは，今回だけで5敗も喫し，パラグアイ，エクアドル，ウルグアイなどと2番手グループでの争いとなった。

●アフリカ

予選1回戦突破の25チームを5組に分けた最終予選の結果，カメルーン，ナイジェリア，セネガル，チュニジア，南アフリカが本大会へこまを進めた。2001年7月1日に決めたカメルーンは，全予選を通じての本大会出場一番乗りを果たした。初出場のセネガルも注目で，モロッコ，エジプトといった本大会出場経験を持つ強豪を相手にしたC組で1位となった。

アジア

[参加協会42。出場枠2＋欧州とのプレーオフ。開催国の日本と韓国は予選免除で出場決定]

第1ラウンド（リーグ戦）

グループ1	グループ2	グループ3	グループ4	グループ5
オマーン	イラン	カタール	クウェート	タイ
シリア	タジキスタン	マレーシア	シンガポール	レバノン
ラオス	ミャンマー	香　港	バーレーン	スリランカ
フィリピン	グアム	パレスチナ	キルギス	パキスタン

グループ6	グループ7	グループ8	グループ9	グループ10
イラク	ウズベキスタン	アラブ首長国	中　国	サウジアラビア
カザフスタン	ヨルダン	インド	インドネシア	ベトナム
ネパール	トルコ	イエメン	モルディブ	バングラデシュ
マカオ	台　湾	ブルネイ	カンボジア	モンゴル

第2ラウンド（リーグ戦）

各組1位の10チームが最終予選に進出する。最終予選は5チームずつ2組に分かれてホーム・アンド・アウェー方式で争い，1位になった2チームが出場切符を手に入れる。

第3ラウンド（カップ戦）

各組の2位同士は，プレーオフを実施し，勝者が欧州とのプレーオフに進む。

オセアニア

[参加協会10。出場枠は南米とのプレーオフ]

第1ラウンド（リーグ戦）

グループ1	グループ2
オーストラリア	ニュージーランド
トンガ	タヒチ
フィジー	ソロモン諸島
米領サモア	バヌアツ
サモア	クック諸島

第2ラウンド（カップ戦）

各組1位になったチームがホーム・アンド・アウェー方式で争い，勝ったチームが，ふたたび同方式で南米予選5位とのプレーオフに臨み，勝者が本大会への出場権を手にする。

南　米

[参加協会10。出場枠4＋オセアニアとのプレーオフ]

単純に10チームのリーグ戦を行う。
ブラジル，アルゼンチン，パラグアイ，ベネズエラ，コロンビア，エクアドル，ウルグアイ，チリ，ペルー，ボリビアの10チームが，ホーム・アンド・アウェー方式の総当たり2回戦制で争い，上位4チームが自動的に本大会への切符を獲得する。
5位チームは，オセアニア予選1位とのプレーオフを戦う。

北中米カリブ海

[参加協会35。出場枠3]

カリブ海地域1次予選（カップ戦）

カリビア1			カリビア2			カリビア3		
キューバ	VS	ケイマン諸島	セントビンセント・グレナディーン	VS	バージン諸島(米)	トリニダード・トバゴ	VS	アンティル
セントルシア	VS	スリナム	セントクリストファー・ネイビス	VS	タークス諸島・カイコス諸島	ドミニカ共和国	VS	モントセラト
アルバ	VS	プエルトリコ	ガイアナ	VS	アンティグア・バーブーダ	ドミニカ国	VS	ハイチ
バルバドス	VS	グレナダ	バージン諸島(英)	VS	バミューダ諸島	アンギラ	VS	バハマ

2次予選（カップ戦）

各グループ1次予選の勝（12チーム）の対戦

3次予選（カップ戦）

2次予選の勝者（6チーム）の対戦。勝者の3チームは準決勝進出の資格を得る。

4次予選（カップ戦）

3次予選の敗者3チームと中米2チーム＋カナダの対戦。勝者3チームが準決勝の資格を得る。

中米地域予選（リーグ戦）

グループA	グループB
エルサルバドル	ホンジュラス
ベリーズ	ニカラグア
グアテマラ	パナマ

各グループの上位２チームが準決勝へ進出する。
２位の２チームは，カリブ海地域の4次予選に回る。

準決勝（リーグ戦）

カリブ海地域の3次リーグから3チーム，4次リーグから3チーム，中米地域からの2チーム，合計8チームに新たにコスタリカ，ジャマイカ，アメリカ，メキシコの4チームが加わって準決勝を行う。
12チームを3組に分けた準決勝リーグは，各組上位2チームずつが最終決勝リーグへ進出する。

決勝（リーグ戦）

６チームがホーム・アンド・アウェー方式の総当たり２回戦制で争い，上位３チームが出場権を獲得する。

アフリカ

［参加協会50。出場枠5］

第1ラウンド（カップ戦）

グループA

カーボヴェルデ	VS	アルジェリア
モーリタニア	VS	チュニジア
ベナン	VS	セネガル
ギニアビサウ	VS	トーゴ
ガンビア	VS	モロッコ

グループB

レソト	VS	南アフリカ
スワジランド	VS	アンゴラ
ボツワナ	VS	ザンビア
マダガスカル	VS	ガボン
スーダン	VS	モザンビーク

グループC

赤道ギニア	VS	コンゴ共和国
リビア	VS	マリ
ルワンダ	VS	コートジボアール
サントメ・プリンシペ	VS	シエラレオネ
中央アフリカ	VS	ジンバブウェ

グループD

セイシェル	VS	ナミビア
ジブチ	VS	コンゴ民主共和国
ソマリア	VS	カメルーン
モーリシャス	VS	エジプト
エリトリア	VS	ナイジェリア

グループE

チャド	VS	リベリア
ウガンダ	VS	ギニア
エチオピア	VS	ブルキナファソ
マラウイ	VS	ケニア
タンザニア	VS	ガーナ

勝者の25チームが第2ラウンドへ進出。

第2ラウンド（リーグ戦）

25チームを５組に分け，各組の１位が出場権を獲得する。

西　欧

［参加協会51。出場枠13＋アジアとのプレーオフ。フランスは予選免除］

グループ1	グループ2	グループ3	グループ4	グループ5	グループ6
ユーゴスラビア	オランダ	チェコ	スウェーデン	ノルウェー	ベルギー
ロシア	ポルトガル	デンマーク	トルコ	ウクライナ	スコットランド
スイス	アイルランド	ブルガリア	スロバキア	ポーランド	クロアチア
スロベニア	キプロス	アイスランド	マケドニア	ウェールズ	ラトビア
ルクセンブルク	アンドラ	北アイルランド	アゼルバイジャン	アルメニア	サンマリノ
フェロー諸島	エストニア	マルタ	モルドバ	ベラルーシ	

グループ7	グループ8	グループ9
スペイン	ルーマニア	ドイツ
オーストリア	イタリア	イングランド
イスラエル	リトアニア	ギリシャ
ボスニアヘルツェゴビナ	ハンガリー	フィンランド
リヒテンシュタイン	グルジア	アルバニア

各組ともそれぞれホーム・アンド・アウェー方式で総当たり２回戦を行い，各組１位は自動的に本大会出場権を獲得する。
各組２位のうち，１チームがアジア予選３位とのプレーオフに回り，残りの２位８チームは２チームずつの４組に分かれてホーム・アンド・アウェー方式のプレーオフを実施し，勝者が出場権を得る。

●北中米カリブ海

最終予選へはコスタリカ，アメリカ，メキシコ，ホンジュラス，ジャマイカ，トリニダードトバゴが進出した。2001年2月28日から戦いをくり広げ，コスタリカが一番で本大会切符を手にし，アメリカがつづいた。

●アジア

10チームを2組に分けた最終予選を2001年8月16日から実施。B組では中国が初出場を決め，A組はサウジアラビアが3大会連続で本大会へ進んだ。

●オセアニア

シード勢のオーストラリアとニュージーランドが1次予選を突破。2001年6月のプレーオフはオーストラリアが2連勝で制し，南米予選5位への挑戦権を得た。

2002年大会予選のトピックス

●聖地で最後の試合

2000年10月7日，欧州予選第9組で，永遠のライバル，イングランドとドイツが対決した。両雄が激突したのは1966年ワールドカップ・イングランド大会決勝で，イングランドが4－2で西ドイツ(当時)を破ったロンドンのウェンブリー・スタジアム。新スタジアム建設のため，取り壊しが決まっている〈サッカーの聖地〉でのラストゲームだった。

サッカーの母国イングランド，3度のワールドカップ制覇を誇るドイツだが，2000年夏の欧州選手権ではともに1次リーグ敗退。とくにドイツは1勝もできず，屈辱的な成績だった。少し落ち目の大国同士，威光を取り戻すためにも負けられない1戦となった。

試合は前半，ドイツが直接にフリーキックを決めて先制。イングランドも後半は盛り返したが，1点が取れなかった。イングランドを率いた元代表の名選手，ケビン・キーガン監督はこの試合後に辞任を表明。〈聖地〉とともに去った。この後，暫定監督をはさみ，イングランド代表初の外国人監督となったスウェーデン人のスベン・ゴラン・エリクソン監督が立て直し，2大会連続で本大会進出を果たした。

●ビッグカードが実現

ワールドカップ予選史上はじめて南米の〈両巨頭〉が激突した。2000年7月26日，サンパウロでブラジルとアルゼンチンが顔を合わせた。2強がこれまで予選で戦ったことはなかった。ブラジルは4度，アルゼンチンは2度のワールドカップ制覇を果たし，予選免除で次回の出場権を確保してきたほか，これまでは予選形式も違い，同じ組で出場権を競うことはなかったからだ。

このときまでの予選成績は対照的だった。アルゼンチンは攻守ともバランスよく，唯一の5連勝で首位。一方のブラジルはちぐはぐな戦いがつづき，7月18日には敵地アスンシオンでパラグアイに1－2で苦杯。予選では1993年のボリビア戦(0－2)以来，史上2度目となる屈辱の敗戦を喫したばかりで，2勝2分け1敗の5位に沈んでいた。試合は大観衆に後押しされたブラジルが奮起。3－1の快勝でメンツは保った。

これで復活するかと思われたブラジルだが，この後もチリ，エクアドル，ウルグアイに敗れるなど不振がつづく。この間〈王国〉の苦悩を象徴するように監督もルシェンブルゴ氏からJリーグの清水エスパルスなどで指揮官を務めたレオン氏を経て，ジュビロ磐田を率いた経験を持つフェリペ(スコラリ)氏へと代わった。

対照的に，アルゼンチンは2001年8月15日に早々と8大会連続13度目の本大会出場を決定。9月5日，ブエノスアイレスでのブラジルとの第2戦も2－1で制した。

●悲劇

アフリカの1次予選では，観客3人が死亡する悲劇が起きた。リベリアの首都モンロビア。2000年4月23日，チャドとの第2戦には約33,000人収容の競技場に，5万人から6万人が詰めかけた。あふれた観客がフィールドに乱入しようとしたが，逆に警官隊がこん棒などを使って押し返したため，後ろから観客に押しつぶされて圧死した。試合は0－0で終わり，2戦合計1－0でリベリアが最終予選へ進んだ。

(大塚幸史)

2002年大会の開催都市とスタジアム

写真ⓒP.Kishimoto

札幌

都市：北海道の１年を通してもっともいい時期は大会の開催される６月といえる。この時期は湿度も低く，爽やかに晴れ上がる日が多く，桜をはじめさまざまな花が咲き乱れる。さらに北海道といえば食の楽しみがある。北海道の豊かな自然のなかから採れる新鮮な魚介類や野菜。素材そのものの美味しさを堪能することができる。また，180万人の人口を抱える札幌は，その整然とした都市計画のなかに豊かな緑が調和されている。北海道のシンボルでもある札幌市時計台や大通り公園。さらに平成12年に改装された大倉山ジャンプ競技場や，羊ヶ丘展望台など市内を一望できる観光名所も多く，訪れたなら試合を楽しむだけでなく，ぜひとも町を散策したい。

スタジアム：当初はサッカー専用スタジアムが建設される予定だったが，北海道の財界や政界の働きもあり，ドーム型の多目的スタジアムとして作られたのが札幌ドームだ。屋内のドームスタジアムに隣接される屋外ステージで通常は育成されている芝生のピッチが，試合が行われるときにはドーム内に運び込まれる。世界初の画期的システム〈ボヴァリングサッカーステージ〉により，人工芝の野球場と天然芝のサッカー場が両立した。観客席は固定席が４万2,831席。うち車椅子席が117用意されている。また，ドーム内には大型ビジョンやサブボード，展望台が備えられている。アクセス面でも札幌の市街地に隣接した豊平区にあるために，足を運ぶのに便利。地下鉄東豊駅の福住駅から徒歩10分の位置にある。これまでは北海道には４万人を収容する施設がなかっただけに，この札幌ドームは北海道の文化とスポーツの中心的役割を担っていく。その意味で，ランドマーク的存在となっている。

試合予定：札幌は北海道唯一のプロスポーツチームであるコンサドーレ札幌のホームタウン。札幌ドームで行われるワールドカップの試合は３試合。６月１日には１次予選のグループＥのドイツ対サウジアラビア（20:30）で開幕し，６月３日にはグループGのイタリア対エクアドル(20:30)，６月７日にはグループFのアルゼンチン対イングランド（20:30)が行われる。日本会場に組み込まれた歴代ワールドカップ優勝国の４チームすべてが試合をすることとなり，もっとも楽しみなチームが揃ったといえるだろう。特に注目は，前回のフランス大会の第２ラウンド１回戦で激突したアルゼンチン対イングランド。この試合でベッカムが退場となり，アルゼンチンがPK戦で勝つという因縁があるだけに，世界の注目が集まる一戦といえる。

仙台

都市：宮城スタジアムに近い仙台市は，県民約236万人のうち約100万人が集中している。雪深い東北地方にあって，仙台市は気候の穏やかな，緑豊かな都市で，〈杜の都〉として親しまれている。東北地方で唯一の政令指定都市で，仙台市内には国の行政機関や主要な金融機関，企業や工場が集まり，東北最大の商工業の拠点となっている。伊達正宗公で有名な伊達藩のお膝元であり，市の高台には正宗公の像が建てられていることでも有名な仙台城(青葉城)や，廟所である瑞鳳殿，伊達家の守護神社である国宝の大崎八幡宮などの史跡が楽しめる。また，仙台駅から電車で40分ほどの距離には〈日本三景〉のひとつである松島がある。260あまりの島々が穏やかな海に浮かぶその美しい風景はまさに絶景。試合観戦の合い間に訪れてみたい。また，仙台といえば牛タンと魚介類の美味しい土地柄としても有名。特に松島の牡蠣は夏場でも食べられるだけに，機会があればその味を堪能してみたい。

スタジアム：宮城郡利府町にある宮城スタジアムは，県民の森に隣接して建設された総合運動公園〈グランディ・21〉のなかにある。この総合運動場には，体育館やテニスコート，プールやハンマー投げ，円盤投げの行える投てき場などのスポーツ施設が整っており，2001年みやぎ国体や第１回障害者スポーツ大会が行われた。メイン会場となるスタジアムは，最上階からピッチレベルまでを流れるような曲線を使い，左右非対称の屋根が架かっている。スタジアムの収容人員は４万9,113人で，そのうち常設される車椅子席が104席，補聴器を使い場内放送を聞きやすくするためにアンテナが設置された難聴者席も3,500席設けられている。難点は観客席の傾斜がゆるく，陸上競技のトラックもあるために，ピッチが非常に遠く感じられるということ。その意味で，サッカー専用競技場にくらべれば臨場感では劣る。また，道路が整備されていないために，試合当日は渋滞に巻き込まれる可能性がある。

試合予定：仙台には2002年からＪ１に昇格するベガルタ仙台がある。しかし，ホームスタジアムは仙台市泉区にある仙台スタジアムなので，宮城スタジアムは使われていない。この宮城スタジアムで行われるワールドカップの試合は３試合。６月９日にグループGのメキシコ対エクアドル(15:30)，６月12日のグループFのスウェーデン対アルゼンチン(15:30)，さらに第２ラウンド１回戦のＨ１位対C２位(15:30)が予定されている。特に第２ラウンド１回戦は，日本がグループ１位でH組を突破した場合に，この宮城スタジアムを舞台として戦うことになる。それだけに，日本中の注目が集まる会場といってもいい。そして，日本サッカーの新しい歴史がこのピッチの上で刻まれる可能性もある。また，優勝候補にあがるアルゼンチンと1994年アメリカ大会で３位に輝いたスウェーデンも好カード。優勝候補がひしめく〈死のグループ〉の一戦だけに好試合が展開されることは間違いない。

新潟

都市：信濃川と阿賀野川の２つの大河を持つ米どころ。新潟市は52万人の人口を抱え，日本海側では最大の都市となっている。日韓共催の今回のワールドカップは，新潟県にとっても特別な意味をもつ。というのも，新潟県は韓国との特別な結びつきをもっている土地柄だからだ。1978年，新潟市に韓国総領事館が開設されたのをきっかけに，新潟県は韓国と経済，文化，スポーツとさまざまな分野で交流を図っており，ソウルには地方自治体としては唯一の県独自の事務所を構えている。さらに，新潟空港からはソウルへの直行便が出ているなど，今回の共催のシンボル的都市となるのだ。市の観光名所としては，国の重要文化財に指定されている新潟県政記念館，歌人・会津八一の遺品などが展示されている新潟市会津八一記念館が名高い。そして，新潟といったら新鮮な山海の幸と美味しい日本酒が有名。東京から新幹線で最短100分，さらにスタジアムまでは高速交通網が整備されていてアクセスには問題ない。

スタジアム：新潟駅から直線距離にしてわずか３kmの位置に美しい姿を見せるのが新潟スタジアム，通称〈ビッグスワン〉。スタジアムに隣接して約180ヘクタールの湖，鳥屋野潟があり，冬にはシベリアから約3,000羽の白鳥が飛来することから，その白鳥の羽ばたく姿をイメージしてデザインがなされた。客席は臨場感を高めるために二層式スタンドとなっており，全席背もたれつきの一般席のほかにも，３人掛け机つき席を２連で配置したファミリーシート，２人掛け机つきのペアシート，さらに身体障害者用の席が用意されている。収容人数は４万2,300人で，死角のないスタジアム構造になっているために，どの席からでもピッチが見やすい。さらに，客席の90％を覆う屋根は，雪の多い新潟の特性を考慮して，アーチ構造で高い位置に設置されているために，他の屋根つきスタジアムとくらべても明るさが保たれている。

試合日程：2001年の５月から６月にかけて，日本戦２試合を含むコンフェデレーションズカップが３試合行われたことでサッカー熱が沸騰。終盤まで優勝争いに絡んだアルビレックス新潟のビッグスワンでの試合は，平均入場者数で２万人を上回るようになった。そして，ワールドカップの日本開催地のなかで最初のキックオフの笛が鳴らされるのはこの新潟。３試合が予定されている。６月１日はグループEのアイルランド対カメルーン(15:30)，６月３日はグループGのクロアチア対メキシコ(15:30)の２試合の１次リーグ。そして６月15日には第２ラウンド１回戦のA組１位対F組２位(20:30)の注目の一戦がある。

予想では，A組の１位は前回王者のフランスの可能性が高く，さらにF組はどのチームが勝ち抜いてもおかしくない〈死のグループ〉。いきなり１回戦でフランス対アルゼンチンや，イングランドといった優勝候補が激突。決勝戦に劣らない迫力を体験できる可能性が高い。

茨城

都市：茨城県の東南に位置する鹿嶋市は，県民300万人のうち6万3,000人が住む，落ち着いた工業都市だ。鹿島町と大野村という別々の自治体が1995年１月に合併して鹿嶋市となった。町の最大の名所は，名前の由来にもなっている重要文化財の鹿島神宮。全国の鹿島神宮の総本山となっている。この鹿島神宮の鮮やかな朱色で彩られた楼門は，日本三大楼門のひとつに数えられる。また，社には奈良時代につくられたという国宝の直刀，黒漆平文大刀拵が収められており，これは鹿島神宮の御神刀となっている。関東きっての工業都市ということでもあり，鹿島港には大型貨物船がつねに停泊している。さらに，東京方面からスタジアムに向かった場合，東関東自動車道の終点となる潮来町は〈水郷の町〉として名高く，ワールドカップが開催される期間と重なる６月１日から30日までは水郷・潮来〈あやめ祭り〉が開催されているので足を伸ばしてみるのもいいだろう。

スタジアム：Ｊリーグが開幕した1993年に本格的サッカー専用スタジアムとして誕生した県立カシマサッカースタジアムは，Ｊリーグ10年目を迎えて，鹿島アントラーズの名とともに，日本でもっともエキサイティングで有名なスタジアムとなった。しかし，鹿嶋市でのワールドカップ開催が決まったことによって，収容人数を１万8,570人から４万1,800人へと大幅に拡張。2001年の５月に完成し，直後にコンフェデレーションズカップを開催するなど国際大会に十分対応できる機能を備えている。二層式の観客席は，陸上トラックのないサッカー専用ということもあり，臨場感は他のスタジアムでは感じられない迫力がある。また，身体の不自由な人も快適に観戦できるように，140の車椅子席と介護者の席，さらに身体障害者用のエレベーターやエスカレーターも設置されている。さらに，運営室や報道関係設備も整備されており，国際大会への対応は十分。唯一の難点は，アクセス面の不便さか。

試合日程：1993年のＪリーグ発足時は，唯一の日本リーグ２部からの参加だったが，10年の時を経てリーグ年間王者４回，天皇杯優勝２回，カップ戦優勝４回と，日本で１，２を争う強豪クラブとしての地位を確立した。その意味で鹿島アントラーズは，鹿嶋市の象徴となっており，サッカーに対する情熱はなみはずれている。その鹿嶋で開催されるのは，１次リーグの３試合。まず６月２日はグループＦのアルゼンチン対ナイジェリア(18:30)。６月５日はグループＥのドイツ対アイルランド(20:30)。そして，グループＧのイタリア対クロアチア(20:30)。どのカードにも〈ビッグ7〉といわれる歴代のワールドカップの優勝国が入っているという豪華なものとなった。そのなかでも注目は，優勝候補筆頭のアルゼンチンとアフリカの雄ナイジェリアの対戦。アトランタ・オリンピックの決勝の再現となるが，1996年の決勝ではナイジェリアが勝っているだけに，白熱の一戦になることは間違いない。

横　浜

都市：日本が海外への窓口を開いた代表的港町。1859年の開港以来，海外交流の拠点として西洋文化を受け入れる窓口となってきた。そして，日本にサッカーというスポーツがはじめてもたらされたのも，この横浜からだった。1970年代に現在の横浜公園の敷地内にあったグラウンドで，外国人居留者によってはじまったサッカーは，その後各地の学校に広がった。そして，1904年に外国人居留者のチームと東京高等師範（現筑波大）との間で行われた試合が日本初の国際試合となった。ファッション，観光，食のすべてを満たす横浜市は，早くから海外文化を取り込んできた都市だけあり異国情緒も満点。市内には世界最大級の規模を誇る中華街もある。JR石川町駅近辺の500m四方には190を超える中華料理の店が並び，食通には堪えられない。また，ランドマークタワーをはじめとした近代的建造物の立ち並ぶ〈みなとみらい〉地区，さらにはベイブリッジと見所は多い。

スタジアム：1998年３月１日の日韓戦こけら落とし以来，東京・国立競技場をしのぎ日本最大のスタジアムとなったのが，７万2,370人収容の横浜国際総合競技場だ。新幹線の乗り入れる新横浜駅からも徒歩14分とほど近く，アクセス面での環境もいい。スタジアムは新横浜公園の中心施設であり，サッカーやラグビー，陸上競技といったスポーツのほかに，イベントやコンサートの会場となっており，文化交流の中心的役割を担っている。二層式となっている観客席は全体の３分の２を屋根で覆われており，すべてが背もたれつきの独立座席。また，常設されている車椅子席は147席だが，最大421席までふやすことができる。さらに両ゴール裏には大型映像スクリーンが設置されており，選手のプレーを見逃さないための自動走行カメラも設置されている。そして2001年のコンフェデレーションズカップで証明されたのがピッチのよさ。大雨でも水はけのいいピッチは，決勝の舞台に最適といえる。

試合日程：横浜市のサッカーをリードするのは1995年にＪリーグ年間王者に輝き，横浜国際総合競技場をホームとするＪ１の横浜Ｆ・マリノスである。昨年は降格の危機にさらされたが，なんとか持ちこたえた。また，Ｊ２には日本ではじめてソシオ（会員）制度をチーム運営の手段として導入した横浜FCがある。横浜市で行われるワールドカップの試合は４試合。６月９日のグループHの日本対ロシア(20:30)。６月11日のグループEのサウジアラビア対アイルランド（20:30）。６月13日のグループGのエクアドル対クロアチア（20:30）と１次リーグが３試合。そして，６月30日に行われる決勝戦（20:00）だ。日本のサイドから見れば，やはり２戦目となるロシア戦に注目したい。なぜなら，この２戦目の結果が第２ラウンド進出の大きな鍵を握るからだ。

そして，世界中の最大の注目は当然ファイナル。21世紀最初のワールドカップ・チャンピオンがこのピッチから誕生する。

埼玉

都市：東京のベッドタウンとして年々巨大化する埼玉県。人口は昨年690万人にまでふえた。2001年の５月１日には浦和，大宮，与野の３市が合併して〈さいたま市〉が誕生。首都機能の一部を担い，国の行政機関などがさいたま新都心に一部移されるなど，周辺地域の連携拠点となっている。また，さいたま新都心駅に隣接する〈さいたまスーパーアリーナ〉は最新のテクノロジーを結集した高性能アリーナとして注目されている。可動床機構により，アリーナはコンサートホールから見本市会場，ボクシングやバスケットボールと幅広いニーズに対応できる多目的ホールとなっており，バスケットボールやバレーボールの国際大会，さらにさまざまなコンサートが催され，スポーツや文化活動の情報発信基地となっている。そして，東西に幅広い埼玉県は農業も盛んだ。全国１位の生産高を誇るブロッコリーやほうれん草などの野菜の生産が盛んで，首都圏の食卓を支えている。

スタジアム：埼玉スタジアム2002は，サッカー専用としてはアジアでも最大級の規模を誇るスタジアム。収容人数は６万3,700人を誇り，うち車椅子席は150。横浜国際総合競技場と最後までワールドカップ決勝戦の誘致を争った。建設のテーマは〈21世紀のシアタースタジアム〉だっただけに，試合観戦には最高の環境が整えられている。陸上トラックのないサッカー専用競技場ということで，まず感じるのがピッチと観客席の近さ。観客席から死角ができないよう考慮した結果スタジアム内に柱がないことも合わせて，選手との一体感を身近に感じられる。さらに，２基の大型映像装置がピッチの素晴らしいプレーを拡大してリプレーしてくれる。難点といえば，2001年の11月に行われたイタリア戦でも目立ったピッチ状態の悪さだろう。しかし，これも本大会までには解決するはずだ。アクセス面は，埼玉高速鉄道線の浦和美園駅から徒歩15分。しかし，混雑が予想されるので注意が必要だ。

試合日程：サッカーどころの埼玉県だけあり，サッカーに対しての理解と関心が高い土地柄。特に浦和レッズのサポーターの熱狂度は高く，ホームとなる駒場スタジアム，埼玉スタジアムともにつねに満員で，浦和レッズはＪ１でも屈指の観客動員を誇る。また，Ｊ２の大宮アルディージャも2001年シーズンは途中まで首位を走るなど，確実に力をつけている。その埼玉で開催されるワールドカップの試合は４試合。６月２日にグループFのイングランド対スウェーデン（14:30）の注目カードで開幕し，6月4日にはいよいよ日本が登場。グループHのベルギー戦（18:00）でトルシエ日本がスタートを切るのが，この埼玉となる。そして，6月6日はグループEのカメルーン対サウジアラビア（18:00）。6月26日には準決勝（20:30）が行われる。日本の大事な初戦とともに，もっとも面白いといわれる準決勝の試合が，このサッカー専用スタジアムを舞台に行われることとなる。

静岡

都市：世界的にも有名な富士山を東に抱き，富士川，大井川，天竜川の大河とともに西には浜名湖と豊かな自然にあふれる静岡県。徳川家康が1601年に定めた東海道23次のうち22の宿場が県内にあり，古くから東西の文化交流と流通の要衝となってきた。日本のほぼ中心に位置し，その温暖な気候から観光県としても有名だ。静岡市の登呂遺跡といった歴史的な文化財のほかにも楽しみはいっぱい。約60の温泉が湧き，550もの旅館を抱える伊豆の温泉街，そして熱海と，日本でも有数の温泉場を人口376万人の静岡県は抱えている。日本一の生産量を誇る，お茶とミカンで有名な土地柄だが，そのほかにも食の楽しみは多い。温暖な気候を利用して作られるイチゴ，駿河湾でとれる新鮮な桜海老，浜名湖の特産であるうなぎやスッポン。さらにマグロの水揚げも日本一で，新鮮な山海の幸にあふれている。サッカー観戦の合い間を見て，これらの美味しい料理を食するのもいいだろう。

スタジアム：静岡県袋井市と掛川市にまたがる小笠山北西麓に広がる小笠山総合運動公園。この〈健康とスポーツと自然〉をテーマに作られた広大な公園のなかに，ワールドカップのために新設されたのが静岡スタジアム，愛称〈エコパ〉だ。エコパとは，エコー(こだま)，エコロジー(環境)，パル(仲間)，パーク(公園)を組み合わせた造語で，文字どおりスポーツ，レクリエーション，自然との触れ合いを楽しむ場としての期待が寄せられている。ユニバーサルデザインの発想を採り入れて建築されたスタジアムは，二層式の全席背もたれ式の独立した観客席を持ち，５万1,349人の収容が可能で，そのうち296席の身体障害者席が設けられている。また，メイン，バック・サイドのそれぞれのスタンドの最前列に5,500席の可動式スタンドが設けられ，ここからはより間近にピッチのプレーを見ることができる。さらに場内には２基の大型ディスプレーが備えられ，試合の臨場感を盛り上げる。

試合日程：県民376万人のうち，４万人以上が県のサッカー協会に選手登録されている日本国内では自他ともに認める〈サッカー王国〉。少年サッカー，中学校，高校とどこが全国大会に出場しても優勝候補となり，そのレベルの高さが目立つ。また，Ｊリーグ年間優勝２回のジュビロ磐田，さらに1999年にはこのジュビロと年間王者を争った清水エスパルスの２つのＪ１チームを持ち，現在，最多のＪリーガーと日本代表選手を輩出している。その静岡で行われる試合は３試合。６月11日に行われるグループEのカメルーン対ドイツ(20:30)。６月14日のグループHのベルギー対ロシア(15:30)。そして，６月21日には準々決勝(15:30)が行われる。注目は，やはり日本の入るグループHの一戦。この試合の結果が日本の第２ラウンド進出に及ぼす影響は大きい。さらに準々決勝は，順当にくればフランス，アルゼンチン，イングランドのいずれかとブラジルが対戦する公算が大きい。

大阪

都市：古くから淀川を中心に商業の町として栄えてきた日本第2の都市。関西の商工業の中心地となっている。大阪といえば，まず思い出すフレーズが〈食いだおれの街〉。昔から流通の経路が発達し，多くの食材が入手可能だったために食文化が発達。現在でも難波を中心としたミナミといわれる地区，さらに道頓堀，千日前には，お好み焼き，たこ焼き，関西うどん，ラーメンなど，安くて美味しい店が軒を並べる。また，大阪は芸能文化の盛んな町としても知られる。古くは井原西鶴や近松門左衛門の文人たちを輩出し，歌舞伎などが演じられる〈大阪松竹座〉，そして現在では全国的人気を誇る吉本興業の本拠地である〈なんばグランド花月〉などの劇場もあり，上方芸能を楽しむことができる。そして，いま大阪の最大の人気スポットはユニバーサル・スタジオ。ハリウッド映画の世界を体感できるこのアミューズメントパークは，大阪の新観光スポットとして日本中の注目を集めている。

スタジアム：新幹線の止まる新大阪駅から地下鉄御堂筋線で約34分。長居駅の階段を上がった正面が24ヘクタールの広さを持つ長居公園だ。球技場，野球場，相撲場，そして自然博物館や障害者スポーツセンターなどの施設がある敷地内の中央にそびえ立つのが長居陸上競技場だ。ワールドカップ仕様としては，日韓を合わせて一番早い1996年にオープン，2001年には東アジア大会のメイン会場となるなど，すでに国際大会での実績も積んでいる。収容人員は５万人。そのうち車椅子席を255席備えている。そして，鳥の翼をイメージした柔らかな曲線の屋根が，その観客席の約３分の２を覆っている。陸上トラックがあるために，スタンドからピッチまでの距離はサッカー専用競技場にくらべれば遠い。しかし，スタジアム内に支柱を設けない工法で建てられたために死角はなく，すべての観客席からピッチが見渡せる。大都市のなかにありながら緑豊かな環境とアクセス面での便利さも優れている。

試合日程：準々決勝の舞台となる長居陸上競技場をホームとするのは，2001年のシーズンで残念ながら最下位に終わり，Ｊ２に降格したセレッソ大阪。また，ライバルチームのガンバ大阪は万博記念公園競技場をホームスタジアムにし，Ｊ１で活躍している。Ｊ１での大阪ダービー復活のためにもセレッソには奮起が求められる。その大阪で行われるワールドカップの試合は３試合。６月12日のグループFのナイジェリア対イングランド(15:30)。6月14日のグループHのチュニジア対日本(15:30)。そして6月21日の準々決勝(20:30)だ。やはり一番の注目は，チュニジアと戦う日本の試合。１次リーグ最終戦となるこの3試合目に，第２ラウンド進出がかかってくるだけに目を離せない試合だ。また，激戦区グループFのナイジェリアとイングランドの一戦も白熱した試合となることは間違いなく，準々決勝では順当にいけばそのグループFの１位チームが見られる可能性が高い。

神　戸

都市：古くから貿易港として栄えた異国情緒にあふれる都市。町全体が壊滅的な被害を受けた1995年の阪神・淡路大震災から７年が経ち，町はふたたび活気を取り戻してきた。緑豊かな六甲の山々と瀬戸内海の穏やかな海に挟まれて，気候も温暖。大都市でありながら豊かな自然環境に囲まれ，同じ関西にありながら，大阪や京都とはまた一味違った雰囲気を漂わせる。観光スポットは数限りなくある。繁華街の三宮駅から北野坂を上がっていくと姿を現すのが異人館街。さまざまな特徴を持った昔ながらの洋館が立ち並び，またその高台から神戸の町並みを見下ろすのも心が休まる。そして，神戸といえば中華街。鮮やかな色彩の町並みに飛び込めば，自分が日本にいることさえ疑わしくなってくる。そこで食べる本格的な中華料理も絶品。世界的に有名な松阪牛とともに，神戸に行ったらぜひ一度は賞味してみたい。また，少し足を伸ばせば日本酒で有名な灘での一杯も堪能できる。

スタジアム：ワールドカップの日本会場としてはもっとも新しいスタジアムが神戸ウイングスタジアムだ。2001年の10月に完成し，Ｊリーグ第２ステージの最終戦となった11月24日のヴィッセル神戸対横浜Ｆ・マリノスの一戦がこけら落としとなった。建設場所はJR和田岬駅近くにあり，30年の歴史を誇った神戸市立中央競技場の跡地。海を目の前にし，力強く鳥の羽ばたくようなデザインは，復興した神戸の姿を世界中にアピールすると同時に，新たな神戸のシンボルとなる。専用のスタジアムのため，バックスタンドの最前列からタッチラインまでの距離はわずかに６ｍあまり。他のスタジアムでは味わえない選手との一体感を味わうことができる。収容人員は３万4,000人で，そのうち車椅子席が70。ただし，ワールドカップ開催時には総観客席数は約４万2,000席まで増設される。また，自家発電設備，大型貯水槽などの防災設備も充実し，災害時の避難場所としての機能も備えている。

試合日程：国際港を抱える神戸は，早くから海外の文化を受け入れてきた。そのような環境もあり，神戸は横浜と同様に早くからサッカーが根づいた土地だった。古くは御影師範，神戸一中などが全国大会で優勝を飾るなど，日本のサッカーをリードしてきた。現在はＪ１のヴィッセル神戸が活躍。カズなどのスター選手を抱えている。神戸で行われるワールドカップの試合は３試合。６月５日のグループHのロシア対チュニジア(15:30)。６月７日のグループFのナイジェリア対スウェーデン(15:30)。そして６月17日の第２ラウンド１回戦のC組１位対H組２位(20:30)となっている。ロシア対チュニジアは，日本の第２ラウンド進出の動向を見きわめるのに大きくかかわってくる試合。さらに，ナイジェリア対スウェーデンも激戦のグループFのなかの好カードだ。そして気になるのは，６月17日の試合。日本がグループ２位で第２ラウンドに進出すれば，この神戸が舞台となる。

大分

都市：サッカーとはあまりかかわりのない土地柄だったが，県全体の熱意で日本の開催10都市のなかに組み込まれた。1993年に2002ワールドカップサッカー大分招致委員会が設立されてからサッカー熱が高まり，共催国の韓国との結びつきも強い。少年サッカーの交流などを経てさらに両国の関係は深まっている。戦国時代の大分はキリシタン大名として名高い大友宗麟のお膝元として，華麗な南蛮文化を誇った。南蛮貿易が盛んに行われたことから，ポルトガル人の商人や宣教師が盛んに行き来するなど，外国文化に溢れていた。その影響もあり，日本ではじめての洋式の病院が医師のアルメイダによって開かれ，日本初の洋式外科手術が行われたことでも有名だ。近郊には国内有数の温泉地である湯布院を擁し，サッカー観戦の合い間に疲れを癒すのにも適している。また，関サバ，関アジでも有名な土地柄だけに訪れたなら一度は味わってみたいものだ。

スタジアム：ワールドカップの会場となるのは大分スポーツ公園総合競技場。通称〈ビッグアイ〉。スポーツ文化の創造を目標に，255ヘクタールの広大な土地にスポーツ公園が整備されてきた。公園内は〈街のスポーツエリア〉や〈野のスポーツエリア〉などのエリアに分けられており，サッカー・ラグビー兼用フィールド４面，テニス場，野球場，プールやクロスカントリーコースなど，さまざまな施設が揃っている。そのなかのメイン施設が〈ビッグアイ〉だ。球形の外観を持つこのスタジアムの最大の特徴は，スライドする開閉式の屋根を備えていること。雨天でも試合やイベントの開催が可能となり，可動式の屋根の材質が透明性の高いテフロン膜でできているために，十分な明るさが保たれている。収容人数は約４万3,000人。難点は風の通りがないために，夏場には湿気と暑さがスタジアム内にこもってしまうこと。ワールドカップの開催時期を考えれば，もう少し考慮が必要だったろう。

試合日程：大分は九州地区のなかでも長崎や福岡などにくらべれば，それほどサッカーが盛んな地域ではなかった。しかし，地元に大分トリニータが誕生したことでその様相もだいぶ変化してきた。大分トリニータはここ３年，Ｊ２では優勝争いに絡むなど，あと一歩のところでＪ１昇格は逃してはいるが，実力は十分についてきた。その大分で行われるワールドカップの試合は６月10日のグループHのベルギー対チュニジア(18:00)。６月13日のグループGのイタリア対メキシコ(20:30)。そして６月16日には第２ラウンド１回戦でF組１位対A組２位が対戦する。

ベルギー対チュニジアは，日本の第２ラウンド進出に大きくかかわってくるだけに当然の注目カード。また，スター軍団のイタリアの試合も見逃せない。そして最大の注目は，６月16日の試合だ。アルゼンチン，イングランド，ナイジェリア，スウェーデンの強豪がひしめくF組の１位はどこが来ても優勝候補だ。

韓国・釜山（プサン）

都市：釜山は朝鮮半島の南東部に位置する韓国最大の港町で，漁業も盛んな都市である。人口400万人を抱え，ソウルにつぐ第２の規模となっている。釜山は，15世紀初頭までは小さな港町にすぎなかったが，1876年の開港以来，さまざまな海外との文化・経済の貿易で韓国と世界をつなぐ中心的役割を果たしてきた。そして，1906年から1944年にかけて近代的な港湾都市への整備が進められ，現在では韓国国内の貿易用コンテナの95％が扱われるようになり，年間最大644万トンの処理能力で世界３大港のひとつに数えられる。韓国人だけでなく外国人観光客も訪れることの多い釜山は，貴重な自然の宝庫であり，年間を通じて気候も温暖なために１年間を通して温泉や海の観光が楽しめる。現在は，再開発により海洋リゾート地として変貌を遂げており，世界的にも有名な釜山国際映画祭などのイベントも頻繁に行われて，ますます国際化が進んでいる。

スタジアム：ワールドカップが行われるメインスタジアムは，釜山広域市連堤区の敷地面積33万平方メートルの中心に総床面積93,882平方メートルで作られた釜山アジアード主競技場。５万5,982人を収容でき，地下２階，地上４階の構造となっている。このスタジアムの最大の特徴は，観客席を包み込むように設計された楕円形の屋根。天然芝が最高の状態に維持されるように，自然光を最大に取り入れる設計となっている。ワールドカップ終了後は，2002年９月開催のアジア大会のメイン会場にも使用されることから，国際放送機器の設備も充実。また，近くにはワールドカップ本大会の組み合わせであるファイナルドローの行われた近未来型コンベンションセンターの〈BEXCO〉がある。交通アクセスは，地下鉄東莱園駅からで車では約５分（1.5km）。また，高速バスターミナルからバスで約７分（1.9km），釜山鉄道駅から約30分（13km），キムヘ国際空港からは約40分（16km）となっている。

試合日程：釜山市民のサッカーに対する関心は昔から高い。釜山には，Kリーグが誕生した1983年当時からプロチームがあり，2000年からは釜山アイコンスがホームを構えている。また，アマチュアサッカーも盛んで，釜山東来高はジェフ市原で活躍する韓国代表ストライカー崔龍珠の出身校。このほかにも多くの韓国代表選手を輩出している。釜山で行われるワールドカップの試合は３試合。６月２日のグループBのパラグアイ対南アフリカ（16:30）。6月4日のグループDの韓国対ポーランド（20:30）。６月６日のグループAのフランス対ウルグアイ（15:30）。そのなかでもやはり注目は，地元韓国の初戦となるポーランド戦だ。韓国は過去５回のワールドカップに出場し，14試合を戦っているが，いまだに勝利をあげていない。開催国として第２ラウンド進出をはたすためにも，ここでなんとしても初の１勝が必要。この初戦の結果は，後の結果に大きく響いてくるだけに重要だ。

韓国・大田（テジョン）

都市：首都ソウルから南方に150km。朝鮮半島の中央に位置する大田は人口約135万人を抱える韓国の中心都市のひとつだ。ソウルから東南の釜山に向かう鉄道京釜線と，西南の光州や木浦へ伸びる湖南線の分岐点に当たり，韓国の主要都市を結ぶ交通の要衝となっている。20世紀初頭までは寒村にすぎなかったが，ソウルからの官公庁の移転も進み，数々の主要な政府機関が入る国内で３番目に大きい合同庁舎がある。行政とテクノロジー産業の中心地といえるだろう。大田にあるテドク研究団地には，約70の主要研究機関が入っており，13か国，27のハイテク都市が共同で設立した世界テクノポリス協会の事務所があり，そのことからも大田は〈韓国のシリコン・ヴァレー〉の異名をとっている。また，大田には百済王朝から受け継がれた文化遺産が豊富で，近郊の鶏竜山国立公園にはそれらを見るポイントが数多く点在している。また市の中心部には有名な儒城温泉もある。

スタジアム：ワールドカップのメイン会場となる大田ワールドカップ・スタジアムは，４万407人を収容するサッカー専用スタジアム。大田広域市儒城区に建設された。スタジアムの構造は地下１階，地上５階建てとなっている。そのスタジアムの最大の特徴は，韓国では初となる半開閉式の屋根をもつことだ。メインスタンドとバックスタンドを覆う屋根は，天候状況によって開閉される。完全開閉式でないのは，ピッチの天然芝に十分な太陽光をさらして最良の芝の状況を保つため。また，スタジアムに隣接する400坪の土地に国内外10種類の芝を植え，韓国の風土に適した品種を開発。ワールドカップ本番までには，最良のピッチ状態が期待できる。付属施設としてはミニゴルフ場，水泳場，カルチャーセンターなどが建設され，大会終了後は市民のための総合スポーツエリアになる予定だ。交通アクセスはチョンジュ国際空港から車で約30分。大田駅から11kmとなっている。

試合日程：大田は近代都市としての歴史が短く，他の地域からの人口流入が多いことなどから，地元意識は他の都市にくらべて希薄だ。ワールドカップ終了後にスタジアムを使用することとなっている大田シチズンもKリーグでは低迷。しかし，このワールドカップを機会にサッカー熱は高まりそうだ。大田で行われるワールドカップの試合は３試合。６月12日のグループBのスペイン対南アフリカ(20:30)。６月14日のグループDのポーランド対アメリカ(20:30)。そして，６月18日に行われる第２ラウンド１回戦のD組１位対G組２位が予定されている。韓国として気になるのは，やはり６月14日の試合だろう。同時刻に，韓国は１次リーグの最終戦となるポルトガル戦を仁川で行っており，ポーランドとアメリカの結果しだいによっては第２ラウンド進出の行方が左右される。また，第２ラウンド１回戦では韓国の入るD組の１位が登場するが，韓国民としてはここにチームを迎えたい。

韓国・水原（スウォン）

都市：首都ソウルから南方に約1時間のところに位置する水原は，韓国内でも独自の文化をもって発展してきた経緯がある。18世紀の李氏朝鮮王朝の時代に正祖の提唱で築かれることとなった水原市は，系統的で科学的な考えによって都市建設が成された。その水原の象徴となるのが，ユネスコ世界文化遺産に指定されている華城だ。正祖が亡き父に捧げるために1796年に建設した城は，石造りの壁が5.5kmにもわたってその城を取り囲み，7つのアーチ型水門のある美しい水上楼閣，華虹門は市のシンボルとなっている。さらに，訪花惰柳亭や市内を一望できる西将台など，李氏朝鮮王朝時代の歴史的建造物が現在に残されている。そのような古い文化を残す反面，水原は韓国の技術産業をリードする近代的な都市の一面も持ち合わせる。人口93万人の都市は，21世紀でもっとも成長が期待できるデジタル産業の韓国最大の中心地となっており，より以上発展する可能性をもっている。

スタジアム：水原市八達区に建設された水原ワールドカップ競技場は4万3,172人収容で，すでに2001年のコンフェデレーションズカップなどでも使用されている。外観は一度見れば忘れられない個性的なデザイン。今回のワールドカップで日韓合わせて20のスタジアムが建設され，どのスタジアムにも屋根をかけることが義務づけられた。そのなかでも，水原のスタジアムの屋根のデザインは特徴的だ。メインスタンドを覆うのはスタンドを左右に大きく飛び出す長さの白い屋根。大空を羽ばたく鳥の姿をイメージしている。また，前面のデッキは水原市のシンボルである華城をモデルとしてデザインされており，水原らしさが強調されている。スタジアムの内部はさらに特徴的なデザインが目につく。スタンドは赤，黄色，青，緑などの鮮やかなカラーに彩られており，サッカー専用ということでピッチも近い。交通アクセスは水原駅からシャトルバスで約20分の場所にある。

試合日程：水原は，韓国でももっともサッカー熱の高い土地柄だ。Kリーグでもっとも強力なチーム，水原サムソン・ブルーウイングスの本拠地で，1994年のワールドカップの代表監督を務めた金浩に率いられたチームは1998年，1999年とKリーグで連覇を飾っている。さらに，チームには韓国の天才児，高宗秀が所属しており，市内のスポーツ店にはブルーウイングスのグッズが溢れている。その水原で行われる試合は4試合。6月5日のグループDのアメリカ対ポルトガル（18:00）。6月11日のグループAのセネガル対ウルグアイ（15:30）。6月13日のグループCのブラジル対コスタリカ（15:30）。そして，6月16日の第2ラウンド1回戦のB組1位対E組2位となっている。ポルトガル，ブラジル，そして第2ラウンドでは順調にいけばスペインと，優勝候補となるチームが見られそうだ。しかし，韓国民にとってはやはり同じグループDの初戦の結果が気になるところだろう。

韓国・ソウル

都市：首都として600年以上の歴史を誇り，人口は１千万人を超す韓国の政治，経済，文化などあらゆる分野の中心で，韓国の心臓部といえる。市街地には近代的高層ビルが立ち並ぶ一方，南山などの山々や全長500kmの漢江などに囲まれ，人工的な建造物と自然がうまく調和している。1988年のソウル・オリンピックを境に急激な近代化を遂げたソウルは，近年さまざまな国際イベントが開催されるようになり，真の国際都市へと成長してきている。また，ショッピングタウンとしても観光客の目を楽しませ，市内にある南大門市場，東大門市場，梨泰院，仁寺洞などは日本人にもおなじみのポイントとなっており，韓国の食事とともに大きな楽しみとなっている。また，ソウルには300を超える劇場や画廊，美術館や博物館がある。そのなかで王宮の衛兵交代や，朝鮮王朝時代の文化などのわかる芝居も上映されているため，韓国の文化に触れるなら一度立ち寄ってもいいだろう。

スタジアム：ソウル特別市麻浦区に建設されたのが６万4,677人収容のソウル・ワールドカップ競技場。ソウルの中心部から南西に約10kmの建設場所は，その昔，ゴミの埋立地だったが，1995年から最新技術を駆使した再開発でスタジアム建築にいたった。ソウル・ワールドカップ競技場は，韓国最大のサッカー専用スタジアムで，陸上トラックがないことからピッチから観客席にじかに興奮が伝わってくる。観客席の最上階からは約69m，最前列なら約11mの距離となっている。デザインは韓国の歴史と未来を象徴する造形美を取り入れており，スタンドと外観は韓国固有のお膳と八角食膳を表現。屋根は伝統のパンペ凧と帆船のイメージの調和からなっている。また，スタンドに設置された椅子は，VIP席，一般席ともにすべてが可動式となっており，車椅子でも同行者とともにゆっくり観戦できる配慮がなされている。交通アクセスは，地下鉄６号線城山駅から徒歩５分となっている。

試合日程：ソウルには，プロ・サッカーチームは現在のところ存在しない。しかし，今回のワールドカップを機会にチームを誕生させようという気運は盛り上がっている。事実，外国籍企業と地元銀行などが中心となってチーム創立を申請しており，早ければワールドカップ終了後にはKリーグに参加するチーム誕生の可能性もある。そのソウルで行われるワールドカップの試合は３試合。アジア初のワールドカップとなる2002年大会の最初のホイッスルはこのスタジアムで吹かれる。５月31日の20時30分には，ディフェンディング・チャンピオンのフランスが登場。同じグループAのセネガルと対戦する。また，６月13日にはグループCのトルコと中国が対戦(15:30)。隣国中国からの多数のサポーターの来場が予想される。さらに，６月25日には準決勝(20:30)が行われる。どの試合もが注目の好カードだが，試合以外にも開会式の趣向のこらされたセレモニーも楽しみたい。

韓国・大邱（テグ）

都市：大邱広域市は，人口250万人を抱える慶尚北道の道庁所在地で，朝鮮半島の南東に位置する。ソウル，釜山につぐ韓国第３の都市で，日本の広島市と姉妹都市になっている。町並みは自然環境と都市環境がバランスよくとれており，韓国国内でもっとも本数が多いといわれる街路樹や，新川，洛東江などの河川，北東に広がる八公山などがそびえる。また，この八公山は韓国仏教の最大の聖地となっており，統一新羅時代の代表的な仏像，カッパウィや歴史的寺院などが点在する。古くから洛東江のきれいな水を生かした絹をはじめ，繊維産業の盛んな大邱は，現在では国内繊維産業の生産高の40％を占めるまでになり，ファッションの町として〈ミラノ化計画〉を推し進めている。さらに大邱の名産品といえば，全国一の生産高を誇るリンゴ。また，〈デグタン〉でも知られるように，大邱の食事はソウルなどにくらべ辛いのでも有名。辛いもの好きには堪えられない町だ。

スタジアム：ワールドカップの行われる大邱総合競技場は，市が誇る複合スポーツ施設〈大邱スポーツコンプレックス〉のメインスタジアムとなっており，大邱広域市寿城区に建設された。2003年に開催されるユニバーシアードのメイン会場ともなっているために，陸上競技場として設計されたが，６万6,040人を収容するスタジアムは巨大な建物であるにもかかわらず，観客席からピッチの距離感は近い。デザインの特徴は純白の屋根の美しさ。そのモチーフになったのは,韓国の伝統的な瓦屋根で，74％がテフロンコーティングされており，太陽光がピッチに届く自然の明るさとともに，芝生の育成にも気が配られている。スタジアムの南側には大徳山がそびえ立ち，その山の緑と白いスタジアムの色彩の調和が図られている。大邱空港から約11km，東大邱駅から約５kmの場所にあるスタジアムだが，ワールドカップ開催中は空港や駅からシャトルバスが用意されることとなっている。

試合日程：2001年５月20日の親善試合，韓国対カメルーンでこけら落としされた大邱総合競技場。コンフェデレーションズカップなどの国際大会も行われ，実績的には問題ない。しかし，現在の大邱にはKリーグに所属するプロのサッカーチームがなく，将来はこのスタジアムをホームとするプロチームをもちたいというのが大邱市民の願いだ。その大邱で行われるワールドカップの試合は４試合。６月６日のグループAのセネガル対デンマーク(20:30)。６月８日のグループBのスロベニア対南アフリカ(15:30)。６月10日のグループDの韓国対アメリカ(15:30)。そして，韓国開催のフィナーレを飾る６月29日の３位決定戦(20:00)となっている。注目は，やはり地元の韓国対アメリカ。この試合に勝たなければ，韓国の第２ラウンド進出は限りなくむずかしくなるために，力の入る一戦。コンフェデレーションズカップではフランスに０－５の大敗を喫した場所だけに，今度は大邱市民に勝利を贈りたい。

韓国・蔚山（ウルサン）

都市：新羅時代から海上貿易の関門としての機能を果たしてきた蔚山は，1424年に日本との交易のために開港した朝鮮３大港のひとつとして知られる。現在は，国際開港である蔚山港を背景に現代自動車をはじめ，造船，石油化学，機械，鉄鋼など，主要重工業の工場が立ち並ぶ韓国最大の重化学工業都市として，現代財閥の企業城下町の色合いが強い。朝鮮半島の南東の海沿いに位置し，人口100万人を超える蔚山だが，その発展のきっかけとなったのは1962年。政府の経済開発計画により，韓国で最初の工業特定地域として指定されたことにより，産業面での飛躍的な成長を遂げた。その重工業のイメージが強い蔚山だが，工場地帯を離れると，海と山と緑に囲まれた自然豊かな都市だ。特に海沿いに立ち並ぶ市場は有名で，江東活魚刺身センターは観光客の人気を集めるスポット。新鮮な魚介類をその場で調理してもらい，食べることができる。また海沿いの美しい風景も有名だ。

スタジアム：蔚山文殊スタジアムは，市の特産物である梨の産地としても有名な文殊山のふもとに位置する蔚山広域市南区の蔚山体育公園のなかにある。４万3,512席を有するイングランド・スタイルのサッカー専用競技場は，スタジアム内に柱を使わない設計となっているために，スタンドの観客の視界を遮るものはない。また，ピッチは掘り下げ方式で通常の地面より低い位置にあるために，風通しの面で芝生の育成には多少の問題を残すものの，観客にとってはピッチを真下に見下ろす感覚で，プレーの迫力はじかに伝わってくる。デザインの特徴は，蔚山の美しい風景と，市を象徴する鳥である鶴をイメージしたものであり，鶴の優美な汚れなき姿がスタジアムのデザインに反映されている。また，スタジアムを取り囲む公園も自然の森林と湖をそのまま生かしたものとなっており，市民の憩いの場になっている。スタジアムまでは，蔚山駅から約８kmとなっている。

試合日程：蔚山は韓国内でもサッカーの重要な拠点となっている。大韓サッカー協会の会長を務める鄭夢準氏は，現代重工業の顧問も務めるために，サッカーには特に力を注ぎ，現代蔚山ホランイはKリーグの名門チーム。また，市中心部から北に向かえば，韓国代表のトレーニング・グラウンド〈江東国家代表練習場〉がある。この施設は，ヒディンク監督が韓国代表を率いてはじめて練習した場所としても知られる。その蔚山で行われるワールドカップの試合は３試合。６月１日のグループAのウルグアイ対デンマーク(18:00)。６月３日のグループCのブラジル対トルコ(18:00)。さらに，６月21日の準々決勝(20:30)が予定されている。ウルグアイ対デンマークは，フランスに次ぐ２つ目の椅子を争うことが予想される。また，ブラジル対トルコはグループCのなかでも一番の好カード。さらに，準決勝では順当にいけばイタリア対ドイツ，と歴史的に見ても因縁の深いカードが実現の可能性がある。

韓国・光州（カンジュ）

都市：朝鮮半島の西南に位置する光州は，韓国で５番目に大きい都市で，140万人の人口を抱える。気候は温暖で農作物の収穫も多く，極上の食材が豊富なことでも有名だ。そして，光州を語るときに外せないのは，光州民主化運動だ。1980年にクーデターを起こして政権を奪おうとした軍部に対して，学生と市民が立ち上がった。その結果，制圧に乗り出した軍部の発砲により多くの犠牲者が出た。その悲劇をくり返さないように，5・18記念公園では現在でも当時のビデオを流し，訪れる人に平和の大切さを説いている。その独立心に溢れた光州の土地柄は，古くから数多くの学者，詩人，画家を輩出してきた。文化芸術の中心とし〈光の都〉と称される町並みは，無等山への山道から一望でき，町は緑に溢れている。町の中心部には〈芸術通り〉と呼ばれる一角があり，画廊や書道具を扱う店が並んでいる。また，無等山にはかつて詩人たちが創作の場としていた東屋が点在し，情緒溢れる風景が見られる。

スタジアム：ワールドカップのために光州市西区に新しく建設されたシティ・センターのうち33万km²を占める光州ワールドカップ競技場は1998年に起工し，2001年９月に完成した。４万2,880人を収容するスタジアムはサッカー専用で，観客席とピッチの距離感が短いのが特徴。観戦者は選手のプレーの迫力をじかに感じることができる。また，屋根はスタンド全体の約60％を覆い，ゴール裏は吹き抜け。風通しと日照の確保を行い，芝生の育成にも配慮がなされている。周辺は緑豊かな公園となっており，スイミングプールなどの付属施設もある。また，駐車場も約5,000台分が設けられるなど，ワールドカップ終了後も市民の憩いの場としての有効利用が計画されている。交通アクセスは，光州空港から車で約15分（6 km），光州駅からバスで約20分（6 km），ソンジョンリ駅からバスで30分（9 km）となっている。また，ワールドカップ期間中は市の中心部からシャトルバスが出る予定だ。

試合日程：光州は芸術とともにスポーツの盛んな土地として知られる。プロ野球のヘテ・タイガーズの本拠地があることでも知られ，中日ドラゴンズでも活躍した宣銅烈，金鍾範もかつてはここでプレーした。一方，サッカーを見てみると，光州は一般的な韓国人選手とは一味違うテクニックに優れた選手を生み出している。光州にある名門校の錦湖高校はユン晶煥，高宗秀などイマジネーションある選手を韓国代表に送り出している。その光州で行われるワールドカップの試合は３試合。６月２日のグループBのスペイン対スロベニア（20:30）。６月４日のグループCの中国対コスタリカ（15:30）。そして６月22日に行われる準決勝（15:30）となっている。優勝候補のスペイン，さらには隣国から数多くの中国人サポーターが訪れるカードとともに，やはり注目は準決勝。スペインが評判どおりの実力を発揮すれば，ふたたびこの光州に姿を現す可能性が高く，スター軍団の戦いぶりを堪能できる。

韓国・全州（ジョンジュ）

都市：朝鮮半島の南東部にある全州市は，李氏朝鮮王朝の始祖，李成桂のゆかりの地で，その歴史はいまから1,300年前にまでさかのぼる。韓国最大の穀倉地帯である湖南平野に位置する全州は，米の収穫量が多いだけでなく，歴史の町として有名。市内には国内でもっとも大きい韓式家屋の村があり，800世帯以上の人びとが現在も暮らしている。庶民文化特別区として保護されたこの地域には，庶民文化センターや韓式家屋センター，民俗学博物館など，韓国の伝統的な生活文化を見ることができる。また，史跡としては町のシンボルともなっている城門の豊南門，李成桂の肖像画を所蔵する慶基殿，役人の宿舎となっていた全州客舎などがある。また，全州といえば食の町としても有名。平壌の冷麺，ケソンのお粥と並び，王朝時代の3大料理に数えられたビビンバはこの地で生まれた。また，エビの塩漬けを添えたモヤシスープも有名で，食の楽しみも多い。

スタジアム：全州市の入り口になる徳津区に建設された全州ワールドカップ競技場は，4万2,477人の収容人員を誇る。スタジアム設計のコンセプトは，全州の歴史と文化を色濃く反映させたこと。その意味でこのスタジアムは間違いなく韓国式のもっとも美しいものにできあがっている。屋根の形状は，全州の伝統的な特産物である合竹扇と呼ばれる扇子をモチーフに，扇状をした4枚の凹状の屋根からケーブルを吊っているが，このケーブルは韓国の楽器であるガヤ琴の12弦を表している。また，柱は豊年と安泰を願うソッテと呼ばれる伝統的な柱を模している。さらに62万7,000平方メートルの敷地は，韓国に新設された10のワールドカップのスタジアム施設中最大のもので，広い会議場と公園が併設。環境に配慮した設計が心がけられており，スタジアムは澄んだ水が流れる川を迂回して建てられている。アクセスは全州市の中心街からシャトルバスで約30分となっている。

試合日程：全州はヴィッセル神戸で活躍した金度勲がプレーするKリーグの全北現代モータースのホームタウンでもある。ワールドカップを前に，市内にはサッカーボールをモチーフにした標識が立てられるなど，2002年に向けての全州市民の期待は膨らんでいる。その全州で行われるワールドカップの試合は3試合。6月7日のグループBのスペイン対パラグアイ(18：00)。6月10日のグループDのポーランド対ポルトガル(20：30)。そして，6月17日の第2ラウンド1回戦(15：30)が予定されている。注目となるのはやはり，その第2ラウンド1回戦だろう。韓国が1次リーグを2位で通過した場合は，この全州が会場となる。そして，対戦相手は順当にいけばイタリアが進出してくる可能性が高い。

地元の人は代表チームに大きな期待を寄せているだけに，韓国としても応えたいだろう。また，スペイン対パラグアイはグループBの屈指の好カードといえる。

韓国・仁川（インチョン）

都市：首都ソウルの西側に位置する仁川広域市は，人口250万人を抱える国際貿易港だ。朝鮮半島の西側の黄海に面した長いリアス式海岸と151の島を持ち，港の規模としては釜山につぐものとなっている。また，仁川は韓国唯一の中華街を抱える都市で，巨大な港には連日のように世界各国からの船舶が寄港し，その意味で日本の横浜によく似ている。その仁川は，韓国国内でもっとも早く外国の文化を受け入れた都市としても有名だ。1882年に花島鎮で韓米通商条約を締結したのを皮切りに，韓国は欧米諸国と次つぎと国交を結んでいった。そして2001年３月29日，国際都市仁川はまた世界の注目を集めるようになった。仁川の近海に点在する島々のひとつの永宗島の干潟を埋め立てた土地に仁川国際空港が開港。アジアでも最大級の空港は24時間開港という日本にはない特徴をもっており，東アジアの交通の要衝として，それまでの金浦空港に代わり，韓国と世界を結ぶ玄関となっている。

スタジアム：５万2,179人を収容する仁川文鶴競技場は，仁川の象徴となる鎮山，文鶴山のふもとに建設された。地上５階，地下１階の超近代的スタジアムのデザインのテーマは,港町・仁川を強調したもの。そのために外観は帆船の帆とマストを思わせる。また，観客席の97％を覆う屋根は，周囲の景観を損なわないように，文鶴山の稜線とマッチするように柔らかな曲線を描いている。ケーブル膜構造システムによる屋根は，鋼材の使用を極力抑えて採光に気が配られており，ピッチの芝生の育成にも問題はない。また，スタジアムの隣には野球場のほかに，将来的にはショッピング街やカルチャーセンターなどの複合施設の建設も予定。スポーツイベント以外にも，文化，青少年活動に幅広く活用できる市民の憩いの場となる。アクセスは仁川国際空港から車で約40分。金浦空港からリムジンバスで約60分。ソウル市街からも地下鉄で約１時間の距離にある。

試合日程：国際外交の舞台となった仁川は，同時に韓国サッカー発祥の地としても有名だ。1882年に済物浦港に入港した英国軍艦の乗組員によって持ち込まれたサッカーは，仁川を中心に人気を得て，後に全国に広がっていった。現在でも仁川はサッカーの盛んな土地柄として小学校，中学校，高校のチームが全国大会で活躍。アビスパ福岡の盧廷潤をはじめ，数多くのプロ選手を生み出している。その仁川で行われるワールドカップの試合は３試合。６月９日のグループCのトルコ対コスタリカ(18:00)。６月11日のグループAのフランス対デンマーク(15:30)。そして，１次リーグの最終日に行われる６月14日のグループDの韓国対ポルトガル(20:30)だ。注目はやはり，地元韓国対ポルトガルの一戦。第２ラウンド進出をかけて強豪ポルトガルに韓国がどのように挑むのか。さらに前回王者のフランスとデンマークの試合もグループAのなかの好カードだ。

韓国・西帰浦（ソギポ）

都市：西帰浦市は，朝鮮半島の南端から南へ約100kmの距離に浮かぶ韓国最大の島，済州島にあり，韓国南部の主要な沿岸都市となっている。〈韓国のハワイ〉と呼ばれる済州島は温暖な気候に恵まれ，いまでも島独特の文化が残る，神秘と民話の宝庫となっている。済州島といえば，まず思い浮かぶのが青い海。島の西側にある挟才ビーチはその澄んだ海と砂浜を見るだけでも心が洗われる。また，島の中心にそびえる漢拏山からの眺めは絶景。渓谷や滝に彩られた山並みの緑の先にはエメラルドグリーンの大海原が広がる。韓国最大のリゾート地だけに自然の景観に加え娯楽施設も豊富。射撃場や乗馬施設，カジノなどが揃っている。この済州島の南部に位置する西帰浦市は，人口約８万6,000人の都市。主な産業は観光だが，それ以外にも有名なのがタンジェリンといわれるミカンの生産。韓国では唯一のトロピカル・フルーツの生産地としても知られている。

スタジアム：西帰浦市法還洞に建設された済州ワールドカップ競技場は地下２階，地上４階で４万2,256人収容の新設スタジアム。建設のコンセプトは自然との調和で，全体の模様は済州島の噴火口のある寄生火山〈オルム〉を象徴し，形は済州沿海を縫っていた独特な生産道具である丸木舟の〈テウ〉と網をイメージして，海と山が一望できる場所に作られた。さらに競技場をつなぐ道は，伝統のわら屋の入り口である〈オレル〉と大門の代わりに使われた〈ナンチョン〉を想像させる。また，このサッカー専用スタジアムは強い海風を防ぐためにピッチが通常の地上から14mも掘り下げられた位置にあり，これによってボールの軌道が風に影響されないようになっている。また，アクセス面は現在，済州空港から車で約１時間となっているが，空港からスタジアムまでの自動車専用道路を建設中で，完成すれば所要時間が現在の半分に短縮される予定になっている。

試合日程：済州島でサッカーの試合が行われるのは，1990年のイタリア・ワールドカップの予選以来12年ぶりとなるが，島民のサッカーに対する関心は高い。というのも，この済州島は温暖な気候と豊かな自然を生かし，スポーツのキャンプ地としての開発が進んでいるからだ。西帰浦市には７面の天然芝の練習場があり，宿泊施設も充実。Kリーグのチームのキャンプをはじめ，学校の休みの時期になると，ユース年代の少年たちのボールを蹴る姿がいたるところで見られる。その西帰浦で行われるワールドカップの試合は３試合。６月８日のグループBのブラジル対中国(20:30)。６月12日のグループBのスロベニア対パラグアイ。そして６月15日の第２ラウンド１回戦(15:30)のE組１位対B組２位の試合が予定されている。注目はやはりこの１回戦。予想ではE組の１位はドイツが有力。また，B組の２位はスロベニア，パラグアイ，南アフリカのすべてにチャンスがある。

（岩崎龍一）

3-3

ワールドカップの歴史

ワールドカップの通史

1 ワールドカップの誕生

ワールドカップが生まれたきっかけとして，2つのできごとを想定することができる。ひとつは第1次世界大戦の政治的・経済的な影響であり，もうひとつはオリンピックのサッカーでのウルグアイの2連勝である。

1914年から1918年までつづいた第1次世界大戦は，欧州諸国を荒廃させたが，同時に戦後は国境を越えた交流を活発にすることにもなっただろう。そのためにサッカーでも，国境の垣根が低くなったのではないか。

また，欧州が戦っている間，アメリカと南米から大西洋を渡って多くの支援が送られた。大西洋の海運は大きく発展しただろう。これは，アメリカ大陸と欧州とのサッカーの交流をはじめるのに役立ったにちがいない。

欧州が荒廃している間，アメリカ大陸の側は逆に戦時景気で潤っていた。ウルグアイが第1回のワールドカップ開催を引き受けた背景には，経済的な発展があっただろう。

ウルグアイは第1次世界大戦後の1924年，パリ・オリンピックのサッカー競技に参加して，圧倒的な強さで優勝した。すぐれた個人の技巧とアイディアに富んだ試合運びに圧倒されて，欧州の人びとは大西洋の向こう側にすばらしいサッカーがあることを知った。そして国際選手権を開くのならば，南米を含めた世界選手権にしなければならないことを理解した。

▲第1回ワールドカップ決勝戦のアルゼンチン対ウルグアイ，ウルグアイのゴール ©ユニフォトプレス

当時の国際サッカー連盟（FIFA）会長は，フランス人のジュール・リメだった。リメ会長は，ウルグアイのサッカーに感銘を受け，南米を含めたワールドカップを実現すること，開催地をウルグアイに引き受けてもらうことに努力した。

ウルグアイは，1928年アムステルダム・オリンピックでも優勝した。このころには，ワールドカップを開催しようという計画がかなり具体的になってきていた。

第1回の開催地は，1929年5月にバルセロナで開かれたFIFA総会で決まった。立候補したのは6か国だったが，唯一南米から立候補したウルグアイが1930年に独立100周年の祝賀行事を準備しており，その一環としてワールドカップ開催を熱心に希望していること，ウルグアイがオリンピックのサッカーで見事な成績を残したことを強調すると，他の国は立候補を取り下げ，満場一致でウルグアイが選ばれた。

サッカーの国際選手権の構想は，1904年にFIFAが設立された当時からあった。だがそれは，欧州内だけの計画だった。南米を含めた世界選手権が実現するには，それから四半世紀を要したのだった。

2　ワールドカップの骨格

ワールドカップは，よくオリンピックと比較される。ともに４年に一度の大会であり，世界的な関心を集める大会である。

しかし，ワールドカップとオリンピックは大会の在り方も考え方もまったく違う。ワールドカップは，オリンピックのアンチテーゼであるといってもいい。

オリンピック夏季大会は30以上の競技(スポーツ)を１都市に集め，２週間のうちに集中的に競技を行う。サッカーのワールドカップはひとつのスポーツだけで，会場を各地に分散して，１か月間をかけて試合をする。オリンピックは経費がかかり，運営は非常に複雑で困難だが，サッカーのワールドカップは効率がいい。

もっとも大きな違いは，〈考え方〉である。オリンピックは長い間，アマチュアリズムを理念として開催されてきた。これはプロフェッショナルとアマチュアを厳重に区別し，アマチュアだけで競技会を開く考えである。

一方，サッカーは〈プロアマ共存〉を理念としてきた。FIFAはプロフェッショナルもアマチュアも同じように統括している。したがって，世界選手権はプロもアマも，ともに参加できるものとして構想されてきた。

国際サッカー連盟(FIFA)が創設されたのは1904年である。その２年後の1906年にパリで開かれた総会で早くも国際選手権大会の計画が出され，第１回の開催国がスイスに決まっている。この大会は，実際には，参加申し込みがゼロだったために〈幻の選手権〉に終わったのだが，この大会の計画案のなかに，すでに現在のワールドカップの主要な考え方が含まれている。それは大会の運営費は開催国のサッカー協会が負担し，純益は参加した国の協会に分配することになっていることである。オリンピックでは旅費滞在費とも参加者が負担し，利益の分配はない。

1928年５月にアムステルダムで開かれた総会で，フランスの提案により「FIFA加盟の全協会のチームが参加する大会を1930年に開く」ことが決議された。そのための準備委員会が設けられ，1928年９月の初会合で〈ワールドカップ〉という呼称が決まった。この会議では，現在のワールドカップの基本的な枠組みがほとんど決まっている。それは次のようなものである。

①4年に一度開催する。
②FIFA加盟国全部が参加できる。
③必要な場合は地域予選をする。
④同一協会(国)の中で試合をする。
⑤優勝チームへは美術品を贈る。

アマチュアだけでなくプロも含めて本当の実力世界一を決める，国の代表による選手権である。会場は都市でなく国を単位とし，ひとつの国のなかで試合をする。大会の収入で運営をまかない利益は分配する。これはオリンピックとは，まったく反対のやり方だった。

3　第１期：大戦のはざま

ワールドカップは第１次世界大戦と第２次世界大戦のはざまの時期にスタートした。

第１次世界大戦の影響で欧州と南米の交流が盛んになったことが，ワールドカップ実現を促進した。しかし，平和は束の間だった。３回のワールドカップが開かれている間に，次の大戦の黒い雲が覆いかぶさってきた。第３回大会が行われた直後に戦争が拡大し，ワールドカップは中断を余儀なくされる。この大戦のはざまに開かれた３回の大会をワールドカップの第１期と呼ぶことにする。

第１期の一つのテーマは，欧州と南米の交流である。交流はスタートしたが，この時期はまだ関係はぎくしゃくしたものだった。しかし，これは第２次世界大戦後に花開く活発でレベルの高い交流の基礎をつくったものだといっていいだろう。

第１回ウルグアイ大会には，欧州からはベルギー，フランス，ルーマニア，ユーゴスラビアの４か国しか参加申し込みをしなかった。その結果，参加チーム数は13にしかならなかった。次の第２回イタリア大会にはウルグアイは参加申し込みをしなかった。前回の大会にイタリアが参加しなかったことに対するお返しだった。アルゼンチンとペルーは予選を棄権した。イタリアに来た南米勢はブラジルとチリだけだったが，ともに決勝大会の１回戦で敗退した。第３回パリ大会に出場した南米勢はブラジルだけだった。大会が２回つづけて欧州で開かれることに南米は反発していた。

しかし，ぎくしゃくしたものではあっても，交流がはじまったことには大きな意義があった。とくにブラジルの３回連続出場は，第２次世界大戦後のブラジル活躍の伏線だった。

開催国の国民と政府が熱心に大会を支援したことも特筆しておくべきことだろう。第１回大会はウルグアイ独立100周年記念行事として行われ，大統領が開会式と決勝戦はもちろん主要な試合を観戦した。第２回イタリア大会は，ファシスト政権の独裁者のムッソリーニがサポートし，ローマでの試合の大半を観戦した。イタリア大会では８都市のスタジアムを使った。

３大会とも多くの観衆を集め，入場料収入で経費をまかなって余剰金をFIFAと参加国，開催国の協会に分配できた。第１回はウルグアイ，第２回はイタリアと，ともに開催国が優勝して国民を狂喜させた。第３回大会はイタリアの連続優勝だったが，パリの観衆は熱狂的にイタリアの勝利を讃えた。ワールドカップは最初から〈熱狂の大会〉だった。

戦争の影は大会に影響を及ぼした。第３回フランス大会のはじまる３か月前にヒトラーの率いるナチ・ドイツがオーストリアを併合し，すでに出場権を得ていたオーストリアは

▲1950年ブラジル大会のチリ対イングランド戦，イングランドの２点目　©ユニフォトプレス

不参加となり，選手の一部はドイツ代表として出場した。日本ははじめてエントリーしたが中国での戦争が拡大し，予選を棄権しなければならなかった。

４　第２期：戦後の復興

第３回フランス大会の翌年，ナチ・ドイツがポーランドに侵攻して第２次世界大戦がはじまった。第４回ワールドカップの開催地を決めることができないまま活動は中断するほかはなくなった。1942年と1946年には大会は行われなかった。

ワールドカップの優勝トロフィーは，優勝国のイタリアが持ち帰っていた。高さ30cm，重さ1.8kgの純金の女神像である。このトロフィーは12年後，戦後の大会に無事戻ってきた。イタリア・サッカー協会の役員が自宅のベッドに隠して保護していたという伝説があるが，銀行の金庫に保管されていたというのが真実らしい。

戦争が終わった翌年の1946年のFIFA総会で第４回大会をブラジルで，第５回大会をスイスで開くことが決まった。南米は大戦に巻き込まれないで繁栄していたし，欧州との交互開催を原則とすれば，次は南米の番だった。スイスは永世中立国で，欧州でも戦禍を免れていた。

ブラジルは当初，第４回大会を1949年に開く計画だった。しかし，準備の都合で１年延期されて1950年に開かれた。そのために，４年ごとにオリンピックの中間年に開くとい

う形が守られる結果になった。

ブラジルとスイスの２つの大会は，ワールドカップ復興のための大会だったということができる。

ブラジルは，戦後初のワールドカップのために世界最大のマラカナン・サッカー場を建設した。

ブラジルの大会に欧州から６か国が参加した。FIFAとの関係がよくなかったサッカーの母国イングランドもはじめて参加した。第１次世界大戦が大西洋の海運を発展させたのに似て，第２次世界大戦中の大型航空機の開発が戦後の民間航空の発展につながっていた。欧州勢は，イタリア以外は航空機で大西洋を渡った。戦前に芽生えた欧州と南米のサッカー交流が大きく伸びていく基礎がこの大会で固まった。

この大会では南米勢の優位が明らかだった。優勝をかけた試合は南米対決で，ウルグアイが地元ブラジルに逆転勝ちして〈マラカナンの悲劇〉を生んだ。

第５回スイス大会では，西ドイツの優勝が世界を驚かせた。敗戦国のドイツは，日本とともに第３回大会のときはFIFAへの復帰を認められていなかった。政治的に東西に分割されたうちの西ドイツが，復帰してたちまち優勝したことは，敗戦にうちひしがれていたドイツ国民に勇気を与え，その後の西ドイツの〈奇跡の復興〉につながった。

この大会を最後にジュール・リメがFIFA会長を退いた。純金の女神像のトロフィーは，こののち〈ジュール・リメ・カップ〉と呼ばれることになった。

５　第３期：ブラジルの時代

世界が第２次世界大戦後の混乱から立ち直ったあと，1958年の第６回スウェーデン大会から1970年第９回メキシコ大会までは，ワールドカップが成熟した期間ということができる。この４度の大会の間に参加国は世界に広まり運営の方式は安定し，競技のレベルは著しく向上した。ワールドカップは世界を熱狂させるスポーツの祭典として確立した。

この第３期は次の３つの点で特徴づけることができる。

①ブラジルの黄金時代だった。４度の大会でブラジルが３度優勝し，ジュール・リメ・カップの永久保持国となった。

②ペレの時代だった。ブラジルのスター・プレーヤーは４大会すべてに参加したペレだった。ワールドカップとともに，ペレは20世紀最高のスポーツ選手としての名声を不動のものとした。

③サッカーの戦法の面では〈現代のシステム〉の時代だった。第６回スウェーデン大会にブラジルが４-２-４のシステムで登場してから，サッカーの戦い方は，180度の方向転換をし，それが第９回メキシコ大会のブラジルの優勝で完結した。

つまり，ブラジルがいろいろな面で世界のサッカーをリードしていた期間ということができる。

第６回大会はスウェーデンで開かれた。スウェーデンは，1950年ブラジル大会のときのFIFA総会で開催地に決まった。人口800万人ほどの国だが，戦争の被害が少なかったためだろう。また，1958年のロンドン・オリンピックのサッカーで優勝している。それが開催熱に拍車を掛けた。

この大会は，ワールドカップの方式が固まったという点でも記憶されていい。参加申し込みは53に達し，世界各地で地域予選が行われた。決勝大会ではまず，16チームを４組に分けて１次リーグを行い，各組上位２チームが勝ち抜きの第２ラウンドに進出して準々決勝から決勝までを行った。

ブラジルは１次リーグを２勝１引き分け，無失点で突破し，準々決勝ではウェールズを，準決勝ではフランスを，決勝ではスウェーデンを破って初優勝した。ブラジル黄金時代の幕開けだった。

ブラジルが黄金時代を迎えたもっとも大きな理由は，黒人の天才的なプレーヤーが数多く育っていたことだろう。1958年のブラジルにはジャウマ・サントス，ジジ，ガリンシャなどの天才的プレーヤーをそろえていた。ブラジルでは1920年代まで，クラブのスポーツのなかで人種差別が根強く残っていた。その後，しだいに黒人のサッカー選手が認められ，ブラジルのサッカーの主力になるようになった。それがスウェーデン大会で実ったといっていい。

貧しい環境で育った黒人プレーヤーは，子どものころに，狭い裏通りや広場で，はだしでボールを操って遊んで育ち，技巧的で，しかもたくましいテクニックを身につけていた。また，サッカーで身を立てようという強い意志を持っていた。

その代表的な選手がペレである。ペレは前年にブラジル代表に選ばれ，この大会に17歳で参加，第３戦のソ連との試合ではじめて起用されたあと，はなばなしい活躍をした。黒人の少年は，たちまち世界のスターになって〈黒い真珠〉と呼ばれるようになり，その後長くブラジルの黄金時代を支え，のちには〈王様ペレ〉と呼ばれるようになった。

このときのブラジル・チームの布陣は４-２-４と呼ばれ，欧州では目新しいシステムだった。ビセンテ・フェオラ監督は，このシステムでタレントを生かした。

４-２-４はプレーヤーの配置を示す数字である。ゴールキーパーを除いて，後方のディフェンダーに４人，中盤のミッドフィールダーに２人，前線のフォワードに４人を並べるという意味である。それまで，欧州のサッカーではWMフォーメーションと呼ばれたシステムが主流だった。第２次世界大戦後，1950年代にかけて，欧州で連戦連勝をつづけたハンガリーの布陣は〈ハンガリーのM〉と呼ばれたが，これはWMフォーメーションの変形だと考えられていた。

ブラジルの４-２-４は，こういう欧州のサッカーとは，まったく違うシステムだという印象を与えた。守備ラインの４人は浅いラインを引いてゾーンで守り，チャンスがあると積極的に攻撃に参加した。中盤の２人は攻撃的で攻めの起点となったが，守りに回ったときは守りの起点だった。ほとんどの選手に攻

▲1962年チリ大会ブラジルの主力選手；左からガリンシャ/ジジ/ペレ/ババ/ザガロ　©ユニフォトプレス

守の両方をこなすオールラウンドな能力が求められているシステムだった。

このシステムは，すぐに欧州に取り入れられ，４-３-３あるいは４-４-２の布陣へと発展してゆく。スウェーデン大会は，ブラジルが〈現代のシステム〉を世界に紹介した大会になった。

1962年の第７回大会は南米のチリで行われ，ブラジルが連続優勝した。ペレは２試合目に負傷して，その後の試合にはまったく出られなかったが，それでも代わりの選手があぶなげなくあとを埋め，ブラジルがタレントの宝庫であることを示した。

1966年の第８回イングランド大会は，ブラジルにとっては黄金期のなかのひと休みだった。ペレは25歳で最盛期にあったが，第１戦で執拗なマークにあって負傷し，第２戦は休み，第３戦はひどいタックルにつぶされ，試合の途中で両肩を抱えられて退場した。ブラジルは１次リーグ１勝２敗で姿を消した。

この大会は，サッカーの母国のイングランドで開かれ，イングランドが優勝したことにひとつの意味があった。また，朝鮮民主主義人民共和国（北朝鮮）が参加して番狂わせを起こし，ベスト８に進んだのも話題だった。

1970年の第９回メキシコ大会で，ブラジルは３度目の優勝をとげた。ジュール・リメ・カップの純金の女神像は，３度優勝したチームに永久に与えることになっていたので，ブラジルの所有となり，次の大会からは新しいトロフィーが使われることになった。

ブラジルは６試合全勝。華麗なチーム力は

▲1974年西ドイツ大会；決勝の西ドイツ対オランダ戦でドリブル突破をはかるヨハン・クライフ　©P.Kishimoto

抜群だった。4-3-3のシステムで守備ラインのプレーヤーが積極的に攻め上がり，中盤ではテクニックとインテリジェンスのあるプレーヤーのコンビで攻めを組み立てた。ゴール前での決定力も十分だった。これが最後のワールドカップとなったペレは，円熟の極致にあった。攻めをリードし，自ら得点した。

日中の試合の暑さと高地にあるメキシコ市の空気の薄さが問題だったが，これが欧州勢の激しすぎるプレーを制約する結果になり，南米勢のテクニックがものをいう美しい試合を生み出した。

6　第4期：新時代のはじまり

〈メヒコ・セテンタ（Mexico 70）〉と呼ばれた第9回大会では，テレビの本格的な世界中継が行われた。それまでのワールドカップでも，テレビ中継は部分的には行われていたが，人工衛星を利用して世界中にカラーで生中継されるようになったのは，この大会からである。テレビの衛星中継によって世界中の人たちが，最新で最高のサッカーをリアルタイムで見られるようになった。これは，ワールドカップを，そしてサッカーそのものを変える大きな要因になったように思われる。

ワールドカップを通じて，欧州と南米のサッカーの対照的な，それぞれのおもしろさが伝えられた。お互いのスタイルが影響しあって，技術的にも，戦術的にも急速な進歩が生まれた。南米は欧州の激しい，運動量の多いサッカーに対抗しようとし，欧州は南米の個人の技術とひらめきによるサッカーのよさを取り入れようとした。そういうなかから新しいサッカーが生まれた。

ワールドカップの歴史を区分してみれば，ブラジルの3度目の優勝でひとつの時代が終わり，1974年の第10回西ドイツ大会でワールドカップの新しい時代がはじまったといえるが，それには，そういう背景がある。

第10回大会の優勝は地元の西ドイツだったが，ワールドカップの歴史に大きな足跡を残したのは2位のオランダである。

オランダは〈トータル・フットボール〉と呼ばれたリヌス・ミケルス監督の新しい戦法で決勝戦まで勝ち進んだ。この戦法には2つのポイントがある。ひとつは4人で横一直線の守備ラインを敷き，そのラインを前に押し上げることである。もうひとつはボールを持った相手のプレーヤーを，2人がかり，3人がかりで取り囲んで圧迫して追い込む集中守備である。

このトータル・フットボールが，その後のサッカーを大きく変える戦法の転換点になった。両チームの守備ラインがともに前へ押し上げるとプレーできるゾーンは，フィールドの中央の狭い地域に限定される。その中で密集してボールを奪い合う。これは1990年代に入ってますます極端になり〈コンパクトなサッカー〉と呼ばれるようになった。

西ドイツ大会では，決勝大会の方式が変わった。1次リーグのあと，勝ち抜きの第2ラウンドではなく，8チームを2組に分けて2次リーグを行った。そして，その1位同士で決勝戦を行う方式である。

オランダは1次リーグでスウェーデンと引き分けたほかは，全勝で決勝戦まで進んだ。2次リーグではブラジル，アルゼンチン，東ドイツに無失点で快勝した。

地元の西ドイツは1次リーグの第3戦で東ドイツに1－0で黒星を喫したが，これは双方がともに2勝をあげたあとの対戦だった。

2次リーグは苦戦しながらも実力どおり勝ち進んだ。決勝戦は西ドイツが逆転勝ちした。

オランダのヨハン・クライフと西ドイツの

フランツ・ベッケンバウアーが，この大会のスーパースターだった。

欧州と南米の交互開催が順調に進み，1978年の第11回大会は南米のアルゼンチンで開かれた。地元のアルゼンチンがメノッティ監督の周到な準備で，前へ前へとパスをつなぐ，ひたむきなサッカーを展開して優勝し，国民を熱狂させたが，内容は他の大会にくらべるとさびしかった。２位になったオランダはクライフが欠場していて前回大会の残像以下だった。次代のスターがクローズアップされる前の端境期の大会だったといえよう。

1982年の第12回スペイン大会では，新しいスターたちがクローズアップされる。

もっとも華麗なチームはブラジルだった。4-4-2のブラジルの中盤は，ジーコ，ソクラテス，ファルカン，トニーニョ・セレーゾの〈黄金のカルテット〉で構成されていた。テクニックとインテリジェンスが中盤のコンビネーションに結集されたチームだった。

この回は決勝大会が24チームにふえ，１次リーグ，２次リーグで４チームを残して準決勝，決勝という方式だった。ブラジルは２次リーグでイタリアに引き分けても準決勝に出られるところだったが，２対２のあとむりをして攻めに出て失点して姿を消した。

アルゼンチンも２次リーグで敗退したが，ここにはワールドカップ初登場のマラドーナがいた。ベスト４に進出したフランスにはプラティニがいた。新時代のスターがたくさん顔を見せた大会だった。

決勝戦はイタリアが西ドイツを破って３度目の優勝を飾った。

イタリアのヒーローになったのはパオロ・ロッシだった。ロッシは前回アルゼンチン大会ではなやかに登場しながら，そのあと，イタリア内での八百長事件に巻き込まれて出場停止になり，復帰したばかりだった。

7 第５期：商業主義全盛期

1980年代に入ってワールドカップの運営が大きく変わった。それは商業主義の浸透である。

サッカーはもともと商業主義を絶対に排除する立場ではない。ワールドカップも入場料収入によって経費をまかない，利益は分配することにしていた。その点はアマチュアリズムを理念としていたオリンピックなどとは，まったく違う。

しかし，1970年代にはじまり，1980年代になって急速に広がったスポーツの商業化は，それまでとは質の違うものだった。これはテレビの普及と大きな関係がある。スポーツとテレビが結びつき，それが強力な宣伝媒体になることが明らかになって，テレビ放映権料とスポンサー料がスポーツ大会の大きな収入源になってきた。

ワールドカップでは，1970年メキシコ大会のときすでに商業スポンサーがつくようになっていたが，スポーツ団体と大会にスポンサーをつける仕事を本格的にはじまったのは，1970年代の後半からである。

イギリスの広告業者がはじめたウエストナリー社が，欧州のサッカーの３つの選手権とワールドカップを組み合わせ，その競技場の看板広告を主体に４年間のスポンサーをつける〈インター・サッカー４〉という企画を推進し，1982年スペイン・ワールドカップのスポンサーを取り仕切った。

スペイン大会が終わったあと，FIFAはウエストナリー社との契約を打ち切り，ISL社と契約した。ISL社はドイツではじまったスポーツ用品会社アディダスの会長だったホルスト・ダスラー氏と日本の広告企業の電通が組んで，スイスに本社を置いて新たに作った会社である。以後，ワールドカップもオリンピックも，あるいは陸上などの多くのスポーツも，ISL社を通じて集めるスポンサー収入を頼りにするようになる。

1990年代に入って，ワールドカップとオリンピックは商業化によって，ますます大きくなってきたが，その弊害もまた大きくなった。1998年の第16回ワールドカップの直前にISLのフランスの子会社の関係者によるといわれる入場券詐欺事件が起きて，日本の旅行会社の大手が軒並み被害を受けた。

2002年の韓国・日本ワールドカップについては，ISLがテレビ放映などを中心に大きな権利をFIFAから任せられて運営の多くの部門を取り仕切った。ワールドカップは，もともと開催国のサッカー協会が運営し，その国の多くのクラブが協力して開催されていたが，1990年代に入ると，そういう〈古きよき時代〉の面影は薄くなり，国際企業による巨大な商業イベントになってきた。

ところが，そのISL社が韓・日ワールドカップ開催の前年に倒産した。サッカー以外の部門に手を広げすぎたのが直接の原因だといわれたが，商業主義そのものに限界が見えはじめていた。長い目で見れば，1998年のフランス大会は，ワールドカップ商業主義絶頂期の大会であり，2002年の韓・日大会は，商業主義にかげりが見えはじめた大会ということになるかもしれない。

商業主義の繁栄のなかでも，大会はすばらしい試合を生み，すばらしいスターを生んだ。1986年の第13回大会は，はじめ予定されていたコロンビアが経済事情で開催できなくなったため，代わってメキシコが16年ぶりに２度目の開催国となった。マラドーナの活躍でアルゼンチンが優勝，マラドーナは準々決勝でハーフラインの手前からゴールまでドリブルでイングランドの守備を次つぎに抜きさってゴールをあげた。準々決勝のフランス対ブラジルも歴史に残る名勝負だった。フランスにはプラティニが，ブラジルにはジーコがいた。

1990年の第14回イタリア大会では，アフリカのカメルーンが話題だった。開幕試合で前回優勝のアルゼンチンを１－０で破り，ルーマニアにも勝って２勝１引き分けで進出，第２ラウンド１回戦でコロンビアも破ってベスト８に進出した。準々決勝でもイングランドと延長の熱闘を展開して惜敗した。その後のブラック・アフリカの台頭を予感させた健闘だった。この大会は決勝で西ドイツがアルゼンチンを破って優勝したが，地元イタリアが準決勝でPK戦で姿を消したため，最後はやや盛り上がりが乏しかった。

1994年の第15回アメリカ大会は，欧州と中南米以外の国で開催されたことに大きな意義がある。野球とアメリカンフットボールとバスケットボールのプロ・スポーツがメジャーのこの国で，サッカーのワールドカップが史上最高の358万7,538人（１試合の平均6万8,991人）の観衆を集めたのは大きな成功だった。決勝戦は，これも史上最高の9万4,194人の観衆を集めた。ブラジルとイタリアが延長戦のすえ０－０。PK戦でブラジルがカップを手にしたが，暑さとアメリカ内での長距離の移動のために，選手の疲労が大きく，試合の内容には物足りない面もあった。

1998年の第16回大会は，フランスで64年ぶり2度目の開催となり，地元の優勝でパリは沸き返った。フランスはジュール・リメを生んだ国である。ワールドカップの母国が宿願をとげた大会として記憶したい大会である。

商業化による弊害もあったが，商業化のおかげもあって運営はスムーズで，大衆の関心も高く，よく整ったワールドカップだった。

1980年代から1990年代にかけて，サッカーの戦術面も大きく変わった。双方が守備ラインを押し上げるコンパクトなサッカーで，激しい守りのサッカーが主流になった。かつてはウィング・フォワードとウィング・バック（フルバック）がいた両サイドは，１人のプレーヤーが攻守兼用でかけあがり，かけ戻るシステムになった。

そういう守備的なシステムが流行するなかで，フランスは1980年代にはプラティニを，1990年代にはジダンを生んだ。フランスのサッカーが，世界の注目を集める時代になった。

2002年の第17回大会は韓国・日本の共同開催である。アジアでワールドカップが開かれるのははじめてであり，２国の共同開催もはじめてである。

ワールドカップが，アジア・アフリカを含めて本当に地球規模になる新しい時代のはじまりかもしれない。（牛木素吉郎）

ペレ
Pele, Edson Arantes de Nasciment

サッカーだけでなく，あらゆるスポーツを通じて，20世紀の最も偉大なスポーツ選手とされているのがペレである。本名エドソン・アランテス・ド・ナシメント。子どものころから〈ペレ〉と呼ばれており，〈ペレ〉の名で，20世紀に最も多くの世界の大衆に親しまれた人物になったが，そのニックネームの由来は本人も知らないという。

強く，しなやかな筋肉の持ち主だった。敏捷で，すばやく華麗にボールを操り，右足のシュートは鋭かった。身長170cmと比較的小柄だがヘディングも強かった。ボールを持った瞬間に，相手の意表をつくプレーがひらめき，瞬時にそれを実行した。あらかじめまわりを見ていて，味方を巧みに使う才能にも恵まれていた。攻めをリードし，自らも得点をねらう攻撃的なインサイドのプレーヤーに背番号10を与えるのがサッカーの習慣だったが，ペレは生まれながらの10番だった。

1940年10月21日に，ブラジルのミナスジェライス州トレスコラソンエスで貧しい黒人の家庭に生まれた。地元のバウル・クラブで元ブラジル代表のブリトの指導を受け，1956年，15歳のときにブリトに連れられて名門サントスFCに行き，1957年，1958年に早くもサンパウロ選手権で得点王になり，16歳9か月でブラジル代表に選ばれた。

1958年スウェーデン・ワールドカップに17歳で参加し，1次リーグ第3戦のソ連との試合でデビューした。当時のワールドカップ出場最年少記録だった。

この大会の準々決勝のウェールズ戦で初得点，準決勝のフランス戦ではハットトリック(3得点)を演じ，地元スウェーデンとの決勝戦では2得点をあげた。決勝戦でのブラジルの3点目となったペレのゴールは，伝説的なものになっている。後半10分，ペナルティエリア内で相手に囲まれたなかで高いボールをももで受けると，もう一度，浮かせてディフェンダーの頭上を越えさせ，自身はその裏側に回りこんで強烈なシュートを決めた。すばやいアクロバットのようなプレーは，世界の人びとを驚かせた。ペレはブラジルの最後の得点，5点目もヘディングで決めた。

ペレは，この活躍でたちまち〈世界のスター〉になり，〈ブラジルの黒い真珠〉と呼ばれるようになった。

ペレはワールドカップに4度出場し，そのうちブラジルは3度優勝した。しかし，すべての大会でペレが活躍したわけではない。2度目の出場の1962年チリ大会では，第2戦でももを痛めて，その後の試合は出場できなかった。1966年イングランド大会では，欧州勢の厳しいチェックにあって，第1戦では脚を蹴られて途中で退場し，第2戦を欠場したあと，第3戦でもファウルに倒されて両肩を抱えられてフィールドを去った。

しかし，1970年メキシコ大会ではブラジルの3度目の優勝の原動力になった。そのころには〈王様・ペレ(レイ・ペレ)〉と呼ばれていた。そういう題名の映画もできていた。

ブラジル国内では，最後までサントスFCでプレーした。1960年からサンパウロ州選手権で3年連続得点王，1962年，1963年にリベルタドーレス杯(南米クラブ選手権)とインター・コンチネンタル・カップで優勝した。

ブラジル代表からはメキシコ・ワールドカップのあと退き，サントスFCからも1973年に退いた。1975年にアメリカにできた新しいプロ・サッカー・リーグ NASL のコスモスで選手生活に復帰，1977年のコスモス優勝のあと再び引退した。

その後，ブラジルのスポーツ大臣に就任，ワールドカップのキャンペーンなどで世界中を回って活動した。　(牛木素吉郎)

各大会の内容

1930 ウルグアイ大会

オリンピック2連覇に乗って

第1回ワールドカップは，1930年7月13日から30日までウルグアイの首都モンテビデオで開催され，新設のセンテナリオ（百周年）競技場など3会場を舞台にくり広げられた。

ウルグアイは南米大陸で2番目に面積が小さく，当時の人口約200万人の小国。しかし，サッカーでは1924年パリ，1928年アムステルダムの両オリンピックを連覇した強豪国だった。内容も南米ならではの高い技巧とひらめきに満ち，欧州に衝撃を与えたのだった。

オリンピック連覇によってウルグアイ国内もサッカー熱が急速に高まり，1830年7月18日の旧憲法発布から100周年の記念事業にとワールドカップ招致に力を入れた。当時は，中南米でもっとも民主的で経済的にも安定した国家といわれており，政府の全面支援をバックに，巨大な新競技場の建設と「出場国の旅費と滞在費を全額負担する」との大胆な公約も打ち出した。ピッチ上での実力に加えたこうした招致策により，開催権を勝ち取った。

●世界大恐慌起こる

1929年に起こった世界大恐慌の余波は南米にも波及した。失業者がふえ，センテナリオは10万人収容の計画が7万人に縮小された。本格着工は1930年2月と大きく遅れ，3か月もつづいた長雨にもじゃまされながら，昼夜を徹しての突貫工事によってどうにか開幕3日前に，高さ52mの塔を持つモダンなサッカー専用競技場が完成した。ただ，コンクリートが乾かず，開幕戦には使用できなかった。

参加国は13か国のみ

欧州の主要国は，ジュール・リメFIFA会長の尽力にもかかわらず，軒並み不参加を決め込んだ。イングランドなど英国4協会は当時，FIFAから脱退していた。開催権を争ったイタリアとオランダ，スペイン，スウェーデンをはじめ，ドイツやオーストリアも参加しな

1次リーグ

グループ1

フランス	4-1	メキシコ
アルゼンチン	1-0	フランス
チリ	3-0	メキシコ
チリ	1-0	フランス
アルゼンチン	6-3	メキシコ
アルゼンチン	3-1	チリ

1.アルゼンチン……勝点6
2.チリ……勝点4
3.フランス……勝点2
4.メキシコ……勝点0

グループ2

ユーゴスラビア	2-1	ブラジル
ユーゴスラビア	4-0	ボリビア
ブラジル	4-0	ボリビア

1.ユーゴスラビア……勝点4
2.ブラジル……勝点2
3.ボリビア……勝点0

グループ3

ルーマニア	3-1	ペルー
ウルグアイ	1-0	ペルー
ウルグアイ	4-0	ルーマニア

1.ウルグアイ……勝点4
2.ルーマニア……勝点2
3.ペルー……勝点0

▲開会式が行われたモンテビデオのセンテナリオ・スタジアム　©ユニフォトプレス

かった。深刻な不況も大きな理由だったが，リメ会長のお膝下のフランスさえ一時は不参加に傾いたのは，このころはじまったプロ化の流れが影響していた。

フランスの完全プロ化は大会の３年後だったが，選手はセミプロとして午前中は工場などで働き，午後は練習に明け暮れていた。欧州から南米ウルグアイまで，当時の移動手段は往復で１か月間もの大西洋の船旅。クラブや企業は選手を６～７週間にわたって手放すことを渋ったのである。フランスの多くの選手は，解雇を覚悟で参加したという。

ルーマニアも，選手の所属企業が長期休暇を認めなかった。しかし，サッカー好きで知られた国王カロル２世が有力選手を擁する企業に圧力をかけ，３か月の休職を認めさせて派遣を実現させた。

参加したのは，アメリカ大陸からは開催国ウルグアイのほかアルゼンチンとブラジル，アメリカなど９か国，欧州からはフランスとベルギー，ルーマニア，ユーゴスラビアの計13か国だった。FIFAの創設メンバーはフランスとベルギーだけ。予選は行われなかった。

初代優勝トロフィーは，フランス人の彫刻家アベル・ラフルールが作製した。高さ30cm，重さ４kgの純金製で，〈黄金の翼を持

グループ４

アメリカ	3-0	ベルギー
アメリカ	3-0	パラグアイ
パラグアイ	1-0	ベルギー

1.アメリカ ……………… 勝点4
2.パラグアイ ……………… 勝点2
3.ベルギー ……………… 勝点0

第２ラウンド

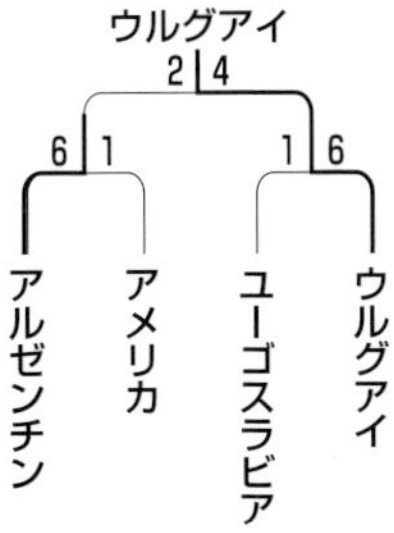

決勝

ウルグアイ　4－2　アルゼンチン

ウルグアイ	アルゼンチン
前1　後3	前2　後0
得点	得点
ドラド（12分）	ペウセジェ（20分）
セア（57分）	スタビレ（37分）
イリアルテ（68分）	
カストロ（89分）	

▲ニコ・ホイドンクス（ベルギー左）に挑むバート・パテノード（アメリカ）　©ユニフォトプレス

つ勝利の女神〉が両腕を天に差し出し，八角形のカップを支える形となっていた。

フランス選手団は６月18日，リメFIFA会長とともに客船コンテ・ベルデ号でモナコ近郊の地中海を出発し，ルーマニア，ベルギーと合流して大西洋を渡った。甲板上でトレーニングを積みながらの呉越同舟の旅。29日にリオデジャネイロに寄港してブラジルも乗り込んだ。７月４日にモンテビデオに到着した選手たちは，熱狂的な歓迎を受けた。

１次リーグ

大会は４組に分かれた１次リーグを行い，各組１位が準決勝に進む方式を採用した。シード国にはウルグアイとアルゼンチン，ブラジルが決まった。第４シードはアメリカかパラグアイかで議論が分かれ，両国を同じ組に入れることになった。アメリカは，1994年ワールドカップ開催前には〈サッカー不毛の地〉と酷評されたが，スコットランド出身の移民らプロ選手で固めていたため，実力国とみられたようだ。

開幕日の７月13日には，１組のフランスがメキシコを４－１で下し，４組はアメリカがベルギーを３－０で破った。ワールドカップの第１号ゴールを記録したのは，フランスのルシアン・ローラン。前半19分に決めた右足シュートが，記念すべき得点となった。だが，この組はアルゼンチンが３連勝で準決勝進出を決めた。

●審判のミスで大混乱

大混乱となったのが，２日後のフランス対アルゼンチンである。残り10分にアルゼンチンのルイス・モンティがFKを直接決めて先制。その４分後，何を思ったかブラジル人のアルメイダ・レゴ主審は長い試合終了の笛を吹いた。これにはフランスはもちろん，隣国の宿敵アルゼンチン憎しの地元観客が猛然と抗議し，ピッチ上になだれ込んだ。

結局，主審が誤りを認め，観客を退去させて再開したが，フランスにもはや集中力は残っていなかった。すると地元観客は，本当の試合終了とともにふたたびフィールドを占拠し，フランス選手を肩車して勝利者のように称賛した。ラプラタ河をはさむウルグアイとアルゼンチンの強烈な対抗意識は，第１回のワールドカップでもむき出しとなったのだった。こうした審判の不手際は他の試合でも起こり，荒っぽいタックルを受けて骨折した選手も出た。

２組はユーゴスラビアがブラジルを２－１で下し，ボリビアにも４－０で快勝して４強入り。国内組織が分裂中でセルビア人主体に編成し，フランスのクラブでプレーする選手も加えていた。ブラジルには，のちに史上最多の４度優勝を果たすサッカー王国の面影はなかった。まだワールドカップへの関心は低く，リオデジャネイロ州連盟がチームを派遣したため，代表経験者はたった３人。時折雪の交じる冬の寒さにも苦しんだ。

●開催国ウルグアイ初戦

３組の開催国ウルグアイは，憲法発布記念日の７月18日に満を持して登場した。会場はもちろんセンテナリオで，格好のこけら落としとなった。DFの大黒柱ホセ・ナサシ主

▲ヘクトル・カストロ（ウルグアイ）がホン・ボタソ（アルゼンチンGK）を破って4点目　©ユニフォトプレス

将やFWエクトル・スカロネ，黒人MFホセ・レアンドロ・アンドラーデらオリンピック連覇の立役者は健在。ペルーの奮闘に苦しみながらも１－０で下し，無難なスタートを切った。

ウルグアイは地元優勝をめざし，２か月前から厳しい合宿に選手を缶詰めにした。オリンピック連覇メンバーのGKアンドレス・マサリは，鉄の規律に耐えきれずに夜中に合宿所を抜け出し，翌朝こっそり戻ったところで追放されたほど。その甲斐あってか，順当に４強入りした。

４組は，アメリカがベルギーとパラグアイに連勝してベスト４に進出した。フランス選手から〈砲丸投げの選手〉とあだ名されたほど体格のよい選手をそろえ，ベルギー戦ではカウンターアタックに徹したかと思うと，パラグアイ戦ではショートパス戦法を展開した。

準決勝は，ウルグアイ対ユーゴスラビアと，アルゼンチン対アメリカの顔合わせ。南米の２強がともに６－１というスコアで圧勝し，力の差を見せつけた。

●ウルグアイとアルゼンチン―強烈な対抗意識

決勝は，２年前のアムステルダム・オリンピック決勝の再現となった。ウルグアイはオリンピック連覇を記念して，センテナリオの観客席の一部を〈コロンブ〉〈アムステルダム〉と命名していた。〈コロンブ〉とは，1924年パリ・オリンピック決勝の会場となった競技場の名前である。そして早くもワールドカップ初制覇を確信し，別の一角を〈モンテビデオ〉と名づけていた。

アルゼンチンの応援団は10隻の船を仕立ててラプラタ河を渡ろうとしたが，濃霧に遮られて２隻しか間に合わなかった。モンテビデオに到着できたファンは，下船と同時に警官隊から拳銃の所持を調べられるなど，厳戒体制がとられた。センテナリオは不測の事態を憂慮して入場制限が敷かれたが，それでも立ち見を入れて９万人以上に膨れあがった。

両国の敵愾心は，試合前から火を吹いた。どちらの国で製造されたボールを使うかで，両者とも譲らなかったのだ。ベルギー人のヤン・ランゲヌス主審は，前後半で別々のボールを使うことにした。アルゼンチンがコイントスに勝ち，同国製のボールでキックオフ。

先制したのは，超満員の観客に後押しされたウルグアイだった。12分にパブロ・ドラドがGKの股間を抜く先制点を決めた。しかし，アルゼンチンはしぶとい。20分にカル

▲得点王となったスタビレ（アルゼンチン）は決勝戦でチーム２点目を入れる　©ユニフォトプレス

ロス・ペウセジェが同点とすると，37分にはモンティのロングパスを受けたギジェルモ・スタビレが逆転のゴール。ウルグアイのナサシ主将は主審に猛抗議をつづけ，ハーフタイムになっても審判室に入って生乾きの壁に釘で絵を描いて抗議した。しばらくの間，この絵は〈国宝〉扱いで残されていたという。

後のないウルグアイは後半，ロングボールを使って猛反撃に出た。沈黙した地元大観衆が爆発したのは12分，ペドロ・セアが同点ゴールを決めると，23分にはイリアルテがペナルティエリア外から鮮やかな逆転ゴール。最後はエクトル・カストロが頭で４－２とする駄目押し点を決めた。

カンペステギ大統領がナサシ主将に，ワールドカップを手渡した。センテナリオの観客はもちろん，ラジオにかじりついていた国民は通りに飛び出し，「３度目の世界一，真の世界チャンピオン」と歓喜に浸った。政府は翌日を祝日とし，オリンピック連覇につづくワールドカップ制覇の偉業を称えた。

一方，アルゼンチンのファンは首都ブエノスアイレスのウルグアイ大使館を取り囲み，投石でガラスを割るなど暴徒寸前となった。両国協会の関係はその後５年間にわたって断絶し，コパ・アメリカ（南米選手権）も1935年まで開催できなくなった。

活躍した選手たち

ウルグアイの勝因は1924年，1928年のオリンピック連覇が証明したように，才能あふれる選手をそろえ，ハイレベルの技巧とスピードを兼ね備えていたこと。ホームの有利さだけで手にした栄冠ではなかった。

なかでも，サッカー史上初の世界的な黒人選手だった右ハーフのアンドラーデは，右サイドを突破しては絶妙の配球でゴールをお膳立てした。甥のビクトル・ロドリゲス・アンドラーデは1950年のワールドカップを制したウルグアイ代表メンバーに入った。センターフォワードのスカロネは，献身的な動きとハードなプレーでチームを引っ張った。

アルゼンチンのスターは，通算８ゴールで初代得点王に輝いた〈侵入者〉ことスタビレ。１次リーグ２戦目のメキシコ戦（７月19日）でセンターフォワードのマヌエル・フェレイラ主将が大学の卒業試験のために一時帰国し，代役で起用されていきなり３ゴールをたたき出した。

このスタビレの３得点をワールドカップ初のハットトリックとするのが一般的だが，FIFAは２日前の17日にアメリカのバート・パテノードがパラグアイ戦で大会初のハットトリックを決めたとの説を採用している。この食い違いが生じたのは，アメリカの３点目をパラグアイのアウレリオ・ゴンサレスによるワールドカップ史上初のオウンゴールとする記録もあるためだ。

同様に，ワールドカップ初の退場者についても２説ある。１次リーグ３組，ルーマニア対ペルーの後半９分にラフプレーで退場処分を受けたペルー選手について，FIFAはプラシド・ガリンドだったとの立場をとっているが，マリオ・デラスカサスだったとする説もある。

初のワールドカップは国民の熱狂に支えられ，ウルグアイの試合はつねにセンテナリオが超満員に膨れあがり，財政的にも成功裡に終わった。観客300人の試合もあったが，運営に不慣れで，まだ客が入場しきっていないのにゲートを閉めたためだったという。

しかし，ウルグアイは欧州主要国の不参加に抗議し，次の1934年イタリア大会，1938年フランス大会とも棄権した。　（名取裕樹）

1934 イタリア大会

▶ ファシストに利用された大会

　イタリアではファシスト党のベニト・ムッソリーニが統領（ドゥーチェ）として政権を握っていた。そのムッソリーニは，第1回ワールドカップの成功を見て，ファシスト体制の宣伝のためにワールドカップを開催することを決めた。

　第2回大会開催国としてはイタリアとスウェーデンが立候補していたが，イタリアは選手団はもちろん，記者団に対しても鉄道運賃を半額にするなどの約束をして，もくろみどおり開催権を手にした。

　第2回大会の参加申し込みは32か国に達し，規定の16を上回ったため，はじめて予選が行われた。しかも，この大会では開催国も予選が免除されていなかったので，イタリアはギリシャを4-0で下すことでようやく自国開催の大会の出場権を獲得することになった。また，予選試合の開催地問題でもめていたメキシコとアメリカ合衆国の間での北米地域最終予選の試合は，本大会直前にローマで行われ，アメリカが勝って，2大会連続出場を決めた。

　第1回大会には欧州の強豪が参加しなかったが，第2回大会には逆に南米勢がブラジルを除いて参加しなかった。

● ウルグアイ，アルゼンチンの動向

　前回優勝国のウルグアイは，自国での大会に欧州諸国が参加しなかったことに反発し，選手のストライキが多発していたこともあって参加を見送った。また，前回準優勝のアルゼンチンも，最強チームの派遣を見送った。最大の理由は，アルゼンチンでは1931年にプロ・リーグが発足し，国内のサッカーがプロとアマの2つの団体に分かれていたことだ。発足したばかりのプロ・リーグとしては，ワールドカップのために何週間も中断するこ

▲コメンテーターボックス　　©ユニフォトプレス

第2回イタリア大会

決勝
イタリア　2－1　チェコスロバキア
前0　後1　延1　　　　前0　後1　延0
得点　　　　　　　　　　得点
オルシ（81分）　　　　　プチ（70分）
スキアヴィオ（95分）

トーナメント：
- イタリア 2-1 チェコスロバキア（延長）
- イタリア 1-0 / 1-2 / 3-1 / 1-2
- イタリア 7-1 アメリカ
- スペイン 1-0◎ / 3-1 ブラジル
- エジプト 2-4 ハンガリー
- フランス 2-3 オーストリア
- チェコスロバキア 2-1 ルーマニア
- スイス 3-2 オランダ
- アルゼンチン 2-3 スウェーデン
- ベルギー 2-5 ドイツ

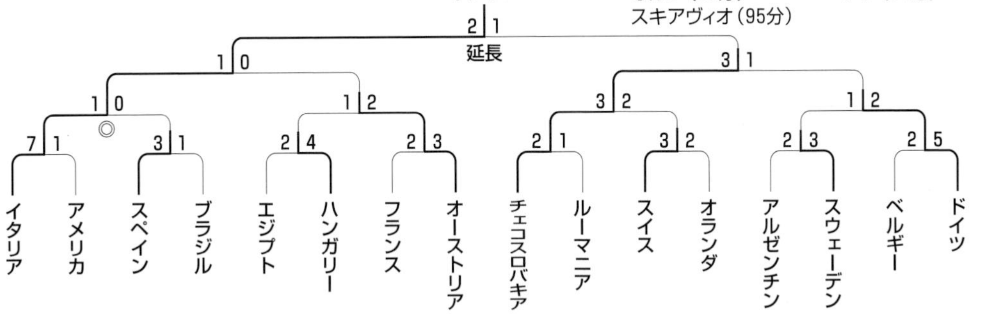

3位決定戦　　ドイツ　3－2　オーストリア　　　　　　　　　　◎は引き分け再試合

とは望ましくないと判断したのだ。結局，アルゼンチンはイタリア大会へアマチュア選抜チームを派遣することになった。

アルゼンチンが最強チームを送らなかった背景には，第１回大会の後，有力選手をイタリアのクラブに引き抜かれてしまったことに対する不信感も強かった。その１人であるルイス・モンティは，1930年大会ではアルゼンチン代表として，そしてこのイタリア大会ではイタリア代表として決勝戦に出場。異なった国の代表として２回連続してワールドカップ決勝でプレーするという珍しい記録をつくった(当時は，過去に代表歴があっても，国籍さえ取得すれば別の国の代表選手となれた)。

その他の国では，英国４協会は依然として孤立政策を維持しており，FIFAに加盟していなかったため，第２回ワールドカップにも参加しなかった。

●国家の威信をかけビッグスタジアム建設

第１回大会がモンテビデオ市内の３か所のグラウンドを使って行われたのに対して，イタリア・ワールドカップは全国の８都市のスタジアムを使って行われた。イタリア政府は，北のトリノ，トリエステから南はナポリまで全国に８つのスタジアムを用意した。

2,000年前にはコロッセオを建設したイタリア人だったが，20世紀の前半，ヨーロッパ大陸には闘牛場を除いて，大きなスタジアムはまだほとんど存在しなかった。そこに，ムッソリーニはファシスト国家の威信をかけてビッグスタジアムを建設していった。

決勝戦が行われたのはローマの〈PNFスタジアム〉。〈PNF〉とは，国家ファシスト党の略である。まさに党の宣伝のための装置だった。このスタジアムは，現在のスタディオ・オリンピコからテヴェレ川を渡った南側にあった。現在は取り壊され，その跡地には，〈フラミニオ・スタジアム〉と呼ばれるスタジアムが存在している。1990年のワールドカップのためにオリンピコが改装中のときには，ラツィオとローマの本拠地としても使われたことがあり，現在ではラグビーの国際試合に使われているスタジアムだ。

トリノには〈ベニト・ムッソリーニ〉スタジアムがつくられた(その後，〈コムナーレ〉と改名され，長くユベントスの本拠地として使われ，〈デッレ・アルピ〉が完成してからはユベントスの練習グラウンドとなっている)。

その他，ボローニャには有名な建築家ピエル・ルイジ・ネルヴィ設計のリットラーレ・スタジアム(現在のダッラーラ・スタジアム)がつくられた。古代ローマ風のアーチを多用した煉瓦造りの古典スタイルのスタジアムである。そのバックスタンド中央には大きな塔が立てられ，中央のアーチの中にはムッソリーニの騎馬像が飾られていた(現在も塔は残っているが，ムッソリーニの像はもちろん撤去されている)。ボローニャに古典的なスタジアムをつくったネルヴィは，フィレンツェには近代的なデザインのスタジアム(現在のアルテミオ・フランキ)を建築した。

これら，1934年のイタリア大会で建設されたスタジアムの多くは，現在もリーグ戦(セリエA)に活用されており，また，56年後の1990年イタリア大会でも改装されて使用されることとなった。

大会の前評判

ムッソリーニが〈ファシスト体制の優位〉を喧伝するために開いたワールドカップだったのだから，イタリア代表チームには優勝が至上命令だった。監督はヴィットリオ・ポッツォ。オーストリア代表のウーゴ・マイセル，アーセナルのハーバート・チャップマンと並ぶ，当時の世界のサッカー界でもっとも有名な監督だった。

ポッツォは，前回大会ではアルゼンチン代表だったオルシなど３人をチームに加えた。前回のワールドカップ後にイタリアのクラブに引き抜かれ，イタリア国籍を得た選手だ。

優勝候補は，開催国のイタリアとオーストリアの〈ヴンダーティーム〉と見られていた。オーストリアやハンガリーなどは，ヨーロッパ大陸の中ではサッカー先進国で，とくに〈ヴンダーティーム〉はマイスル監督とイングランド人のジミー・ホーガン・コーチによって育てられたチームで，1925年にオフサイド・ルールが改正されるといち早くスリーバック・システムを完成し，1931年から1934年までの４年間で22勝８分６敗という成績を誇っていた。〈ヴンダーティーム〉は，すでに全盛期は過ぎていると思われたが，やはりイタリアと並ぶ優勝候補とみなされていた。その他，歴史的な名GKリカルド・サモラを擁するスペインも有力視されていた。

１回戦から準決勝まで

第１回大会と違って，イタリア大会は完全なノックアウト式の勝ち抜き戦だった。１回戦では，アルゼンチン，ブラジル，アメリカ合衆国，エジプトが敗退してしまったため，ベスト８はいずれもヨーロッパ大陸勢に占められた。

〈ヴンダーティーム〉は１回戦でフランスを相手に延長に持ち込まれた末，ようやく３－２で勝ち進んでいた。

●大荒れのイタリアースペイン

２回戦(準々決勝)ではイタリアがスペインと激突した。フィレンツェで行われたこの試合，レフェリーのルイス・ベール(ベルギー)が試合をコントロールできず，大荒れとなり，１－１の引き分けで，決着は翌日の再試合に持ち越された。再試合では，前日の試合のおかげで負傷者があいつぎ，スペインは７人，イタリアは４人，メンバーを変えての試合となった。そして，スペインの名GKサモラも出場できなかった。

再試合でも，レフェリーのルネ・メルセーがイタリア寄りの笛を吹き，試合はまたしても大荒れになってしまった。スペインの左ウィングのボスケは開始５分で重傷を負い，あとの85分間はただフィールドに立っているだけだった。試合は，イタリアの有名なCFジュゼッペ・メアッツァのゴールによる１点を守りきったイタリアが１－０で勝ってかろうじて準決勝に進んだ。

●準決勝ーイタリア辛勝

イタリアは準決勝でオーストリアの〈ヴンダーティーム〉と戦った。スペインとの再試合から中１日のイタリアだったが，アルゼンチン生まれのストッパー，ルイス・モンティがオーストリアのエース，マティアス・シンドラーを完封し，エンリケ・グアイタのゴールによってイタリアがリード。GKのジャンピエロ・コンビの好セーブによってなんとか逃げ切った。

▼優勝した地元イタリアチーム　©ユニフォトプレス

決勝の相手はチェコスロバキアだった。ルーマニア，スイス相手に１点差ながら堅実に勝ち上がってきたチェコスロバキアは，準決勝でオルドリッチ・ネイェドリーのハットトリックでドイツ相手に３－１で快勝して，決勝進出を果たしていたのだ。

決勝戦，イタリア－チェコスロバキア

６月10日の決勝戦。PFNスタジアムは馬蹄形のスタンドを持ち，一方のゴール裏はスタンドがなくその背後にはプールがあったのだが，ワールドカップではその部分に仮設スタンドが設けられていた。

統領ムッソリーニは，これまでもイタリアの試合のときには必ずスタンドで観戦していたが，この日はサヴォイア王家のマリア・マファルダ王女，ファシスト党のスタラーチェ幹事長なども駆けつけていた。イタリア全土では4,000万人の聴取者がラジオにかじりついていた。

●野望と夢と

絶対に勝たなければならないというプレッシャーのなかでイタリアが優勢に試合を進めたが，膠着(こうちゃく)状態がつづき，70分にはチェコスロバキアが先制ゴールを決めてしまう。左ウィングのアントニン・プチがCKを蹴り，クリアボールが戻ってきたところを強烈にたたき込んだのだ。残り時間はわずかだった。イタリア代表とムッソリーニの野望はついえたかと思われた。だが，残り時間９分。イタリアのオルシが左足でシュートを打つと見せかけて，右足のアウトサイドにひっかけて，チェコスロバキアのGKフランティシェク・プラニツカの頭上を越す技巧的なループシュートを決め，ついにイタリアが同点に追いついた。

決勝戦の翌日，オルシはカメラマンの要請で同じシュートを20回試みたのだが，一度も成功しなかったという逸話が残っている。

延長に入って，イタリアのCFメアッツァが負傷してしまった。しかし，95分には，そのメアッツァが起点となって最後にスキアヴィオが決めて２－１でイタリアが逆転勝ちした。メアッツァが負傷していたため，チェコスロバキアのマークがついていなかったからだともいわれている。

ムッソリーニの手から，ワールドカップがコンビ主将(GK)に手渡された。

なお，ワールドカップに優勝したイタリアは，同年の11月にはイングランドに遠征した。ワールドカップ大会には参加しなかったものの，サッカーの母国イングランドは，実力ナンバーワンと信じられていたのだ。イタリアは，〈真の世界一〉の座を賭けてイングランドと対戦したが，ホームのイングランドに２－３で敗れてしまう。

ワールドカップの政治的利用

サッカーというスポーツは20世紀を代表するスポーツであり，ワールドカップという大会は世界をひとつに結ぶ平和的な機能を果たしてきた。しかし，20世紀というのは同時に大きな戦争(それも多数の民間人に犠牲を強いる総力戦)が二度も起こった世紀だった。そして，左右のイデオロギーにもとづく全体主義独裁の世紀でもあった。そうした独裁者たちは，大きなスポーツ大会を政治宣伝の道具として用いようとするようになる。その最初の例となったのが，1934年のイタリア・ワールドカップだったのである。

スポーツが国家威信と結びつけられて考えられるようになったのは，1920年代以降のことだった。第２回ワールドカップは，こうした雰囲気のなかで行われ，また，レフェリーが明らかにイタリアに有利な笛を吹いたともいわれた。

そうした政治的な影もあったし，イングランドや前回優勝のウルグアイなどの不参加問題もあった。だが，第２回イタリア大会の成功によって，新しく生まれたサッカーの世界選手権というイベント，つまり〈ワールドカップ〉の地位が確立されたといってもいいだろう。ひとつの都市だけでなく，全国のいくつもの都市を使って開くという，ワールドカップのスタイルも確立された。　(後藤健生)

1938
フランス大会

政治と戦争の影

第３回ワールドカップは，第３代FIFA会長で，ワールドカップの産みの親でもあるジュール・リメの母国フランスで開かれた。この大会は４年前のイタリア大会がムッソリーニのワールドカップであったように，また２年前のベルリン・オリンピックがナチス・ドイツの一大プロパガンダであったようには，政治的な大会ではなかった。しかし，スポーツが政治と戦争に翻弄されたという意味では，時代の影がもろに反映された大会であった。

リメは近代オリンピックの創始者クーベルタン男爵がパリ・オリンピックの開催を望んだように，自国でのワールドカップ開催を望んだ。しかし，欧州と南米で交互に開催すべきという南米勢の反対は根強かった。

また，フランスの開催能力を疑問視する声もあった。この懸念に対し，リメは次つぎと公約を打ち出した。主会場となるコロンブをはじめとするスタジアムの拡張，参加国の渡航費・滞在費の保証(ただし登録選手22人全員ではなく17人分のみ)などである。

1936年，ベルリンでオリンピック前夜に行われたFIFA総会には，フランスとアルゼンチンの２か国が立候補していた。フランスは，少なくとも700万フランの収益を保証するというリメ(フランス協会会長も兼任)の主張のもと，投票によりアルゼンチンを破った。だがこれは，後に恨みを残すことになる。ウルグアイとアルゼンチンの２強が，大会のボイコットを決めてしまったのだった。

ウルグアイは1930年大会での欧州勢のボイコットを，いまだに根に持っていた。そしてアルゼンチンは，招致争いでフランスに敗れたことに失望を隠せなかった。それでも後者は一度は参加申し込みをしたものの，予選免除という主張が退けられると，大会直前になって出場を取り止めてしまった。不参加に不満を持ったアルゼンチン民衆は，暴徒となってアルゼンチン協会に押し寄せ，警察の出動によりようやく鎮圧されたのであった。

はじめて行われた予選

イタリア大会を上回る36か国が大会にエントリーした。あい変わらずFIFAから脱退したままの英国４協会は〈栄誉の孤立〉を守りつづけていた。また，内戦(スペイン戦争)に

第３回フランス大会

得点　イタリア　カロウシ(5, 35分)　リオラ(16, 81分)
ハンガリー　ティコシュ(7分)　サロシ(70分)

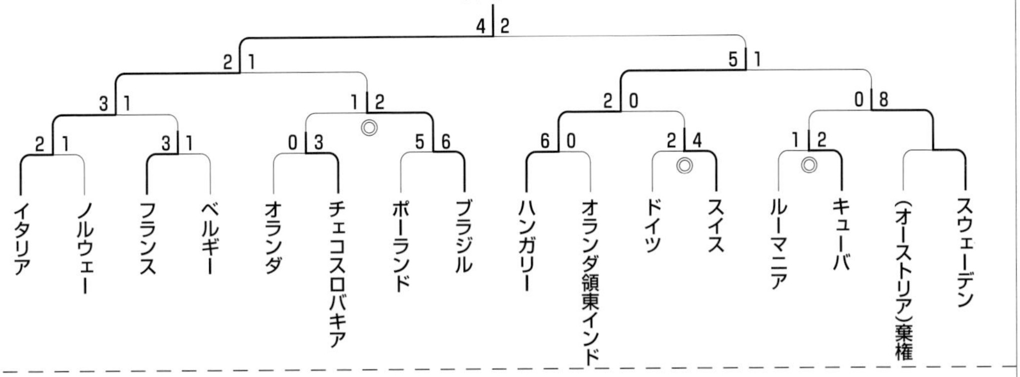

3位決定戦　ブラジル　4—2　スウェーデン

◎は引き分け再試合

▲1－1引き分け後の再試合，両キャプテンによる握手
スイスはドイツを４－２で下した　©ユニフォトプレス

よる混乱状態にあったスペインは，エントリーしたものの出場不能となった。

開催国(フランス)と前回優勝(イタリア)を除く33か国の間で，はじめて予選が行われた。が，スペイン，アルゼンチンに加え日本(日中戦争勃発)，エジプト，メキシコ，コロンビア，コスタリカ，エルサルバドル，スリナムの９か国・地域が棄権したために，実際に予選を戦ったのは欧州の７グループ(10か国に出場権)のみで，オランダ領東インド(＝インドネシア:アジア)，キューバ(中北米)，ブラジル(南米)，ルーマニアの４か国は，労せずして出場権を獲得したのだった。

また，予選を通過した国でも，オーストリアは開幕３か月前にナチス・ドイツと併合し，国自体が消滅していた。国民の99.7％が望んだこととはいえ，犠牲者もたしかに存在した。オーストリア代表のうち，ハーネマンら５人はドイツ代表に加わったが，その中には〈偉大な〉マティアス・シンデラーの名前はなかった。翌1939年１月22日，ユダヤ人のシンデラーは，併合に絶望して自らの命を絶ったのだった。享年35歳。オーストリアサッカー史上最高の名手の墓には，その死を悼んで４万人の人びとが訪れた。

あいつぐ優勝候補の敗退

開幕戦は６月４日，パルク・デ・プランスでそのドイツとスイスの間で行われた。ドイツを率いるのは若きゼップ・ヘルベルガー。大会前にオットー・ネルツ博士の後を継ぎ，監督に就任したばかりだった。

しかし，オーストリアの主力を加えても，ドイツの戦力がアップしたわけではなかった。そして1,500人のドイツ人サポーターが，はるばる祖国から応援に駆けつけたものの，パルクの観衆は圧倒的にスイスを応援していた。ドイツは試合前にナチス式の敬礼を，スイスチームにも行うことを求めたが，スイスはこれを拒否した。

鳴り物入りでフランスにやって来たドイツだったが，スイスに大いに苦しめられた。ドイツはガウヘルが先制したが，スイスもアベグレンのヘディングで，前半のうちに同点に追いついた。その後は延長でも決着をみず，５日後に再戦が行われた。今度もドイツが２－０と先行したが，スイスに４点を取られ，逆転負けを喫してしまう。ドイツの世界制覇の野望は，１回戦で早くも費えてしまった。

南米からただ１か国参加したブラジルは，イタリアとともに有力な優勝候補であった。これまではウルグアイ，アルゼンチンの２強の影に隠れていたが，黒人選手の台頭とともにブラジルも急速に力を伸ばしていた。その中心が192cmの屈強なディフェンダー，当時世界一の高給取りで，またバイスクルキックの創始者でもあったドミンゴス・ダ・ギアであり，〈黒いダイヤモンド〉の異名を取るエースストライカーのレオニダス・ダ・シルバであった。

ちなみにこの大会には，フランスやベルギーからも黒人選手が出場した。セネガル出身のラオール・ディアニュは，フランスサッカー史上初の黒人代表選手で，1931年から同代表に選ばれていたが，レオニダスやドミン

▲準々決勝のスイス対ハンガリー戦；ハンガリーのシュートをヘディングでクリアするスイスのディフェンダー
©ユニフォトプレス

ゴスのようなチームの中心ではなかった。

ストラスブールのブラジル対ポーランド戦は，まれに見る大接戦となった。前半はエキゾティックでエキセントリックなブラジルが支配し，3－1とリードした。しかし，降りはじめた雨とともにポーランドが反撃を開始。後半は3－1と盛り返して延長に突入した。レオニダスの2ゴールが，激戦に終止符を打った。守備に不安を残したものの，ブラジルは期待どおりのチームであることを証明した。

もうひとつの候補イタリアも，ベルリン・オリンピック・ベスト4のノルウェーに競り勝った。前回優勝メンバーからは，メアッツァとフェラーリだけが残ったイタリアは，4年間ですっかり新しいチームに若返っていた。

地元フランスも，ライバルのベルギーに快勝し，上々の滑り出しだった。この他，ハンガリーは，オランダ領インドネシアに6－0と大勝。チェコスロバキアがオランダを，延長の末3－0で下した。番狂わせは，ルーマニアの敗退だった。再試合にいたったとはいえ，キューバの勝利は十分称賛に値した。

波乱つづきの1回戦

1回戦は7試合(スウェーデンは不戦勝)のうち，5つが延長戦に，さらに2つが再試合にもつれこんだ。人気も上々で，予想以上に観客が集まり，売り上げは9試合で225万フランに達した。

6月14日にいっせいに行われた準々決勝の話題はふたつ。ひとつは地元フランスがイタリアに敗れたこと。前半は互角の展開だったが，後半，相手のマークから逃れたピオラが2得点。ディフェンディングチャンピオンが開催国を葬り去った。開催国の敗退は，ワールドカップ史上はじめてのことだった。

もうひとつの話題は，2人の骨折者と3人の退場者を出した史上まれに見る激闘，〈ボルドーの戦い〉であった。チェコスロバキアは前回準優勝の立役者ふたり，ネイエドリーとGKプラニチカが脚と腕を折られた。一方のブラジルも，ペラシオとレオニダスが犠牲になった。

2－2に終わった試合は，2日後に再戦が行われた。ブラジルは9人，チェコが6人を代えて臨んだこの試合は，一転してクリーン

◀優勝したイタリアチームとスタッフ，ジュール・リメ杯を揚げる
©ユニフォトプレス

なものとなった。勝利を確信するブラジルは，レオニダスとティムを除くほぼすべての主力を，準決勝の行われるマルセイユに送り込んだ。そして，彼とロベルトのゴールにより，粘るチェコを突き放し，イタリアとの準決勝を迎えたのだった。

ところが，事実上の決勝といわれた試合でブラジルのアデマール・パレイラ監督は，チェコとの再試合に出場したふたり，レオニダスとティムを先発からはずしてしまう。自信過剰がそうさせたのか。あるいは決勝に向けての思慮遠望だったのか。今となっては確かめようもないが，ともかくこの選手起用が勝負を分けたのだった。

イタリアは駿足のコラウシがドミンゴスを翻弄した。そしてとらえどころのないピオラが，彼を絶望の淵に追いやった。前者の先制点と，後者が得たPKをメアッツァが冷静に決めてイタリアが２－０とリード。ブラジルをロメオの１点に抑え，２大会連続で決勝にこまを進めたのであった。決勝進出を逃したブラジルは，３位決定戦でスウェーデンを破り，２得点のレオニダスは通算８得点をあげて，大会得点王に輝いたが，何の慰めにもならなかった。

イタリアが2連覇

決勝でイタリアと対したのは中部ヨーロッパの雄，ハンガリーだった。初戦に快勝したハンガリーは，準々決勝ではスイスを危なげなく葬り，準決勝でも〈鋼のチーム〉といわれたスウェーデンに大勝した好チームだった。しかし彼らは繊細で，イタリアのような図太さ，リアリズムを欠いていた。

５分にカロウシが先制ゴールをあげ，２分後にはティコシュが同点に追いついたが，ハンガリーの健闘はここまでだった。その後はリズムを取り戻したイタリアが，最後までゲームを支配した。ピオラとカロウシが次つぎとゴールを決め，ハンガリーの反撃を１点に抑えてワールドカップ２連覇を達成した。

イタリアの勝利は，監督ヴィットリオ・ポッツォの勝利であった。前回の優勝は地元の利を生かしてのものだったが，２年後のベルリン・オリンピックで金メダル，そしてこの大会と，イタリアはポッツォのもとで名実ともに世界最強チームとなった。

大会は経済的にも成功を収めた。15日間，18試合の観客動員は延べ37万5,000人。１試合平均で２万1,000人を集め，収益はほぼ600万フランに達した。ワールドカップは巨大ビジネスに成長したのだった。

しかし，そのビジネスが，次の展開を見るまでに12年を待たねばならなかった。翌1939年９月にナチス・ドイツがポーランドに侵攻し，欧州は本格的な戦争に突入する。そしてそれは，世界中を巻き込んだ大戦へと，拡大していくのだった。　（田村修一）

1950 ブラジル大会

戦後初のワールドカップ

第２次世界大戦後初のワールドカップは，1950年にブラジルで開かれた。1946年にルクセンブルクで開かれた戦後初のFIFA総会で，戦災からの復興を急ぐ欧州各国は開催を望まず，ブラジルだけが名乗りをあげた。当初は1949年に開催する予定で，南米を代表するサッカー王国での開催がすんなり決まった。第５回大会のスイス開催もこの場で決定した。

この総会ではまた，ワールドカップ創設に尽力したジュール・リメFIFA会長の功績を称え，黄金の〈ワールドカップ〉を〈ジュール・リメ杯〉と呼ぶことも決まった。イングランド，スコットランド，ウェールズ，北アイルランドの英国４協会が復帰する一方，第２次世界大戦の戦争責任を問われ，ドイツと日本は資格停止となった。

ブラジルは，当時の首都リオデジャネイロに20万人を飲み込む世界最大の巨大競技場マラカナンの建設に着手した。だが，開催準備は遅れ，開催は１年遅れの1950年となった。

1947年になって，ブラジルはFIFAに対して出場16チームを４か国ずつ４組に分けた１次リーグを実施し，上位各１か国がさらに決勝リーグを戦って優勝を決めようという新方式を提案した。第２回，第３回大会はともに，１敗すれば敗退というトーナメント方式を採用していたが，試合数をふやして収入もふやそうとのねらいだった。

FIFA内部には，〈カップ(カップ戦)〉とは本来，トーナメント戦を意味するものであり，リーグ戦は〈チャンピオンシップ〉であるとの根強い反対論があった。ブラジルは，提案が受け入れられなければ大会を返上すると通告し，最後は承認を勝ち取った。

出場国はわずか13か国

FIFA加盟国は，ソ連や東欧諸国がいっせいに加盟を認められ，73か国に膨れあがっていた。しかし，エントリーは33か国にとどまった。ソ連をはじめ前々回，前回準優勝のチェコスロバキア，ハンガリーなどの社会主義圏は，ユーゴスラビアを除いて〈鉄のカーテン〉のなかに引きこもった。

オーストリアやベルギーなどエントリー後の棄権もあいつぎ，予選参加は27か国に減った。隣国アルゼンチンは戦前からつづくブ

１次リーグ

グループ1

ブラジル	4-0	メキシコ
ユーゴスラビア	3-0	スイス
ユーゴスラビア	4-1	メキシコ
ブラジル	2-2	スイス
ブラジル	2-0	ユーゴスラビア
スイス	2-1	メキシコ

1.ブラジル……勝点5
2.ユーゴスラビア……勝点4
3.スイス……勝点3
4.メキシコ……勝点0

グループ2

イングランド	2-0	チリ
スペイン	3-1	アメリカ
アメリカ	1-0	イングランド
スペイン	2-0	チリ
スペイン	1-0	イングランド
チリ	5-2	アメリカ

1.スペイン……勝点6
2.イングランド……勝点2(0)
3.チリ……勝点2(－1)
4.アメリカ……勝点2(－4)

グループ3

スウェーデン	3-2	イタリア
スウェーデン	2-2	パラグアイ
イタリア	2-0	パラグアイ

1.スウェーデン……勝点3
2.イタリア……勝点2
3.パラグアイ……勝点1

グループ4

ウルグアイ	8-0	ボリビア

▲チリのゴールキーパーがイングランドのシュートをキャッチ
©ユニフォトプレス

ラジルとの確執や，南米連盟がブラジルの立候補を支持したことへの反発などから，２大会連続で予選参加を取りやめた。南米はペルーとエクアドルも，アジアはビルマとフィリピンが棄権し，ともに予選はなくなった。

●あいつぐ出場辞退

予選終了後の出場辞退も混乱を招いた。

英国４協会についてFIFAは，伝統の４協会対抗戦〈ホーム・インタナショナル(英国選手権)〉を予選扱いとし，上位２か国に出場権を与えることを決めていた。ところが，スコットランドは「２位になったらブラジルに行く価値はない。出場しない」と宣言，ホームでのイングランド戦に敗れて２位となると，本当に出場権を返上してしまった。

●棄権国も続出

オーストリアの予選不参加によって，出場を決めたトルコも棄権した。スコットランドとトルコの辞退により，本大会の１次リーグ４組が２チームだけとなったため，FIFAは予選で敗れたポルトガルとフランスに出場権を与えることを決めたが，ポルトガルも辞退。フランスだけが出場を受諾した。

だが，フランスは４組の試合会場を知ると，変更を要求した。初戦はウルグアイと南部のポルトアレグレで戦い，次のボリビア戦は3,500km北のレシフェに移動し，猛暑のなかで試合をしなければならなかったからだ。一方のブラジルはサンパウロでの１試合を除き，つねにリオデジャネイロで戦える有利な日程である。フランスは要求を拒否され，あっさり棄権した。

このほか，３組はインドが棄権し，３チームとなった。FIFAが，裸足でのプレーを禁止したことが理由だった。

結局，過去３大会の優勝国ウルグアイとイタリア，そして母国イングランドが出そろったものの，出場国は第１回大会と同じわずか13か国にとどまった。それでも１次リーグの組み替えはしなかったため，４組はウルグアイとボリビアの２チームだけとなり，ウルグアイは最弱といわれたボリビアに楽勝しただけで決勝リーグへ進出した。

1次リーグ

１組のブラジルは６月24日，未完成のマラカナンでの開幕戦に登場し，メキシコに４－０で快勝した。メキシコGKアントニオ・カルバハルが５大会連続出場の記録をスタートさせた試合だった。

だが，サンパウロでの２戦目，スイス戦に地元サンパウロ出身選手中心の布陣で臨み，

決勝リーグ

ブラジル	7-1	スウェーデン
ウルグアイ	2-2	スペイン
ブラジル	6-1	スペイン
ウルグアイ	3-2	スウェーデン
スウェーデン	3-1	スペイン
ウルグアイ	2-1	ブラジル

1.ウルグアイ……………………勝点5
2.ブラジル………………………勝点4
3.スウェーデン…………………勝点2
4.スペイン………………………勝点1

▲1次リーグのイングランド対チリ；イングランドのトム・フィニーとチリのディフェンダー，フェルナンド・ロルダン　©ユニフォトプレス

２－２で引き分けてしまった。勝たなければ１次リーグ敗退が決まる次のユーゴスラビア戦は，有料入場者数が当時の世界最高となる13万8,987人を記録し，入場者総数は15万5,000人に達したといわれる。大観衆が後押しするなか，アデミールとジジーニョの両エースが得点し，２－０の勝利でどうにか決勝リーグへ進出し，危機を脱した。

●イングランド敗退

１次リーグは波乱があいついだ。ワールドカップ史上に残る大番狂わせが６月29日，ベロオリゾンチでのアメリカ対イングランドだった。

イングランドはワールドカップ初登場ながら，自他ともに世界最強と認める強豪で，ブラジルが唯一恐れた優勝候補だった。のちのワールドカップ優勝監督アルフ・ラムゼーやビリー・ライト，スタン・モーテンセン，トム・フィニーらそうそうたる名手をそろえ，かろうじて予選を突破したセミプロ主体のアメリカを立ちあがりから圧倒した。

ところが，アメリカのGKフランク・ボルギの美技もあってゴールを奪えず，38分にアメリカのハイチ出身選手，ジョー〈ラリー〉ガエティエンスが味方のシュートに頭を出してコースを変えると，ボールはネットに吸い込まれた。

後半も攻めに攻めたイングランドだが，ゴールラインを割ったかに見えたジミー・ミューレンのヘディングシュートは主審がゴールを認めないなど，ついに無得点に終わった。観客に抱えあげられてもまだ，信じられないといった表情のガエティエンス。試合結果を受け取ったある通信社も「アメリカ１－０イングランド」は，「アメリカ１－10イングランド」の誤植だと思い込み，勝ち負けを逆にして報じたとのこぼれ話も残っている。

失意のイングランドは，勝てば決勝リーグ進出の可能性が残っていた次のスペイン戦も０－１で競り負け，敗退する屈辱をなめた。

●イタリアも敗退

前回大会で連覇を果たし，３組の第１シードに組み入れられたイタリアも，初戦でアマチュアのスウェーデンに２－３で競り負け，ワールドカップ10戦目で初の黒星を喫した。これが響き，１勝１分けのスウェーデンにつぐ２位に終わって姿を消した。

▲決勝リーグのウルグアイ対ブラジル；ウルグアイのスキアフィーノが同点ゴールを決める　©ユニフォトプレス

イタリアは，1949年５月に名門トリノの一行を乗せた飛行機がトリノ市のスペルガの丘に激突し，代表選手８人を含む選手全員が死亡した。この事故が尾を引いて代表チームも再建できず，飛行機を避けて船でブラジル入りしたため調整も不足していた。

一方のスウェーデンは，1948年ロンドン・オリンピック優勝のヒーロー，グンナール・グレン，グンナール・ノルダール，ニルス・リードホルムの〈グレ・ノ・リ〉トリオがACミラン(イタリア)に移籍し，アマチュアに固執した協会は代表チームに召集しなかった。それでもイングランド人の名将ジョージ・レイナーが新鋭レナート〈ナッカ〉スコグルンドらを中心にチームを立て直し，３位に食い込む健闘を見せた。

決勝リーグ

決勝リーグには，ブラジル，ウルグアイ，スウェーデン，スペインがこまを進めた。ブラジルは自慢の攻撃陣が恐るべき破壊力を発揮し，スウェーデンを７－１，スペインを６－１と一蹴した。７月16日の最終戦の相手ウルグアイは，スペインと２－２で引き分け，スウェーデンには３－２の辛勝と苦しんでいた。

このため，ブラジルは引き分けでも優勝が決まる。国中は，試合前から優勝を決めたかのような夢心地に浸っていた。この日，巨大なマラカナン・スタジアムに詰めかけた観客は22万人に達したといわれ，有料入場者数17万3,850人はもちろん世界新記録となった。

●マラカナンの悲劇

事実上の決勝戦は，ブラジルが後半２分，アデミールからのパスをフリアサが決めて先制した。「ブラジル，世界チャンピオン」と書き込んだ下着やネクタイ，帽子を身に着けた大観衆は，早くもカーニバルのようなお祭り騒ぎで試合終了の笛を待った。

なおも攻め立てるブラジル。だが，ウルグアイはDFオブドゥリオ・バレラ主将とGKロケ・マスポリが立ちはだかって追加点を許さず，バレラは攻撃の起点にもなって右ウィングのアルシデス・ギジャを軸に反撃した。21分にエース，フアン・スキアフィーノがギジャの折り返しを蹴り込んで同点に追いつくと，34分には右サイドでのパス交換から

▲ブラジルのシュートをウルグアイのディフェンダーが阻止する ©ユニフォトプレス

ブラジルDFビゴジのマークを外したギジャが，GKバルボーザとニアポストの間を抜く逆転のシュートを突き刺した。

ブラジルは猛反撃に出たが，試合は終わった。ウルグアイがイタリアと並ぶ優勝２度を達成し，大混乱のピッチ上でバレラがリメFIFA会長から直々にカップを手渡された。絶望と静寂が国中を覆い，マラカナンでは計４人が心臓発作とピストル自殺で死亡したといわれる。ブラジルの野望は〈マラカナンの悲劇〉と呼ばれる結末に終わった。

●ブラジルはなぜ負けたか

ウルグアイに，ブラジルほどの華麗さはなかった。しかし，バレラやマスポリを中心とする守備陣がブラジルの強力攻撃陣を１点に抑え，スキアフィーノ，ギジャの攻撃陣がわずかなチャンスをものにする会心の戦いで逆転に成功した。

勇猛果敢な先住民のチャルア族を由来とする敢闘精神〈ガラ・チャルア〉を発揮したことは，今も国民の誇りとなっている。１次リーグを１試合で済ませ，体力を温存できたことも大きかった。

ブラジルは，ワールドカップを複数回制した国のなかで唯一地元優勝を果たせず，決勝に進んだホームチームで唯一敗れた国にもなった。国民は，たった２人の黒人選手，ビゴジとバルボーザをスケープゴートにして敗戦の責任を押しつけたというが，やはり最終戦での自信過剰が敗因だったというべきだろう。

引き分けでいいウルグアイ戦で立ちあがりから攻撃一辺倒。先制点を奪った後，監督のフラビオ・コスタがジャイールに守備に回るように指示したが，大歓声にかき消されたとはいえ徹底せず，同点に追いつかれた後も攻めに出て致命的な２点目を奪われた。選手たちは前夜遅くまで優勝の前祝いをしていて，スタミナが切れたとの説もある。

活躍した選手たち

得点王は９ゴールをあげたブラジルのアデミール。決勝リーグのスウェーデン戦では４点を荒稼ぎした。ドリブル，シュートとも抜群の完成された選手で，ブラジルが生んだ歴代最高のCFの１人と称された。

その脇を固めたジャイール，ジジーニョとともに６試合22得点の破壊的な攻撃をリードした。

ウルグアイのインナー，スキアフィーノもボリビア戦で４点(FIFAは２点説を採用)をマークした。小柄で細身のイタリア系選手で，1954年のスイス大会後に当時世界最高額の移籍金でACミラン(イタリア)入りし，イタリア代表でも４試合に出場した。

興行面では大成功を収めた。１試合平均の観客動員60,773人は，1994年アメリカ大会まで破られなかった。試合数をふやしたこともあり，収入は３億8,400万フランにのぼった。これをFIFA，ブラジル連盟，参加各国協会が15，30，55％の割合で分配した。ジュール・リメは回想録の中で「大会を敬遠した国々の協会はひどく悔やんだものだった」と記している。 (名取裕樹)

▲優勝したウルグアイチーム ©ユニフォトプレス

1954 スイス大会

戦後初の大会と地区予選

〈マジックマジャール〉の異名をとったハンガリーを，近代サッカー史上最強チームとする声はいまだに根強い。そのハンガリーが敗れた大会，世紀の大番狂わせが起こった大会として，1954年スイス大会は人びとの記憶にとどめられている。

第２次世界大戦後，欧州で最初のワールドカップがスイスで開催されたのは，この小国が大戦の戦火をまぬがれたことが大きかった。敗戦国のドイツやイタリアはもちろん，戦勝国であるフランスもまだ十分に復興したとはいいがたかった。イングランドをはじめとする英国4協会は，(前回辞退したスコットランドを含め)参加の意志こそ示したものの，大会を開催する意欲までは持たなかった。

だがスイス開催には，結果としていくつかのメリットがあった。ひとつは地理的に欧州の中心にあり，観光立国であるスイスは，交通の便もよく国外から観客が集まりやすかったこと。もうひとつは政治的に東西どちらの陣営にも属さないために，東欧諸国も参加しやすかったことであった。

とはいえソビエトは参加を見送った。彼らはヘルシンキ・オリンピックの敗北(１回戦でユーゴスラビアに再試合の末敗れる)から，まだ立ち直れずにいた。また，アルゼンチンも不参加だったが，過去最多の44協会がエントリーを提出した。そのうち締切り日前に到着した38をFIFAが受理し，開催国スイスと前回優勝のウルグアイを除く36か国・地域の間で地区予選が行われた。

スペインがトルコに敗れたのが，予選での番狂わせであった。また，スウェーデンもベルギーに敗れ，出場はならなかった。はじめて予選を戦う日本(1938年大会はエントリーしたものの棄権)は第13組で韓国，台湾と同じグループに入った。そして台湾の棄権により，本大会出場を賭けて韓国と２連戦(ともに会場は日本)を行ったが，１分１敗で出場はならなかった。

１次リーグ

●不評だった新試合形式

本大会は６月10日，フランス対ユーゴスラビア戦で開幕し，ユーロビジョンを通じて他の欧州諸国にも生中継された。ワールドカップがテレビで中継されるのは，これがはじめてのことだった。たしかに放映は全部で8

１次リーグ

グループ1

ユーゴスラビア	1-0	フランス
ブラジル	5-0	メキシコ
フランス	3-2	メキシコ
ユーゴスラビア	1-0	フランス

1.ブラジル……………勝点3(+5)
2.ユーゴスラビア……勝点3(+1)
3.フランス……………勝点2
4.メキシコ……………勝点0

グループ2

ハンガリー	9-0	韓国
西ドイツ	4-1	トルコ
ハンガリー	8-3	西ドイツ
トルコ	7-0	韓国
２位決定戦		
西ドイツ	7-2	トルコ

1.ハンガリー…………勝点4
2.西ドイツ……………勝点2(-2)
3.トルコ………………勝点2(+4)
4.韓国…………………勝点0

グループ3

オーストリア	1-0	スコットランド
ウルグアイ	2-0	チェコスロバキア
オーストリア	5-0	チェコスロバキア
ウルグアイ	7-0	スコットランド

1.ウルグアイ…………勝点4(+9)
2.オーストリア………勝点4(+6)
3.チェコスロバキア…勝点0(-7)
4.スコットランド……勝点0(-8)

試合にすぎず，また国もスイスをはじめフランス，西ドイツ，イタリア，英国など８か国に限られていた。しかし，パリの街角には幾台もの街頭テレビが置かれ，人びとは1時間半の新しいスペクタクルに群がった。サッカーをめぐる環境は，着実に変化しつつあった。ワールドカップの公式映画が作られたのも，この大会が最初である。

試合形式も，複雑な新形式が導入され不評を買った。４チームずつの４グループによる１次リーグと，それを勝ち抜いた８チームの第２ラウンド。１次リーグはシードの８か国と非シードの８か国に分けて抽選し，シード国同士，非シード国同士は対戦しない。その代わりに，90分を通して決着がつかない場合には，30分の延長戦を行う。さらに１勝１敗で２チームが並んだ場合には，両者の得失点差や直接対決の結果に関係なくプレーオフを行った。

●優勝候補ハンガリーの革新性

ハンガリーは絶対的な優勝候補であった。それほど彼らの強さは抜きん出ていた。1950年６月以来，27の国際試合で無敗。そのなかにはユーゴスラビアを２－０で破り，金メダルを獲得したヘルシンキ・オリンピック決勝や，イングランドに対する２つの勝利も含まれていた。とくに1953年11月25日に行われたイングランド協会設立90周年を記念した試合では，ヨーロッパ大陸のチームとしてははじめてウエンブリーでイングランドを破り（スコアは６－３），イングランドのウエンブリー不敗神話に終止符を打った。また，６か月後のブダペストでのリターンマッチでも，７－１でイングランドを粉砕。サッカーの母国のプライドを粉々に打ち砕いた。

左足の強シューターでキャプテンのフィレンツ・プスカシュと，〈黄金の頭〉の異名をとるサンドロ・コチシュの両インサイドフォワードをトップに，センターフォワードのナンドル・ヒデクチがゲームメーカー的にやや引き気味に位置するポジショニングは，従来のWMフォーメーションとは趣を異にしていた。ヒデグチをライトハーフのヨーゼフ・ボジクがサポートする。もう１人のハーフであるザカリアーシュはディフェンスラインの中に入り，センターバックの役割を果たす。両ウィングにはスピーディなゾルタン・チボールとブダイIIが並ぶそれは，その後ブラジルにより一世を風靡する4-2-4システムの起源といえるものであった。

だが，ハンガリーの革新性はフォーメーションばかりではない。各ポジションはそれぞれ明確な役割が規定されていたが，特筆すべきは選手たちが，試合中に自由にポジションチェンジをくり返したことであった。西側のジャーナリストに〈渦巻き〉と形容されたその動きと，浅いディフェンスラインをカバーする，11人目のフィールドプレーヤーともいうべき活動範囲の広いゴールキーパー（グロシチ）。ハンガリーはまた，20年後に出現するトータルフットボールの源流でもあった。このチームを率いたのが，当時スポーツ省副

グループ４

イングランド	4-4	ベルギー
スイス	2-1	イタリア
イングランド	2-0	スイス
イタリア	4-1	ベルギー
２位決定戦		
スイス	4-1	イタリア

1.イングランド………勝点３
2.スイス……………勝点２(－１)
3.イタリア…………勝点２(＋２)
4.ベルギー…………勝点１

第２ラウンド

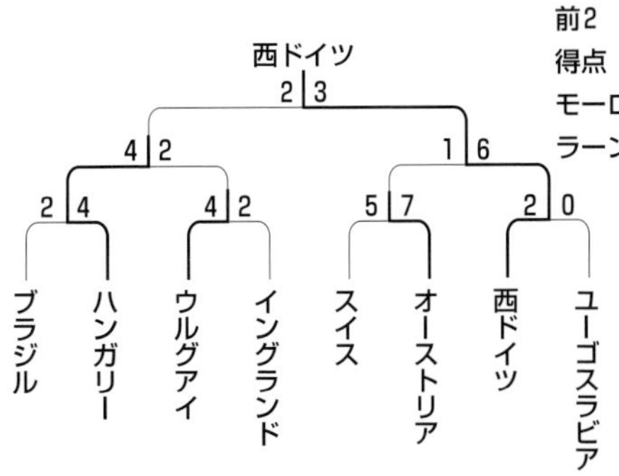

決勝
西ドイツ　3-2　ハンガリー
前2　後2　　前2　後0
得点　　得点
モーロック（11分）　プスカシュ（５分）
ラーン（18分，84分）　チボール（９分）

３位決定戦　オーストリア　3―1　ウルグアイ

▲ハンガリーがセンタリングしたボールに向かう，カストロ（ブラジルGK）　©ユニフォトプレス

大臣であったグスタフ・セベシュと，コーチのジュラ・マンディであった。

●対抗馬の南米勢

ハンガリーの対抗馬と見られていたのが，ディフェンディングチャンピオンのウルグアイとブラジルの南米勢であった。アンチ・フィジカルの象徴ともいうべきアルシデ・ギジャはすでにチームを去っていたが，39歳のバレラはいまだキャプテンとしてチームの中心だった。加えてアンドラーデやマスポリ，そして他に比類なき名手のファン・スキャフィーノももちろん健在で，ウルグアイもまた同国サッカー史上最強チームをスイスに送り込んできた。メンバーが前回から一新したブラジルは，ジジやジュリーニョ，２人のサントスなど新しい世代が台頭していた。

●評価の低かった西ドイツ

他方で数年前まで欧州最強といわれたオーストリアは，チームがすでにピークをすぎていた。また，過去２度優勝のイタリアも，大会に向けて集中すべきときに，なにゆえかチームは統制を失った。イタリアは１次リーグで地元スイスに２度敗れ，失意のうちに帰国する。逆に注目を集めたのが，スキルフルでエレガントなサッカーで，強豪の一角に食い込みつつあるユーゴスラビアであった。

西ドイツは…，彼らはシードすらされていなかった。評価の低さは大会に入ってからも変わらなかった。１次リーグではトルコを４－１で破った後，ハンガリーには３－８で大敗。だがこの試合には，ふたつのポイントがあった。ひとつは西ドイツのリープリッヒが，プスカシュに蹴りを入れて彼を負傷させたこと。これは後の決勝での伏線になる。

そしてもうひとつは西ドイツが，トルコ戦から７人を入れ換えて試合に臨んだことであった。要は１勝１敗でプレーオフに回ってもトルコには勝てる。しかも２位で１次リーグを通過すれば，以降の戦いでブラジルやウルグアイの難敵を避けられる。ならば，むりしてハンガリーに勝負を挑む必要はないというのが，ゼップ・ヘルベルガー監督の策略であった。とはいえ，この時点でのヘルベルガーの目標はベスト４であり，まさか自分たちが頂点をきわめるとは思ってもいなかったが……。

事実，西ドイツはプレーオフでトルコを７－２と下し，準々決勝へと進む。相手はユーゴスラビア。相手のオウンゴールにも助けられ，劣勢の試合をものにした西ドイツは，つづく準決勝のオーストリア戦も，戦前の予想を覆して大勝する。派手さはないが効率的でパワフルなサッカーは，専門家や観客の受けはよくなかった。しかし，フリッツ・ワルター主将のもと，組織的で統率のとれたプレースタイルは，相手には大きな脅威であった。

ハンガリーは前評判どおりの強さを発揮した。韓国にワールドカップ記録となる９－０の大勝。西ドイツにも快勝し，圧倒的強さでベスト８に勝ち上がった。２試合でコチシュが７点，プスカシュが３点。しかし，その後彼らの前に立ちはだかるのは，ブラジル，ウルグアイという南米の巨人たちであった。

第２ラウンド

●忌まわしい〈ベルンの闘い〉

１次リーグで，ユーゴスラビアとベストゲームともいうべきスキルフルな試合を行ったブラジルは，満を持してベルンにやってきた。が，雨も災いしてその闘志は空回りしたうえに，ハンガリーに得意の先制攻撃を許し，０－２とリードされてしまう。その後はリズムを取り戻し，PKにより１点を返して前半を終えるが，ハンガリーのトートⅠが負傷により事実上プレー続行が不可能になるなど，試合は荒れ模様だった。

後半になると状況はさらに悪化し，ボジクとニウソン・サントスが殴り合いを演じてともに退場。また，終了まぎわにはブラジルのトッシも退場となった。それでも攻勢に出たブラジルは果敢に攻めたてたが，ハンガリーはコチシュがブラジルを突き放す４点目を得意のヘディングで決めて，試合を決定づけた。

アーサー・エリス主審の厳然たるレフリングにより試合は最後まで続行したが，問題はロッカールームに舞台を移して，その後も乱闘が続いたことだった。その原因は主にブラジル側にあるが，出場しなかったプスカシュが，この騒ぎでどんな役割を演じたかなど，疑問の残る点も多い。ただいずれにせよ，〈ベルンの闘い〉として名高いこの試合は，

▲スコットランドのディフェンスがクリアに失敗したボールをウルグアイがゴール　©ユニフォトプレス

1938年大会の〈ボルドーの闘い〉と並ぶ忌まわしいできごとであった。

●史上最高の試合

本当に忘れられない試合は，次のハンガリー対ウルグアイの準決勝であった。それは，サッカーが本来持つべき美しさという点で特筆すべき試合，ワールドカップ史上でも屈指の(ある者にいわせれば最高の)好ゲームであった。

ハンガリーが13分にチボールが先制し，後半開始早々にヒデクチがリードをひろげた。だが，ここまでワールドカップで無敗，この大会に入ってもスコットランドとイングランドに快勝して好調のウルグアイも，決して勝負をあきらめなかった。終盤は完全にゲームを支配し，スキャフィーノとオベルグのコンビが２点をあげて，試合を振り出しに戻す。勝負を決めたのは，コチシュの〈黄金の頭〉だった。延長後半の彼の２得点が，粘るウルグアイの希望を断ち切ったのであった。

大番狂わせの決勝戦

ハンガリーの前には，もはや行く手を遮る敵はだれもいないように見えた。決勝の相手は１次リーグで大勝している西ドイツ。ワールドカップは手を伸ばせば届くところにあった。ところがサッカーの女神は，ハンガリーには微笑まなかった。ブラジル，ウルグアイとの連戦で，選手に疲労が蓄積していたこと，宿泊するホテルの周囲がカーニバルのために騒然として，決勝当日は朝までよく眠れなかったこと，さらに負傷が完全に癒えてはいな

▲コーナーキックをGKグロシチ（ハンガリー）のミスで西ドイツの２点目　©ユニフォトプレス

いプスカシュを，本人の強い希望により先発出場させたこと……。だがそれでもハンガリーは，彼らのやり方で先制する。プスカシュ（５分）とチボール（８分）の連続ゴールで，瞬く間に２－０とリードを奪うのだった。

西ドイツも反撃する。屈強な肉体と不屈の闘志こそは，彼らの最大の武器であった。10分にはモーロックが，18分にはコーナーキックをラーンが決めて，すぐに同点に追いつく。その後はどちらも攻撃的スタイルながら，決定的なチャンスを何度も作り出したのはハンガリーだった。しかし，彼らがくり出すシュートは，ことごとくポストやバーに跳ね返され，あるいはGKトゥレクの好セーブに阻まれた。そして84分，ハンス・シェーファーのクロスを受けたラーンがふたたびグロシチを破り，ついに西ドイツが試合をリードしたのだった。その２分後にはプスカシュが同点ゴールを決めたかに見えたがオフサイドの判定で無効に。チボールのシュートも，トゥレクに阻まれて試合が終了した。

▲優勝した西ドイツチーム　©ユニフォトプレス

史上最強チームは，彼らにとってもっとも大事な試合に敗れた。それは足かけ６年の間に，彼らが喫した唯一の敗北であった。そしてハンガリーには，２度とチャンスは訪れなかった。1956年のハンガリー動乱により，チームが崩壊してしまったからだ。プスカシュ，コチシュ，チボールらはスペインに亡命し，無敵のチームは一瞬にして崩壊した。

一方，予想をくつがえす西ドイツの勝利は，いまだ敗戦にうちひしがれるドイツ国民に大きな希望を与えた。ワールドカップ優勝が，西ドイツの戦後復興に大きな弾みをつけたのであった。

（田村修一）

1958 スウェーデン大会

予選と本大会出場国

第1回から参加しながら栄冠には届かなかったブラジルが，はじめて優勝した大会。プレーヤーのすばらしいボールテクニックと4-2-4のフォーメーション，さらには初登場のペレの大活躍があり，第1回大会から28年を経た本大会はサッカーの楽しさを全世界に伝えるとともに，技術・戦術の発達に大きな影響を与えた。

●51か国が地域予選に参加

前回優勝の西ドイツと開催国スウェーデンは予選なしの出場で，世界各地域の予選には51か国が参加した。欧州は27か国が9代表枠を，南米は3代表を決めるため，それぞれ3チームずつのグループに分かれてリーグ戦で各組1位を決めた。北中米は6国が1つの椅子をめざしてメキシコが代表。

アジア・アフリカ地域は7か国(1代表)が申し込み(日本はエントリーせず)ながら，イスラエルとの対戦を拒否して棄権する国があいつぎ，結局イスラエルが1試合もしないまま残った。FIFAはこれを認めず，欧州・南米の各組2位の中から抽選でウェールズを選び，イスラエルとの対戦で2勝したウェールズが出場権を得た。

この結果，欧州ではイングランド，北アイルランド，スコットランド，ウェールズと英国4協会がはじめて顔をそろえた。この英国4協会と西ドイツ以外は，ハンガリー，フランス，オーストリア，そして初登場のソ連にユーゴが本大会に進み，優勝2回のイタリアは北アイルランドに勝点1及ばなかった。

南米からは，ブラジルと久しぶりのアルゼンチン，そしてパラグアイがやってきた。

●ソ連，ブラジル，イングランド

大戦直後にヴェールを脱いだソ連のサッカーは，ディナモ・モスクワが1954年に英国遠征で2勝2分けの好成績で〈母国〉を驚かせたあと，1956年のメルボルン・オリンピックで優勝した。金メダリストのGKレフ・ヤシンやMFのイーゴリ・ネットたちは，欧州第6組でポーランドとともに3勝1敗となり，プレーオフの末2－0で勝ってのワールドカップ初登場だった。このころは，勝敗数(勝点)が同じときは得失点差ではなく，再試合を行った。本大会も同様で，1次リーグで同勝点のときは，プレーオフで準々決勝に進むチームを決めた。

1 次 リ ー グ

グループA

西ドイツ	3-1	アルゼンチン
北アイルランド	1-0	チェコスロバキア
西ドイツ	2-2	チェコスロバキア
アルゼンチン	3-1	北アイルランド
西ドイツ	2-2	北アイルランド
チェコスロバキア	6-1	アルゼンチン
●プレーオフ		
北アイルランド	2-1	チェコスロバキア

1.西ドイツ …………… 勝点4
2.北アイルランド …… 勝点3(−1)
3.チェコスロバキア … 勝点3(+4)
4.アルゼンチン ……… 勝点2

グループB

ユーゴスラビア	1-1	スコットランド
フランス	7-3	パラグアイ
パラグアイ	3-2	スコットランド
ユーゴスラビア	3-2	フランス
フランス	2-1	スコットランド
パラグアイ	3-3	ユーゴスラビア

1.フランス ……………… 勝点4(+4)
2.ユーゴスラビア …… 勝点4(+1)
3.パラグアイ ………… 勝点3
4.スコットランド …… 勝点1

グループC

スウェーデン	3-0	メキシコ
ハンガリー	1-1	ウェールズ
メキシコ	1-1	ウェールズ
スウェーデン	2-1	ハンガリー
スウェーデン	0-0	ウェールズ
ハンガリー	4-0	メキシコ
●プレーオフ		
ウェールズ	2-1	ハンガリー

1.スウェーデン ……… 勝点5
2.ウェールズ ………… 勝点3(0)
3.ハンガリー ………… 勝点3(+3)
4.メキシコ …………… 勝点1

▲ガリンシャ（ブラジル，左）とメル・ホプキンス（ウェールズ）
©ユニフォトプレス

ソ連と同じグループのイングランドは，この年２月のマンチェスター・ユナイテッドの飛行機事故によって大きなダメージを受けていた。代表キャプテンのDFロージャー・バーン。26歳の充実したストライカー，トミー・テイラー，あのボビー・チャールトンが「私が劣等感を持ったほどすばらしいプレーヤー」と称えた21歳のMFダンカン・エドワーズを失っただけでなく，奇跡的に助かりはしたが，若いボビー・チャールトンもまた，この大会には調子はもどらないままだった。

この組での注目ブラジルは，優勝を目前にしてプレッシャーにつぶされた1950年の〈マラカナンの悲劇〉，無敵ハンガリーと殴り合った1954年の〈ベルンの戦い〉の教訓から，フェオラ監督はフィジカル・トレーニングをしっかり行い，また有能なゴスリング医師を起用して理想的なキャンプ地の選定にあたらせるなど，十分な準備を整えてきた。

第１ラウンド

●スウェーデンの代表強化

６月８日の開幕日は各組２試合ずつ８試合が行われ，１組では西ドイツがアルゼンチンを３－１で破り，北アイルランドがチェコを１－０で倒した。前回チャンピオンの西ドイツは，対ハンガリーの決勝ゴールを決めたラーンがこの日も２得点，ハンブルグの21歳のストライカー，ウベ・ゼーラーが１ゴールした。37歳のフリッツ・ワルターは健在で，プレーメーカーぶりを発揮した。

第２組は，ユーゴとスコットランドが１－１で引き分け，フランスはパラグアイを７－３で撃破した。フォンテーヌは３ゴールを決め，大会得点王への第１歩を踏み出している。

第３組ではスウェーデンがメキシコに３－０で完勝，ハンガリーとウェールズが引き分けた。プロを認めていなかった当時のスウェーデンでは，この大会を迎えるにあたって国外で活躍するプレーヤーの代表入りを承認した。

第４組は，ソ連とイングランドが初戦を２－２で引き分け，ブラジルがオーストリアに３－０で勝った。

●ペレ，ガリンシャの登場

こうしてスタートを切った大会は，第２戦，

グループD

ソ連	2-2	イングランド
ブラジル	3-0	オーストリア
ブラジル	0-0	イングランド
ソ連	2-0	オーストリア
ブラジル	2-0	ソ連
イングランド	2-2	オーストリア
●プレーオフ		
ソ連	1-0	イングランド

1.ブラジル……………… 勝点5
2.ソ連…………………… 勝点3(0)
3.イングランド………… 勝点3(0)
4.オーストリア………… 勝点1

第２ラウンド

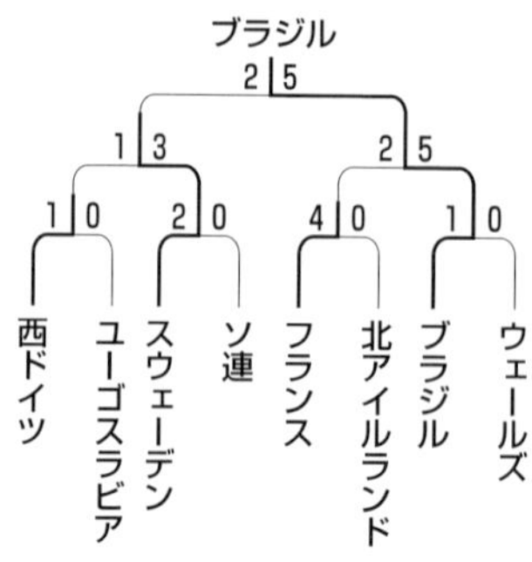

決勝
ブラジル　5-2　スウェーデン
前2　後3　　前1　後1
得点　　得点
ババ(9分，32分)　　リードホルム(3分)
ペレ(55分，90分)　　シモンソン(80分)
ザガロ(68分)

3位決定戦　フランス　6-3　西ドイツ

第３戦が行われ，１組では西ドイツがトップ，北アイルランドとチェコは，プレーオフで北アイルランドが勝った。

第２組はフランス，ユーゴが１，２位となり，第３組はスウェーデンが１位，ウェールズとハンガリーはプレーオフでウェールズがベスト８に。２年前のハンガリー動乱のときにプスカシュら中心選手が国を離れたあと，ハンガリー代表にはかつての40勝７分１敗，の輝かしい〈マイティ・マジャール（偉大なマジャール人）〉の面影はなかった。

激戦区の第４組を首位で通過したのはブラジル。第１戦の勝利のあと，イングランドと０－０で引き分けると，第３戦の対ソ連にはジョエルとアルタフィーニに代えてガリンシャとペレを起用。彼らとCFババとの呼吸が合って，ババの２得点でソ連を破った。

６月15日のニヤ（新）ウレビ競技場に集まった人たちは，17歳の少年ペレが背番号10をつけてはじめてワールドカップに登場するのを見た。ガリンシャのドリブル突破からのシュートがバーを叩き，そのあとペレがジジからのパスをダイレクトシュートしてヤシンを抜いたが，これもバーだった。そのペレを警戒したソ連DFの逆をつくパスがジジからババへ送られ，ノーマークのババが先制ゴールを決めた。

後半にジジからのパスを受けたペレがドリブルし，相手DFを引きつけてババへパスを送り，ババのビューティフルゴールが生まれた。２－０の完勝だった。

ペレはブラジルではすでに名を知られていた。16歳でサントスFCのレギュラーになり，ブラジル代表としてアルゼンチンとの試合にも出場して得点をあげていた。代表チームの出発直前の試合で悪質なタックルを受けて右膝を痛めたが，ゴスリング医師の「大会には回復し，試合に出場できる」との診断で，スウェーデンへやってきたのだった。

第２ラウンド

●準々決勝，ペレの初ゴール

準々決勝は６月19日，４会場で行われた。

▲ウェールズのGKケルシーがスウェーデンのカルガレンのシュートをセーブ　©ユニフォトプレス

エテボリで，ブラジルはウェールズの固い守りに手を焼き，66分のペレのシュートが唯一のゴールとなった。GKケルシーがブラジルの攻撃を阻んでいた。ペレがパスを受けて，ボールを浮かせてDFをかわしてシュートしたときも，ケルシーはそのコースを読んでセービングに入った。しかし，ペレのシュートはDFの足に当たって角度が変わってゴールに入った。

シュートチャンスを妨害にくる相手DFに対してボールを浮かせてかわし，シュートへもっていくペレのゴールシーンはこの大会の決勝でも見られた。ペレのストライカーとしての非凡の才能と身に備わった幸運によるワールドカップ初ゴールによって，ブラジルのチャンピオンへの道は大きく開いた。

ノルチェピングでは，フランスが北アイルランドに４－０で大勝した。２日前にチェコとのプレーオフを延長で勝ったあと，マルメからの移動（330km）があり，故障者も抱えた北アイルランドは休養十分のフランスにはハンディが大きかった。１次リーグで６得点したフォンテーヌは，２ゴールを加えて通算８得点となった。

最南端の港町マルメでは，西ドイツがユー

▲対ソ連戦でトム・フィニー(イングランド)がPKで同点ゴール
©ユニフォトプレス

ゴを破った。ユーゴにとっては前大会の雪辱戦だったが，ジュネーブで決勝ゴールを決めたラーンが，この試合でも開始12分に得点し，これが両チーム唯一のゴールとなった。

首都ストックホルムでは，オリンピック・チャンピオンのソ連が開催国に屈した。プレーオフで疲れた相手に対して，スウェーデンは中盤を制した。ハムリンとスコグルントの両翼がDFを悩まし，後半にハムリンとレモンソンがゴールした。

●準決勝，開催国の盛りあがり

ベスト４の対決は，エテボリでスウェーデン対西ドイツ，ストックホルムでブラジル対フランスの組み合わせ。

スウェーデンのサポーターは驚くほどの〈愛国心〉を発揮し，その大声援は西ドイツの応援を圧倒し，スタジアムに響きわたった。しかし，先制ゴールは西ドイツ。ガーラーからのパスをシェーファーが中距離シュートして１－０。その５分後にリードホルムの突破からスコグルンドのシュートで同点。

後半に入って互角の形勢が一変した。西ドイツのDFユスコヴィアクがハムリンの足を蹴って退場処分となり，30分間を10人で戦うことになった。さらに攻撃の中心フリッツ・ワルターが負傷して，最後の15分は９人同様となった。あと10分というところで，グレンがハムリンのシュートのリバウンドをものにし，さらにハムリンがDF３人を抜いてシュートを決めた。

コパとフォンテーヌのコンビが，ブラジルのディフェンスから何点を奪うか―がストックホルムでの見どころだった。

▲対スウェーデン戦でババ(ブラジル)が２点目を決める
©ユニフォトプレス

ブラジルの４-２-４フォーメーションの４バックは，すでに３FB時代から相手ボールのときはHBが後退してFBラインに入る形があった。４人のFWも，1953年からのハンガリー代表のMフォーメーションがよく知られていた。また，南米ではリオのフラメンゴが1950年代の早いうちから４-２-４をとったとされている。しかし，代表チームではこのときがはじめてで，選手の個性に適合したこのシステムは，試合を重ねるごとに評判になった。６人が参加する攻撃もさることながら，２センターバックと両サイドのDF，GKジウマールの守りは固く，ここまでの４試合は無失点だった。

期待どおり，フランスは０－１とリードされてから早いうちにフォンテーヌが同点とし，しばらく均衡がつづいたが，ジジが意表をつくドリブルシュートで勝ち越し，後半はペレが得点して一気に突き放した。

フランスは，守りの中心ジョアンケが負傷して戦力ダウンする不運もあり，ピアントニが１点を加えただけ。観客はそれを忘れてペレの妙技に拍手を送った。

比類のない正確なパス，ボールのように弾む体，強力なシュート，ブラジル・イレブンの卓越した技巧のなかで，17歳の少年の才能は一段と輝いていた。

● ３位決定戦

６月28日，決勝の前日，エテボリでの３位決定戦でフランスが西ドイツを６－３で破った。コパはこの日もチャンスを生み出し，フォンテーヌは１人で４ゴールして，合計13得点，大会の得点王となった。ひとつの大会でのこの最高得点はまだ破られていない。

決勝戦

●最も強く，巧みなチームが勝った

6月29日のストックホルムは，前日の3位決定戦と同じく雨の中だった。

試合はスウェーデンのリードではじまった。長身のリードホルムが，するするとブラジルDFの中央部をドリブルで通り抜けてシュートを左隅へ決めた。英国人のジョージ・レイヤー監督は「リードすれば，ブラジルは冷静さを失う」と期待していたが，今年のブラジルはそうはならなかった。

6分後にガリンシャの右サイド突破とそれにつづく早いグラウンダーにババが合わせて同点，32分にも同じコースで2点目を加えた。スウェーデンの頼みの両翼ハムリンとスコグルンドは，ニルトン・サントスと今大会はじめて起用されたジャマ・サントスの2人に封じられ，ブラジル側は自由に中盤を支配しはじめた。

後半10分にペレが2人を浮き玉でかわすビューティフルゴールで3－1とした。ニルトン・サントスからのボールをエリア内で太腿でトラッピングして1人目をかわし，ついで2人目の頭上を越してその背後に回り込み，ボレーシュートをしたのだった。ザガロの4点目が加わったあと，スウェーデンが2点目を決めたが，ブラジルはペレが，今度はそのジャンプ力を見せつけてヘディングで5点目を奪った。

▲13点をあげて得点王となったフランスのフォンテーヌ　©ユニフォトプレス

スウェーデンの国旗を持って場内を一周するするブラジルチームに，スタンドも熱い拍手で応えた。最も美しく上手で強いチームがワールドチャンピオンとなった。敗れた開催国も2位を喜び，ワールドカップはかつてない楽しみに満ちた結果となった。

●内容の充実した華やかな大会

大会の観客数は，82万1,363人（1試合平均2万3,000人），入場料収入は62万700ポンド（当時の日本円で6億2,070万円），テレビ放映料10万3,500ポンド（1億350万円）――テレビ放映は1954年からだが今回は約400万人の視聴者があったという。

第6回大会は，数字からみれば簡素な大会だったが，試合内容の充実と華やかさによってワールドカップの人気をひときわ高めることになった。（賀川　浩）

▼決勝戦のブラジル対スウェーデン　©ユニフォトプレス

1962 チリ大会

地震からの復興と大会開催

FIFAワールドカップの開催に，国際政治や経済状況が立ちはだかった例はある。しかし，1962年のチリ大会が克服しなければならなかったのは，自然の猛威だった。

大会の開催を約２年後に控えた1960年５月22日16時25分，チリの首都サンティアゴから南へ700kmあまり，バルディビア市の沖の海底を震源地とする大地震が発生した。マグニチュード9.5という大規模な地震によって，2,000人にのぼる死者を出すなど，チリは南部を中心に大きな被害に見舞われた。

この地震は，日本とも無縁ではなかった。日本時間で５月24日の午前２時すぎ，地震の影響による大きな津波が，東北地方の三陸沿岸と北海道東岸を襲い，死者・行方不明者合わせて139人，9,000人近い負傷者・2,800以上の家屋が全壊流出という被害をもたらしたのである。

チリ国内の経済活動，社会生活は，停滞せざるを得なかった。国外からは開催を危ぶむ声が高まった。

●チリ大会にゴーサイン

しかし，その年の10月に行われたFIFA総会は，チリでの開催にゴーサインを出した。「われわれはすべてを失った。だからこそ，ワールドカップを開かねばならない」という，チリ・サッカー協会のカルロス・ディットボルン会長の演説は，出席者の心を強く打った。1956年のFIFA総会で，有力候補のアルゼンチン，西ドイツを退けて開催権を勝ち取ったチリの情熱は，いささかも衰えていなかった。

残念ながら，開催実現の最大の功労者であるディットボルン会長は，実際に大会を目にすることなく，開幕の１か月前に心臓マヒによって他界してしまった。だが，彼の志は受け継がれ，大会運営はスムーズで，競技場の施設なども問題なく，ホスピタリティも申し分なかったという。ベニューのひとつであるアリカのスタジアムには，ディットボルン会長の功績を称え，彼の名が冠せられた。

予選には，それまでで最多となる56の国と地域がエントリーした。欧州では前回大会で２位のスウェーデン，３位のフランスが予選で姿を消す波乱があり，アジアやアフリカのチームは，欧州勢との対戦で敗退。日本を破った韓国は，ユーゴスラビアの壁を突破できなかった。

１次リーグ

グループ1

ウルグアイ	2-1	コロンビア
ソ連	2-0	ユーゴスラビア
ユーゴスラビア	3-1	ウルグアイ
ソ連	4-4	コロンビア
ソ連	2-1	ウルグアイ
ユーゴスラビア	5-0	コロンビア

1.ソ連……勝点5
2.ユーゴスラビア……勝点4
3.ウルグアイ……勝点2
4.コロンビア……勝点1

グループ2

チリ	3-1	スイス
西ドイツ	0-0	イタリア
チリ	2-0	イタリア
西ドイツ	2-1	スイス
西ドイツ	2-0	チリ
イタリア	3-0	スイス

1.西ドイツ……勝点5
2.チリ……勝点4
3.イタリア……勝点3
4.スイス……勝点0

グループ3

ブラジル	2-0	メキシコ
チェコスロバキア	1-0	スペイン
ブラジル	0-0	チェコスロバキア
スペイン	1-0	メキシコ
ブラジル	2-1	スペイン
メキシコ	3-1	チェコスロバキア

1.ブラジル……勝点5
2.チェコスロバキア……勝点3
3.メキシコ……勝点2(−1,3/4)
4.スペイン……勝点2(−1,2/3)

1次リーグ

決勝大会は前回同様，16チームを４チームずつ４グループに分けた１次リーグ後，各グループの上位２位までが準々決勝に進む方式。ただし，１次リーグでの勝ち点が同じだった場合，従来のような順位決定戦ではなく，得失点差によって順位が決められることになった。

●サンティアゴの戦争

FIFAワールドカップの歴史上，この大会は非常に守備的で，荒っぽいプレーが応酬されたとのイメージが強い。事実，１試合平均2.78点という得点は，それまでの大会にくらべると最も少なく，ピッチの上では醜い事件も起きた。それが，〈サンティアゴの戦争〉として知られる，大荒れのチリ対イタリア戦（１次リーグのグループ２）だった。

伏線はすでに，大会前から張られていた。２人のイタリア人記者が，大会運営能力を批判しただけでなく，サンティアゴの貧しさや，チリ人女性の行動についての誇張した記事を打電した。イタリア在住のチリ人たちが，そのレポートの掲載された新聞の切り抜きを本国に送り返すと，人びとは憤慨し，イタリアへの憎悪があっという間に広がった。

イタリアの選手たちによると，チリの選手はキックオフ直後から顔めがけて，つばを吐きつけてきたという。７分には早くも，フェリーニ（イタリア）がランダ（チリ）への報復で退場処分。納得のいかないフェリーニは，なかなかピッチを去ろうとせず，試合が８分間，中断した。

▲エスクーチ（チリGK）のセービングも及ばずスイスのゴールが決まる　©ユニフォトプレス

プロボクサーを父にもつチリのL・サンチェスは，執ように蹴りつけるダビドを，強烈な左フックでノックアウトしてしまったが，英国人のアストン主審の背後でのできごとだった。彼はマスキオにもパンチを見舞い，鼻の骨を折ってしまったのだが，いかなる処分も下されなかった。

さらに前半終了直前，ダビドがL・サンチェスの首のあたりを蹴ったが，今度は主審が目撃するところとなり，退場処分を宣告された。接触プレーがあると，必ずといっていいほど，両チームの選手が入り乱れた。

９人で戦うイタリアは，守備を固めて引き分けをねらう。だが，チリは73分にラミレスが均衡を破り，トロのミドルシュートで２－０。開幕戦はスイスに３－１の逆転勝ちを収めていたため，チリの準々決勝進出が決まった。このグループ２からは，イタリアと０－０で引き分け，スイスに２－１，チリに

グループ4

アルゼンチン	1-0	ブルガリア
ハンガリー	2-1	イングランド
イングランド	3-1	アルゼンチン
ハンガリー	6-1	ブルガリア
ハンガリー	0-0	アルゼンチン
イングランド	0-0	ブルガリア

1.ハンガリー ………… 勝点5
2.イングランド ……… 勝点3(＋1)
3.アルゼンチン ……… 勝点3(－1)
4.ブルガリア ………… 勝点1

第２ラウンド

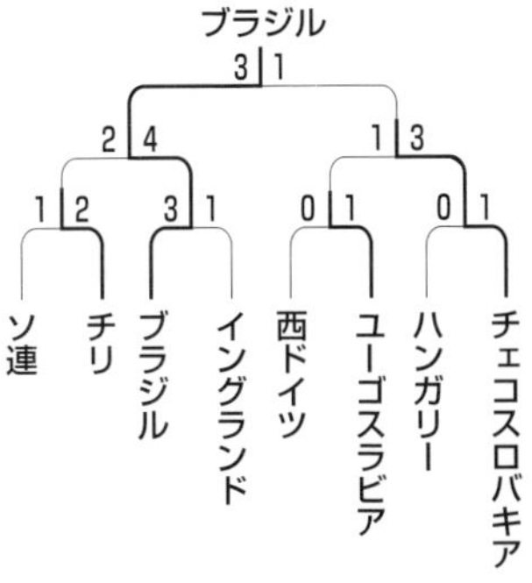

決勝

ブラジル　3-1　チェコスロバキア

ブラジル	チェコスロバキア
前1　後2	前1　後0
得点	得点
アマリウド(17分)	マソプスト(15分)
ジト(69分)	
ババ(78分)	

３位決定戦　チリ　1-0　ユーゴスラビア

▲チャールトン（イングランド）のシュートはGKグロシクス（ハンガリー）に阻まれる ©P. Kishimoto

２－０と連勝した西ドイツが，１位で勝ち抜いた。

●優勝候補ブラジル

この大会の優勝候補筆頭は，やはりブラジルだった。レギュラーのうち，センターバックのマウロとゾジモ以外はすべて，４年前のスウェーデン大会優勝メンバーで，ペレはまだ21歳の若者だった。

ブラジルはグループ３の初戦でメキシコを２－０で下したが，ペレはザガロの先制点をアシストし，自らも追加点をマークした。しかし，次のチェコスロバキア戦でシュート体制に入ったとき，相手選手ともつれて右足の太ももを痛める。

当時はまだ，選手交代が認められておらず，残りの時間をタッチライン際で過ごした。それでもなお，ドリブルやパスを試みたが，チェコスロバキアの選手たちはむりにボールを奪おうとするようなことはなかった。ペレは後に，「思い出すといつも感動し，全キャリアにおける最高の思い出のひとつ」と振り返っている。

試合は０－０の引き分け。だが，その後の試合のピッチに，ふたたびペレの姿を見ることはできなかった。

アイモレ・モレイラ監督は，準々決勝進出のかかるスペイン戦で，ペレの代わりにアマリウドを送り込んだ。試合はスペインに先行を許したものの，アマリウドが期待に応えて72分，86分と連続ゴール。２－１の逆転勝利で，５大会連続８強入りを果たした。

チェコスロバキアは，メキシコとの最終戦を残していたが，ブラジルの勝利によって２位が確定し，準々決勝に進むことができた。メキシコ戦は１－３で敗れたが，マシェクが開始15秒で決めた先制点は，大会史上もっとも早い時間帯での得点記録として，現在も破られていない。

●ブラジルの対抗馬ソ連

ブラジルの王座を脅かす有力な対抗馬と考えられていたのは，グループ１のソ連だった。〈黒くも〉の異名を取る名GKのヤシンをはじめ，２年前の欧州選手権で優勝を飾ったチームを基盤とし，初戦でユーゴスラビアを２－０。開始11分で３－０とリードしたコロンビアとの試合を，４－４の引き分けにもち込まれたのは意外だったが，ウルグアイを２－１で振り切って１位通過。イエルコビッチ，ガリッチが３点ずつをあげたユーゴスラビアが，これにつづいた。

グループ４からは，ハンガリーが１位で準々決勝に進んだ。第１戦のイングランド戦は，ティチーが代表にデビューして間もないムーアのマークの甘さを突いて，強烈な左足シュートで先制。その後，同点に追いつかれたが，エースのアルベルトがGKのスプリンゲットを誘い出して決勝点を流し込んだ。つづくブルガリア戦は，12分までに４点差をつけ，６－１と圧勝してグループ２位以内を決めた。

1950年大会から４大会連続，チームの指揮をとるウィンターボトム監督率いるイングランドは，ハンガリーに敗れた後，アルゼンチンに３－１で快勝。左ウィングでプレーしたR・チャールトンがたびたびチャンスをつくり，自らも２点目を決めている。ブルガリアとは無得点引き分けに終わり，アルゼンチンと３勝ち点で並んだが，得失点差がものをいって２位を確保した。

準々決勝

準々決勝は，６月10日に行われた。

●ブラジル－イングランド

太平洋岸の港町，ビニャデルマルに居座るブラジルの相手は，前回大会の１次リーグで０－０と引き分けているイングランド。ペレ

▲ババ(ブラジル)のヘッドはスプリンゲット(イングランドGK)を越えて2点目　©ユニフォトプレス

のいない攻撃陣を引っ張るガリンシャの存在感が，ますますクローズアップされてくる。31分にザガロのCKをヘディングで先制。ヒチェンズに同点とされた後には，GKスプリンゲットがキャッチできない強烈なFKを蹴ってババの得点を導き，さらに絶妙のバナナシュートをゴール右上すみに決めて，3－1の快勝の立役者となった。

●チェコスロバキア－ハンガリー

チェコスロバキアが1次リーグでメキシコに敗れたのは，準々決勝でイングランドと当たるのではなく，ハンガリーとの対戦を望んだため，という説もある。あまり状態のよくないランカグアのピッチも，彼らに味方した。13分，ハンガリーの守備を骨抜きにするマソプストのスルーパスを，シェレルがゴール。ハンガリーの猛反撃に対しては，GKシュロイフが好守を連発し，1－0で逃げ切った。

●チリ－ソ連

地元のチリはソ連と戦うため，アリカに移動。収容人員17,000人ほどの小さな〈カルロス・ディットボルン〉スタジアムは満員の観衆で埋まり，期待に応えてチリが11分にリードを奪う。25mほどのFKを直接，L・サンチェスが蹴り込んだ。27分にはチスレンコに1点を返されたが，1分後にはロハスのロングシュートが右すみに突き刺さり2－1。ソ連の2失点は，GKヤシンの責任に帰せられてしまった。

●ユーゴスラビア－西ドイツ

残るカードは，サンティアゴでのユーゴスラビア対西ドイツ戦。1954年大会から3大会連続，準々決勝で顔を合わせることになった両者は，激しい攻防を展開した。均衡が破れたのは，試合終了4分前のことだった。ガリッチがゴールライン際までもち込み，走り込んできたラダコビッチにラストパスを合わせる。ユーゴスラビアは1－0でようやく，前々回，前回の雪辱を果たすことができた。

準決勝，3位決定戦

準決勝は3日後の6月13日。

●チリ－ブラジル

地元のチリはサンティアゴに戻り，ブラジルに挑戦する形となった。国立競技場を埋めた観衆は，この大会で最高となる76,549人。「チ，チ，チ。レ，レ，レ。ビバ・チレ！」の大合唱が，バックスタンドの向こう側に連な

▲ペレ，チェコのノヴァクをかわしてシュート。ペレは足を痛めてファイナルに出場できず　©ユニフォトプレス

るアンデスの山々にこだまする。

だが，圧倒的なチリへの声援を沈黙させたのは，またもガリンシャだった。９分，強烈な左足シュートで先制。32分にはイングランド戦同様，ザガロの左CKをヘディングで決めた。チリも前半終了間際にトロがFKから１点差としたが，ブラジルは後半，パワフルなババが２つのヘディングシュートを決めるなど，４－２で決勝にこまを進めた。

この試合，終盤になってガリンシャが，ロハスへの報復で退場処分。彼はスタンドから投げ込まれた小石で，頭部を切った。

一方，チリはスイスに勝つためチーズを，イタリアに勝つためスパゲティをたいらげ，ソ連を倒すためにウォトカを飲み干すという縁起をかついできたが，ブラジルのコーヒーは苦い思い出となってしまった。

●ユーゴスラビア－チェコスロバキア

東欧勢同士の対決となったビニャデルマルでの準決勝は，サンティアゴの10分の１にも満たない観衆のもとでの試合。技巧的にはユーゴスラビアが上回ったが，チェコスロバキアは１－１からシェレルが80分，84分（PK）と連続ゴールを決めて３－１と突き放し，1934年大会以来の決勝進出となった。

●３位決定戦

ブラジル戦の敗戦から中２日，ユーゴスラビアとの３位決定戦に臨んだチリは，終了直前に生まれたロハスのロングシュートによる決勝点で１－０と勝ち，国民を大いに満足させた。

決勝戦－ブラジル連覇

準決勝で退場処分を受けたガリンシャは，ふつうなら決勝ではプレーできないはずだ。しかし，ブラジル側の熱心な説得によって，FIFAは彼の出場を認めた。もっとも，決勝でのガリンシャは，１次リーグのチェコスロバキア戦同様，目立った活躍はできなかったのだが…。

さて，世界一への最後の戦いは，チェコスロバキアのリードではじまった。15分にマソプストがブラジル守備ラインの裏側に走り込み，シェレルのスルーパスを受けて決めた。

前回のスウェーデン大会決勝と同じく，先制点を許したブラジルだが，反攻は４年前よりも早かった。チェコスロバキアの先制点から２分後，スローインからのボールをもらったアマリウドが，左からペナルティエリアへドリブルで突進。GKのシュロイフはクロスボールを予想したようで，すぐに対応できるポジションをとったが，その瞬間，アマリウドの鋭い左足シュートが，彼と近いほうのポストの間を通り抜け，ネットに突き刺さった。

後半に入るとふたたびチェコスロバキアが盛り返したが，ブラジルはまたも，アマリウドが決定的な働きを披露する。69分，左からシュロイフの頭上を越えるセンタリングを送ると，そこには彼にパスを出したジトがフリーで走り込んでいて，頭でボールに合わせるだけでよかった。

ブラジルの１点目，２点目とも，シュロイフのポジショニングミスから生まれたものともいえる。準々決勝，準決勝ですばらしい守備をみせ，決勝進出の立役者の１人ともいえたシュロイフだが，肝心の決勝では別人のようだった。

だが，彼の不幸はこれだけで終わらなかった。右サイドからブラジルのジャウマ・サントスのあげた高いクロスに対し，太陽が目に入ったのか目測を誤り後方にファンブル。近くに寄せていたババが，無人のゴールに難なく流し込んだ。

この78分の決定的なゴールで，ブラジルはチェコスロバキアを３－１で破り，FIFAワールドカップの連覇を成し遂げた。

大会の主役たち

●ブラジルの立役者ガリンシャ

優勝候補の筆頭にあげられていたブラジル。それは前回のスウェーデン大会とほぼ同じメンバーをそろえ，チームとして若さはやや失われたものの，４年の経験がさらに熟成に導いた，と考えられていたからだ。

そのエースとみられていたペレは21歳になり，ふたたび魔法のようなテクニックを披露して，再度ブラジルにタイトルをもたらすものと期待されていた。事実，初戦のメキシコ戦では４人抜きからゴールを決めて，世界の期待に応えるかと思われた。

しかし，チェコスロバキア戦での負傷は，ペレのチリ大会での役割を終わらせた。彼の代役として起用されたアマリウドの活躍は，ブラジルの選手層の厚さをみせつけたが，真の主役としてブラジル，そして大会全体を救ったのは，28歳と脂の乗り切ったガリンシャだろう。

▲チリのセルジオ・ナバル（4）とラミレス（7），イタリアのディフェンダーにはばまれる　©ユニフォトプレス

ガリンシャというのは〈小鳥〉を意味するそうだが，スウェーデン大会でFIFAワールドカップにデビューしたものの，ペレの華々しい活躍のために脇役の感はまぬがれなかった。だが，チリでの彼は，類まれなテクニックでチャンスをつくり，右足，左足，そしてヘディングとシュートのうまさを発揮してゴールを奪い，完全にブラジルの主役の座を射止めた。相手DFは，右ウィングの彼が右側に抜け出すことを予測していたにもかかわらず，抑えきれなかった。

ブラジルは４年前のスターたちが，この大会で名声を維持した。重戦車タイプのババが４得点をマークし，ガリンシャら５人とともに得点王を分け合ったし，ザガロは左タッチライン沿いを精力的に往復し，不可欠の存在だった。中盤のディディ，ジト，両サイドバックのジャウマ・サントス，ニウトン・サントスらのベテランも，いぶし銀のプレーで優勝に貢献した。

●欧州の立役者

欧州勢ではまず，チェコスロバキアの司令塔，マソプストを忘れるわけにいかない。もともとインサイドフォワードだった彼は，スピード不足を理由に代表チームから外れかけたが，このチリ大会では左サイドのハーフバックとして，右の運動量豊富なプルスカルとともに中盤を支配した。絶妙のパスでチャンスをお膳立てしたほか，決勝ではすばらしい走り込みから先制ゴールをあげるなど，予想外ともいえる準優勝は，彼の存在なくしては考えられなかった。この年，欧州最優秀選手に選ばれたが，チェコスロバキア，そして後のチェコとスロバキアからは現在にいたるまで，唯一の受賞者である。

さらに，イングランドではR・チャールトン，ムーア，西ドイツのゼーラー，シュネリンガー，ハンガリーのアルベルト，イタリアのリベラ，ソ連のヤシンなど，その後の大会で活躍するスター選手たちが登場している。

また，スペインのプスカシュ（ハンガリー），ディステファノ（アルゼンチン，負傷のため試合出場はなし），イタリアのシボリ（アルゼンチン），アルタフィニ（ブラジル）ら，生まれた国の代表でデビューしながら，国籍を変えて出場したビッグネームもいた。

新たな戦法の登場

ブラジルが前回のスウェーデン大会で採用した４-２-４のフォーメーションは，彼らの優勝によって世界に強い影響を及ぼした。これを模倣することは一種の〈流行〉となり，チリ大会でもイタリア，西ドイツ，チェコスロバキア，ユーゴスラビア，ハンガリー，アルゼンチン，チリなどが，このやり方を研究し，消化していたという。

●４-３-３のシステム

そのなかにあって，ブラジルは４-２-４を進化，あるいは変形させたともいえる４-３-３のシステムを引っさげて，チリに乗り込んできた。ゾーンディフェンスを敷く４人のDFは，右サイドのジャウマ・サントス，中央にマウロ，ゾジモ，左サイドのニウトン・サントス，中盤はジト，ディディ，ザガロ，前線は右ウィングのガリンシャ，パワフルなセンターフォワードのババ，そしてペレである。ペレが負傷した後は，アマリウドが穴を埋めた。

▲優勝したブラジルチーム　©ユニフォトプレス

このシステムを機能させるために重要だったのは，左サイドにポジションを取ったザガロの存在だといわれる。スウェーデン大会では守備の際に，フェオラ監督から中盤をサポートするよう指示されており，すでに４-２-４の変形としての４-３-３が姿を現していた。そして，相手チームが中盤の２人を抑え込もうとする傾向が顕著になってきたため，チリ大会ではより守備の意識を強めてポジションを下げ，味方ボールの際には前方のオープンスペースへ果敢に進出した。当時はまだ，各ポジションにスペシャリストを配するのがふつうで，１人で複数の役割をこなしたザガロは，非常に先進的なプレーヤーだったといえる。

また，特筆すべきは，ブラジルが12人の選手だけで，大会を戦い抜いたことだ。つまり，ペレとアマリウドが代わった以外は，まったく変更がなかった。そのうち９人はスウェーデン大会からのメンバーで，戦術の遂行という点では，これ以上の好条件はなかっただろう。

（石川　聡）

1966 イングランド大会

大会の特徴

1966年イングランド大会は，３つの点で記憶に残るものである。

第１に，サッカーの母国で開かれた大会だった。大会の主催者であるFIFA(国際サッカー連盟)と英国との関係を振り返れば，これは特別の意味をもつ。

第２に，アジアの代表として朝鮮民主主義人民共和国(北朝鮮)が出場し，優勝候補だったイタリアを破ってベスト８に進出した。これは，政治的にも，スポーツ的にも大きな話題だった。

第３に，決勝戦での〈ハーストのゴールの謎〉が，いつまでも語り継がれる話題となった。興味本位に考えると，このできごとは，イングランド大会の最大のトピックだった。

●英国とFIFAとの関係

イングランドのサッカー協会(The FA)は1963年に創立百周年を迎え，それを記念してワールドカップを誘致した。これはFIFAと英国との長年の関係を考えると画期的なことだった。

1904年にFIFAが創立されたときは，フランスなどヨーロッパ大陸の国が主導権を握り，イングランドなど英本国の協会は参加しなかった。翌1905年に加盟したが，その後，脱退，再加盟をくり返し，FIFAとの関係はよくなかった。いろいろな理由はあったが，サッカー発祥の国としてのプライドが協調の妨げになっていたということはできる。

第２次世界大戦後にはワールドカップにも参加したが，成績はサッカーの母国にふさわしいものではなかった。したがって，イングランドでのワールドカップ開催は，サッカーの世界的な和解の象徴といってよいできごとだった。

この大会の予選には，70か国が出場申し込みをしたが，実際に参加したのは51か国だった。アジアとアフリカの地域連盟の17か国が参加しなかったのが大きい。アジアとアフリカは，決勝大会にあわせて１つの出場枠しか与えられなかったのに抗議してボイコットしたのである。

●北朝鮮の大活躍

このボイコットに同調しなかった朝鮮民主主義人民共和国(北朝鮮)が，オーストラリアと予選を行ってアジア・オセアニアの代表として出場権を得た。

北朝鮮は１次リーグで１引き分け１敗のあ

１次リーグ

グループ１

イングランド	0-0	ウルグアイ
フランス	1-1	メキシコ
ウルグアイ	2-1	フランス
イングランド	2-0	メキシコ
ウルグアイ	0-0	メキシコ
イングランド	2-0	フランス

1.イングランド …… 勝点５
2.ウルグアイ …… 勝点４
3.メキシコ …… 勝点２
4.フランス …… 勝点１

グループ２

西ドイツ	5-0	スイス
アルゼンチン	2-1	スペイン
スペイン	2-1	スイス
西ドイツ	0-0	アルゼンチン
アルゼンチン	2-0	スイス
西ドイツ	2-1	スペイン

1.西ドイツ …… 勝点５(＋６)
2.アルゼンチン …… 勝点５(＋３)
3.スペイン …… 勝点２
4.スイス …… 勝点０

グループ３

ブラジル	2-0	ブルガリア
ポルトガル	3-1	ハンガリー
ハンガリー	3-1	ブラジル
ポルトガル	3-0	ブルガリア
ポルトガル	3-1	ブラジル
ハンガリー	3-1	ブルガリア

1.ポルトガル …… 勝点６
2.ハンガリー …… 勝点４
3.ブラジル …… 勝点２
4.ブルガリア …… 勝点０

▲開会式に臨席したエリザベス女王とエジンバラ公
©ユニフォトプレス

と第３戦でイタリアを１対０で破って準々決勝に進出した。決勝点は前半42分，朴斗翼（パクドイク）のシュートだった。大会前の予想では朝鮮は，16チームのなかで，かけはなれて弱いチームと思われていた。それが優勝候補のイタリアを破ったのだから大番狂わせだった。

北朝鮮は準々決勝では，ポルトガルから前半27分までに３点を先取した。ポルトガルにはこの大会の得点王になった〈黒ひょう〉エウゼビオがいた。エウゼビオのハットトリックなどで，ポルトガルが逆転勝ちしたが，北朝鮮のがんばりは世界を驚かせた。この北朝鮮の健闘は，アジアのサッカーが，世界の〈みそっかす〉ではないことを示した点で大きな意味があった。

●ハーストの疑問のゴール

この大会の最後の，そして最大の話題は決勝戦の〈ハーストの疑問のゴール〉である。決勝戦はイングランドと西ドイツの対決で，西ドイツが終了間際に同点に追いつき，２－２で延長戦に入った。延長前半の５分，イングランドのジェフ・ハーストのシュートが，ゴールバーの下側にあたって，地面にはねかえった。そのボールを西ドイツの選手が蹴り出した。

ボールが地面に落ちたときに，すでにゴールラインを割っているようにも見えた。イングランドの選手は〈ゴール〉と喜びのゼスチュアをした。西ドイツの選手は，ボールは蹴り出されたと主張した。ボール全体がラインを完全に越えていなければゴールではない。ボールはライン上でバウンドし，完全にはラインを越えていないようにも見えた。

主審はスイス人のディーンスト氏だった。主審の角度からは，はっきりとは見分けることができなかったので，線審に駆け寄って意見を求めた。線審はソ連のバカラモフ氏だった。そのあと主審はセンターサークルをさした。イングランドのゴールが認められた。

主審が判断できなかったとき線審に意見を求めるのは正しい。線審は真横近くから見ることができるのでボールが完全にラインを越えているかどうか判断しやすいからである。

しかし，この判定はのちのちまでも，論争の種になった。線審は遅れていて，その瞬間にはゴールラインから５m以上離れていて真

グループ４

ソ連	3-0	北朝鮮
イタリア	2-0	チリ
北朝鮮	1-1	チリ
ソ連	3-0	イタリア
北朝鮮	1-0	イタリア
ソ連	2-1	チリ

1.ソ連	勝点6
2.北朝鮮	勝点3
3.イタリア	勝点2
4.チリ	勝点1

第２ラウンド

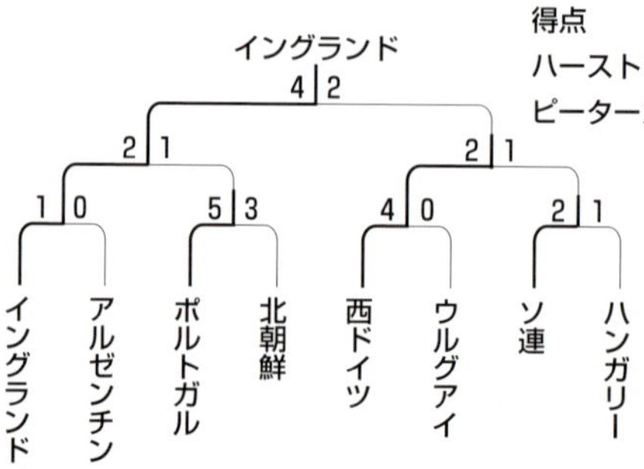

決勝
イングランド　4-2　西ドイツ

イングランド	西ドイツ
前1　後1　延2	前1　後1　延0
得点	得点
ハースト(18,100,120分)	ハラー(12分)
ピーターズ(78分)	ウェーバー(89分)

３位決定戦　ポルトガル　2―1　ソ連

▲決勝戦におけるハースト（イングランド）疑問のゴール
©ユニフォトプレス

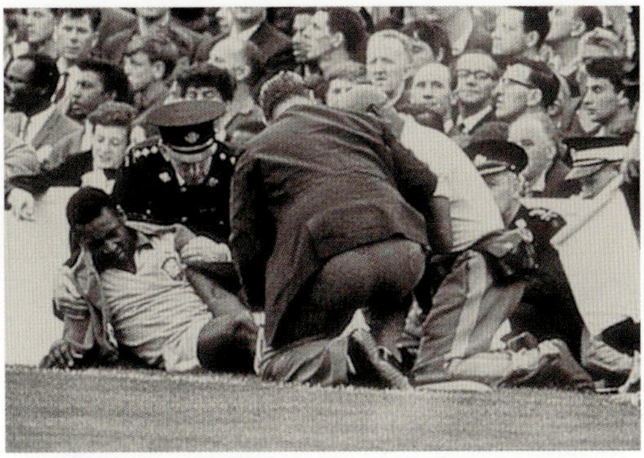

▲対ブルガリア戦で負傷したペレ（ブラジル）
©ユニフォトプレス

横にはいなかった。だからゴールを見分けられたはずはない，というような意見がファンの間でいつまでも話題になった。

ビデオや映画のフィルムでは，カメラの角度によってゴールのように見えるのもあるし，ノーゴールのように見えるのもある。とはいえ，主審のその場での決定が最終的なものであり，ハーストのシュートは，イングランドの得点になった。

３－２になったあと，西ドイツが激しく反撃したが，イングランドは，その裏をついて１点を追加し，４－２でイングランドが初優勝した。

１次リーグ

１次リーグの各組には，それぞれ強いと見られるチームがシードされており，それぞれ，欧州と南米の対決するカードがあった。

第１組は，開幕試合として行われたイングランド対ウルグアイが，強豪対決だった。しかし，ウルグアイの固い守りをイングランドが崩せないまま０－０で引き分け。各組上位２チームが，第２ラウンドに進出できるのだから，強豪対決が第１戦になると，お互いに慎重に戦って，引き分けでもよいというねらいになる。これもその典型だった。

イングランドは，このあとメキシコとフランスに，ともに２－０で勝ち，グループ１位で準々決勝に出た。ウルグアイは第２戦でフランスに２－０で勝つと，第３戦のメキシコ戦ではまた守りを固めて０－０。負けない試合を重ねて生き残るのが，ウルグアイの伝統になってしまった。

第２組では西ドイツ対アルゼンチンが強豪対決のカード。これは第２戦だったが，ともにすでに１勝をあげたあとで，消極的な試合をして０－０で引き分け。このあと１次リーグの最終戦でアルゼンチンはスイスに２－０と順当に勝ったが，西ドイツはスペインと大接戦を演じ，終了まぢかに決勝点をあげて２－１でやっと勝った。

第３組はブラジル，ハンガリー，ポーランドがひしめく激戦区だった。ここでは番狂わせが起きた。３回連続優勝を期待されていたブラジルが１次リーグで敗退したのである。

ブラジルは第１戦では，ブルガリアに２－０で勝ったが，この試合でペレが足にケガをして退場，第２戦は欠場することになった。第２戦はハンガリーに３－１で敗れた。第３戦にはペレが復帰したが，チームはすっかりバランスを崩しており，ポルトガルにこれも３－１で敗れた。

ブラジルの敗因は，一つには，ペレとブラジルがあまりにも有名になっていたために，欧州勢の厳しいマークと激しい守りに痛めつけられたことである。第１戦のペレのケガは，しつようにマークしていたブルガリアのゼチェフに足を蹴られたためだった。

もう一つの敗因は，ブラジルが1958年大会のときに持ち込んだ４-２-４のシステムを欧州のサッカーが，すっかり消化吸収して自分たちのものにしていたことだった。この大会では４-３-３が主流だったが，欧州勢は，新しいシステムに激しい動きと，厳しい守り

▲パク・ドイクが対イタリア戦で決勝点をあげ，北朝鮮はベスト８入りを果たす　©ユニフォトプレス

と，スピードをつけ加えていた。この組からは全勝のポルトガルと２勝１敗のハンガリーがベスト８に進んだ。

第４組のハイライトは，北朝鮮の活躍である。

北朝鮮のサッカーは，まったくといっていいほど海外には知られていなかった。ソ連など一部の社会主義圏の国とは多少は交流があった程度だった。参加16チームのなかで飛び離れて弱いというのが，おおかたの予想だった。第１戦ではソ連に３－０で完敗。この時点では「予想どおり」というところだった。

しかし，第２戦ではチリと引き分けて「それほど悪くはない」という評価になった。前半に先取点を奪われ，後半同点に追いついたのだが，後半は北朝鮮が勝ってもおかしくない試合ぶりだった。

第２戦までにソ連は２勝，イタリアはソ連には敗れたが１勝１敗で，第３戦に北朝鮮に勝てば順当に２強が進出するはずだった。ところが北朝鮮は１－０でイタリアを破って，初出場でベスト８入りを果たした。

第２ラウンド

●準々決勝

北朝鮮は準々決勝でも大健闘を見せた。試合がはじまって１分にゴール，さらに前半20分過ぎにつづけざまに２点目，３点目を入れて３－０とリードした。タッチラインを割ることが明らかなボールでも全速力で追いかけるひたむきなサッカーが，ポルトガルのどきもを抜いた形だった。

しかし，終始全力で走り回る北朝鮮のサッカーも，ここまでが限界だった。ポルトガルは前半のうちに２点を返し，後半３点を加えて逆転して引き離した。この逆転にはエウゼビオの天才と２つのペナルティキックがものをいった。

欧州と南米の強豪対決となった２試合は，ともに荒れた。

イングランド対アルゼンチンでは，アルゼンチンの主将のアントニオ・ラティンが前半36分に退場させられた。主審は西ドイツのルドルフ・クライトラインで，それまでにアルゼンチンの反則を次つぎにとっていた。そのたびに主将のラティンが抗議した。36分には抗議しようと近寄ったところで退場を命じた。不満なラティンはなかなかフィールドを出ようとせず，警官と役員がフィールド外に連れ出すまで８分ほど試合は中断した。ア

▲エウゼビオ（ポルトガル）の突進を北朝鮮の守りが防いだ。準々決勝の北朝鮮対ポルトガル
©ユニフォトプレス

ルゼンチンは10人になったあと，よく戦ったが，後半終わりごろにイングランドが決勝点をあげた。

西ドイツはウルグアイを４－０で破った。この試合でウルグアイは２人が退場させられた。この試合の主審はイングランドのジム・フィニーだった。欧州の，それも準々決勝に勝ち残っている国の審判員が担当し，南米の選手を退場させているのだから，南米側が不満をもったのは当然である。

ソ連はハンガリーを２－１で破った。ソ連のスターは，ゴールキーパーのレフ・ヤシンだった。

●準決勝

ベスト４には，欧州勢だけが残った。地の利，審判の基準や習慣の違い，体力やスピードの要素が大きくなった戦法の変化など，南米勢には不利な，そして不本意な大会だったといえるだろう。

準決勝で西ドイツがソ連を２－１で破った。ともに体力的にすぐれたチームだったが，ソ連は試合運びのまずさで自滅したかっこうだった。開始まもなく，サボが自分の仕掛けたファウルでケガをして戦列を去り，後半にチスレンコが相手を蹴って退場になった。

イングランドも２－１でポルトガルを破った。もう一つの準決勝とスコアは同じだが，こちらは好試合だった。ポルトガルのエースのエウゼビオに〈殺し屋〉と呼ばれたスタイルズを当てて封じ込めたのが成功した。それでも攻撃力のあるポルトガルが優勢だったが，イングランドはジャッキー・チャールトンを中心に，守りがよく組織されていた。

▲この大会で世界のスターになったフランツ・ベッケンバウアー（西ドイツ）
©ユニフォトプレス

▲ロマ（アルゼンチンGK）とジャッキー・チャールトン（イングランド）　©ユニフォトプレス

決勝

決勝戦はウエンブリー競技場に満員の観衆を集めて行われた。前半西ドイツが先取点をあげイングランドが追いつく。後半イングランドが勝ち越し，スタンドが優勝を確信して沸き立っていたロスタイムに西ドイツが同点という劇的な展開で延長戦。そしてハーストの〈疑問のゴール〉でイングランドが勝ち越したあと，さらに１点を追加し〈サッカーの祖国〉がエリザベス女王から黄金のジュール・リメ杯を受け取った。

この大会は，審判の問題などをめぐって，欧州と南米のサッカーの〈文化の違い〉が浮き彫りにされた面があった。いろいろな面でプレーにも戦法にも審判にも考え方や慣習の違いがあった。

得点王はエウゼビオだった。また，西ドイツの若いベッケンバウアーが，イングランドのボビー・チャールトンとともに世界のスターになった。

（牛木素吉郎）

▼ジュール・リメ杯を掲げるイングランドのキャプテン，ボビー・ムーア　©ユニフォトプレス

1970 メキシコ大会

歴史に残る大会

1970年メキシコ大会は，３つの点で歴史に残る大会となった。

第一にブラジルが３度目の優勝をとげ，ジュール・トロフィーの永久保持国となった。

第二に20世紀最大のスポーツ選手といわれたペレの最後の，そして最高のワールドカップになった。

第三にテレビによる世界中継が全面的に行われた最初のワールドカップだった。

●ブラジルが永久保持国に

ワールドカップの優勝トロフィーである黄金の女神像は，３度優勝した国に永久に与えられることになっていた。1970年大会がはじまる時点で，ウルグアイとイタリアとブラジルが過去２度ずつ優勝していて，ジュール・リメ杯を永久に獲得するチャンスがあった。

ウルグアイは準決勝でブラジルに３－１で敗れた。ブラジルは決勝でイタリアに４－１で勝ち純金の女神像を永久に獲得した。このトロフィーは，その後，リオのブラジル連盟本部の飾り棚から盗まれてしまった。犯人はつかまったが，トロフィーはすでに溶かされてしまったあとだった。現在，ブラジルで保管されているものは，FIFAが改めて複製したものである。

優勝したブラジルの中心選手は，このとき30歳のペレだった。1970年大会では，ほかに攻守にすばらしい技術のプレーヤーが揃っていたためもあって，ペレは円熟の頂点にあった技術と判断力を存分に発揮して，チームを優勝に導いた。20世紀最高のスポーツ選手としての名声は，このときに不動のものになったといってもいい。

●人工衛星によるテレビ中継

この大会は，人工衛星によるテレビの世界中継がカラーで全面的に行われたはじめてのワールドカップだった。

1966年イングランド大会では決勝戦が29か国に衛星生中継され，さらに1968年のメキシコ・オリンピックでは，多くの競技がカラーで世界に中継された。その技術と実績が，さらに，その２年後に，同じメキシコのワールドカップで全面的に活用された。メキシコ大会は，ワールドカップ・テレビ時代の，はなばなしい幕開けでもあった。

ワールドカップのメキシコ開催は，1964年の東京オリンピックのときに東京で開かれたFIFA総会で決まった。メキシコ開催に反

1次リーグ

グループ1

メキシコ	0-0	ソ連
ベルギー	3-0	エルサルバドル
ソ連	4-1	ベルギー
メキシコ	4-0	エルサルバドル
ソ連	2-0	エルサルバドル
メキシコ	1-0	ベルギー

1.ソ連……………勝点5(+5,6/1)
2.メキシコ…………勝点5(+5,5/0)
3.ベルギー…………勝点2
4.エルサルバドル…勝点0

グループ2

ウルグアイ	2-0	イスラエル
イタリア	1-0	スウェーデン
ウルグアイ	0-0	イタリア
イスラエル	1-1	スウェーデン
スウェーデン	1-0	ウルグアイ
イスラエル	0-0	イタリア

1.イタリア…………勝点4
2.ウルグアイ………勝点3(+1)
3.スウェーデン……勝点3(0)
4.イスラエル………勝点2

グループ3

イングランド	1-0	ルーマニア
ブラジル	4-1	チェコスロバキア
ルーマニア	2-1	チェコスロバキア
ブラジル	1-0	イングランド
ブラジル	3-2	ルーマニア
イングランド	1-0	チェコスロバキア

1.ブラジル…………勝点6
2.イングランド……勝点4
3.ルーマニア………勝点2
4.チェコスロバキア…勝点0

▲華やかな開会式　©P. Kishimoto

対する声も強かった。理由は首都のメキシコ市をはじめ，トルーカ，プエブラなどの会場が，標高2,000m以上の高地にあり，酸素が薄いのでサッカーのような運動量の多いスポーツには不適当だということであった。また，高地のメキシコ市も，グアダラハラなど低地の会場も，日中は30度を超える暑さである。これは，欧州勢にとっては，とくに不利だろうと考えられていた。

しかも組織委員会は，決勝を含む多くの試合を暑さのさなかの正午キックオフに設定した。これは，テレビの衛星中継に関係がある。欧州とメキシコの時差は7～8時間。正午すぎは欧州では夜のテレビのゴールデンアワーである。欧州にとって，日中の試合は競技には不利で，テレビにとっては有利だったわけである。メキシコ・ワールドカップは，スポーツ大会のグローバルなテレビ中継時代の問題点を浮き彫りにした最初の大会でもあった。

あとになって振り返ってみると，暑さと高度の条件を各国チームが意識したために，メキシコ '70（スペイン語で〈メヒコ・セテンタ〉と呼ばれた）は，激しい労働量によってテクニックが殺されることのない，美しく優雅な試合の大会になった。

大会の雰囲気は最高だった。

地元のメキシコ・チームは，それほど大きな期待を集めていたわけではなかったが，準々決勝に進出した。メキシコの大衆は，街頭に繰り出してお祭騒ぎをくりひろげた。メキシコ市の目抜き通りであるレフォルマ大通りは，群衆と車で埋まって身動きできないほどだった。人びとは車の窓から乗り出し，車の屋根に上ってクラクションを鳴らしつづけながら国旗を打ち振った。

●予選で起きた〈サッカー戦争〉

この大会の予選には71か国が参加した。前回は予選の組み合わせ方法が不当であるとして，アフリカ諸国が予選をボイコットしたが，この回からアジアとアフリカからも1チームずつが決勝大会に進出した。

日本もアジア予選に出場した。ソウルで集中開催となったサブ・グループの試合で，韓

グループ4

ペルー	3-2	ブルガリア
西ドイツ	2-1	モロッコ
ペルー	3-0	モロッコ
西ドイツ	5-2	ブルガリア
西ドイツ	3-1	ペルー
ブルガリア	1-1	モロッコ

1.西ドイツ…………勝点6
2.ペルー……………勝点4
3.ブルガリア………勝点1(-4,5/9)
4.モロッコ…………勝点1(-1,2/6)

第2ラウンド

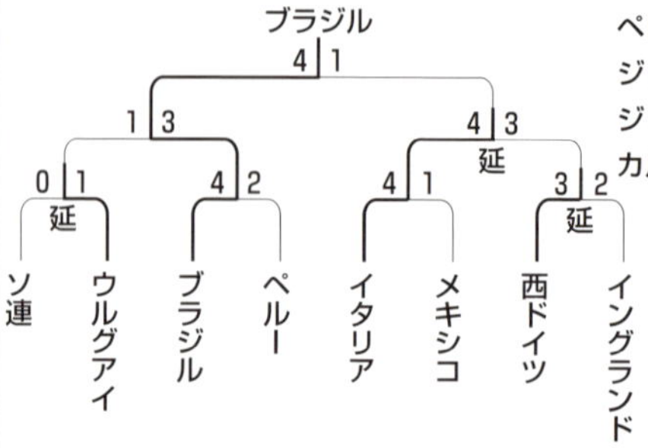

決勝
ブラジル　4-1　イタリア
前1　後3　　前1　後0
得点　　得点
ペレ(18分)　ボニンセーニャ(38分)
ジェルソン(66分)
ジャイルジーニョ(71分)
カルロス・アルベルト(87分)

3位決定戦　西ドイツ　1―0　ウルグアイ

▲シュートをセーブするブラジルのGKフェリックス
©ユニフォトプレス

▲ペレ(ブラジル)にとって最後の，そして最高の場となったワールドカップ　©P. Kishimoto

国，オーストラリアと２試合ずつを行ったが，２引き分け２敗で敗退した。

北中米カリブ海地域の２次予選，エルサルバドル対ホンジュラスの試合は，大きな話題となった。ホーム・アンド・アウェーで１勝１敗となり，第三国のメキシコでプレーオフが行われた。このプレーオフの前日に，エルサルバドル政府がホンジュラス政府に外交関係断絶を通告した。プレーオフは延長戦の末，エルサルバドルが３－２で勝った。そのあとホンジュラス軍が国境を越えてエルサルバドルに侵攻した。これがいわゆる〈サッカー戦争〉である。戦争の原因は，以前からあった政治経済上の問題だった。しかし，たまたまサッカーのワールドカップと重なり，試合の結果が両国の国民感情を刺激していたから，世界の人びとに，ワールドカップ予選のために戦争が起きたような印象を与えた。

１次リーグ

●事実上の決勝戦

決勝大会は，16チームが４グループに分かれて１次リーグを行い，各組の上位２チームずつが第２ラウンドに進出して，準々決勝から決勝を行う方式だった。

１次リーグで注目を集めたのは，第３組のイングランドとブラジルの対戦だった。イングランドは前回の優勝国であり，ブラジルは前々回，２連覇を記録した国である。この組には，ほかにチェコスロバキアとルーマニアが入っていた。この大会一番の激戦区だった。

この組の試合は，メキシコ第２の都市，グアダラハラで行われた。グアダラハラは高地ではないが，暑さは相当のものだった。ともに１勝をあげたあと，イングランドとブラジルは６月７日に対戦した。

ブラジルがテクニックを生かし，コンビネーションを生かして攻めた。イングランドは守備陣がしっかりと守った。前半10分にブラジルのペレが，イングランドのゴールキーパーのゴードン・バンクスの逆をつくシュートを放ったが，バンクスは反転してジャンプして片手ではじき出した。世界のスターの名対決として長く語り継がれたプレーである。

後半14分にブラジルが１点をあげる。トスタンが左サイドを攻め上がり，ドリブルでイングランドのディフェンダーを次つぎにかわし，ゴール前のペレにパスを送る。ペレが右に流したのをジャイルジーニョが決めた。得点はこの１点だけだったが，観衆はすばらしい攻守に酔いしれた。

〈事実上の優勝決定戦〉というのが，当時の新聞の表現だったが，この試合の価値は別のところにある。グループの２位までが準々決勝に進出できるので，すでに１勝をあげている両チームは，捨て身になってむりをする必要はない立ち場だった。フィールド上では38度に達したという暑さのためもあってむりはできなかった。それでも両チームが，それぞれのよさを十分に発揮した。美しく，かつ楽しい試合だったことに，この試合の価値があった。

▲メキシコ対ソ連　©P. Kishimoto

▲ゲルト・ミューラー（西ドイツ）　©P. Kishimoto

地元のメキシコは第１組で比較的恵まれた組み合わせだった。当時，世界一豪華な競技場といわれたアステカ・スタジアムで行われた開幕試合でソ連と０－０で引き分け。第２戦では同じ中米のエルサルバドルに４－０で勝った。最後のベルギーとの試合は前半15分にペナルティキックであげた１点を守り，地元の期待に応えてベスト８進出を果たした。

このペナルティキックは問題のあるものだった。メキシコのバルディビアがドリブルで攻め込んだところに，ベルギーのイエックがタックルした。バルディビアは転倒したが，ボールは外にはねとばされた。イエックのタックルは明らかにボールをクリアしていた。

第３組は守備的なサッカーをしたイタリアとウルグアイが進出した。引き分けの多い退屈なグループだった。

第４組では前回準優勝の西ドイツが順当に３勝した。〈爆撃機〉と呼ばれたゲルト・ミューラーが第２戦，第３戦と連続でハットトリックを演じた。この組からは西ドイツとともにペルーが進出した。

第2ラウンド

●準々決勝

ベスト８からは勝ち抜き戦である。

準々決勝４試合のなかのハイライトは，レオンで行われた西ドイツ対オランダだった。前回の決勝戦のカードの再現である。

イングランドは２－０とリードしながら，西ドイツの反撃を許して追いつかれ，２－２で延長に入った。延長後半５分に西ドイツのミュラーが決勝点。イングランドはタイトルを守れなかった。西ドイツのシェーン監督は２－０とリードされると，ウィングにグラボウスキーを投入した。この大会から負傷者が出なくても２人まで選手交代ができるようになっていた。これを利用した戦術的交代があたって，このあとは西ドイツが優勢になった。

地元のメキシコは，トルーカでイタリアと対戦した。トルーカはメキシコ市よりもさらに標高が高く，空気が薄い。メキシコに有利なはずだった。メキシコは前半13分に先取点をあげた。しかし，そのあとイタリアが見違えるような強さを発揮する。前半25分に同点とし，後半にジャンニ・リヴェラを投入，ルイジ・リーヴァと並べた強力な２トップで４－１と大逆転を演じた。

ブラジルはグアダラハラでペルーと対戦した。ブラジルがジェルソン，リベリーノ，トスタン，ペレ，ジャイルジーニョと多彩なタレントをフルに動かして４－２で勝った。

●準決勝

欧州の２強と南米の２強が進出したが，準決勝は欧州対南米の対決とはならなかった。アステカ・スタジアムのイタリア対西ドイツは，史上まれにみる激戦だった。イタリアが前半７分に先取点をあげた。後半に入ってから西ドイツのシェーン監督は２人の交代枠を使いきった。ところが，そのあと，攻守の軸だったベッケンバウアーがイタリアの激しい反則のタックルに倒されて，右肩を脱臼した。西ドイツはもう選手交代ができない。ベッケンバウアーは右肩をバンデージでぐるぐる巻

▲フランツ・ベッケンバウアー（西ドイツ）
©P. Kishimoto

▲準々決勝の西ドイツ対イングランド　©ユニフォトプレス

きにしてプレーをつづけた。もう絶体絶命のロスタイムに入ってから西ドイツがついに同点ゴールをあげた。守りの押さえのスイーパーであるシュネリンガーの攻め上がりによるゴールだった。

延長戦は点の取り合いだった。延長前半５分に西ドイツがリードすると，イタリアは前半のうちに２点をあげて再逆転。延長後半に西ドイツがミュラーのゴールでまた同点。最後は延長後半６分にリヴェラのゴールでイタリアが決着をつけた。

ドイツの闘魂と執念，イタリアのしぶとい攻守，ともに歴史に残るものだった。

もう一つの準決勝は，グアダラハラのブラジル対ウルグアイである。

ウルグアイが前半19分に先制ゴールを決めた。守りの強いウルグアイが逃げ切りを策すことのできる展開である。

しかし，ブラジルの華麗な攻撃力は，それを許さなかった。前半終了間際に，20歳のクロドアウドが同点。後半に入って２点を加えてウルグアイを３－１と突き放した。

●決勝

決勝戦は６月21日。メキシコ市のアステ

▼準決勝の西ドイツ対イタリア；右から２人目に肩をバンデージで巻いたベッケンバウアーが見える　©P. Kishimoto

▲ペレの放ったシュートはゴールポストに当たってしまった ©ユニフォトプレス

▲決勝のブラジル対イタリア ©P. Kishimoto

カ・スタジアムである。

ブラジルは前半18分にペレのヘディングで先取点をあげたが，38分にイタリアが同点にする。しかし後半は，完全にブラジルのゲームだった。後半21分，ジェルソンがペナルティエリアの外からのシュートで勝ち越し，5分後，ジェルソンのフリーキックをペレがヘッドで落としてジャイルジーニョが押し込む。さらに，終了3分前に4点目を加えた。

この最後のゴールは必死に反撃に出るイタリアを押さえて後方から逆襲し，ドリブル，パス，サイドからの食い込み，ペレの好判断，そして最後にディフェンダーのカルロス・アルベルトの長い後方からの攻め上がりと，ブラジルのスターたちのすべてが結びついたようなみごとな攻めだった。

地元のサポートを集めていたブラジルの優勝で，アステカ・スタジアムには紙吹雪が舞い，市内の目抜き通りはメキシコが勝ったとき以上のフィエスタになった。 (牛木素吉郎)

▼ジュール・リメ杯を掲げるブラジルチームのキャプテン，カルロス・アルベルト ©ユニフォトプレス

1974
西ドイツ大会

ターニングポイントの大会

●大会の特徴

ペレがワールドカップの舞台から去ったあとの２人の大スター，ヨハン・クライフとフランツ・ベッケンバウアー，いわゆる〈スーパースター〉と〈皇帝〉が，それぞれの仲間とともに決勝を争った。アヤックスで生まれ，オランダ代表が檜舞台で世界に示したトータルフットボールに対して，すでにその洗礼を受けたバイエルン・ミュンヘン主力の西ドイツもまたこの新しいスタイルで応戦した歴史的な大会となった。

この大会では新しいトロフィーが作られたが，FIFAの会長もまたサー・スタンリーからアベランジェに変わった。旧会長の審判の育成，第三地域のレベルアップなどのあと，新会長の拡大政策が，大会のスケールや経済を大きくしていくが，1974年はその意味で，サッカーの技術・戦術，スタイルそのもの，またFIFAと大会全体のターニングポイントともなった。

第2次世界大戦から約30年を経て，かつての植民地の独立があいついだこともあって，FIFAの加盟国は1974年1月時点で140に達していた。

●各地域の予選

1974年大会にエントリーしたのは99というかつてない多数。その中で，開催国の西ドイツと前回優勝のブラジルが予選を免除され，その座を争ったのは90か国（７か国が棄権），欧州から８，南米から３，中北米から１，アジア・オセアニア地区，中北米カリブ海からそれぞれ１チームが西ドイツへの切符を手にした。

日本はアジア・オセアニア予選のサブ・グループのソウル・トーナメント（７チームの参加）で敗退，この地域からはオーストラリアがはじめて代表になった。

アフリカからはザイール（初），中北米地域の代表はハイチ（初）だった。南米は第１組からウルグアイ，第２組からアルゼンチンの伝統国が西ドイツへ。第３組はチリが１位。欧州第９組でアイルランドとフランスを押さえてトップに立ったソ連は，チリとのプレーオフを拒否したため失格となり，チリが本大会へ進んだ。

欧州からの８チームは，スウェーデン，イタリア，オランダ，東ドイツ，ポーランド，ブルガリア，スペイン，スコットランド。本

１次リーグ

グループ１

西ドイツ	1-0	チリ
東ドイツ	2-0	オーストラリア
西ドイツ	3-1	オーストラリア
チリ	1-1	東ドイツ
オーストラリア	0-0	チリ
東ドイツ	1-0	西ドイツ

1.東ドイツ……………………勝点5
2.西ドイツ……………………勝点4
3.チリ……………………………勝点2
4.オーストラリア………勝点1

グループ２

ユーゴスラビア	0-0	ブラジル
スコットランド	2-0	ザイール
ユーゴスラビア	9-0	ザイール
スコットランド	0-0	ブラジル
ブラジル	3-0	ザイール
ユーゴスラビア	0-0	スコットランド

1.ユーゴスラビア………勝点4（+9）
2.ブラジル……………………勝点4（+3）
3.ベルギー……………………勝点4（+2）
4.イザイール…………………勝点0

グループ３

オランダ	2-0	ウルグアイ
スウェーデン	0-0	ブルガリア
オランダ	0-0	スウェーデン
ブルガリア	1-1	ウルグアイ
オランダ	4-1	ブルガリア
スウェーデン	3-0	ウルグアイ

1.オランダ…………勝点5
2.スウェーデン……勝点4
3.ブルガリア………勝点2
4.ウルグアイ………勝点1

▲ボールをキープする西ドイツの主将ベッケンバウアー(対ユーゴスラビア戦)　©P.Kishimoto

家イングランドの名がないのは，第５組でポーランドに押さえられたため。1972年ミュンヘン・オリンピックで優勝したポーランドは，ホームでイングランドを２－０で破り，ロンドンでも１－１で引き分け，もうひとつの相手ウェールズに１勝１敗，イングランドはウェールズと１勝１分けだった。

会期は６月13日から７月７日まで，第１ラウンドは16チームを４組に分けてのリーグ戦は前回同様だが，上位２チームずつが進む第２ラウンドも，A，B両組に分かれての２次リーグで，各組１位同士が決勝へ，２位が３位決定戦へ進むことになった。

会場は，ハンブルク，ハノーバー，ベルリン，デュッセルドルフ，ゲルゼンキルヘン，ドルトムント，フランクフルト，シュツットガルト，ミュンヘンの９都市。

1次リーグ

●予想外のブラジルと西ドイツ

テロや大きな騒動は起きなかったが，試合展開は予想とは違ったものになった。

６月13日の開幕試合でブラジルがユーゴスラビアと０－０で引き分け，次のスコットランドとも０－０に終わり，第３戦でもザイールを相手に３－０。1970年の華やかな攻撃チームの面影はなかった。この第２組ではユーゴがザイールに９－０で圧勝したため，初戦でザイールから２点しか取れなかったスコットランドはユーゴとも引き分け(１－１)，無敗ながら２次リーグへ進めなかった。守備的な日ごろのプレーが，暑さの中で得点を重ねる上の妨げになったのだろう。

1966年準優勝，1970年３位とワールドカップに実績を持つ西ドイツ代表は14日，ベルリンでの第１戦でチリを１－０で破ったものの不安なスタートだった。1972年欧州選手権優勝のときに中盤のコンダクターであったネッツアーがスペインへ移って調子を崩し，この大会直前のメディアの話題は，攻撃の指揮官は「ネツアーかオベラーツ」に集中した。その過熱な報道ぶりは，直前まで協会との間で交渉がつづいた〈ボーナス問題〉と重なって，チームの統一によい影響を与えたともいえなかった。

第１組の第２戦ではゲルト・ミュラーのゴールなどで３－０で勝ちはしたが，22日，ハンブルクでの注目の東西決戦で東ドイツに

各組２位までが２次リーグへ

グループ４

イタリア	3-1	ハイチ
ポーランド	3-2	アルゼンチン
ポーランド	7-0	ハイチ
アルゼンチン	1-1	イタリア
アルゼンチン	4-1	ハイチ
ポーランド	2-1	イタリア

1.ポーランド……………勝点６
2.アルゼンチン…………勝点３(+2)
3.イタリア………………勝点３(+1)
4.ハイチ…………………勝点０

２　次　リ　ー　グ

グループA

ブラジル	1-0	東ドイツ
オランダ	4-0	アルゼンチン
オランダ	2-0	東ドイツ
ブラジル	2-1	アルゼンチン
オランダ	2-0	ブラジル
東ドイツ	1-1	アルゼンチン

1.オランダ………………勝点６
2.ブラジル………………勝点４
3.東ドイツ………………勝点１(-3)
4.アルゼンチン…………勝点１(-5)

グループB

西ドイツ	2-0	ユーゴスラビア
ポーランド	1-0	スウェーデン
西ドイツ	4-2	スウェーデン
ポーランド	2-1	スウェーデン
スウェーデン	4-1	ユーゴスラビア
西ドイツ	1-0	ポーランド

1.西ドイツ………勝点６
2.ポーランド……勝点４
3.スウェーデン…勝点２
4.ユーゴスラビア…勝点０

０－１で敗れてしまった。東ドイツは守備を厚くし，西ドイツの圧倒的なボールキープと攻めに堪えて終了７分前にシュハルヴァッサーがゴールを奪った。

東ドイツはオーストラリアに勝ち(２－０)，チリと引き分け(１－１)ていたから，これでこの組のトップに立った。

●華やかなオランダのトータルフットボール

前回チャンピオンと開催国西ドイツの低調をよそに，第３組のオランダが大会前半に最も華やかなチームとなった。

欧州のチャンピオンズ・カップ(現・チャンピオンズ・リーグ)で３連覇したアヤックスと，同じくかつてチャンピオンとなったフェイエルノートの連合軍ともいえるオランダ代表は，まずウルグアイと２－０，スウェーデンにはやや手を焼いて０－０と無得点だったが，ドルトムントでのこの組の最終戦ではブルガリアに４－１と大勝した。

伝統的に固い守りに定評があり，名GKマズルケビッチのいるウルグアイに対する１点目は右サイドのシュルビールからのクロスをレップがヘディング，２点目は左エリア内に侵入したレンセンブルクと今度はレップが足で蹴りこんだが，１点目はDFの外からの飛び出しによる速攻，２点目はパスをつないでレンセンブルクがドリブルしてマズルケビッチをおびき出してのラストパス――緩急自在の攻撃によるゴール。ブルガリア戦の１，２点目はともにPKで，最初のものはクライフに対する反則だが，２点目はヤンセンに対するファウル。ディフェンダーのヤンセンが相手エリア内で倒されるところにトータルフットボールのオランダでのDFラインからの飛び出しと，それに対応できないブルガリアという図式が表れている。

▲対ブラジル戦で絶妙のパスを送り自チームを勝利に導いたクライフ(オランダ)　©P.Kishimoto

●ポーランドの活躍

このオランダとともに第４組のポーランドの戦いぶりもすばらしい。カテナチオの守備で無失点記録のつづくイタリアが勝ちはしたが，そのゾフのゴールを弱小ハイチに破られる(３－１)というハプニングがミュンヘンではじまり，シュツットガルトでは南米の大国アルゼンチンをオリンピック・チャンピオンが３－２で破ってしまう。ポーランドの俊足ラトは，この試合で２ゴールをあげるが，ひとつはガドハのCKを落球したGKカルネバリのミス，もうひとつはやはりカルネバリの投げたボールを拾ってのシュートだった。

アヤラ，オーゼマン，バビントンといった技術のある選手を持つアルゼンチンは，この敗戦のあとイタリアと引き分け，ハイチに４－１で勝って，得失点差でイタリアをしのいで２次へ進む。しかし，ポーランドは第２戦でハイチに大勝して優位に立ち，最終戦の対イタリアにはシャルマッフのヘディング，ディナの目も覚めるボレーシュートで前半を２－０でリードし，イタリアの猛反撃をタイムアップ直前のカペロのドリブルシュートによる１点に押さえた。

決　勝

西ドイツ	2-1	オランダ
前2　後0		前1　後0
得点		得点
ブライトナー(25分)		ニースケンス(1分)
ミュラー(43分)		

3位決定戦　ポーランド　1-0　ブラジル

２次リーグ

●ブラジル対オランダの熱戦

すでに優勝して当然というほどに評価の高かったオランダは，２次リーグでもアルゼンチンを４－０，東ドイツを２－０と圧倒した。

ブラジルも東ドイツに１－０，アルゼンチ

▲決勝の対オランダ戦でゴールを決めた西ドイツのゲルト・ミュラー　© ユニフォトプレス

ンに２－１で勝った。東ドイツ戦でのゴールは，のちに伝説的となる17分のFKで相手DFの作る壁の間に入ったジャイルジーニョが，FKの瞬間に倒れ，その狭い間を通ったリベリーノのシュートがカーブしてゴールに飛び込んだもの。アルゼンチン戦でもリベリーノのシュート，ジャイルジーニョのヘディングで２得点してチームの調子は上向きに見えた。

７月３日，無敗同士のA組の決戦は，ブラジルの反則にオランダも反応して，険悪な空気のなかで進んだが，後半５分にオランダがクライフとニースケンスのコンビで先制した。ドリブルしたあと右のクライフにパスを出したニースケンスがエリア中央へ走りこむのにクライフからのパスがぴたりとあい，そのパスの落下したボールのバウンドをとらえたニースケンスの右足の一撃がレオンの頭上を破った。

このゴールから10分後，オランダは今度はクライフがゴールを決める。左サイドからパスが送られ，ゴールライン近くからクロルのクロスが返されたとき，フルスピードのクライフがジャンプして右足に当ててみごとなボレーを叩きこんだ。クライフの速さに追いつけるブラジル選手はいなかった。ブラジルには２点を取りもどす力はなく，絶望的になったDFペレイラはファウルで退場処分を受けた。

●西ドイツの復活

１次リーグで冴えなかった西ドイツは，２次リーグになると調子を取りもどした。まずユーゴとの初戦を２－０で勝つ。DFブライトナーが20ヤードを超えるシュートでリードし，後半もあと13分で２点目を奪った。ヘーネスが右からドリブルで突破して中に返し，ミュラーがカタリンスキーとぶつかって倒れたが，倒れたまま右足でボールをとらえてゴールに入れた。

東ドイツ戦のあとで，珍しくベッケンバウアー主将が机を叩いて選手たちの奮起を促したと新聞は報じていたが，目に見えて走る量のふえたチームに，ミュラー得意の反転力を生かした得点が生まれ，ドイツ国民の期待は高まる。

スウェーデンとの雨中のシーソーゲームはまさにスリリングだったが，ヘーネスのスピード，新鋭ボンノフの大きな動きとゴール前でのミュラーの強さが生きて4－2の快勝。

第３戦は，これもスウェーデン，ユーゴを破ったポーランドとの無敗対決となった。7月3日，フランクフルトのバルトスタディオンでの試合は豪雨となり，消防車のポンプによる排水のためキックオフが遅れた。この豪雨で水溜りの生じたピッチはどちらに幸いしたのか。

前半にマイヤーが神がかりのセーブでラト，ガトバのシュートを防ぎ，後半のヘーネスのPKは止められたが，ミュラーのゴールで勝利をつかんだ。ベッケンバウアーの持ちあがりからのパスがヘルツェンドイン，ボンノフと渡り，ボンノフがエリア内でシュノフスキーにからまれてこぼしたボールをミュラーが決めたのだった。悪コンディションのなかでの西ドイツの体力の強さとミュラーの得点力が生きた。

決勝戦

決勝は７月７日，ミュンヘンのオリンピア・スタディオンで行われた。その前日の３位決定戦は，意欲に勝るポーランドがラトのゴールで勝ち，ラトは７ゴールで大会の得点王となった。

２次リーグを終わったオランダへの評価は

▲決勝の西ドイツ対オランダ；ドリブル突破したクライフはヘーネスの反則でPKを得る　© P.Kishimoto

さらに高くなる。唯一の懸念は攻撃回数が多く，チャンスの多さにくらべての得点力の低さだが，それも守備の強いブラジルを撃破したことで快勝されたようにみえた。

西ドイツは，２次リーグの戦いで本来の力を取りもどしていた。決勝会場が，ベッケンバウアーたちのホームであることもプラスになるはずだった。ハンブルクではベッケンバウアーが観衆の野次に言い返す場面もあったのだが，ここではオランダのサポーター以外はすべて西ドイツの声援にまわるはずだった。アヤックスとのチャンピオンズカップでの戦いを通じてトータルフットボールについての知識を持ち，すでに代表チームにも取り入れていた。西ドイツの狙いは，自らゲームを演出し，ゴールを奪うクライフを押さえることで，フォクツがその大役に当たった。

しかし，試合のスタートは，西ドイツの全国民を呆然とさせるものだった。キックオフ直後，ボールをまわしているうちに，後方にいたクライフが突然にスピードをあげて突破し，フォクツをかわし，エリア内でヘーネスのトリッピングでPK。ニースケンスが決めた。開始1分もたたないうちだった。

だれもが，強いチームが先制し，これでまず勝負あったと思っただろう。オランダのイレブンもそう感じたたのか，そのあとしばらくボールを回すだけで，ゴールを脅かそうという気配はなかった。ベッケンバウアー，おとなしい顔つき，優雅なプレーで人気のある彼は人一倍負けず嫌いの男。その彼の率いる西ドイツが調子を取りもどし，今度はどんどん攻撃をしかける。クライフに対する反則で黄色を出されたフォクツに，スタンドが彼の愛称「ベールティ」の大合唱で激励し，フォクツがクライフを置き去りにしてエリアまで突進するとチームの士気はさらに高まった。そのなかでヘルツェンバインが倒されてPK，ブライトナーが同点として勢いづき，前半の終わりにボンノフの長走からミュラー反転しシュートで２点目を奪ってしまう。味方エリア内でニースケンスを防ぎ，そこからグラボウスキーを経由してゴールラインまで進んで中央へパスを送ったボンノフとそれを助けた周囲の動きは，まさにトータルフットボールといえた。

このゴールの前にオランダは，カウンターからのチャンスにレップがマイヤーに防がれていたが…。後半のオランダの猛攻はすばらしく，その厚い攻めを跳ね返しながら，西ドイツのドリブルとロングボールのカウンターもまた見物だったが，追加ゴールは生まれず，西ドイツの２度目の優勝となった。

（賀川　浩）

(1978)
アルゼンチン大会

政変下の開幕

大会の開幕まで約2年2か月という1976年3月24日未明，開催国のアルゼンチンで政変が起きた。女性大統領イサベル・ペロンから，軍部が政権を奪取し，無血クーデターを成し遂げた。

アルゼンチンはそれまで，政情不安や一時は年率900％にも達したという高インフレに頭を痛めていた。それに加え，軍部による政権奪取という事態で，大会開催への不安が海外で一気に頭をもたげたのも不思議ではない。

軍事政権はくり返し，「開催への準備は順調。返上はあり得ない」との声明を発表。それでも左右両派によるテロは収まらず，1976年だけで犠牲者は1,243人にのぼった。アムネスティー・インターナショナルをはじめとする人権擁護組織などから，「大会をボイコットすべき」という声も発せられた。

しかし，政府がその威信をかけた準備は加速。有力な左翼ゲリラ組織からも大会期間中の〈休戦〉が宣言され，アルゼンチン大会はようやく開幕にこぎつけた。

●日本代表の成績

二宮監督が率いる日本代表は，アジアの第1次予選で敗退した。韓国，イスラエルと同じグループだったが，〈諸般の事情〉を理由にイスラエルとのホームゲームを東京で開催できず，テルアビブで2試合を行った。結局，韓国と0－1，0－0，イスラエルには0－2で連敗し，最下位に終わっている。

この大会も前回同様，16チームを4チームずつの4グループに分けた1次リーグ後，各グループの上位2チームが2次リーグに進出。4チームずつの2グループによる2次リーグで，それぞれの1位が決勝で対戦するという方式が継承された。

1次リーグ

開幕戦は，前回優勝の西ドイツが同3位のポーランドと戦う，グループ2の試合だった。ベッケンバウアーなど，4年前の主力が8人も抜けた西ドイツは，GKマイヤーの好守で0－0。開幕戦は1966年大会以来4大会連続，無得点引き分けだ。大健闘をみせたのは初出場のチュニジアで，メキシコに3－1の逆転勝ちを演じ，アフリカ勢としては本大会で初の1勝。西ドイツとも0－0で引き分けたが，2次リーグ進出はならなかった。連覇をめざす西ドイツは，第2戦でメキシコに

1次リーグ

グループ1

イタリア	2-1	フランス
アルゼンチン	2-1	ハンガリー
イタリア	3-1	ハンガリー
アルゼンチン	2-1	フランス
イタリア	1-0	アルゼンチン
フランス	3-1	ハンガリー

1.イタリア …… 勝点6
2.アルゼンチン …… 勝点4
3.フランス …… 勝点2
4.ハンガリー …… 勝点0

グループ2

西ドイツ	0-0	ポーランド
チュニジア	3-1	メキシコ
ポーランド	1-0	チュニジア
西ドイツ	6-0	メキシコ
チュニジア	0-0	西ドイツ
ポーランド	3-1	メキシコ

1.ポーランド …… 勝点5
2.西ドイツ …… 勝点4
3.チュニジア …… 勝点3
4.メキシコ …… 勝点0

グループ3

ブラジル	1-1	スウェーデン
オーストリア	2-1	スペイン
オーストリア	1-0	スウェーデン
ブラジル	0-0	スペイン
ブラジル	1-0	オーストリア
スペイン	1-0	スウェーデン

1.オーストリア … 勝点4(＋1,3/2)
2.ブラジル …… 勝点4(＋1,2/1)
3.スペイン …… 勝点3
4.スウェーデン …… 勝点1

6－0と大勝しており，チュニジアとメキシコに連勝したポーランドとともに，2次リーグへ進んだ。

●最大の激戦区

1次リーグ最大の激戦区とみられたのは，地元のアルゼンチンが欧州勢の包囲網のなかで戦うグループ1。全国民の期待を集めるアルゼンチンは，苦戦しながらもハンガリーとフランスに2－1で連勝し，2次リーグ進出を決めた。だが，やはり2戦2勝で1次リーグ突破を決めていたイタリアとの試合は，フランス戦で右ひじを負傷したルーケの欠場もあって堅い守りを崩せず，逆に67分，ベテガの決勝点で0－1の敗戦を喫し，2位に甘んじた。

やはり欧州勢を相手にしたグループ3のブラジルも，楽な戦いではなかった。スウェーデン，スペインと2試合連続無得点引き分けの後，オーストリアをロベルトのゴールで1－0と下し，かろうじて2次リーグ進出を決めた。だが，寒いマルデルプラタの軟らかいピッチと格闘し，ブラジルらしいパスワークと個人技は影を潜めた。首位で通過したのは，5大会ぶりの出場となったオーストリア。ストライカーのクランクル，センターバックのペッツァイと攻守に軸をもち，スペインに2－1，スウェーデンに1－0と連勝して，1次リーグを突破した。

前回大会準優勝のオランダは，グループ4でスコットランドを得失点差で上回り，2位で2次リーグ進出。攻撃的サッカーでファン

▲開会式　©P. Kishimoto

を楽しませたペルーがトップで，1次リーグで最多の7得点をマークした。予選で欧州選手権優勝のチェコスロバキアを敗退させたスコットランドは，ペルーに1－3で完敗，イランとも1－1の引き分けと期待はずれ。ペルー戦後，ジョンストンがドーピング検査の結果で出場停止となるなど，明るい話題はなかった。

2次リーグ，3位決定戦

2次リーグは，グループAがオランダ，イタリア，西ドイツ，オーストリアと欧州勢の戦いになり，グループBにはアルゼンチン，ブラジル，ペルーの南米勢が集結して，これにポーランドが加わる。

●グループA－イタリアの決勝進出ならず

1次リーグで評価を高めていたイタリアは，その勢いを西ドイツにもぶつけた。ベテガが再三，決定的なチャンスをつかむが，西ドイツもDFのカルツががら空きのゴールをカバーするなど必死の守りで抵抗し，0－0

各組2位までが2次リーグへ

グループ4

オランダ	3-0	イラン
ペルー	3-1	スコットランド
オランダ	0-0	ペルー
スコットランド	1-1	イラン
スコットランド	3-2	オランダ
ペルー	4-1	イラン

1.ペルー……勝点5
2.オランダ……勝点3(＋2)
3.スコットランド……勝点3(－1)
4.イラン……勝点1

2次リーグ

各組1位で決勝

グループA

イタリア	0-0	西ドイツ
オランダ	5-1	オーストリア
西ドイツ	2-2	オランダ
イタリア	1-0	オーストリア
オランダ	2-1	イタリア
オーストリア	3-2	西ドイツ

1.オランダ……勝点5
2.イタリア……勝点3
3.西ドイツ……勝点2
4.オーストリア……勝点2

グループB

ブラジル	3-0	ペルー
アルゼンチン	2-0	ポーランド
ポーランド	1-0	ペルー
アルゼンチン	0-0	ブラジル
ブラジル	3-1	ポーランド
アルゼンチン	6-0	ペルー

1.アルゼンチン……勝点5(＋8)
2.ブラジル……勝点5(＋5)
3.ポーランド……勝点2
4.ペルー……勝点0

▲パウロ・ロッシ（イタリア）は西ドイツのゴールを狙うが無得点 ©P. Kishimoto

▲ブラジルチームは3位決定戦でイタリアと対戦，無敗で大会を終える ©P. Kishimoto

の引き分け。同日，オランダは国際Aマッチ出場が２試合目というブランツの先制点，レップの２得点などで，オーストリアに５－１で大勝した。

得失点差を広げたいイタリアだが，第２戦のオーストリア戦はロッシの１点による１－０の勝利で満足しなければならなかった。前回の決勝の再現となった西ドイツ対オランダは，西ドイツがリードする展開だったが，オランダも粘って２－２。西ドイツにもかすかな望みが残っていたが，オランダ対イタリアの直接対決が事実上の準決勝となる。

勝つことが必要なイタリアは，相手オウンゴールで前半を１－０で折り返す。だが，彼らの夢を打ち砕いたのは，２本の強烈なシュート。50分にブランツが決め，75分にはハーンが40mあまりから突き刺し，オランダが２－１の逆転勝ちで決勝進出を決めた。

●グループB－アルゼンチンとブラジルの争い

一方，グループBは予想どおり，アルゼンチンとブラジルの争いとなった。アルゼンチンは，ロサリオに移動。１位なら大観衆の声援をバックに戦えるブエノスアイレスに居座れたが，キャプテンのパサレラは後に，「選手たちはみな，もっと小さな，スタンドに近いスタジアムでプレーしたいと思っていた」と明かしている。

コンパクトなロサリオのスタジアムでの２次リーグ初戦は，ケンペスの２ゴールでアルゼンチンがポーランドに２－０で勝つ。ペルーを３－１で下したブラジルとの試合は，激戦の末に０－０。ここで物議をかもしたのが，キックオフの時刻だった。アルゼンチンの試合は19時15分から行われており，他は16時45分。つまり最終戦は，ブラジルの結果を見て，アルゼンチンは目標を定めることができた。

ブラジルはポーランドを３－１で破り，得失点差は５。アルゼンチンがそれを上回るためには，ペルーに４点差をつける必要がある。試合はペルーの攻勢ではじまり，アルゼンチンはポストに救われる危ない場面にも遭遇した。だが，21分に均衡を破ったのはケンペス。これがゴールラッシュの口火となり，50分にはついにルーケが４点目。さらに２点を追加し，６－０という大差で第１回大会以来となる決勝進出を果たした。

●３位決定戦

両グループの２位同士による３位決定戦は，ブラジルがイタリアに２－１の逆転勝ち。ブラジルは無敗で大会を終えた。

決　勝

アルゼンチン	3-1	オランダ
前1　後0　延2		前0　後1　延0
得点		得点
ケンペス（38分）		ナニンハ（82分）
ケンペス（105分）		
ベルトーニ（116分）		

3位決定戦　　ブラジル　2-1　イタリア

決勝戦－アルゼンチン－オランダ

ブエノスアイレスに戻ってきたアルゼンチンを，ふたたびスタンドからの紙ふぶきが迎える。

世界一をかけた最後の戦いは，神経戦ではじまった。オランダのR・ファンデケルクホ

▲決勝　対オランダ戦のアルディレス（アルゼンチン，右）
©P. Kishimoto

▲ドリブルするブラジルのロベルト・リベリーノ
©ユニフォトプレス

フの右手に巻かれたバンデージに，アルゼンチン側がクレームをつけ，キックオフが約10分間遅れた。

●ついにアルゼンチンが世界の頂点へ

試合は立ち上がりから，両チームがそれぞれの特徴を前面に押し出した激しい攻防となった。アタッカーたちが鋭いドリブルで突破を図り，リベロのパサレラも駆け上がるアルゼンチン。オランダは激しいボディーチェック，空中戦で圧迫し，レップのシュートがGKフィジョールを脅かす。

最初にゴールを記録したのは，アルゼンチンだった。38分，左サイドからの攻めで，アルディレスがオランダ選手の間をドリブルですり抜け，ボールはルーケを経由してケンペスへ。ハーン，クロルの間に割って入ったケンペスは，倒れながらGKヨングブルートの脇を抜くシュートを決めた。

後半は，同点ゴールをねらうオランダが，アルゼンチンを押し込んだ。オランダのハッペル監督は59分，レップに代えて長身のナニンハを送り込み，これが的中する。82分，右サイドからR・ファンデケルクホフが上げたクロスをナニンハがヘディングでたたき込み，同点に追いついたのだ。さらに90分の終了直前には，レンセンブリンクのシュートが，ポストをたたく逸機。

大会史上３度目の延長戦に入ると，ふたたびアルゼンチンが息を吹き返した。そして，延長前半終了も近い105分，またもケンペスが突破し，最後は右足の裏で押し込む勝ち越しゴール。さらに116分，やはりケンペスがドリブルからベルトーニとのワンツーをねらい，こぼれたところをベルトーニが決めて３－１。オランダに反発する力はなく，ついにアルゼンチンが世界の頂点に到達するときがやってきた。

本大会の概要

前回の1974年大会を支配した，西ドイツのベッケンバウアー，オランダのクライフという２大スターの姿を，アルゼンチンで目にすることはできなかった。ベッケンバウアーはNASL（北米サッカーリーグ）でのプレーを選び，代表でのチャンスを放棄したのも同然だし，クライフは「ワールドカップは一度だけで十分」という考えを，頑として変えなかった。

●もっとも輝いた選手たち

スター不在を心配された大会でもっとも輝いたのが，６ゴールをあげて得点王のタイトルも獲得したアルゼンチンのケンペスという点に，異論はないだろう。〈マタドール（闘牛士）〉の異名をとるが，長身で精悍なマスク，長髪を振り乱して走る姿は，アルゼンチンの大草原，パンパを疾駆する野生馬をほうふつさせるものだった。

当時もアルゼンチンの優秀な選手は欧州のクラブで活躍していたが，帰国時期の問題などから，呼び戻されたのはバレンシア（スペイン）に所属していたケンペスだけだった。スペインリーグの２年連続得点王に対する期

▲オランダのジョニー・レップのヘディング（対アルゼンチン戦）　©ユニフォトプレス

▲得点王となったマリオ・ケンペス（アルゼンチン）の決勝戦でのゴール　©P. Kishimoto

待は大きかったが，１次リーグでは不発。ひげを剃って気分を一新した２次リーグは，スペインに渡るまでプレーしていたロサリオ（クラブはロサリオ・セントラル）に戻り，ゴール感覚がよみがえった。左ウィング，センターフォワードで起用されたが，ルーケの負傷回復後は，攻撃的MFの位置からスピードとテクニックを生かした突破で持ち味が生かされた。

アルゼンチンでは，巧みなドリブルからチャンスをつくったアルディレス，攻守に闘志あふれるプレーでチームを率いたリベロのパサレラなども，印象深い選手だった。

クライフ不在のオランダでは，レンセンブリンクが代役として期待された。PKによる３点を含む５得点をあげ，ゲームメークも果たしたが，クライフの存在感には及ばなかった。１次リーグのスコットランド戦で決めたPKは，大会通算1,000得点目として記録に残る。

イタリアのロッシ，フランスのプラティニ，西ドイツのKH・ルンメニゲ，ブラジルのジーコらがFIFAワールドカップにはじめて登場した大会でもあるが，彼らがさらに大きな役割を果たすのは，４年後のことになる。

●アルゼンチンサッカーのめざすところ

優勝したアルゼンチンのサッカーは，スペースがあれば一直線に相手ゴールをめざす攻撃サッカーが，基本になっていた。中心選手のケンペス，アルディレス，ウィングで起用されたベルトーニ，オルティス，ハウスマン，バレンシアらは，いずれもこうしたプレーが得意な選手たちだった。

ただし，ゴール前を固めたイタリア，中盤から激しいチェックを仕掛けてくるブラジルに対しては，さすがに単独突破では限界があり，無得点に終わった。それでも彼らはやり方を変えず，メノッティ監督はアタッカーたちの本能ともいえるアルゼンチン本来のドリブル攻撃を，思う存分に発揮させて，彼らの能力を引き出した。

また，メノッティ監督がたんに攻撃的なだけでなく，「フェアなプレーで戦い抜こう」と，選手たちに指示を出していたことも見逃せない。挑発に乗らず，ひたむきにプレーに専念することが，ストレスの多い大会を戦い抜くには不可欠だ。タフで荒っぽく，守備的というアルゼンチンサッカーのイメージを払拭したい，という使命感，あるいは愛国心もあっただろう。

一方，２大会連続，決勝で敗れたオランダだが，相手を囲い込んでボールを奪い，速い攻めにつなげるという，トータル・フットボールの基本方針は健在だった。しかし，創造性や流動性という前回大会の魅力は失われ，それをクロスボールからの空中戦攻撃や，大砲のようなロングシュートという力わざで補っていた。

（石川　聡）

1982 スペイン大会

大会開催までの経緯

1982年の第12回ワールドカップは，スペインでの開催となった。当時のスペインは，独裁者フランコ総統の死後，王位に就いたフアン・カルロス国王の手によって民主化が進んでいた。

スペイン東北部のカタルーニャ地方は，1930年代の内戦でフランコ総統軍に最後まで抵抗した共和国派の拠点だったこともあって，フランコ時代には厳しく抑圧されていた。そのカタルーニャに自治権が与えられ，カタルーニャ語も解禁となった。カタルーニャの首都バルセロナでワールドカップの開幕戦が行われたのは，民主化の象徴のようなできごとだったといえよう。

テノール歌手プラシド・ドミンゴの歌うテーマソングに乗って，フィールド上には白い衣装の少年たちによってパブロ・ピカソの「平和の鳩」が描かれた。そして，前回優勝のアルゼンチンがベルギーに０－１で敗れるという波乱で大会がスタートした。

４年前にブエノスアイレスでのFIFA総会で，1982年大会以降，参加国数を20または24にふやすことが決まった。そして，スペインの組織委員会は〈24か国〉を選択した。

なにしろ，スペインはサッカー大国だ。大きな観客動員数を誇るクラブが全国にあるから，スタジアムにはこと欠かない。スペインは14都市の17のスタジアムを用意した。これまでのワールドカップ史上で，最多だった。

24チームの大会となったため，試合方式も変更になった。まず，１次リーグでは４チームずつ６グループでリーグ戦を行い，上位２チームずつ12チームが２次リーグに進む。そして，３チームずつ４つのグループでリーグ戦を行い，各組の１位になった４チームで準決勝，決勝が行われることになった。

●フォークランド紛争勃発

大会開幕を前にした４月，アルゼンチンの軍事政権は英国との間で領有権争いがつづいていたフォークランド諸島（アルゼンチン名ではマルビナス諸島）を軍事占領した。南大西洋上に浮かぶ同諸島は，地理的にはアルゼンチン沖合にあるが，英国系住民が住んでいる漁業基地である。アルゼンチン政府は，国民の不満をそらすために領土問題の武力解決という政策を採ったのだが，サッチャー首相に率いられた英国は，断固として妥協を拒否。両国の海戦がはじまり，６月には英国が実力で

1 次 リ ー グ

グループ1

イタリア	0-0	ポーランド
ペルー	0-0	カメルーン
イタリア	1-1	ペルー
ポーランド	0-0	カメルーン
ポーランド	5-1	ペルー
イタリア	1-1	カメルーン

1.ポーランド……… 勝点4
2.イタリア………… 勝点3(0,2/2)
3.カメルーン……… 勝点3(0,1/1)
4.ペルー…………… 勝点2

グループ2

アルジェリア	2-1	西ドイツ
オーストリア	1-0	チリ
西ドイツ	4-1	チリ
オーストリア	2-0	アルジェリア
アルジェリア	3-2	チリ
西ドイツ	1-0	オーストリア

1.西ドイツ……………… 勝点4(+3)
2.オーストリア……… 勝点4(+2)
3.アルジェリア……… 勝点4(0)
4.チリ…………………… 勝点0

グループ3

ベルギー	1-0	アルゼンチン
ハンガリー	10-1	エルサルバドル
アルゼンチン	4-1	ハンガリー
ベルギー	1-0	エルサルバドル
ベルギー	1-1	ハンガリー
アルゼンチン	2-0	エルサルバドル

1.ベルギー……………………… 勝点5
2.アルゼンチン……………… 勝点4
3.ハンガリー………………… 勝点3
4.エルサルバドル…………… 勝点0

▲開会式　©P. Kishimoto

フォークランド諸島を奪回した。

スペイン・ワールドカップには英国から３チーム（イングランド，スコットランド，北アイルランド）が出場権を得ており，英国にはボイコット論もあったが，結局，全チームが参加。幸運にも英国からの３チームがアルゼンチンと対戦する機会はなかった。

１次リーグ－アフリカ勢旋風

１次リーグの第１組にはイタリアが出場していたが，イタリアは欧州予選でユーゴスラビアにつぐ２位の成績で本大会出場を決めており，アルゼンチン大会の得点王，パオロ・ロッシが八百長問題による出場停止からカムバックしたばかりでもあり，あまり期待は大きくなかった。実際，１次リーグでも３戦３引き分けに終わる。アフリカから初出場を決めたカメルーンも同じく３引き分けで，当然得失点差もゼロでイタリアと並んだが，総得点数でイタリアが上回り，カメルーンは無敗のまま姿を消した。

１次リーグの第２組でもアフリカ代表のアルジェリアが旋風を巻き起こした。このグループでの開幕戦で1980年欧州選手権優勝の西ドイツを，マジェールとベルーミの得点によって２－１で破ったのだ。その後，アルジェリアは，オーストリアに敗れ，チリに勝利し，２勝１敗で全日程を終了した。そして，その翌日の試合で西ドイツとオーストリアが対戦した。西ドイツが，オーストリアに勝てば，３チームが勝ち点で並ぶことは選手たちも当然知っていた。そして，西ドイツがフルベッシュのゴールで１－０とリードすると，その後は両チームともまったく攻撃の姿勢を見せず，そのまま１－０で終了。このドイツ語を話す隣国同士が，得失点差でアルジェリアを上回って２次リーグに進み，アルジェリアは無念の敗退となった。１次リーグの最終戦が同日，同時刻に行われるようになったのは，この次の1986年大会からである。

●開催国の面目

スペインは欧州のサッカー大国のひとつで，レアル・マドリードの欧州カップ５連覇をはじめクラブレベルでは輝かしい歴史に包まれながら，代表の成績は振るわなかった。そのスペインは，地元開催のこの大会でも苦しみぬいた末にようやく１次リーグ突破を果たし，開催国の面目をほどこした。緒戦では弱小ホンジュラスに先制され，PKで追いついて，ようやく引き分け。第２戦では，またもユーゴスラビアに先制される。すると，アロンソがペナルティエリアの外で倒されたの

１　次　リ　ー　グ

各組２位までが２次リーグへ

グループ４

イングランド	3-1	フランス
チェコスロバキア	1-1	クウェート
イングランド	2-0	チェコスロバキア
フランス	4-1	クウェート
フランス	1-1	チェコスロバキア
イングランド	1-0	クウェート

1.イングランド ……………… 勝点6
2.フランス …………………… 勝点3
3.チェコスロバキア ………… 勝点2
4.クウェート ………………… 勝点1

グループ５

スペイン	1-1	ホンジュラス
ユーゴスラヴィア	0-0	北アイルランド
スペイン	2-1	ユーゴスラビア
ホンジュラス	1-1	北アイルランド
ユーゴスラビア	1-0	ホンジュラス
北アイルランド	1-0	スペイン

1.北アイルランド … 勝点4
2.スペイン ………… 勝点3(0,3/3)
3.ユーゴスラビア … 勝点3(0,2/2)
4.ホンジュラス …… 勝点2

グループ６

ブラジル	2-1	ソ連
スコットランド	5-2	ニュージーランド
ブラジル	4-1	スコットランド
ソ連	3-0	ニュージーランド
ソ連	3-2	スコットランド
ブラジル	4-0	ニュージーランド

1.ブラジル …………… 勝点6
2.ソ連 ………………… 勝点3(＋2)
3.スコットランド …… 勝点3(0)
4.ニュージーランド … 勝点0

▲クビジャス（ペルー）　©P. Kishimoto

▲プラティニ（フランス）　©P. Kishimoto

に，ルント=ソーレンセン主審はPKを宣告。さらに，ロペス=ウファルテがこのPKを外すと，主審はやり直しを命じ，ようやくファニートが決めて同点とし，後半に１点を奪って逆転勝ちした。

スペインは最終戦では北アイルランドにも０－１で敗れ，１勝１分１敗でユーゴスラビアと勝ち点，得失点差で並び，総得点数で上回って２次リーグ進出を果たした。あわや，ワールドカップ史上はじめて開催国が１次リーグ（または１回戦）敗退となるところだった。北アイルランドのノーマン・ホワイトサイドは17歳と41日で出場し，ペレが持っていたワールドカップ最年少出場記録を更新した。

●優勝候補ブラジル

その他のグループでは，ブラジルが３戦全勝で１次リーグを突破，そのブラジルと死闘を演じたソ連とともに，優勝候補に踊り出た。

ブラジルは，1974年，1978年と２大会連続して体力重視，守備重視のチームで出場し，国内外で大きな失望を買った。そのブラジルがこのスペイン大会ではテレ・サンターナ監督の下，トニーニョ・セレーゾ，ファルカン，ソクラテス，ジーコという４人のすぐれたMFを擁し，華麗な攻撃サッカーを披露した。

●スペインの地域差

スペインは広大な国である。しかも，地域によって文化や言語なども大きな違いがある。そして，開催都市ごとに運営にも大きな違いがあった。また，外国人旅行者のためには，旅行会社やホテル・チェーンによって結成された〈ムンディエスパーニャ〉という組織が一元的に，入場券やホテルの予約を受け付けていたが，その運営はまったく非効率的で，旅行者たちの顰蹙（ひんしゅく）を買った。

また，広大なスペインは，地域によって気候条件にも大きな差があった。たとえば，北西部の大西洋岸は雨が多く，摂氏20度前後と涼しく，一方，中央高原は乾燥した高温。そして，地中海岸は湿度が高く，気温30度という蒸し暑さに見舞われた。気温にしても，高度（標高）にしても，それほど苛酷というわけではなかったが，こうした地域の間を移動しなければならなかったチームには不利な条件となる。そして，もっとも暑い南部アンダルシアで戦ったチームには疲労が蓄積していた。

2　次　リ　ー　グ

グループA

ポーランド	3-0	ベルギー
ソ連	1-0	ベルギー
ソ連	0-0	ポーランド

1.ポーランド………… 勝点3（+3）
2.ソ連………………… 勝点3（+1）
3.ベルギー…………… 勝点0

グループB

西ドイツ	0-0	イングランド
西ドイツ	2-1	スペイン
イングランド	0-0	スペイン

1.西ドイツ……………… 勝点3
2.イングランド………… 勝点2
3.スペイン……………… 勝点1

グループC

イタリア	2-1	アルゼンチン
ブラジル	3-1	アルゼンチン
イタリア	3-2	ブラジル

1.イタリア……………… 勝点4
2.ブラジル……………… 勝点2
3.アルゼンチン………… 勝点0

▲ジーコ（ブラジル）　©P. Kishimoto

▲ルンメニゲ（西ドイツ）　©P. Kishimoto

2次リーグ－優勝経験チームの激突

２次リーグでは，その差がはっきりと出た。１次リーグを暑い地域で戦ったチームがことごとく敗れ，ベスト４に残った４チームはいずれも１次リーグを北西部の涼しい地域で戦ったチームとなったのだ。

２次リーグの注目は，バルセロナで行われたC組だった。１次リーグを全勝で突破したブラジルと，南米の宿敵アルゼンチン，そしてイタリアと，ワールドカップ優勝経験のある３チームが激突したのだ。１次リーグ不振のイタリアは，殺し屋ジェンティーレがアルゼンチンの若きエース，マラドーナを完封し，２－１でアルゼンチンを破る。つづいて，ブラジルもアルゼンチンに対して３－１で完勝。ワールドカップ初出場のマラドーナは，僚友アルディレスがファウルを受けたのに激怒。ブラジルの選手を蹴って退場となり，初のワールドカップは苦い思い出となった。

２次リーグ最終日にブラジルとイタリアが激突。得失点差でリードしていたブラジルは，引き分けでもよかった。だが，２次リーグに入って，ようやく調子を取り戻したイタリアのロッシが，忍耐強く起用しつづけてくれたベルゾット監督の期待に応えた。ロッシが得点し，ブラジルのソクラテスが追いつく。ふたたびロッシが決め，２－１でリードして後半を迎えたが，68分にブラジルがふたたび同点とする。〈ローマの鷹〉ファルカンのゴールだった。

引き分けでもいいブラジルだったが，いかにもブラジルらしく，さらに攻撃をつづける。そして，CKからのクリアを拾われ，ロッシにこの日３点目を決められてしまうのだ。１次リーグでは眠っていたイタリアが，ついに目を覚ました。

1970年代に自主労組〈連帯〉の活動で自由化が進んだポーランドでは，ソ連の意向を受けたポーランド政府によって戒厳令が敷かれ，〈連帯〉を非合法化されていた。そのポーランドが，ソ連と戦ったA組では，得失点差でポーランドが首位。その他，フランスと西ドイツが２次リーグを勝ち抜いた。

準決勝－粘り勝ちの西ドイツ

この大会から，準決勝以降の試合が延長後も同点で終わった場合には，ペナルティ・

グループD

フランス	1-0	オーストリア
北アイルランド	2-2	オーストリア
フランス	4-1	北アイルランド

1.フランス ……………… 勝点4
2.オーストリア ……… 勝点1（−1）
3.北アイルランド …… 勝点1（−3）

準決勝・決勝

イタリア 3｜1
イタリア 2｜0 ポーランド
フランス 3｜3 西ドイツ 延長PK

決勝
イタリア　3-1　西ドイツ

イタリア	西ドイツ
前0　後3	前0　後1
得点	得点
ロッシ（57分）	ブライトナー（83分）
タルデリ（69分）	
アルトベリ（80分）	

３位決定戦　ポーランド　3-2　フランス

▲アルトベリ（イタリア）の決勝戦でのゴール
©P. Kishimoto

▲カップを持つ優勝したイタリアのキャプテン・ゾフ
©P. Kishimoto

シュートアウト，いわゆるPK戦によって勝者を決めることになった。そして，準決勝ではじめてのPK戦が実現した。セビージャで行われた西ドイツ対フランスの試合である。

プラティニ，ロシュトーのコンビなどで2次リーグから調子を上げてきたフランスだったが，リトバルスキのゴールで西ドイツが先制。しかし，すぐにフランスがPKを得て，1－1となり，そのまま90分を終了する。

延長に入ると，開始2分でFKからトレゾールのボレーシュートが決まってフランスがリード。さらに，ジレスの技巧的なシュートで3－1とフランスがリード（当時はゴールデンゴール方式ではなかった）。延長に入って2点差となり，だれもが「勝負あり」と思った。だが，そこであきらめないのがドイツの怖さだ。ルンメニゲが1点を返すと，延長後半に入ってすぐ，フィッシャーがオーバーヘッドシュートを決めて，西ドイツが追いついたのだ。

PK戦では西ドイツのGKシューマッハーがフランスの6人目，ボシスのキックをストップして，西ドイツが決勝進出を決める。

これより前，もうひとつの準決勝でイタリアが，中心選手ボニエクを出場停止で欠いたポーランドを2－0で破っていた。

▶ 決勝戦－イタリア代表，
▶ 大統領専用機で帰国の途に

決勝は，西ドイツとイタリアという伝統国同士の対戦となり，舞台も名門レアル・マドリードの本拠地サンチャゴ・ベルナベウ。10万人以上がスタンドを埋めた。

イタリア，西ドイツともに，1次リーグではアフリカ勢相手に苦しみ，ようやく勝ち抜いてきたチームだった。イタリアからは，決勝進出の報を聞いた多くのファンたち（ティフォジ）がマドリードに駆けつけてきた。アレッサンドロ・ペルティーニ大統領も駆けつけ，サンチャゴ・ベルナベウの貴賓席でスペインのフアン・カルロス国王の隣に着席した。

イタリアは，グラツィアーニが西ドイツのシュティーリケと衝突して負傷交代。さらに，ペナルティキックをカブリーニがはずしてしまう。苦しい立ち上がりだった。

しかし，イタリアの強さは安定していた。後半に入り，ジェンティーレのクロスをロッシがねじ込み，68分にはタルデリが決め，そして，コンティがロングドリブルで持ち込んで，最後にアルトベリが決め，勝負を決した。長い距離を走ったコンティは，歓喜の渦に加わることもできずにペナルティエリア内に倒れこんだままだった。イタリアの老大統領ペルティーニは，得点のたびに真っ先に立ち上がって，だれはばかることなく喜びを表した。ペルティーニは第2次世界大戦中，反ドイツ抵抗運動のリーダーだった人物である。

西ドイツは，最後にブライトナーが1点を返しただけ。イタリア代表チームは，ワールドカップのトロフィーとともに大統領専用機で帰国の途についた。（後藤健生）

1986 メキシコ大会

大会開催までの経緯

1986年大会は，南米のコロンビアで開催されるはずだった。しかし，コロンビアの経済は極度に悪化しており，1982年スペイン大会開幕前から，その開催能力が疑問視されていた。

スペイン大会の決勝から３か月半後の10月25日，ついに当時のベタンクール大統領から，大会開催返上の正式な声明が出された。今や24チームで争われるようになったFIFAワールドカップは，十分な経済的裏づけなしには開けないことが明白になったのである。

コロンビアの返上で，代替開催地にブラジル，メキシコ，カナダ，アメリカが名乗りをあげた。後にブラジルが，経済的な負担の大きさを理由に辞退。1983年５月20日にスウェーデンのストックホルムで行われたFIFA理事会の席上，満場一致で開催権を与えられたのはメキシコ。FIFAワールドカップを2度，開催するはじめての国となった。

もっとも，メキシコにも試練はあった。必ずしも経済情勢がよくなかったことに加えて，大会前年の1985年9月19日，マグニチュード8.1の大地震に襲われ，メキシコ市を中心に１万人以上の死傷者が出るという被害を受けた。だが，スタジアムがそれほど大きなダメージを受けなかったことが幸いし，大会は予定どおりに行われた。

１次リーグ

待ちに待った祭典は５月31日，メキシコ市郊外の〈アステカ2000〉スタジアムにおけるイタリア対ブルガリア戦で幕を開けた。４チームずつ６グループに分かれての１次リーグ後，各グループの上位２チーム，それ以外の成績上位の４チーム，合計16チームがノックアウト方式の決勝トーナメントに進むという新しい方式だ。

●グループA・B－アルゼンチン，メキシコが１位突破

グループAは，マラドーナがキャプテンを務めるアルゼンチンが首位。２位となった前回優勝国，イタリアにはマラドーナの同点ゴールで１－１と引き分けたが，韓国，ブルガリアには貫録勝ち。アジア東地区最終予選で日本を破って出場の韓国は，ブルガリアと１－１で本大会初勝ち点を記録する健闘だったが，金正男（キムジョンナム）監督は「国際舞台での経験不足を痛感した」という。

１　次　リ　ー　グ

グループA

イタリア	1-1	ブルガリア
アルゼンチン	3-1	韓国
イタリア	1-1	アルゼンチン
ブルガリア	1-1	韓国
イタリア	3-2	韓国
アルゼンチン	2-0	ブルガリア

1.アルゼンチン…………勝点５
2.イタリア…………勝点４
3.ブルガリア…………勝点２
4.韓国…………勝点１

グループB

メキシコ	2-1	ベルギー
パラグアイ	1-0	イラク
メキシコ	1-1	パラグアイ
ベルギー	2-1	イラク
メキシコ	1-0	イラク
ベルギー	2-2	パラグアイ

1.メキシコ…………勝点５
2.パラグアイ…………勝点４
3.ベルギー…………勝点３
4.イラク…………勝点０

グループC

フランス	1-0	カナダ
ソ連	6-0	ハンガリー
フランス	1-1	ソ連
ハンガリー	2-0	カナダ
フランス	3-0	ハンガリー
ソ連	2-0	カナダ

1.ソ連…………勝点５(８)
2.フランス…………勝点５(４)
3.ハンガリー…………勝点２
4.カナダ…………勝点０

▲韓国サッカー界の英雄チャ・ボムグン　©P. Kishimoto

国中の期待を集めたメキシコは，期待に応えてグループBの１位を確保した。ユーゴスラビア出身のミルチノビッチ監督のもと，代表チームとして１年近い合宿を敢行。強豪のベルギーを初戦で２－１と破り，波に乗った。ロメロ，カバニャスという好アタッカーを擁したパラグアイが２位となり，もうひとつのアジア代表，イラクは粗さが目立ち，３戦全敗で最下位に終わった。

●グループC・D－フランス，ブラジルが首位

２年前の欧州選手権で優勝したフランスは，エースのプラティニをはじめ，ジレス，ティガナ，フェルナンデスを配した中盤が健在で，得失点差で上回るソ連とともに，グループCを勝ち抜いた。ソ連は，この年の欧州カップウィナーズカップに優勝したディナモ・キエフの選手が中心となり，柔軟な試合運びでハンガリーに６－０と大勝するなど，期待を抱かせた。

グループDはブラジルが本命。４年前にスペインで輝いた〈黄金の４人〉のうち，故障が回復しなかったトニーニョ・セレーゾの姿はなく，ファルカンは調子を落とし，ジーコは

各組２位までと，３位のうち上位４チームが第２ラウンドへ

グループD

ブラジル	1-0	スペイン
アルジェリア	1-1	北アイルランド
ブラジル	1-0	アルジェリア
スペイン	2-1	北アイルランド
ブラジル	3-0	北アイルランド
スペイン	3-0	アルジェリア

1.ブラジル……勝点6
2.スペイン……勝点4
3.北アイルランド……勝点1
4.アルジェリア……勝点1

グループE

西ドイツ	1-1	ウルグアイ
デンマーク	1-0	スコットランド
西ドイツ	2-1	スコットランド
デンマーク	6-1	ウルグアイ
デンマーク	2-0	西ドイツ
スコットランド	0-0	ウルグアイ

1.デンマーク……勝点6
2.西ドイツ……勝点3
3.ウルグアイ……勝点2
4.スコットランド……勝点1

グループF

ポーランド	0-0	モロッコ
ポルトガル	1-0	イングランド
イングランド	0-0	モロッコ
ポーランド	1-0	ポルトガル
イングランド	3-0	ポーランド
モロッコ	3-1	ポルトガル

1.モロッコ……勝点4
2.イングランド……勝点3（2）
3.ポーランド……勝点3（-2）
4.ポルトガル……勝点2

▲〈将軍〉プラティニ（フランス）　©P. Kishimoto

▲エルケーア・ランセン（デンマーク）　©P. Kishimoto

膝に問題を抱えてのメキシコ入り。しかし，攻撃のカレッカ，ミューレル，守備のジュリオ・セザールらの新しい力で，３戦全勝の首位。スペインはブラジルに０－１で惜敗したが，北アイルランド，アルジェリアに連勝して２位を確保した。

●グループE－激戦区でデンマークが抜け出す

西ドイツ，デンマーク，スコットランドの欧州勢に，南米のウルグアイを加えたグループEは，最大の激戦区とみられていた。だが，1980年代に入って急速に台頭してきたデンマークが，スピードあふれる攻撃サッカー，エルケーア・ラルセンの破壊力で３連勝。ベッケンバウアー監督率いる西ドイツが２位で，フランチェスコリを中心とするウルグアイは１勝もできなかったが，かろうじて第2ラウンドに進出した。

●グループF－新鋭モロッコの活躍

この大会でもっとも驚きだったのは，グループFにおけるモロッコの活躍だろう。欧州勢を向こうにまわし，ポーランド，イングランドと０－０で引き分け，ポルトガルに３－１で快勝して１位。アフリカ勢としては，史上はじめて決勝トーナメントに進出した。２

第２ラウンド

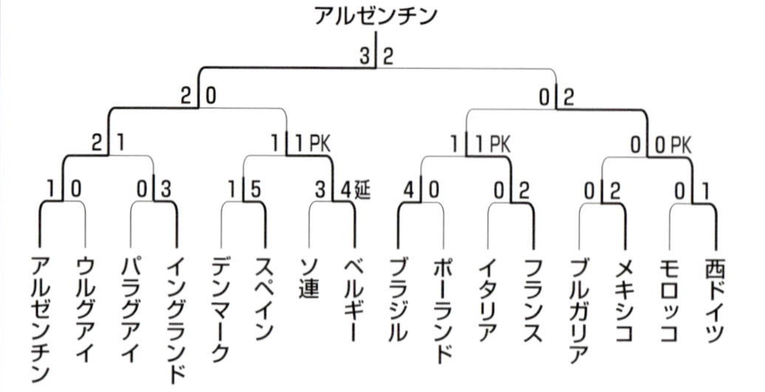

決勝戦

アルゼンチン　3-2　西ドイツ

アルゼンチン	西ドイツ
前1　後2	前0　後2
得点	得点
ブラウン（23分）	ルンメニゲ（74分）
バルダーノ（55分）	フェラー（80分）
ブルチャガ（83分）	

3位決定戦　フランス　4-2　ベルギー

▲準々決勝のフランス対ブラジル　©P. Kishimoto

試合を１分け１敗と窮地に立たされたイングランドは，大幅にメンバーを入れ替えてポーランド戦に臨み，リネカーのハットトリックで３－０と勝ち，２位で通過した。

第2ラウンド－見ごたえあるカードの数々

６月15日にはじまった第２ラウンドは，地元メキシコとブルガリアの戦いで幕を開けた。11万を超える〈アステカ2000〉スタジアムの大観衆が見守るなか，メキシコはネグレテの見事なジャンプボレーとセルビンの得点で２－０と快勝。同じ日，クールマンスを中心とするパワフルなベルギーが延長戦の末，ベラノフのハットトリックで追いすがるソ連に４－３と競り勝った。

翌16日は南米のビッグスリーが登場。しだいに調子を上げてきたブラジルは，４－０でポーランドを一蹴した。南米で強烈な対抗意識を燃やすアルゼンチンとウルグアイの対決は，前半終了近くにパスクリが決めた１点により，アルゼンチンが１－０で逃げ切った。

17日には，フランスがプラティニ，ストピラの得点でイタリアを２－０と破り，前回王者は敗退。１次リーグで大健闘のモロッコは，守備的に戦い西ドイツを苦しめる。西ドイツは終了３分前，マテウスが約30mの距離からフリーキックを突き刺し，１－０でかろうじて面目を保った。

第２ラウンドの最終日となる18日は，イングランドがリネカーの２ゴールなどでパラグアイを3－０と完封し，スペインはブトラゲーニョの４得点などで，期待の大きかったデンマークを５－１で退けた。

準々決勝

６月21日，22日の準々決勝は４試合中，３試合が延長戦にもつれ込む接戦だった。

●歴史に残る名勝負続出

グアダラハラの〈ハリスコ〉スタジアムに居座るブラジルがフランスを迎えた一戦は，この大会屈指，そして大会史に残る好勝負となった。ともに攻撃的に戦い，ブラジルが17分にカレカの大会通算５点目で先制すれば，フランスも40分にエースのプラティニが同点。延長戦を含めた120分間を終えても決着はつかず，ブラジルのソクラテス，フランスのプラティニが失敗したドラマチックなPK

▲マラドーナの驚異的な5人抜き；準々決勝の対イングランド戦 ©P. Kishimoto

戦を，フランスが4－3で制した。後半なかば，交代出場したジーコ(ブラジル)のPKがGKバツに止められ，勝敗の行方を大きく左右した。

首都から北部のモンテレイに移動したメキシコは，西ドイツと消耗戦を展開。警告8，退場者2という荒れた試合は，120分間を戦っても無得点で，GKシューマッハーがPK戦で2本を阻止した西ドイツが，4－1で勝った。メキシコは1970年につづき，地元開催の大会で準々決勝の壁を越えられなかった。

翌22日にも，歴史に残るシーンがメキシコ市で生まれた。アルゼンチン対イングランド，主役はマラドーナだ。まず51分，高く上がったボールが腕に当たり，彼自身が「神の手によるもの」と解説したゴールで先制。その3分後，自陣でパスを受けるとドリブルで相手選手を次つぎとかわし，最後はGKシルトンも外す5人抜きのドリブルからボールを流し込んだ。イングランドはリネカーが，得点ランキングのトップに立つ6点目で差を縮めたが，1－2で敗れ去った。

残るベルギー対スペイン戦は1－1の同点から，PK戦を5－4でものにしたベルギーが，準決勝進出を決めた。

準決勝

その準決勝は6月25日，グアダラハラの西ドイツ対フランス，メキシコ市のアルゼンチン対ベルギーの組み合わせで行われた。

●西ドイツ，勝負強さで決勝へ

西ドイツとフランスは，スペイン大会につづく準決勝での対決だが，今回も西ドイツの勝負強さが上回る。9分にペナルティエリアの外側でフリーキックを得た西ドイツは，マガトが短く流し，ブレーメの強烈な左足シュートがGKバツの脇を抜いてゴールイン。時間の経過とともにフランスにあせりがみられ，プラティニが最前線でボールを待つ場面が目立つ。西ドイツは終了直前にあっけなくフェラーがダメを押し，2－0の勝利で2大会連続の決勝進出を果たした。

一方，マラドーナがカリスマ的な活躍をみせて突き進むアルゼンチンは，ベルギーも問題とせず2－0で下し，ファイナルに駒を進めた。前半こそてこずったが，後半はマラドーナの独り舞台。51分にブルチャガのパスから先制すると，63分には3人を抜いてペナルティエリアに入り，角度のないところから左足のシュートを決めた。

●３位決定戦

なお，３位決定戦では，プラティニ，ジレスらの主力を外して臨んだフランスが，延長戦の末にベルギーを４－２で破り，前回より順位をひとつ上げた。

決勝戦

アルゼンチンの決勝進出は1930年，1978年(優勝)につぐ３度目で，西ドイツは1954年(優勝)，1966年，1974年(優勝)，1982年と合わせて５度目となり，イタリアの４度をしのぐ新記録となった。この両者は世界一の座をかけて６月29日，〈アステカ2000〉スタジアムのピッチに立った。太陽が真上から照りつける，正午のキックオフだった。

●アルゼンチン２度目の王座に

西ドイツのマラドーナ対策が焦点となったが，ベッケンバウアー監督はマテウスにマーカーの大役を任せた。最前線のバルダーノにはフェルスターがつき，ヤコプスがスイーパーとして背後をカバー。これに対しアルゼンチンも，西ドイツのKH・ルンメニゲ，アロフスの２トップをルジェリ，クシューフォにマークさせ，その後方にブラウンが控えるという，やはり３バックで対応した。

ともに堅さのみえる滑り出しだったが，均衡は23分に破れる。アルゼンチンが右サイドで得たフリーキックをブルチャガが中央に上げると，ブラウンがヘディングで決めた。さらに55分，マラドーナからエンリケにつなぎ，最後はバルダーノの冷静なシュートで２点差をつけた。

西ドイツは後半，マテウスをマラドーナのマークから解放して攻撃に加担させ，ストライカーのフェラーを投入，60分には空中戦に強いD・ヘーネスを送り込み，ゴール前へのクロスという強引な方法でアルゼンチンを圧迫した。そして，コーナーキックをきっかけとして，74分にKH・ルンメニゲ，80分にフェラーが決めて，ついに２－２の同点。西ドイツの粘りが，またも土壇場で発揮された。

しかし，西ドイツに落とし穴が待っていた。３分後，浅くなった守備ラインの裏側にマラドーナがパスを出すと，抜け出したブルチャガが独走して決勝ゴール。アルゼンチンは確実にボールをキープして，タイムアップのホイッスルを待ち，３－２の勝利で1978年大会以来，２度目の世界王座に就いたのである。

ロイヤルボックスでメキシコのデラマドリ大統領からトロフィーを受け取ったマラドーナは，興奮してピッチになだれ込んだファンの間を，肩車をされてのビクトリーラン。スタンドでは，「ごめんなさい，ビラルド，ありがとう」の横断幕。ことあるごとにビラルド監督を批判してきたアルゼンチンのサポーターが，世界一の座をもたらした指揮官に感謝の念を表明したのだった。

大会の概要

ペレとブラジルの活躍で盛り上がった1970年メキシコ大会同様，この1986年大会も，マラドーナという不世出の名優が抜群のテクニックでファンを喜ばせ，準々決勝のフランス対ブラジルのような名勝負があって，魅力的な大会だった。

標高2,000mを超える高地，強い日差しの降り注ぐ日中の試合という厳しい条件を考えれば，体力に物をいわせて走り回るサッカーより，技術の高いチームが有利，という一般論がある。だが，1970年にメキシコを体験している国もあり，各チームは事前の遠征などで，肉体的な準備をしっかり整えていた。

そのうえで，マラドーナやプラティニのように決定的な仕事のできる選手を擁したチームが好成績を収めたが，安定した守備力，チームとしての規律が重要な要素となったことも見逃せない。その点，アルゼンチンは，前回の大会で優勝したイタリアの流儀を踏襲したともいえる。

●〈規律〉に忠実であれ

また，アルゼンチンのビラルド監督は現役時代，タフな守りで南米や世界を制したエスツディアンテス(アルゼンチン)というクラブの一員で，監督となってからは膨大な数のビデ

◀優勝したアルゼンチンは優勝の立役者マラドーナを肩車してビクトリーラン
©P. Kishimoto

オテープで相手を観察し，その特徴を消すための研究に余念のない指導者だった。そうしたバックグラウンドも，チームのスタイル，試合運びと無縁ではなかったろう。

アルゼンチンはブラウン，ルジェリ，クシューフォの堅固な３バックの前方に，バチスタ，ジュスティという能力の高い守備的MFを配した布陣がほぼ不動。彼らは守備に専念し，奪ったボールをマラドーナにつなぐことが大切な仕事だった。

現在，多くの監督が〈規律〉という言葉を使うが，いわばチームの約束ごと。アルゼンチンの選手たちは，マラドーナの才能を生かすために与えられた役割を忠実にこなし，マラドーナもその期待に応えた。

プラティニという名手に率いられたフランスは，西ドイツとの準決勝で崩壊した。１点をリードされた後，得点力もあるプラティニが最前線に孤立し，ミシェル監督も「１点を取られてやり方を変えようとしたが，うまくいかなかった」と語るなど，チーム全体が浮き足立っていた。このあたりが，我慢に我慢を重ねて決勝への道を進んできた西ドイツとは対照的である。

わずか１失点で大会を去ったブラジルは不運だったが，高い技術を発揮することが期待された選手たちのコンディションが万全でなく，１次リーグで活躍したソ連やデンマークは，地味だが堅実なチームの前に涙をのんだ。

1982年大会優勝のイタリアではじまった〈堅実さ〉という勝利へのキーワードは，メキシコでアルゼンチンに受け継がれ，現在もつづいている。

●大会のスターはマラドーナ

FIFAワールドカップは各大会でスターを生んでいるが，1986年大会は間違いなくマラドーナの大会だった。1970年大会で果たしたペレの役割と比較されることも多いが，１人の選手として大会に与えたインパクト，優勝したチーム内での比重という点で，彼の右に出る者はいないのではないか。

マラドーナは攻撃に関する限り，すべてをやった。その才能を存分に発揮して，単独で突破し，ゴールを決め，チームメイトに絶好のボールを出した。FIFAワールドカップにはじめて出場した1982年大会からの４年間が，彼をリーダーに成長させていた。

スペイン大会と同様，メキシコでも手荒な仕打ちは受けたが，「ファウルを受けてもカッとならないこと」という大会前のビラルド監督との約束を守った。決勝では，マテウスのマークが厳しいと見るや，ボールを持たず，シンプルにパスを出した。的確な状況判断と結びついたそのパスは，チームの２点目，３点目を生んだ。

フランスのキャプテン，プラティニも，期待を裏切らなかったスターといえるだろう。〈将軍〉と呼ばれるにふさわしい華麗さと威厳でピッチを支配し，視野の広さを生かしてのパス，２列目からタイミングよく飛び出しての得点は，彼の真骨頂。マラドーナとの対決が注目されただけに，準決勝の敗退が残念で

▲マラドーナ（アルゼンチン）のパス　©P. Kishimoto

▲得点王となったリネカー（イングランド，左）のヘディング　©P. Kishimoto

ならない。

得点王のタイトルを取ったのは，６ゴールをマークしたイングランドのリネカー。両サイドからいいボールが入るようになった１次リーグ最終戦のポーランド戦で，得点感覚がよみがえった。「正しいときに正しい場所にいる」ストライカーだ。

マラドーナが準決勝までに５点をあげて，リネカーを脅かしたが，ストライカーとしては，ブラジルのカレカの存在も光った。1982年大会にくらべると，中盤が精彩を欠いたブラジルだが，準々決勝進出に彼の果たした役割は大きかった。

●日本人レフェリーの活躍

日本代表は予選で敗退したが，メキシコのピッチに立った日本人がいる。高田静夫氏が，本大会の試合をコントロールする36人のレフェリーの１人として，FIFAから指名されたのだ。

５月５日にメキシコ入りした高田氏は，大会が開幕すると，６月５日のフランス対ソ連(グループC)，同７日のポーランド対ポルトガル(グループF)で副審を担当した。

そして12日，モンテレイの〈テクノロヒコ〉スタジアムで行われたグループDの試合，スペイン対アルジェリア戦で，日本人としてはじめて本大会の主審を務めた。気温38度という暑さのなか，両チームともラウンド16進出の可能性を残すだけに，激しいゲームだった。アルジェリアGKが相手選手と激突して負傷するようなシーンもあり，ピッチ上の秩序を保つには困難も多かったろうが，高田主審は終始，冷静にコントロールした。

心からサッカーを楽しんだ

記者仲間がスリの被害にあったり，カメラマンが機材を盗まれたりといった事件はあったが，メキシコ大会は本当に楽しいサッカーの祭典だった。好試合が多かったことはもちろん，何よりもメキシコの人びとが心から大会を楽しんでいたことが，その雰囲気づくりに大きな役割を果たした。

メキシコ市の〈アステカ2000〉スタジアムで試合が終わると，人びとは市内につながる沿道にくり出し，渋滞で遅々として進まない車の流れに手を振り，笑顔で見送った。彼らはスタジアムの周辺だけでなく，試合後の街の中でも余韻に浸り，外国からの客も交えて夜がふけるまで語り明かしていた。

そこには意図的なものも，飾り気もなく，まったくの自然体。コロンビアの辞退で1986年大会の開催地が暗礁に乗り上げたが，さまざまな事情があるとはいえ，メキシコを代替地に選んだのは，結果的にFIFAの慧眼といえた。

（石川　聡）

1990
イタリア大会

華の開幕セレモニー

イタリア経済の中心地であると同時にファッションと芸術の町でもあるミラノ。1990年6月8日。ジュゼッペ・メアッツァ・スタジアムで行われた開幕セレモニーでは，180人のモデルが世界的に著名なバレンチノ，フェッレ，ミラ・ショーン，ミッソーニの4人のデザイナーが各大陸をイメージしてデザインしたドレスを身にまとって登場した。場内の大型スクリーンには，スカラ座でのリカルド・ムーティー指揮のオーケストラ演奏が映し出され，世界のテナー，パバロッティが歌った。大会の出場国は24か国。

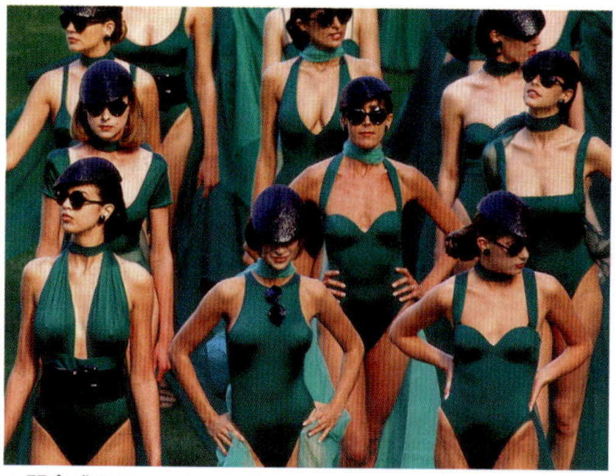

▲開会式のファッションショー　©P. Kishimoto

1次リーグ

●カメルーン金星を刺す

開幕戦はB組のアルゼンチンとカメルーンの対戦だった。だれもがディエゴ・マラドーナ率いるアルゼンチンの勝利を信じて疑わなかった。だが波乱が起きた。マラドーナをファウル覚悟で徹底マークし，最終ラインのハードな守備，中盤の精力的な動き，前線の鋭い攻めで対抗して前半を0－0で折り返した。62分，カナ・ビイクがクラウディオ・カニージャに対するファウルで退場となり，不利になると思われたその5分後，カメルーンが先制する。

左からのFKをシリル・マカナキーがペナルティエリアで足に当て，ボールが高くあがったところをオマン・ビイクが1，2歩後ろに下がりながら強烈なバネを利かせたジャンプでヘディングシュートすると，ボールはGKネリ・プンピードの膝に当たってゴールへ転がっていった。その後，マッシンも退場となったが，結局最後は9人でしのぎきった。ワールドカップでの初勝利だった。次のルーマニア戦も2－1で勝ち，早々と1次リーグ突破を決めた。この試合のヒーローは後半途

1次リーグ

グループA

イタリア	1-0	オーストリア
チェコスロバキア	5-1	アメリカ
イタリア	1-0	アメリカ
チェコスロバキア	1-0	オーストリア
オーストリア	2-1	アメリカ
イタリア	2-0	チェコスロバキア

1.イタリア……勝点6
2.チェコスロバキア……勝点4
3.オーストリア……勝点2
4.アメリカ……勝点0

グループB

カメルーン	1-0	アルゼンチン
ルーマニア	2-0	ソ連
アルゼンチン	2-0	ソ連
カメルーン	2-1	ルーマニア
アルゼンチン	1-1	ルーマニア
ソ連	4-0	カメルーン

1.カメルーン……勝点4
2.ルーマニア……勝点3(＋1,4/3)
3.アルゼンチン…勝点3(＋1,3/2)
4.ソ連……勝点2

グループC

ブラジル	2-1	スウェーデン
コスタリカ	1-0	スコットランド
ブラジル	1-0	コスタリカ
スコットランド	2-1	スウェーデン
ブラジル	1-0	スコットランド
コスタリカ	2-1	スウェーデン

1.ブラジル……勝点6
2.コスタリカ……勝点4
3.スコットランド……勝点2
4.スウェーデン……勝点0

中から出場し，78，87分に連続ゴールを決めた38歳のFWロジェ・ミラ。すでに一線から退き，パートタイムのプレーヤーになっていたといわれるミラは，大統領からの要請で代表チームに復帰。センセーショナルな活躍の象徴となった。

●後がないアルゼンチン

アルゼンチンは第２戦，当時イタリアリーグのナポリに所属していたマラドーナの〈ホーム〉であるナポリのサンパオロ・スタジアムでソ連と対戦した。ソ連も初戦でルーマニアに敗れていて，負けたほうが１次リーグ敗退。11分，アルゼンチンはGKプンピードが味方選手と激突して右すねを骨折，退場する。ここで交代出場したセルヒオ・ゴイコチェアはその後，大会を通じて大活躍することになる。

アルゼンチンにいやなムードの漂うなか，ソ連のコーナーキック。ニアに蹴られたボールをオレグ・クズネツォフがヘディングすると，マラドーナが右手で止めたのだ。1986年大会のイングランド戦で見せた〈神の手〉は得点に使われたが，今度は守りで。だが目の前に立っていたスウェーデン人の主審エリク・フレデリクソンは何も見ていなかった。結局，アルゼンチンはこの試合を２－０でものにし，フレデリクソンはこの試合を最後に大会から姿を消した。

●A組－イタリア順当勝ち

A組は地元イタリアがオーストリア，アメリカ，チェコスロバキアにいずれも無失点勝利を収め，順当に１次リーグを突破した。大会でのイタリアは，ゴールゲッターの不在をささやかれていたが，初戦オーストリア戦の途中から起用されたサルバトーレ・スキラッチが，ファーストタッチで決勝ゴールを奪う強運のワールドカップデビュー。アゼリオ・ヴィチーニ監督の信頼を得て，その後も貴重なゴールを重ね，大会の得点王に輝き，最優秀選手に選ばれた。次回大会の開催国アメリカは，平均年齢24歳で出場国中一番若く，３戦３敗ではあったがいい経験を積んだ。この組ではもうひとつ，大型CFトーマス・スクフラビーを擁したチェコスロバキアが２勝１敗で第２ラウンド進出を果たした。

▲オマン・ビイク（カメルーン）のヘディングシュート
©P. Kishimoto

●C組－初出場コスタリカベスト８入り

C組はセバスチャン・ラザローニ監督の率いるブラジルが伝統のフォーバックではなく，３-５-２のシステムで臨んだ。カレカ，ミューレルのツートップはそこそこではあっ

各組２位までと，３位のうち上位４チームが第２ラウンドへ

グループD

コロンビア	2-0	アラブ首長国
西ドイツ	4-1	ユーゴスラビア
ユーゴスラビア	1-0	コロンビア
西ドイツ	5-1	アラブ首長国
ユーゴスラビア	4-1	アラブ首長国
西ドイツ	1-1	コロンビア

1.西ドイツ……勝点5
2.ユーゴスラビア……勝点4
3.コロンビア……勝点3
4.アラブ首長国……勝点0

グループE

ベルギー	2-0	韓国
ウルグアイ	0-0	スペイン
ベルギー	3-1	ウルグアイ
スペイン	3-1	韓国
ウルグアイ	1-0	韓国
スペイン	2-1	ベルギー

1.スペイン……勝点5
2.ベルギー……勝点4
3.ウルグアイ……勝点3
4.韓国……勝点0

グループF

イングランド	1-1	アイルランド
オランダ	1-1	エジプト
イングランド	0-0	オランダ
アイルランド	0-0	エジプト
イングランド	1-0	エジプト
アイルランド	1-1	オランダ

1.イングランド……勝点4
2.アイルランド……勝点3（0/22）
3.オランダ……勝点3（0/22）
4.エジプト……勝点2

▲得点王となったイタリアのサルバトーレ・スキラッチ
©P. Kishimoto

▲対イタリア戦で2得点したドラガン・ストイコビッチ（ユーゴスラビア）
©P. Kishimoto

たが，全体に守備的な戦いを展開。批判はあったもののスウェーデンを２－１，コスタリカとスコットランドをいずれも１－０で下して危なげなくベスト16入りした。

このグループで特筆しておかなければならないのは，初出場のコスタリカだ。ボラ・ミルティノビッチ監督は1986年のメキシコを指揮して地元大会で見事にベスト８に導き，コスタリカの監督に就任したのは開幕３か月前だったにもかかわらず，スコットランドを１－０，スウェーデンを２－１で破って１次リーグ突破の成績をあげてみせた。

●D組ー西ドイツ難なく勝利

D組では西ドイツが危なげなく１次リーグを抜けた。中盤に指揮官ロター・マテウスがいて，左サイドにアンドレアス・ブレーメ，攻撃陣にルディ・フェラーとユルゲン・クリンスマン，ピエール・リトバルスキーらがいた。２位を確保したユーゴスラビアは，MFドラガン・ストイコビッチやロベルト・プロシネチキらを中心に豊かなテクニックを持つ技巧派集団で，とくにストイコビッチの華麗な個人技は目を見張らせた。

コロンビアには異色の選手が２人いた。ペナルティエリアを大きく飛び出して，〈セカンド・スイーパー〉と呼びたくなるようなプレーをしたGKレネ・イギータとライオンのたてがみのような金髪をなびかせて中盤を闊歩したMFカルロス・バルデラマ。チームの本来の実力を発揮したとはいいがたかったが，かろうじて決勝トーナメントに進出した。アジア代表のUAEは，勝ち点をあげることなく敗退した。また，このグループのユーゴスラビア対UAEで日本の高田静夫氏が主審を務めた。

●E組ー韓国に世界の壁厚し

E組にはアジアのもうひとつの代表，韓国が出場した。アジア一のテクニシャン，MF

第２ラウンド

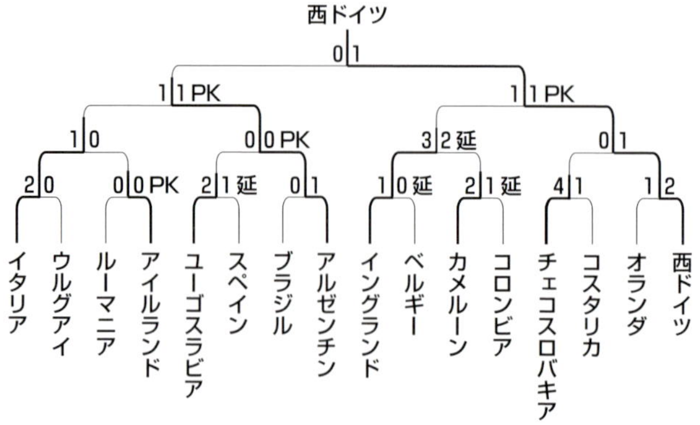

決勝戦
西ドイツ　1-0　アルゼンチン
前0　後1　　前0　後0
得点
ブルーメ(85分)PK

3位決定戦　イタリア　2―1　イングランド

▲対コロンビア戦のロター・マテウス（西ドイツ）
©P. Kishimoto

▲ファン・バステン（オランダ）は不発のまま大会を去った（対西ドイツ戦）
©P. Kishimoto

金鋳城（キムジュソン），新進気鋭のFW黄善洪（ハンサンホ）や前回メキシコ大会で大活躍したMF崔淳鎬（チェスンホ），DF洪明甫（ホンミョンボ）らを擁し，同国史上最強といわれ初の１勝が期待されていたが，第１戦のベルギー戦に０－２で完敗。ショックを引きずったままの次戦スペインにも１－３で敗れ，最終戦のウルグアイでは終了寸前に１点を許して３戦全敗。勝ち点すらあげられなかった。得点１は，参加24チーム中最低で，世界の壁の厚さは歴然としていた。

●F組－全試合引き分けの争い

サルデーニャ島のカリャーリとシチリア島のパレルモで行われたF組は，別名〈島流しグループ〉といわれた。イングランド，オランダ，エジプト，アイルランドが属したのだが，1980年代に暴徒化したイングランドのフーリガン対策のため，警備のしやすい島を選んだのだ。オランダのフーリガンも悪名をとどろかせていた。しかし，イングランドの名誉のためにいっておくと，彼らのプレー態度はまことにフェアで，大会最後にはフェアプレー・トロフィーを受けるほどだった。

グループの勝ち点争いは熾（し）烈で，各チーム２試合を終えた計４試合のすべてが引き分けで，決着は最終日に持ち越された。イングランドが１－０でエジプトを下して勝ち抜き，初出場のスコットランドとオランダは３戦とも引き分け，得失点差，総得点も同じだったためFIFAの抽選によって２位アイルランド，３位がオランダで決勝トーナメント進出が決まった。

F組で予想外だったのは，オランダの輝きが失せていたことだ。MFフランク・ライカールト，ルート・フリットに当時世界でも最高と評されたFWマルコ・ファン・バステンの動きがかみ合わず，とくにファン・バステンの精彩のないプレーにファンは失望した。

第２ラウンド

第２ラウンド進出の16チームは，各グループ２位までと各グループ３位のなかで成績のいいアルゼンチン，コロンビア，ウルグアイ，オランダの４チームとなった。運命のいたずらというか，アルゼンチンが３位になったため，第２ラウンド１回戦で南米のライバルであるブラジルと対戦することになり，同じ３位のオランダは1974年ワールドカップ決勝，1988年欧州選手権準決勝，さらにはイタリア大会欧州予選で同組だった宿敵西ドイツと当たった。

●ブラジル－アルゼンチン

１次リーグを全勝で突破したブラジルとマラドーナのアルゼンチンの対戦は，１回戦ではもったいないほどだった。ひたすら守備を固めて耐えるアルゼンチン。ブラジルはどこからでも攻撃の起点になるすばらしい展開で押しに押した。前半にはMFドゥンガのヘディングシュートがポストに阻まれ，後半にはFWカレカとアレモンのシュートがバー，ポストにはね返される。ブラジルの勢いの前に何もできないでいたマラドーナは，だが残り時間10分になったところで，たったひとつ

▲最年長のロジェ・ミラ（カメルーン）とレネ・イギータ（コロンビアGK）　©P. Kishimoto

のスーパープレーで窮地を切り開く。自陣センターサークル付近からドリブルをはじめ，１人，２人とディフェンダーをかわし，相手をさらに引きつけておいて，最後は中央にノーマークで走り込んだ金髪の俊足フォワード，クラウディア・カニージャにこん身のラストパスを通し，決勝ゴールを生み出したのだった。

●西ドイツ－オランダ

もうひとつの好カード，西ドイツ対オランダは期待を裏切らない大会屈指の好ゲームになった。西ドイツのFWルディ・フェラーに人種的なことで侮辱されたらしいライカールトがつばを吐き，２人とも開始21分で退場になったが，試合の内容は損なわれることはなかった。２－１で勝利した西ドイツではFWクリンスマンが生涯でもベストに入るパフォーマンスを見せ，50分にDFギド・ブッフバルトの左からのクロスにゴール前で合わせ，再三の攻守で失点を防いでいたGKファン・ブロイケレンを破る。84分にはMFブレーメがブロイケレンの頭上を越す鮮やかなシュートを決め，反撃を終了２分前のロナルド・クーマンのPKによる１点に抑えきった。ファン・バステンは沈黙したまま，とうとう４試合ノーゴール，チームを押し上げることができないままワールドカップの舞台から消えていった。

●ユーゴスラビア－スペイン

そのほかの１回戦ではユーゴスラビアが延長戦でスペインを２－１で下した。この試合は２得点したストイコビッチが光り輝いた試合として長く記憶されるに違いない。柔らかいボールタッチと意表をつくパス，シュート。１点目はズラトコ・ブヨビッチが右からあげたクロスをスレチコ・カタネッチが戻す。受けたストイコビッチは蹴るフェイントを入れて柔らかくボールを静止させると素早く身をかわしてディフェンダー１人を抜き，GKアンドニ・スビサレタを打ち破った。決勝ゴールはフリーキック。人壁を巻くようにしたボールの軌跡は美しいものだった。

●イタリア－ウルグアイ

イタリアはウルグアイと対戦し，前半こそ無得点だったが，65分に交代出場したFWアルド・セレナのアシストからスキラッチが決め，82分には30歳の誕生日を自ら祝うようにセレナが２点目を入れて危なげなく準々決勝へとこまを進めた。FWの組み合わせに悩んでいたアゼリオ・ヴィチーニ監督は，この試合でもロベルト・バッジオを先発させ，スキラッチ=バッジオのコンビが固まってきた。

●カメルーン－コロンビア

カメルーンはコロンビアと対戦。ここでも大ベテラン，ロジェ・ミラが大活躍だった。試合途中の54分に出場したミラは，延長16分にオマン・ビイクからのパスを受けて高速ドリブルで突進し，鮮やかに先制点を奪う。そして，その２分後，〈世紀の大失策〉が生まれた。自陣のゴールから35m付近でコロンビアのGKイギータがバックパスを受け，詰めてきたミラを自分で抜こうとし，逆にボールを奪われてしまう。ミラは無人の荒野を行く風情のドリブルで２点目を流し込んだ。コロンビアは終了寸前に１点を返したがすでに遅かった。

●チェコスロバキア－コスタリカ

チェコスロバキア－コスタリカは４－１と大差がついた。チェコは192cmのCFトマス・スクフラビーがすべてヘディングによるハットトリックというワールドカップ史上初の珍しい記録をつくった。イングランド対ベルギーは，延長29分にMFポール・ガスコインの左からのフリーキックにFWデビッド・プラットが体をくるりと90度回転させての右足ボレーシュートを決めてベスト８入りを果たした。

●アイルランド－ルーマニア

アイルランド対ルーマニアは両チーム無得点で延長戦に入り，延長でもスコアレスで大会初のPK戦に突入した。アイルランドは５人全員が決め，GKパット・ボナーがルーマニア５人目と止めて，初出場で８強入りを果たしたのだった。

準々決勝

●ユーゴスラビア－アルゼンチン

大会は３日の休みの後，準々決勝に入っていく。ユーゴスラビア対アルゼンチンは無得点のまま延長戦にもつれ込んだ。ユーゴは30分にレフィク・サバゾナビッチが退場になったが，数的不利を補って余りある活躍をしたのがストイコビッチだった。自在のパスがアルゼンチンの守備を混乱させた。延長ではデヤン・サビチェビッチが２度の決定機を外してPK戦に。アルゼンチンはGKゴイコチェアが２本を止め，ストイコビッチがバーに当てたこともあって，３－２で勝った。

▲ガリー・リネカーの活躍も実らずイングランドの決勝進出ならず
©P. Kishimoto

●イタリア－アイルランド

イタリアは大会中ローマを一歩も動かないで，勇猛果敢なサッカーで勝ち進んだアイルランドを迎え撃った。ヒーローはスキラッチだ。37分，ドナドニのシュートをGKボナーがはじいたところを素早く反応して軽いタッチで右ポストぎりぎりに流し込んだ。

●西ドイツ－チェコスロバキア

ミラノで行われた西ドイツ対チェコスロバキアは，クリンスマンがペナルティエリアに切れ込んだところをファウルされて得たPKを，マテウスが決めて１－０で西ドイツがベスト４に。得点は１点だったが内容的には圧倒した。

●イングランド－カメルーン

イングランド対カメルーンは激戦になった。イングランドが25分にプラットのヘディングシュートで先制すると，カメルーンは61分にエマニュエル・クンデのPKで追いつき，64分にはエウゲネ・エケケが逆転ゴー

▲決勝の西ドイツ対アルゼンチン　©P. Kishimoto

ルを奪う。イングランドの反撃は82分，自らが得たPKをガリー・リネカーが決めて同点に。決勝ゴールもPKだった。105分，ポール・ガスコインの鮮やかなスルーパスに反応したリネカーが倒され，これをまた本人が決めた。４人が出場停止になっていたカメルーンはベスト４入りこそならなかったが，「アフリカはアウトサイダーではない」ことを証明し，FIFAに次回アメリカ大会でのアフリカ枠をひとつふやさせたのだった。

準決勝，3位決定戦

●イタリア－アルゼンチン

準決勝のイタリア対アルゼンチンはナポリで行われた。イタリアははじめてローマを後にした。先制したのはスキラッチ。バッジオに代わって先発したジャンルカ・ヴィアリのシュートをGKゴイコチェアがはじいたところを詰めた。アルゼンチンはずっと守備的に戦いながらスキをうかがい，67分，マラドーナからのパスが左のMFフリオ・オラルティコエチェアにわたり，中央に折り返したクロスにGKワルター・ゼンガの手が届かず，飛び込んだカニージャがヘッドで合わせて同点に追いついた。ゼンガは大会517分目の初失点だったが，それまでピーター・シルトン(イングランド，1986年メキシコ大会)の持っていた無失点記録を18分更新した。

その後は両チームとも決め手がなく，PK戦に突入。殊勲者はアルゼンチンのGKゴイコチェアだった。イタリアの４人目ドナドニを止め，アルゼンチンは4人目マラドーナが決めて４－３から，イタリアの５人目セレナをまた止めた。この瞬間，イタリアのワールドカップ最多となる４度目の優勝が消え，アルゼンチンは1978年地元開催で優勝以来，４度の大会で３度目となる決勝進出を果たした。

●イングランド－西ドイツ

トリノで行われたもうひとつの準決勝，イングランド対西ドイツもPK戦になった。先制したのは西ドイツ。59分，フリーキックをブレーメが得意の左足で強烈なシュート。ボールはDFポール・パーカーに当たってコースが変わり，GKシルトンの頭上を越えた。その10分後，イングランドはパーカーからのパスを受けたリネカーが同点ゴール。延長に入ってからはイングランドのFWクリス・ワドル，西ドイツのMFギド・ブッフバルトのシュートがバーをたたき，勝負はPK戦に持ち越される。西ドイツはブレーメ，マテウス，カールハインツ・リードレ，オラフ・トーンと４人目まで連続して成功し，イングランドはリネカー，ピーター・ベアズリー，プラットまではよかったが４人目のスチュアート・ピアースが失敗，５人目のクリス・ワドルのキックが大きくバーを越えた。西ドイツは1982年スペイン大会以来，３回連続の決勝進出，一方イングランドは1966年自国開催以来の準決勝だった。

●３位決定戦

バリでの３位決定戦，イタリア対イングランドはフェアでファイトに満ちた好試合になった。イタリアが71分，バッジオのゴールで先制，81分にイングランドがプラットのゴールで同点にすると，86分に自らが引っかけられて得たPKをスキラッチが決め，チームの３位と得点王(６ゴール)を手にした。

決勝戦ー見どころの少ない試合

決勝の舞台はローマのスタジオ・オリンピコ。顔合わせは４年前と同じ。だがアルゼンチンにとって状況は大いに違っていた。マラドーナに前回大会での輝きはなく，おまけに警告累積でFWカニージャ，オラルティコエチェアら主力４人を出場停止で欠いた。

決勝としては見どころの少ない試合は，西ドイツが支配して進んだが，アルゼンチンのフェラー，クリンスマンへの厳しいマークもあって前半は無得点。後半に入ってもテンポは緩いまま展開し，68分にはアルゼンチンのDFペドロ・モンソンがクリンスマンへのファウルで退場となる。しかし，西ドイツは攻めきれず，マラドーナもさえないプレーしかできないでいた85分，西ドイツがPKを得る。これをブレーメが不得手の右足で蹴った。GKゴイコチェアはわかっていたように右に跳んだが，ボールはポストの内側に吸い込まれていった。その２分後にはFWグスタボ・デゾッティが退場となった。アルゼンチンにはもう反撃の力は残っていなかった。西ドイツは，ワールドカップ史上最少の得点数１－０という内容的にも低調な試合をものにして，史上３度目の優勝。ベッケンバウアー監督はブラジルのザガロに次いで選手，監督で優勝の偉業を成し遂げた。

記録されたゴール総数115。１試合平均得点2.21は史上最低だった。 （財徳健治）

▼満面の笑みをたたえる優勝監督のフランツ・ベッケンバウアー（西ドイツ） ©P. Kishimoto

1994 アメリカ大会

サッカー不毛の地

1994年，ワールドカップは1930年の第1回大会開催以来15回目にしてはじめて，欧州・南米以外の大陸へ渡った。〈Making soccer history〉のキャッチフレーズのもとに開催された大会だったが，当時のアメリカは一般的には〈サッカー不毛の地〉として知られていた。

大会時に開催国にプロリーグが存在しないというのは，ワールドカップ史上でも異例のことだった。プロリーグ(MLS)の発足が翌年に予定されてはいたものの，人びとの脳裏には，1970－80年代にブームを起こして消滅した北米プロリーグ(NASL)の失敗のことが残っていた。しかも，野球のメジャーリーグをはじめとする既存の人気4大スポーツと，サッカーのプロリーグが今さら競合できるのか。新たに立ち上げられるMLSに，海外はもとよりアメリカ国内からも，その成功を危ぶむ声は少なくなかった。

国際サッカー連盟(FIFA)は，しかし，競技人口と多人種国家というアメリカの特性に着目していた。プロリーグはなくとも，かねてより子どもを中心にした競技人口は多く，1994年大会当時には1,600万人を数えていた。また，同国への移民も年々増加の傾向にあった。つまり，FIFAにとって，アメリカは未開の大地だった。競技が根づけば，将来的に同国がサッカー界に巨大な収入をもたらす市場になり得ると見込んだのだ。そこで，1988年の開催国決定時に，アメリカ・サッカー協会に対して，競技者およびファンの成長の基盤となるプロリーグの発足を，ワールドカップ開催の事実上の条件として与えていた。

ワールドカップで生まれたファンがプロリーグのファンになれば，新しいリーグの発展と継続に大きな力になる。また，ワールドカップで目にした世界の選手に憧れて子どもたちがサッカーをはじめれば，将来自国のプロリーグでプレーをするという，これまでにはなかった目標と場所を提供することができる。財政面でも，ワールドカップの収益はプロリーグ発足の準備資金として期待されていた。

このように，アメリカ協会には大会を成功させる理由があった。それは長く，サッカー不毛の地といわれていたこの国にとって，新たな局面を求めた挑戦でもあった。

1次リーグ

グループA

アメリカ	1-1	スイス
ルーマニア	3-1	コロンビア
スイス	4-1	ルーマニア
アメリカ	2-1	コロンビア
ルーマニア	1-0	アメリカ
コロンビア	2-0	スイス

1.ルーマニア……勝点6
2.スイス……勝点4（+1）
3.アメリカ……勝点4（0）
4.コロンビア……勝点3

グループB

カメルーン	2-2	スウェーデン
ブラジル	2-0	ロシア
ブラジル	3-0	カメルーン
スウェーデン	3-1	ロシア
ブラジル	1-1	スウェーデン
ロシア	6-1	カメルーン

1.ブラジル……勝点7
2.スウェーデン……勝点5
3.ロシア……勝点3
4.カメルーン……勝点1

グループC

ドイツ	1-0	ボリビア
スペイン	2-2	韓国
ドイツ	1-1	スペイン
ボリビア	0-0	韓国
ドイツ	3-2	韓国
スペイン	3-1	ボリビア

1.ドイツ……勝点7
2.スペイン……勝点5
3.韓国……勝点2
4.ボリビア……勝点1

開幕前の国民の反応

ところが，開幕間近の国内の反応はあまり芳しくなかった。

360万枚のチケットが開幕前にほぼ完売する一方で，開幕直前の世論調査(全米1,000人を対象)では，ワールドカップ開催国を知らない人が66％，ほかの国で開催されると答えた人が３％で，アメリカ開催を知っていた人は31％という数字が出た。しかも，テレビ中継を見ないと答えた人は61％にも及んでいた。

大会期間中でも，シーズン中だったメジャーリーグやNBAプレーオフ(優勝決定戦)などは例年どおりに行われ，現地のテレビニュースでもたいていは野球のレポートが先というマイペースぶり。さらに大会前半には，アメリカンフットボールの元スーパースター選手，O・J・シンプソンの殺人容疑事件が発生。ハリウッド映画さながらの，彼と警察との逃亡と追跡のカーチェイスには全米が釘づけになり，その後もアメリカのメディアは続報の提供に忙しく，同事件は国民の関心を集めていた。

スタジアム周辺では賑やかなお祭り騒ぎが見られたが，会場から一歩街に出ると，そこにはふだんと変わらないアメリカの都市の顔があった。それは，欧州や南米での大会で，大会旗やポスターで彩られた街がサッカーグッズに身を包んだ人びとで賑わい，どこか浮かれた雰囲気に染まるのとは異なるものだった。人気４大スポーツが国民の圧倒的支持を得るなか，たとえワールドカップといえども，アメリカではあくまでも選択肢のひとつにすぎなかったようだ。だが，それもまた，かの国ならではのものだった。

▲開会式は超満員　©P. Kishimoto

新ルール

大会には24チームが出場し，６組に分かれて1次リーグが行われ，第2ラウンドへは各組上位２チームと３位になったチームの上位４チームが進出した。

勝ち点制の変更で勝利に３ポイントが与えられ，選手交替もフィールドプレーヤー２人のほかにゴールキーパー１人の交替が認められるようになった。交替要員もそれまでの５人登録制から，控えの11人のなかから自由に選べるようになった。

また，競技ルールの改正で後方からのタックルは一発退場扱いとされ，スペインのDFナダルがこの改正ルール第１号適用選手とな

グループD

アルゼンチン	4-0	ギリシア
ナイジェリア	3-0	ブルガリア
アルゼンチン	2-1	ナイジェリア
ブルガリア	4-0	ギリシア
ブルガリア	2-0	アルゼンチン
ナイジェリア	2-0	ギリシア

1.ナイジェリア … 勝点6（+4）
2.ブルガリア …… 勝点6（+3,6/3）
3.アルゼンチン … 勝点6（+3,6/3）
4.ギリシア ……… 勝点0

グループE

アイルランド	1-0	イタリア
ノルウェー	1-0	メキシコ
イタリア	1-0	ノルウェー
メキシコ	2-1	アイルランド
アイルランド	0-0	ノルウェー
イタリア	1-1	メキシコ

1.メキシコ ……… 勝点4（0,3/3）
2.アイルランド … 勝点4（0,2/2）
3.イタリア ……… 勝点4（0,2/2）
4.ノルウェー …… 勝点4（0,1/1）

グループF

ベルギー	1-0	モロッコ
オランダ	2-1	サウジアラビア
ベルギー	1-0	オランダ
サウジアラビア	2-1	モロッコ
サウジアラビア	1-0	ベルギー
オランダ	2-1	モロッコ

1.オランダ ……… 勝点6（+1,4/3）
2.サウジアラビア … 勝点6（+1,4/3）
3.ベルギー ……… 勝点6（+1,2/1）
4.モロッコ ……… 勝点0

▲ルーマニアのハジ（左）　©P. Kishimoto

▲得点王となったロシアのサレンコ　©P. Kishimoto

った。オフサイド・ルールも変更され，選手は積極的にプレーにかかわっていない限り，オフサイドと見なされないことになった。

1次リーグ

●A組－アメリカは3位通過

A組はMFハジの活躍でルーマニアが1位通過。2位のスイスは第2戦でこのルーマニアに勝って40年ぶりの勝利をあげた。アメリカはボラ・ミルチノビッチ監督のもと，コロンビアに勝利を収め，3位で第2ラウンドに進出。だがその一方で，1次リーグでの敗退が決まったコロンビアは，アメリカ戦でオウンゴールを献上したエスコバルが帰国後射殺されるという悲劇に見舞われた。

●B組－ブラジル快勝

B組はブラジルがロシア，カメルーンから順調に2勝をあげ，早々に決勝トーナメント一番乗りを決めた。ブラジルのFWロマーリオは3試合連続得点。スウェーデンは，2試合で3得点というFWダーリンの活躍で2位で通過。ロシアのFWサレンコは，カメルーン戦で大会新記録となる1試合5得点をたたき出す。この試合，当時42歳だったカメルーンのFWミラが1得点をあげ，ワールドカップの最年長ゴール記録を更新した。しかし，どちらの国も次のラウンドへは進めなかった。

●C組－ドイツ安定した強さ

C組はドイツがリベロのマテウスを中心に安定したプレーを見せ，2勝1分けで1位通過。スペインもMFカミネロらの活躍で，無傷の1勝2分けで3大会連続の第2ラウンド進出。韓国はスペインとボリビアに引き分け，ドイツに0－3から2－3と追い上げる猛反撃を見せたが，出場4大会目での悲願の1勝はならず，ボリビアとともに1次リーグで敗退した。

第2ラウンド

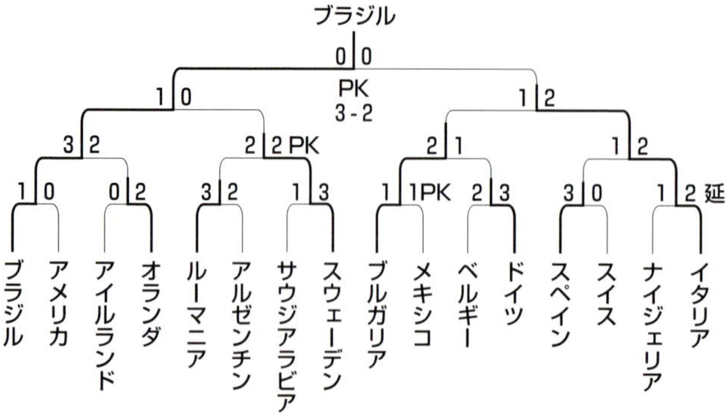

決勝戦

ブラジル	0-0	イタリア
前0　後0　延PK 3		前0　後0　延PK 2

3位決定戦　スウェーデン　4—0　ブルガリア

▲自分のデザインしたユニフォームで注目を集めたGKカンポス（メキシコ）　©P. Kishimoto

▲得点王となったブルガリアのストイチコフ
©P. Kishimoto

●D組－初出場のナイジェリア１位通過

D組は初出場のナイジェリアがスピードとパワー，個人技を生かして１位で突破。２位通過のブルガリアは，ギリシャに勝ってワールドカップ出場６大会目にして初勝利をマークし，17戦勝ち星なしのワールドカップ・ワースト記録をストップさせた。

８年ぶりの優勝をめざすアルゼンチンは，ギリシャ，ナイジェリアに勝ち好調なスタートを切ったが，マラドーナが禁止薬物違反で３戦目を欠場。その後，かろうじて３位で第２ラウンドへ進んだ。ギリシャは３戦全敗で敗退。

●E組－大激戦でイタリア３位通過

E組はメキシコ，アイルランド，イタリア，ノルウェーの全チームが１勝１分１敗で並ぶ激戦に。ニュージャージーのジャイアンツスタジアムで行われたイタリア対アイルランド戦は移民の国ならではの盛り上がりを見せたが，イタリアは２戦目で守備的MFバレージが負傷による戦線離脱で苦戦，３位でなんとか通過。ノルウェーは56年ぶり２回目の出場で，メキシコからワールドカップ初勝利をあげるなどで勝ち点４を手にするが，次へ進めなかった。

●F組－初出場サウジアラビア，１次突破

F組は３チームが２勝１敗の６点で並び，得失点差などでオランダ，サウジアラビア，ベルギーの順で通過し，モロッコが敗退。ライバル関係にあるオランダとベルギーは，今回同組となり，ワールドカップで初対戦が実現し，GKプルドムの好セーブなどで軍配は１－０でベルギーに上がった。初出場サウジアラビアの第２ラウンド進出は，アジア勢として1966年大会での北朝鮮以来の快挙だった。

第２ラウンド

●１回戦

１回戦では，開催国のアメリカがブラジルと対戦。０－１で敗れたが，その健闘ぶりが国民の支持を得た。アルゼンチンは，マラドーナと負傷したカニージャの欠場で精彩を欠き，ルーマニアに黒星。ブルガリアはメキシコをGKミハイロフの好守に支えられてPK戦で，イタリアはナイジェリアを延長の末，また，ドイツはフェラーの２得点１アシストの活躍でベルギーに勝ち，準々決勝へこまを進めた。

●準々決勝

準々決勝では，ブルガリアが連覇をめざすドイツに，FWストイチコフの同点FKなどで逆転勝ちを決め，東欧勢力の台頭を印象づけた。ドイツにとっては，1986年大会決勝のアルゼンチン戦以来の黒星で，ワールドカップでの連続無敗記録が11でストップした。ブラジルはオランダに０－２からの逆転劇を演じ，16年ぶりの４強入り。オランダはベルカンプが３試合連続得点を決めるが，ライカールトが不振。スウェーデンは，ルーマニ

▲ストイチコフ（ブルガリア）のFKボールを見送るドイツチーム　©P. Kishimoto

アとPK戦までもつれこんだが，GKラベリがPKを２本止め，36年ぶりのベスト４に。イタリアは終了３分前のR・バッジョのゴールでスペインを下して準決勝へ進出したが，この試合で肘打ちのファウルをしたDFタソッティが，後にVTRでの検証を受け，８試合の出場停止と２万スイスフラン(当時約150万円)の罰金を科せられた。

●準決勝

準決勝のブラジル対スウェーデンは，ブラジルがシュート26本の猛攻を見せるがゴールを割れず，終了10分前にロマーリオがジョルジーニョの右から上げたピンポイントのクロスを頭で合わせ，ようやく決勝戦の切符を手に入れた。スウェーデンは延長・PKまでいった準々決勝のあと，中３日での試合に疲労が色濃く，また，後半17分に主将でMFのテルンをラフプレーによる退場で，さらに同22分に主砲ダーリンをけがで失う苦しい戦いだった。

一方のイタリア対ブルガリアは，R・バッジョが決勝トーナメントに入って３試合で５得点となる２ゴールを決め，ストイチコフ，コスタディノフの２FWを活かした速攻で快進撃をみせていたブルガリアを退けた。だがバレージ欠場の穴を埋める健闘を見せていたDFコスタクルタがこの試合で通算２枚目の警告を受け，決勝は出場停止になった。

●３位決定戦

３位決定戦は，MFブロリンが１ゴール２アシストと活躍し，スウェーデンがブルガリアに４－０と快勝して1950年大会以来となる３位を決めた。ブルガリアのFWストイチコフはこの試合ノーゴールに終わったが，ロシアのサレンコと並ぶ通算６ゴールで大会得点王になった。ブルガリアの４位は同国にとって最高の成績。

決勝戦－真昼の死闘

７月17日，ロサンゼルス郊外のローズボウルで行われた決勝は，ともに通算４度目の優勝をかけたブラジルとイタリアの戦いになった。両者のワールドカップでの過去の対戦成績は２勝２敗で，それぞれがロマーリオ，R・バッジョというFWを擁し，試合の注目度は高かった。カルロス・アルベルト・パレイラ監督率いるブラジルは，グループリーグから５勝１分の無傷で決勝へ進出。出場停止のDFレオナルドに代わってブランコが出場している以外は，ほぼ不動のメンバーで勝ち上がってきたが，イタリアは出場停止やけが人を抱え，試合ごとにメンバーを代えるとい

▲バーの上を泳ぐバッジオのボール　©P. Kishimoto

う，苦しみながらの決勝進出だった。

●史上初のPK戦

試合は両チームとも守備を固めた戦いで，大会中の移動と暑さからくる疲労も手伝って，ファンにとっては期待はずれの内容になった。120分を戦ってワールドカップ史上初のノーゴールで，同じく史上初のPK戦での決着となった。ブラジルにとっての災難は，バレージの復帰だろう。イタリアの主将は第２戦目に負った膝のけがで手術を受けながらも，決勝ではピッチに戻り，終了直前に足の痙攣で運び出されるまで，その頭脳的なプレーでブラジルの２トップ，ベベトとロマーリオを最後まで押さえ切ったのだった。

PK戦ではイタリアの一番手のバレージが外し，つづくブラジルのマルシオ・サントスのキックもGKパリュウカに弾かれて０－０のスタート。その後，イタリアは４番手のマッサーロがGKタファレルに止められ，ブラジルはその裏でドゥンガが決めて３－２のリードに。最後は94,194の観衆が固唾を飲んで見守るなか，R・バッジョのキックがバーの上を泳ぎ，ブラジルの24年ぶりの優勝が決まった。アリゴ・サッキ監督のもとで涙にくれるバレージとR・バッジョを尻目に，ブラジルは，同年５月イタリアのイモラでのレース中に事故死した同国の英雄F１レーサー，「(アイルトン･)セナにこの勝利を捧げる」という横断幕を掲げ，史上最多の４冠達成を祝ったのだった。

▲ロベルト・バッジオ（イタリア）　©P. Kishimoto

ロマーリオ

今大会，得点王の名誉こそ逃したが，５得点をあげたロマーリオは，サッカー王国ブラジルの復活を印象づけるヒーローだった。

彼は1990年イタリア大会で控えに甘んじて以降代表入りを拒否していたが，アメリカ大会の予選最終戦で復帰し，２ゴールをあげて存在感を示した。くり返される奔放な発言

▲ブラジルの英雄ロマーリオ　©P. Kishimoto

と夜遊びなどで次つぎと物議をかもしてはいたが，1993年に移籍したバルセロナで，移籍初年度に予告どおりの30ゴールを決めてリーグ得点王になり，チームのリーグ優勝に貢献。その好調ぶりを維持したまま1994年大会へ出場し，チャンスに敏感に反応する瞬発力と正確なシュート力で，母国を24年ぶりのワールドカップ優勝へと導いた。

堕ちた英雄

一方で，その栄光の時代に終止符を打った者もいた。かつて世界中のサッカーファンから〈アルゼンチンの英雄〉〈神の申し子〉と呼ばれ，ペレ，デスティファノと並び賞されたスーパースター，ディエゴ・マラドーナだ。

マラドーナは1986年メキシコ大会準々決勝のイングランド戦で〈神の手ゴール〉を決め，また，５人抜きドリブルも見せ，その名を世界中に知らしめた。1990年大会には主将として出場し，チームを準優勝に導いている。だが，1991年ごろから麻薬常用，イタリアン・マフィアとの関係などの醜聞が後を絶たず，1994年２月には空気銃発砲事件を起こし，アメリカ大会前には数週間の投獄生活を含み，プレーから離れている時期もあった。

しかし，当時33歳の彼は今大会に再起をかけて臨み，グリープリーグの１，２戦では全盛期のスピードこそないものの，的確なポジショニングと〈伝説の左足〉のプレーで，チームメイトを生かす動きを見せ，復活を印象づけはじめていたのだった。

ところが，事態は６月30日のダラスで一変する。この日，FIFAはマラドーナの禁止薬物使用違反を発表。アルゼンチン協会はすぐに，彼のチーム除名と強制帰国を決めた。近年のワールドカップ史上最悪の事件がアルゼンチンチームに与えた精神的衝撃は大きく，南米の雄は直後の第２ラウンド１回戦で敗退した。それは，マラドーナの時代の終焉でもあったのだった。

商業的成功と課題

アメリカ大会は，商業的には成功を収めた。

大会組織委員会委員長であり，アメリカ・サッカー協会会長(当時)のアラン・ローゼンバーグ氏は，オリンピックがはじめて商業的成功を収めたといわれている1984年のロサンゼルス大会で，組織委員会幹部を務めていた。その彼を中心に，ワールドカップ組織委

▲優勝の瞬間，サポーターに駆けよるブラジルチーム
©P. Kishimoto

員会はロス・オリンピックのマーケティングのノウハウを活かして資金収集を展開。大会終了直前には，2,000万～2,500万ドルの余剰金が見込まれると発表していた。

大会の開会式では歌手のダイアナ・ロス，閉会式のステージには人気アーティストのケニー・Gやホイットニー・ヒューストンを起用，ショービジネス大国らしい演出も見せた。

1か月に及んだ大会の観客動員は，24チーム52試合で過去最高の358万7,538人，1試合平均で約68,991人を記録した。アメフトのスタジアムなど，収容人数の大きな会場が多く使用されたことが，観客動員の記録更新を助けることになったとみられている。

テレビでも決勝戦の20億人を含む，延べ320億人が全世界で観戦したという。国内視聴率も好調で，7月4日の独立記念日に行われたアメリカ対ブラジルでの10.5％につづき，7月17日のブラジル対イタリアの決勝は，アメリカ・サッカー史上初の12.4％を記録した。

●苛酷なプレー条件

だが，選手にとっては厳しい大会だった。

欧州でのテレビ放映時間を優先させた結果，キックオフが日差しの強い午後の早い時間に集中し，このために選手は，高温多湿のアメリカの猛暑とも戦わなくてはならなかった。ダラスで行われた6月27日のドイツ対韓国戦では，芝生の表面温度が50度近くまで上がり，ワールドカップ史上初の屋内競技場となったデトロイトのシルバードームでは空調がなく，その蒸し暑さは〈巨大サウナ〉と酷評された。

しかも，国内で時差があるほどの広大な大陸で行われた大会は，チームによっては移動の負担も大きかった。たとえば，優勝したブラジルは，サンフランシスコ→デトロイト→サンフランシスコ→ダラス→ロサンゼルスと移動し，その距離は11,000kmにも及んだ。

アメリカ大会の成果

サッカーは〈不毛の地〉アメリカに定着できるのか。大会当時，くり返し指摘されたテーマの答えは，ワールドカップ開催から数年経ってその断片を見せてきた。

当初の予定より2年遅れでスタートしたMLSは，アレクシ・ララスやタブ・ラモスなど，1994年ワールドカップで活躍した自国のスター選手に，カンポス（メキシコ）やバルデラマ（コロンビア）らワールドクラスの選手を加えて注目を集めた。10クラブでスタートした初年度の観客動員は，160試合で278万6,673人，1試合平均17,416人を記録。さらにその後も順調にファンの支持を得て，2000年シーズンには12クラブにふえ，1試合14,000人近い観客動員をキープした。

代表チームも，1998年フランス大会にひきつづいて2002年大会出場を決めた。23歳以下クラスでは，2000年のシドニー・オリンピックでベスト4に進んだ。ワールドカップ開催以前から力をいれていた若年層の育成が，大会開催を経て実を結んだ形となった。

こうしてみると，1994年大会開催当時は商業主義の運営と酷評されはしたものの，アメリカにとっては，ワールドカップの開催で同国のサッカーの発展と普及にひとつの道筋がつけられたといえるのかもしれない。

（木ノ原久美）

1998 フランス大会

チケット騒動起きる

日本が悲願の初出場を果たした20世紀最後の大会は，ワールドカップ人気の超過熱を印象づけた。単なるスポーツの枠組みを超えたこの大イベントを象徴する事件が，フランスを舞台として起きた。日本サポーターが主な被害者となった〈チケット騒動〉だ。

1998年6月10日の大会開幕当日。衝撃的な報道が日本サポーターを直撃した。「日本戦3試合のチケット入手がほとんど困難であることが，明らかになった。」日本旅行業協会の発表によると，大手8社分だけでも必要な14,700枚のうち，実に12,500枚が入手できない――。料金を払い戻し，ツアーを中止する方針を打ち出す旅行社があいついだ。それでも，現地でのチケット入手に望みをつないで渡仏したサポーターがほとんど。日本の初戦の会場となるツールーズでは，弱みにつけこんでチケット1枚を36万円で売るダフ屋も現れた。

●日本のサポーターの被害最悪

この騒動の背景には，絶対的なチケット不足があった。総数265万枚のうちフランス国内，各国サッカー協会，公式スポンサー分などを除いた国外営業分は，わずか13万7,800枚(5.2%)で，公認旅行会社しか扱えないことになっていた。しかし，日本の旅行業者は，フランス現地の仲介業者などを通し，正規より10倍程度高い価格で，フランス国内向けや各国協会分からの転売・横流しのチケットを入手できると信じていた。しかし，この〈闇ルート〉からのチケットが，実際にはほとんど入手できなかった。業界の慣例や常識をはるかに上回る〈需要の多さ・チケットの少なさ〉と，それにつけ込もうとした一部業者の不正が，世界中のファンを混乱させ，なかでも日本サポーターの被害が最悪だった。世紀末のワールドカップは，新世紀初の日韓大会に，運営面での大きな課題を突きつけた。

日本代表，1次リーグ突破できず

1998年6月14日。日本代表イレブンが，ついに夢舞台に立った。苦しみ抜いた1997年のアジア予選を，イランとの第3代表決定戦(マレーシア・ジョホールバル)を制して突破。日本が1954年にワールドカップ予選に初挑戦して以来，44年目での悲願達成だった。

大会直前には，ファンを驚かせる〈決断〉があった。1990年代の日本サッカーを支えて

1次リーグ

グループA

ノルウェー	2-1	ブラジル
ブラジル	3-0	モロッコ
ブラジル	2-1	スコットランド
ノルウェー	1-1	スコットランド
モロッコ	2-2	ノルウェー
モロッコ	3-0	スコットランド

1.ブラジル……………………勝点6
2.ノルウェー…………………勝点5
3.モロッコ……………………勝点4
4.スコットランド……………勝点1

グループB

イタリア	2-2	チリ
イタリア	2-1	オーストリア
イタリア	3-0	カメルーン
チリ	1-1	オーストリア
チリ	1-1	カメルーン
オーストリア	1-1	カメルーン

1.イタリア……………勝点7
2.チリ…………………勝点3
3.オーストリア………勝点2（－1）
4.カメルーン…………勝点2（－3）

グループC

フランス	2-1	デンマーク
南アフリカ	1-1	デンマーク
サウジアラビア	2-2	南アフリカ
フランス	3-0	南アフリカ
フランス	4-0	サウジアラビア
デンマーク	1-0	サウジアラビア

1.フランス……………………勝点9
2.デンマーク…………………勝点4
3.南アフリカ…………………勝点2
4.サウジアラビア……………勝点1

▲日本の固い守備に対してドリブル突破を図るバティストゥータ(アルゼンチン) ©P. Kishimoto

▲対クロアチア戦での中田英寿 ©P. Kishimoto

きたFW三浦知良(カズ＝当時ヴェルディ川崎)の，ワールドカップ・メンバーからの落選だ。

6月2日，合宿地のスイス・ニヨンでメンバーを発表した岡田武史監督は，「FWは城彰二が柱。あとは交代でどういう選手を使うかを考えたとき，相手が違えばカズを使う可能性もあったが，アルゼンチンやクロアチアでは可能性がない」と説明。5日に帰国したカズは，成田空港での会見で「誇りを持って日本代表としてやってきたので，外されたことに納得してはいけないと思う。でも，こういうことははじめてではない。人生はつづくし，サッカー人生でやり残したこともある。前向きにがんばりたい」と，心情を語った。

選手，監督，そしてサポーターらのさまざまな思いが渦巻くなか，日本代表はツールーズでの1次リーグ初戦に臨んだ。相手は，1978年，1986年のワールドカップ王者アルゼンチンだ。

●王者アルゼンチンに善戦

試合の序盤，日本の善戦が目立った。アルゼンチンのプレッシャーは予想外に弱く，日本のパスがテンポよく回る。しかし28分，日本にとって不運なゴールを，バティストゥータに決められた。

右サイドのオルテガが，短いドリブルから中央のシメオネにつなぎ，リターンをもらおうとして中央に進出したが，そのパスをなぜかスルー。このボールがオルテガをマークしていた名波浩の足に当たり，正面からゴールに詰めていたバティストゥータへの絶好の〈パス〉になってしまった。バティストゥータは冷静に浮き球でシュート，足元に飛び込んできた川口能活の上を抜き，ボールはゴールに吸い込まれていった──。

日本は後半，呂比須ワグナー，平野孝らを投入して攻勢をかけた。しかし，終了間際の中西永輔の右からの折り返しをダイレクトで

各組2位までが第2ラウンドへ

グループD

パラグアイ	3-1	ナイジェリア
ナイジェリア	3-2	スペイン
ナイジェリア	1-0	ブルガリア
スペイン	0-0	パラグアイ
スペイン	6-1	ブルガリア
パラグアイ	0-0	ブルガリア

1.ナイジェリア……勝点6
2.パラグアイ……勝点5
3.スペイン……勝点4
4.ブルガリア……勝点1

グループE

オランダ	2-2	メキシコ
ベルギー	0-0	オランダ
オランダ	5-0	韓国
メキシコ	2-2	ベルギー
メキシコ	3-1	韓国
ベルギー	1-1	韓国

1.オランダ……勝点5(+5)
2.メキシコ……勝点5(+2)
3.ベルギー……勝点3
4.韓国……勝点1

グループF

ドイツ	2-2	ユーゴスラビア
ドイツ	2-0	イラン
ドイツ	2-0	アメリカ
ユーゴスラビア	1-0	イラン
ユーゴスラビア	1-0	アメリカ
イラン	2-1	アメリカ

1.ドイツ……勝点7(+4)
2.ユーゴスラビア……勝点7(+2)
3.イラン……勝点3
4.アメリカ……勝点0

▲日本初ゴール（中山雅史）対ジャマイカ戦　©P. Kishimoto

放った呂比須のシュートが相手DFにブロックされるなど，アルゼンチンの厚い守りを破ることはできなかった。

日本のワールドカップ初陣は，強豪を相手にしての善戦だった，とはいえる。しかし，内容に光るものがあった０－１の惜敗とはいえ，勝ち点０という現実は，その後に重く響いていった。

●クロアチア戦は一瞬のスキを突かれる

６月20日に行われた第２戦の相手は，結果として今大会に旋風を巻き起こしたクロアチア。会場のナントは，キックオフ時の気温が33度という猛暑に見舞われていた。

日本は前半，積極的な試合運びで主導権を握った。34分には，右サイドの中田英寿から前線の中山雅史に鮮やかなパスが通り，中山は完璧なトラップから決定的なシュート。しかし，相手GKラディッチの好守で，ゴールにはならなかった。後半もチャンスをつかんだが生かせず，77分に決勝点を奪われた。中盤のパスミスからアサノビッチにボールを奪われ，一度は奪い返したかに思えたボールをふたたびアサノビッチに拾われ，ドリブル突破を許した。そこからのセンタリングを受けたシュケルが中西のマークを外して左足でゴール。猛暑と攻め疲れで日本の集中力が薄れた一瞬のスキを，クロアチアに的確に突かれた失点だった。日本はその後，森島寛晃，呂比須を投入して攻撃的布陣，戦術をとったが，決定的なチャンスはつくれず，またも０－１の敗戦。翌21日にアルゼンチンがジャマイカに圧勝した時点で，１次リーグ敗退が決まった。

●ジャマイカ戦にも勝てず

６月26日にリヨンで行われた３試合目のジャマイカ戦は，両国とも第２ラウンド進出の可能性がすでにない〈消化試合〉。それでも，日本の初勝利，初ゴールへの国民の期待は大きかった。

日本は序盤から猛攻を仕掛けた。名波，中山，城らが次つぎとシュート。しかし，焦りも目立ち，決まらない。逆に39分，ゴール前へのロングパスをゲールが頭で落としたボールをウィトモアに決められ先行を許した。後半に入っても流れをつかめず，54分に逆襲からまたもウィトモアに決められた。日本は74分，相馬直樹のクロスを呂比須が頭で折り返したボールに中山が飛び込み，待望のワールドカップ初ゴールを奪った。その後も猛攻をつづけたが，追いつくことはできなか

１　次　リ　ー　グ

グループG

ルーマニア	2-1	イングランド
ルーマニア	1-0	コロンビア
イングランド	2-0	コロンビア
ルーマニア	1-1	チュニジア
イングランド	2-0	チュニジア
コロンビア	1-0	チュニジア

1.ルーマニア……勝点7
2.イングランド……勝点6
3.コロンビア……勝点3
4.チュニジア……勝点1

グループH

アルゼンチン	1-0	クロアチア
クロアチア	3-1	ジャマイカ
アルゼンチン	1-0	日本
アルゼンチン	5-0	ジャマイカ
クロアチア	1-0	日本
ジャマイカ	2-1	日本

1.アルゼンチン……勝点9
2.クロアチア……勝点6
3.ジャマイカ……勝点3
4.日本……勝点0

った。

すべて1点差負けの1次リーグ3連敗。岡田監督は27日，辞意を表明した。

日本のワールドカップ初陣は，苦い結果となった。内容的には，強豪とも十分に渡り合えた。しかし，全32チームのなかで勝ち点0はアメリカと日本だけ，という結果は最悪だった。善戦だけに終わらず結果を残すことがいかにむずかしいかを，日本の選手，指導者，そしてファンは痛感した。世界の大舞台は厳しい。そして，だからこそワールドカップには底知れぬ魅力があることを，日本人が理解した大会といえるだろう。

1次リーグ

パリ市内で華やかにくり広げられた前夜祭に引きつづき，大会は6月10日のブラジル対スコットランド戦で開幕した。前回覇者のブラジルは，堅さが見える試合内容だったが，Ｊリーグ・横浜フリューゲルス（当時）所属のMFサンパイオの先制点などで，粘るスコットランドを何とか押し切った。今大会でもっとも注目されたブラジルのエース，ロナウドのワールドカップ・デビュー戦は，不発に終わった。

しかし，21歳の怪物FWは2戦目で本領を発揮した。モロッコ戦の9分，リバウドからの縦パスで抜け出し，20mのミドルシュートを鮮やかに決めた。密着マークする相手DFを簡単に振り切るスピード，トップスピードでもまったく軸がぶれずにシュートを打

▲ロナウド（ブラジル）　対オランダ戦　©P. Kishimoto

てるバランスのよさ，そしてゴール左隅を的確にとらえたシュートの正確さ。このワールドカップ初ゴールに，彼の資質の高さが凝縮されていた。

●注目を浴びた選手たち

ベテラン勢のなかで世界の目を引きつけたのは，イタリアのFWロベルト・バッジョだった。初戦のチリ戦，まず10分に正確な縦パスでビエリの先制弾をアシスト。そして終了5分前，PKを確実に決め，同点ゴールと

第2ラウンド

- イタリア 1-0 ノルウェー
- フランス 1-0 パラグアイ
- メキシコ 1-2 ドイツ
- ルーマニア 0-1 クロアチア
- イングランド 2-2 PK アルゼンチン
- ユーゴスラビア 1-2 オランダ
- デンマーク 4-1 ナイジェリア
- チリ 1-4 ブラジル
- 0-0 PK（フランス）
- 0-3（クロアチア）
- 1-2（オランダ）
- 2-3（ブラジル）
- 2-1（フランス）
- 1-1 PK（ブラジル）
- 3-0 フランス

決勝戦

フランス　3-0　ブラジル

前1　後2　　前0　後0

得点

ジダン（27分）

ジダン（46分）

プティ（92分）

3位決定戦　クロアチア　2—1　オランダ

した。前回のアメリカ大会決勝のPK戦，最後のキッカーとして失敗してから３年11か月。バッジョがその悪夢を完全に振り払った瞬間に，世界のサッカーファンは安堵した。

どうしても攻撃の選手が目立つサッカーという競技において，圧倒的な存在感でファンの注目を集めたゴールキーパーが，パラグアイのチラベルトだ。ブルガリアとの０－０につづく，第２戦の相手はD組本命のスペイン。この試合，パラグアイは一方的に攻め込まれながら，最後の一線でチラベルトが踏ん張った。21分，ピッツィのゴール左上隅へのヘッドをスーパーセーブではじき，前半終了間際のラウル，ピッツィの連続シュートも奇跡的なセーブの連発で防いだ。結果は，ねらいどおりの０－０の引き分け。パラグアイは第３戦のナイジェリア戦では攻めに出て３－１の快勝。12年ぶりの第２ラウンド進出を決めた。

そのあおりを食ったのが，欧州予選での快進撃で〈無敵艦隊〉と呼ばれていたスペインだった。３戦目にブルガリアを６－１で粉砕したものの，ナイジェリア戦の敗北とパラグアイ戦の引き分けを挽回できず，まさかの１次リーグ敗退。クレメンテ監督は，「思いどおりにいかないのが人生」という名言を残してフランスを去った。

●アジア勢の不振

この大会では，日本以外のアジア勢も不振だった。４大会連続の出場となった韓国は，メキシコに逆転負けし，オランダに惨敗した時点で車範根（チャボムグン）監督を解任。最終ベルギー戦で１－１と引き分けて意地を示したものの，悲願のワールドカップ初勝利は，またもおあずけとなった。

前回16強入りしたサウジアラビアも，精彩を欠いた。フランスに完敗し，デンマークに競り負け，南アフリカと２－２で引き分けての勝ち点１に終わった。

アジア勢で唯一の白星をあげたのは，イラン。６月21日のアメリカ戦，エスティリとマハダビキアがゴールを奪い，相手の反撃を終了間際の１点に抑えて逃げきった。これは，イランのワールドカップ初勝利だった。しかし，イランも１勝２敗に終わり，１次リーグを突破することはできなかった。

アジア勢と欧州の有力チームを比較すると，パススピードや中盤から前での守備力に大きな差があった。アジアで初の開催となる日韓ワールドカップで，この格差をどう克服するかが，課題となった。

第２ラウンド

●１回戦－開催国フランス辛勝

第２ラウンド１回戦では，開催国フランスが冷や汗をかいた。司令塔ジダンが出場停止だったため攻撃が単調で，チラベルトが立ちはだかるパラグアイのゴールを破れずに延長戦へ突入。それでも113分，攻め上がったDFブランが右足で決勝点。これがワールドカップ本大会史上初のゴールデンゴール（Ｊリーグでのゴール）だった。

アルゼンチン対イングランド戦の前半は，鮮やかなゴールの応酬で２－２。しかし，名勝負への期待が高まった後半開始直後，イングランドのベッカムが報復行為で一発退場。その後はこう着した試合展開となり，延長を含めて両チーム無得点に終わり，PK戦をアルゼンチンが制した。

●準々決勝－新旧交代

前回準優勝のイタリアが，準々決勝で散った。フランスの猛攻を堅守で阻み，延長前半にはロベルト・バッジョが鮮やかな右足ボレーを放ったが，わずかにポスト左に外れた。PK戦は３－４で屈し，３大会連続でPK戦での敗退。バッジョは，「これで３度目。PK戦で負けるのは，最悪だ」と，うなだれた。優勝候補の一角といわれていたドイツは，初出場のクロアチアに０－３の完敗。新旧交代を印象づけた。

●準決勝－好試合の連続

準決勝のブラジル対オランダは，今大会屈指の名勝負となった。後半開始直後，縦パスで抜け出したブラジルのロナウドが左足で先制弾を決めれば，オランダも後半終了間際，クライファートが高い打点のヘッドで追いつ

▲ジダン（フランス）は決勝の対ブラジル戦でCKをヘディングでシュート　©P. Kishimoto

く。両エースが持ち味を存分に発揮したゲームは，延長でも決着を見ずにPK戦に。GKタファレルの好セーブでブラジルが２大会連続の決勝進出を果たすと，百戦錬磨のザガロ監督も思わず涙を流した。

フランス対クロアチアも，手に汗握る好試合だった。後半開始直後，クロアチアがシュケルのゴールで先制すると，その１分後，フランスのDFテュラムが攻め上がって右足で同点シュートを決めた。さらにテュラムは69分，右45度から20mのミドルを左足で突き刺し，試合をひっくり返した。フランスの失点は，右サイドバックのテュラムが下がりすぎてオフサイドを取れなかったことも一因。その失敗を吹き飛ばした連続ゴールだった。

決勝戦を制したフランス

決勝戦の開始１時間前，衝撃的なニュースが世界に流れた。「ブラジルのロナウドの名前がメンバー表にない。」しかし，その20分後に訂正されたメンバー表には，ロナウドの名があった。その時点では，「傷めた左足首の検査のため，病院に行っていた」と，説明されていた。しかし実際は，激しいけいれん性発作のために一時は出場を断念した，という経緯があった。エースはむりして決戦の舞台に立ったものの，動きにまったく精彩を欠き，準決勝までとはまるで別人だった。

●ジダンの驚異的な決定力

代わりに今大会の主役の座を射止めたのは，フランスのジダンだった。27分，右コーナーキックに合わせてニアサイドに飛び込み，レオナルドに競り勝ってヘッドでグサリ。前半ロスタイムにも，左コーナーキックから頭で突き刺した。２本とも，驚くほどスピードがあるヘディングシュートだった。185cmと大柄ではあるが，技術の高さで勝負するというイメージが強いジダンに，これほどのヘッドがあるとは驚かされた。「人生で一番大事な試合」という意気込みが，ボールに乗り移ったかのようだった。

今大会では，１次リーグ第２戦のサウジアラビア戦で相手選手の体を故意に踏みつけたとし，２試合の出場停止処分を受けていた。その期間中の６月23日，26歳の誕生日を迎えたジダンを祝福し，チームメイトが祝福の歌を歌ってくれた際にも，試合に出られないショックでふさぎ込んでいた，という。

そんな繊細な男が，大一番で示した驚異的な決定力。これが，FWの駒不足という課題を解消できなくても，フランスが悲願の初優勝をなし遂げた原動力となった。

▲得点王となったクロアチアのシュケル　©P. Kishimoto

得点王はシュケル

今大会の得点王には，クロアチアのシュケルが６ゴールで輝いた。オランダとの３位決定戦での決勝点が，単独トップを決めた。７試合での６得点中，得意の左足によるものが，実に５ゴール。派手なゴールは多くないが，粘り強くマークを外して決めるシュートは，相手に大きなダメージを与えた。グループリーグ２戦目の日本戦の決勝点がまさにその典型で，日本の夢を砕き，シュケルが得点王にまで登りつめるきっかけとなった。

課題を残したフーリガン問題

好試合が多く，世界中のファンを堪能させた今大会だったが，〈チケット騒動〉とともに後味の悪さを残したのが，フーリガン問題だった。イングランド対チュニジア戦前日の６月14日，マルセイユでイングランドのサポーターがチュニジアのサポーターを襲い，警官隊とも衝突。試合当日にも両サポーターがビール瓶などを投げ合い，一連の騒ぎで少なくとも50人が負傷，100人以上の逮捕者が出た。ネオナチグループを中心としたドイツのフーリガンも悪質で，６月21日，ランスで数十人が警官隊に襲いかかり，警官１人が重体に陥った。

大会を盛り上げるサポーターの存在は，ワールドカップに不可欠だ。しかし，暴力を楽しむかのようなフーリガンの出現は，日韓ワールドカップでは絶対に阻止しなければならない。「欧州のフランスと違い，極東の島国である日本では大きな問題にならないのでは」という安易な考えが，日本の組織委員会などにあってはいけない。

ふだんは温厚でまともな職業についている青年たちが突然，暴漢と化すのが現代のフーリガンだ。英国やドイツの警備当局と緊密な連携作業を行わなければ，入国を阻めない。それでも日韓に入り込むフーリガン予備軍はいるだろう。彼らを，いかに封じ込むか。フーリガン問題は，日韓ワールドカップの最大の課題になるかもしれない。　（塩見要次郎）

▼優勝したフランスチーム　©P. Kishimoto

2002 韓国・日本大会 組合せ・出場国

1次リーグ

各組2位までが決勝トーナメントへ進出

グループA

	フランス	セネガル	ウルグアイ	デンマーク
フランス				
セネガル				
ウルグアイ				
デンマーク				

グループE

	ドイツ	サウジアラビア	アイルランド	カメルーン
ドイツ				
サウジアラビア				
アイルランド				
カメルーン				

グループB

	スペイン	スロベニア	パラグアイ	南アフリカ
スペイン				
スロベニア				
パラグアイ				
南アフリカ				

グループF

	アルゼンチン	ナイジェリア	イングランド	スウェーデン
アルゼンチン				
ナイジェリア				
イングランド				
スウェーデン				

グループC

	ブラジル	トルコ	中　国	コスタリカ
ブラジル				
トルコ				
中　国				
コスタリカ				

グループG

	イタリア	エクアドル	クロアチア	メキシコ
イタリア				
エクアドル				
クロアチア				
メキシコ				

グループD

	韓　国	ポーランド	アメリカ	ポルトガル
韓　国				
ポーランド				
アメリカ				
ポルトガル				

グループH

	日　本	ベルギー	ロシア	チュニジア
日　本				
ベルギー				
ロシア				
チュニジア				

2002年大会試合スケジュール

番号	日付	開始	試合	開催地
グループA				
1	05/31	20:30	フランス：セネガル	ソウル
3	06/01	18:00	ウルグアイ：デンマーク	ウルサン
18	06/06	15:30	フランス：ウルグアイ	プサン
20	06/06	20:30	デンマーク：セネガル	テグ
33	06/11	15:30	デンマーク：フランス	インチョン
34	06/11	15:30	セネガル：ウルグアイ	スウォン
グループB				
6	06/02	16:30	パラグアイ：南アフリカ	プサン
8	06/02	20:30	スペイン：スロベニア	カンジュ
22	06/07	18:00	スペイン：パラグアイ	ジョンジュ
24	06/08	15:30	南アフリカ：スロベニア	テグ
39	06/12	20:30	南アフリカ：スペイン	テジョン
40	06/12	20:30	スロベニア：パラグアイ	ソギポ
グループC				
10	06/03	18:00	ブラジル：トルコ	ウルサン
12	06/04	15:30	中国：コスタリカ	カンジュ
26	06/08	20:30	ブラジル：中国	ソギポ
28	06/09	18:00	コスタリカ：トルコ	インチョン
41	06/13	15:30	コスタリカ：ブラジル	スウォン
42	06/13	15:30	トルコ：中国	ソウル
グループD				
14	06/04	20:30	韓国：ポーランド	プサン
16	06/05	18:00	アメリカ：ポルトガル	スウォン
30	06/10	15:30	韓国：アメリカ	テグ
32	06/10	20:30	ポルトガル：ポーランド	テジョン
47	06/14	20:30	ポルトガル：韓国	インチョン
48	06/14	20:30	ポーランド：アメリカ	テジョン

番号	日付	開始	試合	開催地
グループE				
2	06/01	15:30	アイルランド：カメルーン	新潟
4	06/01	20:30	ドイツ：サウジアラビア	札幌
17	06/06	20:30	ドイツ：アイルランド	茨城
19	06/06	18:00	カメルーン：サウジアラビア	埼玉
35	06/11	20:30	カメルーン：ドイツ	静岡
36	06/11	20:30	サウジアラビア：アイルランド	横浜
グループF				
5	06/02	18:30	イングランド：スウェーデン	埼玉
7	06/02	14:30	アルゼンチン：ナイジェリア	茨城
21	06/07	15:30	スウェーデン：ナイジェリア	神戸
23	06/08	20:30	アルゼンチン：イングランド	札幌
37	06/12	15:30	スウェーデン：アルゼンチン	宮城
38	06/12	15:30	ナイジェリア：イングランド	大阪
グループG				
9	06/03	15:30	クロアチア：メキシコ	新潟
11	06/03	20:30	イタリア：エクアドル	札幌
25	06/08	18:00	イタリア：クロアチア	茨城
27	06/09	15:30	メキシコ：エクアドル	宮城
43	06/13	20:30	メキシコ：イタリア	大分
44	06/13	20:30	エクアドル：クロアチア	横浜
グループH				
13	06/04	18:00	日本：ベルギー	埼玉
15	06/05	15:30	ロシア：チュニジア	神戸
29	06/09	20:30	日本：ロシア	横浜
31	06/10	18:00	チュニジア：ベルギー	大分
45	06/14	15:30	チュニジア：日本	大阪
46	06/14	15:30	ベルギー：ロシア	静岡

番号	日付	開始	試合	開催地
●第2ラウンド1回戦				
49	06/15	15:30	1位E：2位B	ソギポ
50	06/15	20:30	1位A：2位F	新潟
51	06/16	15:30	1位F：2位A	大分
52	06/16	20:30	1位B：2位E	スウォン
53	06/17	15:30	1位G：2位D	ジョンジュ
54	06/17	20:30	1位C：2位H	神戸
55	06/18	15:30	1位H：2位C	宮城
56	06/18	20:30	1位D：2位G	テジョン

番号	日付	開始	試合	開催地
●準々決勝				
57	06/21	15:30	1位50：1位54	静岡
58	06/21	20:30	1位49：1位53	ウルサン
59	06/22	15:30	1位52：1位56	カンジュ
60	06/22	20:30	1位51：1位55	大阪
●準決勝				
61	06/25	20:30	1位58：1位59	ソウル
62	06/26	20:30	1位57：1位60	埼玉
●3位決定戦				
63	06/29	20:00	2位61：2位62	テグ
●決勝				
64	06/30	20:00	1位61：1位62	横浜

欧州地区出場国

写真 ⓒActionimages／Bongarts／Mag Photo／P.Kishimoto

フランス

●本大会出場までの道のり　自国開催だった前回の1998年大会で優勝。今大会の地区予選は免除された。きびしい地区予選に出場しなかったことは，実力低下を招きかねない。そこでフランスは2001年もドイツ，日本，ポルトガルなどと精力的に代表試合をこなした。

10月までの成績は８勝３敗。３敗した相手はスペイン，メキシコ，チリだった。

●チームの特徴・注目選手　フランスは前大会同様4-2-3-1を基本フォーメーションにしている。４バックのセンターには〈要塞〉と呼ばれるデサイー，右サイドにテュラムというのが定番。ただし，今年33歳のデサイーの他，守備陣にベテランが多くスピードが落ちているのが気になる。中盤では，キープ力があり思いもよらないパスを繰り出すジダンや，高い身体能力と技術を持つヴィエラらが，フランスの特徴であるシステマチックな動きにアクセントを加える。課題といわれた決定力も，アンリやトレセゲなどの成長で解消した。

●本大会の予想　順当に勝ち進めば，準々決勝でブラジルと対戦する可能性が。現状では優勝候補と予想されているフランスのほうが有利。

イタリア

●本大会出場までの道のり　グループ８はイタリアの楽勝，と予想されていた。だが出場権を得たのは最終節のハンガリー戦だった。

イタリアは６勝２分けで負けなしだったが，２位のルーマニアも５勝２敗１分けと健闘。さらにアウェーとはいえ，格下のリトアニアなどに引き分けたことが，イタリアに〈産みの苦しみ〉をもたらした。

●チームの特徴・注目選手　15回目の本大会出場を決めたイタリアは，過去３回優勝している。現在の代表は伝統の堅守に加えて決定力も兼ね備え，イタリア国内では「４度目の優勝を」という声が高まっている。トップ下の〈ローマの王子〉トッティがデル・ピエロ，ヴィエリ，インザーギなどのスターぞろいのアタッカー陣を操る。

今回ばかりは，その鉄壁の守りよりも華麗な攻撃に注目が集まりそうだ。

●本大会の予想　１次リーグのライバルはクロアチア。ここを１位抜けすれば，第２ラウンドは比較的楽な相手なので，一気に準決勝進出の可能性が。リズムに乗れば1982年以来，４度目の優勝も見えてくる。

イングランド

●本大会出場までの道のり　イングランドはグループ9で大苦戦した。一時は最下位の5位まで落ちたが，最終節のギリシャ戦のロスタイムでベッカムが劇的なゴールを決めて，2－2の引き分け。首位に立った。

イングランドの予選成績は5勝1敗2分け。同組2位のドイツも同じ成績だったが得失点差でかろうじてイングランドが逃げ切った。

●チームの特徴・注目選手　バランスを重視した4-4-2のフォーメーションを採用するイングランド。注目したいのは，やはりMFのベッカムとFWのオーウェンだ。

ベッカムの右サイドからの正確無比なクロスとイングランドの得点源にもなっているフリーキック。そして，前大会でも大観衆を唸らせたオーウェンの高速ドリブルは見物だ。それと急成長中のファーディナンドも見逃せない。才能あふれる若手で，DFなのに優雅なプレーを見せてくれる。

●本大会の予想　〈死の組〉F組に。1次リーグ突破がカギになるが，2位抜けでは第2ラウンドの初戦でフランスと対戦する可能性が高い。イングランドにとっては試練の大会となる。

欧州地区出場国

ポルトガル

●本大会出場までの道のり　ポルトガルはオランダやアイルランドなど強豪ひしめく〈死の組〉グループ2を勝ち抜いた。

2位のアイルランドには7勝3分けで並ばれ，直接対決もホーム・アンド・アウェー両方とも1－1で引き分け。得失点差でかろうじて首位に立ったのだ。苦悩の末，ポルトガルは3回目の本大会出場を勝ち取った。

●チームの特徴・注目選手　現在のポルトガルはタレントの宝庫だ。とくにゴールデン・エイジと呼ばれたMFのルイ・コスタとフィーゴ，さらにセルジオ・コンセイソンとプティを加えた中盤は世界でも最高峰と呼ばれている。

彼らを中心とした奔放なパスワークで攻撃的なサッカーを見せるポルトガルは，本大会でも絶大な人気を呼ぶだろう。

●本大会の予想　1次リーグは楽なD組。1位抜けは間違いないはず。

問題は第2ラウンド2戦目の準々決勝あたり。スペインと対戦する可能性が高い。この準々決勝を勝ち抜けば，ポルトガルが今大会の〈台風の目〉となるかもしれない。

スペイン

●本大会出場までの道のり　グループ７のスペインは組み合わせに恵まれていた。

リヒテンシュタイン，イスラエル，ボスニア・ヘルツェゴビナ，オーストリアなど格下相手に危なげなく勝ち進み，６勝２分けで乗り切った。

さらには予選途中で先発メンバーを変えて，新しい布陣をテストする余裕も見せつけたほどだ。

●チームの特徴・注目選手　〈無敵艦隊〉の異名を持つスペインは，華麗なパスワークを見せる攻撃的なチームだ。そのスタイルの象徴になっているのがFWのラウールとMFのバレロンだ。ラウールはスピードも，巧みなドリブルも，シュートも一級品。バレロンは〈ジダン２世〉と呼ばれ，視野も広く，ボールコントロールも巧い。

守備陣には33歳のベテラン，イエロがいる。DFでありながらフリーキックの名手，というのがいかにもタレント軍団をそろえたスペインらしい。

●本大会の予想　B組でトップ抜けするのは間違いないだろう。ポルトガルと対戦しそうな準々決勝がポイント。それでもポルトガル同様に，くじ運に恵まれた。

欧 州 地 区 出 場 国

クロアチア

●本大会出場までの道のり　じつはグループ６の本命予想はクロアチアではなく，ベルギーやスコットランドだった。実際に序盤戦でベルギーやスコットランドに引き分け，勝ち点を伸ばせなかった。

だが最終節のホーム試合でベルギーを１－０で破り，本大会出場を決めた。成績は5勝3分け。負けないクロアチアはしぶとかった。

●チームの特徴・注目選手　前大会で旋風を巻き起こし３位に入ったが，中心メンバーは当時のまま。中盤で攻撃の核をつくるプロシネツキも，左サイドから正確なクロスを上げるヤルニも30歳を超えている。しかし，この2人を抜きにしてクロアチアを語れない。

今では〈古典的〉ともいえる，ショートパスを多用しつつ時間をかけて攻めるのがクロアチアの特徴だ。

●本大会の予想　イタリアと同じG組に。だが２位抜けはできそうな気配。

しかし，第２ラウンドは初戦からポルトガルと対戦する可能性もあり，きびしい戦いがつづきそうだ。

デンマーク

●本大会出場までの道のり　グループ３に組み込まれたデンマークのライバルはチェコだった。実際に，予選途中まではチェコに後れをとっていた。

しかし，終盤のアウェーでのブルガリア戦（２－０），ホームでのアイスランド戦（６－０）などで快勝してチェコを逆転。２回連続して３回目の本大会出場権を獲得した。

●チームの特徴・注目選手　かつてデンマークは，超攻撃的なスタイルから〈ダニッシュ・ダイナマイト〉と呼ばれた。以前とは比較にならないが，現在のデンマークも攻撃的な態勢を取り戻しつつある。

昨シーズンのブンデスリーガで得点王になったサンドは，強烈なシュートが身上だ。また，サンドらとともに前線を形成するトマソンのスピードと決定力も見ものだ。

●本大会の予想　１次リーグはきびしい組に入った。さらに，フランスやセネガルを相手に２位抜けができたとしても，第２ラウンド初戦でアルゼンチンが入るF組１位と当たる。

実力的にも，上位進出はむずかしいだろう。

欧　州　地　区　出　場　国

スウェーデン

●本大会出場までの道のり　同じグループ４でライバルと目されていたトルコを，アウェーでの直接対決で破ったことがスウェーデンの本大会進出を決定づけた。

この試合で負ければトルコに首位の座を明けわたすことになったのだが，トルコに先制されてしまう。だが後半42分にラーションのゴールで同点。さらにロスタイムで逆転し，勝利した。

●チームの特徴・注目選手　４－４－２のフォーメーションだが，中盤はひし形で構成する。その中盤はDFラインとの連携もよく，守りは堅い。また，迫力のあるカウンター攻撃と合わせて，攻守のバランスはよい。

得点源は，前々回のアメリカ大会で世界的に有名になったラーションだ。今年で30歳になるが，決定力はあい変わらずで，昨シーズンは欧州全体で最多得点（50点）を記録した。

●本大会の予想　北欧の強豪も，F組に組み入れられては２位抜けを狙うしかないはず。それが現実的な選択だ。ただし，２位抜けができても第２ラウンド初戦でフランスと当たる可能性が高い。上位進出はきびしいだろう。

ポーランド

●本大会出場までの道のり　ポーランドは，予想外の強さを見せてグループ5を征した。

圧巻は初戦のウクライナでのアウェー戦。ウクライナ有利の予想を覆し，3－1で圧勝。これで波に乗ったポーランドはベラルーシ，ノルウェー，アルメニアなどを退け，2試合を残した段階で早くも16年ぶり6回目の本大会進出を決めた。

●チームの特徴・注目選手　西ドイツ，スペイン大会で3位に入賞した東欧の古豪チームだが，1990年代に入ると低迷期がつづいた。前述したように，今回の予選でもポーランドが勝ち抜ける，と予想した人は少なかった。

復活したポーランドを支えた1人がポーランド初の黒人選手，オリサデベだ。ナイジェリア出身の彼はポーランドに帰化し，今回の予選で得点源として活躍した。得点感覚に優れたオリサデベは，今大会の注目選手の1人である。

●本大会の予想　D組では2位抜けを狙える位置にいる。ライバルは開催国の韓国だが，韓国との直接対決で勝利することが条件だ。ただ，それ以後の第2ラウンドで勝つのはきびしいはず。

ロシア

●本大会出場までの道のり　グループ1のロシアの強敵はユーゴスラビアだった。

しかし，直接対決ではアウェーで1－0で勝利し，ホームでも1－1の引き分け。さらに序盤からスイスやルクセンブルクを破って首位に立ち，それをキープした。だがロシアの最大の強みとなったのは，アウェーで5戦4勝という好成績をあげたからだ。

●チームの特徴・注目選手　ロシアのフォーメーションは4-4-2で，中盤はひし形だ。ひし形の後方に位置するモストヴォイがロシアのゲームメイクをする。多彩なパスワークを持つ天才肌のモストヴォイの他にも，スペインリーグの最優秀選手にも選ばれ，中盤の右に位置するカルピンなどタレントも多い。

チームとしてシステマチックに動くが，守備陣に安定感がないことが気がかり。爆発的な攻撃陣に頼ることになるだろう。

●本大会の予想　ロシアは，日本や実力伯仲のベルギーなどと同組。ちょっとしたミスが1次リーグ敗退を招くことが予想され，気の抜けないグループで戦うことになった。

ベルギー

●**本大会出場までの道のり**　グループ６で２位となり，クロアチアに後れをとったベルギーはプレーオフに回った。相手はグループ２で２位だったチェコ。

第１戦はベルギーがチェコをホームに迎え，1－0で勝った。第2戦，チェコは序盤から猛攻を仕掛けたが，ベルギーは組織的な守備で対抗。後半40分に得たPKを決めて１－０で終えた。

●**チームの特徴・注目選手**　６回連続，11回目のワールドカップを迎える古豪で〈赤い悪魔〉と呼ばれてきた。しかし，昨年の欧州選手権ではオランダと共同開催国になりながら１次リーグ敗退と，最近の戦績は思わしくない。

注目選手はMFのヴィルモッツ。キープ力に優れ，精神的にも強い。また，スピードと個人技に長けたFWのムベンザもいる。堅実な守備とヴィルモッツらの攻撃力が噛み合えば〈赤い悪魔〉が復活するかもしれない。

●**本大会の予想**　１次リーグを２位抜けすると，第２ラウンド初戦でブラジルと対戦する可能性が高いので，なんとしても１位抜けをしたいところ。思惑どおりにいけそうな気配も。

ドイツ

●**本大会出場までの道のり**　序盤戦で４連勝したドイツの15回目の本大会出場はほぼ間違いなし，と思われていた。しかし，イングランドをホームに迎えた試合で，１－５という歴史的大敗を喫した。

結局２位に終わったドイツだが，プレーオフでウクライナを下した。大敗を契機に若手を起用したのが功を奏した。

●**チームの特徴・注目選手**　今のドイツに，かつての輝き(ワールドカップ優勝３回)はない。だが，豊富な経験を持つドイツを侮ってはいけない。

ドイツは3-5-2あるいは4-4-2のフォーメーションを採用する。守備はゾーンディフェンスだが，地区予選では10試合で12失点。誉められた数字ではないが，本大会までには修正をしてくるだろうし，世界でも１，２を争うGKカーンがいる。さらに巧みなドリブルとパスセンスが光るMFのショルを中心に，しぶとく食い下がってくる可能性は高い。

●**本大会の予想**　欧州地区予選では苦戦したドイツだが，本大会ではくじ運に恵まれた。ドイツ本来の勝負強さを取り戻せば，上位進出も可能だ。

トルコ

●本大会出場までの道のり　ここ10年あまりで急成長を遂げたトルコだったが，グループ4ではスウェーデンに首位を奪われプレーオフに回った。

プレーオフ第1戦はオーストリアのホームだったが，地力に勝るトルコは1－0で勝利。第2戦のトルコのホームでも5－0で圧勝。2回目の本大会出場を危なげなく決めた。

●チームの特徴・注目選手　48年ぶりの本大会出場を決めたトルコだが，セリエAやスペイン1部リーグで活躍する選手も擁している。

そのなかでも注目選手はFWのハカン・シュキールだ。セリエAのインテルに所属し，191cmの長身で直線的にゴールに殺到する。〈猛牛〉といわれる由縁だ。

ただ，チーム全体の攻撃力にくらべると守備が見劣りするのが気になる。

●本大会の予想　トルコはブラジルと同組のC組だが，2位抜けで第2ラウンドに進出する可能性が高い。

さらには，その後の対戦相手を予想すると，準々決勝まで勝ち進むことも可能だ。

欧　州　地　区　出　場　国

スロベニア

●本大会出場までの道のり　ロシア，ユーゴスラビア，スイスと激戦区のグループ1でスロベニアは予想外の健闘をみせ，無敗（5勝5分け）で2位に入った。

プレーオフでも古豪ルーマニアを相手に1勝1分け。結局は無敗のまま地区予選を突破し，ユーゴスラビアから独立後9年目にして本大会初出場を勝ち取るという快挙を成し遂げた。

●チームの特徴・注目選手　3-5-2のフォーメーションで，カウンターを主体とする。よくもわるくも，ドリブル突破など個人技に優れた天才肌のMFザホビッチを中心に据えたチームだ。カウンター攻撃の正否も，ザホビッチのできしだいという面もある。

ただし，地区予選のプレーオフはザホビッチがけがで欠場。それでも勝ち抜けたのは堅い守りのおかげだろう。そのバックス陣は，ジェフ市原に所属するミリノビッチがまとめている。

●本大会の予想　スロベニアはきびしい組に入った。2位抜けをめざしても，パラグアイも南アフリカも，スロベニア同様のカウンター主体のチーム。混戦模様になりそうだ。

アイルランド

●本大会出場までの道のり　強豪ひしめくグループ2で，オランダを押さえて2位に入ったのはアイルランドだった。オランダをホームに迎えた試合では，退場者を出しつつも1－0で接戦をものにした。これで2位がほぼ確定したのだ。

その後アイルランドは，プレーオフでアジア第3代表のイランを押さえ，本大会の切符を手にした。

●チームの特徴・注目選手　とにかく守り抜く。アイルランドの特徴を一言でいえば，そうなる。強豪がひしめく地区予選（プレーオフも含む）でも12試合で6失点だった。

ただ，攻撃力が脆弱というわけではない。抜群の運動量と強いフィジカルのMFロイ・キーン，決定力があるFWロビー・キーン，左足の正確無比のフリーキックを武器とする左サイドのハートなどを中心に地区予選でも25得点をあげた。

●本大会の予想　ドイツが入るE組では，格下のサウジアラビアに勝ち，強豪のカメルーンには最低でも引き分けることが2位抜けの条件だ。

アイルランドにとっては，気の抜けない1次リーグとなりそうだ。

南米地区出場国

アルゼンチン

●本大会出場までの道のり　13勝1敗4分けという圧倒的な強さで，地区予選を征した。

唯一の敗北はアウェーでのブラジル戦（1－3）だったが，次にアルゼンチンのホームに迎えたときは，2－1できっちりと借りを返した。苦闘するブラジルをしりめに，早々と本大会へ名乗りあげたアルゼンチンだった。

●チームの特徴・注目選手　世界的なスター選手がひしめき，しかも層が厚い。本大会の優勝候補筆頭といわれるのも当然だ。

破壊的な攻撃力を持つアルゼンチンのなかでも，昨シーズンのセリエAの得点王クレスポ，想像力溢れるパスを繰り出すベロンなどはとくに注目していたい。

だが，その攻撃力にくらべると守備に不安は残る。とくにGKは，地区予選中でも固定できず，3人が交替で出場するような状態だった。

●本大会の予想　優勝を狙うアルゼンチンだが，1次リーグから一瞬の隙も見せられない相手と対戦する。だが，それでも上位進出は果たすはずだ。

パラグアイ

●本大会出場までの道のり　序盤のアウェー戦でペルーやチリに敗れた。だが，ホームでライバルたちを蹴落としたことが本大会出場につながった。特にブラジル(2－1)，ウルグアイ(1－0)などを叩いたのが大きかった。結局は，不振のブラジルなどをしりめに，16節目でアルゼンチンにつづいて地区予選突破を決めた。戦績は9勝6敗3分けだった。

●チームの特徴・注目選手　日本でもおなじみのGKチラベルトが精神的支柱のチームだ。

4-4-2のフォーメーションで，強力な守備を誇る。攻撃はカウンター主体。20歳にしてエースストライカーのサンタ・クルスは，万能型のFWだ。スピード，テクニック，高さ，決定力などすべてを備えている。もっとも，若手のレギュラークラスが少なく，チラベルトを含め，30歳以上のベテランが中心選手だ。それを不安視する声は，パラグアイ国内にもある。

●本大会の予想　前大会でも堅守を貫き，あと一歩までフランスを追いつめた。今大会ではB組で2位抜けを狙うが，同じカウンター主体のチームが多いのが気になるところだ。

南 米 地 区 出 場 国

エクアドル

●本大会出場までの道のり　エクアドルは強豪が集う南米で〈サッカーの墓場〉とまでいわれた。ワールドカップ第1回大会で招待されたのだが，旅費などの資金繰りがつかず参加できなかった。しかし，今回は標高約2900mという高地の〈ホームの利〉を活かしきってブラジル，ペルー，パラグアイなどを破り，実力で本大会初出場を勝ち取った。

●チームの特徴・注目選手　他の強豪国のように世界的に有名な選手がそろっているわけではない。その中で注目したいのはFWのカビィエデス。トリッキーなドリブルが見物だ。もう1人はチームの精神的支柱のベテランMF，アギナガあたりか。

エクアドルは際だったタレントが存在しないぶんだけ，チームの組織力で戦うタイプだ。全員がよく動き，運動量が豊富である。相手ボールには複数でプレッシャーをかけ，そこから展開。意外と攻撃的なチームだ。

●本大会の予想　初出場のチームには辛いG組で戦う。イタリアやクロアチアなどを相手に，2位までに食い込むのはきびしいだろう。持ち前の組織力を発揮し，番狂わせを狙うしかない。

ブラジル

●本大会出場までの道のり　よもやブラジルが，地区予選でこれほど苦戦するとは予想外のことだった。しかも一時期は，プレーオフに出ることすら危ぶまれ「ブラジル予選落ちか？」とまでいわれた。

結局は１年半に及ぶ地区予選中に２人の監督が更迭され，さまざまな選手を入れ替えて９勝６敗３分け，という戦績で乗り切った。

●チームの特徴・注目選手　タレントはそろっている。MFにはカフー，リバウドなど。DFにもロベカルことロベルト・カルロス。だが，これらの世界のトップクラス選手たちも，どうしたことか以前ほどの輝きはない。そこがブラジルの悩みでもある。

攻撃力が売り物のブラジルにとって，これらの選手の不調は致命的な問題だ。ブラジル特有の魅惑的な個人技も，華麗なパス回しも，ドリブルも，今のブラジルには見られない。

●本大会の予想　くじ運に恵まれC組に入った。不調ブラジルでも１位抜けはできるだろう。１次リーグでリズムを取り戻せば，その後は一気に上位に駆け上がる可能性はある。

南　米　地　区　出　場　国

ウルグアイ

●本大会出場までの道のり　地区予選の滑り出しは上々だった。５試合を消化した時点で３勝１敗２分け。しかし，その後は引き分けが多く勝ち点を伸ばせなかった。

結局，プレーオフに回り，新興勢力のオーストラリアと対戦。決定力不足から危ぶむ声もあったが，第２戦のホームで３－０で圧勝し，３大会ぶり10度目の本大会出場を決めた。

●チームの特徴・注目選手　決定力に問題は残しているが，守備は固い。その中心になっているのが中盤の底を固めるガルシアとセンターバックのモンテロ。とくにモンテロは安定感があり，ウルグアイの守備陣の要である。

この固い守備を維持し，カウンター攻撃を仕掛けるのだが，地区予選ではセリエAのインテルで活躍するFWレコバが不調だった。ウルグアイは個人技頼りの攻撃ゆえ，彼の復調が望まれる。

●本大会の予想　激戦区のA組に入った。フランスやデンマーク，新興勢力のセネガルなどを相手に，１次リーグ突破を狙うのは，かなりきびしいだろう。

アフリカ地区出場国

南アフリカ

●本大会出場までの道のり　南アは強かった。１次，最終予選を通じて，負けなしの８勝１分け。きびしい状況に置かれることもなく，難なく地区予選を突破した。

たしかに地区予選での相手はレソト，ジンバブエ，マラウイなど，アフリカ強豪国とはいいがたい相手であった。だがそれでも，予選を通じて失点３という堅守は特筆するべきことだ。

●チームの特徴・注目選手　前述したように南アの守備は固い。これはトルシエ（現日本監督）が南アの監督時代に用いた３−５−２を，４−４−２に変更したことでもたらされたものだ。

しかし，予選時の13得点という数字が示すとおり，決定力に不満が残った。南アはサイド攻撃に活路を見いだすチームだが，俊足で攻撃陣の核となるMFフォーチュン，個人技に優れたFWマッカーシー，決定力のあるFWバートレットなどタレントもそろっている。本大会では，彼ら攻撃陣の奮起が望まれる。

●本大会の予想　南アが入ったB組は，スペイン以下は，どの国にも２位抜けのチャンスがある。南アは攻撃陣のできにかかっている。

ナイジェリア

●本大会出場までの道のり　ナイジェリアは，あやうく予選落ちをするところだった。アウェーのリベリア，シエラレオネに敗れ，もう少しでリベリアに出場権をさらわれるところだった。

終盤でようやくリズムを取り戻したナイジェリアは，ホームでリベリアを下し（２−０），首位を奪回。その後に残り２試合を連勝して逃げ切った。

●チームの特徴・注目選手　現在のナイジェリアには〈スーパーイーグルス〉ともてはやされた1994年アメリカ大会当時の怖さはない。サッカー協会と選手の確執，なかなか進まない世代交代など原因は多様だ。

注目選手は，やはりMFオコチャだろう。トリッキーなドリブルとゲームのリズムを変えられるセンスを持つ。また，主力選手の右サイドのババンギダ，ボランチのオリセーなどは前大会にも出場し注目を浴びた。

●本大会の予想　今大会，最激戦区のF組では苦労するだろう。落ちたとはいえ，他の組ならば十分に２位抜けできる力は，まだまだ持っている。ともかく１次リーグが勝負どころだ。

チュニジア

●本大会出場までの道のり　チュニジアが本大会の出場権を得たのは最終節だった。地区予選では負けなしだったが（８勝２分け），２位のコートジボワールがしぶとく食い下がっていた。

結局，チュニジアは最終節のコンゴ戦に３－０で快勝したが，一方のコートジボアールは引き分けたため，かろうじて逃げ切ることができた。

●チームの特徴・注目選手　最近はワールドカップに出場するアフリカ勢選手のほとんどが欧州など，海外でプレーしている。しかしチュニジアは，ほとんどの選手が国内でプレーしている。

数少ない国外組のセリミ（ブンデスリーガのフライブルク）は，前線でチャンスメイクもできるMFだ。トルコのベジタクシュでプレーする司令塔バヤも，チュニジアの貴重な得点源になっている。

●本大会の予想　日本と同じF組に入った。個々の能力は高いが組織力が劣り，また守備に難があるチュニジアが，第２ラウンドに進出するのはむずかしいだろう。大会までに組織力の整備が急務となっている。

アフリカ地区出場国

セネガル

●本大会出場までの道のり　セネガルはアフリカ地区予選の最激戦区で戦った。対戦相手はモロッコ，アルジェリアら出場経験国。だが，セネガルの負け試合はアウェーのエジプト戦のみ。しかも引き分け以下ならモロッコの本大会出場決定，という直接対決を１－０で征した。そして最終的には得失点差でモロッコを上回り，初出場を決めた。

●チームの特徴・注目選手　アフリカ勢は個人技と身体能力に秀でているが，組織的な戦術や規律は苦手，といわれてきた。しかし，それは裏返せばアフリカ勢に〈組織と規律〉が備われば……，という恐怖心の現れでもあった。じつはセネガルには，それが兼ね備わっている。相手ボールへのプレッシャーから，奪った後の素早いカウンターまで，よく統一されている。

スピードに溢れ，左右の足とも正確なキックが蹴れるFWディウフやMFファディガなど中心選手のほとんどはフランスでプレーしている。

●本大会の予想　フランスと同じA組。初戦でフランスと対戦するが，セネガルが〈食う〉可能性も。今大会で旋風を巻き起こしそうな気配だ。

カメルーン

●本大会出場までの道のり　ソマリア，リビア，ザンビアと格下を相手に序盤から連勝をつづけた。

中盤でアウェーのアンゴラ戦で０－２で敗れ，アコノ監督が更迭される，という騒動も起きたが，負けたのはこの試合だけ。次節にはトーゴをホームに迎えて２－０で快勝。アフリカ勢のなかで本大会出場を最初に決めた。

●チームの特徴・注目選手　アフリカ選手権，シドニー・オリンピックなどを征したカメルーンは，アフリカ最強といわれている。元ガンバ大阪で〈ナニワの黒豹〉と呼ばれていたエムボマをはじめ，多くの選手が欧州でプレーでしているのもうなずける。エムボマと２トップを組むエトーは若手の成長株。16歳のときにスペインのレアル・マドリッドにスカウトされた逸材だ。

個人技は優れているが組織プレーが今ひとつで，なおかつ勝負に淡泊，というアフリカ的特徴を持っているのが気になるところだ。

●本大会の予想　ドイツ，アイルランドなどと同じE組だが，第２ラウンド進出の可能性は大。もしも１位抜けができれば，上位進出も。

北中米カリブ海地区出場国

アメリカ

●本大会出場までの道のり　地区予選のライバルはメキシコ，コスタリカだった。２節目のアウェーのコスタリカ戦で１－２で敗れたが，その後は２引き分けをはさんで，７連勝。早々と本大会進出を決めると思われた。しかし，その後は３連敗。一時は予選落ちもあり得たが，最後の２試合を１勝１分けで乗り切って２位に入り，予選を突破した。

●チームの特徴・注目選手　1994年のワールドカップ地元開催以来，アメリカは急速に伸びた。以前は大学生中心のチームだったが，最近は移民国家の特徴を活かして，フランスやコロンビアなどのサッカー強国出身の〈外国人〉選手たちがあいついで帰化し，代表入りを果たしている。

注目選手は司令塔役のMFレイナ。パスセンスに優れ，鋭いドリブル突破も見せる。この他に，ベテランFWのムーアなどもいるが，これら中心選手たちの多くは欧州でプレーしている。

●本大会の予想　D組にはポルトガルがいる。フランス大会後，アメリカはドイツやアルゼンチンに勝利したこともあるが，それは親善試合でのこと。真剣勝負のワールドカップでは苦労するだろう。

コスタリカ

●本大会出場までの道のり　地区予選前の予想では，コスタリカはギリギリで突破できるか，否か，だった。

しかし，ふたを開けてみればアウェーでメキシコに２－１，同じくアウェーでホンジュラスに３－２で勝利した。結局のところコスタリカは，首位抜けで本大会出場を決めた。

これは12年ぶり，２回目の快挙だった。

●チームの特徴・注目選手　コスタリカの特徴は，その攻撃スタイルにある。ダイレクトパスを多用し，DFラインからもボールをつないで前線へと運ぶ。

攻撃の中心となるのは，トップ下のフォンセカやFWのワンチョペだ。フォンセカは高いテクニックと強烈なミドルシュートが武器。ワンチョペは凄まじいスピードと，倒れそうで倒れない絶妙のバランス感覚で成り立ったドリブルが特徴だ。

●本大会の予想　ブラジルが１位抜けの可能性が高いC組では，トルコと２位抜けを争うことになるだろう。しかし，急成長中のトルコは手強い存在だ。第２ラウンドに進出するためには，直接対決でトルコを叩くことが肝心だ。

北中米カリブ海地区出場国

メキシコ

●本大会出場までの道のり　メキシコは苦労の末に，本大会への切符を手にした。

アウェーでアメリカ（０－２），ホンジュラス（１－３）に，ホームでもコスタリカに１－２で敗れてしまった。予選終盤で３連勝し，最終節のホンジュラスを３－０で破り，やっとのことで３位に滑り込んだ。

まるでメキシコの退潮を象徴するような予選だった。

●チームの特徴・注目選手　メキシコといえば，細かいパスワークと個人技で観客を大いに楽しませてくれ，日本でもファンは多かった。しかし，今のメキシコにはその面影はない。

サイド攻撃を多用して，より組織的な側面を取り入れようとしているが，まだ発展途上にある。しかも，そのぶんだけ〈面白み〉は消えた。

本大会では，抜群の得点感覚を持つFWブランコや右サイドのテクニシャン，アレジャノ，さらにはスピードで勝負するFWバレンシアなどを中心にした攻撃陣の奮起が望まれる。

●本大会の予想　G組にはイタリアとクロアチアがいる。現在のメキシコの実力では，かなり苦戦しそうな気配が漂う。

アジア地区出場国

中　国

●本大会出場までの道のり　アジアの実力派，日韓両国が開催国免除で地区予選に参加しなかった。その恩恵を最大限に受けたのが中国だった。

予選では中国を脅かす国も少なく，最終節のアウェーのウズベキスタン戦で０－１で敗れたのが唯一の黒星だった。本大会初出場という快挙は，運にも恵まれてのことだった。

●チームの特徴・注目選手　長ら〈眠れる獅子〉といわれていた中国が，ついに本大会初出場を果たした。ボラ・ミルチノビッチ監督は４-４-２のフォーメーションを取り入れ，守備への意識を徹底させた。その上で身体能力が高く，長身ぞろいの中国に見合ったサイドアタックを攻撃の中心に据えたのである。

その攻撃の中心となるのは身体能力が高い，長身(185㎝)FW楊晨と，以前にセリエAのペルージャに所属していたMF馬明宇などだ。

●本大会の予想　中国の１次リーグ突破は考えづらい。チームとしてはまだまだ荒削りで，同じC組のブラジルはむろんのこと，トルコやコスタリカにも勝ち目は薄い。

サウジアラビア

●本大会出場までの道のり　サウジアラビアは，強敵イランと最後まで激しく競り合っていた。地区予選を通じて１敗しかしていないのだが，最終節を迎えた時点で２位。

その試合でサウジアラビアはタイに勝利し，なおかつイランがバーレーンに敗れたため逆転。サウジアラビアが３大会連続の本大会進出を決めた。

●チームの特徴・注目選手　本大会でワールドカップ出場３回のGKアル・デアイエ，前大会にも出場したFWアル・ジャバーとDFアル・ドサリらのベテラン勢が健在。それに若手筆頭のMFアル・シャルフーブらが絡むチーム構成だ。

サウジアラビアは身体能力，テクニックなどが高い選手がそろっている。しかし，それを組織に結びつけることが苦手としている。したがって，組織的な守りではなく，身体能力にものをいわせて最終ラインで守りきることが多く，攻撃もシンプルなカウンター攻撃が中心だ。

●本大会の予想　サウジアラビアがE組で２位内に入るとは考えづらい。第２ラウンドに進出するためには〈大番狂わせ〉が必要だ。

韓国

●本大会出場までの道のり　韓国は開催国なので地区予選を免除された。むろん，その間のチーム力低下を防ぐため，精力的に試合をこなした。

2001年は11月までに15試合を消化して，７勝４敗４分けという成績を残している。また15試合中，ホームは８試合。

海外試合を意図的に増やしたのが，印象的である。

●チームの特徴・注目選手　韓国は長らく3-5-2のマンマークを採用してきた。しかし，ヒディング監督は就任直後に，4-4-2と3-5-2を併用したゾーンディフェンスを基本としている。

この基本は，相手や状況によって変化させるのだが，残り約６か月の間にどれほど徹底できるのか，興味深い。

そして，FW崔龍洙，MF柳想鐵などＪリーグでおなじみの選手たちに注目したい。

●本大会の予想　韓国としてはホスト国のメンツに賭けても１次リーグ突破を図りたいところ。だが，D組は２位抜け争いが混戦模様になるかもしれない。

アジア地区出場国

日本

●本大会出場までの道のり　ホスト国日本が2001年11月までにこなした試合は13試合。そのうち，海外での試合は４試合だった。

韓国にくらべると，少ない。ホームでの親善試合ではなく，アウェーあるいは中立国での試合がチームの強化に重要なことはいうまでもない。

その点が，どうしても気になる。

●チームの特徴・注目選手　フランス大会以後，監督に就任したトルシエは，テクニックに勝る若手選手を次つぎと起用してきた。そして，彼の理論の生命線であるフラット３とオートマティズムを徹底して選手たちに叩き込んできた。

トルシエの戦術に対する評価はさまざまだが，中田英寿，小野伸二，稲本潤一，中田浩二，柳沢敦など才能溢れる選手たちの存在を抜きにして，現在の日本代表を語れないことは，たしかだ。

●本大会の予想　楽々と１位抜けをできそうな国が存在しないH組だが，逆にそのことが混戦を招く可能性がある。過去に，ホスト国が第２ラウンドに進出できなかった例はない。トルシエ・ジャパンの真価が問われる時がきた。

（平野　史）

第4部 日本のサッカー

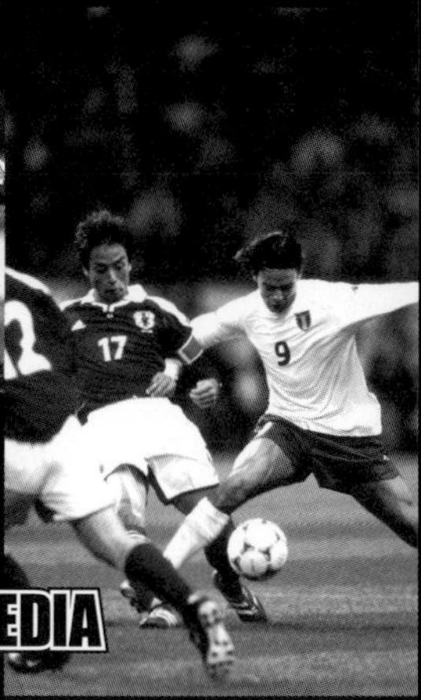

ENCYCLOPEDIA OF FOOTBALL

4-1 日本のサッカー史

英国人の手で

●日本にサッカーが伝わる

19世紀後半から栄華を誇った大英帝国によって，近代サッカーは全世界に広まった。日本もまた，例外ではなかった。

1863（文久３）年のイングランド協会（FA）創設から10年後，1873（明治６）年に英国海軍教官団のA・L・ダグラス少佐と33人の海軍将兵が横浜港に到着した。サッカーボールを持ち込み，東京・築地の海軍兵学寮（のちの海軍兵学校）で日本の海軍軍人に訓練の余暇としてサッカーを教えた。これが，日本でサッカーが紹介された最初の例であるというのが定説となっている。アメリカ人教師により，日本に野球が伝わったのが1872(明治５)年とされており，ほぼ同時期だった。

ただ，ダグラス少佐が１年余で帰国したこともあり，兵学寮に根づくことはなかったようだ。翌1874（明治７）年には，東京の赤坂工学寮で英国人教師ジョーンズが学生にサッカーを教えたとの記録も残っている。

横浜の英国人居留地では，横浜カントリー・アンド・アスレチック・クラブ（YC & AC）の前身のひとつである横浜フットボールクラブが1875（明治８）年に創設され，1870（明治３）年に英国人のボート愛好者により創設された神戸レガッタ・アンド・アスレチック・クラブ（KR & AC）も，サッカーを行うようになっていた。

●東京高師の創設

日本人への普及の礎となったのは，1878（明治11）年の体操伝習所（のちの東京高等師範学校体操専修科）創設だった。後に〈学校体育の父〉とうたわれた坪井玄道（1852－1922）がアメリカからの〈お雇い外国人教師〉G・A・リーランドの指導を受けており，教科のひとつにサッカーが取り入れられた。

坪井玄道は1885（明治18）年４月，田中盛業との共編で『戸外遊戯法』を出版した。このなかで〈フートボール（蹴鞠の一種）〉

▲学校体育の父といわれる坪井玄道の銅像　©あゆみ

▲1873(明治６)年ごろ横浜に居住した英国人の試合。イングランド協会設立から10年後で，日本にいた外国人のプレーもまだサッカーとはいいきれない。見物する日本人の姿に当時の風俗が見られる
©あゆみ

の項目を立てており，これが日本の文字でサッカーを紹介した最初の文献であるとされている。翌年の『新撰体操書』(水野浩著)にも〈蹴鞠(一名フートボール)〉の項があり，当時は平安貴族の間で盛んだった蹴鞠との連想で受け止められたようだ。

横浜と神戸の在留外国人クラブ〈YC & AC〉と〈KR & AC〉は1888(明治21)年，日本最古の対抗戦といわれる〈インターポートマッチ(港対抗戦)〉を挙行した。この年，イングランドでは第１回のフットボールリーグがはじまっている。この対戦は，第２次世界大戦などによる中断はあるものの，毎年１回，100回以上にわたってつづけられている。

とはいえ，東京の高等師範学校に〈フートボール部〉が設立されたのは，ようやく1896(明治29)年３月になってからだった。関西でも同じ年の９月，神戸尋常中学(のちの神戸一中，神戸高校)に〈蹴鞠会(しゅうきくかい)〉が結成され，1899(明治32)年には御影師範学校に〈ア式蹴球部〉が発足している。〈ア式蹴球〉とは，アソシエーション式蹴球の略称である。

東京高師から全国へ

●底辺からのサッカー普及をめざして

東京高師は1902(明治35)年に欧米視察旅行から帰国した坪井玄道教授が，「教育人による底辺からのサッカー普及」をめざし，秋の運動会で観客を前に日本人同士による試演を披露した。

さらに卒業生は，教員として全国の師範学校や中等学校に赴任，生徒にサッカーを教えたり，蹴球部を創設する手助けをするなど，東京高師は当時の日本サッカー界の核となった。

もっとも，運動部として組織化された学校はまだ少なく，他の競技とかけ持ちする選手も多かったという。日本人同士で他流試合を行うほどには盛んではなかった。

東京高師のフットボール部は，翌1903(明治36)年，初の本格的な紹介の書『アッソシエーション・フットボール』を編纂，発刊した。凡例には「各地の中学校師範学校より『フットボールゲーム』の仕方の説明を需(もと)むること甚だ少なからざりしを以て本書は其の望みの一部分を充たさんがために書きたるものなり」と記している。全国各地の学校で，サッカーはしてみたいが，やり方がわからないという声があがっていたことが推察される。

●外国チームとの初対抗試合

1904(明治37)年2月に同部はYC & ACに他流試合を挑み，0－9で完敗した。これが日本で行われたはじめての外国チームとの対抗試合とされている。この年9月には，スコットランド人のW・A・デハビランドが東京高師の英語講師に着任し，サッカーも指導した。このときには，フットボール部は蹴球部と改名しており，1908(明治41)年にはそれまでの実践・研究結果を盛り込んだ入門書『フットボール』を出版している。

日本人同士の対抗試合は，1907(明治40)年11月16日，東京高師と青山師範学校との対戦がはじめてといわれている。結果は8－1で東京高師が勝った。東京高師は，同月24日には慈恵医学専門学校とも対戦し，翌1908年1月にはYC & ACとの対抗戦で初勝利を収めるなど力をつけていった。

代表チーム初編成

●第3回極東選手権

1917(大正6)年，第3回の極東選手権(極東オリンピック)が日本で開催された。極東選手権とは在フィリピンのアメリカ人が提唱し，日本と中華民国に参加を呼びかけた総合スポーツ大会で，当時の大日本体育協会会長だった嘉納治五郎は，第3回大会から日本の本格参加を決意した。

▲第3回極東選手権に出場した日本代表選手たち　©あゆみ

代表チームは，東京高師と豊島師範，御影師範の3校で予選をして決定することになったが，御影師範は上京できなくなり，時間的な余裕もなくなったことから，嘉納が校長を務める東京高師チームが予選なしで出場することになった。

●初の公式国際試合

こうして迎えた日本代表初の公式国際対外試合は5月9日，東京・芝浦埋立地で行われた中華民国戦で，当時の記録によれば０－５の完敗(前半０－４，後半０－１)だったが，スコアは０－８だったとの説もある。

試合翌日の新聞各紙やこの年の雑誌『野球界』などは，得点経過も詳細に書き込んで０－５の敗戦としている。ところが，1928(昭和３)年度の大日本蹴球協会『会報』では，理事の鈴木重義が「八対零にて大敗」と記したうえで，試合当時の新聞を引用して〈五対〇〉の記述は誤りとの注釈をつけている。

すると，朝日新聞記者でもあった理事の山田午郎は，1936(昭和11)年に発刊の『大日本体育協会史』で〈大日本蹴球協会史〉の執筆を担当し，「対支(支那)戦は５－０」と書き，事実上，協会『会報』を訂正した。だが，この試合に出場した武井群嗣は，試合から43年後の1960(昭和35)年に協会機関誌で「中国には八対零というお話にならぬほどの差が彼我の間にあった」と回顧しているのである。

翌10日のフィリピン戦は，２－15という屈辱的大敗を喫した。

ともあれ，この屈辱が日本サッカー界を大いに刺激し，奮起させたことは間違いない。９月には青山，豊島両師範学校のOBを主体に東京高師との卒業生も加わり，〈東京蹴球団〉が発足した。10月には奈良師範学校の主催で，近畿蹴球大会(４チーム参加)が初開催された。

協会の設立

●誤報が生んだ協会設立のきっかけ

翌1918(大正７)年１月には，大阪毎日新聞社主催の日本フートボール大会が豊中で開かれ，２月には東京蹴球団が関東中学校大会を主催した。名古屋でも，新愛知新聞が東海蹴球大会を開催した。

なかでも関東中学校大会は，16チームが参加。英国大使館員がつくった東京蹴球倶楽部，中華留日学生団，セント・ジョセフ・カレッジや朝鮮青年団，東京蹴球団など７クラブ８チームも加わり，英国大使グリーンも来席する盛況のうちに幕を閉じた。

この模様を取材した英国人記者が，「日本を統括する協会が主催した日本一を決める大会」だと誤って報じる勘違いがきっかけとなり，1919(大正８)年３月，全世界へのサッカー普及活動に積極的だったイングランドFAから突如，駐日英国大使を通じて大日本体育協会会長の嘉納治五郎のもとに銀杯が寄贈された。

▲イングランド・サッカー協会(FA)から寄贈されたカップ。残念ながら実物は残されていない　©あゆみ

銀杯を受け取った嘉納会長は，東京高師教授で蹴球部長の内野台嶺に，全国を統括する組織の結成を指示。２年後の1921(大正10)年９月10日，〈大日本蹴球協会〉が設立された。初代

会長には，体協理事でもあった今村次吉が就任した。

●初事業は全日本選手権の開催

協会は２か月後にさっそく最初の事業として全日本選手権（当時の名称はア式蹴球全国優勝競技会）を開催し，優勝チームにFA寄贈の銀杯を贈ることにした。地方予選には東部20，中部は３チームが参加し，近畿・四国，中国・九州は予選を実施せずに代表を決めた。この結果，第１回大会は東部から東京蹴球団，中部からは名古屋蹴球団，近畿・四国代表は御影師範，中国・九州代表は山口高校の，４チームで争われることになった。

初代優勝チームは，青山師範のOBを中心とする東京蹴球団。準決勝は山口高校の棄権で不戦勝となり，決勝では御影師範を１－０で下して初の栄冠を手にした。主将の山田午郎には，大会名誉会長の英国大使エリオットからFAカップが手渡された。

協会設立にあたっては，内野と親交があり，関東大会も観戦していた駐日英国大使館の書記官W・ヘーグの尽力も大きかった。協会規約や全国優勝競技会規則の制定にも大きく寄与したという。ヘーグはいったん帰任したのち横浜総領事として再来日したが，1923（大正12）年９月の関東大震災で領事館が倒壊し，下敷きとなる不慮の死を遂げた。関東の主なチームは，12月に追悼サッカー大会を催して故人を偲んだ。

●初の海外遠征

1921（大正10）年には，日本代表初の海外遠征が行われた。５月30日から６月４日まで上海で開催された第５回極東選手権である。

日本代表は，東京高師と同付属中学，青山と豊島の両師範，東大の出身者による選抜チームの全関東蹴球団が国内予選を勝ち抜いて日本代表の座を射止めた。代表権を得ると，当時英国領だったビルマからの留学生チョー・ディンの指導を数回受けてから出発したという。だが，選手のほとんどが体調をくずし，２連敗で終わった。

チョー・ディンは当時，東京蹴球倶楽部のメンバーだった。地方の学校まで出かけて実技を巡回指導し，キック・アンド・ラッシュ戦法しか知らなかった日本のサッカー界に，英国式の近代的なショートパス戦法やタックルといった基本技術と戦術を手ほどきした。1923（大正12）年には日本語で著した『How To Play Association Football』を出版した。キックのフォームの連続写真も掲載するなど，当時としては類のないサッカー入門書だった。

●中学，高校，大学へ広がる

1923年１月には，旧制高校の全国選手権がスタートし，無名だった早稲田高等学院が優勝した。チョー・ディンの指導を受けていたことが知られると，２位の山口高校や神戸一中もこ

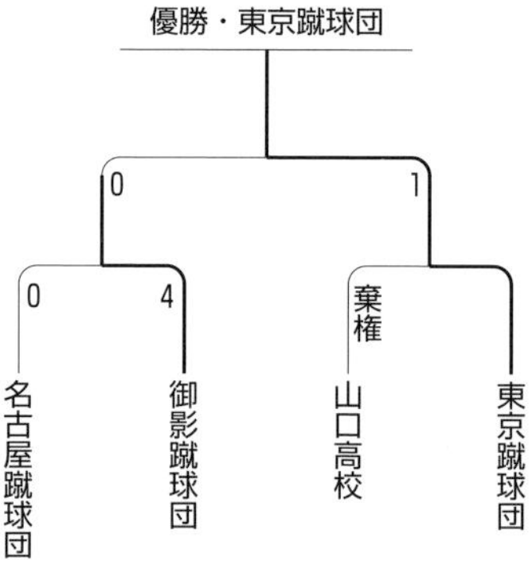

▲第１回全日本選手権大会　エリオット駐日英国大使からFA杯を授与される東京蹴球団主将・山田午郎　©65年史

ヘーグ追悼試合

水戸高校	2-0	目白中学
アトラス	6-0	戸山中学
全豊島	3-1	独協中学
成城蹴球団	2-2	青山師範
立教大学	1-0	早稲田高等学院
埼玉師範	2-0	明治学院
慶応高校	1-0	成城中学

▲初の海外遠征となった第５回極東選手権上海大会に出場した日本代表の選手たち　©あゆみ

▲第９回極東選手権東京大会　日本と中華民国の決勝戦は引き分け両者優勝となった　©アサヒ

東京コレッヂリーグ

【第１部】　慶応，東京高師，早稲田，東大，農大，法政

【第２部】　青山学院，一高，外語，商大，東京歯科，明大

▲1933（昭和８）年の東京コレッヂリーグ　東大ー慶応大　©あゆみ

ぞってチョー・ディンに指導を依頼し，ショートパス戦法が広まっていった。早稲田高等学院は，翌1924年に連覇を果たしている。

1923年５月には，第６回極東選手権が大阪で開催され，予選を勝ち抜いた大阪クラブが３人の補強選手を加えて参加したが，結果は２戦２敗に終わった。

1924（大正13）年，〈東京コレッヂリーグ〉と〈関西学生リーグ〉の両大学リーグが発足した。日本サッカー界はこうして，東京高師など師範学校の卒業生から中学，高校そして大学と，学生スポーツとして発展していった。ちなみに，コレッヂリーグの１試合として行われた1925（大正14）年２月の早慶戦は，日本サッカー界ではじめて有料で実施された。前年に行われた初の早慶サッカー対抗戦に数千人という観客が詰めかけたことから，観客制限のために30銭で会員券を発行したのだった。

代表初勝利と初優勝

日本代表は，1927（昭和２）年８月の第８回極東選手権で中国に敗れたものの，フィリピンを２－１で下して国際試合初勝利を飾った。早大WMWに東大などから４選手を補強したチームだった。

●FIFA正式加盟

こうして，力をつけていった日本サッカー界にとって，次の目標は当然ながらオリンピック出場となった。1928（昭和３）

年のアムステルダム・オリンピックには協会理事の野津謙が役員として参加。欧州各国を視察するとともに，国際サッカー連盟（FIFA）のヒルシュマン名誉秘書（のちの事務局長）に加盟を相談した。翌1929（昭和４）年５月17日のFIFAバルセロナ総会で，日本の加盟が正式に認められた。

翌1930（昭和５）年には，第９回極東選手権で初優勝を飾り，その実力伸長ぶりを見せつけた。前年にコレッヂリーグ４連覇を果たした東大中心のチーム編成で，初戦のフィリピン戦に７－２で大勝し，中華民国とは３－３で引き分けた。中国が再試合を拒否したため，中国と同率の優勝が決まったのである。チョー・ディン指導のショートパス戦法が，いちおうの完成をみた結果だった。

1931（昭和６）年，日本協会は３本足のカラスがボールを押さえた現在の旗章を採用した。作者は彫刻家の日奈子実三で，３足のカラスは中国の古典などで太陽の象徴とされ，日本でも神武天皇東征のときに八咫烏（やたがらす）が道案内をしたという伝説もある。つまり，日の丸の日本あるいは日本精神を表し，サッカーボールを押さえた姿で日本サッカー界の統括指導を示した。旗の黄色は〈公正〉を，青色は〈青春〉を意味している。

▲（財）日本サッカー協会の旗章

FIFA加盟後の目標となったのは，1932（昭和７）年のロサンゼルス・オリンピック出場だった。しかしサッカーは，選手への休業補償をめぐってFIFAと国際オリンピック委員会（IOC）の意見が対立して実施されず，意気込みは肩透かしを食らった。

1934（昭和９）年の第10回極東選手権では，東西選抜の形ながらはじめて全国の優秀選手を選抜して日本代表を編成し，竹腰重丸が監督を務めてマニラに乗り込んだ。しかし，オランダ領インド（現・インドネシア）に１－７の思わぬ大敗を喫し，中国にも敗れて優勝を逃した。極東大会は，日本が武力によって建国した満州国の参加問題をめぐって紛糾し，これが最後となった。

ベルリンの奇跡とオリンピック返上

●戦前のサッカー史に残る快挙

1936（昭和11）年，日本はオリンピック初参加となったベルリン・オリンピックで大金星をあげ，世界に衝撃を与えた。初戦で優勝候補のスウェーデンに０－２から３点を連取して逆転する〈ベルリンの奇跡〉を演じたのである。

シベリア経由の汽車の旅で７月３日にベルリン入りした日本は，地元チームと練習試合３試合をこなして３連敗した。しかし，欧州で徐々に主流になっていた３FB（フルバック）戦法を目のあたりにし，急きょそれまでの２FB戦法を変更してこの一戦に臨んだ。新しい戦術をすかさず吸収し，ものにする貪欲

日本		スウェーデン
佐野理平	GK	ベルグキスト
堀江忠男	FB	カルストローム
竹内悌三	FB	アンデルソン
立原元夫	HB	ヨハンソン
種田孝一	HB	エマヌエルソン
金　容植	HB	カールンド
松永　行	FW	ハルマン
右近徳太郎	FW	グラーン
川本泰三	FW	ヨナソン
加茂　健	FW	ペルソン
加茂正五	FW	ヨセフソン

▲ベルリン五輪に出場した日本代表チーム ©あゆみ

▲ベルリン五輪　日本－スウェーデン　ゴール前に飛び込むがGKに阻まれる ©共同

▲イズリントン・コリンシアンズに圧勝した全関東。相手の船旅の疲れもあったが，日本チームの実力を示した試合だった ©あゆみ

な研究心と適応力が，戦前の日本サッカー史に残る快挙を実現した。

8月4日，ベルリン市ゲズントブルンネンのヘルタープラッツ競技場。日本はスウェーデンの巨人たちにいきなり2点を失った。しかし，後半に入ると川本泰三が1点を返し，18分には右近徳太郎が同点ゴール。残り5分で松永行が見事なドリブルシュートを決め，ついに逆転に成功した。歴史的な世界ベスト8に食い込んだのである。

しかし，3日後のイタリア戦は消耗しきった体で臨み，技術的にも圧倒されて0－8とたたきのめされた。イタリアは結局，優勝した。日本は帰途立ち寄ったスイスのチューリヒで，地元クラブのグラスホッパーと初のナイター試合も経験し，壁パスの洗礼を浴びて1－16で大敗している。

メンバーの1人である堀江忠男は帰国後，「欧州で学んだものの第一は，円熟した個人の技術の必要，第二は芝生のグラウンドでの練習」と指摘。「個人技術を世界的水準にまで高めることは大して困難だとは思わないが，そのためには日本中に幾十，幾百の芝のグラウンドがつくられることが必要であろう」と記している。

●英国最強チームに圧勝

次の目標は，東京での開催が決まっていた1940(昭和15)年のオリンピック。1938(昭和13)年には，世界サッカー界初の世界1周遠征中だった英国最強アマ，イズリントン・コリンシアンズに，実質的には日本代表だった全関東学生選抜が4－0と圧勝し，ベルリンでの快挙はフロックでなかったことを実証した。ベルリン・オリンピック代表の加茂健は，グラスホッパー戦で相手の壁パスに翻弄されたことから，これを同代表の弟，正五と２人で「数え切れないほど練習し，研究した」と回想している。その成果でもあった。

●戦争の足音のなかで

しかし，1937（昭和12）年に勃発した日中戦争は戦線拡大の一途をたどり，日本は1938年のワールドカップ予選にエントリーしながら参加を取りやめた。この年には1940年の東京オリンピックも返上。欧州は1939（昭和14）年９月に第２次世界大戦に突入し，1941（昭和16）年12月には太平洋戦争がはじまった。FA銀杯も供出を強いられ，ベルリン・オリンピック代表の右近徳太郎らを戦場で失った。同代表主将の竹内悌三は終戦後，シベリアで病死した。

国際舞台への復帰

●復興第１戦

終戦後，日本サッカー復興の第一歩は，1946（昭和21）年２月に西宮球技場で行われた全関東－全関西，関東学生－関西学生の対抗戦２試合だった。戦後の混乱真っ只中の５月には，早くも全日本選手権が復活した。予選は関東と関西の２地域だけで行われ，〈復興第１回全日本選手権大会〉と銘打った決勝戦のみの本大会は，東大LBが神戸経済大学を６－２で敗って優勝した。

▲第26回天皇杯〈復興第１回大会〉を制した東大LB　ⓒ65年史

1947（昭和22）年４月３日，連合軍に占領されて〈ナイルキニック・スタジアム〉と呼ばれていた東京・神宮外苑競技場（現・国立競技場）で行われた東西対抗に昭和天皇と皇太子（現・天皇）がお見えになり，試合後にはグラウンドに下りて選手を激励された。昭和天皇がスポーツ大会に臨席したのは，戦後これがはじめてだった。

これがきっかけとなって，日本協会に天皇杯が下賜された。当初は東西対抗の優勝チームに贈られたが，1951（昭和26）年の第31回大会から全日本選手権が天皇杯争奪となり，大会名称にも〈天皇杯〉を冠することになった。

●FIFA復帰

日本協会は1950（昭和25）年にFIFA復帰が認められ，1951（昭和26）年３月のニューデリーでの第１回アジア大会に参加，ついに国際舞台への復帰を果たした。イランには引き分け後の再試合で敗れ，アフガニスタンを下して６チーム中３位に食い込んだ。優勝は地元インドだった。

▲第１回アジア大会壮行会に勢揃いした選手と協会役員たち　ⓒあゆみ

10月には，ナイルキニック・スタジアムで第１回早慶定期戦が日本初のナイターで行われ，２万人もの観客を集めた。ボールに白いエナメルラッカーを吹きつけて使用し，滑ってボール

▲東西対抗でグラウンドに降り立たれ，選手たちを激励される昭和天皇と皇太子殿下(現・天皇)　©あゆみ

▲オッフェンバッハ・キッカーズと記念撮影におさまる日本代表選手たち　©あゆみ

▲西ドイツ・ドルトムントで開催された国際大学スポーツ週間に派遣された日本学生選抜チーム　©あゆみ

コントロールに苦労したというあたりも時代を感じさせる。

●欧州チームとの国際試合

戦後初の欧州チームの来日は，この年11月のスウェーデンのヘルシングボリ。日本は６戦全敗で得点０，失点36という惨敗に終わった。ボール扱いの技術や大胆なポジション・チェンジといった戦術だけでなく，浅く柔らかいシューズといった用具にいたるまで，彼我の差をまざまざと見せつけられた。ヘルシングボリの一行は，1936年ベルリン・オリンピックでの屈辱を忘れておらず，奇しくも総得点〈36〉の結果に，ベルリン・オリンピックでスウェーデン代表だったコーチは，「仇を討った」と自尊心をいたく満足させて帰国したという。

1952(昭和27)年のヘルシンキ・オリンピックは，日本体育協会が勝ち目が薄く，選手数の多い団体競技の参加を資金難から見合わせたため，サッカーの参加は実現しなかった。

日本協会は1954年ワールドカップ・スイス大会予選と1956年メルボルン・オリンピック予選に目標を定め，欧州のチームを積極的に招へいするなど強化を進めた。

1953(昭和28)年には，ドイツの名門オッフェンバッハ・キッカーズを招き，８月には日本学生選抜を西ドイツ・ドルトムントでの国際大学スポーツ週間(のちのユニバーシアード)に派遣。チームは10か国中４位の好成績を収めた。旅費は自己負担だったが，サッカー界の先輩たちがカンパで多くをまかない，日本サッカー界の将来を担うべき人材を送り出した。選手団にはのちの日本協会会長，長沼健と岡野俊一郎の顔も見える。

日韓ライバル物語

日本がワールドカップにはじめて参加したのは，1954（昭和29）年のスイス大会予選のことだ。戦前も1938年パリ大会にはいったんエントリーしたが，棄権していた。

●国交のない時代から

相手は，まだ国交のなかった韓国。韓国の李承晩大統領は日本チームの入国を認めず，神宮外苑競技場で２試合を行った。これが日韓両国の初対決であり，その後も連綿とつづくライバル物語の幕開けだった。

３月７日の第１戦は，１－５で韓国が快勝した。日本のワールドカップ予選第１号ゴールは，長沼健が前半16分に記録した先制点だった。しかし，韓国はその後５点を奪う猛攻で逆転勝ちを収めた。第２戦は２－２の引き分けで，韓国がスイス行きの切符を手中にした。

1956（昭和31）年のメルボルン・オリンピック予選もまた，日韓がアジアの代表権を争った。やはり日本チームの韓国入国は認められず，会場は東京の後楽園競輪場を使用した。戦前からの名選手，川本泰三や二宮洋一らが代表の座を退き，八重樫茂生らのちの主軸が入って大きく若返った日本は，第１戦に２－０で先勝した。第２戦は韓国が90分を終えて２－０の勝利で，延長を終えても決着しなかったため，抽選となった。当たりくじを引いた日本が代表権を獲得し，ベルリン以来20年ぶり２度目のオリンピック出場を果たした。

しかし，11月の本大会は長沼健の急病もあって，くみしやすしとみられた地元オーストラリアに０－２で完敗した。

▲メルボルン五輪　日本－オーストラリア　©共同

アジアの好意

日本代表はこの当時，アジア各国のサッカー関係者から，切磋琢磨（せっさたくま）の場に好意あふれる招待を受けている。

●ビルマ，中国からの招待

1955（昭和30）年１月には，ビルマの体育協会から招待を受けた。経費はすべてビルマ側持ちという破格の条件で，正式な外交関係が樹立されていなかったにもかかわらず，ビルマ保健大臣の仲介によって実現した。日本協会は代表を若手に切り替える方針を打ち出したばかりで，25歳以下のチームを派遣した。日射病がでるほどの猛暑のなか，12日間で２勝２分け１敗，その後タイに回って２勝の成績を収めて帰国した。

1957（昭和32）年10月から11月にかけて，やはり国交のなかった中華人民共和国からの招待が実現している。日本協会は「政治体制に関係なくすぐれたものとは交流をはかるべきである」（団長の竹腰重丸）との姿勢で，翌年のアジア大会に向けた武

ビルマ遠征の成績

1月2日　ラングーン・オンサン競技場		
対保健大臣チーム	1-1	引き分け
1月5日　ラングーン・オンサン競技場		
対体育協会長チーム	0-3	負け
1月8日　ラングーン・オンサン競技場		
対体育協会長チーム	1-1	引き分け
1月11日　ラングーン・オンサン競技場		
対体育協会チーム	1-0	勝ち
1月13日　マンダレー		
対北ビルマ代表	3-2	勝ち
1月18日　バンコク		
対在タイ全華人	3-1	勝ち
1月19日　バンコク		
対全バンコク	5-1	勝ち

中国遠征の成績

10月20日　北京		
対八一隊	0-2	負け
10月23日　北京		
対北京市代表	1-2	負け
10月27日　瀋陽		
対瀋陽市代表	2-3	負け
10月29日　瀋陽		
対全国第一機械体協隊	2-3	負け
11月3日　上海		
対上海市代表	1-1	引き分け
11月5日　上海		
対紅旗体協隊	2-1	勝ち
11月10日　広州		
対広州市代表	3-2	勝ち

者修行にと受諾した。香港から陸路入国し，北京，瀋陽，上海，広州とすべて鉄道で移動，22日間で７試合の日程は，ビルマ遠征以上の厳しさだったという。代表チームとの試合はなかったが，２勝１分け４敗の戦績だった。

●ムルデカ大会へも

1958(昭和33)年８月には，アジア・サッカー連盟会長でもあるマラヤ(現・マレーシア)のラーマン首相から，当時のアジア最大の招待大会，〈ムルデカ(マラヤ独立記念)大会〉の1959年第２回大会に招待された。日本はその前にも遠征したいとの希望を伝えて快諾され，1958年末から1959年１月中旬まで，香港，マラヤ，シンガポールの３か国を遠征した。1959年のムルデカ大会初参加は，１勝２分け２敗の成績に終わったが，その後もつづけて参加し，アジアのなかにおける実力を認識するうえでも，貴重な機会となった。

〈恩人〉の招へい

●たび重なる負け

日本にとって大きなショックとなったのは，東京で開催された1958(昭和33)年の第３回アジア大会だった。楽勝できるはずのフィリピン，香港に２連敗し，準々決勝進出を逃したばかりか，アジアでもっとも弱いクラスに転落したからである。

1958年ワールドカップ・スウェーデン大会は，アマチュア資格が問われてオリンピック参加が阻まれる懸念があったため予選不参加。ワールドカップよりもまだ，オリンピックを優先させる時代だった。1959年12月のローマ・オリンピックアジア１次予選は，やはり日本と韓国が東京・後楽園競輪場で２試合を行った。

第１戦は韓国が２－０で勝ち，第２戦は日本が１－０で制したものの，得失点差によって韓国が台湾との２次予選に進出した。開催の決まっていた1964(昭和39)年の東京オリンピックを前に，日本サッカーはどん底の時代にあえいでいた。

●日本サッカーの父・クラマーを迎える

日本協会は，東京オリンピックに向けて日本代表強化の抜本的な見直しを迫られた。会長の野津謙は，1960(昭和35)年にコーチの高橋英辰を監督に昇格させてソ連と欧州に50日間にわたる長期遠征に派遣するとともに，B代表を編成してマラヤに遠征させるという強化策を敢行した。当時としては画期的で，反対論さえあった外国人プロコーチの長期招へい策も打ち出した。

A代表が最初に約１週間滞在した西ドイツ・デュイスブルクのスポーツ・シューレで，〈日本サッカーの父〉であり〈恩人〉となるプロ指導者との運命の出会いがあった。西ドイツ協会で西部地域担当の主任コーチをしていたデットマール・クラマーである。野津は西ドイツ協会と折衝し，クラマーは日本の指導を快諾した。

このときの遠征メンバーには，川淵三郎もいた。川淵は30年以上後の1993（平成５）年に開幕したプロリーグ〈Ｊリーグ〉のチェアマン（理事長）として，広大な芝生の敷地を持ち，地域の人びとのスポーツと憩いの場であるスポーツ・シューレを〈Ｊリーグの理念〉の原点として語りつづけることになる。

クラマーは10月に来日。11月のワールドカップ・チリ大会アジア１次予選第１戦の韓国戦（ソウル）でコーチとしてベンチ入りするなど12月の一時帰国まで日本に滞在し，ほとんど無報酬に近い形で代表チームを指導したほか，各地を巡回して講習会を開いた。

1962年ワールドカップ・チリ大会の１次予選は，インドネシアの棄権により，またしても宿敵・韓国との一騎打ちとなった。1960（昭和35）年11月６日の第１戦は敵地ソウルで１－２と競り負け，1961（昭和36）年６月の第２戦も東京・国立競技場で０－２の完敗に終わった。

第１戦は，日本のスポーツ・チームによる戦後はじめての韓国遠征となった。混乱を懸念する声もあり，会場内外は厳戒体制が敷かれたが，試合は無事に終了した。選手団は韓国サッカー人の盛大な歓迎を受け，友好ムードのうちに帰国した。

近代サッカーでオリンピック8強

クラマー・コーチは翌1961年４月に再来日し，13か月間にわたって代表チームの長期指導にあたった。その指導は情熱にあふれ，日本の文化を学び，選手と寝食をともにしながら，個人技術から戦術まで基本中の基本から徹底して教え込んだ。チームは急速に近代サッカーに目覚め，力を蓄えた。

●オリンピックでは28年ぶりの勝利

1962（昭和37）年のジャカルタ・アジア大会は，初戦でタイを下したものの，インドと韓国に連敗してグループリーグB組３位に終わった。しかし，オリンピック前年となる1963年には，８月のムルデカ大会で４勝１分け１敗と，初の２位に食い込んだ。10月には，プレ・オリンピックで来日した西ドイツ・アマチュア選抜に４－２で快勝。日本チームが国内の試合で欧州のチームから初の白星をもぎ取る快挙となり，自信を膨らませた。

1964（昭和39）年の東京オリンピックで，サッカーは10月11日から23日まで開催された。日本は川淵，八重樫の両エースらに加え，５年前の第１回アジア・ユース選手権に出場した杉山隆一や，20歳の釜本邦茂といった大学生も順調に育っていた。

▲東京五輪　アルゼンチンに逆転勝ちし歓喜の日本選手と落胆するアルゼンチン選手たち　©共同

初戦の相手は，アマチュアとはいえ強豪のアルゼンチン。日本選手は３－２で逆転勝ちする大殊勲をあげると，ぼう然と立ちつくすアルゼンチン選手の傍らで歓喜の男泣きにむせんだ。オリンピックでの勝利は，スウェーデンを下した〈ベルリンの奇跡〉以来28年ぶりだった。

日本は次のガーナ戦は２－３で競り負けたが，同じ組のイタリアが一部選手のアマチュア資格問題で不参加だったことから同組２位で突破。準々決勝ではチェコスロバキアに０－４と完敗したが，アルゼンチンを破ってベスト８に食い込んだことは，クラマーを招くなど大胆な強化方針の成果といえた。

なお，FIFAと日本協会は，準々決勝敗退の４チームにより５，６位を決める〈大阪トーナメント〉を独自に開催した。国際オリンピック委員会（IOC）の規定にないため非公式順位ではあるが，日本は予備戦でユーゴスラビアに１－６で敗れて５～６位決定戦には進めなかった。

●クラマーの大いなる貢献

クラマーの功績は，代表チームの強化にとどまらない。日本リーグの創設を提唱したほか，指導者育成の重要性を説き，のちのコーチング・スクール設立につながった。日本協会は，クラマー方式の指導法を全国統一指導法として普及させることも決定。公式テキストのほか，クラマーが持参した西ドイツ協会制作の映画を複写して，各地域協会に配置するなどの施策も実施した。まさに〈日本サッカーの父〉にふさわしい貢献だった。

1966（昭和41）年のワールドカップ・イングランド大会は，やはりアマチュア資格問題への抵触（ていしょく）を恐れて不参加を決めた。次の目標は，1966年のアジア大会と1968年のメキシコ・オリンピックとなった。

日本リーグ創設

●スポーツ界初の全国リーグ

1965（昭和40）年6月6日には，第1回〈日本リーグ（Japan Soccer League＝JSL）〉が開幕した。アマチュア・スポーツでは日本初となる全国リーグであり，ホーム・アンド・アウェー方式による2回戦制という欧州同様の大会方式を採用した。「大学も実業団も含めたトップクラスのチーム同士による全国リーグをつくるべきだ」というクラマーの提言を実現に移したのである。その後，バレーボールやアイスホッケーなど日本の他のスポーツも追随したほど，当時の日本スポーツ界にとっては画期的で刺激的な取り組みだった。

初代総務主事，西村章一の回想によれば，「サッカーをするために会社を休むことなど，あってはならないと考えられた」時代であり，アマチュアによる全国リーグ構想は「社会常識に反するもの」だったという。結局，大学勢は参加を見送り，実業団8チームによるスタートとなった。

●実業団のめざましい活躍

参加したのは古河電工，日立本社，三菱重工，豊田自動織機，名古屋相互銀行，ヤンマーディーゼル，東洋工業，八幡製鉄。下部大会として全国社会人大会も新設し，その上位2チームが昇格をかけて日本リーグの7，8位と入れ替え戦を戦うシステムも整えた。

第1回リーグは11月7日まで行われ，東洋工業が12勝2分け無敗で初制覇を果たした。東洋工業はその後，1968(昭和43)

▼日本リーグ開幕戦　日立本社ー名古屋相互銀行　©共同

年の第４回リーグまで連覇を果たして黄金時代を築いた。

リーグ発足には，それまで日本サッカー界の中核を担ってきた大学サッカー界と実業団との実力差がなくなっていたことも大きかった。1960（昭和35）年度の天皇杯全日本選手権で古河電工が優勝し，大学とそのOBによるチームが独占していた日本一のタイトルをはじめて実業団にもたらすと，翌1961年度も中大を退けて連覇。1964（昭和39）年度は天皇杯史上ただ一度だけのグループリーグ戦を導入し，八幡製鉄と古河電工の実業団が両者優勝を果たすなど実業団のレベルアップはめざましかった。

日本リーグ発足は，実業団の実力をさらに押し上げた。その後，天皇杯では1966（昭和41）年度に釜本邦茂を擁する早大が制覇した後，大学勢は栄冠に手が届かなくなった。

▲第７回アジアユース選手権東京大会 日本－フィリピン　シュートを放つ柴田宗宏　©共同

●アジア・ユース選手権開催

1965（昭和40）年４月24日から５月５日まで，〈アジア・ユース選手権〉も東京で開催された。同選手権は日本協会の提唱によって，1959（昭和34）年にマラヤのクアラルンプールで初開催された。日本はそれまで，大会の年齢制限が20歳以下にもかかわらず，18歳以下の高校生だけを派遣していた。地元開催のこの回は，はじめて大学生と社会人選手も選抜したが，グループリーグA組３位で準決勝進出を逃す無念に終わった。

1966（昭和41）年，1962年ワールドカップ・チリ大会につづいてイングランド大会を視察した野津は「将来，アジアに於て，日本に於て，ワールドカップを開く日を望まねばならない」（原文ママ）と日本招致に言及した。次の1970年メキシコ大会帰国後の同年８月１日には，「1986年のワールドカップを日本で開催したいと思っているので，立候補すべきかどうかを日本協会常務理事会に検討させるつもり」と述べ，招致検討を表明した。

サッカーブームに沸く

●〈プロ〉とアマの対戦が火つけ役に

1966（昭和41）年には，５月にスコットランドのプロチーム，スターリング・アルビオンを招待，親善試合を実施した。協会にとっては「サッカーの母国英国から，プロフェッショナル・チームを我国の同好者諸氏に紹介し，かつは我々の技能をためしたいと思っていた」（日本協会理事長・竹腰重丸）という念願を果たした試合であった。しかし，日本協会が加盟している日本体育協会は〈アマチュアの総本山〉としてプロとアマの接触に神経をとがらせており，プロとの対戦はアマチュア資格に抵触するとの見方や，プロは汚いプレーをするのではないかという「偏見」（竹腰）もあった時代である。日本体育協会から試合開催の承認を受けるのに，約１か月もかかった。

こうした経緯が話題を呼び，国立競技場で行われた試合には45,000人もの観衆が集まり，東京・駒沢競技場での試合は20,000人の観客席が満席となった。東京オリンピック後，日本リーグの発足とともに，サッカーブームが沸き起こってきたのである。

●つづく快進撃

こうした強化試合を経て，12月のバンコク・アジア大会では強豪イランやマレーシアを連破。準決勝ではイランに惜敗したが，３位決定戦でシンガポールを下し，第１回大会と並ぶ最高位の３位で銅メダルを獲得した。

1967(昭和42)年は，メキシコ・オリンピック予選の年。日本代表は，ソ連オリンピックチームやブラジルの名門パルメイラスなどを招いて強化を進め，６月にはパルメイラスを２－１で下す金星をあげて自信を深めた。

夏のA代表の南米遠征の間には，B代表を代表チームのアジア一を決める〈アジアカップ〉の東地区予選(台湾)に派遣した。これが日本のアジアカップ初参加で，台湾に得失点差でわずかに及ばず２位となったが，健闘が光った。

▲パルメイラスのD・サントスとペナント交換する八重樫茂生　©P.Kishimoto

メキシコ・オリンピックへ

●死闘の対韓国戦

メキシコ・オリンピック予選は，参加５か国の旅費を負担することで，日本招致を実現した。メンバー全員が日本リーグの実業団チーム所属で，満を持して臨んだ日本は，初戦でフィリピンに15－０と大勝する好発進。10月７日，語り草となっている韓国との死闘は，雨の東京・国立競技場に有料入場者45,789人の大観衆を集めて行われ，３－３で引き分けた。

試合は，日本が前半に２点を先取すると，韓国は後半立ち上がりに２点を連取，日本が25分に釜本のゴールで３－２とリードすると，２分後には追いつかれるという死闘となった。終了寸前には，韓国のシュートがバーをたたいて外れるという息をのむ場面もあった。

▲メキシコ五輪へのキップをかけた激闘となった韓国戦　©P.Kishimoto

日本は次の最終戦で，ベトナムに勝てばメキシコ行きという有利な状況だったが，１点が奪えない。ようやく後半５分，左肩亜脱臼をおして出場した杉山隆一のゴールで１－０とし，韓国に得失点差で上回ってオリンピック連続出場を決めた。韓国が最後のフィリピン戦で５点しか取れなかったことにも救われた，薄氷の出場権獲得だった。

この年の日本リーグは，ヤンマーに早大から代表エースの釜本邦茂が入団し，森孝慈は杉山隆一を擁する三菱重工に入るなど，代表の主軸が加わった。ヤンマーはブラジルから外国籍選手第１号となる日系人のネルソン吉村を加入させ，リーグはさ

▲東京，メキシコと五輪連続出場を決め，ウイニングランをする日本代表選手たち　©P.Kishimoto

▲恩師D・クラマー(左)とともに試合観戦した平木隆三

らに華やかさを増した。

●協会の試み

日本協会は，コーチ育成と少年層への底辺拡大にも本腰を入れはじめた。

ひとつは，将来のプロコーチ制度発足をにらんだ協会専任コーチ(指導職員)制度新設で，やはり日本の他のスポーツ競技団体に先駆けての実施だった。第1号は代表コーチの平木隆三で，古河を退社して協会専属となった。保守的なアマチュアリズムが主流を占めていた当時の日本スポーツ界では，収入をともなうということで反対論もあるなかでの断行だった。

またこの年，山梨・本栖湖で第1回全国サッカー・スポーツ少年団大会を開催した。日本協会の働きかけが実り，サッカーが小学校の正課に取り入れられたのが1958(昭和33)年。以降，少年層の底辺拡大は着実にはかられてきた。さらに，東京オリンピック以降のサッカーブームによって，全国各地にサッカー少年団やサッカー教室が発足していたことが契機となった。

オリンピック銅メダルの金字塔

▲日本ーアーセナル　©P.Kishimoto

▼メキシコ五輪　3位決定戦　日本ーメキシコ　ヘディングする釜本邦茂　©P.Kishimoto

●メキシコの快挙

1968(昭和43)年5月には，イングランドの名門アーセナルが来日した。日本代表は3戦全敗に終わったが，第1戦では釜本邦茂が相手のお株を奪うダイビングヘッドで1点をもぎ取るなど名門プロを慌てさせた。代表は7月中旬からは1か月余にわたってソ連，欧州に遠征し，メキシコ・オリンピック本番に備えた。

こうした準備を経て迎えたメキシコ・オリンピックで，日本

は銅メダルを獲得する快挙を成し遂げた。1960（昭和35）年にクラマーをコーチに招いて以降の長期強化が，見事に結実したのである。クラマーはFIFAインストラクターを務めていたため，スタンドから日本の成長ぶりを見守った。

初戦のナイジェリア戦をエース，釜本邦茂のハットトリックで３－１と撃破すると，ブラジル，スペインと引き分けて準々決勝に進出。ベスト４入りをかけたフランスとの一戦を３－１で制し，準決勝で強豪ハンガリーには０－５で完敗したものの，３位決定戦で地元メキシコ相手に釜本が２得点をあげ，２－０で快勝。ついにオリンピック銅メダルの金字塔を打ち立てた。

釜本は通算７ゴールをマークし，得点王に輝いた。チームには，FIFAフェアプレー・トロフィーも授与され，二重三重の喜びに沸いた。

釜本は，直後の11月にリオデジャネイロで行われたFIFA世界選抜－ブラジル代表戦に招待されたが辞退。コーチの平木隆三が，世界選抜の監督を務めたクラマーに同行して助手を務めた。

▲ユネスコから贈られたフェアプレー賞のメダル

▲ FIFAフェアプレー・トロフィー

▲国立競技場でフェアプレー賞の報告を行う左から野津謙会長，長沼健監督，平木隆三コーチ　©P.Kishimoto

●空前のサッカーブーム到来

この快挙は，空前のサッカーブームを呼び起こした。オリンピック直後の11月17日に東京・国立競技場で行われた三菱－ヤンマーの〈黄金カード〉は，杉山と釜本の２大スター人気もあいまって，観客40,000人のリーグ新記録を打ち立てた。これは「国立を満員にしよう」キャンペーンの下で行われた1989（昭和64）年２月26日の読売－三菱，日産－ヤマハのダブルヘッダー（41,000人）まで，破られることはなかった。

〈理念〉の萌芽

●少年サッカーの普及をめざす

日本協会はオリンピック前の８月，初のサッカー・クラブ育成全国協議会を開いている。学校スポーツとして発展し，日本リーグの発足で企業スポーツとして飛躍した日本サッカー界だが，竹腰重丸は「日本のサッカーを，将来いっそう発展させるためには，ぜひクラブのサッカーを育成させなければならない」，「日本でもっとも欠けているのは，地域を中心とした，居住者中心のクラブではないか」など問題提起している。

少年サッカーを普及面での最大の事業とし，ピラミッドの底辺をさらに拡充することによる頂点の代表チーム強化をねらっただけでなく，社会体育を意識した使命も強調しているあたりに，日本リーグ創設やコーチ制度確立と同様の先進性がうかがえる。Ｊリーグの〈理念〉は，ほぼ４半世紀前にその萌芽を見ていたのである。ただ，協議会を通して，とくに少年サッカーの普及には場所や指導者の確保ひとつとっても多くの困難がある

▲1978（昭和53）年から各地域の優秀選手の発掘と育成を目標に開催された全日本選抜中学生大会。表彰を受ける大会優秀選手たち

ことも痛感させられたのだった。

苦闘のはじまり

1969(昭和44)年1月には，1968年度日本リーグ覇者の東洋工業がバンコクで開催された第2回アジア・チャンピオンチームズ・カップ(現・アジアクラブ選手権)に日本勢としてはじめて参加。優勝したマカビー・テルアビブ(イスラエル)に2－3で惜敗し，準決勝でも陽地(韓国)に敗れたが，3位に食い込む健闘を見せた。

4月には，日本協会会長の野津謙がアジア・サッカー連盟(AFC)選出のFIFA理事に選ばれている。日本人のFIFA理事は，1958年から1964年まで務めた常務理事の市田左右一につぎ2人目だった。

▲FIFAコーチング・スクール開講式であいさつをするD・クラマー ©P.Kishimoto

●FIFAコーチング・スクール開校

7月には，日本などでの指導力を買われてFIFAインストラクターに就任していたクラマーを講師として，世界ではじめての〈FIFAコーチング・スクール〉をアジアのナショナル・コーチを対象に千葉・検見川で開校した。日本協会がコーチ制度の確立と日本人のコーチ制度発足の第一歩にしたいとのねらいからクラマーを通じてFIFAに働きかけて実現したもので，費用のほとんどは協会持ち。「過去にアジアから受けた指導に対するアジア諸国への返礼」(平木隆三)の意味も込めた開催だった。

スクールは約3か月という長期間にわたり，実技から心理学，医学といった講義と，文字どおりのサッカー漬けとなった。受講者はアジア12か国の指導者42人で，うち12人は日本人。クラマーの助手を務めた長沼，岡野，平木，八重樫の4人をあわせた16人が，世界初のFIFAコーチ・ライセンスを獲得した。このなかには，のちの代表監督，加茂周も名を連ねていた。1970(昭和45)年からは，日本協会が独自に〈上級コーチ〉資格を認定するコーチング・スクールを定期的に開催した。

▲アジアのナショナル・コーチらを指導するD・クラマー ©P.Kishimoto

〈メキシコの栄光〉に包まれた日本代表の目標は，次のミュンヘン・オリンピックで好成績をあげることだった。同時に，ようやくサッカー界最高峰の大会，ワールドカップへの出場も照準に入ってきた。この年にはドイツのプロ，ボルシア・メンヘングラッドバッハ，ブルガリアのチェルノモレといった強豪を招き，強化を進めた。

●あいつぐ予選敗退

だが，10月に韓国のソウルで行われた1970年ワールドカップ・メキシコ大会のアジア予選1組でオーストラリア，韓国相手にいずれも1分け1敗と，1勝もできずに敗退した。長沼健は監督を辞任し，コーチだった岡野俊一郎が監督に昇格した。

エース釜本がウイルス性肝炎で病床にあったという不運はあ

るものの，ふたたび下り坂を転落していく，その序章だった。日本リーグは三菱重工が史上２度目の無敗で初優勝，東洋工業の連覇を４で止めたが，この年を境に観客動員数はじわじわと落ち込んでいった。

1970（昭和45）年は，翌年の協会創設50周年記念の一環として，多くの海外強豪チームを招待した。ポルトガルのベンフィカの一員として来日したエウゼビオは，その強烈シュートで観客の度肝を抜いた。

▲50周年記念として招待されたポルトガルの強豪ベンフィカ。前列左から２人目がエウゼビオ　©P.Kishimoto

●長い低迷期へ

５月31日に開幕したメキシコ・ワールドカップでは，丸山義行がペルー対ブルガリア，ペルー対モロッコの２試合で線審を務め，ワールドカップのピッチに立ったアジア初の審判員となった。

12月のバンコク・アジア大会は４位に終わった。10チームを３組に分けたグループリーグで，日本はただひとつ１チーム多いB組に入った。猛暑のなかで10日間に７試合をこなし，３～４位決定戦まで最後の４試合はすべて連戦というハードスケジュール。精根尽き果てたなかでつかんだ順位だけに，今後に期待を抱かせる４位といえた。

ところが，1971（昭和46）年９月10日の日本協会50周年記念式典を終え，９月23日からソウルで行われたミュンヘン・オリンピック・アジア予選で，日本はマレーシアと韓国に敗れて３位に終わり，３大会連続のオリンピック出場を逃した。初戦で伏兵のマレーシアに０－３で敗れたことがすべてで，岡野俊一郎は監督を辞任した。〈メキシコ戦士〉の杉山隆一，宮本輝紀の両ベテランも代表から退いた。予選敗退は，東京，メキシコ両オリンピックのために代表選手の顔ぶれを固めて集中的に強化した反面，次の世代の育成まで手が回らなかったことが最大の要因といわれた。日本サッカー界はふたたび，泥沼のような長い低迷期に入った。

これに先立つ４月24日から５月５日には，日本で２度目となる第13回アジア・ユース選手権を東京を中心とする首都圏で開催。日本は善戦むなしく４位に終わった。宿敵・韓国との準決勝は，延長を終えて０－０。PK戦を５－６で失うと，３位決定戦もビルマに０－２で完敗した。

▲東京首都圏で開催された第13回アジアユース選手権。開会式で選手宣誓するのは日本チーム主将の山田（落合）弘　©P.Kishimoto

長沼復帰も実らず

●復活をめざして日本代表始動

岡野の後任には，技術委員長の長沼健が２年ぶりに返り咲いた。再出発した代表は，1972（昭和47）年１月のハンブルガーSV（西ドイツ）戦で１分け１敗ながら，若手の永井良和や新人・藤口光紀らが頭角を現した。

▲日本のサッカーファンを魅了した〈サッカーの王様〉ペレ(左から２人目)。サントスは香港，東京へと転戦した
©P.Kishimoto

▲ブラジル仕込みのボール扱いを披露するセルジオ越後　©P.Kishimoto

▲名実ともに日本一を決定するビッグイベントとなった天皇杯全日本選手権。写真は第52回大会決勝　日立製作所ーヤンマー　パンチングするGK瀬田龍彦
©P.Kishimoto

５月には，〈サッカーの王様〉ペレ率いるブラジルのサントスが初来日し，日本代表と１試合を行った。ペレは２点をマークし，３－０の勝利に貢献。東京・国立競技場でのナイター試合には満員の観客65,000人が詰めかけ，王様の妙技に酔った。

９月14日には，歴史的な第１回の〈日韓定期戦〉が東京・国立競技場で行われ，２－２の引き分けに終わった。中立国から主審を呼ぶなど，フル代表による真の国際親善試合の体裁を整え，その後毎年，両国で交互に開催することになった。

日本リーグは10チームによる２部が誕生し，甲府クラブと京都紫光クラブ，読売クラブの３つのクラブチームが参加した。なかでも，読売クラブは1969(昭和44)年の創設時から将来のプロ化をめざしており，当時としては画期的な小学生からの下部組織も備えた一貫指導体制をつくりあげていた。1978(昭和53)年に１部に昇格すると1983(昭和58)年に初優勝を果たし，日本リーグと天皇杯全日本選手権と合わせた２冠も２度達成。Ｊリーグ創設後も実力，人気抜群のクラブ，ヴェルディ川崎として1990年代半ばまで一時代を築いた。

さらに特筆されるのは，日本リーグ初の〈元プロ選手〉の登場である。藤和不動産入りしたセルジオ越後で，ブラジルの名門コリンチャンスで活躍し，ブラジル・オリンピック代表候補にも名を連ねた日系人。サッカー王国のプロ経験者ならではの高い技術を持ち込んだ。

●天皇杯全日本選手権の改革

天皇杯全日本選手権も，1972年度から改革した。1965年の日本リーグ創設後は，リーグの上位４チームと大学ベスト４の８チームだけで行われていたが，イングランドのFAカップと同様に，協会全加盟チームに門戸を開いた。都道府県大会(予選)が復活し，1972年度の参加チーム数は75だったが，1973年度には807に増加，1974年度には1,000チームを超え，ほぼ１年をかけて日本一を争うビッグ・イベントにさまがわりした。

●海外での果敢な挑戦もむなしく

1973(昭和48)年のワールドカップ・西ドイツ大会アジア・オセアニア予選A組は，５月に韓国のソウルで行われた。日本はグループリーグ１組を２位で突破したが，準決勝で２組首位のイスラエルに延長の末０－１で敗れ，またも敗退した。

一方で，４月にイランのテヘランで開かれた第15回アジア・ユース選手権では，日本は過去最高位の準優勝を果たした。準決勝でサウジアラビアに３－０で快勝，はじめて進んだ決勝で地元イランに０－２で敗れた。

代表強化計画の一環として再開させた，A代表とユースの間の年齢層強化は，1974(昭和49)年３，４月にインドネシア・メダンで開かれたマラハリム・カップで23歳以下の日本ジュニア代表が優勝し，ひとつの成果を見た。海外の大会で日本のチームが優勝したのは，戦後これがはじめてだった。

1974年８月31日には日本蹴球協会の財団法人化が認可され，日本サッカー協会と改称した。〈蹴球〉という競技名は，戦後の当用漢字制定によって〈蹴〉の字が制限漢字となり，新聞が〈サッカー〉を使っていたため，もはや一般的ではなくなっていた。

代表は９月のテヘラン・アジア大会でマレーシアと引き分け，イスラエルに敗れてグループリーグ３位で姿を消した。しかし，帰国直後の日韓定期戦は釜本邦茂の２得点などで４－１と快勝，1959年のローマ・オリンピック予選以来15年ぶりの対韓国戦勝利を収めた。釜本はこの年，日本リーグで通算100得点一番乗りも果たした。

1975(昭和50)年６月には，アジアカップの予選にはじめてフル代表を派遣した。香港での予選３組はグループリーグを突破したが，本大会進出のかかった準決勝で，国際サッカー連盟(FIFA)脱退中ながら参加を認められた中国の壁に阻まれ，３位に終わった。中国は本大会初出場を果たした。

10月には，日本と韓国，イスラエル，南ベトナム，台湾の５か国によるモントリオール・オリンピック・アジア予選が東京で集中開催される予定だった。しかし，イスラエルに対する過激派のテロが懸念され，万全の警備が保障できないうえ，台湾は中国との関係で日本入国が困難といった状況もあり，日本協会は９月になって東京開催の断念に追い込まれた。

●長沼健の退陣

結局，モントリオール・オリンピック予選は1976(昭和51)年３月からホーム・アンド・アウェー方式を基本に行われた。フィリピンには２連勝したが，つづく韓国戦は東京・国立競技場で

▲モントリオール五輪予選　日本－韓国　シュートを放つ永井良和 ©P.Kishimoto

▲選手紹介をする二宮寛監督

の第1戦を0－2で失い，ソウルでのリターンマッチは2－2の引き分け。イスラエルにも2連敗し，監督の長沼健は退陣した。新監督には，三菱重工監督の二宮寛が就任した。

4年後のモスクワ・オリンピック出場をめざす新生日本代表は，初の海外遠征となった8月のムルデカ大会で，2勝4分け1敗で13年ぶりに2位に食い込んだ。ブラジルのパルメイラスに短期留学して急成長した奥寺康彦は通算7ゴールを決め，大会得点王に輝いた。

日本リーグは，1部と2部の全チームが参加するリーグカップのJSLカップを新設した。1部勢にとっては，若手育成の大会という考え方が強かったが，2部にとっては格好の腕試しとレベルアップの場になった。

変革の年

1977(昭和52)年は，変革の年となった。

●**釜本，奥寺の動向**

その第1は，不世出のストライカー，釜本邦茂が6月15日，ソウルでの日韓定期戦を最後に代表を引退すると表明したのだ。ペレの引退試合でもあった9月14日のニューヨーク・コスモス(アメリカ)戦で特別に出場し，これが最後の日本代表のユニフォーム姿となった。日本と世界の2大スターの競演に，国立競技場は65,000人の観客で膨れあがった。日本協会はこの収益で，約8,000万円の赤字のほとんどを解消した。

▼釜本邦茂から手渡された記念品を掲げファンにあいさつするペレ
©P.Kishimoto

10月には，日本人プロ第１号が誕生した。前年度，古河電工の日本リーグと天皇杯の２冠に大きく貢献したFW奥寺康彦が，西ドイツの強豪１FCケルンと契約したのである。この年，夏の日本代表の欧州遠征中にケルンの名将ヘネス・バイスバイラーに口説かれ，決断した。奥寺はその後，MFそして左DFとポジションを変えながら，ヘルタ・ベルリン，ベルダー・ブレーメンと計９年間にわたって西ドイツのプロとして活躍した。

●若手育成の試み

日本リーグは，人気回復策のひとつとして〈PK戦〉を導入（３シーズンで打ち切り）した。得点王は，はじめて外国人のカルバリオ（フジタ）が獲得。通算23得点は新記録となった。

協会は選手登録規定を改定し，年齢別の種別をつくった。少年にもクラブ組織を認め，学校以外にプレーできる選択肢を与えたもの。これにともない，10年前から実施してきた全国サッカー・スポーツ少年団大会を，４種（小学生年代）すべてのチームを網羅する〈全日本少年サッカー大会〉と改編した。第１回大会の予選に参加したチームは2,100にも達した。この大会の参加選手から，多くの日本代表が巣立った。

大会期間中には，13歳（中学１年）の優秀選手を集めた初の少年サッカー優秀トレーニングセンターも開催し，全国の34選手を集中的に指導した。２年目以降は徐々に人数を絞って，英才教育を施そうとの試みである。1980（昭和55）年には，中学３年生から高校３年生までの20人余を入れ替えながら，一貫指導で世界に通用する選手を育成しようという〈ナショナル・トレーニングセンター〉もはじまった。

〈全国高校選手権〉はこの年１月から，会場をそれまでの関西圏から首都圏に移した。決勝戦はサッカーどころ同士の浦和南－静岡学園の対決となり，浦和南が５－４の大激戦を制した。国立競技場には50,000人もの観客が集まり，高校サッカー人気は一気に爆発し，定着した。大学は，第１回総理大臣杯全日本大学トーナメントがはじまり，法大が第１回のチャンピオンとなった。

ワールドカップ・アルゼンチン大会のアジア・オセアニア予選は，たった１つのいすを巡って韓国，イスラエルと対戦。本来ホーム・アンド・アウェー方式だが，イスラエル戦はやはり警備の問題からテルアビブで２試合を行い，またも２連敗で煮え湯をのまされた。

●ジャパンカップ創設

1978（昭和53）年，日本ではじめての国際サッカー大会，〈ジャパンカップ〉（のちのキリンカップ）を創設した。タイトルマッチ形式で，日本代表に厳しい国際経験を積ませ，日本選抜の若手も鍛えようとの目的だった。1977～78年シーズンにブンデスリーガとドイツカップの２冠に輝いた１FCケルン（西ドイツ）

▲第１回全日本少年大会決勝　与野FC下落合－清水FC　©P.Kishimoto

▲首都圏開催で正月のイベントとして盛況となった高校選手権。写真は第55回大会　浦和南－静岡学園　©P.Kishimoto

▲チームメイトとともにジャパンカップを手にする奥寺康彦

やパルメイラス(ブラジル)など豪華チームが来日し，ケルンの奥寺は凱旋帰国を果たした。グループリーグは全国10都市を舞台に行われ，日本代表－ケルンには40,000人の観衆が詰めかけた。

しかし，その奥寺を失った代表は，12月のバンコク・アジア大会でクウェート，韓国に敗れてグループリーグで敗退した。翌年２月，監督は二宮寛から下村幸男に交代し，1980年モスクワ・オリンピック出場をめざすことになった。事実上の監督更迭だった。

▲就任初戦の日韓定期戦を白星スタート。試合終了後記者会見する下村幸男監督と渡辺正コーチ

ワールドユース開催

1979(昭和54)年には，８月25日から９月７日にかけて20歳以下の選手による第２回ワールドユース大会が日本各地で開催された。FIFA主催の世界大会が日本で開催されたのははじめてである。日本はグループリーグでスペインに０－１で惜敗し，アルジェリアとメキシコには引き分けて姿を消したが，本格的な国際デビューを果たしたアルゼンチンの天才児ディエゴ・マラドーナの妙技は大きな話題を集めた。アルゼンチンは下馬評どおり，見事なサッカーで優勝を果たした。

▲第２回ワールドユース東京大会で初優勝したアルゼンチン。最優秀選手に選ばれたディエゴ・マラドーナ（右から２人目）と得点王に輝いたラモン・ディアス（左端）

●女子サッカーの幕開け

日本協会はこの年，はじめて女子チームの登録を認め，先駆者の神戸女学院など52チームが登録した。女子のサッカー愛好者も，ようやく日の目を見ることになったのである。３月には日本女子連盟が正式発足。翌1980(昭和55)年３月には，初

の〈全日本女子選手権〉が８人制で開催され，FCジンナンが優勝した。翌1981年大会からは木岡二葉，半田悦子らを擁する清水第八が７連覇を達成し，女子サッカー界に君臨した。

1981(昭和56)年には，はじめて日本女子代表チームを結成，６月に香港で行われた第４回アジアカップに参加した。台湾に０－１，タイに０－２と敗れた後，インドネシアに１－０で勝ち，初勝利を記録した。

▲全日本女子選手権７連覇を達成した清水第八

▲1981年ポートピア神戸大会に臨む日本女子代表チーム

●モスクワ・オリンピック予選

1980年３月21日からクアラルンプールではじまったモスクワ・オリンピックアジア予選２組は，初戦で韓国に１－３で敗れたのが響き，３大会連続でオリンピック出場を逃した。その後，アメリカなど西側諸国はソ連のアフガニスタン侵攻を理由にオリンピック・ボイコットを決定。２組を勝ち抜いたマレーシア，２位の韓国とも出場を辞退したため，FIFAは３位の日本を代替出場させることにした。しかし，日本もボイコットを決定し，出場は幻に終わった。

下村は監督を辞任し，後任には渡辺正が就任した。しかし，渡辺は10月に病に倒れ，強化部長の川淵三郎が監督代行を経て監督を引き継いだ。川淵は，当時19歳の都並敏史や戸塚哲也といった読売クラブの生え抜きの若手を積極的に抜てきし，平均年齢21.5歳のチームで1980年12月のワールドカップ・スペイン大会アジア予選に臨んだ。準決勝で朝鮮民主主義人民共和国(北朝鮮)に延長の末，惜敗したが，将来に希望を抱かせる内容だった。川淵は，翌1981(昭和56)年３月の日韓定期戦を最後に，コーチの森孝慈に監督の座を譲った。

▲右から戦況を見守る川淵三郎監督と松本育夫，森孝慈両コーチ

●トヨタカップ開催

1981(昭和56)年２月には，欧州チャンピオンズカップと南米クラブ選手権(リベルタ・ドーレス杯)の覇者が世界クラブ一を争う〈トヨタカップ〉を東京・国立競技場で初開催し，南米代表のナシオナル(ウルグアイ)が欧州代表ノッティンガム・フォレスト(イングランド)を１－０で下して〈クラブチーム世界一〉の座に就いた。

それまでは，ホーム・アンド・アウェーの世界クラブ選手権(インターコンチネンタル・クラブカップ)として1960年から実施されてきたが，南米勢の欧州に対する対抗心が高じ，ラフプレーから果ては暴力沙汰までくり広げられるようになり，欧州チャンピオンが対戦拒否するなど大会の存続そのものが危ぶまれていた。これを日本企業トヨタのスポンサーのもと，中立国の日本で一発勝負により開催することになったものだ。

日本リーグでは，ヤンマーの主砲・釜本邦茂が11月１日の本田技研戦で通算200得点の大記録を達成した。釜本は前年12月には，ユニセフの慈善試合，世界選抜－バルセロナに世界選抜の一員として日本選手ではじめてプレーし，１アシストを記

▲JSL通算200得点をアシストした楚輪博(左)とともに記念パネルを手に持つ釜本邦茂

▲1981年クラブ世界一決定戦〈トヨタカップ〉で決勝点をあげたナシオナル（ウルグアイ）のビクトリーノ

録している。

●自主運営方式の導入

1982(昭和57)年，日本リーグは，試合運営を各チームに任せる〈自主運営〉方式を導入し，新たな展開を迎えた。それまで，チームは会場に行って試合をするだけでよかったものを，会場の確保から入場券の販売まで，ホームチームが実施することにした。チームは運営責任を持つと同時に，努力しだいでは収益を伸ばすことも可能になる。クラブによっては，海外からプロチームを呼んで親善試合を組んだり，独自のポスターをつくるなどの動きもでてきた。

惨敗のロス・オリンピック予選

代表も久々に明るいニュースを提供した。木村和司，加藤久が攻守の大黒柱に成長し，ニューデリー・アジア大会のグループリーグでイランと韓国を撃破。準々決勝では延長の末，優勝したイラクに０－１で競り負けたが，ロサンゼルス・オリンピック出場に期待を抱かせた。

ところが，ロサンゼルス・オリンピック１次予選を前にした1983(昭和58)年５月，代表のエースFW尾崎加寿夫がブンデスリーガのアルメニア・ビーレフェルトとプロ契約。不透明な経緯もあって騒動に発展しながら，三菱重工を退部して西ドイツへと旅立った。

▲ロサンゼルス五輪予選　日本－ニュージーランド　激しいマークを受けながらボールをコントロールする木村和司

突然，攻撃の柱が抜けた代表は，９月にはじまった同オリンピック１次予選をなんとか突破。シンガポールで行われた

1984(昭和59)年４月の最終予選には，満を持して乗り込んだ。ところが，初戦でタイに２－５という屈辱的な敗戦を喫し，結局４連敗で最下位という惨敗で，猛暑のシンガポールを後にした。

いったんは辞意をもらし慰留された森は，再建に取り組んだ。1984年９月には，ソウルでの日韓戦で２－１の勝利を手にする。日本が敵地で韓国に勝ったのは，これがはじめてだった。

この年は，ヤンマーの選手兼監督を務めていた釜本が，ついに現役を引退した。

▲1984年８月25日　東京・国立競技場で行われた釜本の引退試合にペレ，オベラートらも特別出場した

あと一歩のワールドカップ

それでも，1985(昭和60)年のワールドカップ・メキシコ大会予選は，試合ごとに力をつけ，アジア１次予選でシンガポールと北朝鮮を，２次予選で香港を下してファンの期待は徐々に膨らんでいった。そして最終予選。相手はまたも，宿命のライバル韓国である。日韓の勝ったほうがワールドカップに出場できるという状況は，1954年スイス大会の予選以来31年ぶりだった。

▲W杯メキシコ大会１次予選　シンガポール戦に臨む日本代表イレブン

●またしても韓国戦で惜敗

10月26日，東京・国立競技場での第１戦は超満員の観衆が詰めかけたが，攻撃にでたスキを突かれて前半に２点を奪われた。前半終了間際には木村和司の芸術的な直接FKで１－２に追いついたが，そこまで。11月３日，ソウルでの第２戦も０－１

▼２点目を決められ呆然とする日本DF陣と抱き合って喜ぶ韓国FW

で落とし，目の前に迫ったワールドカップ初出場は，夢と消えた。韓国が1983年のプロ化をきっかけに，アジアでも頭ひとつ抜け出したこと示す結果であり，このことを痛感した監督の森は日本協会にプロ契約を求めた。だが，受け入れられる素地はまだなく，監督の座を降りた。

1986(昭和61)年のワールドカップ・メキシコ大会では，国際審判員の高田静夫が6月12日のグループリーグD組，スペイン対アルジェリアで主審を務め，世界最高峰の大会で笛を吹いた最初の日本人となった。

このワールドカップ中には，FIFAのアベランジェ会長(当時)が「1998年のワールドカップはアジアかアフリカで開催してもよい」と発言した。かねてから開催の希望を温めていた日本協会は，これを格好の契機として10月13日の全国理事長会議(甲府市)で日本開催の可否を提案。その後のアンケートで各都道府県協会の賛同を得て，ワールドカップ招致に向けて一歩を踏み出した。

▲W杯メキシコ，イタリアの2大会連続審判を務めた高田静夫 ©P.Kishimoto

プロ登録に踏み切る

●選手のプロ活動解禁

日本協会はこの年，はじめてプロ選手の登録を認める一大変革に踏み切った。〈スペシャルライセンス・プレーヤー〉つまりプロ選手と〈ノン・プロフェッショナル〉と呼ぶノン・アマ選手，そしてアマチュア選手の3種類の登録区分を新設，選手のプロ活動を解禁したのである。この6月に西ドイツから帰国した奥寺康彦(古河電工)と，日本代表のMF木村和司(日産自動車)の2人が，日本国内では初の日本人プロとして認定された。

この年から秋－春制に変更した日本リーグでは，古河と日産，読売，フジタ，ヤマハがほぼ全員〈ノンプロ〉となり，マツダは外国人選手のみノンプロで登録した。日本鋼管，本田技研，松下電工などは全員アマチュアだった。

▲ 日本初のプロ選手となった木村和司(上)と奥寺康彦(下)

12月には古河電工が，その奥寺の活躍によって第6回アジアクラブ選手権で日本勢として初の優勝を飾った。代表，クラブを通じて日本チームのアジア制覇は初の快挙。決勝リーグでアル・ヒラル(サウジアラビア)，アル・タラバ(イラク)，遼寧省(中国)に3連勝しての栄冠だった。1987～88年シーズンも，読売クラブが優勝した。

代表監督には，石井義信が就任。34歳の奥寺を加えて秋のソウル・アジア大会に臨んだが，ネパールとバングラデシュには快勝したもののイランとクウェートに連敗し，またもグループリーグで姿を消した。

▲選手に指示を与える石井義信監督(左)と岡村新太郎コーチ

●ソウル・オリンピック出場も及ばず

1987(昭和62)年，ソウル・オリンピック出場の夢もあとわず

▲ソウル五輪出場を目前にしながらホームゲームで中国に阻止される。写真は突破を図るも中国DFにブロックされる手塚聡

かで絶たれた。アジア東地区１次予選を勝ちあがり，最終予選（４チームの２戦総当たりホーム・アンド・アウェー方式）に進んだ日本は，最後の相手，中国との戦いに臨んだ。10月４日，敵地・広州での第１戦を原博実の決勝点で１－０でものにし，26日の東京・国立競技場での第２戦は引き分けるだけでよかった。だが，０－２で敗れて２位に終わり，石井は監督を退いた。新監督には横山謙三が就任した。

●低迷にあえぐ

1988(昭和63)年，従来の青をベースとした正ユニフォームの色を赤に一新し，胸の日の丸を協会マークに変えた新生日本代表だったが，ジャパンカップでは中国に完敗。10月に行われた４年ぶりの日韓定期戦はホームで０－１の敗戦と，なかなか低迷を脱出できなかった。

このため1989(昭和64)年４月には，クラマーを強化アドバイザーとして２年契約で招へいした。クラマーは代表の強化を側面支援したほか，日本リーグの外国人枠を３人から２人に減らすなどの再建策を打ち出したが，功を奏さず，最後は失望の言葉を残して日本を去った。

５月にはじまったワールドカップ・イタリア大会アジア１次予選６組は，２勝３分け１敗で北朝鮮につぐ２位に終わり，またも敗退した。

日本リーグではこの年の４月，日産自動車が創部17年目で初優勝し，天皇杯，JSLカップと合わせてシーズン３冠を達成した。1978年度の三菱重工以来10シーズンぶりの快挙で，翌

▲日本チームのDFの要・井原正巳(右)と横山謙三監督

▲胸のマークの日の丸を協会マークに一新した日本代表ユニフォーム。モデルは前田治

▲全日本ユース選手権初代チャンピオンとなった清水商高

▲全日本ジュニアユース選手権を制した読売クラブ

1990年には２年連続３冠の偉業を達成した。

●日本ユース大会開催

日本協会は８月には，高校とクラブチームの垣根を取り除いて高校生年代（19歳未満）の日本一を争う全日本ユース大会を開催した。翌1990年からスタートした第１回全日本ユース選手権のプレ大会として実施したもので，高校12チーム，クラブ４チームが参加，静岡・清水商高が初優勝した。

高校生年代の大会で，試合時間を90分とし，当時の国際ルールと同様に交代も２人までとしたのも，高校とクラブが全国レベルで交流できる公式戦も，日本ではこれがはじめて。12月には，中学生年代の全日本ジュニアユース選手権も初開催し，読売クラブが優勝した。

女子の強化にも力を入れるようになった。日本女子連盟は発展的に解散し，日本協会が５種（女子）の種別を設けて女子サッカーも直接統括することとし，監督には鈴木保が就任した。日本女子リーグ，のちの〈Lリーグ〉も６チームが参加して発足。２回戦総当たりで，清水FCが初代女王の座に輝いた。

12月には，FIFAに口頭で2002年ワールドカップに立候補する意思を伝えた。事実上の対外的な招致活動のスタートだった。

●あいつぐ惨敗

1990（平成２）年，６～７月のワールドカップ・イタリア大会では高田静夫が審判としてワールドカップ連続出場を果たした。グループリーグのユーゴスラビア対アラブ首長国連邦（UAE）の主審１試合と決勝トーナメント１回戦のイングランド対ベルギーなど３試合の線審を務めたことは，好評価の表れといっていいだろう。

ワールドカップ出場を逃した日本代表の目標は，秋の北京アジア大会だったが，７～８月にその前哨戦として北京で開かれた東アジア４か国対抗戦，第１回ダイナスティカップでは韓国，中国，北朝鮮に３連敗し，１得点もあげられない惨状だった。

▲1990年北京アジア大会　日本－イラン
積極的な攻撃参加を見せた井原正巳
©P.Kishimoto

このため監督の横山は，アジア大会のメンバーに読売クラブのFW三浦知良とMFラモス瑠偉を急きょ加えて参加した。愛称〈カズ〉こと三浦は，15歳で単身ブラジルに渡ってプロ契約し，古豪サントスでもプレーしてこの７月に帰国していた。ブラジル生まれのラモスは，1977年に当時日本リーグ２部の読売クラブ入りして活躍し，1989年に日本国籍を取得していた。

▲1990年北京アジア大会で銀メダルを獲得した日本女子チーム　©P.Kishimoto

しかし，準々決勝でイランに０－１で敗れてメダルには届かなかった。グループリーグでもバングラデシュには快勝したものの，サウジアラビアには完敗し，アジアの強豪に歯が立たない現実を露呈した。

一方，はじめて正式種目となった女子では，日本が銀メダルに輝いた。

●コニカカップ創設

日本リーグは10月，1992年バルセロナ・オリンピックをめざす日本オリンピック代表(この年21歳以下)と，日本ユース代表(この年17歳以下)を加えた新方式の大会〈コニカ・カップ〉を創設した。両代表の強化を図るとともに，日本リーグ勢も試合数をふやして競技力向上をねらう目的だった。攻撃的サッカーを奨励するため，グループリーグでは得点２につき勝ち点１のボーナスポイント制を設ける策も打ち出した。翌年の第２回大会では，グループリーグでの延長サドンデス(現在のVゴール)という実験的な試みも導入した。

５月のアジア・サッカー連盟総会では，日本協会専務理事の村田忠男が日本人２人目の副会長に当選し，2002年ワールドカップ招致への追い風となった。

▲1990年コニカカップ　日本五輪代表－三菱

▲ヤマハを２－１で下しコニカカップ初代チャンピオンとなった読売クラブ，優勝賞金３千万円を獲得。優秀選手賞は逆転ゴールを決めたラモス瑠偉が受賞

プロリーグ創設の経緯

●プロリーグへの道

沈滞する日本サッカー界に活を入れ，代表チームの国際舞台での再度の活躍につながるような日本リーグの活性化を図ろうと，日本リーグ総務主事だった森健児を中心に，プロ化の構想がついに具体化へ向けて動き出したのは，1988(昭和63)年のことだった。森は３月，日本リーグ内に〈活性化委員会〉を設置。日本リーグの現状を分析するだけでなく，サッカー強国のプロリーグについても調査し，トップリーグは「商業ベースによる事業化を指向した〈スペシャルリーグ(プロリーグ)〉しか道はない」と提言した。

10月からの第２次活性化委員会は，スペシャルリーグの具体像について検討し，1989(平成元)年３月に，スペシャルリーグの1992年設立を目標とする報告書「日本サッカーリーグの活性化案」をまとめて日本協会に提出した。これは，〈福利厚生型〉の運営では事業化は不可能とすると同時に，代表チームの久しい低迷の原因は試合数の少なさにあると分析。今やオリンピックにプロ選手の参加が認められ，強豪国はプロリーグを持っていることからみても，競技力向上にはやはりスペシャルリーグ創設しかないと結論づけた。

これを受けた協会側も，1989年６月にプロリーグ検討委員会(委員長・川淵三郎)を設置，1992年秋の日本プロサッカーリーグ発足を目標に設定し，活動を開始した。10月には日本リーグ１，２部の全チームに，参加条件案を示してアンケートを採ったところ，多くの団体から参加希望があった。

●プロリーグの参加条件

このため，1990(平成２)年３月には正式な形でプロリーグ参加条件を決定した。その柱は，法人格の取得とフランチャイズ制の確立，小学生年代までの年齢層ごとの下部組織の保持―というもの。日本サッカーの実力を世界のトップクラスに引き上げるだけでなく，学校と企業中心のスポーツ環境を打破して，地域に根を下ろした市民スポーツ，あるいは欧州型のクラブスポーツに変革しようという壮大な実験の大枠がここに示された。

●地域密着型のクラブ運営

そのために，もっとも重視したのが，当時はまだフランチャイズ制と称していた地域密着のクラブ運営である。参加希望団体には，本拠地となる自治体(のちの〈ホームタウン〉)と協力関係を築き上げ，その自治体にある15,000人以上収容の夜間照明つきスタジアムを確保することを義務づけた。地域に根ざしたクラブづくりとプロ活動だけでなく，地域のスポーツ文化振興や地域経済の活性化の促進も目標に掲げた。チーム名も，スタート後５年をめどに〈愛称プラス地域名〉として，企業名を完全撤廃する方針とした。

６月には20団体から参加希望の回答があり，プロリーグ検討委員会はその後1991(平成３)年1月までに第３次にわたるヒアリングを実施して，参加条件と確認項目がクリアできるかどうかを調査，参加団体を絞り込んでいった。

●参加10チーム決定

1991(平成３)年２月14日には，参加10チームが決定した。日本リーグ１部からは，JR東日本との共同運営が決まっていた古河電工のほか三菱自動車，読売クラブ，日産自動車，全日空，トヨタ自動車，松下電器，２部からは住友金属とマツダ，さらに静岡県リーグに参加していたアマチュアクラブの清水

▲1992(平成４)年５月26日，東京都内のホテルで開かれたＪリーグのプレス・プレビュー

FC（清水エスパルス）が選ばれた。

10チームは，それぞれ1992年秋のヤマザキナビスコ・カップ開幕までに，JR古河が〈ジェフユナイテッド市原（略称ジェフ市原）〉に，三菱が〈浦和レッドダイヤモンズ（略称浦和レッズ）〉，読売が〈ヴェルディ川崎〉，日産が〈横浜マリノス〉，全日空が〈横浜フリューゲルス〉，トヨタが〈名古屋グランパスエイト（略称名古屋グランパス）〉，松下が〈ガンバ大阪〉となり，住金は〈鹿島アントラーズ〉，マツダは〈サンフレッチェ広島〉に，清水FCは〈清水エスパルス〉となった。

驚きを呼んだのは，日本リーグにも優勝するなど実績を重ねてきたヤンマーとヤマハ発動機が外れ，競技力では劣る住友金属とまだトップチームの実体はなかった清水FCが選ばれたことだった。鹿島のホームタウンは，人口の少ない茨城県鹿島郡周辺地域だったが，茨城県が屋根つきのサッカー専用競技場新設を保証するなど，地域に密着した姿勢が決め手となった。

清水の本拠地，静岡県清水市は，少年サッカーのメッカとして知られていた。日本リーグで活躍する数多くの清水出身選手を集める構想や市民持株会をつくって市民球団化する計画もあり，市側のサポート体制なども評価された。

参加希望が認められなかったクラブや，参加を断念した本田などは新リーグ，〈ジャパン・フットボールリーグ（JFL）〉を創設し，ヤマハやヤンマーなどはここで参加条件を整えながら，プロリーグへの昇格をめざしていくことにした。

●プロリーグ設立準備室発足

1991年３月にプロリーグ設立準備室が発足した。室長の川淵三郎は，日本協会の強化委員長にも就任した。プロ化と強化は車の両輪との考え方にもとづくもので，ワールドカップ出場が究極の目標であると宣言した。７月には名称を〈日本プロサッカーリーグ〉とし，愛称を〈Ｊリーグ〉に決定。11月には社団法人化が認められ，川淵は理事長に就任した。

川淵は定款上の〈理事長〉ではなく〈チェアマン〉という肩書きを使い，報道機関にもチェアマンを使用するよう要請した。このあたりにも，プロ野球をはじめとする既存スポーツ界との差別化を図ろうとするＪリーグらしさが早くも表れた。

▲Ｊリーグ発足の報道発表を行う小倉純二専務理事（左）と川淵三郎チェアマン

●ジーコ住友金属に入団

５月21日には，元ブラジル代表の世界的スターで，引退後は母国のスポーツ長官も務めた38歳のジーコが住友金属に入団し，世界を驚かせた。プロリーグ発足を控えて日本リーグの各チームは，外国人の助っ人を次つぎに獲得。11月には，名古屋グランパスがイングランド代表で1986年ワールドカップ・メキシコ大会得点王のゲリー・リネカーが入団すると発表した。９月にはじまった最後の日本リーグは，ついに全12チームが外国人を抱えることになった。

▲JSL２部の住友金属に入団し，自ら得点王を記録するなどピッチの内外で選手，チームを育てたジーコ

▲1991年アジア女子選手権福岡大会　北朝鮮を下し，２位となった日本女子代表

▲キリンカップ91　トットナム・ホットスパー(イングランド)戦で２得点をあげた三浦知良

▲海外アドバイザーに就任したボビー・チャールトン

●女子の健闘光る

５月26日から６月８日まで，福岡市ではアジア女子選手権が開かれた。日本は決勝で中国に完敗したものの，２位に入って11月の第１回世界女子選手権(中国・広州)への出場権を手にした。世界選手権ではブラジル，スウェーデン，アメリカに３連敗したが，大会直前には代表のFW長峯かおりがFCレジャーナ(イタリア)に移籍することが決まり，日本女子としてはじめて海外のクラブでプレーした。

日本代表は６月のキリンカップでタイ代表，バスコ・ダ・ガマ(ブラジル)，トットナム・ホットスパー(イングランド)に３連勝し，初優勝を飾った。長い冬の時代に，一条の光がさし込んできた。

本格化した招致活動

●世界へ貢献度をアピール

ワールドカップの招致活動も本格化した。６月10日には，サッカー界と財界の関係者を中心とする2002年ワールドカップ日本招致委員会を設立し，石原俊を会長に選んだ。招致委は，FIFA理事や各国協会に支持を訴える海外での招致活動のため，1966年イングランド大会で地元優勝の原動力となったボビー・チャールトンを海外アドバイザーとして契約し，発展途上国ではサッカー・スクールなども実施，世界のサッカー界への貢献度を訴えた。

●全候補地申請の裏事情

翌1992(平成４)年７月までに，全国15の自治体が国内開催候補地に立候補した。届け出順に大阪市，横浜市，新潟県，青森県，埼玉県，神戸市，京都府，茨城県，千葉県，大分県，宮城県，名古屋市，静岡県，札幌市，広島市。日本協会は当初，1992年暮れに12自治体に絞り込むことにしていたが，結局1993(平成５)年１月に，15自治体をそのまま国内候補地としてFIFAに申請することを決めた。落選の危機にあった自治体が，地元選出代議士まで動員して日本協会に政治的圧力を加えたことが，背後の理由だといわれた。

23歳以下の年齢制限が採用されたバルセロナ・オリンピックは，アジア１次予選F組を突破したが，1992年１月の最終予選は初戦の中国に敗れるなど６チーム中４位に終わった。

外国人監督の招請

●初の外国人コーチ・オフト

代表強化策の抜本的な改革に取り組んだ日本協会は，1992(平成４)年３月，1994年アメリカ大会でのワールドカップ初出場をめざし，日本代表監督にはじめて外国人プロコーチを招請した。オランダ人のハンス・オフトで，恒例のキリンカップも各国代表チームだけを招待して国際Aマッチとする方針を決め，ワールドカップ２度優勝のアルゼンチンとウェールズの両代表を招いた。

オフトは，1982(昭和57)年に日本リーグ２部のヤマハ発動機の臨時コーチを務めて天皇杯優勝に貢献し，その後も日本リーグ２部にいたマツダのコーチ，監督として１部昇格や天皇杯準優勝に導き帰国していた。日本サッカーや日本そのものの基礎知識を備えていたとはいえ，当時の日本スポーツ界では，代表チームの指揮を外国人の，しかもプロの指導者に委ねるのは異例のことだった。

▲初の外国人プロコーチとしてはじめて監督就任し，記者会見するハンス・オフト(右)と川淵三郎(中央)，清雲栄純コーチ(左)

▼国際Ａマッチとなったキリンカップ92で日本ＤＦをねじ伏せ，決勝点をあげたバティストゥータ。競り合うのは森保一

オフトはフィールド内外の規律を重視する一方で〈アイコンタクト〉〈トライアングル〉などのキーワードを駆使する合理的な指導で，日本選手に基本戦術をあらためて徹底させた。８月に北京で行われた第２回ダイナスティカップでは，主軸のラモス不在でも決勝に進み，韓国を２－２からのPK戦で退けた。代表が海外での国際大会に優勝したのは戦後はじめてだった。

●サッカーブーム再来の予感

オフト・ジャパンは，10月末から広島で行われた第10回アジアカップで，ついに初優勝を果たし，アジア・チャンピオンに輝く。１試合ごとに成長の跡を見せ，決勝では３連覇をねらう西アジアの雄，サウジアラビアを１－０で下した。

▲読売－日産の日本リーグ最後の対戦には６万人の観衆が詰めかけた

日本リーグは読売クラブが連覇し，３月29日に27シーズンにわたる歴史に幕を閉じた。９～10月にはＪリーグ初の公式戦で，第１回リーグの前哨戦といえるヤマザキナビスコ・カップが開かれ，読売（ヴェルディ川崎）が初優勝した。観客の出足もまずまずで，アジアカップ優勝後の11月に東京・国立競技場で行われた決勝は56,000人の満員になるなど，サッカーブーム再来の予感が漂った。川崎の三浦知良はスター性を兼ね備えたＪリーグの顔となり，公私両面で話題を独占。三浦とラモスは，日本サッカー界初の１億円プレーヤーになった。

翌1993（平成５）年，４～５月のワールドカップ・アメリカ大会アジア１次予選は前回出場のアラブ首長国連邦（UAE）をホームで２－０，アウェーで１－１と寄せつけないなど，７勝１分けと唯一の無敗で通過した。この結果も追い風となり，Ｊリーグは直後の開幕とともに人気が大爆発した。

Ｊリーグ開幕

●記念すべき開幕戦

５月15日，ついに日本初のプロサッカーリーグ，Ｊリーグが開幕した。記念すべき開幕戦は，東京・国立競技場でのヴェルディ川崎－横浜マリノス。試合前のセレモニーで，チェアマンの川淵は「スポーツを愛する多くのファンのみなさまに支えられまして，Ｊリーグは今日，ここに大きな夢の実現に向けて，その第１歩を踏み出します」とだけあいさつした。短く簡潔な言葉のなかに，Ｊリーグの理念を力強くアピールした。

▲Ｊリーグ開幕式であいさつをする川淵三郎チェアマン ©P.Kishimoto

かつて読売－日産として死闘をくり広げ，一時代を築いたライバル同士の一戦は，マリノスが２－１で競り勝った。Ｊリーグ初ゴールは，前半17分に川崎のマイヤーが記録した。観客は59,626人で，2001年の第９回リーグ途中までリーグ最高記録として残った。

●国民的人気を獲得

その後のほとんどの試合が超満員の観客を集め，入場券の入

▲Ｊリーグ開幕セレモニー ©P.Kishimoto

手難が社会的な話題にもなった。はげた芝生やでこぼこのフィールドといったスポーツ環境の貧困さも浮き彫りになり，過熱気味の人気が圧力となって，自治体は急ぎ改善に動いた。Ｊリーグは結果的に，スポーツ文化への理解が低かった行政を動かすことにもつながった。

Ｊリーグは攻撃的サッカーを推奨するため，リーグ戦でありながら引き分けをなくし，延長でも決着しなければPK戦を実施する世界に例のない試合方式を採用し，延長での勝敗決定には世界ではじめて〈延長サドンデス方式〉を導入した。

1994（平成４）年からは〈突然死〉を意味するサドンデスという英語を嫌ったFIFAの意向を受けて，勝利を意味するビクトリーの頭文字を取って〈Vゴール〉と呼んでいる。FIFAは〈ゴールデン・ゴール〉方式と呼び，1996年アトランタ・オリンピックや1998年ワールドカップ・フランス大会で決勝トーナメント以降にこの方式を採用した。

さらには，入場者数の実数発表やスポンサー，マーケティング権，テレビ放映権のリーグ一括独占契約，監督の有資格者は新設のS級ライセンス取得者のみといった，日本のスポーツ界では見られなかった多くの新機軸を打ち出した。

Ｊリーグはシーズンを２ステージに分け，それぞれの優勝者により年間王者を決めるチャンピオンシップを実施したのもその１つだ。初年度の第１ステージは〈ジーコ効果〉で強豪にのしあがった鹿島が制し，第２ステージは川崎が優勝。川崎はチャンピオンシップを制して初代Ｊリーグチャンピオンの栄冠を手にした。

▲開幕戦で初ゴールをあげたヴェルディ川崎のマイヤー ©P.Kishimoto

▲初代Ｊリーグチャンピオンとなったヴェルディ川崎 ©P.Kishimoto

▲U-17日本大会　ナイジェリア戦に臨む日本代表イレブン　©P.Kishimoto

１年目のＪリーグは，１試合平均の観客動員18,553人という予想以上の盛り上がりで幕を閉じた。川崎の三浦知良はシーズン終了後の契約更改で，日本人でただ１人の年俸２億円の大台を突破した。

この年の８月から９月にかけて，U-17(17歳以下)世界選手権が日本で開催された。日本は，のちに代表の中核となる中田英寿，松田直樹らを擁してグループリーグを突破したが，準々決勝で優勝したナイジェリアに屈し，ベスト８にとどまった。

●ドーハの悲劇

アジア王者となった代表は，10月には東京でアジア・アフリカ選手権に出場し，コートジボワール代表を下して優勝。ワールドカップ初出場の夢はいやが応にも膨らんだ。

10月15日にはじまったワールドカップ・アジア最終予選の会場は，カタールの首都ドーハ。日本は初戦でサウジアラビアと引き分けたが，２戦目でイランに１－２で敗れたことが大きく響いた。次の北朝鮮には完勝し，次の韓国戦もスコアは１－０ながら素晴らしい内容で圧倒，首位に立って最終戦のイラク戦を迎えた。勝てばワールドカップ初出場が決まる状況までなんとか持ちなおした。

ところが，28日のイラク戦は，終了間際のロスタイム中に２－２となる悪夢の同点ゴールを許してしまった。韓国が北朝鮮に快勝したため，ワールドカップ出場権は１位のサウジアラビアと，得失点差で日本を抑えて２位に滑り込んだ韓国の手に。日本選手は終了のホイッスルとともにフィールドに崩れ落ち，〈ドーハの悲劇〉とも呼ばれた。

▼W杯米国大会最終予選　日本－イラク　ロスタイムの失点に呆然とグラウンドに座り込むラモス瑠偉　©P.Kishimoto

この試合は，日本でのテレビ生中継の視聴率がサッカー史上最高の48.1％に達した。多くの日本人がワールドカップへの関心を急速に高め，世界の壁の高さも思い知ったのだった。

日本協会はオフトと契約を延長せず，事実上解任。翌1994(平成６)年２月に，元ブラジル代表の名選手だったパウロロベルト・ファルカンを次期監督に招いた。

▲広島アジア大会で指揮を執るパウロロベルト・ファルカン監督 ©P.Kishimoto

1994年は，寂しいニュースではじまった。天皇杯優勝１度のNKK(旧日本鋼管)が会社の不況対策から廃部を決めたのだ。Ｊリーグブームの影で，バブル経済崩壊の波がサッカー界にも押し寄せていた。

●サッカーくじ法案化

一方，スポーツ議員連盟は４月に〈スポーツ振興くじ(サッカーくじ)法案〉の大綱をまとめ，法案化作業に着手した。くじの目的をスポーツ振興資金確保とし，既存の〈日本体育・学校健康センター〉が業務を行い，18歳以下には販売しない―などの大枠がこのときに固まった。しかし，青少年への悪影響を懸念する反対論も根強く，法案が国会を通過し，サッカーくじが全国的に実施されたのは，７年後の2001年だった。

▲静岡で試行発売されたサッカーくじ ©P.Kishimoto

●三浦知良イタリアへ

７月には川崎の三浦知良がイタリア・セリエＡのジェノアに１年間の期限つきで移籍し，世界最高峰のリーグでプレーする初の日本選手となった。ただ，先発した開幕戦の前半途中，相手選手と衝突して顔面に重傷を負う不運に見舞われ，力を出し切れずに帰国した。

●FIFA理事選落選

日本協会は５月，AFCの役員選挙で衝撃を味わった。副会長の村田忠男が，初当選をめざしたFIFA副会長選挙で韓国協会会長の鄭夢準(チョンモンジュン)に敗れて落選し，AFC副会長の座も失ったのである。2002年ワールドカップ招致のライバル，韓国にFIFA内での重要ポスト争いに敗れたことで，招致活動は大きな痛手を負った。５月末には，長沼健が第８代の会長に就任。加藤久が現役選手ではじめての特任理事に選出された。

●ファルカンから加茂へ

10月の広島アジア大会で，日本代表は準々決勝で韓国に敗れてベスト８にとどまった。若手を抜てきして結果を出せなかったファルカンは更迭された。後任は，日本人プロコーチとして実績を積み重ねてきた加茂周。１年契約で，この間の実績を判断してワールドカップ・フランス大会予選に向けて契約を延長するかどうか決めることにした。

次代を担う若手選手は，着実なレベルアップぶりを示した。U-16(16歳以下)アジア選手権では優勝し，年齢別の大会ではじめてアジア王者に輝いた。９月には，19歳以下によるアジア・ユース選手権でも２位となり，ワールドユース選手権には

▲サッカーの聖地・ウェンブリー競技場に乗り込んだ加茂周監督 ©P.Kishimoto

▲ワールドユース・カタール大会　ブラジル戦に臨む日本代表イレブン
©P.Kishimoto

じめて予選を突破して出場を決めた。翌1995(平成7)年，カタールでの本大会はグループリーグを突破して準々決勝に進出し，強豪ブラジルを苦しめて1－2で敗れた。

●女子アトランタ・オリンピックへの出場決定

女子代表は広島アジア大会で中国につぐ銀メダルを獲得，1995年の第2回世界女子選手権への出場権を手にした。スウェーデンで開かれた世界選手権でもグループリーグでブラジルを破り，世界選手権初の1勝をもぎ取った。これがものをいってベスト8入りを果たし，オリンピックで女子サッカーがはじめて公式種目に採用された1996年アトランタ・オリンピックの女子サッカーへの切符を手にした。

▲広島アジア大会で銀メダルを獲得し，第2回世界女子選手権への出場権も手中にした日本女子代表チーム
©P.Kishimoto

●ワールドカップ招致は日韓が名乗り

1995年2月には，日本と韓国の両国協会だけがFIFAに2002年ワールドカップへの立候補申請を提出し，招致はアジア2か国の一騎打ちになることが決まった。会長の長沼健ら幹部は世界各国を行脚して支持を訴えたが，FIFA内には日韓の招致合戦の過熱化を危惧する声もでた。と同時に，日本と韓国の一部政治家からはFIFAの規定にはない日韓共同開催を求める声も生まれて，単独開催をめざす日本側の気をもませた。

日本代表は6月に，イングランドでの国際チャレンジ大会に招待された。〈サッカーの聖地〉ウェンブリー競技場でイングランド代表とはじめて顔を合わせる栄誉に浴し，1－2で惜敗する健闘を見せた。DF井原正巳はウェンブリーで得点を決めた最初のアジア選手となり，1995年には，日本人第1号のAFC年間最優秀選手受賞者となった。

▲ウェンブリー競技場にイングランド・チームとともに入場する日本チーム
©P.Kishimoto

●Ｊリーグ人気低迷

11月の加茂周の任期切れにあたっては，協会内部の意見対立が表面化した。強化委員会はヴェルディ川崎のブラジル人監

督，ネルシーニョへの交代を答申。加茂はいったん辞意を表明したものの，協会の会長，副会長，専務理事による幹部会は，強化委員会の主張を退けて加茂との契約延長を決めた。加茂は結局，慰留されて契約を延長したが，協会内部の不可解で不透明な動きには批判が集中した。

３年目のＪリーグは観客動員，テレビ視聴率とも低下。サポーターによる暴走行為も連鎖的に発生し，日本サッカー界のイメージは大きくダウンした。

●アトランタ出場を果たす

1996(平成８)年は，激動の年となった。

まずは３月，マレーシアのシャーアラムで行われたアトランタ･オリンピックアジア最終予選で，日本は28年ぶりのオリンピック出場を果たした。西野朗が監督を務めた日本オリンピック代表は，グループリーグA組を２勝１分けの１位で突破。準決勝では強豪のサウジアラビア相手に２－１で競り勝ち，２位以内を確保して,ついにオリンピックへの返り咲きを果たした。1998年ワールドカップ･フランス大会出場に向けての気運も大きく盛り上がった。

日韓共催決定

●共同開催は満場一致で可決

2002年ワールドカップ開催国決定は当初，６月１日のFIFA臨時理事会で会長のアベランジェや副会長を含む理事21人の投票によって決定される予定だった。ところが，前日の５月31日の定例理事会で，それまで日韓両国による共同開催を否定しつづけ，日本への支持を公言していたアベランジェが，自ら共同開催を提案し，満場一致で可決された。これを受けて両国協会とも共催を受け入れ，歴史的なワールドカップの２か国共催が決まった。

韓国が政財界をあげての招致に乗り出したのは，1993年に入ってから。先行していた日本は，Ｊリーグの成功や日本代表，各年齢別代表チームや女子代表の飛躍的な実力アップなどをFIFA理事に訴えてきた。だが，1994年のアジア選出FIFA副会長選挙で鄭夢準が当選し，流れが変わった。

日本の後ろ盾となったアベランジェも，1994年６月のFIFA会長選挙において無投票で再選され，６期目の任期を迎えてからは独善的な運営が目立ち，欧州連盟(UEFA)を中心とする反会長派が共同開催を推し進めた。アベランジェが自ら理事会に共催を提案したのは，反会長派の理事が過半数を占めたことをさとったためだった。共同開催はFIFA内部の権力闘争の落とし子といえるだろう。

●対決から協調へ

しかし，共催決定後は日韓の対決ムードが確実に協調へと変化してきた。Ｊリーグで韓国選手が多数プレーするようになり，サポーター同士による交流も急速に進展。その後の日韓戦は，これまでの対抗意識がうそのような友好ムードのなかでプレーされるようになった。政治的にも，この年６月の日韓首脳会談で，未来志向で両国関係を発展させるとの合意が得られたこともあり，共催決定がサッカー界にとどまらない〈日韓新時代〉の引き金になったことは間違いない。

●大会方針

FIFAは1996年12月までに，2002年ワールドカップの大会方式について，参加チーム数は1998年フランス大会と同じ32で，試合数は計64試合とすることや，日韓両国の予選は免除することを決定。さらに，開幕戦と３位決定戦は韓国で，決勝戦は日本で行い，組織委員会は両国別々に設置，大会の英文正式名称を〈2002 FIFA World Cup Korea / Japan〉とすることなども決めた。

日本協会は，国内候補地の15自治体すべて会場とできるよう，出場チーム数と試合数を例外的に増加してほしいと要望したが，却下された。このため，1996(平成８)年12月の理事会で，投票により札幌市，宮城県，茨城県，埼玉県，横浜市，新潟県，静岡県，大阪市，神戸市，大分県の10自治体を国内開催地に選定した。落選した青森県，千葉県，名古屋市，京都府，広島市には招致負担金２億3,500万円を返却することにした。韓国も10自治体での開催を決定した。

FIFAは1997(平成９)年に入ると，収入が単独開催の半分に減る両国の財源確保策として，入場料収入全額を両国組織委員会の収入とし，１億ドルの分配金も保証する特例措置を講ずることを決めた。この年12月19日には，財団法人2002年ワールドカップ・サッカー大会日本組織委員会(JAWOC)が発足。会長には那須翔が選ばれ，本格的な開催準備に着手した。

▲2002年ワールドカップ日本大会組織委員会の略称ロゴを手に報道発表を行う那須翔会長(写真中央)　©P.Kishimoto

マイアミの奇跡

●王者ブラジルを破る

1996(平成８)年のアトランタ・オリンピックでは，オーバーエージ(24歳以上)の３人枠を使わず，23歳以下の選手だけで編成した男子の日本オリンピック代表が大金星をあげた。７月21日，マイアミのオレンジボウル。グループリーグD組の初戦で，ベベットやジュニーニョらのスター選手が顔をそろえたブラジルを１－０で打ち破る〈マイアミの奇跡〉を起こしたのである。

唯一のゴールは後半27分。日本の逆襲で左から上げたクロ

▲アトランタ五輪　ナイジェリア戦に臨む日本代表イレブン　©P.Kishimoto

◀アトランタ五輪　日本－ブラジル　後半27分，GKジダとアウダイールがボールを処理しようと交錯。こぼれ球を伊東輝悦がフリーでシュート，決勝点をあげる。写真右は城彰二　©共同

スを処理にいった相手DFとGKが味方同士で接触し，カンよく走り込んでいた伊東輝悦がこぼれ球を無人のゴールに蹴り込んで生まれた。ブラジルの猛攻に耐え抜いた守備陣の奮闘は特筆ものだった。

しかし，次のナイジェリアは戦０－２で完敗。リーグ最終戦のハンガリーには３－２で競り勝ったものの，得失点差で３位に終わり，８強入りを逃した。ブラジル戦の歴史的勝利が，どこかかすんでしまう幕切れだった。

女子オリンピック代表は，グループリーグで力負けして３連敗で敗退した。７年間監督を務めた鈴木保は勇退し，８月に入って宮内聡の就任が決まった。

▲アトランタ五輪　日本－ドイツ　DFのクリアボールを奪いにいく半田悦子　©P.Kishimoto

▼アトランタ五輪　ブラジル戦に臨む日本女子代表イレブン　©P.Kishimoto

加茂周が監督の契約を延長した代表チームは，1996年12月のアジアカップ（アラブ首長国連邦）に，連覇をかけて臨んだ。グループリーグC組を３連勝の１位で快調に突破したが，次の準々決勝でクウェートのカウンターに沈み，０－２で姿を消した。

●天皇杯全日本選手権の大改革

1996年に75周年を迎えた日本協会は，天皇杯全日本選手権の大改革を実行した。従来の地域大会を廃止し，都道府県選手権を予選と兼ねることで47都道府県代表制に変更。シードのＪリーグ，JFL上位チームなどと合わせ，参加チームは計80に増大した。初出場は26チームにものぼり，このなかには実業団や大学にまじり，クラブチームも名を連ねた。２種（高校生年代）の参加も認め，高校の３チームが出場を果たした。

Ｊリーグは〈百年構想〉のスローガンを発表し，将来的に地域密着の総合スポーツクラブを全国に設立するとの理念を託した。しかし，Ｊリーグ入りをめざしていたジャパン・フットボールリーグの鳥栖フューチャーズが財政難から解散するなど，景気低迷はＪリーグにも暗い影を投げかけはじめていた。

ついに世界へ

●大会途中の監督解任劇

1997（平成９）年，日本はついにワールドカップ初出場を決めた。1954年のスイス大会に初挑戦してから半世紀近く。産みの苦しみを象徴するような，苦難の末の悲願達成だった。

オマーン，マカオ，ネパールを相手とした３月と６月の１次予選は，５勝１分けで突破した。９月からはじまった最終予選B組に入った日本は，東京での初戦でウズベキスタンを６－３で振り切り，アラブ首長国連邦（UAE）に飛んで猛暑と多湿のなかでのアウェー・ゲームを０－０で引き分けたが，東京での韓国戦で１－２の逆転負けを喫した。これで監督の加茂に対する批判の声が急激に高まった。

10月４日，敵地アルマトイでの対カザフスタン第１戦も，終了間際に痛恨の同点ゴールを許して１－１の引き分け。瀬戸際に追い詰められた流れを変えるため，日本協会会長の長沼はかつてない荒療治にでて，監督の加茂を解任した。大会途中での監督解任は，日本協会初のことだった。

●悲願のワールドカップ出場権獲得

後任にはコーチの岡田武史を昇格させ，１週間後のウズベキスタン第１戦は，逆に終了間際に幸運な１点を決めて１－１の同点に追いつき，首の皮１枚がつながった。10月26日のUAEとのリターンマッチも１－１で引き分けたが，11月１日にはソウルで韓国に２－０で快勝。UAEが足踏みして３位に落ち

日本代表の戦い

第１次予選（オマーンラウンド）		
日本	1-0	オマーン
日本	10-0	マカオ
日本	6-0	ネパール
第１次予選（日本ラウンド）		
日本	10-0	マカオ
日本	3-0	ネパール
日本	1-1	オマーン
最終予選（B組）		
日本	6-3	ウズベキスタン
日本	0-0	アラブ首長国連邦
日本	1-2	韓国
日本	1-1	カザフスタン
日本	1-1	ウズベキスタン
日本	1-1	アラブ首長国連邦
日本	2-0	韓国
日本	5-1	カザフスタン
アジア第３代表決定戦		
日本	3-2（延長戦）	イラン

▲マレーシアのジョホールバルでW杯フランス大会アジア第３代表決定戦の指揮を執る岡田武史監督　©P.Kishimoto

たこともあり，代表は息を吹き返した。カザフスタンを5－1で下し，B組2位。A組2位のイランとのアジア第3代表決定戦は，マレーシアのジョホールバルで11月16日に行われた。

試合は2－2のまま，ゴールデン・ゴール方式の延長戦にもつれ込んだ。息詰まる戦いは，もはやPK戦かと思われた延長後半13分，MF中田英寿のシュートを相手GKがはじいたところを，延長から投入されたFW岡野雅行が詰めて3－2の勝利。この瞬間，歓喜のワールドカップ初出場が決まった。

代表チームの競技力向上を最大の目的として発足したJリーグの成果であり，日本は次回開催国としての責務も果たした。3点すべてをアシストした中田は一躍国民的ヒーローとなり，1997年，1998年と2年連続でAFC年間最優秀選手にも選ばれた。

▲W杯フランス大会アジア第3代表決定戦　日本－イラン　タックルをかわす中田英寿　©P.Kishimoto

▲W杯フランス大会アジア第3代表決定戦　日本－イラン　延長後半13分，イランGKがはじいたボールを岡野雅行が押し込みVゴール。W杯初出場を決めた瞬間だった　©共同

●景気低迷の暗い影

国内では，ほぼ時を同じくして，Jリーグやジャパンフットボールリーグの一部クラブで経営危機が表面化した。〈市民球団〉を旗印にしてきた清水エスパルスは球団運営会社の負債が膨れ上がり，解散の危機に直面。清水市の地元企業や市民の募金でかろうじて新会社を設立して運営を移管し，経営規模を縮小することで存続にこぎつけた。

1998(平成10)年4月1日にソウルで行われた韓国戦では，17歳322日のDF市川大祐が先発で出場し，日本選手の国際Aマッチ最年少出場記録を塗り替えた。

5月，AFCの役員選挙で，日本協会専務理事の小倉純二がFIFA理事選挙に立候補したが，現職2人の壁を破れず落選した。前年の役員選挙でも，川淵三郎がFIFA理事選で落選しており，日本は2年連続の敗退。1994年のFIFA副会長選を含めると3連敗で，AFCでの活動は路線の見直しを余儀なくされた。

▲1998年ソウル。韓国戦でデビューし，国際Aマッチ最年少出場記録となった市川大祐　©P.Kishimoto

壁厚かったワールドカップ

▲W杯フランス大会　記念すべき第一歩のアルゼンチン戦に臨む日本代表イレブン　©P.Kishimoto

●3戦全敗で帰国

ワールドカップ・フランス大会は，６月10日から７月12日まで，フランスの10会場を舞台にくり広げられた。日本は過去２度優勝のアルゼンチン，旧ユーゴスラビアの主力多数がいる〈東欧のブラジル〉クロアチア，そしてカリブ海に浮かぶジャマイカと同じグループリーグH組に入った。監督の岡田武史は，大会直前に三浦知良を登録メンバー22人から外し，賛否両論を巻き起こした。

晴れの初舞台は６月14日，南西部のトゥールーズ。日本はワールドクラスのFWバティストゥータら豪華メンバーのアルゼンチン相手に，慎重なゲームプランで臨んだ。しかし，前半28分にミスから先制され，そのまま０－１で敗れた。

▲W杯フランス大会　日本－ジャマイカ　日本選手初ゴールを決めた中山雅史　©P.Kishimoto

６月20日のクロアチア戦はさらに善戦したものの，やはり一瞬のスキを突かれて０－１で終わった。翌21日にアルゼンチンがジャマイカを下したため，ベスト16進出の可能性は消えた。26日にはジャマイカにも１－２で敗れ，３戦全敗で帰国した。ジャマイカ戦の得点者は中山雅史。２－０とリードされた後半29分だった。

日本は世界の壁の厚さを思い知らされ,岡田は監督を退いた。とはいえ，追求してきた組織的なサッカーが世界に好感を与えたこともまた，間違いなかった。なお，６月15日のイングランド対チュニジアでは，岡田正義が日本人２人目のワールドカップ主審を務めた。

▲日本人２人目となるW杯主審を務める岡田正義　©P.Kishimoto

●中田ペルージャへ

７月には中田英寿がセリエAの地方クラブ，ペルージャに移籍し，日本人２人目のセリエAプレーヤーとなった。９月の開幕戦，強豪ユベントス戦では２ゴールをたたき込み，サッカー大国イタリアに強烈な印象を与え，このシーズンは通算10得点をマーク。セリエAを代表する攻撃的MFの１人との評価を獲得し，世界の注目を集める選手に成長した。

▲W杯日本開催に向け新たに就任したフィリップ・トルシエ監督 ©P.Kishimoto

●トルシエ，監督に就任

1998(平成10)年10月には，アフリカで10年間にわたって各国代表やクラブチームの指導実績を持ち，〈白い呪術師〉の異名を取るフランス人，フィリップ・トルシエが代表の新監督に就任した。ワールドカップ・フランス大会では，予選でナイジェリアを率いて本大会進出を決めながら直後に解任され，本大会では南アフリカを率いたが，グループリーグ敗退に終わっていた。

トルシエ日本の初陣は，10月28日のエジプト戦。試合は１－０の白星発進だった。

▲トルシエ日本の初戦となったエジプト戦。ドリブル突破を図る呂比須ワグナー ©P.Kishimoto

Jリーグ初の合併

●合併と撤退・縮小の嵐

その翌日，衝撃的なニュースが走った。日本リーグ時代の全日空を母体とする横浜フリューゲルスが，横浜マリノスに吸収合併され〈横浜F・マリノス〉となることが突然，発表されたのである。Ｊリーグも〈超法規的措置〉で，初の合併を認めた。

長引く景気低迷でフリューゲルスの共同出資会社の佐藤工業が撤退を決定し，もう一方の全日空がマリノスの出資企業，日産自動車へチーム合併を申し入れたのがきっかけだった。親会社の決定に反発する選手たちは意地の炎を燃やし，チームは最

▼最後の大会となった第78回天皇杯。２度目の優勝で有終の美を飾り，ファンに別れを告げる横浜フリューゲルスの選手たち ©P.Kishimoto

後の大会となった天皇杯で決勝まで勝ち進んだ。1999(平成11)年1月1日の決勝でも清水エスパルスを2－1で下し，2度目の優勝を飾って消滅した。

11月に入ると，ヴェルディ川崎が出資企業3社のうち読売新聞社とよみうりランドの撤退により，日本テレビの全額出資になることが発表された。かつて実力・人気とも絶頂にあった川崎も，1997年の総合順位は15位と低迷。観客動員は低下の一途をたどり，高年俸の主力を次つぎ放出し，さらに人気低下を招く悪循環に陥っていた。読売新聞社社長の渡辺恒雄は，チーム名から企業名を排除しようとするＪリーグの地域密着方針を「理念先行」と再三批判し，Ｊリーグチェアマンの川淵三郎との確執が話題を呼んでいたが，ついにチーム運営から撤退した。ベルマーレ平塚も親会社の建設大手，フジタが出資をうち切ることになり，経営規模を大きく縮めた。

▲Ｌリーグ加盟チームのあいつぐ撤退でリーグ，チーム再編が行われた女子サッカー界。最後の大会となった第20回全日本女子選手権を終了し，スタンドの声援に手を振り応える日興証券チーム
©P.Kishimoto

●サッカーバブル崩壊

Ｊリーグ発足当時，景気低迷をしり目に高年俸の選手を数多く生んだ〈サッカーバブル〉は完全に崩壊した。他のクラブも台所事情は苦しく，大物選手でも解雇や年俸の大幅カットを通告されることが珍しくなくなった。一定の観客動員数を保つことができたのは，鹿島アントラーズや浦和レッズ，ジュビロ磐田(旧ヤマハ発動機)といった地域密着型の経営を地道につづけてきた一部のクラブだけだった。こうした反省から，Ｊリーグは経営諮問委員会をつくってクラブの経営状態に目を光らせるとともに，1999(平成11)年8月には，平均値ながらはじめて全クラブの収支を公開するなど，広く一般市民への情報公開も進めた。

不況の直撃をもろに受けたのはＬリーグで，リーグ3連覇を果たした日興証券とフジタ，シロキの3チームがこの年に撤退。強豪の鈴与清水も翌1999年1月に撤退を発表した。

●フリューゲルス・サポーターの反発

ところが，フリューゲルスの合併には，単独チームでの存続を求めるフリューゲルスのサポーターが猛反発。45万人の合併反対署名と寄付による6,700万円もの再建基金を集め，全日空に合併撤回を迫った。最終的に，サポーターたちは資本金を出し合い，市民から年会費を集めて運営に参加する〈ソシオ制度〉による〈横浜FC〉を創設，将来のＪリーグ入りをめざすことにした。

▲1999年3月，横浜市内のホテルで開かれた横浜FCのチーム結成記者会見。写真中央右は監督に就任したリトバルスキー，左は奥寺康彦ゼネラルマネジャー
©共同

日本ではじめていえるサポーター・パワーによる市民クラブ創設の試みに，日本協会も特例を認め，Ｊリーグ2部の下部リーグとしてジャパン・フットボールリーグから改組した日本フットボールリーグへの準加盟を了承した。ベルマーレ平塚も，市民クラブの湘南ベルマーレとして存続が決まった。バレーボールやアイスホッケーなどでも市民クラブ化の試みが生まれる

など，他の競技にも波及効果を生んだ。

●1，2部制へ移行

1998(平成10)年に18チームまで膨れ上がったＪリーグは，1999(平成11)年，１部(Ｊ１)16チーム，２部(Ｊ２)10チームの１，２部制に移行した。Ｊ１の下位２チームとＪ２の上位２チームが自動的に入れ替える方式を採り，Ｊリーグ随一の人気チーム，浦和レッズが最終戦で２部落ちの決まるドラマもあった。

▲２部落ちとなった浦和レッズ。延長Ｖゴールを決めながらも遅すぎた得点にがっくり肩を落とす福田正博
©P.Kishimoto

●若手強化策が結実

この年６月，代表ははじめてコパ・アメリカ(南米選手権)に招待される栄誉を得た。トルシエ率いる新生代表にとっては格好の試金石となったが，パラグアイに０－４で完敗するなどグループリーグ１分け２敗でいいところなく敗退した。

トルシエは，オリンピック代表とユース代表の監督も兼任することになり，この両代表では好結果を残した。

日本ユース代表(20歳以下)は，トルシエがかつて代表チームの指揮を執ったナイジェリアで４月に開催されたワールドユース選手権で，見事準優勝に輝いた。オリンピックを含むFIFAの主催大会で日本が２位に入ったのははじめてという快挙だった。

その背景には，1996(平成８)年４月まで日本協会強化委員長を務めた加藤久が中心となってナショナル・トレーニングセンター制度を改革，全国から若い好選手を発掘し，継続的に育成するシステムを構築したこともあげられる。大会ベストイレブンに選ばれた小野伸二をはじめ，稲本潤一らメンバー５人は1994年のU-16(16歳以下)アジア選手権で初制覇を果たし，翌

▲ワールドユース・ナイジェリア大会決勝で０－４とスペインに大敗したが，FIFA主催の世界大会での決勝進出は快挙だった　©P.Kishimoto

▲シドニー五輪出場を決めたU-22日本代表イレブン　©P.Kishimoto

年のU-17(17歳以下)世界選手権にも出場していた。この事実が，若手強化策の成功を物語っている。

オリンピック代表も，2000年シドニー・オリンピックのアジア予選を順調に突破し，２大会連続６度目のオリンピック出場を果たした。

しかし，女子代表は夏の女子ワールドカップ(世界女子選手権)でグループリーグ敗退に終わり，シドニー・オリンピック出場を逃した。監督の宮内聡は退任。一時はプロ契約選手もいた日本の女子サッカーは，Lリーグからのクラブの撤退もあいつぎ，冬の時代を迎えてしまった。

●海外における日本選手の活躍

中田英寿のイタリアでの成功は日本選手に刺激を与え，海外志向を強めることにもなった。1998(平成10)年暮れには，三浦知良がクロアチアの名門クロアチア・ザグレブ(のちにディナモ・ザグレブと再度改名)に移籍。1999年６月には，ジュビロ磐田の名波浩がセリエAのベネチア入りし，2000年１月には，横浜F・マリノスの城彰二がスペイン１部リーグのバリャドリードに期限つきで移籍した。３人ともシーズン終了とともに日本に帰国したが，2000年12月には，西沢明訓がやはりスペイン１部リーグのエスパニョールに移籍するなど，代表クラスの海外移籍はつづいている。

アジア王者としてワールドカップへ

●ワールドカップ2002の会期

2002年ワールドカップの全体像も徐々に固まり，大会会期は2002年６月１日から30日の30日間とし，決勝戦は横浜市の横浜国際総合競技場で開催することになった。大会日程はその後，運営の都合からソウルでの開幕戦を１日早めて５月31日とすることに修正された。リハーサル大会として，各大陸連盟の代表チーム王者が争うFIFA公式戦，コンフェデレーションズカップは2001年５月30日から６月10日まで日本と韓国で開催され，世界王者フランスが制覇し，日本は準優勝に輝いた。

▲アジアカップ　２度目の優勝を果たした日本代表チーム　©P.Kishimoto

●トルシエ続投

2000(平成12)年前半は，６月で任期が切れるトルシエの去就が国民の一大関心事となった。４月末に解任を報じた一部報道を引き金に大騒動に発展したが，日本協会はトルシエとの契約延長を決定し，ワールドカップ本番まで指揮を委ねることにした。

任期延長を果たしたトルシエは，シドニー・オリンピックではグループリーグを突破したが，準々決勝でアメリカに２－２からのPK戦で屈し，ベスト８で終わった。

しかし，代表を率いた秋のアジアカップでは，初戦で強敵サウジアラビアに４－１で快勝するなど圧倒的な強さを見せつけ，決勝でもふたたびサウジアラビアを下して２度目の優勝を飾った。

日本代表はアジアでは無敵の存在として，20世紀最後の試合を終えた。開催国として迎える2002年ワールドカップを控え，2001年はＪリーグの合間を縫って欧州へ遠征し，アウェーでフランスには０－５で歴史的大敗を喫し，スペインにも０－１で惜敗した。しかし，コンフェデレーションズカップで

▲アジアカップ　日本－サウジアラビア　ストライカーとしての存在感を示した高原直泰　©P.Kishimoto

準優勝して自信を取り戻し，11月にはイタリア代表と1－1で引き分けるなど，着々と成熟の度を深めたようだ。

（名取裕樹）

主な日本選手の海外進出

1977年	奥寺　康彦	(古河電工)→ケルン(西ドイツ)
1982年	三浦　知良	(静岡学園)→サントス(ブラジル)
1983年	尾崎加寿夫	(三菱重工)→ビーレフェルト(西ドイツ)
1986年	風間　八宏	(筑波大出)→レバークーゼン(西ドイツ)
1994年	三浦　知良	(ヴェルディ川崎)→ジェノア(イタリア)
1998年	中田　英寿	(ベルマーレ平塚)→ペルージャ(イタリア)
	森山　泰行	(名古屋グランパス)→ヒット・ゴリツァ(スロベニア)
	前園　真聖	(ヴェルディ川崎)→サントス(ブラジル)
	三浦　知良	(ヴェルディ川崎)→ザグレブ(クロアチア)
1999年	菅原　智	(ヴェルディ川崎)→サントス(ブラジル)
	財前　宣之	(ヴェルディ川崎)→リエカ(クロアチア)
	松原　良香	(ジュビロ磐田)→リエカ(クロアチア)
	名波　浩	(ジュビロ磐田)→ベネチア(イタリア)
2000年	城　彰二	(横浜F・マリノス)→バリャドリード(スペイン)
	遠藤　昌浩	(清水エスパルス)→KVメケレン(ベルギー)
	武田　修宏	(ヴェルディ川崎)→スポルティボ・ルケーニョ(パラグアイ)
	西沢　明訓	(セレッソ大阪)→エスパニョール(スペイン)
2001年	広山　望	(ジェフ市原)→セロ・ポルテーニョ(パラグアイ)
	小野　伸二	(浦和レッズ)→フェイエノールト(オランダ)
	稲本　潤一	(ガンバ大阪)→アーセナル(イングランド)
	西沢　明訓	(セレッソ大阪)→ボルトン(イングランド)
	高原　直泰	(ジュビロ磐田)→ボカ・ジュニアーズ(アルゼンチン)
	川口　能活	(横浜F・マリノス)→ポーツマス(イングランド)

▲コンフェデレーションズカップ　日本－カナダ　ボールを奪うチャンスを狙う小野伸二　ⒸP.Kishimoto

▼コンフェデレーションズカップ決勝で0－1とフランスに敗れたもののW杯ホスト国として順調な仕上がりを見せ，フランスチームとともに表彰台に立つ選手らにも笑顔が見られた　ⒸP.Kishimoto

日本代表チームの足跡 4-2

A代表の足跡

日本代表の最初の国際試合は，1917(大正6)年の極東選手権。それから85年後の2002年，日本代表は日韓共催ワールドカップで世界に挑む。

アジア地域の大会からオリンピック，ユースなどの年代別の大会……すべては世界の頂点に立つワールドカップをめざしての戦いである。日本代表の挑戦の足跡をたどる。

▲第9回極東選手権　日本－中華民国
©アサヒ

極東選手権

フィリピン，中国，日本の3国が持ちまわりで開催していた大会で，〈極東オリンピック〉とも呼ばれていた。第1回大会は1913年，マニラで開かれた。1915年の上海大会を経て，1917年の第3回大会は日本(東京)で初開催された。

日本サッカー代表の初参加は第3回の日本大会。日本代表に推された東京高等師範チームは5月9日，東京・芝浦埋立地のグラウンドで中華民国とのはじめての国際試合に臨んだが，0－5の完敗。第2戦の対フィリピンは2－15の大敗だった。

サッカーは次の1919年マニラ大会を欠場，1921年(上海)は全関東選抜が代表となり，フィリピン，中華民国と対戦，1－3，0－4で連敗した。1923年(大阪)，1925年(マニラ)とつづけて参加したものの，勝星をあげることはできなかった。国際試合の初勝利は，1927年の第8回大会(上海)。早大の現役，OBのチーム〈WMW〉に補強選手を加えた代表チームが，中華民国に1－5で敗れた後のフィリピン戦で2－1の勝利を収めた。得点者は，竹腰重丸，鈴木重義。9連敗の後の初白星だった。

3年後の第9回大会(東京)は，はじめて日本協会選抜の代表チームが出場，フィリピンを7－2で下し，中華民国とは3－3で引き分け，日中両国が1位となり，日本としては初の優勝を遂げた。

極東大会は1934年第10回大会が最後となり，日本の目標は

極東選手権大会における日本の戦績

第3回	1917年	東京芝浦
中華民国	5-0	日本
フィリピン	15-2	日本
第5回	1921年	上海
フィリピン	3-1	日本
中華民国	4-0	日本
第6回	1923年	大阪
フィリピン	2-1	日本
中華民国	5-1	日本
第7回	1925年	マニラ
フィリピン	4-0	日本
中華民国	2-0	日本
第8回	1927年	上海
中華民国	5-1	日本
日本	2-1	フィリピン
第9回	1930年	東京
日本	7-2	フィリピン
日本	3-3	中華民国
第10回	1934年	マニラ
蘭領インド	7-1	日本
中華民国	4-3	日本
日本	4-3	フィリピン

▶ベルリン五輪　日本ースウェーデン
スウェーデンの猛攻をクリアでかわす日本選手　©共同

1936年ベルリン・オリンピックへと移っていった。

日本のオリンピック成績

1936年ベルリン大会（ベスト8）
1回戦
○3-2　スウェーデン
準々決勝
●0-8　イタリア
1956年メルボルン大会（1回戦敗退）
1回戦
●0-2　オーストラリア
1964年東京大会（ベスト8）
1次リーグ
○3-2　アルゼンチン
●2-3　ガーナ
準々決勝
●0-4　チェコスロバキア
1968年メキシコ大会（3位）
1次リーグ
○3-1　ナイジェリア
△1-1　ブラジル
△0-0　スペイン
準々決勝
○3-1　フランス
準決勝
●　0-5　ハンガリー
3位決定戦
○2-0　メキシコ
1996年アトランタ大会（1次リーグ敗退）
1次リーグ
○1-0　ブラジル
●0-2　ナイジェリア
○3-2　ハンガリー
2000年シドニー大会（ベスト8）
1次リーグ
○2-1　南アフリカ
○2-1　スロバキア
●0-1　ブラジル
準々決勝
△2-2　アメリカ（PK4-5）

オリンピック

1936年ベルリン大会

日本は1932年ロサンゼルス大会をめざしていたが，アマチュア資格問題でIOC(国際オリンピック委員会)とFIFA(国際サッカー連盟)が対立，サッカー競技が実施されなかったため，ベルリン大会がオリンピック初出場となった。

●優勝候補スウェーデンを破った〈ベルリンの奇跡〉

ベルリン大会のエントリー数は，16か国だったため地域予選の必要がなく，大会はトーナメント方式で行われた。

8月4日，日本は1回戦で優勝候補の筆頭にあげられていたスウェーデンに挑んだ。試合は前半，スウェーデンが評判どおりの強さで日本を防戦一方に追い込み，2－0とリードした。しかし後半，日本は猛烈な闘志で反撃に出て49分に川本泰三が1点差とし，58分には右近徳太郎が同点シュートを放った。

竹腰重丸コーチによると，追いつかれたスウェーデンは「全く焦り，しきりにシュートするがゴールすれすれに外すことが多くなり，GK佐野理平の奮戦も目覚しく，遂に得点できなかった」と記している(『スポーツ辞典x　サッカー』NHK編, 1961)。日本は終盤3点目を奪い,〈奇跡の逆転劇〉を演じるのだが，さらに竹腰コーチの記述を引用させていただく。

「終了5分前に挙げた日本の第3点は，彼らのGKを除くほとんど全員がハーフウェーラインを越えて，わが方を圧伏しようとしているとき，わが方の快速RW(松永行)に縦パスが出て，約50メートル独走の後，至近距離からGKの足の間を抜くシュートを放ったものである。」

「技術的に見れば，力と技術の劣勢を，敏捷かつ執拗に動き回

▲ベルリン五輪大会前に地元チームと練習試合をした日本チーム。写真右端は竹腰重丸　©共同

ることによってカバーし，圧伏するような彼らの巨躯に対しても捨て身に激突することによって対抗した。わが方の走行距離は，２倍近かったのではないかと思われる。」

●２回戦はイタリアに大敗

３日後の２回戦(準々決勝)の相手はイタリア。スウェーデン戦の疲労が取れない日本は，技巧に優れたイタリアに０－８の大敗を喫した。イタリアは最後に優勝を飾ったチームで，金メダル・メンバーの何人かは1938年ワールドカップ・フランス大会でも活躍した選手だった。

ベスト８の座についた日本は，帰途の船旅で寄港のたびに各国で大歓迎を受けたが，日本では〈ベルリンの奇跡〉はイタリア戦の大敗が影響，それほどの評価を受けなかったそうだ。

▲ベルリン五輪　日本－イタリア　激しい空中戦で競り合う日本のDF陣　©共同

1956年メルボルン大会，1960年のローマ大会

第２次世界大戦後，日本が最初に参加したオリンピックは1956年メルボルン大会。地域予選で韓国と戦い，第１戦２－０，第２戦０－２の１勝１敗からの抽選で勝ち，本大会出場権を獲得した。

トーナメント方式の本大会１回戦で，日本は地元オーストラリアに０－２の完敗。早々と姿を消した。

次の1960年のローマ大会は，地域予選で敗退。４年後の東京オリンピックへ向けて強化を図った。〈日本サッカーの恩人〉デットマール・クラマー・コーチ(西ドイツ)の長期にわたる指導で徐々に実力をつけ，東京オリンピックに臨んだ。

1964年東京大会

開催国の日本は，地域予選免除で本大会に出場。１次リーグはガーナ，アルゼンチンとともにD組に入った。D組には当初イタリアも加わっていたのだが，登録選手のアマチュア資格が問題となり，不参加となった。

クラマー・コーチの提言もあり，1962年に当時32歳の長沼健監督，31歳の岡野俊一郎コーチという若い指導陣に切り替わっていた日本は，10月14日，アルゼンチンと小雨まじりの肌寒い駒沢競技場で第1戦を行った。

アルゼンチンが先制したゲームは，日本が54分に杉山隆一の足を生かした攻撃で同点とし，アルゼンチンがふたたびリードを奪う展開。しかし81分，川淵三郎のダイビングヘッドで追いつき，82分には小城得達が勝ち越しゴールをあげ，3－2で南米の強豪から殊勲の白星をもぎ取った。

16日のガーナ戦は，12分杉山隆一，52分八重樫茂生と2点を取ったものの，3失点して敗れた。

この結果，①ガーナ1勝1分け，②日本1勝1敗，③アルゼンチン1分け1敗となり，日本のベスト8が決まった。

準々決勝でチェコスロバキアに0－4で敗れ，メダルへの道を断たれた日本だが，アルゼンチン戦の勝利は，4年後のメキシコ大会で生きることになる。

▲東京五輪　日本－アルゼンチン　小城得達の勝ち越しゴールで日本のベスト8が決まった　Ⓒ共同

1968年メキシコ大会

1967年秋，東京・国立競技場で開催されたアジア地域予選の日本は，韓国と死闘をくり広げ，3－3で引き分けたが，得失点差で上回りメキシコ行きの切符を入手した。

●初のベスト4入り

長沼監督，岡野コーチの指導陣は変わらず，スタンドで観戦

▲メキシコ五輪　日本ーフランス25分，釜本邦茂の先制ゴール　©共同

のクラマー・コーチは適切なアドバイスを送った。１次リーグB組の日本は，第１戦の対ナイジェリアを釜本邦茂のハットトリックで３－１と快勝。第２戦の対ブラジル１－１(得点者・渡辺正)，第３戦の対スペイン０－０と引き分けて，スペインにつぐ２位で決勝トーナメントへ進出した。

準々決勝の相手はフランス。釜本邦茂のゴールで先制したが，DF陣のミスから１点を返され，前半は１－１で終わった。後半に入ると日本の攻撃がさえ，釜本邦茂が勝ち越し，渡辺正がとどめを刺し，３－１と会心の勝利を記録，史上初のベスト４進出を果たした。

準決勝は前回の東京大会金メダリスト，ハンガリーとの対戦。メキシコで３度目の優勝をねらう強敵には歯が立たず，０－５の大敗を喫した。

●銅メダル獲得の快挙

だが日本には，まだ銅メダルのチャンスが残されていた。メキシコとの３位決定戦(10月24日)は，釜本邦茂の決定力がものをいった。17分，39分に杉山隆一と釜本邦茂のコンビで２点を奪い，見事な勝利を飾った。釜本邦茂は通算得点を７とし，大会得点王のタイトルを獲得。日本はまたフェアプレー賞にも輝き，銅メダルに花を添えた。決勝はハンガリーがブルガリアを４－１で下した。

メキシコ後の日本は，長い停滞期に入ってしまう。1972年ミュンヘン大会から1988年ソウル大会まで地域予選を突破できず，1992年バルセロナ大会からオリンピックが23歳以下の大会となったため，A代表のオリンピック本大会出場は，1968年メキシコ大会が最後となった。

▲メキシコ五輪銅メダル

▲メキシコ五輪表彰式　銅メダルを獲得した日本チーム　©P.Kishimoto

1996年アトランタ大会

23歳以下の日本オリンピック代表チームは，1992年バルセロナ大会地域予選で敗退したものの，次の1996年アトランタ大会予選を突破，28年ぶりの本大会出場を果たした。

アトランタ大会は３人までオーバーエージの選手を加えることが認められたが，日本は西野朗監督の下，全員Ｊリーグ所属の23歳以下の選手でチームを編成した。

●サッカー超大国ブラジルに勝利

１次リーグD組の日本は，７月21日の初戦にいきなりオリンピック優勝をめざす〈サッカー超大国〉ブラジルと対戦した。組織的な守備とカウンターアタックの日本が，72分にチャンスをつかんだ。中盤でボールを奪い，左サイドの路木龍次からのクロスを中央に走り込んだ城彰二がDFと競り合う。ブラジルのGKとDFが交錯し，こぼれたボールを伊東輝悦が決め，１－０とした。試合はそのまま動かず，日本が公式戦ではじめてブラジルを破った。

このニュースに日本中が沸き立ち，〈歴史的勝利〉と新聞の号外まで出された。しかし，日本は第２戦の対ナイジェリアに０－２の黒星。グループ最終戦の対ハンガリーは，前園真聖の２ゴールと上村健一の１ゴールで３－２と２勝目をあげた。

D組はハンガリーが全敗，他の３チームが２勝１敗で並び，得失点差で，①ブラジル，②ナイジェリア，③日本となり，上位２チームが準々決勝へ進出した。日本はブラジルを破る殊勲の星をあげながらも，１次リーグ落ちの悲哀を味わったのである。

▼アトランタ五輪　日本－ブラジル　厳しいマークを受けながらボールを支配する伊東輝悦。決勝点をあげる活躍だった　©P.Kishimoto

●日本代表チームの足跡

１次リーグでブラジルに敗れたナイジェリアは，準決勝のブラジルとの再戦に４－３の勝利を収め，決勝ではアルゼンチンを３－２で破ってオリンピック初制覇をやってのけた。

2000年シドニー大会

アトランタにつづいて本大会出場権を獲得した日本は，この大会でも採用された〈３人のオーバーエージ枠〉を活用した。フィリップ・トルシエ監督は，代表18選手の中にGK楢崎正剛(24)，DF森岡隆三(24)，MF三浦淳宏(26)を選出したのである。また，イタリアのローマでプレーしている中田英寿(23)を呼び戻し，最強と思われるオリンピック代表チームを編成した。

本大会１次リーグD組の日本は，９月14日の第１戦，対南アフリカを高原直泰の２ゴールで２－１の逆転勝ち。第２戦も中田英寿と稲本潤一のゴールで２－１と２連勝した。グループリーグの最終戦は対ブラジル。

アトランタ大会の雪辱を期すブラジルは５分に早々と先制，そのまま押し切って１－０の白星をマークした。この結果，D組は２勝１敗，得失点差も同じブラジルと日本が上位を占めた。１，２位の決定は総得点の差で決められることになり，５のブラジルが首位，４の日本が２位となった。

準々決勝に進んだ日本はアメリカと対戦。柳沢敦と高原直泰の２FWが１点ずつを取ったもののアメリカにも２点を許し，PK戦の勝負にもつれ込んだ。日本は４人目のエース中田英寿がまさかの失敗，アメリカは５人全員が成功，勝負は５－４で決着した。日本は1968年メキシコ大会の銅メダル以上の成績という野望を断たれた。

アメリカは準決勝でスペインに敗れ，スペインは決勝でカメルーンに２－２後のPK戦で敗れた。カメルーンは初優勝だった。

▲シドニー・オリンピック　日本ースロバキア　後半22分，中田英寿が頭で飛び込み先制のゴール　©共同

▼シドニー五輪　日本ーアメリカ　先制ゴールを決めた柳沢敦　©共同

アジア大会

４年に一度，オリンピックの中間年に開催される総合競技会。第１回大会は1951年にニューデリーで行われたが，1954年の第２回マニラ大会以降はきちんと４年ごとに開かれている。

第２次世界大戦後，日本代表チームがはじめて国際大会の舞台に立ったのが1951年３月，ニューデリーで開催された第１回アジア大会だった。サッカーは６チーム参加で，二宮洋一監督率いる日本は２回戦（準決勝）から登場，初戦の対イランを０－０で引き分けた。再戦は２－３で惜敗，決勝進出を果たせず，３位決定戦でアフガニスタンを２－０で下した。

第２回のマニラ大会は，１次リーグC組でインドネシア，インドと対戦，２戦２敗で敗退。1958年の第３回東京大会もフィリピン，香港に連敗，１次リーグC組の３チーム中３位に終わった。

1962年の第４回ジャカルタ大会でまた１次リーグ落ちした日本は，1966年の第５回バンコク大会に東京オリンピック（1964年）ベスト８とほぼ同じメンバーで臨んだ。実力的には優勝を狙えるチームと見られていたのだが，準決勝でイランに敗れ，３位にとどまった。

以後の日本は，第６回大会で４位に入ったものの，それ以上の成績を収められず，1994年の広島大会も準々決勝で韓国に敗れた。

それまでA代表（フル代表）で参加していた日本は，1998年の第13回バンコク大会に2000年シドニー・オリンピックをめざす21歳以下の代表チームを送り，１次リーグを無失点の２戦２勝で突破した。しかし，２次リーグはクウェートから白星を

▲第５回バンコク大会　日本－マレーシア　ジャンピングシュートでゴールを狙う桑原楽之　©共同

▼第１回ニューデリー大会　日本－イラン　延長引き分け，再試合の激戦の末２－３で敗れた　©共同

あげただけで，韓国，アラブ首長国連邦(UAE)にベスト８進出を阻まれた。

日本のアジア大会成績

回数	開催年	開催地	日本成績	優勝チーム
第１回	1951年	ニューデリー	3位	インド
第２回	1954年	マニラ	C組3位	台湾
第３回	1958年	東京	C組3位	台湾
第４回	1962年	ジャカルタ	B組3位	インド
第５回	1966年	バンコク	3位	ビルマ
第６回	1970年	バンコク	4位	韓国・ビルマ
第７回	1974年	テヘラン	C組3位	イラン
第８回	1978年	バンコク	C組3位	韓国・北朝鮮
第９回	1982年	ニューデリー	ベスト8	イラク
第10回	1986年	ソウル	D組3位	韓国
第11回	1990年	北京	ベスト8	イラン
第12回	1994年	広島	ベスト8	ウズベキスタン
第13回	1998年	バンコク	2次2組3位	イラン

アジアカップ

1956年に創設されたアジアのチャンピオン国を決める大会である。第１回大会の決勝大会は香港で開催され，韓国が優勝した。

韓国は次の地元での1960年大会にも優勝した。第３回大会はイスラエルが勝ち，その後は中東勢が勝ちつづけた。とくにイランは，第４～６回大会に３連覇して最多優勝記録を誇っている。

日本はこの大会を重視せず，1968年の第４回イラン大会に初参加した。しかし，地区予選に出場したのはB代表で，成績も２位に終わり，決勝大会へ進めなかった。予選をはじめて突破したのは1988年の第９回大会。３度目の参加の日本代表は学生を中心としたBチームだったが，マレーシアでの予選でクウェートにつぐ２位に入り，カタールの首都ドーハでの決勝大会に臨んだ。グループリーグA組の日本はイランと０－０，韓国に０－２，UAEに０－１，カタールに０－３と１分け３敗の成績でリーグ戦敗退となった。

●第10回広島大会で優勝

４年後の第10回大会は広島で行われた。開催国の日本は，前回優勝のサウジアラビアとともに予選を免除され，広島の決勝大会へ出場した。オランダ人のハンス・オフト監督の下，日本は最強チームを編成，１次リーグはA組でアラブ首長国連邦(UAE)，朝鮮民主主義人民共和国(北朝鮮)，イランと戦った。

▲第10回広島大会　初優勝を果たし，サポーターの声援に応える日本代表イレブン　©P.Kishimoto

▲第12回レバノン大会　日本－サウジアラビア　スキルフルなボール扱いで相手を翻弄する中村俊輔　©P.Kishimoto

▲第12回レバノン大会　２度目の優勝を果たした日本。カップを掲げる森岡隆三　©P.Kishimoto

２戦２分け後のリーグ最終戦の対イランを三浦知良の決勝ゴールで１－０の勝利を飾り，初のベスト４に進出した。

準決勝の相手は中国。70分，中国に２－２とされた日本は，84分に中山雅史が勝ち越しゴールを決め，３－２で３連覇をねらうサウジアラビアとの決勝戦へと勝ち進んだ。11月８日の決勝は，日本が36分の高木琢也の得点を守りきり，アジアナンバーワンの座についた。

●第12回レバノン大会でふたたび頂点へ

1996年の第11回UAE大会は，サウジアラビアがイランと並ぶ３度目の優勝を成し遂げ，日本はベスト８止まり。しかし，2000年の第12回レバノン大会で，日本はふたたびアジアの頂点に立った。

レバノン大会の予選は10組に分かれて行われ，フランス人のフィリップ・トルシエ監督率いる日本は，10組でシンガポール，マカオ，ブルネイに３戦全勝，得点15，失点０の圧勝で決勝大会出場権を獲得した。決勝大会は12チームが４チームずつ３組の１次リーグを経て，各組上位２チームと３位のうち成績のよい２チームの計８チームが準々決勝へ進む方式でくり広げられた。

決勝大会１次リーグC組の日本は，サウジアラビアに４－１，ウズベキスタンに８－１と大勝してベスト８一番乗りを果たした。１次最終戦の対カタールは１－１で引き分けたものの，C組の首位を占めた。準々決勝はA組２位のイラクを４－１で下し，準決勝はB組１位の中国に１－２とされた後，西沢明訓，明神智和の２ゴールで３－２の逆転勝を収めた。10月29日の決勝は，ふたたびサウジアラビアとの対決。30分の望月重良の決勝点で１－０の勝利。２度目の優勝を成し遂げた。大会の最優秀選手には，MFの名波浩が選ばれた。

日本のアジアカップ成績

回数	開催年	開催地	日本成績	優勝チーム
第１回	1956年	香港	不参加	韓国
第２回	1960年	韓国	不参加	韓国
第３回	1964年	イスラエル	不参加	イスラエル
第４回	1968年	イラン	予選敗退	イラン
第５回	1972年	タイ	不参加	イラン
第６回	1976年	イラン	予選敗退	イラン
第７回	1980年	クウェート	不参加	クウェート
第８回	1984年	シンガポール	不参加	サウジアラビア
第９回	1988年	カタール	A組5位	サウジアラビア
第10回	1992年	広島	優勝	日本
第11回	1996年	UAE	ベスト8	サウジアラビア
第12回	2000年	レバノン	優勝	日本

(注)UAEはアラブ首長国連邦

ダイナスティカップ

日本，中国，韓国を中心に東アジアの代表チームが競う大会で，第１回大会は1990年に北京で開催された。日中韓３国に北朝鮮が加わっての４か国対抗戦は韓国が優勝。日本(横山謙三監督)は，０－２韓国，０－１中国，０－１北朝鮮と３戦３敗でリーグ戦最下位だった。リーグ戦１位韓国と２位中国の決勝は，１－１からのPK戦で韓国が勝った。

●第2回北京大会で初優勝

1992年の第２回大会も４か国が参加して北京で行われた。日本(ハンス・オフト監督)は，第１戦の対韓国を０－０で引き分けた後，第２戦の対中国は福田正博，高木琢也の２ゴールで２－０と快勝。第３戦の対北朝鮮は福田，高木(２)のほか三浦知良のゴールで４－１の勝利を収めた。リーグ戦１位日本と２位韓国による８月29日の決勝は，日本の中山雅史と高木が２点をあげたものの，２－２の同点からPK戦に持ち込まれ，日本が４－２で勝った。日本のA代表チームとしては，海外の公式戦初の優勝だった。

日本は1995年の第３回大会(香港)でも韓国にPK戦で勝ち，２連覇を成し遂げた。同大会は北朝鮮の代わりに香港が出場，これまでと同じ４チームの対抗戦となった。リーグ戦の日本(加茂周監督）の第１戦は対香港。黒崎比差支(２)，柱谷哲二のゴールで３－０と楽勝した。第２戦の対韓国は１－１で引き分けたが，中国には藤田俊哉と黒崎の得点で２－１の白星をあげて，決勝へ進出した。韓国とのこの大会２度目の対決は２－２

▲第４回横浜・東京大会　日本－香港
鋭い前線への切り込みを見せる名良橋晃
©P.Kishimoto

▲3連覇を達成した日本。全勝はならず，得失点差で逃げ切った優勝だった。表彰式での日本チーム　©P.Kishimoto

(日本の得点は福田，山口素弘)で引き分け。PK戦5－3で決着した。

●第4回大会で3連覇達成

1998年の第4回大会は，横浜国際総合競技場と東京・国立競技場を会場に，総当たりリーグ戦だけで優勝を決める方式でくり広げられた。日本(岡田武史監督)は，韓国に中山，城彰二の2ゴールで2－1の白星スタートを切った。第2戦も香港を5－1と圧倒した。しかし，最終戦の対中国は0－2の黒星を喫し，リーグ戦は日本，中国，韓国がいずれも2勝1敗で終わった。このため，得失点差で順位を決定することになり，プラス3の日本が2の中国，1の韓国を抑えて3連覇を達成した。

ダイナスティカップ成績

回数	開催年	開催地	1位	2位	3位	4位
第1回	1990年	北京	韓国	中国	北朝鮮	日本
第2回	1992年	北京	日本	韓国	北朝鮮	中国
第3回	1995年	香港	日本	韓国	中国	香港
第4回	1998年	横浜・東京	日本	中国	韓国	香港

コンフェデレーションズカップ

各大陸のチャンピオン・チームが出場する大会で，前身は1992年にサウジアラビアで開催されたインターコンチネンタル選手権。1997年大会からFIFAの主催となり，〈コンフェデレーションズカップ〉と改名された。

1992年アジア・チャンピオンの日本は，1995年の第2回大

▲コンフェデレーションズカップ　日本ーブラジル　ワールドカップ開催に向け意識の高まりを見せる日本代表イレブン　©P.Kishimoto

▲コンフェデレーションズカップ　日本－オーストラリア　中盤でボールを支配する戸田和幸（中央左）と中田英寿（中央右）　©P.Kishimoto

会に招待されたが，グループリーグB組でナイジェリア(０－３)，アルゼンチン(１－５，得点者・三浦知良)に連敗した。決勝は欧州，南米チャンピオンの対決となり，デンマークが２－０でアルゼンチンを下した。

●2001年大会－決勝の対戦相手はフランス

日本の２度目の出場は，2002年ワールドカップのプレ大会として日韓両国で開かれた2001年コンフェデレーションズカップ。同大会には日韓両国のほか，欧州チャンピオンのフランスなどが参加，４チームずつ２組のリーグ戦の上位各２チームが準決勝へ進む方式で行われた。

2000年アジアカップ覇者の日本(フィリップ・トルシエ監督)は，南米チャンピオンのブラジルとともにB組で戦った。日本の第１戦は対カナダ(新潟)。０－０の57分，小野伸二のFKからの直接ゴールで先制した日本は，西沢明訓，森島寛晃が追加して３－０と会心の勝利を飾った。次のカメルーン戦(新潟)も鈴木隆行の２得点で２－０の白星。リーグ最終戦の対ブラジル(カシマ)は０－０で引き分けてB組首位を確保した。以下，B組の順位は②ブラジル１勝２分け③カメルーン１勝２敗④カナダ１分け２敗となった。

韓国で行われたA組は①フランス２勝１敗(得失点差８)②オーストラリア２勝１敗(同２)③韓国２勝１敗(同３)④メキシコ３敗の順で，準決勝の組み合わせは日本対オーストラリア，フランス対ブラジルと決まった。

横浜国際総合競技場での日本－オーストラリア戦は，日本が中田英寿のFKからの見事なゴールを守りきり，１－０と雨中戦を制した。韓国・水原(スウォン)ではフランスが２－１でブラジルを振

▲コンフェデレーションズカップ　日本－ブラジル　ヘディングで競り合う服部年宏　©P.Kishimoto

り切った。3位決定戦(韓国・蔚山)は，オーストラリアがブラジルを1－0で破り，翌6月10日に横浜国際総合競技場で日本－フランスの決勝戦が行われた。1998年フランス・ワールドカップ優勝のフランスの力はやはり日本を上回っていた。パトリック・ビエラに決勝ゴール(30分)を奪われ，0－1で敗れた。

2001年コンフェデレーションズカップ成績

1次リーグA組

フランス	5-0	韓国
メキシコ	0-2	オーストラリア
オーストラリア	1-0	フランス
韓国	2-1	メキシコ
フランス	4-0	メキシコ
韓国	1-0	オーストラリア

1.フランス …………… 勝点6(+8)
2.オーストラリア …… 勝点6(+2)
3.韓国 …………………… 勝点6(－3)
4.メキシコ …………… 勝点0

1次リーグB組

ブラジル	2-0	カメルーン
日本	3-0	カナダ
カナダ	0-0	ブラジル
カメルーン	0-2	日本
ブラジル	0-0	日本
カメルーン	2-0	カナダ

1.日本 ………………………… 勝点7
2.ブラジル …………………… 勝点5
3.カメルーン ……………… 勝点3
4.カナダ ……………………… 勝点1

決勝トーナメント

優勝・フランス

決勝：日本 0 － 1 フランス
準決勝：日本 1 － 0 オーストラリア
準決勝：フランス 2 － 1 ブラジル

3位決定戦
オーストラリア　1-0　ブラジル

ワールドカップ

日本がはじめて地域予選にエントリーしたのは1938年フランス大会。しかし，日中戦争(日支事変)の影響で参加を取りやめ，オランダ領東インド(現・インドネシア)が決勝大会(本大会)に出場した。

実際に地域予選を戦った最初の大会は，1954年スイス大会である。相手は韓国。1954年3月，東京で2試合が行われた。第1戦は長沼健が日本のワールドカップ予選第1号ゴールを記録したものの，1－5で敗れた。第2戦は2－2で引き分け，アジア代表の座を韓国に奪われた。

●本大会への苦難の道のり

それからの日本は，本大会への長い苦難の道を歩むことになる。オリンピックとの兼ね合いなどから1958年スウェーデン大会，1966年イングランド大会にはエントリーせず，1970年メキシコ大会からは欠かさず参加するようになったが，本大会出場権獲得は1998年フランス大会まで待たなければならなかった。

地域予選の初勝利は，1974年大会の南ベトナム戦(1973年5月・ソウル)。しかし，その後は白星をなかなかあげられず，1982年スペイン大会予選でようやく2勝した。本大会を目前にしたのは，1985年にホーム・アンド・アウェーでくり広げられた1986年メキシコ大会予選(森孝慈監督)。無敗で韓国とのアジア代表決定戦にまでたどり着いたのだが，東京，ソウルの

▲ワールドカップ・メキシコ大会最終予選　日本－韓国(上)ドリブル突破を図る水沼貴史，(下)最後の反撃に思わず両手を握りしめるGK松井清隆

２戦いずれも１点差で敗れ，またも夢をかなえることはできなかった。

●1994年アメリカ大会予選－ドーハの悲劇

次に最終予選へ勝ち進んだのは1994年アメリカ大会。1993年10月，カタールのドーハで集中開催されたアジア２代表を決定するリーグ戦に臨んだ日本(ハンス・オフト監督)は，サウジアラビアと０－０，イランに１－２と出足はさえなかった。だが，北朝鮮戦(３－０)，韓国戦(１－０)に連勝。最終戦の対イラクに勝てばアメリカ行きが決まるはずだった。イラク戦は１－１から中山雅史の勝ち越しゴールで２－１とし，ロスタイムに入った。ここでまさかの失点をし，ついに２－２の引き分け。同時進行の韓国－北朝鮮で韓国が３－０の白星をマーク得失点差で韓国にアメリカ行きの切符をさらわれたこのゲームは，〈ドーハの悲劇〉と語り継がれることになった。最終成績は，①サウジアラビア２勝３分け②韓国２勝２分け１敗，得失点差5③日本２勝２分け１敗，得失点差３。

▲W杯アメリカ大会最終予選　日本－イラク　ロスタイムで失点，引き分けとなり本大会出場を逃した日本。顔を覆いながら引き上げる柱谷哲二 ©P.Kishimoto

●1998年フランス大会予選

４年後の1998年フランス大会予選の日本は，加茂周監督の下，1997年３月にオマーンの首都マスカットで世界の檜舞台へのスタートを切った。マスカット，東京両都市開催の１次予選４組の日本は，５勝１分けの首位で最終予選B組へ進出。韓国とは１勝１敗だったが，カザフスタン，ウズベキスタン，UAE戦で計４分けを記録したのが響き，韓国に首位の座を譲り２位にとどまった。加茂監督は，敵地アルマトイでカザフスタンと１－１と引き分けた後，更迭され，岡田武史コーチが以後の試合の指揮をとった。

最終予選A，B両組の首位が本大会出場権を獲得，２位チーム同士が第３代表の座を争う方式だったため，日本は11月にマレーシアのジョホールバルでA組２位のイランと戦うことになった。試合は2－2からの延長戦にもつれ込む接戦となり，日本が岡野雅行の劇的なVゴールで勝ち，はじめてワールドカップ本舞台への出場権を獲得した。

▼W杯フランス大会初出場を決め，喜ぶ日本チーム　©P.Kishimoto

1998年ワールドカップ1次リーグH組勝敗表

	ア	ク	ジ	日	勝	分	敗	得	失	点
①アルゼンチン		○ 1-0	○ 5-0	○ 1-0	3	0	0	7	0	9
②クロアチア	● 0-1		○ 3-1	○ 1-0	2	0	1	4	2	6
③ジャマイカ	● 0-5	● 1-3		○ 2-1	1	0	2	3	9	3
④日本	● 0-1	● 0-1	● 1-2		0	0	3	1	4	0

ワールドカップ日本メンバー

第1戦（対アルゼンチン）	第2戦（対クロアチア）	第3戦（対ジャマイカ）
GK 川口　能活	GK 川口　能活	GK 川口　能活
DF 井原　正巳	DF 井原　正巳	DF 井原　正巳
秋田　豊	秋田　豊	秋田　豊
中西　永輔	中西　永輔	小村　徳男
MF 相馬　直樹	MF 相馬　直樹	MF 相馬　直樹
名良橋　晃	名良橋　晃	名良橋　晃
山口　素弘	山口　素弘	山口　素弘
名波　浩	名波　浩	名波　浩
中田　英寿	中田　英寿	中田　英寿
FW 中山　雅史	FW 中山　雅史	FW 中山　雅史
城　彰二	城　彰二	城　彰二
交代	交代	交代
呂比須ワグナー（中山）	岡野　雅行（中山）	呂比須ワグナー（城）
平野　孝（相馬）	森島　寛晃（名良橋）	平野　孝（小村）
	呂比須ワグナー（名波）	小野　伸二（名波）

●はじめてのワールドカップ

1954年大会の初挑戦から44年目の悲願達成となった1998年フランス大会での日本は，アルゼンチン，クロアチア，ジャマイカとともに１次リーグH組に入った。

第１戦は６月14日，トゥールーズでのアルゼンチン戦。日本は序盤から攻勢に出たものの，28分，バティストゥータに先制ゴールを奪われ，そのまま押し切られた。デビュー戦を０－１で落とした岡田監督は「ワールドカップは内容でなく結果。少なくとも引き分けることができなくて残念だ」と悔しさをむき出しにした。

６月20日，ナントでの第２戦は初出場ながら技巧に優れたチームとして知られるクロアチアとの試合。積極的にアタックをかけたが，77分に中盤のパスミスから失点し，またもや０－１の黒星を喫した。

なんとか１ゴール，１勝をと意気込んで臨んだグループリーグ最終戦の対ジャマイカ（６月26日・リヨン）だったが，39分にDF陣の乱れをつかれて１点を失い，さらに54分にも追加点を許してしまった。79分，中山雅史が日本のワールドカップ・ゴール第１号を記録したものの，１－２で敗れた。３戦３敗，得点１，失点４の成績で日本のはじめてのワールドカップは終わった。

▲W杯フランス大会　日本－クロアチア　ボールをフィードする中西永輔　©P.Kishimoto

▼W杯フランス大会　日本－ジャマイカ　後半６分，呂比須ワグナーが折り返したボールを中山雅史がボレーシュートでW杯初得点を決めた　©共同

日本のワールドカップ予選成績

年月日	勝敗	相手チーム	試合地
1938年フランス大会			
棄権			
1954年スイス大会			
1954.03.07	● 1-5	韓国	東京
03.14	△ 2-2	韓国	東京
(韓国が本大会へ)			
1962年チリ大会			
1960.11.06	● 1-2	韓国	ソウル
1961.06.11	● 0-2	韓国	東京
(ユーゴスラビアが韓国を下して本大会へ)			
1970年メキシコ大会			
1969.10.10	● 1-3	オーストラリア	ソウル
10.12	△ 2-2	韓国	ソウル
10.16	△ 1-1	オーストラリア	ソウル
10.18	● 0-2	韓国	ソウル
(イスラエルがアジア・オセアニア代表に)			
1974年西ドイツ大会			
1973.05.16	● 1-2	イスラエル	ソウル
05.20	○ 4-0	南ベトナム	ソウル
05.22	● 0-1	香港	ソウル
05.26	● 0-1	イスラエル	ソウル
(オーストラリアがアジア・オセアニア代表に)			
1978年アルゼンチン大会			
1977.03.06	● 0-2	イスラエル	テルアビブ
03.10	● 0-2	イスラエル	テルアビブ
03.26	△ 0-0	韓国	東京
04.03	● 0-1	韓国	ソウル
(イランがアジア・オセアニア代表に)			
1982年スペイン大会			
1980.12.22	○ 1-0	シンガポール	香港
12.26	● 0-1	中国	香港
12.28	○ 3-0	マカオ	香港
12.30	● 0-1	北朝鮮	香港
(クウェート，ニュージーランドがアジア・オセアニア代表に)			
1986年メキシコ大会			
1985.02.24	○ 3-1	シンガポール	シンガポール
03.21	○ 1-0	北朝鮮	東京
04.30	△ 0-0	北朝鮮	ピョンヤン
05.18	○ 5-0	シンガポール	東京
08.11	○ 3-0	香港	神戸
09.22	○ 2-1	香港	香港
10.26	● 1-2	韓国	東京
11.03	● 0-1	韓国	ソウル
(韓国，イラクがアジア代表に)			
1990年イタリア大会			
1989.05.22	△ 0-0	香港	香港
05.28	△ 0-0	インドネシア	ジャカルタ
06.04	○ 2-1	北朝鮮	東京
06.11	○ 5-0	インドネシア	東京
06.18	△ 0-0	香港	神戸
06.25	● 0-2	北朝鮮	ピョンヤン
(韓国，UAEがアジア代表に)			
1994年アメリカ大会			
1993.04.08	○ 1-0	タイ	神戸
04.11	○ 8-0	バングラデシュ	東京
04.15	○ 5-0	スリランカ	東京
04.18	○ 2-0	UAE	東京
04.28	○ 1-0	タイ	ドバイ
04.30	○ 4-1	バングラデシュ	ドバイ
05.05	○ 6-0	スリランカ	ドバイ
05.07	△ 1-1	UAE	ドバイ
10.15	△ 0-0	サウジアラビア	ドーハ
10.18	● 1-2	イラン	ドーハ
10.21	○ 3-0	北朝鮮	ドーハ
10.25	○ 1-0	韓国	ドーハ
10.28	△ 2-2	イラク	ドーハ
(サウジアラビア，韓国がアジア代表に)			
1998年フランス大会			
1997.03.23	○ 1-0	オマーン	マスカット
03.25	○ 10-0	マカオ	マスカット
03.27	○ 6-0	ネパール	マスカット
06.22	○ 10-0	マカオ	東京
06.25	○ 3-0	ネパール	東京
06.28	△ 1-1	オマーン	東京
09.07	○ 6-3	ウズベキスタン	東京
09.19	△ 0-0	UAE	アブダビ
09.28	● 1-2	韓国	東京
10.04	△ 1-1	カザフスタン	アルマトイ
10.11	△ 1-1	ウズベキスタン	タシケント
10.26	△ 1-1	UAE	東京
11.01	○ 2-0	韓国	ソウル
11.08	○ 5-1	カザフスタン	東京
11.16	○ 3-2	イラン	ジョホールバル
(サウジアラビア，韓国，日本，イランがアジア代表に)			

23歳以下代表の足跡

かつてはジュニア代表ともいわれていたが，現在は23歳以下代表の呼称が一般的である。この年代の主要な世界大会はオリンピックだが，A代表の項ですでに触れているのでここではマラハリム・カップと大学生の大会であるユニバーシアードについて記す。

マラハリム・カップ

インドネシア・スマトラ島北部のメダンで開催の国際大会〈マラハリム・カップ〉に日本のジュニア代表(23歳以下)がはじめて参加したのは1974年だった。平木隆三監督の下，日本リーグ(JSL)の若手と学生でチームを編成。準決勝までの５試合を全勝で快進撃した日本は，４月５日の決勝で地元メダンと対戦した。試合は延長戦を終わっても０－０で決着せず，勝負はPK戦に持ち込まれた。日本は最初のキッカーが失敗したものの，３－３から５人目の須佐耕一主将(古河電工)が決めて４－３で勝った。海外の国際大会で日本の代表チームが優勝したのはこのジュニア代表がはじめてだった。

日本は1988年にも同大会に出場した。山口芳忠監督率いる代表チームは18歳から25歳までのJSLの若手で編成された。大会にはハンガリー21歳以下代表など欧州のチームも参加。日本はグループリーグB組を３戦３勝で勝ち抜き，準決勝ではインドネシア23歳以下代表を４－０で下し，６月４日のメダンとの決勝へ進んだ。決勝の日本は黒崎久志(本田)のゴールで先制，望月聡(日本鋼管)，辻谷浩幸(三菱)が追加点して３－１で勝ち，２度目の優勝を遂げた。

ユニバーシアード

〈学生のオリンピック〉といわれるユニバーシアード大会のサッカー競技は，1985年の神戸大会から正式種目となった。同大会のサッカーには12チームが参加，グループリーグD組の日本(山口芳忠監督)はアメリカ，フランスにいずれも２－０で勝ちベスト８へ進出。準々決勝のメキシコ戦も３－１の勝利を収めたが，準決勝で北朝鮮に０－１，３位決定戦で中国に２－４と敗れ，４位にとどまった。

●1995年福岡大会で金メダル獲得

しかし，10年後の1995年８～９月に福岡で開催されたユニバーシアードでは初優勝を飾った。宇野勝監督率いる日本は，グループリーグA組でカナダと１－１と引き分けたものの，スロバキアを５－２，南アフリカを３－２で退け首位で決勝トー

ユニバーシアード成績

1985年　神戸
　優勝・北朝鮮　　日本・４位
1987年　ザグレブ（現クロアチア）
　優勝・ソ連　　日本・８位
1989年　サッカー実施されず
1991年　シェフィールド（英国）
　優勝・韓国　　日本・８位
1993年　バファロー（アメリカ）
　優勝・チェコ　　日本・５位
1995年　福岡
　優勝・日本
1997年　シチリア（イタリア）
　優勝・イタリア　日本・９位
1999年　パルマ（スペイン）
　優勝・スペイン　日本・13位
2001年　北京
　優勝・日本

▲ユニバーシアード神戸大会　日本－北朝鮮　相手プレッシャーを払いのけボールを支配する浅岡朝泰

▼ユニバーシアード福岡大会　韓国を下し，初優勝を飾った日本 ©P.Kishimoto

ナメントへ進んだ。準々決勝のオーストラリア戦は４－０と楽勝，優勝候補ロシアとの準決勝は苦戦したが１－０でものにした。決勝は韓国との対決。開始早々の１分に望月重良(筑波大)がゴール前の混戦から押し込み先制，52分には石丸清隆が追加して２－０と快勝した。世界規模の大会での金メダル獲得は，日本にとって史上初の快挙だった。

2001年の北京大会でも日本(瀧井敏郎監督)は準決勝で韓国の猛攻に耐え，１－０の勝利。決勝も前半の羽生直剛(筑波大)のゴールを守り切り，ウクライナを１－０で下して３大会ぶり２度目の優勝を遂げた。

20歳以下代表の足跡

ユース年代の世界選手権がはじめて開かれたのは1977年。開催地にはアフリカのチュニジアが選ばれ，ソ連が優勝した。日本の初参加は1979年の日本大会だったが，１次リーグ２分け１敗で決勝トーナメント進出を果たせなかった。日本大会ではディエゴ・マラドーナ，ラモン・ディアスを擁するアルゼンチンが圧勝した。

20歳以下日本代表の２度目の世界選手権出場は，1995年カタール大会。１次リーグを１勝１分け１敗で突破したものの，準々決勝でブラジルに惜敗した。次の1997年マレーシア大会もベスト８にとどまったが，フィリップ・トルシエ監督率いる1999年ナイジェリア大会の日本は決勝戦進出の快挙をやってのけた。

高原直泰，稲本潤一，小野伸二，小笠原満男らの日本は高原，永井雄一郎のゴールでウルグアイを２－１で破り，決勝戦では

▲ワールドユース東京大会　初優勝を果たし，カップを手にウイニングランをするマラドーナとアルゼンチン選手たち

スペインに０－４で敗れはしたものの，FIFA主催の世界大会ではははじめての好成績を収めた。

現在ではワールドユース選手権の予選となっているアジアユース選手権は1959年から行われており，日本は第１回大会から参加している。しかし優勝の経験はなく，２位が最高の成績となっている。アジアユースがワールドユース選手権の予選を兼ねるようになったのは1980年の第22回大会からで，19歳以下の大会として行われている。

日本のワールドユース選手権成績

1979年日本大会（1次リーグ敗退）
1次リーグ
●0-1　スペイン
△0-0　アルジェリア
△1-1　メキシコ

1995年カタール大会（ベスト8）
1次リーグ
△2-2　チリ
●1-2　スペイン
○2-0　ブルンジ
準々決勝
●1-2　ブラジル

1997年マレーシア大会（ベスト8）
1次リーグ
●1-2　スペイン
○6-2　コスタリカ
△3-3　パラグアイ
決勝トーナメント1回戦
○1-0　オーストラリア
準々決勝
●1-2　ガーナ

1999年ナイジェリア大会（2位）
1次リーグ
●1-2　カメルーン
○3-1　アメリカ
○2-0　イングランド
決勝トーナメント1回戦
△1-1　ポルトガル（PK5-4）
準々決勝
○2-0　メキシコ
準決勝
○2-1　ウルグアイ
決勝
●0-4　スペイン

2001年アルゼンチン大会（1次リーグ敗退）
1次リーグ
●0-2　オーストラリア
●1-2　アンゴラ
○3-0　チェコ

日本のアジアユース選手権成績

第１回	1959年	3位
第２回	1960年	3位
第３回	1961年	A組5位
第４回	1962年	A組4位
第５回	1963年	B組5位
第６回	1964年	A組3位
第７回	1965年	A組3位
第８回	1966年	A組5位
第９回	1967年	D組4位
第10回	1968年	C組4位
第11回	1969年	ベスト8
第12回	1970年	4位
第13回	1971年	4位
第14回	1972年	ベスト8
第15回	1973年	2位
第16回	1974年	ベスト8
第17回	1975年	C組3位
第18回	1976年	C組3位
第19回	1977年	4位
第20回	1978年	B組3位
第21回	1979年	中止
第22回	1980年	3位
第23回	1982年	予選敗退
第24回	1984年	予選敗退
第25回	1986年	予選敗退
第26回	1988年	B組4位
第27回	1990年	B組3位
第28回	1992年	3位
第29回	1994年	2位
第30回	1996年	4位
第31回	1998年	2位
第32回	2000年	2位

◀ワールドユース東京大会　アルゼンチンーソ連　世界へデビューしたマラドーナ

17歳以下代表の足跡

ワールドジュニアユース選手権は1985年にスタート，1989年の第３回大会まで16歳以下の選手権だったが，1991年の第４回大会から17歳以下(U-17世界選手権)となった。日本は予選免除の1993年の日本大会に初出場，ベスト８進出を果たした。1995年のエクアドル大会には，はじめてアジア予選を突破して出場したが，１次リーグ落ちした。

日本は，U-17世界選手権予選となるアジアU-16選手権では1994年に初優勝を飾った。その後，1996年４位，2000年には３位を占めている。 (鈴木武士)

▲U-17日本大会　日本－ナイジェリア　中田英寿らが世界大会ベスト８で国際デビューした大会　©P.Kishimoto

日本のアジアU-16選手権成績

第１回1984年	決勝大会グループリーグ3位
第２回1986年	1次予選敗退
第３回1988年	決勝大会グループリーグ4位
第４回1990年	決勝大会グループリーグ3位
第５回1992年	1次予選敗退
第６回1994年	優勝
第７回1996年	4位
第８回1998年	決勝大会グループリーグ3位
第９回2000年	3位

日本のU-17世界選手権成績

1993年日本大会(ベスト8)

1次リーグ
- ●0-1　ガーナ
- △0-0　イタリア
- ○2-1　メキシコ

準々決勝
- ●1-2　ナイジェリア

1995年エクアドル大会（1次リーグ敗退）

1次リーグ
- ●0-1　ガーナ
- ○2-1　アメリカ
- △0-0　エクアドル

2001年トリニダードトバゴ大会

(1次リーグ敗退)

1次リーグ
- ○1-0　アメリカ
- ●0-4　ナイジェリア
- ●1-5　フランス

天皇杯 全日本選手権

4-3

21世紀の幕開けとなった2001(平成13)年元日の天皇杯全日本サッカー選手権は，第１回大会から数えてちょうど80回目。〈天皇杯〉と呼ばれて，サッカーのプレーヤーにとっては日本一のタイトルがかかったもっとも権威ある大会，そしてファンにとっても数々の名勝負が記憶に残る大会の歴史は，日本サッカー協会の歩みそのものである。

大会の創設から草創期

記念すべき第１回大会は1921(大正10)年，まさに大日本蹴球協会(現・日本サッカー協会)が設立された年にスタートした。大日本蹴球協会が設立された同年９月の理事会で〈ア式蹴球全国優勝競技会〉の開催が決定。地方予選には東部20チーム，中部３チームが参加し，近畿・四国と中国・九州は予選を実施しなかった。全国優勝競技会の出場チームは，東京蹴球団，名古屋蹴球団，御影蹴球団，山口高だったが，山口高が棄権したため，準決勝１，決勝１の２試合だけとなった。

●初代チャンピオンは東京蹴球団

11月26日，東京・日比谷公園グラウンドで行われた歴史の第１歩をしるした試合は，御影蹴球団がスピードと的確なパスワークで４－０と名古屋蹴球団に圧勝して27日の決勝へ進んだ。決勝当日は晴天に恵まれたこともあって，日比谷公園グラウンドを観衆が幾重にも囲んだ。東京蹴球団は，豊島，青山両師範学校と東京高等師範学校のOBが集まってつくられ，この年に上海で開催された極東選手権の日本代表メンバーが名を連ねたチーム。試合は，０－０からの後半10分に東京蹴球団がコーナーキックから安藤が頭で合わせて決勝点を奪い，１－０で初代チャンピオンの座に就いた。サッカーの母国イングランド協会(FA)から贈られ，大日本蹴球協会発足のきっかけにもなったFAシルバーカップが優勝カップとして，英国のエリオット駐日大使から東京蹴球団の山田主将に授与された。

▲第１回大会　東京・日比谷公園グラウンドで行われた決勝戦　©65年史

▲初代チャンピオンになった東京蹴球団　©65年史

第１回大会の成績

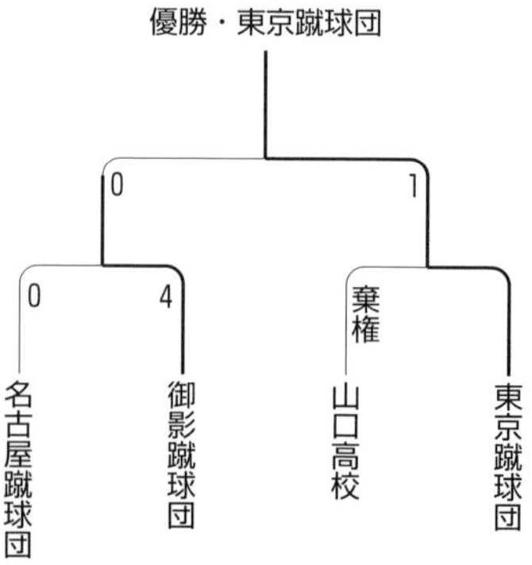

第３回大会の成績

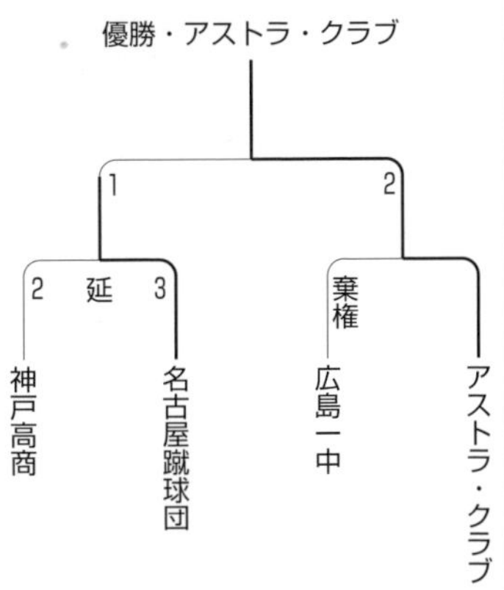

●第3回大会

第３回大会は，これまでと同様に11月に行われる予定だったが，1923(大正12)年９月の関東大震災のため，翌年２月に延期された。予選申し込み数は39チームに達し，本大会には東京・暁星中の部員やOBで構成されたアストラ・クラブ，名古屋蹴球団，神戸高商，広島一中の４チームが進んだ。しかし，広島一中が棄権したため，第１回大会と同じく準決勝１，決勝１試合だけとなった。準決勝で神戸高商を延長の末に破った名古屋蹴球団は，アストラ・クラブとの決勝に臨んだ。アストラ・クラブは後半５分に平野のロングシュートで先制したが，名古屋蹴球団も１点を返して同点。しかし，アストラ・クラブは前日の雪がとけてぬかるんだ悪コンディションのなか，足立がドリブルからシュートを決めて２－１で競り勝って初優勝した。

▲第３回大会 FAカップを手に記念撮影するアストラ・クラブ。スパイクの泥が奮闘を物語る ©65年史

戦前の全日本選手権

●第10回大会は初の関西開催

1924(大正13)年に明治神宮外苑競技場(現・国立競技場)が完成し，この年から太平洋戦争終了まで，明治神宮体育大会ア式蹴球の部がサッカーの全日本選手権を兼ねた場合もあったが，第10回大会(1930年度)ははじめて東京を離れて，兵庫県西宮市の甲子園南運動場で開かれた。寒い２月で関西開催の影響もあり，10地区で予選をしたものの，本大会出場チーム数は，前３大会の半分の４チームと寂しいものだった。１回戦(準決勝)はいずれも点の取り合いの様相を呈し，慶応BRBが名古屋蹴球団を６－３，関学クラブが両洋クラブを８－５で退けて決勝へ。決勝は雪どけでぬかるんだグラウンドコンディションのなか，地元関学クラブが持ち前のロングパスを駆使して一方的な展開となり，３－０で勝って２連覇した。

第10回大会の成績

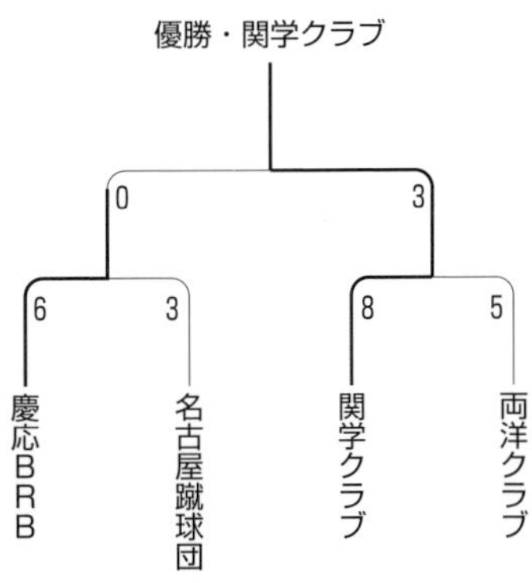

●ベルリンの奇跡

1936(昭和11)年のベルリン・オリンピックで早大を中心にメンバーを組んだ日本代表は，優勝候補の一角のスウェーデンに０－２のビハインドから３－２の大逆転勝利で〈ベルリンの奇跡〉といわれた。

この年の第16回大会は，オリンピック・イヤーで日本代表の主力がシベリア経由でベルリンへ旅立った６月に，第２回全日本総合選手権を兼ねた大会として行われた。５チームが参加した大会を勝ち抜いて決勝へこまを進めたのは，大会前の評判どおり慶応BRBと普成専門(現・高麗大＝韓国)。普成専門は1回戦で東北学院大を10－1であっさり退け，準決勝も関学大を延長４－２で下した。慶応BRBは準決勝からの登場で，名古屋薬専のゴールに襲いかかって13－０の記録的なスコア。決勝は，慶応がリードすれば普成が追いつくという大接戦となったが，後半39分，スローインからの好機に駒崎が決勝ゴールをあげて突き放した。

●戦時下の第20回大会

1937(昭和12)年の盧溝橋事件を契機に日中戦争がはじまり，1941(昭和16)年の太平洋戦争突入と日本は戦時体制に入り，サッカーどころではなくなってくるが，1940年度の第20回大会までどうにかこうにかつづいた。第20回大会当時は，戦争による物資統制令で生活必需品は切符制となり，皮製品のサッカーボールも切符制で，関東743個，関西561個，九州48個などと各地域協会に個数が割り当てられた。このときの本大会は，出場８チームで争われた。早大WMWはベルリン・オリンピックの日本代表のFW川本を中心に，１回戦で全延禧(現・延世大のOB，現役の混合チーム＝韓国)，準決勝で東大にそれぞれ２－１と競り勝った。慶応BRBも東北大，全普成を連破し，決勝は３大会連続で早慶の争いとなった。慶応BRBは，早稲田WMWのエース川本を徹底的に抑え，前半にあげた決勝点を守り切って１－０で勝ち，５度目の栄冠を手にした。

復活した全日本選手権

戦争によって第21回から５年間中止となった全日本選手権が再開されたのが，1946(昭和21)年５月に東京・東大御殿下球場で開催された第26回大会。終戦からわずか１年足らずの戦後の混乱期に行われた〈復活第１回大会〉は決勝のみで，カードは東大LB－神戸経済大クラブ。超満員の夜行列車で東上した神戸経済大クに対し，東大LBは強い当たりと縦への鋭い突進で圧倒，前半で早くも５ゴールを記録して６－２で快勝して戦後初のサッカー日本一の座に就いた。

第16回大会の成績

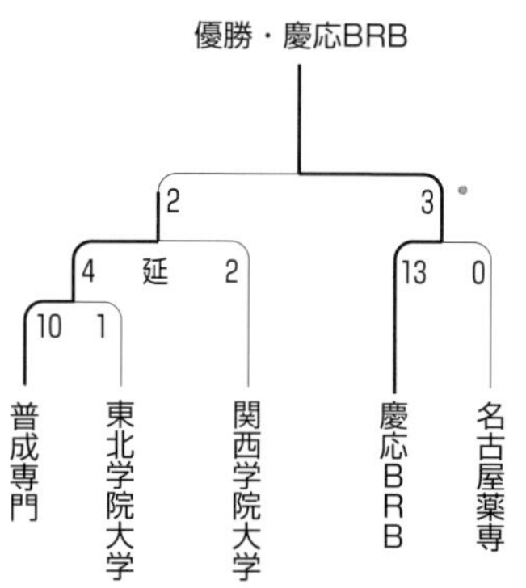

▲第16回大会　オリンピック代表不在の大会だったが，前評判どおりの強さで優勝した慶応BRB。手にするのは朝日新聞社杯　Ⓒ65年史

第20回大会の成績

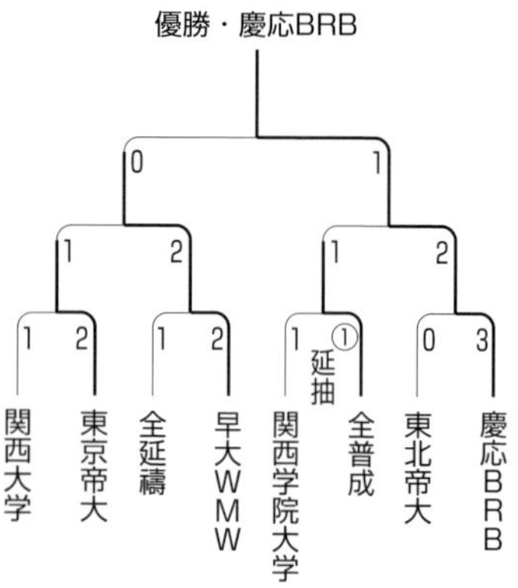

第26回大会の成績

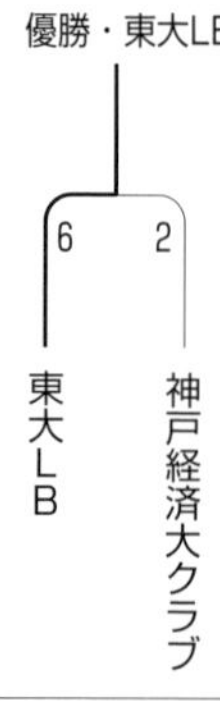

▲昭和天皇をお迎えする東西対抗サッカー出場選手たち　©65年史

▲1984年３月２日，下賜された天皇杯。現在のカップは２代目　©65年史

●天覧試合が〈天皇杯〉の契機に

復活した全日本選手権は，翌年，翌々年と世情不安で中止となったが，1947(昭和22)年４月，明治神宮競技場で東西対抗サッカーが復活，昭和天皇をお迎えしての試合は，満員の観衆を集めて戦後のサッカー復興に一役を買った。このご観戦が契機となり，翌年７月に天皇杯が下賜された。この天皇杯は当時，全日本選手権より東西対抗のほうが技術レベルで上回るとの評価があったため，1949年度，1950年度は東西対抗の勝者に授与された。

慶応BRBが９連覇の金字塔

●初の天皇杯を手にしたのは慶応BRB

天皇杯が授与された最初の全日本選手権は，1951(昭和26)年５月にはじめて東北(仙台)で開催された。全国10地区代表と慶応BRBなど推薦４チームの計14チームが天皇杯を争った。地元の仙台クラブが，準々決勝で早大WMWを延長の末に１－０で破る金星をあげたが，準決勝で大阪クラブに1－６と完敗。大阪クラブはベルリン・オリンピック代表のベテランFW川本など，関西在住の各大学OBで編成されたチーム。その大阪クラブと決勝を争った慶応BRBは戦前，戦後にかけて中心選手として活躍したCF二宮洋が引っ張った現役とOBの混合チーム。前半１－１，後半も１－１で決着がつかずに延長戦にもつれ込む接戦となり，延長後半にようやく慶応BRBが決勝点をあげて６度目の優勝を果たした。

第 31 回大会の成績

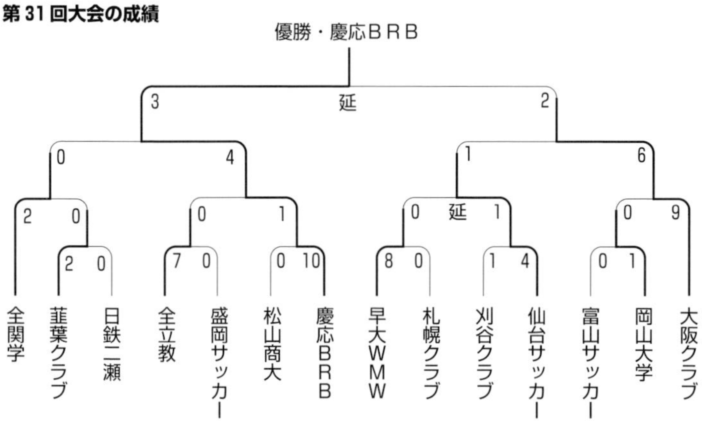

▲第31回大会　６度目の優勝を果たした慶応BRBに初の天皇杯が授与された　©65年史

●歴史に残る名勝負－東洋工業対慶応BRB

日本がはじめてワールドカップ予選（第５回スイス大会）に出場した1954（昭和29）年の第34回大会決勝も歴史に残る大勝負だった。連覇をめざした関学クラブなどを破って実業団チームとしては初の決勝進出を果たした東洋工業。もう１つのブロックを勝ち上がったのは，二宮洋などOB選手を中心にした慶応BRB。試合は東洋工業が前半にあげた１点を守って逃げ切るかと思われた後半終了間際，慶応BRBは竹島が同点ゴール。この終了直前の劇的な同点弾が，死闘のはじまりだった。最初の延長で，前半と後半に両チーム各１点ずつを決めて３－３のまま２回目の延長へ。２，３回目の延長は両軍無得点で，４回目の延長へ突入，精根尽き果てた東洋工業に対して慶応BRBは小林が前後半に各１点をあげて５－３で８度目の優勝を遂げた。延長は10分ハーフの20分だったから，延長だけで80分，正規の90分と合わせて試合時間170分の長く果てしない決勝が終了したころには，初夏（５月）の太陽も沈んで薄暗くなっていた。

第 34 回大会の成績

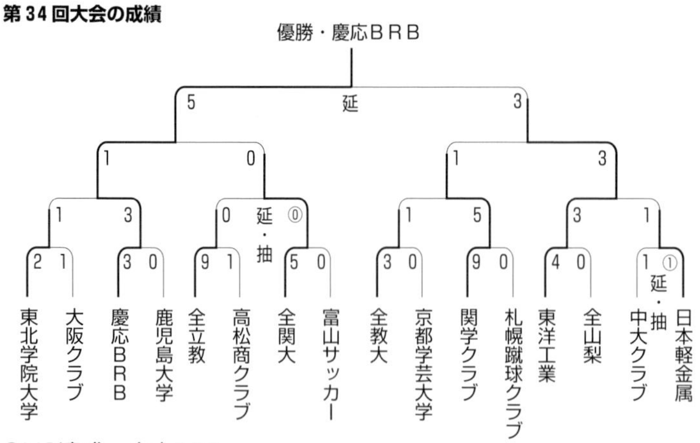

▲第34回大会プログラム　©65年史

●V9達成，慶応BRB

1956（昭和31）年は，日本が第２次世界大戦後，はじめてオリンピック（メルボルン大会）に出場。サッカーは予選で韓国を抽選で下してベルリン・オリンピック以来，20年ぶりにオリ

▲第36回大会　八幡製鉄を破り９度目の最多優勝を果たした慶応BRB
Ⓒ65年史

ンピックの本大会へ出たが，１回戦で地元オーストラリアに０－２で敗れた。そのメルボルン・オリンピックに先立って５月に第36回大会が開催され，全国16地区の代表が埼玉県大宮市に集まった。そのなかには地元の浦和クラブのほか，京都紫光クラブ，浜松クラブなど初出場のクラブチームもあり，多彩な顔ぶれだった。

ベスト４へ進んだのは慶応BRB，東洋工業，中大クラブ，八幡製鉄で，実業団と学生チームが半々。第34回大会決勝の再現となった慶応BRB－東洋工業は，３－０でまたも慶応BRBが勝ち，もう１試合は延長戦にもつれ込んでも２－２のままで，抽選により八幡製鉄が初の決勝進出を果たした。実業団チームが台頭してきたとはいえ，まだ学生チームのほうが実力的に上で，決勝は慶応BRBが４－２で八幡製鉄を退けて９度目の優勝を飾った。この最多優勝記録は，現在も破られていない金字塔だ。

第36回大会の成績

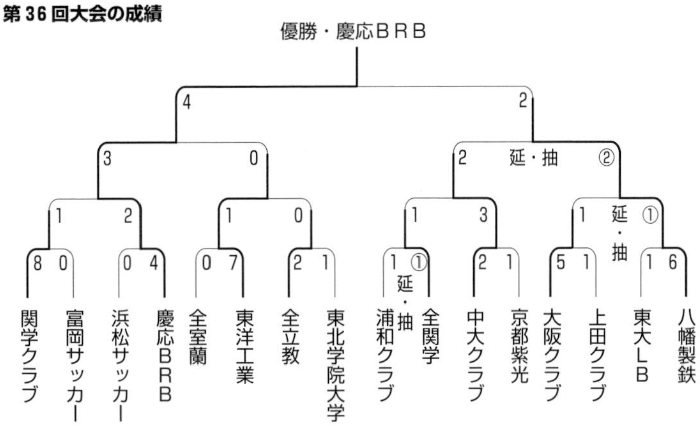

学生から実業団の時代へ

第40回大会(1960年度)は新装となった大阪・靭サッカー場で開催。全国120チームが参加した予選を勝ち抜いた14チームに前回優勝で推薦出場の関学クラブ，開催地の大阪クラブを合わせた16チームが天皇杯を争った。８強へ勝ち進んだのは古河電工，八幡製鉄，関学クラブ，明大，慶応BRB，東洋工業，名古屋クラブ，日立本社。

●古河電工，実業団初の天皇杯を制す

このなかで，この年に全日本実業団，都市対抗を制していた古河電工は，速いテンポのサッカーを展開し，準々決勝で八幡製鉄を３－０，準決勝で明大を６－１で下す快進撃で決勝へ進んだ。一方の慶応BRBは，準決勝で日立本社と２－２の延長でも決着せず，抽選で決勝進出。雨でどろんこのグラウンドでの決勝は，古河電工がベテラン長沼(現・日本サッカー協会名誉会長)の２ゴールなどで４－０の大差で快勝した。古河電工は実

▲第40回大会　古河電工－日立本社　得点をあげガッツポーズをとる古河電工・長沼健
Ⓒ65年史

業団チームではじめて天皇杯を制し，第８回大会(1928年度)以来ずっとつづいてきた大学生，またはそのOBとの混合チームによる支配に風穴をあけた。古河電工は，翌年の第41回大会も連覇して〈実業団時代〉到来を告げたチームだった。

第 40 回大会の成績

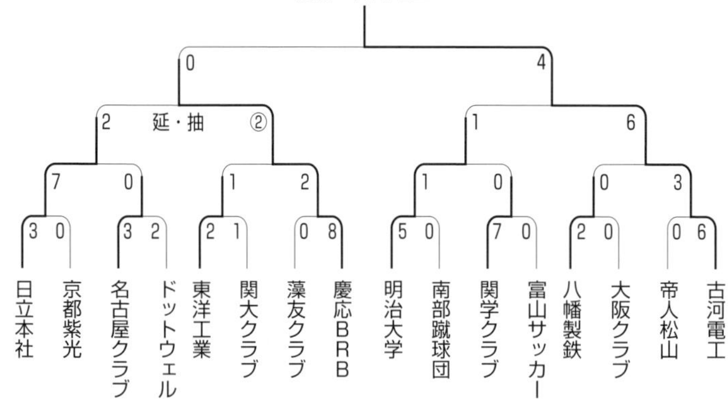

▲第40，41回大会連続優勝した古河電工　ⓒ65年史

▲第43回大会　ハーフタイムに休憩する日立本社チームの選手たち　ⓒ65年史

早大旋風を巻き起こす

第43回大会(1963年度)からは大会の開催時期がその年度内の１月に変更となった。これまで，本場イングランドのFAカップにならって５月に決勝を行っていたが，1964(昭和39)年の東京オリンピックに向けた選手強化スケジュールの都合から１月開催となった。本大会出場チームもこれまでの半分の８チーム(社業不振で一時活動停止の古河電工が欠場し，実際は７チーム)となり，１月12〜15日まで神戸の王子運動場で開かれた。

●日本代表を6人擁す黄金チーム

この大会で旋風を巻き起こしたのが，関東学生リーグを７戦

第43回大会の成績

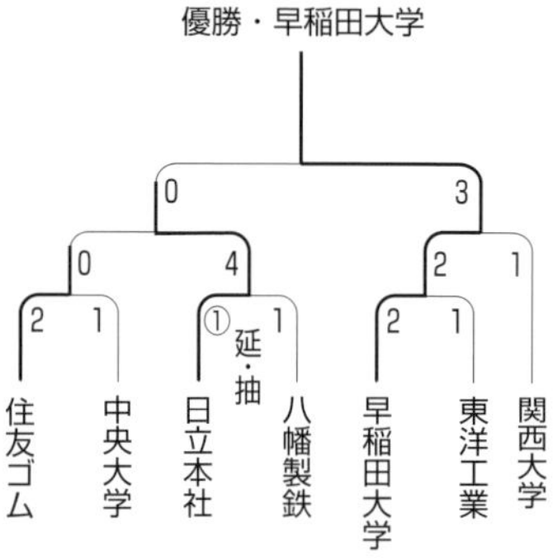

○延長・抽選

▼第43回大会　早稲田大学－日立本社　ヘディングで競り合う早稲田大学・松本育夫　ⓒ65年史

早大		日立
泉山	GK	片伯部
寺崎	FB	服部
野村	FB	宮崎
大岳	HB	井村
西山	HB	鈴木良
森	HB	夏井
赤坂	FW	中野
二村	FW	岡田
釜本	FW	耳野
桑田	FW	脇川
松本	FW	中村

第44回大会の成績

A組	B組
①八幡製鉄	①古河電工
②早稲田大学	②東洋工業
③三菱重工	③日立本社
④関大	④関学
⑤日大	⑤明治大学

優勝・八幡製鉄，古河電工

八幡製鉄 0 延 0 古河電工

▲第45回大会　JSLと天皇杯の２冠に輝いた東洋工業　©65年史

第45回大会の成績

優勝・東洋工業

- 決勝：東洋工業 3－2 八幡製鉄
- 準決勝：関西学院大学 0－7 東洋工業
- 準決勝：八幡製鉄 4 延 3 早稲田大学
- 1回戦：関西学院大学 1－0 古河電工
- 1回戦：東洋工業 5－0 中央大学
- 1回戦：八幡製鉄 5－1 明治大学
- 1回戦：早稲田大学 3－0 日立本社

全勝で制し，東西学生対抗も勝った早大。HB森，FW二村，釜本，松本ら11人のうち６人が日本代表メンバーという黄金チーム。中盤を森が組み立て，松本のスピードあふれる突破とエース・ストライカー釜本の決定力で攻撃力に抜きんでた早大は，１回戦で実業団の強豪の東洋工業，準決勝の関大もそれぞれ２－１で下して決勝へこまを進めた。その攻撃力は日立本社との決勝でも爆発。松本の２得点，１アシストをあげる活躍などで３－０と完勝，第18回大会(1938年度)以来の優勝を果たした。

●第44回大会は唯一の両者優勝

東京オリンピックで日本サッカーがベスト８に入る健闘を見せた1964年度の次回大会は，変則的な方式が採用された。出場10チームが５チームずつ２組に分かれてまずリーグ戦を行い，各組１位が決勝に進出するリーグ戦方式。後にも先にもこれ１回限りの大会方式だったが，リーグ戦は５日間４試合をこなすハードな日程で，決勝へ進んだチームも１日の休養日をはさんで，７日間で５試合と現在では考えられないようなスケジュールだった。

リーグ戦A組は高校出の選手を中心にした若い力の八幡製鉄が４戦全勝で，B組は大学出の花形選手をそろえた古河電工が３勝１分けでそれぞれ１位となった。決勝は負けないことを念頭に置いた作戦だったこともあり，両チーム90分を戦って０－０。さらに20分の延長を２度行ったが，ともにゴールを奪えず，大会史上最初で最後の両者優勝となった。

JSLの開幕と天皇杯

●実業団対学生の対抗戦

日本サッカー界に革命を起こしたドイツ人プロコーチのクラマーが東京オリンピック後，帰国するにあたって提言したリーグ戦形式の採用というアイディアが実現し，日本アマチュア・スポーツ界で初の全国リーグである日本リーグ(JSL)が開幕したのが1965(昭和40)年６月。この年度の第45回大会は，JSL上位４チームと関東大学，関西学生リーグ上位など学生４チームが出場，実業団と学生の対抗戦形式でトーナメントが開かれた。

１回戦ではJSL1，２位の東洋工業と八幡製鉄が，中大と明大に完勝。関学大，早大の東西の学生リーグ覇者が古河電工と日立本社をそれぞれ下し，準決勝もJSL対学生という構図になった。東洋工業が関学大に７－０と圧勝したのに対し，八幡製鉄は早大と３－３からの延長にもつれ込み，折出の決勝ゴールで接戦をものにした。第１回のJSLで優勝を争ったチーム同士の決勝は，東洋工業が小城の先制点などつねに先行して前半は２－１。後半は八幡製鉄に押し込まれたが，桑田が追加点をあげて，結局３－２というスコアで東洋工業が初優勝，JSLとの２冠を達成した。

●ヤンマーついに日本一に

1968(昭和43)年のメキシコ・オリンピックで日本は銅メダルに輝いた。その年度の第48回大会もJSLと全日本大学選手権の各上位４チーム，計８チームによるトーナメント。日程面ではじめて元日決戦が採用され，決勝会場も前回大会からと同じ国立競技場という具合に，現在のスタイルが確立された。JSLチームの本拠地で行われた１回戦(準々決勝)で早くも波乱が起こった。JSL王者の東洋工業が，大学選手権４位の早大に０－２で敗れた。早大は準決勝の三菱重工戦でも健闘。細谷，松永の得点などで，一時は３－１とリードしたが，粘り強い三菱重工は同点として延長に持ち込み，４－３で競り勝った。一方のヤンマーは，１回戦で立大を６－０で一蹴，準決勝も八幡製鉄に３－１で快勝し，初の決勝進出を果たした。

ヤンマーはオリンピックの得点王・釜本，三菱重工は森，杉山とメキシコ・オリンピック銅メダルメンバーの対決に，国立競技場は約40,000人の大観衆で埋まった。決勝点はわずか前半２分に生まれた。ここまで２試合で４得点のヤンマーのエース釜本が振り向きざまにシュートを決め，相手の猛反撃をしのいで，ヤンマーは創部11年目で日本一のタイトルを獲得した。

第48回大会の成績

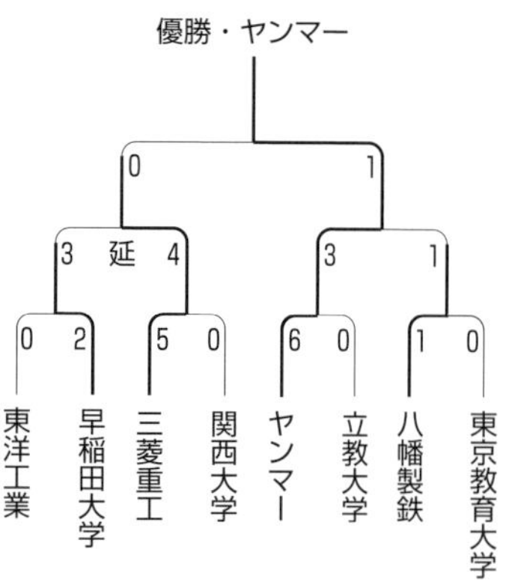

▲第48回大会　この大会から元日決戦となり，テレビ放映で釜本邦茂の決勝ゴールによるヤンマー初優勝の瞬間を伝えた
©P.Kishimoto

▶ オープン化の時代へ

●地方のチームに門戸開放

〈天皇杯〉がはじめて授与された第31回大会から20年余りが

第52回大会準々決勝以降の成績

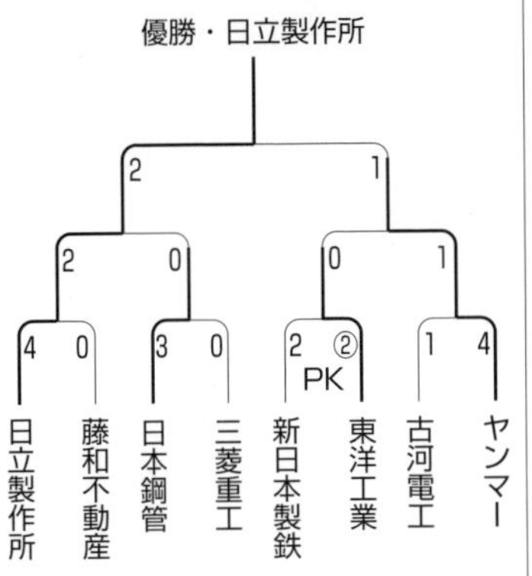

▲第52回大会　JSLと天皇杯ともに初優勝で2冠を制した日立製作所　写真はシュートを放つ松永章　©P.Kishimoto

第53回大会準々決勝以降の成績

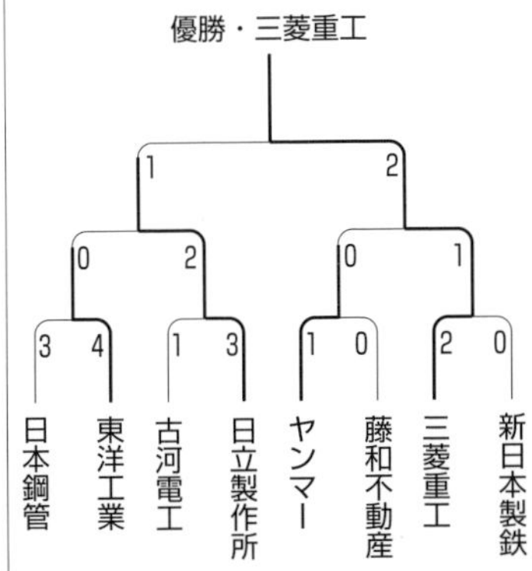

経過し，元日決勝も定着して，大会は日本で最強のチームを決めるものにふさわしい内容となっていた。だが，イングランドのFAカップをモデルにした大会だっただけに，JSLと学生の対抗戦形式の様相となってきた大会を，日本サッカー協会加盟全チームに開放しようという気運が高まってきた。

画期的なオープン化は２段階に分けて行われた。まず第52回大会(1972年度)では，予選にあたる〈地域大会〉を実施。それを勝ち抜いた16チームとJSL１部８チームの計24チームで〈中央大会〉を行った。第43回大会以降，地方のチームにとって門戸が閉ざされていただけに，富山クラブ，新日鉄室蘭，永大産業などが初戦，または２回戦敗退とはいえ，健闘を見せた。JSL勢はシードされて２回戦からの登場。初戦を勝ち上がった慶大，中大は２回戦でJSL勢に敗れ，大学勢の低落傾向は歯止めがかからなかった。

●〈走るサッカー〉で初優勝

ベスト８を占めたJSL勢で注目されたのが，リーグ戦最終節まで優勝を争った日立製作所とヤンマー。〈走るサッカー〉でリーグ初優勝を達成した日立製作所は，その勢いのまま，２回戦で甲府クラブに２－０，準々決勝で藤和不動産を４－０，準決勝で日本鋼管を２－０と，無失点で決勝まで進んだ。一方のヤンマーも釜本を中心に吉村，小林，カルロスのブラジル・トリオをそろえた華麗な攻撃で，２回戦を慶大に４－０，準々決勝で古河電工に４－１，準決勝で東洋工業を１－０と退けて２年連続の決勝進出。快晴の国立競技場で行われた元日決戦は，リーグ戦の雪辱に燃えるヤンマーが前半11分に釜本が先制した。だが，粘る日立製作所は25分にカウンターから山口が同点ゴール，後半22分にも松永が決めて２－１と逆転し，リーグ戦との２冠を達成した。

●完全オープン化で参加チーム数激増

〈天皇杯〉の〈鎖国〉が解かれ，完全オープン化となった翌年度の第53回大会は，参加チーム数が前回大会の75から約10倍の807となり，本当の意味での全国大会になった。名実ともに日本一を決める大会は，〈都道府県大会〉〈地域大会〉〈中央大会(第55回から決勝大会)〉と勝ち進む大会方式。JSL１部が２チーム増の10チームとなったことから，〈中央大会〉も26チームで争われた。

地域大会から勝ち進んだなかで，テイヘンズFC(北陸)が異色のクラブチームとして注目された。初戦(２回戦)で法大に０－８と完敗したが，全国のサッカー選手，ファンに勇気を与え，翌年からの参加チームが1,000の大台を超えるなど大幅にふえた。

●杉山の天皇杯

ベスト８はまたもJSL勢が独占した。リーグ戦を制した三菱

▲第53回大会　GK横山謙三，ゲームメーカーの森孝慈を欠きながら天皇杯を制した三菱重工。この大会を最後に引退した杉山隆一はチームメイトに肩車され，観衆の声援に送られてピッチを去った。杉山隆一の活躍が記憶に残る〈杉山の天皇杯〉だった　©P.Kishimoto

重工は，初戦の３回戦で法大に１－１からのPK勝ちと苦しんだが，落合を軸にした堅守と鋭い速攻で準々決勝の新日鉄を２－０，準決勝ではヤンマーに１－０で競り勝った。一方，連覇をめざす日立製作所はベテランMF野村を中心に大商大，古河電工，そして準決勝で東洋工業を２－０で退けて決勝へこまを進めた。

決勝は東京，メキシコ・オリンピックのヒーローで，この大会を最後に引退すると決めていた32歳のベテランFW杉山が大暴れした。〈20万ドルの足〉〈黄金の足〉といわれた杉山は，前半32分に左からの絶妙なパスで足利の先制ゴールをお膳立て。さらに５分後には杉山のスルーパスがきっかけとなって高田が決めて２－０。日立製作所は終盤に１点を返したが，内容的には２－１のスコア以上の開きがあった。試合終了後，チームメイトに肩車されて場内を１周した杉山に約35,000人の観衆から惜しみない拍手が送られ，この大会は〈杉山の天皇杯〉として語り継がれる。

●フジタ工業，創部10年で日本一に

オープン化以来つづいていたJSL１部勢のベスト８独占が崩れたのが，57回大会(1977年度)だった。JSL2部の読売クラブと住友金属，関東大学リーグの東京農大の３チームは準決勝で敗退したが，東京農大は２回戦で新日鉄を３－１で破り，準々決勝の古河電工戦も２－３と善戦して話題をまいた。準決勝はヤンマーが１－０で古河電工を，フジタ工業が延長２－１で三菱重工をそれぞれ下した。決勝はマリーニョ，カルバリオ，古前田の３人を中心に破壊力のある攻撃を展開したフジタ工業

第57回大会準々決勝以降の成績

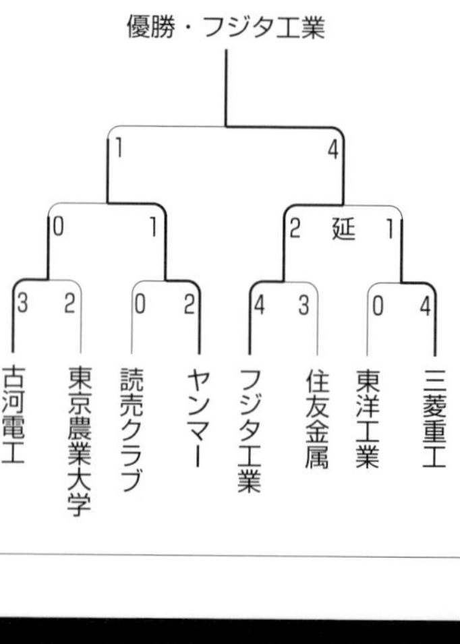

第58回大会準々決勝以降の成績

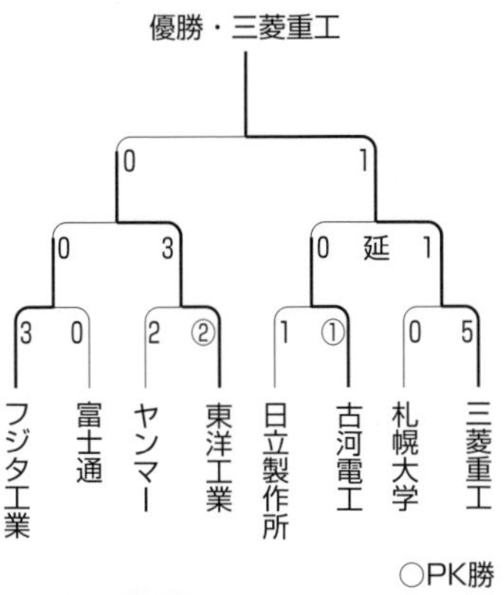

▲第58回大会　初の3冠を果たし，天皇杯を高々と掲げる三菱重工・落合弘　©65年史

第60回大会準々決勝以降の成績

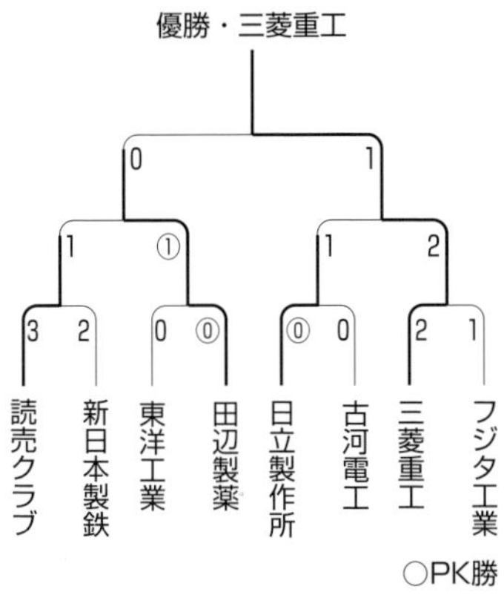

▲第60回大会　三菱重工－田辺製薬　決勝ゴールを決める永尾昇　©65年史

が，１－1からの後半に３ゴールを奪って４－１で初優勝。1968年に創部してわずか10年という驚異的なスピードで日本一の座に登り詰めた。

●三菱重工，初の3冠に輝く

翌年度の第58回大会はアジア大会(バンコク)が12月に開催された関係で，年末の12月24日から元日まで９日間で１回戦から決勝まで５試合を消化するハード・スケジュールとなった。大会前半の話題をさらったのが北海道代表の札幌大。１回戦で新日鉄，２回戦で読売クラブとJSL1部勢を連覇して堂々の８強入りを果たした。準決勝は三菱重工が延長の末に１－０で古河電工に競り勝ち，一発勝負に強い東洋工業は連覇をねらったフジタ工業に３－０と快勝した。

決勝は，高原，尾崎の若手FWの思い切りいいシュートでリズムをつかんだ三菱重工が後半17分，藤口のスルーパスから高原が決勝ゴール。ベテランDF落合とGK田口を軸にした堅守を誇る三菱重工にとって，最少得点だけで十分で，そのまま１－０で逃げ切り，JSLカップ，日本リーグと合わせた初の３冠を獲得した。

●JSL2部6位の田辺製薬大健闘

1980年度の第60回大会は記念大会ということで，夏の総理大臣杯大学トーナメント優勝の法大，JSL２部前期首位の富士通の２チームが推薦出場。30チームで決勝大会が争われたが，ワールドカップ・スペイン大会のアジア１次予選が12月下旬に組み込まれたため，変則日程となった。12月４日からの４日間で１回戦から準決勝まで４回戦を消化し，決勝は例年どおり１月１日。この強行スケジュールが守備のチームに有利に働いた。JSL2部で６位だった田辺製薬が，全員の粘り強い攻守で，２回戦でリーグ王者のヤンマーを１－０と下して完全に波に乗り，準々決勝の東洋工業，準決勝の読売クラブにいずれもPK戦できわどく勝って，あれよあれよという間に決勝へ進出。１部勢以外の決勝進出ははじめてという快挙のおまけつきだった。

もう一方のファイナリストは三菱重工。１回戦から苦戦つづきだったが，ベテラン落合に引っ張られて３大会連続で決勝へ進んだ。準決勝から決勝まで３週間以上開いたことで，選手が万全の態勢で臨んだだけでなく，田辺製薬は全社あげての応援態勢をとり，本社のある大阪から元日の新幹線で，大挙社員が東京に乗り込んで，国立競技場は35,000人の大観衆で盛りあがった。試合のほうは，立ちあがりに田辺製薬が鋭い出足で果敢に相手陣内へ攻め込んだ。しかし，三菱重工はあわてず，相手の猛攻をしのぐと，前半27分に永尾が先制ゴール。その後は組織的な守備で相手にチャンスを与えず，１－０で2年ぶり４度目の優勝を飾った。

●JSL2部チームの活躍光る

翌年度の第61回大会，そして次の第62回大会もJSL2部チームの活躍が目立ち，日本サッカー界の底上げを感じさせた。２部で苦しみながら優勝を果たして１部復帰を決めていた日本鋼管は，無欲で１戦１戦を全力で戦い，第61回大会の頂点へ一気に駆けあがった。２回戦で１部優勝のフジタ工業を２－１で下し，準々決勝では本田技研に４－２。準決勝では，１部勢を連覇して波に乗る筑波大に幸運な決勝点によって１－０で勝った。決勝の相手は，リーグ初優勝をあと一歩で逃したものの，接戦をものにして順当に勝ちあがってきた読売クラブ。前半終了間際に先制した日本鋼管は，後半も相手の猛反撃に耐え，狙いどおりにカウンターから追加点を奪って２－０で２部リーグ勢初優勝という快挙を達成した。

第62回大会を制したのも，やはり２部チャンピオンで１部復帰を決めていたヤマハ発動機だった。攻守の切り替えの速いサッカーを展開したヤマハ発動機は，準々決勝までを１点差でしぶとく勝ち抜き，準決勝でも読売クラブを２－０。フジタ工業との決勝は，０－０からの延長戦に入り，前半４分に吉田が鮮やかなボレーシュートを決め初優勝。ヤマハ発動機の指揮を執ったかつての名ウイング杉山は，選手(三菱重工)と監督の両方で天皇杯を手にした。

第61回大会準々決勝以降の成績

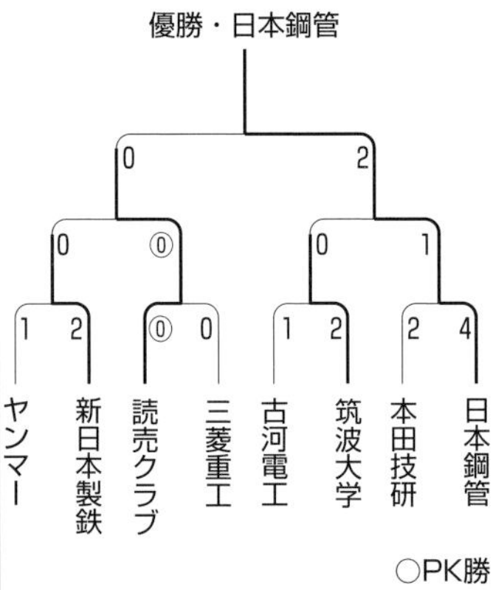

第62回大会準々決勝以降の成績

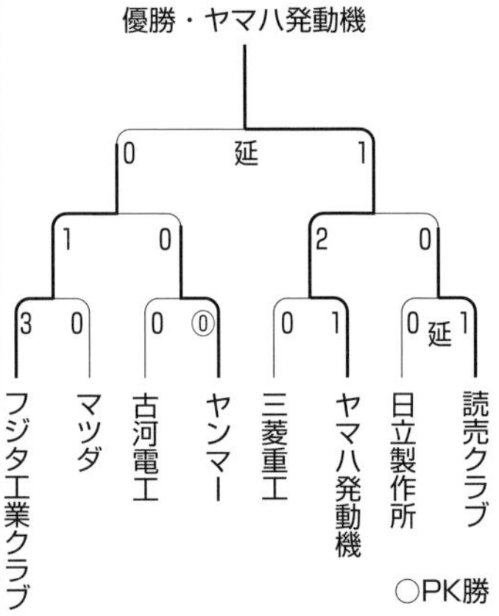

第63回大会準々決勝以降の成績

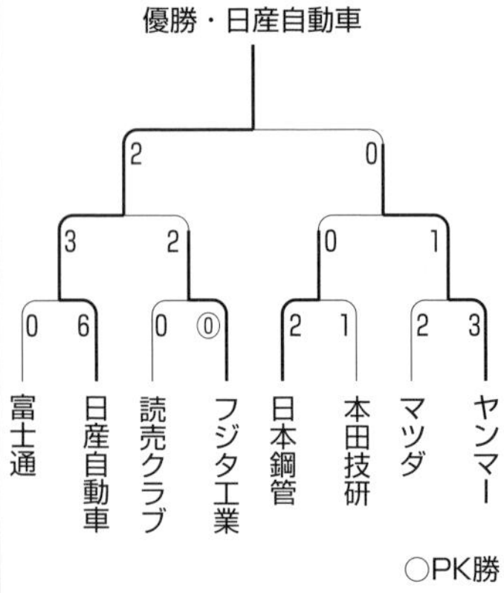

日産と読売の2強時代

●攻撃的スタイルで圧勝の日産

第63回大会からしばらくは，日産自動車と読売クラブの〈2強〉時代に入る。第63回大会はまず日産自動車が賜杯を獲得した。会社創立50周年ということで，DF越田，FW水沼，柱谷ら大学出の有望新人を補強した日産自動社は，MF木村，金田らにこの新人たちを絡めた攻撃的なスタイルがシーズンが深まるごとに確立され，JSL１部リーグは２位。その勢いを大会に持ち込んで，１回戦(対田辺製薬)を7－１，２回戦(対帝人)を４－１，準々決勝(対富士通)を６－０と圧倒的な強さで勝ち上がった。準決勝では，１部リーグで初優勝した読売クラブを準々決勝で退けたフジタ工業を３－２で下して初の決勝進出。

一方のブロックからは，ヤンマーが苦戦しながらも決勝へこまを進めた。だが，DFがあいついで負傷した守備網は，勢いに乗る日産自動車の攻撃陣を止められなかった。日産自動車の得点は，後半13，19分に柱谷，金田が記録した２点だけだったが，スコア以上に内容差があったゲーム。日産自動車は５試合で22得点というゴールラッシュで頂点に立った。

●釜本，現役引退

この大会でひとつの時代が終わった。それはメキシコ・オリ

▲第63回大会　22得点をあげる〈攻撃サッカー〉で天皇杯を制した日産自動車
©65年史

第64回大会準々決勝以降の成績

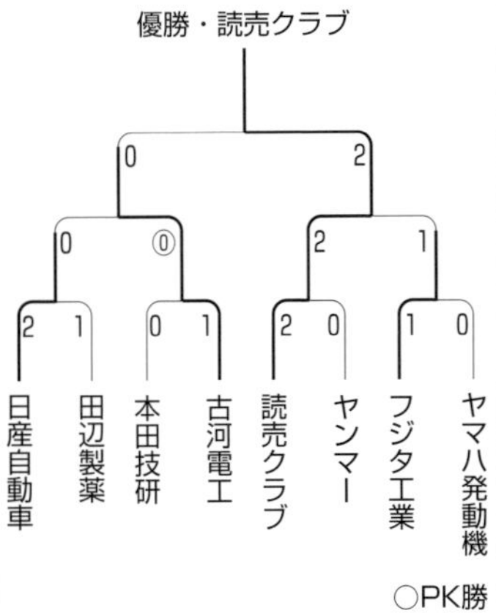

○PK勝

第68回大会準々決勝以降の成績

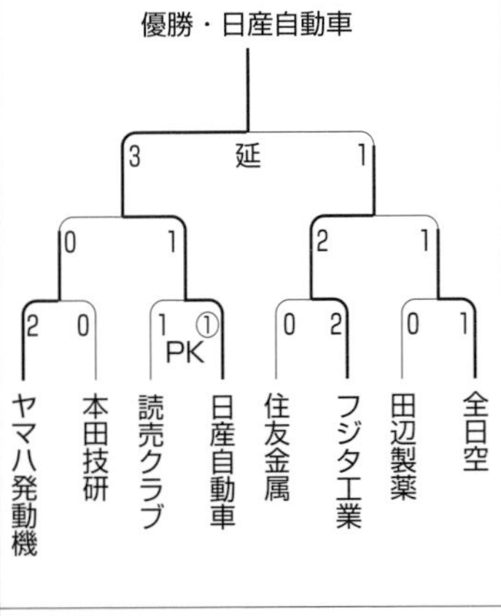

ンピック得点王など日本を代表するストライカーとして活躍してきた釜本の引退である。ヤンマーの選手兼任監督だった39歳の釜本は，準決勝の日本鋼管戦で，後半途中から出場し，決勝ゴールをアシストするなど活躍。決勝は後半８分から交代出場したが，前線で孤立して無得点。早大とヤンマーで天皇杯を５度獲得した日本のエースは，１か月後に記者会見し，スパイクを脱いで現役引退を表明した。

●読売，頂点へ

地方からの決勝大会進出が４チーム増となり，JSL１部10チームと合わせて32チームとなった第64回大会は，リーグ２連覇を達成した読売クラブの番だった。１回戦の大体大戦で２－１と苦しんだが，この辛勝が良薬となって２回戦以降はリーグ王者らしい戦いぶりで，３大会ぶり２度目の決勝進出。準決勝で日産自動車をPK戦で退けて決勝へこまを進めた古河電工との一戦は，後半24分に戸塚が先取点をあげ，さらにパターソンが相手DFのミスを突いて加点し，読売クラブは念願の天皇杯を手にした。

●2強時代の幕開け

その後，第66，67回大会で読売クラブ，第68，69回大会で日産自動車がそれぞれ連覇したが，後者の日産自動車は，リーグ戦，JSLカップと合わせた３冠を２年連続で達成する偉業だった。ブラジル代表でワールドカップにも出場したDFオスカーの入団で攻守のバランスがよくなった日産自動車は，日本リーグ前期を負け知らずで突っ走り，第68回大会は，優勝候補の筆頭にあげられた。準々決勝で日産自動車は終了間際のオスカーの同点ゴール，そしてPK戦を制して読売クラブの史上初の３連覇を阻止。フジタ工業との決勝は，１－１で延長にもつれ込んだが，途中出場の水沼が勝ち越し点を奪い，結局３－１でタイトルを奪回した。

第69回大会の日産自動車は，加茂監督の勇退でオスカーが指揮を執った。２回戦終了後にアジアクラブ選手権でマレーシアに遠征して２試合を行い，休む間もなく準々決勝に臨むなどハードな日程だったが，それを乗り越えて決勝進出。ヤマハ発動機との決勝は後半にアンドレに２ゴールを許したものの，後半13分のロペス（現在は呂比須）のゴールが奇跡的な逆転劇のはじまりだった。３トップにして猛反撃した日産自動車は，６分後に元ブラジル代表のレナトが同点弾，そして後半33分に木村和司のコーナーキックを佐野が頭で合わせて決勝ゴールを奪った。

●天皇杯，16年ぶり関西へ

日産自動車は第70回大会も決勝へ進んで，初の３連覇を狙ったが，粘り強い守りの松下電器を相手に，延長まで120分間を終えて０－０。大会史上初の決勝でのPK戦は松下電器が４－３で制し，第54回大会のヤンマー以来，16年ぶりに天皇杯が関西勢に渡った。

◀第72回大会　関西勢として16年ぶりに天皇杯を獲得した松下電器。天皇杯を手にする永島昭浩

第 69回大会準々決勝以降の成績

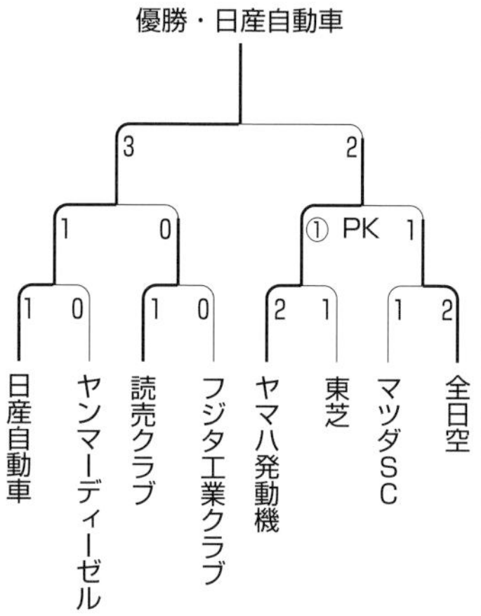

第70回大会準々決勝以降の成績

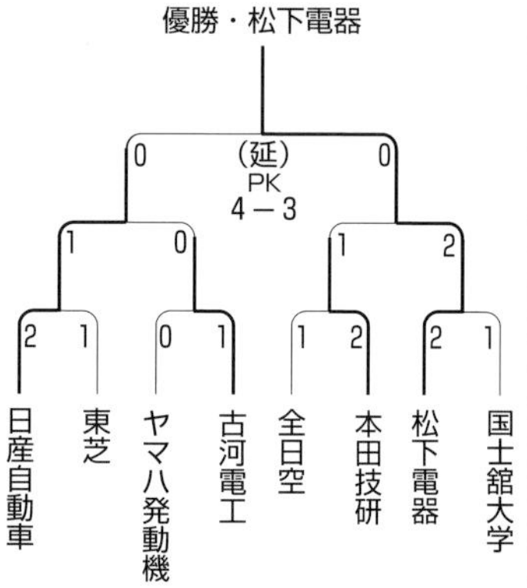

▶ プロの時代へ

日本プロサッカーリーグ（Ｊリーグ）が設立され，〈プロ〉が10チーム誕生。1992年秋にはこの10チームが参加してＪリーグ・ヤマザキナビスコ・カップが翌年５月にスタートするリーグ戦の前哨戦として行われ，ヴェルディ川崎と清水エスパルスとの決勝で国立競技場は56,000人の観衆でいっぱいに埋まった。さらに，広島で開催されたアジアカップで日本代表がはじ

第72回大会準々決勝以降の成績

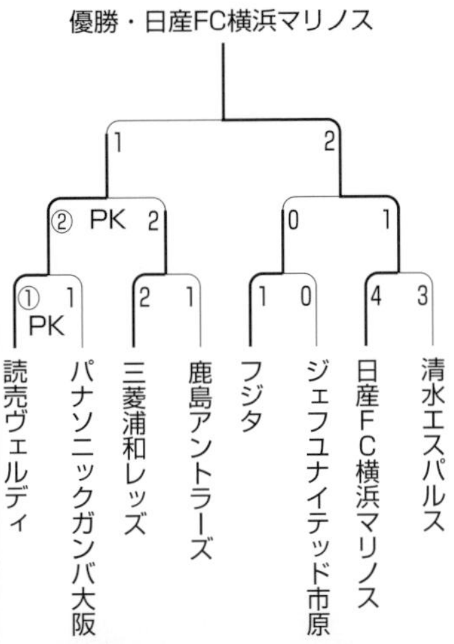

▲第72回大会　激しいボールの奪い合いを見せる三浦知良と柱谷哲二

▼２年ぶり６度目の優勝を果たした横浜マリノス

めてアジア王者になったこともあり，空前のサッカーブームが巻き起こりつつあった。そんななかで開催された第72回大会は，はじめてプロとアマチュアのチームが混在した天皇杯となった。

準々決勝へ進んだのはＪリーグ勢７チームとJFLのフジタ。1993年にベルマーレ平塚としてＪリーグ準会員になるフジタは，この大会はまだアマチュアチームだったが，準々決勝でジェフ市原を破ってベスト４へ入る健闘を見せた。決勝で顔を合わせたのは，フジタを１－０で下した横浜マリノスと，浦和レッズにPK戦で辛勝したヴェルディ川崎。Ｊリーグ発足でチーム名は変わったが，前回大会につづいて日産自動車－読売クラブのカードになった。

●空前のサッカーブーム到来

人気チーム同士の元日決戦とあって，前売り券も完売し，国立競技場は56,000人と満員の観衆で埋まった。前半はヴェルディ川崎の猛攻を横浜マリノスが堅守で防ぐという展開。横浜マリノスは，後半29分に水沼が均衡を破るボレーシュート。猛反撃に転じたヴェルディ川崎は38分に三浦知のアシストで中村が同点とし，さらに相手ゴールを脅かしたが，井原を中心にした必死のディフェンスに跳ね返された。延長に入って前半12分，横浜マリノスはコーナーキックから途中交代の神野がヘディングで決めて２－１。２年連続６度目の日本一の座に就いた。

●Ｊリーグ開幕と2強時代の終焉

Ｊリーグがスタートした1993年度の第73回大会は，日産自動車（横浜マリノス）と読売クラブ（ヴェルディ川崎）の２強時代がＪリーグ開幕とともに終わりを告げた大会だった。Ｊリーグ昇格を決めていたベルマーレ平塚が１回戦で敗れた以外は，Ｊリーグ勢は順当に２回戦へこまを進め，ベスト８もＪチームが占めた。しかし，２大会連続で決勝を争った横浜マリノスがサンフレッチェ広島に，ヴェルディ川崎も横浜フリューゲルスに準々決勝で敗れる波乱が起こった。決勝へ勝ち進んだのは横浜フリューゲルスと鹿島アントラーズ。横浜フリューゲルスは，日産自動車監督時代に天皇杯で３度優勝した加茂監督が率いて，エドゥーらを軸に前園，山口ら若手が組み合わさったフレッシュなチーム。一方の鹿島アントラーズは，元ブラジル代表のスーパースター，ジーコを中心にＪリーグ最初のステージを制した。

大黒柱のジーコがけがで出場できない鹿島アントラーズだったが，粘り強い戦いぶりだった。１－１で迎えた後半23分にPKからリードを許し，DFの退場処分で10人の戦いを強いられたものの，ロスタイムに奥野が同点ゴール。２－２のまま延長戦にもつれこみ，横浜フリューゲルスは後半７分に渡辺のヘディングシュートで勝ち越し点を奪い，緊張の糸が切れた相手にさらに3ゴールをだめ押し，６－２でチーム創設以来のビッグタイトルを手にした。

第73回大会準々決勝以降の成績

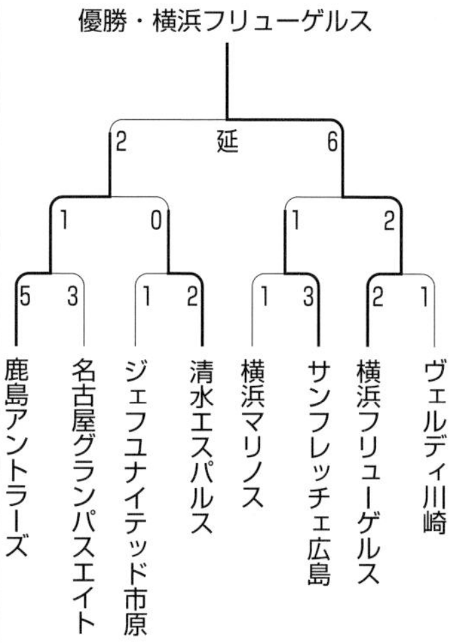

改革された新方式

●すべてのプレーヤーにチャンスを

日本サッカー界でもっとも権威と伝統のある大会は，日本サッカー協会創立75周年を契機に1996年度の第76回大会から大幅に改革された。その背景には，第52回大会にオープン化されてから，地域代表とJSL勢シードチームが参加する方式が20年以上もつづいてマンネリ化したことと，この間に加盟登録の第１種チーム数が約５倍になって，天皇杯への門が狭くなっていたことなどがあげられる。

新たな天皇杯は，９ブロックに分かれていた地域大会を廃止して，47都道府県の代表チームを決勝大会に参加。これにＪリーグ16チームとJFL上位，大学シードを合わせた出場チーム数80という大きな大会に生まれ変わった。また，年齢制限のない第１種チームだけだった参加資格が，18歳未満の高校生などの第２種チームにも門戸開放された。「すべてのプレーヤーにチャンスを」という天皇杯の理想へ近づき，おらが町のチーム，そして若い選手にも勝ち上がればＪリーグ勢との夢の対決が実現するようになり，参加チーム数は第75回大会の２

第76回大会準々決勝以降の成績

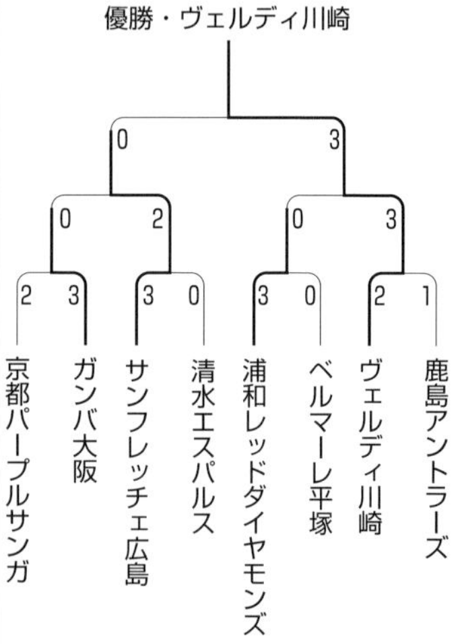

▲第76回大会　9年ぶりに天皇杯を獲得したヴェルディ川崎　©P.Kishimoto

倍以上の6,107にのぼった。

●あいつぐ番狂わせ

はじめて全国の舞台に登場したチームは26。その中には，本格的にオープン化された第53回大会に出場して以来，22年ぶりの出場を果たしたテイヘンズ（石川）や徳島商高（徳島），丸岡高（福井），米子東高（鳥取）の高校3チームも含まれた。3回戦から登場したＪリーグ勢でジュビロ磐田，名古屋グランパス，横浜マリノス，ジェフ市原の４チームがJFLなどに敗れる番狂わせが相次いでカップ戦ならではの面白さがあった。

Ｊリーグ勢がベスト８を独占した後の準決勝でヴェルディ川崎は，ビスマルク，三浦知らを軸にした攻撃力で浦和レッズに３－０と圧勝。サンフレッチェ広島は，相手のミスを見逃さず２－０でガンバ大阪を下して２大会連続の決勝進出。決勝は，ヴェルディ川崎が，高い個人技に支えられたサッカーでサンフレッチェ広島を圧倒した。前半10分過ぎまでに北沢，三浦泰のゴールで主導権を握ったヴェルディ川崎は，後半にも相手ミスを突いて栗原が追加点をあげ，３－０で読売クラブ時代の第67回大会以来，９大会ぶりに天皇杯のタイトルを獲得した。

●チーム最後の試合で日本一に

第78回大会は，違った意味で記憶に残る大会だった。その主役を演じたのは横浜フリューゲルス。日本経済のバブルが弾け，Ｊリーグのクラブを支えた親会社にも影響を与えた結果，横浜フリューゲルスは1998年のシーズンを最後に横浜マリノスに吸収合併されることが決まった。天皇杯で敗れた時点でチームの幕が閉じる，という冷酷な現実。だが，横浜フリューゲルスのイレブンは「このチームで１試合でも多く」という太い

第78回大会準々決勝以降の成績

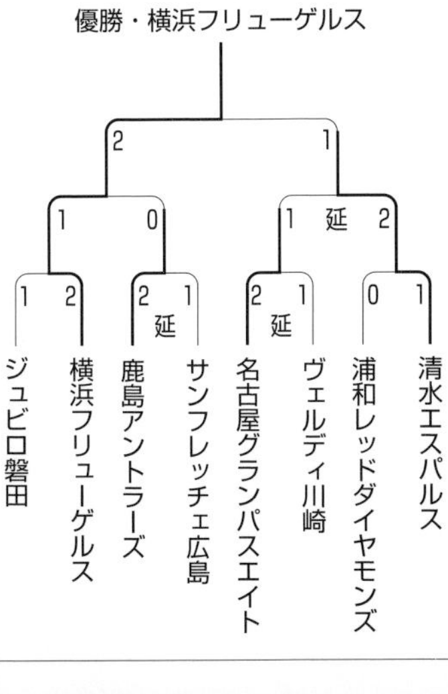

絆で結ばれていた。3回戦から登場した横浜フリューゲルスは，大塚，ヴァンフォーレ甲府に快勝。準々決勝はジュビロ磐田をゴールへの執念で上回り２－１，リーグ王者の鹿島アントラーズとの準決勝は前半３分の永井のゴールを守り切って１－０。

決勝の相手は，４回戦以降を１点差の接戦をものにしてきた清水エスパルス。前半13分に沢登に先制点を許した横浜フリューゲルスだが，前半終了間際に久保山が同点ゴール。後半，果敢に攻めた横浜フリューゲルスは21分にサンパイオのパスを起点に最後は吉田が大会７得点目となる勝ち越しゴールで２－１。チーム最後の試合で日本一に輝き，文字どおり〈有終の美〉を飾った劇的な優勝だった。

▼第78回大会　チーム解散で最後の大会となった天皇杯に優勝し，有終の美を飾った横浜フリューゲルス©P.Kishimoto

新世紀を迎えて

2000年度の第80回大会は，20世紀最後の天皇杯，そして2001年元日の決勝で21世紀最初のチャンピオンが生まれた大会。鹿島アントラーズがリーグ戦，ヤマザキナビスコ・カップと合わせ，Ｊリーグになって初の３冠なるかどうかに注目が集まった。

●鹿島アントラーズ初の3冠達成

３回戦から登場した鹿島アントラーズは，サガン鳥栖に２－１と辛勝スタート。４回戦でヴェルディ川崎を２－０で下し，準々決勝は，リーグ年度王者を決めるチャンピオンシップを争った横浜F・マリノスと因縁の対戦。先制点をあげてリードを守り切る〈勝利の方程式〉が崩れ，１－１からのPK戦となったが，４人までがきっちり決めて４－１で大きな関門を突破した。

第 80回大会準々決勝以降の成績

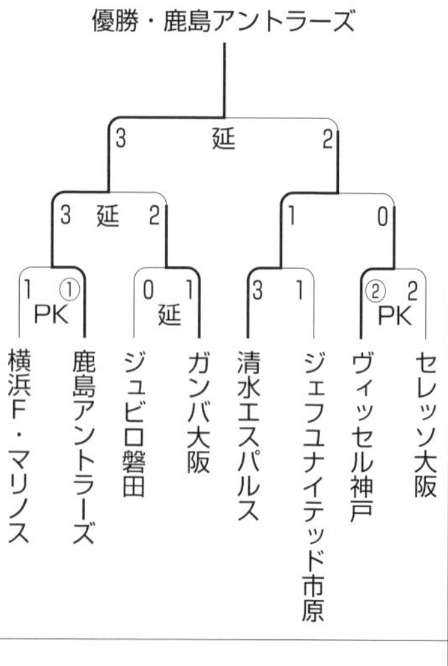

▲Ｊリーグ初の３冠を達成した鹿島アントラーズ　©P.Kishimoto

ガンバ大阪との準決勝も２－１から逃げ切りに失敗して後半終了直前に追いつかれたが，延長前半２分に熊谷がVゴールして快挙へあと一歩と迫った。

一方のブロックを勝ちあがったのは清水エスパルス。大会途中にペリマンからゼムノビッチへの監督交代があったが，アレックスと市川らのサイドアタックが威力を発揮して，準々決勝(対ジェフ市原)を３－１，準決勝(対ヴィッセル神戸)を１－０で元日決戦に進んだ。

決勝は，若手とベテランがうまく機能して７月末のＪリーグ第２ステージ途中から19試合連続無敗記録をマークしていた鹿島アントラーズの勝負強さが光った。先手先手を取りながら，後半36分に２－２と追いつかれて，準々決勝から３試合つづけて逃げ切りパターンに失敗。だが，延長前半１分に小笠原が鮮やかなミドルシュートを決めてVゴールし，３大会ぶり２度目の天皇杯を獲得すると同時に３冠を達成した。　(川村伸和)

●天皇杯の由来

昭和22年４月３日，東京・明治神宮競技場で行われた東西サッカー試合に，天皇陛下と皇太子殿下がご来場になった。

戦後，運動競技場へおいでになった最初のことで，荒廃のなかから立ち上がった中核をなす若人を激励したいお心からであった。

２－２の引き分けで試合が終わったあと，グラウンドにおり立たれ，協会関係者や選手を激励された。

このことがあってから，宮内庁の特別なご尽力もあって，天皇杯下賜のことが運ばれ，翌昭和23年７月２日，当時のJFA会長，高橋龍太郎が宮内庁に出頭して拝受した。これは，戦後団体運動競技へ下賜された天皇杯のなかで最初のものである。

天皇杯は，第31回全日本サッカー選手権大会から，その優勝チームに授与されることになったが，その後，年月を経たので昭和41(1966)年６月27日，宮内庁から新しい天皇杯を再下賜になり，この新しい天皇杯が第46回大会に優勝した早稲田大学チームに授与された。それ以降，毎年度の優勝チームに授与されている。　(新田純興，『65年史』より)

天皇杯全日本選手権歴代優勝チーム

第１回 1921(大正10)年度	東京蹴球団
第２回 1922(大正11)年度	名古屋蹴球団
第３回 1923(大正12)年度	アストラ・クラブ
第４回 1924(大正13)年度	鯉城クラブ
第５回 1925(大正14)年度	鯉城クラブ
第６回 1926(大正15)年度	中止
第７回 1927(昭和２)年度	神戸一中クラブ
第８回 1928(昭和３)年度	早大WMW
第９回 1929(昭和４)年度	関学クラブ
第10回 1930(昭和５)年度	関学クラブ
第11回 1931(昭和６)年度	東京帝大LB
第12回 1932(昭和７)年度	慶応クラブ
第13回 1933(昭和８)年度	東京OBクラブ
第14回 1934(昭和９)年度	中止
第15回 1935(昭和10)年度	全京城蹴球団
第16回 1936(昭和11)年度	慶応BRB
第17回 1937(昭和12)年度	慶大
第18回 1938(昭和13)年度	早大
第19回 1939(昭和14)年度	慶応BRB
第20回 1940(昭和15)年度	慶応BRB
第21回 1941(昭和16)年度	中止
第22回 1942(昭和17)年度	中止
第23回 1943(昭和18)年度	中止
第24回 1944(昭和19)年度	中止
第25回 1945(昭和20)年度	中止
第26回 1946(昭和21)年度	東大LB
第27回 1947(昭和22)年度	中止
第28回 1948(昭和23)年度	中止
第29回 1949(昭和24)年度	東大LB
第30回 1950(昭和25)年度	全関学
第31回 1951(昭和26)年度	慶応BRB
第32回 1952(昭和27)年度	全慶応
第33回 1953(昭和28)年度	全関学
第34回 1954(昭和29)年度	慶応BRB
第35回 1955(昭和30)年度	全関学
第36回 1956(昭和31)年度	慶応BRB
第37回 1957(昭和32)年度	中大クラブ
第38回 1958(昭和33)年度	関学クラブ
第39回 1959(昭和34)年度	関学クラブ
第40回 1960(昭和35)年度	古河電工
第41回 1961(昭和36)年度	古河電工
第42回 1962(昭和37)年度	中大
第43回 1963(昭和38)年度	早大
第44回 1964(昭和39)年度	八幡製鉄，古河電工
第45回 1965(昭和40)年度	東洋工業
第46回 1966(昭和41)年度	早大
第47回 1967(昭和42)年度	東洋工業
第48回 1968(昭和43)年度	ヤンマー
第49回 1969(昭和44)年度	東洋工業
第50回 1970(昭和45)年度	ヤンマー
第51回 1971(昭和46)年度	三菱重工
第52回 1972(昭和47)年度	日立製作所
第53回 1973(昭和48)年度	三菱重工
第54回 1974(昭和49)年度	ヤンマー
第55回 1975(昭和50)年度	日立製作所
第56回 1976(昭和51)年度	古河電工
第57回 1977(昭和52)年度	フジタ工業
第58回 1978(昭和53)年度	三菱重工
第59回 1979(昭和54)年度	フジタ工業
第60回 1980(昭和55)年度	三菱重工
第61回 1981(昭和56)年度	日本鋼管
第62回 1982(昭和57)年度	ヤマハ発動機
第63回 1983(昭和58)年度	日産自動車
第64回 1984(昭和59)年度	読売クラブ
第65回 1985(昭和60)年度	日産自動車
第66回 1986(昭和61)年度	読売クラブ
第67回 1987(昭和62)年度	読売クラブ
第68回 1988(昭和63)年度	日産自動車
第69回 1989(平成１)年度	日産自動車
第70回 1990(平成２)年度	松下電器
第71回 1991(平成３)年度	日産自動車
第72回 1992(平成４)年度	横浜マリノス
第73回 1993(平成５)年度	横浜フリューゲルス
第74回 1994(平成６)年度	ベルマーレ平塚
第75回 1995(平成７)年度	名古屋グランパス
第76回 1996(平成８)年度	ヴェルディ川崎
第77回 1997(平成９)年度	鹿島アントラーズ
第78回 1998(平成10)年度	横浜フリューゲルス
第79回 1999(平成11)年度	名古屋グランパス
第80回 2000(平成12)年度	鹿島アントラーズ
第81回 2001(平成13)年度	清水エスパルス

日本年間最優秀選手

日本版〈フットボーラー・オブ・ザ・イヤー〉(年間最優秀選手)の選定がはじまったのは1961年度。日本蹴球協会(当時)の創立40周年を機に関東・関西のサッカー担当記者が中心になりスタートした。

第１回の投票で選考されたのは長沼健だった。古河電工を天皇杯全日本選手権２連覇，全日本実業団選手権優勝に導いた活躍が評価された。長沼は後に日本代表監督，日本協会会長を務め，指導者としても日本サッカーの発展に寄与した。

社会人選手優勢のなか，1964年度に明大の杉山隆一が学生プレーヤー初の最優秀選手に輝いた。学生の受賞者は，杉山と1966年の釜本邦茂(早大)の２人だけである。釜本はヤンマー入団後に６度選ばれている。計７度は最多記録である。２度以上は３度の杉山(1964，1969，1973年度・明大→三菱重工)，木村和司(1983, 1984, 1989年度・日産自動車)，2度のラモス瑠偉(1990，1991年度・読売クラブ)，三浦知良(1992，1993年度・ヴェルディ川崎)の４人。

最初の外国人選手は，ブラジル出身のカルバリオ(フジタ工業)。1977年度のカルバリオにつづき，1988年度のオスカー(日産自動車)，前述のラモス瑠偉，1994年度のペレイラ(ヴェルディ川崎)とブラジル出身者が名を連ね，1995年度にユーゴスラビア人のストイコビッチ(名古屋グランパス)が選考されている。

第１回の有効票は35にすぎなかったが，サッカー人気の上昇で大幅に増加，中村俊輔(横浜F・マリノス)が１位となった2000年度は全国の担当記者の有効票は220に達した。

(鈴木武士)

日本歴代最優秀選手

1961年度	長沼　健(古河電工)
1962年度	小沢　通宏(東洋工業)
1963年度	八重樫　茂生(古河電工)
1964年度	杉山　隆一(明大)
1965年度	小城　得達(東洋工業)
1966年度	釜本　邦茂(早大)
1967年度	宮本　輝紀(八幡製鉄)
1968年度	釜本　邦茂(ヤンマー)
1969年度	杉山　隆一(三菱重工)
1970年度	小城　得達(東洋工業)
1971年度	釜本　邦茂(ヤンマー)
1972年度	野村　六彦(日立製作所)
1973年度	杉山　隆一(三菱重工)
1974年度	釜本　邦茂(ヤンマー)
1975年度	釜本　邦茂(ヤンマー)
1976年度	永井　良和(古河電工)
1977年度	カルバリオ(フジタ工業)
1978年度	落合　弘(三菱重工)
1979年度	今井　敬三(フジタ工業)
1980年度	釜本　邦茂(ヤンマー)
1981年度	釜本　邦茂(ヤンマー)
1982年度	尾崎　加寿夫(三菱重工)
1983年度	木村　和司(日産自動車)
1984年度	木村　和司(日産自動車)
1985年度	吉田　弘(古河電工)
1986年度	武田　修宏(読売クラブ)
1987年度	森下　申一(ヤマハ発動機)
1988年度	オスカー(日産自動車)
1989年度	木村　和司(日産自動車)
1990年度	ラモス瑠偉(読売クラブ)
1991年度	ラモス瑠偉(読売クラブ)
1992年度	三浦　知良(ヴェルディ川崎)
1993年度	三浦　知良(ヴェルディ川崎)
1994年度	ペレイラ(ヴェルディ川崎)
1995年度	ストイコビッチ(名古屋グランパス)
1996年度	川口　能活(横浜マリノス)
1997年度	中田　英寿(ベルマーレ平塚)
1998年度	中山　雅史(ジュビロ磐田)
1999年度	沢登　正朗(清水エスパルス)
2000年度	中村　俊輔(横浜F・マリノス)
2001年度	藤田　俊哉(ジュビロ磐田)

4-4 日本サッカーリーグとJリーグ

日本サッカーリーグ

●実業団リーグとしてスタート

当時の日本のアマチュア・スポーツ界にとっては画期的な，長期間にわたる全国リーグ〈日本サッカーリーグ（JSL）〉がスタートしたのは1965（昭和40）年だった。はじめは大学チームを含めた〈日本リーグ〉にする予定だったが，大学側は「毎年４月にメンバーが変わり，チーム力が安定しない」と参加を断念。結局，そのころの実業団の中心的チームだった古河電工，日立本社，三菱重工（東京），東洋工業（広島），八幡製鉄（福岡）の５チームに，関西からヤンマーディーゼル，東海から名古屋相互銀行，豊田織機の８チームによる〈実業団リーグ〉で発足することになった。

●日本サッカーリーグ開幕

開幕は６月６日。東京の駒沢競技場で日立－名相銀，古河－三菱の２試合，愛知県刈谷で豊田－東洋，大阪でヤンマー－八幡の４試合が行われ，３会場で１万人近い観衆を集めた。第１戦を２－０で勝った東洋が順調に白星を重ね，７月４日までの前期の５節を八幡とともに４勝１分けで首位に立った。後期は，９月12日～11月７日に残りの９節を実施した。東洋はヤンマーの善戦に遭い，１－１の引き分けを記録したものの，14戦12勝２分けの無敗で初代王者となった。

最下位（８位）の名相銀は，この年からはじまった全日本社会人選手権１位日本鋼管との入れ替え戦を２戦合計６－３のスコアで下し，残留を決めた。７位ヤンマーは社会人２位の浦和クラブの棄権により不戦勝となった。

第１回リーグの後期から，従来の白，または茶色のサッカーボールに代わり〈白黒ボール〉を公式球として採用，話題を呼んだ。

●東洋工業の黄金時代

1966年の第２回リーグも東洋工業が12勝１分け１敗で優

JSL歴代優勝チーム

第１回	1965年度	東洋工業
第２回	1966年度	東洋工業
第３回	1967年度	東洋工業
第４回	1968年度	東洋工業
第５回	1969年度	三菱重工
第６回	1970年度	東洋工業
第７回	1971年度	ヤンマー
第８回	1972年度	日立製作所
第９回	1973年度	三菱重工
第10回	1974年度	ヤンマー
第11回	1975年度	ヤンマー
第12回	1976年度	古河電工
第13回	1977年度	フジタ工業
第14回	1978年度	三菱重工
第15回	1979年度	フジタ工業
第16回	1980年度	ヤンマー
第17回	1981年度	フジタ工業
第18回	1982年度	三菱重工
第19回	1983年度	読売クラブ
第20回	1984年度	読売クラブ
第21回	1985年度	古河電工
第22回	1986年度	読売クラブ
第23回	1987年度	ヤマハ発動機
第24回	1988年度	日産自動車
第25回	1989年度	日産自動車
第26回	1990年度	読売クラブ
第27回	1991年度	読売クラブ

▲JSL通算200得点を達成した釜本邦茂

JSLカップ歴代勝者

第１回	1976年	日立製作所
第２回	1977年	古河電工
第３回	1978年	三菱重工
第４回	1979年	読売クラブ
第５回	1980年	日本鋼管(2部)
第６回	1981年	三菱重工・東芝(2部) 両者優勝
第７回	1982年	古河電工
第８回	1983年	ヤンマー
第９回	1984年	ヤンマー
第10回	1985年	読売クラブ
第11回	1986年	古河電工
第12回	1987年	日本鋼管
第13回	1988年	日産自動車
第14回	1989年	日産自動車
第15回	1990年	日産自動車
第16回	1991年	読売クラブ

JSL時代の3冠（JSL，JSLカップ，天皇杯）獲得チーム

1978年度	三菱重工
1988年度	日産自動車
1989年度	日産自動車

勝，同チームの黄金時代がつづく。東京オリンピック(1964年)で日本をベスト８に導いた杉山隆一(明大)が1966年に三菱に入社，翌1967年には大型のストライカー釜本邦茂(早大)，ブラジルからJSL初の外国籍選手，ネルソン吉村(のち吉村大志郎)のヤンマー加入と新しいスターがJSLへの関心を高めていった。1968年メキシコ・オリンピックで銅メダルを獲得した日本代表は全員JSL所属選手で，オリンピック直後の三菱－ヤンマー戦は国立競技場に４万の大観衆を集めた。

東洋は４シーズン目の1968年まで一度も他チームにタイトルを渡すことがなかった。東洋の牙城を崩したのは二宮寛監督(慶大出)の下，杉山，MF森孝慈(早大出)，GK横山謙三(立大出)らの日本代表選手を擁する三菱。1969年に東洋を３勝ち点差で抑えて初優勝した。この間に創設メンバーの豊田が降格，鋼管が昇格した。

●70年代は三菱，ヤンマーが主役

東洋は1970年に復活したが，これが最後の優勝だった。1970年代は三菱，ヤンマーが主役となり，この東西の２強に食い込んだのは走る日立と古豪古河。1971年，名相銀に代わり藤和不動産(1975年フジタ工業，1990年フジタに改称)，1973年には２チーム増加にともない，トヨタ自動車と田辺製薬がリーグ入りした。トヨタと田辺は1972年に10チームで発足したJSL２部の１，２位チームである。その後，1977年富士通，1978年読売クラブ，1979年日産自動車，1981年本田技研が１部入りした。

杉山は1973年の優勝を最後に引退，釜本は1968年にはじめてタイトルを取って以来，1970，71，74，75，76，78年と７度得点王に輝き，通算202ゴールの大記録を残して1983年にJSLから姿を消した。

●プロ時代への先駆け

1976年，古河が奥寺康彦らのスピードに乗った攻撃陣を生かして初優勝。1977年にはフジタ工業がリーグ創設時のメンバーではないチームとして初の優勝を成し遂げた。フジタは元プロのセルジオ越後をはじめ，カルバリオ，マリーニョなどブラジルから積極的に選手を迎え入れて力を伸ばしてきたチームである。同年，古河のFW奥寺が日本人プロ第１号として西ドイツの強豪１FCケルンに移籍,〈来るべきプロ時代〉への先駆けとなった。

●1980年代は読売，日産の２強時代

1980年代前半に台頭したのは読売クラブ。将来のプロをめざす読売はジョージ与那城，ルイ・ラモス(のちラモス瑠偉)らブラジルからやってきた攻撃陣が活躍，1983年に初のチャンピオンとなった。1985年からチーム数が12にふえ，住友金属，全日空が昇格した。

22シーズン目の1986年からJSLは欧州と同じ秋→春の越年制で実施されるようになり，松下電器が新顔として登場した。

1979年に１部へ昇格したヤマハ発動機が1987～88年に初優勝した後，２連覇(1988～89年，1989～90年)したのは日産だった。読売と同じくプロを志向する日産は，加茂周監督の指導の下，金田喜稔，木村和司のテクニシャンが攻撃陣を引っ張り，守備陣にはブラジル代表の元主将オスカー，柱谷哲二らが名を連ねていた。

そして，JSL最後の２シーズン(1990～91年，1991～92年)をブラジルから帰国の三浦知良を迎え入れた読売が制覇，1993年スタートのＪリーグ初制覇へ結びつけた。

JSLは1992年３月29日の第22節で27シーズンの幕を閉じたが，その１節前の３月22日に国立競技場で行われた読売－日産戦には６万人のJSL最多観客がつめかけた。

JSL歴代得点王

第１回	15点	野村　六彦(日立)
第２回	14点	小城　得達(東洋)
第３回	15点	木村　武夫(古河)
第４回	14点	釜本　邦茂(ヤンマー)
第５回	12点	落合　　弘(三菱)
第６回	16点	釜本　邦茂(ヤンマー)
第７回	11点	釜本　邦茂(ヤンマー)
第８回	12点	松永　　章(日立)
第９回	11点	松永　　章(日立)
第10回	21点	釜本　邦茂(ヤンマー)
第11回	17点	釜本　邦茂(ヤンマー)
第12回	15点	釜本　邦茂(ヤンマー)
第13回	23点	カルバリオ(フジタ)
第14回	15点	カルバリオ(フジタ)
	15点	釜本　邦茂(ヤンマー)
第15回	14点	ラモス(読売)
第16回	13点	碓井　博行(日立)
第17回	14点	吉田　　弘(古河)
第18回	13点	碓井　博行(日立)
第19回	10点	ラモス(読売)
第20回	14点	戸塚　哲也(読売)
第21回	16点	吉田　　弘(古河)
第22回	14点	松浦　敏夫(鋼管)
第23回	11点	松浦　敏夫(鋼管)
第24回	11点	アディウソン(ヤマハ)
第25回	17点	レナト(日産)
第26回	10点	戸塚　哲也(読売)
	10点	レナト(日産)
	10点	北沢　　豪(本田)
第27回	18点	トニーニョ(読売)

Ｊリーグ

1993年，Ｊリーグ元年

日本初のプロサッカーリーグ，Ｊリーグのキックオフは1993年５月15日。東京・国立競技場での開幕カードは，日本リーグ(JSL)の終盤に２強時代を築いたヴェルディ川崎(読売クラブ)－横浜マリノス(日産自動車)だった。

●マリノス勝利で幕開け

スタンドには満員の59,626人が詰めかけ，テレビ視聴率は

▲Jリーグ開幕戦　ヴェルディ川崎−横浜マリノス　逆転ゴールを決めたラモン・ディアス　©P.Kishimoto

Jリーグ歴代チャンピオン		
第１回	1993年度	ヴェルディ川崎
第２回	1994年度	ヴェルディ川崎
第３回	1995年度	横浜マリノス
第４回	1996年度	鹿島アントラーズ
第５回	1997年度	ジュビロ磐田
第６回	1998年度	鹿島アントラーズ
第７回	1999年度	ジュビロ磐田
第８回	2000年度	鹿島アントラーズ
第９回	2001年度	鹿島アントラーズ

▲1993年Ｊリーグ・チャンピオンシップ　ヴェルディ川崎−鹿島アントラーズ　第２戦　激しい攻防で１−１で引き分けた　©P.Kishimoto

32.4％という驚異的な数字を記録した。午後７時半，小幡真一郎主審の笛で開始したゲームの初ゴールをマークしたのはヴェルディのオランダ人プレーヤー，ヘニー・マイヤーだった。17分にリードを奪われたマリノスは48分，エバートン(ブラジル)のゴールで追いつき，59分にはラモン・ディアス(アルゼンチン)が逆転シュートを放った。

マリノスが２−１でＪリーグ初勝利を決めた翌５月16日，残りの４試合が行われ，鹿島アントラーズはブラジル代表チームのエースだったジーコのハットトリックと同じブラジル人のアルシンドの２ゴールで名古屋グランパスに５−０と快勝した。サンフレッチェ広島は２−１でジェフ市原を下したが，このゲームの先制ゴールを決めたサンフレッチェの風間八宏は日本人の初得点者となった。

ガンバ大阪は浦和レッズを１−０，横浜フリューゲルスは激しい点の取り合いの末，３−２で清水エスパルスを破った。２万人には達しなかったものの，４試合とも１万人を超すサポーターを集め，Ｊリーグは上々のスタートを切った。

●初代年間王者はヴェルディに

10チームにより前，後期の２シーズン制で実施され，第１ステージは７月14日に終了。アントラーズがヴェルディを抑えて優勝した。

第２ステージは日本代表チームの日程の都合などで７月24日〜９月23日，11月６日〜12月15日の変則スケジュールで行われた（その後もこういった変則日程が組まれるケースが多くなる)。第１ステージ２位に終わったヴェルディは，ブラジルから1969年生まれの若手ビスマルクを獲得して戦力アップ，エスパルスの挑戦をはねのけて優勝。アントラーズは４位に後退した。

第１，２ステージ勝者によるチャンピオンシップは1994年１月９，16日に国立競技場でくり広げられ，ヴェルディが第１戦を三浦知良とビスマルクのゴールで２－０の快勝，第２戦は１－１で引き分けて初代年間王者の座に就いた。

▲初代年間王者の座についたヴェルディ川崎　©P.Kishimoto

1994年

２年目，1994年のＪリーグはベルマーレ平塚とジュビロ磐田の２クラブが新加入，12チームで開催された。第１，２ステージ制は変わらなかったが，延長戦の際の〈サドンデス〉が〈Ｖゴール〉と改称された。

●ヴェルディ２連覇

第１ステージ(３月12日～６月15日)は日本代表のストライカー高木琢也とチェコ代表のイワン・ハシェックが攻撃陣の先頭に立つサンフレッチェが優勝，第２ステージ(８月10日～11月19日)はヴェルディがベルマーレとの首位争いに勝ち，２シーズン連続の年間王者決定戦に臨んだ。

チャンピオンシップは11月26日広島ビッグアーチ，12月２日国立競技場で行われ，ヴェルディが２戦とも１－０の勝利を収め２連覇を飾った。

●あいつぐ外国人選手の入団

外国の有名選手が集まるＪリーグだが，1994年には1990年ワールドカップ・イタリア大会得点王のサルバトーレ・スキラッチ(イタリア)がジュビロに入団した。ワールドカップ得点王は1993年にグランパスに入ったゲリー・リネカー(イングランド，1986年メキシコ大会)についで２人目だった。このほか，グランパスにユーゴスラビア代表の中心選手，ドラガン・ストイコビッチ，アントラーズに1994年ワールドカップ・アメリカ大会優勝のブラジル代表MFレオナルド，レッズには1990年ワールドカップ優勝の西ドイツ代表DFギド・ブッフバルトが加入した。

▲ヴェルディ川崎の２連覇に貢献したビスマルク　©P.Kishimoto

1995年

1995年は柏レイソル，セレッソ大阪の２クラブを加えて14チームで開催。これまで勝ち数で順位を決めていた方式を勝ち点制(勝ち３，PK負け１，負け０)に変更した。この年も外国，とくにブラジルから大物選手がやってきた。代表チームの不動のレギュラー，右サイドバックのジョルジーニョ(アントラーズ)，MFのドゥンガ(ジュビロ)らである。

●マリノスが初の年間チャンピオンに

第１ステージ(３月18日～７月22日)はマリノスが初優勝，第２ステージ(８月12日～11月25日)はヴェルディが３度目のステージ優勝を成し遂げた。得点王のタイトルはレッズの福田正博が32ゴールで獲得，日本人初の最多得点者となった。２位は３１点のスキラッチだった。

チャンピオンシップは11月30日，12月６日の両日，いずれも国立競技場を舞台にして戦われ，マリノスがダビド・ビスコンティ(アルゼンチン)，井原正巳のゴールで２戦とも１－０の勝利。初のＪチャンピオンとなった。

▲ヴェルディ川崎の３連覇を阻止し，初タイトルを獲得した横浜マリノス。優勝盾を掲げる井原正巳　©P.Kishimoto

1996年

●アントラーズ，年間王者に

４年目の1996年は，京都サンガとアビスパ福岡の２クラブが新加入，16チームによる１ステージ制の長丁場のリーグを展開(３月16日～５月18日，８月28日～11月９日)。アントラーズがグランパス，フリューゲルス，ジュビロに競り勝ち，初の年間王者の座を射止めた。

短期間，イタリアの１部リーグ(セリエA)でプレーした三浦知良が23点で得点王に，最優秀選手にはアントラーズのジョルジーニョが選ばれた。ステージ優勝チームには１億円の賞金が与えられているが，アントラーズは１ステージ制のため２億円を手にした。

▲１ステージの長丁場を制した鹿島アントラーズ　©P.Kishimoto

1997年

1997年はまた１クラブふえた。ヴィッセル神戸が新加入したのである。ふたたび２ステージ制に戻り，勝ち点は勝利３，Vゴール勝ち２，PK戦勝利１，敗戦０と変更された。

●ジュビロ，アントラーズの２強時代

第１ステージ(４月12日～７月19日)はアントラーズがフリューゲルスを勝ち点２差で抑え，第２ステージ(７月30日～10月４日)はジュビロが優勝した。ブラジルの闘将ドゥンガのリードがもたらしたともいえる初の栄冠だった。

ジュビロはチャンピオンシップ第１戦(12月６日・磐田スタジアム)を中山雅史の２ゴールなどで３－２(延長)と先勝，第２戦(12月13日・カシマスタジアム)も中山の１点を生かし１－０で勝ち，初のＪチャンピオンの座に就いた。

▲1997年チャンピオンシップ　鹿島－磐田　ジョルジーニョ(右)の厳しいマークを受けながらゲームを支配した藤田俊哉　©P.Kishimoto

▼中山雅史の１，２戦連続得点で初タイトルを獲得したジュビロ磐田　©P.Kishimoto

1998年

ジュビロ，アントラーズの２強時代到来である。コンサドーレ札幌が加わり18クラブでくり広げられた1998年リーグの第１ステージ(３月21日～８月８日)は，ジュビロがエースストライカー中山の４試合連続ハットトリックの活躍などでエスパルスをかろうじて抑え優勝，第２ステージ(８月22日～11月14日)はアントラーズがジュビロに３勝ち点差をつけて勝った。中山はＪ新記録の36ゴールで初の得点王のタイトルを獲得するとともに最優秀選手にも選ばれた。

年間王者決定戦は第２ステージ勝者のアントラーズがそのままの勢いで第１戦(11月21日・国立競技場)，第２戦(11月28日・カシマスタジアム)とも勝ち，Ｊ王者に返り咲いた。

▲1，2戦に勝ち，完全勝利でチャンピオンに返り咲いた鹿島アントラーズ
©P.Kishimoto

●吸収合併・撤退の嵐

1998年は不況の影響などからＪリーグに激震が走った。親会社の経営難でフリューゲルスのマリノスへの吸収合併，ヴェルディからの読売新聞社の撤退といったニュースが流れた。そのほかのほとんどのクラブも赤字経営が伝えられ，人件費の切り詰め，リストラを余儀なくされるチームが続出，ブラジル代表のドゥンガ主将ら大物外国選手が次つぎとＪリーグから去ることになった。

●Ｊ１参入決定戦

1999年シーズンからの１・２部制移行にともなうＪ１参入決定戦が1998年末に実施され，コンサドーレの２部降格が決定した。この結果，Ｊ１はマリノスとフリューゲルスの合併クラブ，Ｆ・マリノス，アントラーズ，ジェフ，レイソル，レッズ，ヴェルディ，ベルマーレ，エスパルス，ジュビロ，グランパス，サンガ，ガンバ，セレッソ，ヴィッセル，サンフレッチェ，アビスパの16チーム，Ｊ２はコンサドーレのほか川崎フロンターレ，ベガルタ仙台，FC東京，モンテディオ山形，大宮アルディージャ，アルビレックス新潟，ヴァンフォーレ甲府，サガン鳥栖，大分トリニータの10クラブで構成されることになった。

1999年

２部制元年の1999年，７年目のＪリーグはPK戦を取りやめ，引き分けを導入し，勝ち点は勝利３，Vゴール勝ち２，引き分け１，敗戦０に改められた。

Ｊ１第１ステージ（３月６日～５月29日）はジュビロがヴェルディに勝ち点２差をつけて制覇，第２ステージ（８月６日～11月27日），はエスパルスが悲願の初優勝を成し遂げた。

●Ｊ１残留をかけた戦い

優勝争いと並んで高い関心を持たれたのはＪ１残留をかけた戦いだった。ベルマーレの降格は13節に決まったが，残り１チームは最終節（15節）まで予断を許さない展開となった。第１，２ステージの年間総合成績でアビスパ，ジェフ，レッズがいずれも28勝ち点の大接戦で終了した。しかし，得失点差はジェフがマイナス15，アビスパが同18，レッズが同19でレッズのＪ２落ちが決定した。

Ｊ２（３月14日～11月21日）は①フロンターレ②FC東京でこの両チームが2000年シーズンはＪ１でプレーすることになった。

Ｊリーグのチーム数変遷

1993年　10チーム
鹿島アントラーズ，ジェフ市原，浦和レッズ，ヴェルディ川崎，横浜マリノス，横浜フリューゲルス，清水エスパルス，名古屋グランパス，ガンバ大阪，サンフレッチェ広島

1994年　12チーム
ベルマーレ平塚，ジュビロ磐田が新加入

1995年　14チーム
セレッソ大阪，柏レイソルが新加入

1996年　16チーム
京都サンガ，アビスパ福岡が新加入

1997年　17チーム
ヴィッセル神戸が新加入

1998年　18チーム
コンサドーレ札幌が新加入

1999年　2部制導入
J1=16チーム，J2=10チーム

2000年
J1=16チーム，J2=11チーム

2001年
J1=16チーム，J2=12チーム

▼初のPK戦で２度目のチャンピオンに輝いたジュビロ磐田　©P.Kishimoto

▲ヘディングで競り合う中山雅史 ©P.Kishimoto

●ジュビロ，２度目の年間王者に

静岡ダービーの年間王者決定戦は，第１戦(12月４日・磐田スタジアム)がジュビロのVゴール勝ち，第２戦(12月11日・日本平スタジアム)はエスパルスが同スコアの２－１でこれまたVゴール勝ち。チャンピオンシップ初のPK戦の結果，ジュビロが４－２で勝ち２度目のＪチャンピオンとなった。

2000年

20世紀最後のＪ１は前年と同じチーム数，勝ち点制で行われたが，Ｊ２は水戸ホーリーホックが新加入，11クラブで開催された。

●アントラーズ，３冠王に

Ｊ１の第１ステージ(３月11日～５月27日)は，セレッソが初優勝を目前にしながら最終節，15位のフロンターレにVゴール負けし，Ｆ・マリノスに勝ち点１差でタイトルを奪われた。Ｆ・マリノスはマリノス時代の1995年第１ステージ以来２度目の優勝だった。

第２ステージ(６月24日～11月26日)は，アントラーズが最終節にレイソルと０－０で引き分け，そのレイソルに勝ち点１の差をつけ４度目のステージ優勝を果たした。Ｊ２降格は，年間総合成績16位のフロンターレ，15位のサガンの２チームだった。

Ｊ２(３月11日～11月19日)はコンサドーレが優勝，レッズが２位を占め，両チームがＪ１へ昇格することが決まった。

チャンピオンシップ第１戦(12月２日・横浜国際競技場)は０－０の引き分け，第２戦(12月９日・国立競技場)はアントラ

▲激しい空中戦で競り合う鈴木隆行(中央)と波戸康広 ©P.Kishimoto

▼Ｊリーグ初の３冠に輝いた鹿島アントラーズ ©P.Kishimoto

ーズが３－０の完勝。アントラーズは2000年度のＪ１だけでなく，ナビスコカップ，天皇杯全日本選手権の３大タイトルを独占，Ｊリーグ発足後初の３冠王に輝いた。

2001年

日韓共催ワールドカップを１年後に控えた2001年Ｊリーグは３月10日に開幕。Ｊ１は16チームのままだが，Ｊ２はフリューゲルスのサポーターが中心となり市民クラブとして発足した横浜FCが新加入，12チームで11月までの長期戦のスタートを切った。

Ｊ１の第１ステージは７月21日に終了，ジュビロが４度目のステージ優勝を果たし，ジェフが２位につけた。

●サッカーくじ実施される

2001年は〈toto（トト，スポーツ振興くじ＝サッカーくじ）〉がはじめて全国販売された年でもある。totoは2000年秋に静岡県でテスト販売され，2001年シーズンの開幕戦から実施された。Ｊ１とＪ２の指定13試合の勝ち，引き分け，負けを予想するもので，全試合的中が１等，１試合外れが２等，３試合外れが３等賞金を獲得する。１等賞金の限度額は１億円だが，第１節にいきなり１億円２本が出た。toto効果もあり，減少傾向にあった観客数も上昇に転じた。

（鈴木武士）

▲商店街に設置されたtoto発売窓口
©P.Kishimoto

Jリーグ観客数

開催年	総観客数(試合数)	1試合平均観客数
1993年	323万5750人(180)	1万7976人
1994年	517万3817人(264)	1万9598人
1995年	615万9691人(364)	1万6922人
1996年	320万4807人(240)	1万3353人
1997年	275万5698人(272)	1万131人
1998年	366万6496人(306)	1万1982人
1999年	279万8005人(240)	1万1658人
2000年	265万5553人(240)	1万1065人
2001年	209万4446人(120)	1万7454人(第1ステージのみ)

Jリーグ最優秀選手，得点王

回数	開催年	最優秀選手	得点王
第１回	1993年	三浦　知良(ヴェルディ)	ディアス(マリノス) 28点
第２回	1994年	ペレイラ(ヴェルディ)	オッツェ(ジェフ) 30点
第３回	1995年	ストイコビッチ(グランパス)	福田　正博(レッズ) 32点
第４回	1996年	ジョルジーニョ(アントラーズ)	三浦　知良(ヴェルディ) 23点
第５回	1997年	ドゥンガ(ジュビロ)	エムボマ(ガンバ) 25点
第６回	1998年	中山　雅史(ジュビロ)	中山　雅史(ジュビロ) 36点
第７回	1999年	アレックス(エスパルス)	黄　善洪(セレッソ) 24点
第８回	2000年	中村　俊輔(F・マリノス)	中山　雅史(ジュビロ) 20点

2002年Jリーグチーム紹介

■大会方式

・２ステージのリーグ戦およびチャンピオンシップ
・各ステージとも16クラブによる１回戦総当たりリーグ戦(両ステージでホーム・アンド・アウェーとなる)
・各ステージ15節／120試合(２ステージ合計240試合)
・チャンピオンシップはホーム・アンド・アウェー方式による
・両ステージのチャンピオンが同一の場合は，サントリーチャンピオンシップは行わない

◇鹿島アントラーズ

〒314-0021　茨城県鹿嶋市粟生東山2887
電話：0299-84-6808

1947年，住友金属蹴球団(大阪)として創部。1974年，JSL２部昇格。1975年，茨城県鹿島町へ移転。1991年，鹿島アントラーズと改称。Ｊリーグ初年，第１ステージを制覇。2000年シーズンまでステージ優勝４回，年間チャンピオン３回。2000年シーズンはＪリーグ，ナビスコカップ，天皇杯全日本選手権の３冠を獲得。〈アントラー〉は，英語で〈鹿の枝角〉の意味。〈アントラーズ〉のチーム名は，武神を祭神とする鹿島神宮の〈鹿〉にちなむ。鹿の枝角は鋭く強い武器であり，勇猛果敢に戦い勝利をめざすチームをイメージしている。

ホームスタジアム：県立カシマサッカースタジアム
ホームページ：http://www.antlers.co.jp/

◇ジュビロ磐田

〒438-0025　静岡県磐田市新貝 2500
電話： 0538-36-2000

1972年，ヤマハ発動機サッカー部として創部。1978年，JSL２部昇格。翌年１部入り。1982年度天皇杯全日本選手権優勝，1987年度JSLチャンピオン。1993年，ジュビロ磐田と改称。1994年，Jリーグ入り。1997年，1999年のJリーグチャンピオン。

1998年，ナビスコカップ優勝。アジアでは1998～99年シーズンにクラブ選手権，1999年にスーパーカップを制した。

ジュビロは，スペイン語，ポルトガル語で〈歓喜〉の意味。

ホームスタジアム：ジュビロ磐田スタジアム
ホームページ：http://www.jubilo-iwata.co.jp/

◇ジェフユナイテッド市原

〒299-0107　千葉県市原市姉崎海岸23-2
電話：0436-63-1201

前身は実業団の名門，古河電工。1946年創部。1991年，東日本ＪＲ古河サッカークラブと改称。1965年設立のJSLの27シーズンで一度も２部落ちしたことのない唯一のチーム。1976年度，1985年度JSLチャンピオン。天皇杯全日本選手権も1960～70年代に４度優勝。1986～87年シーズンのアジア・クラブ選手権覇者。1996年，ジェフユナイテッド市原に改称。

ジェフ(JEF)は，JR EAST FURUKAWAの頭文字。Jリーグ発足時からのチーム。

ホームスタジアム：市原臨海競技場
ホームページ：http://www.so-net.ne.jp/JEFUNITED/

◇清水エスパルス

〒 424-0901　静岡県清水市三保 2695番地1
電話：0543-36-6301

Ｊリーグ発足時に唯一JSL参加の母体チームを持たない市民球団としてスタート。サッカー王国静岡県出身者を中心にチームを結成，1993年の初年度は年間総合３位。1999年の第２ステージで優勝したが，磐田との年間王者決定戦はPK戦で敗れた。ナビスコカップは1996年に優勝。1999～2000年のアジア・カップウィナーズ選手権のタイトルを獲得。

S-PULSE（エスパルス）のSは〈サッカー，清水，静岡〉の頭文字，PULSEは英語で〈心臓の鼓動〉の意味。サッカーを愛する県民，市民の胸の高まりとチームのスピリットを表す。

ホームスタジアム：日本平スタジアム
ホームページ：http://www.s-pulse.co.jp/

◇名古屋グランパスエイト

〒460-0008 愛知県名古屋市中区栄5-1-32久屋ワイエスビル6F
電話:052-242-9180

1972年，JSL２部優勝のトヨタ自動車を母体に，Ｊリーグ発足時より参加。10チーム加盟のＪリーグ１年目の1993年は，年間総合順位は９位だった。１シーズン制の1996年に２位を占めたものの，Ｊリーグ最高位の経験はまだない。しかし，天皇杯全日本選手権には強く，1995年，1999年の両年度に優勝している。

名前の由来は，グランパスは英語で名古屋のシンボル〈鯱（シャチホコ）〉，エイトは名古屋市の徽章は〈八〉であり，末広がりを意味する。

ホームスタジアム：名古屋市瑞穂公園陸上競技場
ホームページ：http://www.nagoya-grampus-eight.co.jp

◇柏レイソル

〒277-0083　千葉県柏市日立台1-2-50
電話：0471-62-2201

前身は日立製作所本社サッカー部として1940年に創部。JSLには第1回大会から参加。1972年，JSL 1部優勝。天皇杯全日本選手権のタイトル獲得は1972年度，1975年度の2度。千葉県柏市に本拠地を置き，1995年にJリーグ入り。Jリーグ1部での最高成績は1999年，2000年の年間総合順位3位だが，1999年のナビスコカップを制した。

レイソルは，スペイン語の〈レイ(王)〉と〈ソル(太陽)〉を合体させた造語で〈太陽王〉を意味する。

ホームスタジアム：日立柏サッカー場
ホームページ：http://www.reysol.co.jp/

◇ガンバ大阪

〒565-0826　大阪府吹田市千里万博公園3-3
電話：06-6875-8111

前身は1980年創部の松下電器産業サッカー部。1984年，JSL 2部昇格。1986年，1部昇格。1990年度の天皇杯全日本選手権チャンピオン。1992年，パナソニックガンバ大阪，1996年，ガンバ大阪と改称。Jリーグには最初から参加しているが，まだ優勝経験はない。

ガンバ(GAMBA)は，イタリア語で〈脚〉の意味。サッカーの原点である脚によってシンプルで強いチームをめざす。ガンバはまた〈頑張る〉にも通じ，勝利をめざし頑張るチームという気持ちが込められている。

ホームスタジアム：万博記念競技場
ホームページ：http://www.hi-ho.ne.jp/gamba/

◇FC東京

〒135-0003　東京都江東区猿江2-15-10
電話：03-3635-8960

前身は1935年創部の東京ガスサッカー部。1991年，JSL 2部昇格。1999年，FC東京と改称，同年発足のJ2に参戦し，2位の成績を収めてJ1へ昇格。J1最初の2000年シーズン第1ステージでいきなり3連勝，首位に立つ大活躍をみせた。その後，ペースを落としたものの年間総合順位7位の好成績を残し〈東京旋風〉を巻き起こした。

チーム名に他のJクラブのように愛称をつけず〈東京〉としたのは，シンプルでだれにもわかりやすく，なじめるものにするため。

ホームスタジアム：東京スタジアム
ホームページ：http://www.fctokyo.co.jp/

◇サンフレッチェ広島

〒733-0036　広島県広島市西区観音新町4-10-2広島西飛行場ターミナルビル1F
電話：082-233-3233

1938年，東洋工業蹴球部として創部。JSLスタートの年から４連覇。1970年にも優勝。天皇杯全日本選手権にも３回優勝。マツダ・サッカー・クラブなどの名称を経て，1992年，サンフレッチェ広島となる。

1993年の第１回Ｊリーグは総合５位に終わったが，1994年第１ステージ優勝(総合２位)。

サンフレッチェは，日本語の〈三〉とイタリア語の〈フレッチェ＝矢〉を合わせたもので，毛利元就の故事に由来し，〈３本の矢〉を意味する。

ホームスタジアム：広島ビッグアーチ
ホームページ：http://www.sanfrecce.co.jp/

◇浦和レッドダイヤモンズ

〒336-8505　埼玉県さいたま市仲町2-4-1
電話：048-832-3240

前身は1950年創部の中日本重工神戸サッカー部。1964年，三菱重工業，1990年，三菱自動車工業と改称。JSL発足時からのメンバーで，1969年に初優勝し計４回タイトルを取っている。天皇杯でも1970～80年代に４度優勝。埼玉県さいたま市をホームタウンにし，Ｊリーグには最初から加入している。1995年の年間総合順位４位が最高の成績。2000年はＪ２で戦い，札幌に次ぐ２位となりＪ１復帰を果たした。レッドダイヤモンズ(レッズ)は，最高の輝きと固い結束力をイメージしている。

ホームスタジアム：浦和駒場スタジアム
ホームページ：http://www.urawa-reds.co.jp

◇コンサドーレ札幌

〒060-0909　北海道札幌市東区北9条東3丁目42番地５
電話：011-750-2929

前身は1935年創立の東芝堀川町サッカー部(川崎市)。1978年，JSL２部昇格。1980年，東芝サッカー部と改称。1989年，JSL１部昇格。1996年，札幌へ移転，コンサドーレ札幌と改称。1998年，Ｊリーグ昇格。1999年，Ｊ２降格。2000年，Ｊ２優勝。2001年，Ｊ１昇格。

〈コンサドーレ〉は，道産子(どさんこ)を逆さ読みし，ラテン語の響きをもつ〈オーレ〉をつけたものがチーム名となっている。ホームスタジアムの札幌ドームは，移動式グラウンドとして有名。

ホームスタジアム：札幌厚別公園競技場
ホームページ：http://www.menkoi.net/consadole/

◇ヴィッセル神戸

〒651-0094　兵庫県神戸市中央区琴ノ緒町1-5-9
電話：078-242-5511

前身は1966年創部の川崎製鉄水島サッカー部。岡山県倉敷市を本拠地に1986年，JSL２部参加。1995年，ヴィッセル神戸となる。同年，天皇杯準々決勝進出。1996年JFLを準優勝で終了。Jリーグ昇格は1997年。シーズン終了後，フェアープレー賞を受賞。1998年は，Ｊ１参入決定戦(対コンサドーレ札幌)で，かろうじて残留決定。ヴィッセル(VISSEL)は，英語のVICTORY(勝利)とVESSEL(船)を合わせた造語で，〈勝利の船出〉を意味し，国際港神戸をイメージしている。

ホームスタジアム：神戸総合運動公園ユニバー記念競技場
ホームページ：http://www.vissel-kobe.co.jp/

◇横浜F・マリノス

〒221-8523　神奈川県横浜市神奈川区新子安1-18-1
電話：045-434-2331

前身は1972年創部の日産自動車サッカー部。1977年，JSL２部昇格，1979年，１部入り。1988年度，1989両年度のJSLチャンピオン。天皇杯全日本選手権には６回優勝。〈横浜マリノス〉としてJリーグ創立時から参入。1995年シーズンに年間総合優勝を果たしている。1999年に〈横浜フリューゲルス〉と合併し，〈横浜F・マリノス〉と改称。マリノスは，スペイン語で〈船乗り〉の意味。７つの海を渡り，世界へ雄飛する姿と国際港・横浜のイメージをオーバーラップさせたネーミングである。

ホームスタジアム：横浜国際総合競技場
ホームページ：http://www.so-net.ne.jp/f-marinos/

◇東京ヴェルディ1969

〒206-0812　東京都稲城市矢野口3294
電話：044-946-3030

前身は1969年創部の読売サッカークラブ。1972年，JSL２部参加を経て1978年に１部昇格。1983年，初優勝。以後４回JSLチャンピオンに輝く。天皇杯全日本選手権優勝４回。川崎市をホームタウンにし，Ｊリーグでも強さを誇示，Jリーグ元年の1993年と２年目の1994年シーズンを連覇。ナビスコカップは1992～94年に３連覇した。1987～88年シーズンのアジア・クラブ選手権覇者。2001年から本拠地を東京に移し〈東京ヴェルディ1969〉の名称で戦う。ヴェルディは，ポルトガル語の〈VERDE(緑)〉から生まれた造語。

ホームスタジアム：東京スタジアム
ホームページ：http://www.verdy.co.jp/

◇京都パープルサンガ

〒600-8586　京都市下京区四条通室町東入函谷鉾町87ケイアイ興産京都ビル
電話：075-212-0635

前身は1922年創部の京都紫郊クラブ。1954年，京都紫光クラブと改称。1972年，JSL２部入り。1993年，JFL１部昇格。1994年，京都パープルサンガと改称，1996年，Ｊリーグ昇格。2001年，Ｊ２に降格。

パープルサンガのパープルは，紫光クラブのチームカラーを引き継いだもので，サンガは，歴史ある寺院を多く擁する古都・京都とつながりの深い仏教用語。サンスクリット語で〈仲間・群れ〉を意味し，その２つを合わせたもの。

ホームスタジアム：京都市西京極総合運動公園球技場
ホームページ：http://www.jubilo-iwata.co.jp

◇ベガルタ仙台

〒980-0014　宮城県仙台市青葉区本町3-6-16漁信基ビル4F
電話：022-216-1011

前身は1988年創部の東北電力サッカー部。1994年，ブランメル仙台としてJFLに参加。1999年，ベガルタ仙台と改称して翌年，Ｊ２に参加。2001年Ｊ２で２位となり，2002年Ｊ１に昇格。東北地方唯一のＪ１となる。主な株主が宮城県と仙台市という異例のチーム。

ベガルタは，七夕の織り姫〈ベガ〉と彦星〈アルタイル〉を合体させてつけたもの。七夕祭りで全国的に有名な仙台のクラブらしい命名である。

ホームスタジアム：仙台スタジアム
ホームページ：http://www.vegalta.co.jp

【試合方式および勝敗の決定】

90分間（前後半各45分）の試合を行い，勝敗が決しない場合はVゴール方式の延長戦（前後半各15分）を行う。それでも勝敗が決しない場合は引き分けとする。

【勝点】

90分での勝利：３点，延長戦での勝利：２点，引き分け：１点，敗戦：０点

【各ステージの順位の決定】

各ステージが終了した時点で，勝点合計の多いクラブを上位とし，順位を決定する。

ただし，勝点が同じ場合は，①得失点差，②総得点数，③当該クラブ間の対戦成績，④順位決定戦，の順によって，順位を決定する。

【総合順位の決定】

各ステージの優勝クラブが異なる場合は，チャンピオンシップを行い，総合順位の１位，２位を決定する。

３位以下は，各ステージにおける勝点の合計によって順位を決定する。ただし，勝点が同じ場合は，①リーグ戦全試合の得失点差，②リーグ戦全試合の総得点数，③当該クラブ間の対戦成績（イ：勝点，ロ：得失点差，ハ：総得点数），④順位決定戦，の順によって，順位を決定する。

◇アビスパ福岡

中央防犯ACM藤枝サッカークラブ(静岡県)として1982年に創部。1991年，JSL2部昇格。1993年，JFL1部昇格。1995年，本拠地を藤枝から福岡に移転，福岡ブルックスと改称。1995年，JFLで優勝。1996年，Jリーグ参加，アビスパ福岡と改称。アビスパ(AVISPA)は，スペイン語で〈ハチ〉を意味する。

〒812-0011　福岡市博多区博多駅前1-4-1第一生命ビル
電話：092-413-4455　http://www.infoQshu.ne.jp/avispa/

◇セレッソ大阪

1957年，ヤンマーディーゼル・サッカー部として創部。JSL初年度から参加。JSL優勝４回，天皇杯全日本選手権優勝３回。Ｊリーグ昇格は1995年。セレッソは，スペイン語で大阪市の花である〈桜〉を意味する。大阪市，そして日本を代表するチームに育つようにとの願いが込められている。

〒558-0004　大阪市住吉区長居東2-2-19
電話：06-6692-9011　http://www.cerezo.co.jp/

◇モンテディオ山形

1984年，NEC山形のサッカー同好会として発足。1994年，JFL昇格。1996年，モンテディオ山形と改称。

モンテディオは〈山の神〉の意。イタリア語の〈MONTE(山)〉と〈DIO(神)〉を組み合わせた造語。山形県の霊峰出羽三山(月山，湯殿山，羽黒山)と頂点をめざすチームを表している。

〒990-2412　山形市松山2-11-30
電話：023-635-9290　http://www.montedio.or.jp

◇アルビレックス新潟

1955年，新潟イレブンサッカークラブとして発足。1994年，アルビレオ新潟，1997年，アルビレックス新潟と改称。1998年，JFL，1999年，Ｊ２参加。アルビレックスは白鳥座の中の星〈アルビレオ〉とラテン語の〈レックス(王)〉を合わせ，サッカー界の王者に向け羽ばたくという意味が込められている。

〒950-0954　新潟市美咲町2-1-10
電話：025-282-0011　http://www.albirex.co.jp/

◇大宮アルディージャ

1969年，電電関東サッカー部として創部。1985年，NTT関東サッカー部と改称，1987年，JSL２部昇格。1998年，大宮アルディージャと改称。1999年，Ｊ２参加。アルディージャは，大宮市のマスコット的存在の〈リス〉を意味するスペイン語。地域に密着した愛される存在となることを願ってつけられた。

〒330-0846　大宮市大門町3-42-5太陽生命大宮ビル6F
電話：048-658-5511　http://www.ardija.co.jp/

◇大分トリニータ

1994年，大分トリニティとして創部。1996年，JFL昇格。1999年，大分トリニータと改称，同年Ｊ２に参加。

トリニータは，クラブ運営の三本柱である県民，企業，行政を表す三位一体(英語のトリニティ,Trinity)にホームタウンの大分を加えた造語。

〒870-0021　大分市府内町1-6-21山王ファーストビル3階
電話：097-533-5657　http://www.oita-trinita.co.jp

◇川崎フロンターレ

前身は1955年創部の富士通サッカー部。1972年，JSL２部，1977年，JSL１部。1997年，川崎フロンターレと改称。1999年，Ｊ２参加，2000年，Ｊ１昇格，2001年，Ｊ２に降格。フロンターレは，イタリア語で〈正面の〉を意味する。フロンティア精神，正面から正々堂々と戦う姿勢を表現した名称。

〒211-0063　川崎市中原区小杉町1-403タワープレイスビル14F
電話：044-711-0083　http://www.frontale.co.jp/

◇湘南ベルマーレ

前身は1968年創部の藤和不動産サッカー部。1975年，フジタ工業サッカー部，1993年，ベルマーレ平塚，2000年，湘南ベルマーレと改称。JSL，天皇杯各３回優勝。1994年，Ｊリーグ昇格，2000年，Ｊ２に降格。ベルマーレは，ラテン語の〈BELLUM(美しい)〉と〈MARE(海)〉を合わせたもの。

〒254-0012　平塚市大神3489-1　電話：0463-54-0275
http://www.bellmare.co.jp/

◇横浜FC

1998年度天皇杯全日本選手権優勝（決勝戦は1999年１月１日）を最後に消滅した横浜フリューゲルスのサポーターが中心となって1999年３月に設立した市民クラブ。1999年，2000年のJFL（日本フットボールリーグ）を制し，2001年，Ｊ２入り。地域密着と覚えやすさを念頭に〈横浜FC〉と命名。

〒222-0036　横浜市港北区小机町2565-2グリーンビル小机3階
電話：045-470-3281　http://yokohamafc.com/

◇サガン鳥栖

佐賀県鳥栖市をホームタウンに1997年，県協会や地元市民団体の支援で，地域に根ざす市民クラブとして誕生。1997年，JFL，1999年，Ｊ２参加。

サガンは，〈佐賀の〉を意味する〈佐賀ん〉からきており，また長い年月をかけ砂粒が固まってできる〈砂岩〉を意味する。

〒841-0052　鳥栖市宿町1092番地
電話：0942-81-3277　http://www.sagantosu.co.jp

◇水戸ホーリーホック

1994年，FC水戸として茨城県サッカー協会に登録。1997年，プリマハムFC土浦と合併し，水戸ホーリーホックを設立する。2000年，Ｊ２参加。

ホーリーホックは，英語で〈葵〉の意味。徳川御三家のひとつ，水戸藩の家紋〈葵〉からとった名称である。

〒310-0031　水戸市大工町3-2-16 ヤマダビル3F
電話：029-225-1936　http://www.goholly.net

◇ヴァンフォーレ甲府

1965年創部の甲府サッカークラブが前身。1972年，JSL２部昇格。1992年，JFL（ジャパンフットボールリーグ）２部，1999年，Ｊ２参加。1995年，ヴァンフォーレ甲府と改称。ヴァンフォーレは，フランス語の〈VENT（風）〉と〈FORET（林）〉を組み合わせたもので，武田信玄の旗にもとづいている。

〒400-0072　甲府市大和町1-54
電話：055-254-6867　http://www.ventforet.co.jp/

（鈴木武士）

各種選手権や大会

4-5

アジア・クラブ選手権

アジアのクラブチームが競う大会は，各国リーグチャンピオンによる〈クラブ選手権〉，カップ戦勝者(日本の場合，天皇杯全日本選手権優勝チーム)が争う〈カップ・ウィナーズ選手権〉，両選手権の覇者による〈スーパーカップ〉の３つがある。

日本は〈クラブ選手権〉に３度，〈カップ・ウィナーズ選手権〉に５度優勝，〈スーパーカップ〉のタイトルも２度獲得，アジアの強国の地位を築いている。

クラブ選手権

1967年スタートのもっとも古い大会。日本の初参加は，第２回の1968～69年シーズンだった。1965年に開始した日本リーグ(JSL)を連覇中の東洋工業が出場したが，準決勝で陽地(韓国)に敗れ，３位に終わった。

初優勝は1986～87年シーズンの第６回大会。日本人プロ第1号の奥寺康彦の活躍で古河電工がアジアのナンバーワン・クラブの座についた。次のシーズンは読売クラブが制覇，連続優勝を果たした。

その後しばらくアジア王者は生まれなかったが，1998～99年シーズンにジュビロ磐田がエステグラル(イラン)を鈴木秀人，中山雅史のゴールで下し，Ｊリーグチャンピオンとして初の栄冠に輝いた。

カップ・ウィナーズ選手権

1990～91年の第１回大会不参加の日本は，翌シーズンに日産自動車が出場，圧倒的な強さで優勝した。日産は1990年度天皇杯全日本選手権では２位だったが，優勝チームの松下電器が辞退したため代替出場しての勝利だった。

日産は第３回大会に〈横浜マリノス〉のチーム名で連続出場。今度は正真正銘の天皇杯チャンピオンとしての参加。イランの

▲第２回大会チャンピオンとなり，カップを掲げる松永成立

ピルズィを第１戦１－１，第２戦１－０の合計得点２－１で破り連覇をやってのけた。

第５回大会は横浜フリューゲルス，第６回大会はベルマーレ平塚と，神奈川県のクラブのアジア制覇がつづいた。ベルマーレ優勝のヒーローの１人は，18歳の中田英寿だった。

次に脚光を浴びたのは清水エスパルス。1998年度天皇杯を制したフリューゲルスが消滅したため，２位のエスパルスは代替出場し，決勝でイラクのアル･ザウラに競り勝ったのである。

日本のアジア･クラブ選手権成績

回数	年	優勝チーム	日本の成績
第１回	1967～68年	ハポエル(イスラエル)	不参加
第２回	1968～69年	マカビー(イスラエル)	３位　東洋工業
第３回	1970～71年	タジ(イラン)	不参加
第４回	1971～72年	マカビー(イスラエル)	不参加
第５回	1985～86年	大宇(韓国)	不参加
第６回	1986～87年	古河電工	優勝　古河電工
第７回	1987～88年	読売クラブ	優勝　読売クラブ
第８回	1988～89年	アル･サード(カタール)	１次予選敗退　ヤマハ発動機
第９回	1989～90年	遼寧省(中国)	２位　日産自動車
第10回	1990～91年	エステグラル(イラン)	１次予選敗退　日産自動車
第11回	1991～92年	アル･ヒラル(サウジアラビア)	決勝大会棄権　読売クラブ
第12回	1992～93年	パス(イラン)	４位　ヴェルディ川崎
第13回	1993～94年	ファーマーズ(タイ)	３位　ヴェルディ川崎
第14回	1994～95年	ファーマーズ(タイ)	準々決勝リーグ　ヴェルディ川崎
第15回	1995～96年	一和(韓国)	準々決勝リーグ　ヴェルディ川崎
第16回	1996～97年	浦項(韓国)	準々決勝リーグ　横浜マリノス
第17回	1997～98年	浦項(韓国)	準々決勝リーグ　鹿島アントラーズ
第18回	1998～99年	ジュビロ磐田	優勝　ジュビロ磐田
第19回	1999～00年	アル･ヒラル(サウジアラビア)	２位　ジュビロ磐田
第20回	2000～01年	水原三星(韓国)	２位　ジュビロ磐田

アジア･カップ･ウィナーズ選手権成績

回数	年	優勝チーム	日本の成績
第１回	1990～91年	ピルズィ(イラン)	不参加
第２回	1991～92年	日産自動車	優勝　日産自動車
第３回	1992～93年	横浜マリノス	優勝　横浜マリノス
第４回	1993～94年	アル･カディシア(サウジアラビア)	途中棄権　横浜マリノス
第５回	1994～95年	横浜フリューゲルス	優勝　横浜フリューゲルス
第６回	1995～96年	ベルマーレ平塚	優勝　ベルマーレ平塚／３位横浜フリューゲルス
第７回	1996～97年	アル･ヒラル(サウジアラビア)	２位　名古屋グランパス／３回戦敗退　ベルマーレ平塚
第８回	1997～98年	アル･ナスル(サウジアラビア)	３回戦敗退　ヴェルディ川崎
第９回	1998～99年	アル･イテハド(サウジアラビア)	３位　鹿島アントラーズ
第10回	1999～00年	清水エスパルス	優勝　清水エスパルス
第11回	2000～01年	アル･シャバブ(サウジアラビア)	３位　清水エスパルス

スーパーカップ

1995年に新しく設けられた大会で，前年度の〈クラブ選手権〉と〈カップ・ウィナーズ選手権〉の勝者同士が対決する。

第１回大会は，横浜フリューゲルスとタイのファーマーズが戦い，フリューゲルスが第１戦１－１，第２戦３－２で勝利を飾った。

1999年の第５回大会を制したのはジュビロ磐田だった。アル・イテハド(サウジアラビア)との対戦は，１－０，１－２と２戦合計２－２の同点だったが，敵地で１点をあげたジュビロがアウェー・ゴール２倍のルールで勝ちを収めた。この結果，ジュビロは2001年に予定されていた第２回世界クラブ選手権への出場権を獲得したのだが，同選手権が中止となり，ジュビロの世界への夢は断たれた。

アジア・スーパーカップの優勝チーム

第１回	1995年	横浜フリューゲルス	1-1 3-2	ファーマーズ(タイ)
第２回	1996年	一和(韓国)	5-3 1-0	ベルマーレ平塚
第３回	1997年	アル・ヒラル (サウジアラビア)	1-0 1-0	浦項(韓国)
第４回	1998年	アル・ナスル (サウジアラビア)	1-1 0-0	浦項(韓国)
		[注]アウェー・ゲームで得点したアル・ナスルが優勝		
第５回	1999年	ジュビロ磐田	1-0 1-2	アル・イテハド (サウジアラビア)
		[注]得点合計2－2だが，アウェー・ゲームでゴールをあげたジュビロ優勝		
第６回	2000年	アル・ヒラル (サウジアラビア)	2-1 1-1	清水エスパルス

その他の各種大会

キリンカップ

日本代表チームの強化を目的に1978年に〈ジャパンカップ〉の名称ではじまった大会。欧州，南米のクラブチームなどを招待して開催された。1980年に〈ジャパンカップ・キリンワールドサッカー〉，1985年に〈キリンカップ〉と改称。

1989年，1990年は実施されず，1991年に再開された。1991年大会の日本代表は，三浦知良らを中心にバスコ・ダ・ガマ(ブラジル)，トットナム・ホットスパー(イングランド)，タイ代表に３連勝して初優勝を飾った。

1992年からは代表チーム同士の対抗戦となり，FIFA(国際サッカー連盟)から〈国際Aマッチ〉として認められた。1992年

▲キリンカップ87　優勝したフルミネンセ

▲キリンカップ92　日本ーアルゼンチン代表選手の目標をワールドカップへと意識変革したラモス瑠偉

以後の成績は別表どおりで，日本は1995年以降に５度の優勝を遂げている。

2001年大会は〈ピクシー〉のニックネームで親しまれているドラガン・ストイコビッチ(名古屋グランパス，ユーゴスラビア)の，日本での最後の代表試合ということで大きな関心を集めた。このユーゴスラビアに対し，日本は稲本潤一の決勝ゴールで１－０の勝利を収め，パラグアイ戦２－０の白星と合わせ２戦２勝で２連覇，５度目の優勝を記録した。

キリンカップ成績

1992年	①アルゼンチン	②ウェールズ	③日本
1993年	①ハンガリー	②日本	③アメリカ
1994年	①フランス	②オーストラリア	③日本
1995年	①日本	②スコットランド	③エクアドル
1996年	①日本	②メキシコ	③ユーゴスラビア
1997年	①日本	②クロアチア	③トルコ
1998年	①チェコ	②日本	③パラグアイ
1999年	①ペルー	②ベルギー	③日本
2000年	①日本	②スロバキア	③ボリビア
2001年	①日本	②パラグアイ	③ユーゴスラビア

ヤマザキナビスコ・カップ

1993年のＪリーグ発足に先立ち，1992年秋，Ｊリーグ参加の10チームにより第１回大会を開催した。予選リーグを経て上位４チームによる準決勝，決勝を行い，ヴェルディ川崎が優勝した。

1993年はチーム数が３チームふえ，予選リーグは２組(7,

６チーム)に分かれて行われ，ヴェルディが連覇した。1994年の第３回大会は14チーム出場で，トーナメント方式でくり広げられ，ヴェルディがまた優勝，３連覇を果たした。1995年は実施されず，1996年は16チームにより予選リーグから準決勝，決勝へと進む方式を採用。清水エスパルスがヴェルディの４連覇を阻止した。

1997年，1998年は20チームが出場。鹿島アントラーズ，ジュビロ磐田がそれぞれ初優勝を飾った。1999年は参加チーム数が26に拡大，トーナメント戦の結果，柏レイソルがＪ初のタイトルを獲得した。

2000年は27チームがトーナメント方式で競い，アントラーズが２度目の優勝を遂げた。参加チームが28にふえた2001年の決勝は横浜F・マリノスとジュビロ磐田の対決となり，延長０－０後のPK戦をF・マリノスが３－１で制し初優勝した。賞金は当初優勝5,000万円だったが，その後優勝１億円，２位5,000万円，３位2,000万円と増額された。

ゼロックススーパーカップ

前年度のＪリーグチャンピオンと天皇杯全日本選手権優勝チームが対決，新シーズンのスタートを告げる試合である(Ｊリーグ，天皇杯の優勝が同一チームの場合はＪチャンピオンと天皇杯２位チームが対戦する)。

第１回大会は２年目のＪリーグ開幕を１週間後に控えた1994年３月５日，東京・国立競技場に51,154人の観衆を集めて開催された。初代Ｊリーグチャンピオンのヴェルディ川崎と1993年度天皇杯優勝の横浜フリューゲルスの対戦は，ヴェルディが２－１で勝ち，賞金3,000万円を獲得した。敗者のフリューゲルスには2,000万円が贈られた。

Ｊリーグ２連覇のヴェルディは，第２回大会も1994年度天皇杯優勝のベルマーレ平塚にPK戦勝ちした。観衆は53,167人を数え，これが2001年の第８回大会までの最多記録となっている。

1996年の第３回大会は，天皇杯覇者(名古屋グランパス)がはじめての勝利を飾った。フランス人のアーセン・ベンゲル監督に率いられたグランパスは，ユーゴスラビア代表のドラガン・ストイコビッチのリードでＪリーグチャンピオンの横浜マリノスに２－０と圧勝した。

第４回から第６回大会までは，鹿島アントラーズが３連覇，第７回大会はＪリーグチャンピオンのジュビロ磐田が天皇杯勝者グランパスにPK戦勝ちし，初のタイトルを手中にした。

2001年の第８回大会は，前年度のＪリーグ，天皇杯，ナビスコカップ３冠の鹿島アントラーズと天皇杯２位の清水エスパルスの対戦となり，エスパルスが３－０の完勝を収めた。

ヤマザキナビスコ・カップ

回	開催年	優勝チーム
第１回	1992年	ヴェルディ川崎
第２回	1993年	ヴェルディ川崎
第３回	1994年	ヴェルディ川崎
第４回	1996年	清水エスパルス
第５回	1997年	鹿島アントラーズ
第６回	1998年	ジュビロ磐田
第７回	1999年	柏レイソル
第８回	2000年	鹿島アントラーズ
第９回	2001年	横浜F・マリノス

(1995年は開催されず)

ゼロックススーパーカップ

回	開催年	優勝チーム
第１回	1994年	ヴェルディ川崎
第２回	1995年	ヴェルディ川崎
第３回	1996年	名古屋グランパス
第４回	1997年	鹿島アントラーズ
第５回	1998年	鹿島アントラーズ
第６回	1999年	鹿島アントラーズ
第７回	2000年	ジュビロ磐田
第８回	2001年	清水エスパルス

▲シーズン開幕を告げるゼロックススーパーカップ。第１回大会を勝利したヴェルディ川崎。カップを掲げる三浦知良
©P.Kishimoto

●日本リーグ時代のスーパーカップ

新シーズン開幕を告げる王者対決〈スーパーカップ〉は，1908年から〈サッカーの母国〉イングランドで行われているチャリティー・シールド(慈善楯)にならったものである。イングランドでは，リーグ開幕第１週間前に前期リーグチャンピオンとFA(イングランド・サッカー協会)カップ勝者が対戦している。

日本でも1977年から４月はじめに開催する〈サッカー・フェスティバル〉の中心行事として，日本サッカーリーグ(JSL)と天皇杯の勝者による〈スーパーカップ〉が実施されていた。しかしその後，代表チームやJSLの日程の都合などから1984年に消失した。

付記すると，JSL時代のスーパーカップ勝者は，1977年古河電工，1978年フジタ，1979年，1980年三菱重工，1981年ヤンマー，1982年フジタ，1983年三菱重工，1984年読売クラブである。

▲1980年　スーパーカップを掲げる三菱重工・斉藤和夫

JFL(ジャパンフットボールリーグ，日本フットボールリーグ)

日本のトップリーグであるＪリーグを支える全国リーグ。Ｊリーグ発足にともない，1992年にジャパンフットボールリーグ(JFL)の名称ではじまった。

第２回大会までは各10チームの１，２部制で行われ，１部リーグは第１回が，①ヤマハ，②日立，第２回は①フジタ，②ジュビロ磐田(旧ヤマハ)と日本サッカーリーグ(JSL)で活躍していたチームが上位を占めた。第３回からは16チームによる１部制で1998年まで７回にわたってくり広げられた。第３回大会以降の１，２位チームは次のとおりである。

第３回①セレッソ大阪，②柏レイソル(旧日立)，第４回①福岡ブルックス，②京都サンガ，第５回①本田技研，②ヴィッセル神戸，第６回①コンサドーレ札幌，②東京ガス，第７回①東京ガス，②川崎フロンターレ。

ジャパンフットボールリーグは，1998年の第７回大会で幕を閉じ，1999年春に再編され日本フットボールリーグ(JFL)の名称で新しいスタートを切った。トップリーグのＪリーグが1999年から２部制を導入したのにともなうもので，再編された新JFLは1999年が９チーム，2000年12チーム，2001年16チームで実施。第１，２回大会は横浜FCが連覇，同チームはＪリーグ２部へ昇格した。

2001年のJFLは本田技研，デンソー，大塚製薬，ソニー仙台，ジャトコ，国士大，アローズ北陸，KYOKEN京都，静岡産大，栃木SC，横河，佐川急便，YKK，NTT西日本熊本，SC鳥取，愛媛FCで構成され，企業，大学，クラブチームとバラエティーに富んだ顔触れとなっている。

全日本実業団選手権

日本サッカーリーグ(JSL)が1965年に発足したのにともない解消された大会。1948年にスタート，初期は田辺製薬が圧倒的な強さを誇ったが，しだいに東洋工業，古河電工，日立本社，八幡製鐵などJSLの中核となるチームが台頭，実質的には日本のチャンピオンチームを決定する大会となり，新しい時代へ引き継がれた。

全日本大学選手権

1923(大正12)年，1924年にスタートした関西，関東両大学リーグが長いこと日本サッカー界の主流を占め，1929(昭和4)年にはじまった両リーグチャンピオンによる東西学生王座決定戦が〈大学日本一〉とみなされていた大学サッカー界に新しい時代が訪れたのは1953(昭和28)年だった。関東，関西以外の地方チームにも機会を与えようとの趣旨で1953年に第1回全日

全日本実業団選手権歴代優勝チーム

第1回	1948年	湯浅蓄電池
第2回	1949年	三共
第3回	1950年	田辺製薬
第4回	1951年	田辺製薬
第5回	1952年	田辺製薬
第6回	1953年	田辺製薬
第7回	1954年	田辺製薬
第8回	1955年	田辺製薬
第9回	1956年	東洋工業
第10回	1957年	田辺製薬
第11回	1958年	日立本社
第12回	1959年	古河電工
第13回	1960年	日立本社
第14回	1961年	古河電工
第15回	1962年	古河電工·東洋工業
第16回	1963年	八幡製鐵
第17回	1964年	八幡製鐵

全日本大学選手権歴代優勝チーム

第1回	1953年	東　大
第2回	1954年	立　大
第3回	1955年	東教大
第4回	1955年	早　大
第5回	1956年	東教大
第6回	1958年	中　大
第7回	1958年	明　大
第8回	1959年	中　大
第9回	1960年	中　大
第10回	1961年	慶　大
第11回	1962年	中　大
第12回	1963年	慶　大
第13回	1964年	日　大
第14回	1965年	中　大
第15回	1966年	早　大
第16回	1967年	関　大
第17回	1968年	東教大
第18回	1969年	慶　大
第19回	1970年	法　大
第20回	1971年	東教大
第21回	1972年	早　大
第22回	1973年	早　大
第23回	1974年	早　大
第24回	1976年	日体大
第25回	1976年	法　大
第26回	1978年	大商大
第27回	1978年	早　大
第28回	1979年	筑波大
第29回	1980年	筑波大・中　大
第30回	1981年	日体大
第31回	1982年	国士大
第32回	1983年	大商大
第33回	1984年	大商大
第34回	1985年	大商大・大体大
第35回	1986年	早　大
第36回	1987年	順天大
第37回	1988年	順天大・東海大
第38回	1989年	順天大
第39回	1990年	東海大
第40回	1991年	早　大
第41回	1992年	中　大
第42回	1993年	早　大
第43回	1994年	早　大
第44回	1995年	駒　大
第45回	1996年	国士大
第46回	1997年	駒　大
第47回	1998年	国士大
第48回	1999年	国士大
第49回	2000年	中京大

［注］第14回までは自由参加制。
1955，58，76，78年は1月と11月あるいは12月の2回開催

写真出典，提供
©アサヒ＝『アサヒ・スポーツ』朝日新聞社刊
©あゆみ＝『日本サッカーのあゆみ』日本蹴球協会創立満50年記念出版 講談社刊
©65年史＝『天皇杯65年史』全日本サッカー選手権全記録 (財)日本サッカー協会刊
©共同＝共同通信社
©P.Kishimoto＝Photo Kishimoto
©無記名＝鹿島　修

▶第30回大会　福永健司連盟会長から優勝杯を受ける日本体育大学

本大学選手権が開催されたのである。

ただ，この全日本大学選手権は当初，自由参加制であり本当の意味での〈大学日本一〉の大会とはいえなかった。しかし，1966(昭和41)年の第15回大会から関東，関西，東海のほか北海道，東北，北陸，中国，四国，九州の各地域代表16校による真の大学選手権に生まれ変わり，今日にいたっている。

地域代表が争う大会に改革されたことにより東西王座決定戦は廃止され，天皇杯全日本選手権への出場チームも〈選手権〉の上位４校に与えられるようになった。森孝慈，釜本邦茂ら日本代表の中核となるスター選手を擁した第15回大会のチャンピオン，早大は天皇杯でも優勝を飾った。第16回大会以降，関東，関西の有力校がタイトルを取りつづけたが，2000年にはじめて中京大が筑波大を下して大学日本一に輝いた。

全日本ユース選手権

18歳以下の選手が競う大会。クラブチームに所属するユース年代の選手にも全国規模の大会への参加機会を与えよう，との趣旨から1990年に第１回大会が開かれた。

正式名称は〈高円宮杯全日本ユースサッカー選手権大会〉。1989年にプレ大会を行い，1990年に正式なスタートを切った。毎年８月から９月初旬に開かれ，試合時間は〈大人〉と同じ90分。

1989年プレ大会優勝の清水商高が1990年の第１回大会決勝でも習志野高を下した。清水商高は2000年の第11回で５度目の優勝を飾り，最多勝利記録を誇っている。

クラブチームではじめて決勝に進出したのは第３回大会の読売クラブユース，初優勝は第10回大会のジュビロ磐田だが，これまでのところは高校チームが優位を保っている。

全日本ユース選手権歴代優勝チーム

第１回	1990年	清水商高
第２回	1991年	徳島市高
第３回	1992年	藤枝東高
第４回	1993年	清水商高
第５回	994年	清水商高
第６回	1995年	清水商高
第７回	1996年	鹿児島実高
第８回	1997年	東福岡高
第９回	1998年	藤枝東高
第10回	1999年	ジュビロ磐田ユース
第11回	2000年	清水商高
第12回	2001年	国見高

全国高校選手権

1918(大正７)年に関西の８校が参加して〈日本フットボール

大会〉としてはじめられた。兵庫県の御影師範が第７回大会まで連覇。1926(大正15)年の第９回大会から朝鮮を加えた８地区で予選が行われ，全国的な規模を持つ大会としてのスタートを切り，名称も〈全国中等学校蹴球大会〉と変更された。第10回大会で朝鮮の平壌崇実が兵庫勢の優勝独占をはじめて阻止した。

学制改革により，1949(昭和24)年の第27回大会から〈全国高校選手権〉と名称を改めた。1977年の第55回大会からは東京を中心とする首都圏開催となった。

戦後の高校サッカーは広島，静岡，埼玉県勢が優位に立ち，御三家とも呼ばれたが，1970年代半ばから東京の帝京が割って入り，1980年代以降は九州勢の台頭も目立つようになった。

(鈴木武士)

▲第68回大会に優勝した南宇和。島田秀夫会長からメダル授与される選手たち

全国高校選手権歴代優勝校

第１回	1918年	御影師範(兵庫)
第２回	1919年	御影師範
第３回	1920年	御影師範
第４回	1921年	御影師範
第５回	1922年	御影師範
第６回	1923年	御影師範
第７回	1924年	御影師範
第８回	1925年	神戸一中
第９回	1926年	御影師範
第10回	1928年	平壌崇実(朝鮮)
第11回	1929年	御影師範
第12回	1930年	神戸一中
第13回	1931年	御影師範
第14回	1932年	御影師範
第15回	1933年	神戸一中
第16回	1934年	岐阜師範
第17回	1935年	神戸一中
第18回	1936年	広島一中
第19回	1937年	埼玉師範
第20回	1938年	神戸一中
第21回	1939年	広島一中
第22回	1940年	普成中(朝鮮)
第23回，24回大会は戦争のため中止		
第25回	1946年	神戸一中
(関西のみの復活招待大会が第25回大会として行われた)		
第26回	1947年	広島高師付中
第27回	1949年	鯉城(旧広島一中)
第28回	1950年	池田(大阪)

第29回	1951年	宇都宮
第30回	1952年	浦和
第31回	1953年	修道(広島)
第32回	1954年	岸和田(大阪)・東千田(旧広島高師付)
第33回	1955年	浦和
第34回	1956年	浦和
第35回	1957年	浦和西
第36回	1958年	秋田商
第37回	1959年	山城(京都)
第38回	1960年	浦和市立
第39回	1961年	浦和市立
第40回	1962年	修道
第41回	1963年	藤枝東(静岡)
第42回	1964年	藤枝東
第43回	1965年	浦和市立
第44回	1966年	習志野(千葉) 明星(大阪)
第45回	1967年	藤枝東・秋田商
第46回	1968年	山陽(広島) 洛北(京都)
第47回	1969年	初芝(大阪)
第48回	1970年	浦和南
第49回	1971年	藤枝東
第50回	1972年	習志野
第51回	1973年	浦和市立
第52回	1974年	北陽(大阪)
第53回	1975年	帝京(東京)
第54回	1976年	浦和南

第55回	1977年	浦和南
第56回	1978年	帝京
第57回	1979年	古河一(茨城)
第58回	1980年	帝京
第59回	1981年	古河一
第60回	1982年	武南(埼玉)
第61回	1983年	清水東
第62回	1984年	帝京
第63回	1985年	帝京・島原商
第64回	1986年	清水商
第65回	1987年	東海大一(静岡)
第66回	1988年	国見(長崎)
第67回	1989年	清水商
第68回	1990年	南宇和(愛媛)
第69回	1991年	国見
第70回	1992年	帝京 四日市中央工
第71回	1993年	国見
第72回	1994年	清水商
第73回	1995年	市立船橋(千葉)
第74回	1996年	静岡学園 鹿児島実
第75回	1997年	市立船橋
第76回	1998年	東福岡
第77回	1999年	東福岡
第78回	2000年	市立船橋
第79回	2001年	国見
第80回	2002年	国見

(大会名は第８回まで〈日本フットボール大会〉，第26回まで<全国中学大会>，第27回大会から〈全国高校選手権〉)

第5部 現代のサッカー環境

ENCYCLOPEDIA OF FOOTBALL

5-1

ユースサッカー

1 ユース育成こそ強豪への道

「ワールドカップでの成功は，30年間にわたる努力の成果である。ひとつの国がサッカーで成功するには，ユースの育成と指導者の育成が鍵である。」

「われわれはとうとうワールドカップ出場権を獲得した。それは，Ｊリーグの発足，ユース年代の育成，指導者養成といった１つひとつの力の結集の結果である。」

前者は，フランス・ワールドカップ優勝チームの監督エメ・ジャケ氏，後者は，日本代表監督岡田武史氏の言葉である。興味深いのは，国の頂点のレベルで厳しい闘いをしている両将とも，その成功を支えたものとしてのユースサッカーの重要性に言及している点である。あるいは，ぎりぎりのなかで厳しい闘いをしてきたからこそ，その重要性を人一倍認識しているといったほうがいいのかもしれない。ここでは，ユースのサッカーを各国の育成コンセプトなどを紹介しながら見つめていきたいと思う。

▲フランス優勝時のエメ・ジャケ監督　©P.Kishimoto

ところで，日本では〈ユース〉という言葉は発育過程の後半部分，すなわち高校生年代あたりをさすことも多いが，これは〈ジュニア〉〈ジュニアユース〉という言葉が使われていたためであろう。しかし，世界ではむしろ発育過程全般に対して〈ユース〉という言葉を用いることが多く，ここでもユースという言葉は特定の年齢段階ではなく，若年層の選手全般に関する言葉として用いることにする。

先の２つの国だけでなく，サッカーの世界で強豪として君臨しつづけている国，急速にそこに肩を並べつつある国，あるいは一時低迷しながらも復活の兆しを見せている国……それらの国々をしっかりと見つめていくと，例外なく認められるのが〈ユースの育成〉に力を入れていることである。しかし，おもしろいことに，ユースの育成といってもその方法論は，各国で実にさまざまである。これは，それぞれの国のおかれている地理的，民族的，経済的，文化的背景，さらにサッカーの持つ意味の大きさそのものも大きく異なるためである。

たとえば，「下層階級で生まれた子どもにとって身を立てる唯一の手段がサッカー選手になること」といった国では，厳しい自然淘汰による生存競争が最大の育成のコンセプトとなりうるであろう。一方，だれにも教育の機会が与えられ，自分の力で将来を切り開くことのできる社会では，おのずとそのアプローチも異なってくる。さらに，そのどちらにおいても，サッカーが生活の一部と化しているような場合と，サッカーが多くのスポーツあるいは娯楽のなかのひとつという場合では，当然異なってくる。したがって，別の角度から見れば，サッカーで成功している国とは，いち早く自分たちの国に合ったユース育成のスタイルを確立し，しかも情熱を持って押し進めてきた国ととらえることができよう。

2 フランスのユース育成

ユースのサッカーには，〈強化〉と〈普及〉という２つの大きな柱がある。サッカーの発展にはこの２つの柱がバランスよく存在することが重要であることは，成功している国々がすでに証明している。普及に力を注ぐからこそより多くの情熱がサッカーに注がれ，それが代表チームの強化を促していく。さらにその強化が新たな情熱を取り込み，そこに発展を加速させる大きな推進力が生まれてくるのである。

フランスの話に戻ってみよう。今でこそ強豪の名をほしいままにしているフランスだが，1960～70年代は，ワールドカップで勝ち点どころか，出場さえもおぼつかないという低迷の時代を歩んでいるのである。1980年代に入り，プラティニ，ティガナ，ジレースらの活躍からふたたび世界の仲間入りをし，それ以降はあえていうまでもないであろう。しかし，ここで重要なのは，彼らは突然現れてきたわけではないということである。

低迷期にフランスの行ったことは，ユース年代の育成プログラムの整備であり，発育発達に応じたカリキュラムの見直し，能力の高い子どもに対する質の高い指導および環境の提供など，欧州各国に先がけて整備していった。プラティニやティガナらを生み出したレジデント形式の育成センターは，欧州各国の手本となっていったものである。この〈育成センター〉のシステムは，その形こそ変わってきているが，現在でもフランス・サッカーの育成強化の主軸となっており，クレールフォンテーヌ(ナショナル・スポーツセンター)に開設されたI'NFを中心に，全国８地域に育成センターを配置，それぞれの地域で優秀な素材を発掘，指導している。

さらに，学校教育システムに働きかけながらユース育成を実践していこうという〈Future Vision 2000〉というプロジェクトも立ち上げた。これは２つの柱からなっており，ひとつは，学校教育のカリキュラムのなかに必ず週１回はサッカーを入れてもらい，資格を持った体育教師がサッカーの指導を行うようにすること。これは〈普及〉すなわち新たなサッカー人口の獲得に大きく貢献するものである。

もうひとつは，放課後にクラブあるいは育成センターでサッカーができるように，授業をコンパクトにしてもらうように働きかけることである。これは厳しい義務教育制度のなか，それぞれの学校と個別に交渉することに

▼フランスのユース育成はクレールフォンテーヌに開設されたI'NFで行われている　©小野剛

なるが，1998年の段階ですでに12，13歳で500校，15，16歳で95校のスケジュール調整ができている。

〈Training youngsters is the key to the future. This has always been a catch-word.〉

フランス・サッカー協会のパンフレットから抜き出した言葉であるが，ユース育成に非常に力を入れている様子は脈々と生きつづけている。フランスの育成のコンセプトとしてしばしば現れる言葉が〈最終的な勝利〉，すなわち各カテゴリーでの勝利よりも，一貫した指導体系のなかでの指導を通じて，その選手をピークパフォーマンスに持っていくことの重要性である。

冒頭の言葉を思い返していただきたい。その地道な努力が30年という時を経て，大きな成功につながった。おそらくジャケ氏は，それが言いたかったのであろう。

3　ノルウェーのユース育成

〈普及〉という観点にさらに力を注ぎ成功してきた国としては，ノルウェーがあげられる。欧州内においてもずっと〈稚魚(small fry)〉として扱われていたノルウェーが，近年になってじわじわと力をつけ，サッカー大国の仲間入りを果たしたのは周知のとおりで，56年ぶりの出場となった1994年ワールドカップにつづき，連続出場となった1998年フランス大会でもブラジルを破る快挙。これは，ノルウェーの力が決してフロックではないことを示している。

その美しい自然とともに夏には白夜で知られるこの国土も，裏を返せば，冬はすぐに日が沈み，雪に覆われてしまう。地勢はフィヨルドによって町と町が分断されてしまう，といった具合で，その地理的条件はサッカーにとっては決してよいとはいえず，競技人口も決して多くはなかった。ノルウェーが気候的，地理的に苛酷な状況を克服し，強力なチームを作り上げてきた要因としては，日の短く，雪の多い冬を克服するために主要地域に設置されたフルコートの屋内サッカー場といったこともあげられるが，なによりも，20年以上前から力を入れてきたユース育成の成果を抜きには語れない。

かねてからのノルウェー・サッカーにおけるもっとも大きな問題は，12歳ごろから多くの才能あふれる選手たちがサッカーから離れていってしまうことであった。その原因は，主として少年サッカーの過熱化による勝利至上主義からきていると分析されている。すなわち「勝とう」とする意識が強くなりすぎ，楽しいはずの練習が〈ハードワーク〉になってしまったのである。これはノルウェーの地理的な事情も大きく影響しているのであるが，チームが強くなると，どうしても対外試合がクラブの活動の中心となり，その遠征の移動だけでも膨大な時間，子どもたちを拘束してしまう。彼らの年齢にとってサッカー以外の活動，たとえば友達と遊ぶ時間，家族との時間など大事にしなければならない活動がたくさんあるのだが，それらにとってサッカーが大きな負担となってしまったのである。

そこでふたたび「子どものサッカーは楽しみのため」という原点に戻り，そのことを徹底していく協会をあげての努力がはじまったのである。少年レベルにおいては，コーチはほとんどがボランティアで，たいていはその親や近所の人たちである。まずは，そういった人たちのためのコーチングコースを積極的に開催し，できるだけ多くの人たちに資格を取得してもらうようにした。そのなかでも非常にユニークなのは，小学校の先生(サッカーあるいは体育が専門でない先生)用にも，3時間という短い時間のコースとそのためのテキストをつくり，授業などでサッカーを指導する際に役立ててもらおうとしている。3時間というコンパクトなコースは「資格は与えるのではなく，取っていただくもの」という姿勢が表れている。

また，これらの活動のスローガンとして〈子どものサッカーにおける7つの心得〉と〈親のための10の心得〉を作成し，全国的に活動していったのである。

〈子どものサッカーにおける7つの心得〉

1.子どものサッカーは〈遊び〉であり，それは〈楽しく〉なくてはなりません！
2.子どものサッカーでもっとも大切なことは，友達と一緒にプレーすることです。
3.すべての子どもに同じ時間プレーさせてあげてください！
4.子どもたちに〈勝ち〉と〈負け〉の両方を学ばせてください！
5.対外試合よりも，クラブでの活動を重視しましょう！
6.子どものサッカーには，バラエティーに富んだ活動が大切！
7.子どもにとっての〈楽しいサッカー〉に一緒に作り上げていきましょう！

〈親のための10の心得〉

1.試合や練習を見に行ってあげましょう。
2.試合ではすべての子どもを応援してあげましょう。
3.調子のよいときだけでなく，調子の悪いときも勇気づけてあげましょう。
4.チームリーダーを尊重してあげましょう。
5.レフリーはインストラクターとみなしましょう。
6.子どもが参加することを刺激し，勇気づけてあげましょう。
7.試合がエキサイティングだったか，楽しかったか，聞いてあげましょう。
8.サッカーにふさわしい，節度ある用具を準備してあげてください。
9.クラブの仕事を尊重してください。
10.忘れないでください。サッカーをするのはあなたの子どもです。

これらGrass roots（草の根）の領域と並行して，能力の高い選手のためのプログラムも用意されている。しかし，基本となる考え方は同じで，とくに移動による〈拘束〉は極力避けようと，各地域でのトレーニングセンターが重視されている。

主要各地域には雪に閉ざされる冬季にも使える屋内サッカー場を建設し，その拠点となっている。「トップの強化のためにはまずGrass Rootsから」，そして「そのGrass Rootsである子どもたちの育成のためには，彼らを指導するコーチの養成から。」一見，遠回りに見える地道な努力こそ，結局はもっとも確実な道であるとノルウェーの成功は語ってくれている。

4　オランダのユース育成

オランダもまたユース育成に力を注ぎ，成功を勝ちとっていった国のひとつである。

国土は日本の約9分の1，人口は8分の1（約1,500万人）と小さな国でありながら，サッカーの世界ではつねに世界のトップクラスを維持している。

オランダが世界に華々しく登場したのは1974年のワールドカップ。天才クライフを中心にした当時の選手たちは，ストリート・フットボールのなかから技術，そしてイマジネーションを身につけていき，そこに名将ミケルスがトータル・フットボールという形でまとめあげたと表現できるだろう。その後やや時期をおいて，第2世代となるフリット，ファン・バステン，ライカールト，そして現在のベルカンプ，クライファートといったスーパースターも輩出している。

1974年ワールドカップ以降，オランダはある問題を抱えることになる。それは，国の経済的発展とともに，簡単にボールを蹴ることのできる空き地や路地などがなくなり，すなわちストリート・フットボールが姿を消してしまったというものである。子どもたちが，自由な発想のなかから実戦的な技術を磨くことのできたストリート・フットボール，それをいかに現代に応じた形で創り出すか。危機感を覚えたオランダ・サッカー協会が考えた解決策が，〈4対4〉の普及を中心とした〈ダッチ・ビジョン〉だったのである。

このダッチ・ビジョンは，次の3つのキーワードで表現されている。

T：Techniche　技術，スキル
I：Inzicht　状況の把握，判断
C：Communicatie　コミュニケーション，周囲との関連

▲マンチェスター・ユナイテッドなどトップクラブのユース育成は充実している　©小野剛

少年のトレーニングには，これらが同時に備わっていることが重視されている。先に述べた4対4をこの観点で見てみよう。たとえば，サイドキックというひとつの技術をとると，11対11の試合を想定すると，1人が試合中に行うサイドキックの数は非常に少なく，そのためサイドキックの練習は2人1組といったドリル形式になりがちである。しかし，4対4を中心に考えると状況の把握→判断，そして周囲とのコミュニケーションという要素がつねにセットになり，しかも多くの頻度で発揮されることになる。そしてピッチのサイズ，形，ゴールの大きさ，数などにバリエーションを加えることによって，特定の技術，プレーに偏らず，さまざまなプレーを楽しみのなかから学べるようにしてある。また，4対4の大会ではレフリーをおかず，子どもたちに任せているのも特徴である。「フェアプレーの精神がなくては，結局，自分たちも楽しむことができない」ことを学ばせたいという観点からである。

一見，昔に戻っただけのように見えるダッチ・ビジョンだが，そこにいたるまでのさまざまな経験に加え，発育発達や学習理論などの科学的知見を積極的に取り入れ，見事に現代版ストリート・フットボールの再現を成し遂げたことがわかる。

5　イングランドのユース育成

低迷期を乗り越え，復興を遂げてきた国としてイングランドを見てみよう。イングランドは，1966年ワールドカップ優勝の後，世界の檜舞台からは遠ざかってしまった。しかし，近年のオーウェン，マクマナマン，ベッカム，コール，ジェラード……といった若手の活躍は新たな息吹を感じさせ，古豪の復活を印象づけるものである。

他の欧州諸国と異なり，イングランドでは学校スポーツがサッカーの底辺を担っている。しかし，一時期の学校対抗のサッカーは，あまりに勝利のための短絡的方向へと走ってしまい，その結果，若い選手たちにとって，じっくりと技術を習得することがおろそかになってしまっていた。そこで，国際的に通用する技術を持った選手を育てていくための改革がはじまった。

まずFA(イングランド・サッカー協会)は，グラスルーツ・レベルの改革として1988年，〈サッカースター・スキーム〉を立ち上げ，1993年からは〈ミニサッカー・スキーム〉をスタートさせた。これは，スキルテストを受けると，FAから個人記録や証明書をもらう

▶イングランドのU-17の選手たち
©小野剛

ことで勝敗以外に目標を持たせるのに役立ち，さらにミニサッカーを通してスキルの獲得をはかっていこうとするものである。

若手育成のもうひとつの柱として，いわゆる英才教育の機能を持つエクセレンス・プログラム(Program for Excellence)がはじまった。この中心となったのが，全国に100か所以上存在するセンター・オブ・エクセレンスで，これは FAから認定を受け，各クラブによって運営されている。センター・オブ・エクセレンスとしての認定には，施設，指導スタッフの人数および資格，メディカル面，通うための時間などの基準が満たされていなくてはならず，逆にその認定を受ければFAから補助金をもらえる仕組みになっている。そこで活動している選手のデータは，マークシート方式で中央のコンピュータで一元的に管理され，このなかから優秀な選手は地域のリージョナル・センター・オブ・エクセレンスに，そしてさらにそこでの能力が認められると，さらに厳しいセレクションを経て，15，16歳を対象にしたFAスクールへ参加することとなる。現在，代表で活躍しているアンディ・コール，キャンベル，バーンビィなどはこのFAスクール出身であるが，各クラブの育成センターの充実にともないその役目は終了し，現在はクラブに主体を移したアカデミ

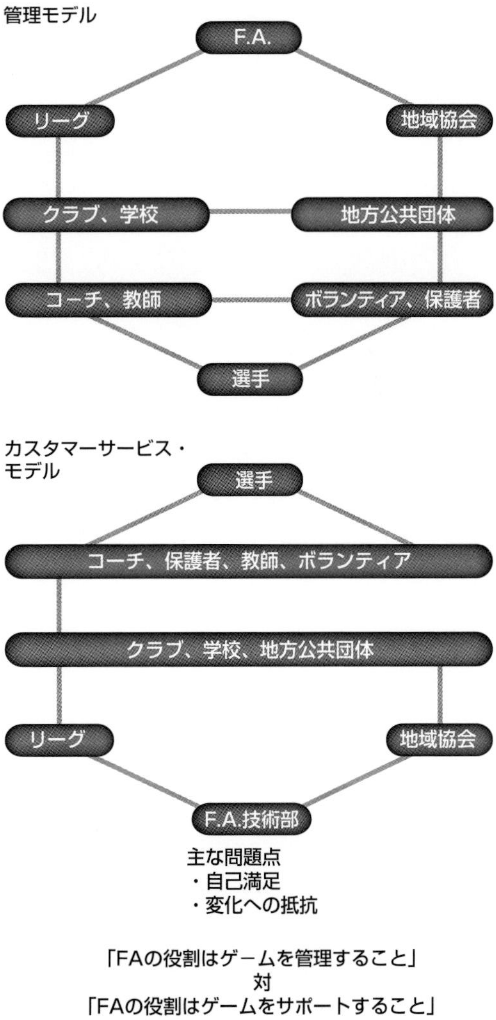

▲図１　FAの組織構成

▲リバプールなどトップクラブのアカデミーはその規模に圧倒される ©小野剛

ーがエクセレンス・プログラムの中核をなしている。

アカデミーもセンター・オブ・エクセレンスと同じ考え方であるが，FAとプレミアリーグとが共同で行っているもので，その意味からFAで承認された基準にもとづき，最終的にはプレミアリーグが認定することになる。その補助金も莫大な額になるが，そのぶん，芝のピッチや屋内のトレーニング施設，充実したコーチング，およびメディカル・スタッフ，サッカーだけではなく人間としての健全な育成という観点からも〈教育生活面アドバイザー〉を置かなくてはならないなど，その基準も相当高いレベルに設定されている。リバプール，マンチェスターなどトップクラブのアカデミーを見ると，その規模に圧倒されるが，「プレミアリーグでの収入は次世代に向けユースの育成に還元する」という強いコンセプトが感じられる。

これら一連の改革の背景は，FAのコンセプトの転換を抜きに語ることはできない。これは，図1のとおり，FAは「サッカーを管理する」という発想から，「サッカーをサポートする役割」という大きな発想の転換であり，歴史のある組織ほどこれは容易なことではなかったはずである。このコペルニクス的転換が，新たなイングランドのサッカーを生み出していくことであろう。

6 アルゼンチンのユース育成

欧州から南米に目を移すと，人口3,310万とさほど多くないながら，つねに世界のトップレベルに君臨し，しかもマラドーナ，レドンド，バティストゥータ，ヴェローンといったスーパースターから，アイマール，リケルメ，サヴィオラといった次世代を担う若手にいたるまで次つぎと輩出している国がある。いうまでもなくアルゼンチンであるが，この国は，南米にありながら欧州人の国，豊かな生活を営む上流階級とビジャでの下層階級の暮らしなど，さまざまな顔を持っている。それと同様，やはりユースの育成も多面性が見られる。

欧州を感じさせるものに，広大な敷地のカントリーと呼ばれる欧州型総合スポーツクラブがある。都市に生活している人も週末になるとほとんどがカントリーへ足を運び，そこでスポーツを楽しみながら家族と週末を過ごすのである。父親と息子はサッカー，娘はバスケットボール，母親はテニスを楽しみながら空いている時間は家族を応援し，一緒に食事をしながらスポーツを楽しむ。その光景は，スポーツの文化的成熟度の高さを否応なしに感じさせられる。このようなカントリーが，ブエノスアイレス近郊だけでも星のごとく点在しているのである。最近では治安のよさからカントリー内に暮らし，そこから通勤というのも珍しくない。日本にしてみれば想像もつかないスポーツ環境である。

一方，美しい町並みから目を移すと，さまざまなところに住所も持たないビジャと呼ばれる下層階級の集落が見られる。そこでの生活は，貧困との闘いであり，そこから抜け出すほとんど唯一の方法はサッカー選手として身を立てることである。彼らはストリート・フットボールに興じ，そのなかでクラブのスカウトから声をかけられるのを待ち望む。小さなクラブにスカウトされ，そこで認められれば，しだいにビッグクラブへと移るチャンスが出てくるわけである。ボカ，リーベル，

▲都市に住む人は〈カントリー〉と呼ばれる欧州型総合スポーツクラブでスポーツを楽しむ　©小野剛

サンロレンソ，インディペンディエンテ，ベレス，アルヘンティノス……世界というレベルで闘っているこれらビッグ・クラブは，当然世界をスタンダードとした育成ビジョンを競い合うことになる。

このように，能力が高い子どもがビッグ・クラブに自然に集まっていく背景には，育成がビッグ・ビジネスになっている点があげられる。サヴィオラが32億でスペインに移籍したことをみればわかるとおり，アルゼンチンのクラブにとって入場料よりも大きな収入が期待できるのが，自前で育成した選手の移籍による収入である。そして，通常この移籍金は以前所属していたクラブにも数パーセントが入ることになる。これは，小規模クラブにとっては非常に貴重な収入であると同時に，試合に勝つこと以上の勲章となるものである。そのようにして集まってきた選手に対しては，クラブはリスクを負ってでも若手にチャンスを与え，厳しい実戦の場を提供していくのである。

両サポーターで満員になったスタジアムで，リーグ戦のキックオフ直前まで行われているセカンドチーム同士の前座試合なども，この国がもつひとつの育成スタイルであろう。裕福な環境に育ちすばらしいスポーツ環境のなかで才能を育んできた選手，貧しいなかから厳しい生存競争のなかで生き抜いてきた選手，その融合がさらなる強さを生み出す。サッカーが生活そのものといった国民性のなかから，長い年月をかけて自然にできあがってきたシステムがそこには見られる。

7　日本のユース育成

強豪の仲間入りとまではいかないものの，1990年代に入ってからの日本サッカーの発展は，世界のなかでも非常に注目されている。この発展の背景には，やはりユースの育成なしには語ることはできない。日本はもともと少年サッカーの普及，高校選手権における切磋琢磨……といったように世界のなかでもユースサッカーに非常に多くの情熱がかかわっている国である。それら数多くの指導者たちの情熱がひとつの方向に結集されていく契機となったのは，1995年にU-20，U-17と２つのユース年代日本代表チームがはじめて自力で世界大会に出場したことである。世界との闘いのなかからさまざまなことが得られたが，世界をスタンダードにして日本の優れた点，あるいは日本として高めなければならない点というのが「強化指導指針」という形でまとめられ，日本の育成の方向づけをしていった。以降この強化指導指針は２年ごとに見直され配布されている。

また，ユース育成で大きな役割を担っているのが，1976年にその前身が生まれ1980年から本格的にはじまった〈トレーニングセン

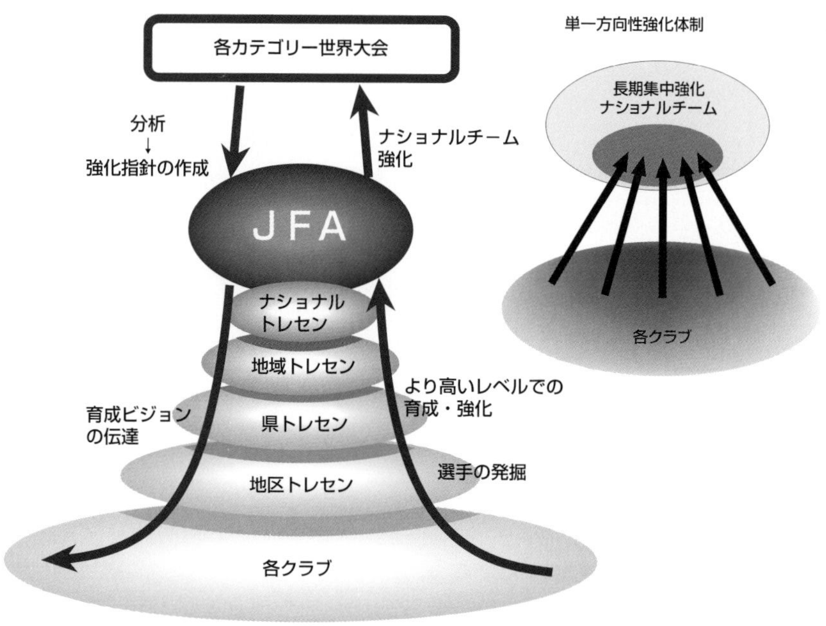

◀図2 双方向の流れを持つトレセンシステム

ター制度〉である。通称〈トレセン制度〉は，「日本サッカーの強化，発展のため，将来日本代表選手になる優秀な素材を発掘し，よい環境，よい指導を与えること」を目的にはじまり，今日においては，日本における選手育成の中心的役割となっている。これは，たとえ所属チームが1回戦で敗退してしまうようなチームであったり，指導の環境が整っていなかったりしても，可能性をもった子どもたちには，上につながるようなチャンスとよりよい環境を与えようというものであり，地区トレセン，県トレセン，地域トレセン，そして年に一度行われるナショナル・トレセンに区分される（図2）。

この日本式育成システムが世界のなかで注目されている点としては，双方向の流れを持つシステムということがあげられる。トレセン組織は地域から中央へのピラミッド型組織になっているが，選手としては地域から中央への流れ（より高いレベルでの育成，強化）を形成し，情報という面では，世界をスタンダードとした育成ビジョンが中央から地域へという流れを形成している。すなわち，各カテゴリー日本代表チームの世界との闘いから得られたさまざまな情報がナショナル・トレセンを通じて還元され，そこに集まった多くの指導者たちが地域トレセンへと伝え，同様に県，地区のトレセン，そして各クラブでの活動へとフィードバックされていく。これは他国と異なり，非常に多くの情熱が，ビッグクラブだけでなく学校組織や小さなクラブ国内に散在している日本の現状のなかで機能するシステムといえるだろう。

このシステムは，フランス・ワールドカップ終了後代表コーチングスタッフから日本の将来ビジョンということで提言された〈三位一体の強化策〉ということでより具体化される。この〈知〉の共有，〈知〉のマネジメントが大きなファクターとなるであろう。

それぞれの国にはその国なりの伝統や環境，国民性といったものがある。このように見ていくと，サッカーで成功を収めている国には，それらを踏まえたうえで独自のシステムを築いていっていることがわかる。しかし，世界のサッカーも想像を超える勢いで進歩しているのもまた事実である。「これでいい」と満足したとたんに世界のサッカーは数歩先に行ってしまう，という危機感のなかで育成のシステムを絶えず見直し進歩させていく。

ユース・サッカーとはその最前線なのである。

（小野　剛）

5-2

女子サッカー

1　女子サッカーの歴史

女子サッカーの起源については，12世紀まで遡れるだろう。12世紀において女性がモブゲーム(サッカーの起源として知られている集団で行われた粗野な暴徒ゲーム)に参加したという報告もあるが，正確な記録は存在していない。

18世紀になって，スコットランドで既婚者チームと独身者チームが１万人にも及ぶ観衆の下で年に１回対戦したものが，女性のための組織されたゲームとして記録された最初のものであろう。

19世紀後半には，近代サッカーとして発展したが，女子においては，英国，フランスおよびカナダのチームなどの活躍によって人気を博するようになった。

20世紀初頭の1921年，英国サッカー協会(English Football Association)は，グラウンドから女子を追放し，女子がサッカーをすることを禁止した。これにより，女子サッカーの最初の〈黄金時代〉は幕を閉じた。

しかし，1950年代には，女子サッカーの再生ともいうべき状況が出現した。すなわち，英国においては，少女のためのポピュラーなゲームとして女子サッカーが復活し，広く受け入れられ，盛んに行われるようになっていった。さらにアメリカでは，青少年のサッカー熱が起こり，大々的なサッカー普及活動が展開された。

1957年には，非公式ではあるがドイツで欧州選手権大会が開催された。

1960年代には，東欧の共産主義諸国はサッカーを含むスポーツに女性が参加することを大いに奨励した。

1969年，このような背景の下，英国サッカー協会は女子サッカーチームの活動禁止を解除した。

1971年には，約34か国で女子サッカーが組織され，活発な競技が展開された。この年，非公式の世界選手権(World Championship)がメキシコで開催された。

1991年には，FIFA(国際サッカー連盟)が85か国に及ぶ女子サッカーチームの活動をもとに，第１回の世界女子サッカー選手権大会を中国で開催した。最初のこの大会は，試合の技術レベルも高く，観衆をはじめ多くのテレビ視聴者を興奮，感動させるゲームが展開され，大成功のうちに終了した。

1995年の第２回大会は，スウェーデンで開催されたが，前回同様，刺激的なゲームが展開された。この大会は，多くの女性が審判をはじめ運営などに参画したことが特徴的であった。

1996年には，オリンピック競技のなかに女子サッカーが種目化し，第１回の大会がアメリカのアトランタで開催された。決勝はアメリカと中国の間で８万人もの観衆を集めて行われ，地元アメリカが勝利した。

1999年の第３回世界女子サッカー選手権大会は，女子サッカーの発展の突破口となり，大成功を収めたアトランタ・オリンピックを受けて，アメリカで開催された。この大会は，アトランタ・オリンピック同様，アメリカと中国が決勝戦で対決したが，PK方式によりアメリカが世界一の座に着いた。9万人以上の観衆を集めたことは，女子のスポーツ・イベントとして驚異的な数字となった。

2000年には，オリンピックにおける第2回目の女子サッカー競技がシドニー(キャンベラ)で開催され，ノルウェーが優勝した。

21世紀，2001年にはFIFAが19歳以下の第1回女子サッカー世界選手権大会を開催することを決定しており，女子サッカーのさらなる発展が期待されるところである。

2 日本における女子サッカーの歴史

日本の女性が，はじめてサッカーをはじめたことについては，明確な記録がない。

1921(大正10)年，大日本蹴球協会(日本サッカー協会の前身)が創立された後，1966(昭和41)年に，神戸市の福住小学校6年生26名による，女子サッカークラブ〈福住女子サッカースポーツ少年団〉が結成されたのを最初として，さらに，神戸女学院中等部3年生15名で女子サッカー部が誕生したという記録(昭和41年12月発行の『アサヒグラフ』誌)が存在している。

1967(昭和42)年には，神戸女学院大学で女子サッカーの試合が行われたことが報告されており，神戸を中心に広がっていったものと考えられる。その後，東京のFCジンナンが中心となって女子サッカーが盛んになっていったといわれている。

1979(昭和54)年に日本女子サッカー連盟が設立され，財団法人日本サッカー協会傘下の連盟として認められた。

1980(昭和55)年には，第1回全日本女子サッカー選手権大会が開催された。

1989(平成元)年には，日本女子サッカーリーグが船出した。

1991(平成3)年には，第8回の女子サッカー・アジアカップで2位となり，11月に中国の広州で行われた第1回のFIFA女子サッカー世界選手権大会に出場した。

1993(平成5)年に社団法人日本プロサッカーリーグ(Jリーグ)がスタートし，女子サッカーはJリーグの恩恵にあずかりながら徐々に認知度を高め，競技人口も増大していった。

1994(平成6)年には，第5種委員会から女子委員会と改称し，専門委員会として女子サッカーの普及と発展に貢献すべく組織の充実が図られた。日本女子サッカーリーグもLリーグと改称し，さらなる発展を期することとなった。

1995(平成7)年には，スウェーデンで開催された第2回のFIFA女子世界選手権大会に出場し，ベスト8の地位を確保し，はじめて女子サッカーが実施されるアトランタ・オリンピックの出場権を手にした。

1996(平成9)年，アトランタ・オリンピックにおける最初の女子サッカー競技では，残念ながら予選リーグで敗退した。

1999(平成11)年には，アジア選手権大会(1997年12月・中国広州)で3位となり，アメリカで開催された第3回のワールドカップに出場した。健闘むなしくここでも予選リーグを突破できず，シドニー・オリンピックの出場権を獲得することができなかった。

3 諸外国の女子サッカー

アメリカの女子サッカー

アメリカの女子サッカーは，1996年のアトランタ・オリンピックと1999年の女子サッカー世界選手権アメリカ大会の開催によって，女子サッカーを飛躍的に発展させた。

この2大大会の成功によって，計画中の女子プロサッカーリーグを2001年春からスタートさせた。すでにスタートしているメジャーリーグ・サッカー(MLS)を参考にして，アトランタ，サンディエゴ，サンフランシスコ，ニューヨーク，ノースキャロライナ，フィラデルフィア，ボストン，そしてワシントンDCの8都市を中心にホームタウンを作り，開幕した。サンフランシスコ(ベイエリアサイバーレイズ)の優勝で2001年のリーグは終了した。

女子プロサッカーリーグの基盤をなし，女

▲アメリカでは女子プロサッカーリーグがスタートし，世界をリードしている ©P.Kishimoto

子サッカーの牽引役を担っているものがアメリカ女子アマチュアリーグ(USASL)である。とくに，そのなかのウーマンズリーグと西海岸女子リーグの活躍が大いに貢献しているところである。

このリーグは，アメリカを４地域(東海岸，南部，中北部，西海岸)に分け，毎年地域ごとに春から夏にかけて(４～８月)予選リーグを行っている。８月末には，各リーグの優勝チームが，集中方式で全国大会の決勝大会を行い，全米チャンピオンを決定している。

これに加えて，アメリカ女子サッカーを支えているものとして，大学の女子サッカー(NAIA，NCAAなどの大学サッカー連盟)がある。

大学女子サッカーは，秋(９～11月)を基本的なシーズンとし，12月の初旬に，全米大学女子サッカーのチャンピオンを決定する全国大会が開催される。アメリカ女子代表のほとんどが大学出身者であり，大学チームの指導者として７割以上が女性であることなど，アメリカの女子サッカーにおいては，大学女子サッカーの存在がきわめて大きな役割を果たしている。

アメリカ女子代表チームの選手は，ほとんどがアメリカ・サッカー協会(USSF)にサッカー選手として契約し，国際試合(半分が海外)とトレーニング・キャンプを職業として，秋

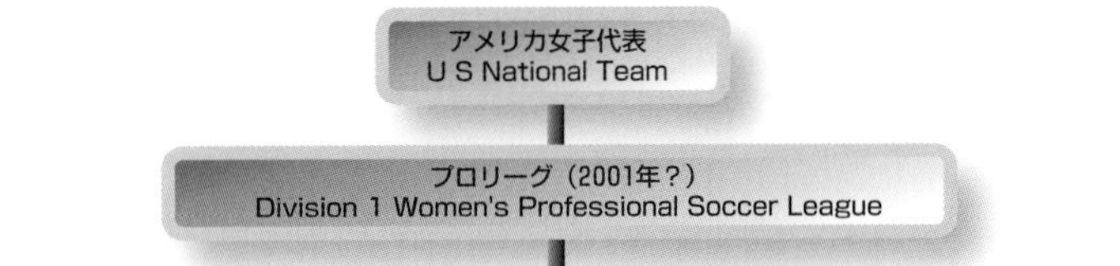

▶図１　アメリカ女子サッカーの強化・育成

◀中国の女子サッカーは年間を通して合宿生活をしており，国内リーグも行われている　©P.Kishimoto

には大学のコーチなどをしながら生計を立てている。

ユース年代のサッカーについては，アメリカユースサッカー協会(USYSAまたはAYSO)が，毎年U-19，U-18，U-17，U-16の各年代の全米チャンピオンを決定する大会を運営している。大会での優秀選手は代表チームへの道も開かれており，可能性を持った選手には大いに励みとなる大会である。

さらに，４地域の代表選手によるナショナル・トレーニングセンターでのトレーニング・キャンプで，U-18，U-16の代表チームを決定し，夏季に国際試合(３割が海外)を行い，トップの代表チームをめざして強化，育成を図っている(図１)。

中国の女子サッカー

中国の女子サッカーは，代表チームの華々しい活躍によって世界的に認知されている。

代表チームの選手は，年間を通してほとんど合宿生活をしている状態にある。所属チームの試合に合わせて移動するため，住まい(いずれも合宿所のようなもの)を２つ持っている。

代表の活動は，ワールドカップやオリンピックのような大きな大会に参加する場合には，約２年くらい前から大会に備えて中国サッカー協会の施設(州や市を含む)で合宿をすることになる。したがって，外国での大会には中国サッカー協会の支援のもと，積極的に参加することができる(代表チームが世界の上位にあり，宣伝効果が大きくスポンサーが得られるという背景)。

代表には，A代表，B代表，大学，U-18などがあり，それぞれ異なった代表監督のもとで強化を図っている。代表同士で一緒に練習したり，合宿をすることはしていない。

U-18の代表については，その重要性からA代表についで強化策を施し，１～２か月の長期合宿などを含む数多くのトレーニング・キャンプを実施している。

国内の大会については，４年ごとに開催される全国大会(人民体育大会)のサッカー競技において州代表として活躍する場が確保されている。自分の生まれた地域のチームに所属し，全国大会をめざして精進することができるようになっている。州代表の選手になれば，州の施設で給料をもらいながら合宿生活をして競技力を高めていくようになる。１年契約なので，実力がなければ継続することはできなくなる。

さらに，国内リーグとしては，エリートリーグと称するものがあり，９チームによる２回戦総当たりで試合を展開している。

ドイツの女子サッカー

ドイツの女子サッカーは，ブンデスリーガを頂点としてピラミッド構造を形成して展開されている。

ブンデスリーガは，その名のとおり全国規

▶ドイツの女子サッカーは，ブンデスリーガを頂点として全国規模でリーグ戦を展開している
©P.Kishimoto

模のリーグで，12チームによる２回戦総当たりの試合形式(ホーム・アンド・アウェー方式)によって行っている。秋から春にまたがるシーズン制を採用して，日曜日を試合日とする22節もの長丁場において覇権を争っている。リーグ戦の合間を縫って欧州選手権などの出場権をかけたトーナメント戦を展開している。

イタリアの女子サッカー

イタリアの女子サッカーは，セリエA，B，C１，C２まで男子と同様のリーグに分けて展開している。県レベルから州レベル，さらにイタリアを南北に２分割して全国リーグを展開するセリエB，そしてピラミッドの頂点であるセリエAにいたるまで，カテゴリー間の昇格，降格を行いながらレベルアップを図っている。

セリエAは，16チームによるホーム・アンド・アウェー方式で，全国リーグを展開している。リーグ戦の結果，下位の２チームはセリエBに降格するようになっている。

A代表は，ワールドカップと欧州選手権の２つの大会を照準として，年間数試合の練習試合と欧州内での合宿により強化を行っている。

日本の女子サッカー

1960年代に神戸を中心に女子サッカークラブが誕生し，神戸女学院でサッカーの試合が展開されたのを受けて，関東でもFCジンナンなどの活躍で女子サッカーが普及していった。

1970年代には，日本サッカー協会が選手登録規定の〈第５種〉として登録を受けつける

表1　日本女子チーム登録状況の推移

登録年度	登録人数	登録チーム数
1979(昭和54)年	919	52
1980(昭和55)年	2,290	111
1981(昭和56)年	2,407	113
1982(昭和57)年	2,631	127
1983(昭和58)年	4,215	212
1984(昭和59)年	5,518	264
1985(昭和60)年	5,630	291
1986(昭和61)年	7,403	360
1987(昭和62)年	8,756	472
1988(昭和63)年	9,647	470
1989(平成元)年	10,409	491
1990(平成2)年	11,992	573
1991(平成3)年	15,063	789
1992(平成4)年	17,814	877
1993(平成5)年	20,228	1,013
1994(平成6)年	23,597	1,150
1995(平成7)年	23,448	1,217
1996(平成8)年	23,764	1,179
1997(平成9)年	22,843	1,138
1998(平成10)年	21,336	1,082
1999(平成11)年	20,030	1,011
2000(平成12)年	19,147	993

(財)日本サッカー協会調べ

ようになると，さらに活発に展開されるようになった（1979年最初の登録は52チーム，登録の推移については表１を参照）。

1980年には，女子サッカーの日本一を決定する〈全日本女子サッカー選手権大会〉がはじまり，1989年には〈日本女子サッカーリーグ（Lリーグ）〉がスタートして女子サッカーのレベルアップに大いに貢献することとなった。

1981年には日本の女子代表が編成され，国際試合などに挑戦していったが，Lリーグの創設により飛躍的にチーム力が向上していった。

現在（2000年）では，アジアの上位（３位）に位置しており，今後さらに世界の舞台（ワールドカップやオリンピック）への仲間入りが望まれるところである。

●全日本女子サッカー選手権大会

日本の女子サッカーが大きな第一歩を記したのは，1980（昭和55）年のことである。1979年まで日本サッカー協会は加盟登録チームを置かず，活動自体は一部なされてはいたものの，女子のサッカーは公式的には活動の場がなかった。クラブ員数の問題もあったが，非公式に関東で行われていた〈チキンリーグ〉，関西の〈関西リーグ〉はそれぞれ８人制で組織，ごく限られたチームで運営されていた。しかし，こうした活動が認められ，女子サッカーは競技スポーツとして認知された。そして1980年３月には，初の全日本女子サッカー選手権大会が東京の三菱養和会グラウンドで開催された。この大会の発足は，８人制ではあったが，女子サッカーの普及・育成の面では重要であり，ここから女子サッカーは歩みはじめることになった。

全日本女子サッカー選手権大会は，第１回大会でFCジンナンが優勝を飾った後，第２回から第８回まで清水第八SCが堂々の７連覇を果たした。清水第八の活躍が日本の女子サッカーの育成・強化を促進させたといって

表2　女子サッカーの国内競技会　※2000年度の場合

		国民体育大会女子サッカー競技	全日本女子サッカー選手権大会	全日本大学女子サッカー選手権大会	全日本高等学校女子サッカー選手権大会	全日本女子ユース（U-18）サッカー選手権大会	全日本女子ユース（U-15）サッカー選手権大会	全日本女子ユース（U-12）サッカー選手権大会	全国ママさんサッカー選手権大会
出場チーム枠・数	北海道	1	1	1	1	1	1	1	1
	東北	1	1	1	2	1	1	1	1
	関東	1	2	4	3	2	1	2	2
	北信越	1	1	1	1	1	1	1	1
	東海	1	1	2	2	1	1	1	1
	関西	1	1	4	3	2	1	2	1
	中国	1	1	1	1	1	1	1	1
	四国	1	1	1	1	1	1	1	1
	九州	1	1	1	2	2	1	1	1
	その他	開催地1，その他2	Lリーグチーム9※					前回優勝地域1	開催地1，前回優勝地域1
	合計	12	19	16	16	12	9	12	12
試合時間		70分	80分/90分	80分	70分	70分	60分	40分	850分
登録選手数		15名	25名以内	25名以内	25名以内	25名以内	25名以内	25名以内	25名以内
試合形式		トーナメント	トーナメント	トーナメント	トーナメント	リーグ（4グループ）	リーグ（3グループ）	リーグ（4グループ）	リーグ（4グループ）
チーム形態（参加資格）		19歳以上	12歳以上	単一大学	単一高校	中1～高3（選抜）	小5～中3（選抜/補強/単独）	12歳以下（単独/補強/選抜）	ママさん35歳以上400歳以上

も過言ではない。

その後，読売ベレーザ，日興証券ドリームレディース，プリマハムFCくノ一などLリーグのチームが優勝を飾り，女子サッカーの発展に多大なる貢献をした。

1999(平成11)年には第20回を迎えたが，経済不況などにより企業がLリーグから撤退して，やや盛り上がりを欠く結果となった。

その他，各カテゴリーの全国大会については表2を参照されたい。

登録者数などの減少により，低迷気味の女子サッカーではあるが，1999年大阪での国民体育大会から，女子サッカー競技が正式種目となり，活性化に向けて全国的な広がりが期待されるところである。また，2002年の高知大会から夏季に移行し，さらなる発展が望まれている。

●日本女子サッカーリーグ(愛称Lリーグ)

1979(昭和54)年の日本女子サッカー連盟設立以来，全日本女子サッカー選手権大会における清水第八FCの活躍が，Lリーグのスタートに大きな力となったことは間違いないであろう。さらに，女子サッカーがアジア大会の正式種目になることなどを受けて，女子代表の強化という気運ができあがった。徐々に認知度が高まっていくなかで，代表を強化するためには，全国リーグの創設が必要であるとの判断から，日本サッカー協会の積極的な支援により，10年目にして悲願の国内トップリーグである日本女子サッカーリーグ(Lリーグ)という舞台ができあがった。

1989(平成元)年の第1回日本女子サッカーリーグは，鈴与清水FC，読売ベレーザ，田崎真珠神戸FC，新光精工クレール，日産FC，プリマハムくノ一の6チームが参加し，2回戦総当たりによる全国リーグが展開された。

初代リーグチャンピオンには，得失点差で読売ベレーザを上回った鈴与清水FCの頭上に輝いた。

1991(平成3)年には，日興証券，フジタ天台，旭国際，松下電器の4チームが加盟し，10チームでリーグ戦を展開した。

1992(平成4)年には，国際経験の豊富な外国人選手の活躍もあり，しだいにリーグの競技レベルも向上していった。第4回のリーグ戦は，鈴与清水の後，常勝読売ベレーザが3連覇を達成して幕を閉じた。

その後，10チームで試合時間は90分として，国際レベルのリーグ戦が展開された。しかし，10周年を経過し，新たなステップを踏み出そうとした矢先，経済不況の煽りを受け，企業がLリーグから撤退するなどリーグ存亡の危機に直面した。

1999(平成11)年，第11回のLリーグは8

表3　Lリーグにおける競技方法などの変遷

回数	年	チーム数	試合時間	競技方法など
第1回	1989年	6	80分	2回戦総当たり法
第2回	1990年	6	80分	3回戦総当たり法
第3回	1991年	10	80分	2回戦総当たり法
第4回	1992年	10	80分	2回戦総当たり法，外国人選手多数登録
第5回	1993年	10	80分	前期・後期2期制，1回戦総当たり法，前・後期優勝決定戦，Vゴール方式採用，入替戦開始
第6回	1994年	10	80分	同上
第7回	1995年	10	90分	同上
第8回	1996年	10	90分	同上
第9回	1997年	10	90分	同上
第10回	1998年	10	90分	同上
第11回	1999年	8	90分	前期・後期2期制，1回戦総当たり法，前・後期優勝決定戦
第12回	2000年	9	90分	東(4チーム)，西(5チーム)に分かれて1次リーグ(1回戦総当たり法)東西1位，2位同士で決勝リーグ(ホーム・アンド・アウェー方式)

◀日本女子代表はオリンピックやワールドカップにも出場したが世界の壁は厚い
©P.Kishimoto

チームでなんとか乗り切ったが，2000年には，さらに運営母体を縮小し，東西９チームで１次リーグを行い，上位２チームがそれぞれホーム・アンド・アウェー方式の決勝リーグを展開することにしている〈リボーン計画〉と称する改革により，復活が望まれている。

Lリーグの競技方法の変遷については，表３のLリーグの歴史を参照されたい。

●女子代表

日本女子代表が，本格的に編成され国際試合の舞台に立ったのは，1981年の第４回アジア選手権からである。まだチームとしての機能に乏しく，満足のいく試合ができず，１勝２敗の成績であった。

同年９月，日本ではじめての国際大会〈ポートピア81〉を神戸と東京(西が丘)で開催し，招待したイングランドとイタリアの欧州勢に大敗を喫した。

1983年，1984年と中国での招待国際大会に参加しながら経験を積んでいった。

1986年にはイタリアでの国際大会に参加した後，香港で開催された第６回アジアカップでは，中国の台頭もあり，アジアにおける地位は３番目となった。

代表選手に限らず女子サッカーにとって大きな励みとなったのは，1991年に中国で開催される世界選手権と，1990年の北京アジア大会で女子サッカーが競技種目となったことである。

1990年のアジア大会が女子代表の飛躍への足掛かりとなったことはいうまでもない。北京アジア大会は中国，台湾，韓国，朝鮮民主主義人民共和国(北朝鮮)，香港と日本の６か国による総当たりのリーグ戦で行われた。長期間ほぼ同じメンバーで強化を進めてきた女子代表は，堂々の銀メダルを獲得した。

1991年には，第１回女子世界選手権大会の出場権をかけた，福岡での第８回アジアカップにおいて第２位となり，第１回のワールドカップに出場することとなった。しかし，本大会ではあえなく予選リーグで敗退した。

1994年，広島でのアジア大会では，「打倒中国」を目標にして臨んだが，銀メダルに終わった。

1995年の第２回女子サッカー世界選手権大会(スウェーデン)では，予選リーグでブラジルを破り，ベスト８を確保した。その結果，はじめて女子サッカーが正式種目となった1996年のアトランタ・オリンピックに出場することになった。さらに，1999年の第３回のワールドカップ・アメリカ大会にも出場したが，世界の壁は厚く，オリンピックと同様に予選リーグで敗退している。

今後，女子代表がアジアの第２位をキープしながら，世界に挑戦していく力をつけるためには，競技人口の増大，女子の指導者養成，Lリーグのレベルアップ，各カテゴリーの大会の充実と優秀な選手の発掘と育成など，山積した問題の解決が急務となろう。

(柳原英児)

5-3

フットサル

魅力あふれる21世紀のスポーツ

1 フットサルの語源

〈フットサル〉という言葉は，スペイン語の〈fútbal sala〉とポルトガル語の〈fútebol de salâo〉のfutとsalを合わせて作られた合成語である。salaもsalâoも室内を意味する言葉なので英語でいえば〈indoor soccer〉のことである。この語がはじめて世界の公式大会で使われたのは1985年，FIFUSAがスペインで開いた第２回世界サロンフットボール選手権であった。この大会では〈FUT･SAL〉と表示された。

2 世界のフットサル

フットサルの起源

その起源についてはさまざまな主張があるが，資料的にもっとも確実なのは，ウルグアイを起源とする説である。

1930年，サッカーの第１回ワールドカップが行われたのは，当時のサッカーの世界最強国，南米ウルグアイの首都モンテビデオであった。ウルグアイは1923年の南米選手権を制覇し，1924年(パリ)，1928年(アムステルダム)の両オリンピックのサッカー競技でも優勝し，自国で開催したFIFA第１回ワールドカップにも優勝した。さらに，1942年の第４回大会にも優勝している。当然のことながらサッカーは国民的スポーツであり，子どもたちの遊びもまたサッカー一辺倒といってもよいほどであった。

このころ，モンテビデオのキリスト教青年会YMCA(スペイン語でACJ)では，すでにアメリカ由来の室内スポーツとしてバスケットボールやバレーボールが行われていたが，子

▼2001年タイガー5sフットサル選抜　©榮隆男

どもたちはボールを見れば蹴って遊ぶのが常であった。こうした様子に啓発されたACJの指導者たちの中で，後に南米YMCAの事務局長として活躍するホアン・カルロス・セリアーニを中心に，室内で行うサッカーのルールが案出された。1930年10月，このルールに則りジュベントス・スポーツクラブの体育館で，小さな椅子をゴールに見立てて少人数で行われたのが室内サッカーのはじまりである。その由来を記したプレートが今もこの体育館にはある。

その後1933年，ACJのラテンアメリカ連盟スポーツ技術委員長ジェームス・サマーズの依頼を受けたACJスポーツ指導者９名が，セリアーニの最初の室内サッカー規則をもとにはじめて正規のルールを創案した。

こうして開発されたウルグアイ発の新スポーツは，キリスト教青年会・ラテンアメリカ連盟によって，キリスト教布教の補助手段としてYMCAのネットワークを通じてまずブラジルへ，そしてパラグアイ，アルゼンチン，ペルー，チリ，やがて南米全域へと普及していった。なかでも隣国ブラジルは，すでに屋外のホッケーやバスケットボールコートを用いてミニサッカーが盛んに行われていたこともあって，すぐにこの室内サッカーにも関心が寄せられた。この競技がブラジル生まれであるように伝えられてきたのは，その後の発展の中心的役割を果たしたのがブラジルだったからである。

▶ブラジルでの ▶フッチボール・デ・サロンの展開

1936年，サンパウロ市のYMCAであるACMの機関紙に，ウルグアイ発の室内サッカーのルールと運用についての最初の論文がロジャー・グレイによって発表された。このACMの組織的な取り組みが，やがて〈国際サロンフットボール連盟(Federacion International de Futebol de Salão=FIFUSA)〉の創設に結びついていった。

まず1949年，ACMの室内サッカー委員会がはじめて『室内サッカールール』を刊行した。つづいてACM体育指導者のハビブ・マフューズ，後にFIFUSAの事務総長として活躍したルイス・ゴンザカ・フェルナンデスの両氏は，ルール改正に取り組み，1956年に本格的な競技規則を完成させ，室内サッカーの近代化と国際化を促した。

1958年，ブラジルスポーツ連盟(CBD)の広報に，このルールが公式ルールとして掲載された。その後，多少の変更を経た上でこのルールは南米サッカー連盟によって公式発表され，以後世界共通のルールとして用いられている。

一方，ACMは組織的な室内サッカーの発展に多大な貢献をしている。1949年のルール制定後に，まず室内サッカー選手権大会の実行組織としての室内サッカー普及連盟を設立した。そしてマフューズは，1952年にサンパウロで，1954年にリオデジャネイロで〈首都フッチボール・デ・サロン連盟〉を組織し，さらに1955年にはサンパウロ州の連盟，同選手権大会まで立ち上げている。

こうしたブラジルの組織的な努力が，やがて1960年の〈南米室内サッカー連盟(CSFS)〉の誕生，そして〈南米選手権〉の開始へと結実していく。

ちなみに，ウルグアイに国内組織が誕生したのは1965年と組織面での立ち遅れもあったため，このスポーツがブラジル発ととられてしまったと思われる。その上，この競技に適応するボールの開発も，工業力の差もあって主にブラジルで進められたのである。

1933年のACJルールには，すでにボールの規格が55cm以上60cm以下，重さ350ｇと定められており，ボールの弾みを抑えるためにコルクやおが屑を入れる工夫も施されていた。1949年，AMCとFRFSは共同研究の結果，充填物に馬の毛を詰めたボール，さらに1956年，外皮とチューブの間にウレタンチープを詰めた弾まないボールを開発し，これを量産することに成功した。これがその後のボールの原形となったのである。ブラジルはこの新開発のボールをもとに，南米全域，中米，欧州へとこの競技を広めていった。

FIFUSAの誕生

1971年7月25日，ついに〈国際室内サッカー連盟(FIFUSA)〉が設立された。FIFAの前会長ジョアン・アベランジェが初代名誉会長に就任し，フェルナンデスが事務総長として普及・発展に辣腕を振るっている。

1982年，FIFUSAは第１回〈フッチボール・デ・サロン世界選手権大会〉をサンパウロで開催した。参加国はパラグアイ，ウルグアイ，アルゼンチン，コロンビア，コスタリカ，チェコスロバキア，オランダ，イタリア，日本，ブラジルの10か国で，地元ブラジルがパラグアイを１－０で下して優勝した。

1985年第２回スペイン大会には12か国，1988年第３回オーストラリア大会には16か国，1991年第３回イタリア大会は22か国，1994年第５回アルゼンチン大会は24か国と増加していった。また，FIFUSAは1970年から南米クラブ選手権，1986年から南米クラブ・ユース選手権，世界クラブ選手権，1988年から欧州選手権といった大会を主催し，とくに1980年代に室内サッカーの国際化に大きな力を発揮した。

一方，欧州では，この南米生まれの室内サッカーであるフッチボール・デ・サロンをスペインと旧チェコスロバキアが積極的に受け入れて他の国々へと広めていき，旧ソ連圏内でもこの競技を盛んに行うようになった。

その他の室内サッカー

欧州でも，独自の室内サッカーが各地で行われていた。ドイツのブンデスリーガは，冬季のトレーニングと興行を兼ねた〈ハーレンフッスバール〉をフェスティバル形式で行い，人気を博していた。

オランダやベルギーでも室内サッカーは早くから行われており，イタリアでも〈カルチェット〉あるいは〈５人制室内サッカー〉が都市部を中心に発展し，現在はプロ化している。

他方アメリカでは，北米サッカーリーグ(NASL)が1978年のシーズンオフにアイスアリーナを利用して〈Major Indoor Soccer League(MISL)〉をスタートさせた。これは本家のNASLが閉幕した後も生きつづけている。ルールもセンターラインをはさんで各10mのレッドラインがあり，ここで一度触れたボールでないとゴールが認められないというように，アイスホッケーによく似ていた。壁面を利用し，弾むボールを使い，ショルダーチャージも認められているため，スピード感あふれる激しいプレーが高い人気を博している。

オーストラリアでも独特なインドアサッカーが行われていた。サッカーボールをフェルトでコーティングした巨大な硬式テニスのようなボールを用いた競技であった。しかし，1984年にU-19の代表チームが来日し，各地でサロンフットボールの交流試合をして帰国するとただちにこの競技に取り組み，1985年には早くも第２回世界選手権に参加してきた。そして1988年の第３回大会をキャンベラに誘致したのである。

このように世界各地でさまざまな室内サッカーが行われていたが，国際的な規模での組織化に成功し，ついに世界選手権まで行うようになったのはFIFUSAであった。そして，この大会がやがて国際的な問題を引き起こすことになった。

FIFUSAとFIFAの紛争

1985年，第２回世界選手権がスペインで行われた際，この両者の間に問題が生じた。

スペイン室内サッカー連盟は，1992年のバルセロナ・オリンピックにフットサルを公開競技として採用するよう国内オリンピック委員会に申請し，内諾を得ていた。これに反発したスペイン・サッカー協会はFIFAに提訴し，この大会を無効として停止を求めた。FIFAはもともと１国１協会を大原則としていたので，各国協会にこの大会に参加しないよう警告する文書を送った。

しかしFIFUSA側は，そもそもこの競技はサッカーとルールや用具，競技場も異なる別競技であると主張し，不当な干渉であると反論した。この反論に対してFIFAの主張には論理的欠陥があった。なぜなら，この競技をサッカーの一部と主張するなら，FIFAが従来からこの競技にかかわりをもっていなければならないし，加えて独自のルールを持っていなければならないからである。

1985年10月21日，FIFUSAは大会参加国の代表者をマドリードに招集して，２つの重要な問題について合意を得た。一つは，従来各国が別個に呼んできたこの競技の名称を〈FUTSAL〉に統一するということ，もう一つは，FIFAとの確執はあるが現状を維持するということであった。

FIFAの室内サッカーへの取り組み

実はこうした紛争の起きる前に，FIFAはFIFUSA側へFIFA傘下の競技団体として加わるよう呼びかけを行っていた。しかし，1982年の第１回世界サロンフットボール選手権を成功裡に終えていたFIFUSAの意気は高く，せっかくのFIFAの呼びかけを拒否してしまった。

そこでFIFAは，1985年に５人制の室内サッカー検討小委員会を結成して統一ルールの作成に取りかかった。そして1986年６月に〈５人制室内サッカー競技規則〉の試案を出し，ルール適用の国際大会をハンガリー，スペイン，ブラジルで催した上で，1988年６月に〈Five-a-Side Football〉という名称で世界に新ルールを公示したのである。

1989年１月，FIFAはこの統一ルールの第１回世界選手権をオランダで開催した。まだ予選を行えるような状況ではなかったため招待大会の形がとられ，世界16か国が参加した。アジアからは日本とサウジアラビアが選ばれた。結果は，ブラジルがオランダを破って初代チャンピオンの座についた。

大会終了後，FIFA会長アベランジェとFIFUSA会長ネトのトップ会談が行われ，フットサルの進むべき方向性について合意が得られた。FIFAが世界統一の新ルールによって世界大会を開催したため，今度はFIFUSA側が問題を抱えることになった。FIFUSAはただちに会議を開き，別競技・別団体としてつづけるか，FIFA傘下で再出発するかについて討議をした。会議は紛糾したが，ブラジルがFIFA側で行う意向を表明すると多くの国もこれにならった。しかし，強硬派のリーダーであった欧州室内サッカー協会は，あくまでもフットサルの独立維持を貫き，少数の賛同国（パラグアイ，アルゼンチン，ロシアなど）を率いてFIFUSAを細々と継続させている。

1992年，FIFAは第２回世界選手権を16か国参加の下に香港で開催した。東アジアからは，予選で日本とタイを破った中国，西アジアからはイランが参加した。決勝はブラジルがアメリカを４－１で破ってふたたびチャンピオンの座についた。

この大会後，FIFAは過去２大会の反省を踏まえて大幅なルール改正に取り組み，1994年１月に改正ルールを公示した。主な改正点は，ボールの弾み，GKへのバックパスの禁止，反則の累積と第２PKの新設などで，現在のルールはこの改正ルールに則っている。

そして何より重要なのは，このルール改正と同時に競技名称を〈フットサル（FUTSAL）〉と改めたことだった。以後，フットサルがFIFAの競技名称となったのである。フットサルはもともとFIFUSAの名称であったのだが，同じ名称を使用できたのは，FIFAフットサル委員会の中心メンバーが元FIFUSAのメンバーであったからである。

香港大会以降，FIFAはフットサルの世界選手権を４年ごとと定め，またこの新しい競技規則を試す〈1994年国際フットサル大会〉をイタリアのミラノで開催した。招待されたのは，スペイン，イタリア，クロアチア，ハンガリー，ポーランド，そして日本の６か国であった。総当り方式で行われたこの大会は，地元イタリアが優勝した。

1996年11月，スペインで第３回フットサル世界選手権が地域予選を勝ち抜いた16か国によって行われた。４チームずつの予選リーグの後，上位２チームによる決勝トーナメントが行われた。決勝はブラジルとスペインが対戦し，１点を争うスリリングな展開に１

万5,000人の観衆は興奮に包まれたが，ブラジルがやはり１日の長を示して優勝した。

1997年，ブラジル，カナダ，日本，オーストラリア４か国によるオーストラリア国際フットサル大会がキャンベラで行われた。この大会はアスファルトの屋外特設会場で行われたが，日本対カナダ戦が後半５－５のまま雨で打ち切りになるなど，やはり屋内でなくてはということを再認識させる大会であった。この大会は，オーストラリアが2000年のシドニー・オリンピックにフットサルを加えたいというアピールのためでもあった。

2000年11月，グアテマラ市で第４回世界選手権大会が開催され，予選段階で70か国の参加があった。闘牛場の上に新設された5,000人収容のスタジアムで行われた大会には，期間中10万人を超す観客が入り，「大会は成功であった」というブラッター新会長の総括で閉幕した。

決勝戦はブラジルとスペインが対戦したが，ブラジル有利の予想はくつがえされ，スペインがはじめて世界の頂点に立った。ブラジルは，1988年のFIFUSAの世界選手権決勝戦でパラグアイに敗れて以来の世界大会での敗戦で，ついにその牙城が崩された。この潮流は，21世紀はじめてのフットサル・コンフェデレーションカップともいうべき第３回〈タイガー５s〉でもつづいた。2001年11月にシンガポール協会主催で開催されたこの大会の決勝戦でもふたたび両者は対戦し，延長，引き分けの後，PK戦を制したスペインが，再度ブラジルを下したのである。

FIFAは，2000年のグアテマラ大会以降，サッカーファミリーのこれ以上の大幅な増加はフットサルの展開以外にないとして，フットサルの普及，発展，強化に取り組む意向を表明したのである。

3　アジアのフットサル

アジアでフットサルにもっとも早く組織的に取り組み，国際大会にも積極的に参加したのは日本であった。アジアサッカー連盟（AFC）が国際的な取り組みをしたのは，1992年に香港で開催した第２回世界選手権からであった。曲がりなりにも東アジアと西アジアで予選大会を開き，中国とイランが代表となってからである。

1996年の第３回世界選手権アジア予選は，東，南，西の３地域で予選を行い，中国，マレーシア，イランがスペインでの本大会に臨んだが，予選リーグですべて敗退した。

AFCが本格的にフットサルに取り組んだのは1999年５月，第１回アジアフットサル選手権を開催してからであった。欧州，南米，アフリカの選手と体格的に劣るアジアの選手が世界と肩を並べるには，小さいころからフットサルに親しむことが大切と考えていたAFC事務総長ピーター・ベラパンの強い主張によるものであった。クアラルンプールに集まった９か国は，日本，イラン，韓国，タイ，シンガポール，キルギスタン，ウズベキスタン，カザフスタン，マレーシアであった。

以後，AFCは毎年大会を開くことにし，アジアのフットサルは急展開をはじめるのである。ちなみに，第２回大会は第４回世界選手権の予選を兼ねて2000年５月にタイのバンコクで開かれ，10か国が参加した。第３回大会は，2001年７月にアジアの最強国イランのテヘランで開催され，14か国が参加した。イランは３回連続優勝している。ちなみに日本は，３度４位にとどまっている。

アジアのフットサルで特筆すべきことは，1997年にはじまった〈タイガー５s〉フットサルトーナメントである。2001年の第３回大会では，フットサルのコンフェデレーションカップともいうべき体裁を整えるまでの大会になった。参加国は，各大陸のチャンピオン国，前大会のベスト４の中の（イタリア，オランダ），アジアの招待国(中国，タイ，日本)，そして地元シンガポールであった。

アジアの中でもっともフットサルの環境整備が進んでいるのは，イランである。街中いたるところにフットサルを楽しむ環境があり，トップ８チームによる全国的フットサルリーグも行われている。この下に16チームによる２部リーグもあり，2002年からプロ化することになっている。

4　日本のフットサル

フットサルの胎動

日本でフットサルがはじまったのは，１年の半分を雪で閉ざされて屋外でボールを蹴ることのできない北海道であった。1956年，札幌YMCA総主事の海老澤義道が南米に行った折，サロンフットボールを観て，その面白さに着目してボールと競技規則を持ち帰ってサッカー関係者に伝えた。しかし，この競技を取り入れるまでにはなお時間が必要であった。かねてから寒冷地の不利を打破する方策に腐心していた札幌大学の柴田勗を中心にフットサル導入の検討がはじまり，1972年にはブラジル視察も行った。そして翌年には，日系ブラジル人留学生ネルソン松原，セルジオ門岡の２名のプレーヤーを受け入れた。同時に競技規則を翻訳し，競技名を〈サロンフットボール〉と命名したのは柴田である。

1975年１月，柴田らは〈日本サロンフットボール普及会〉を発足させ，翌年７月には同協会を設立した。加茂周，鍋島和夫，セルジオ越後，武田義雄らが９月に行われた研修会に参加した。

一方，日本サッカー協会では，独自の室内サッカールールを作成し，1973年２月東京・駒沢屋内競技場で日本リーグ８チーム(東洋工業，藤和不動産，トヨタ自工，日立製作所，三菱重工，新日鉄，古河電工，ヤンマー)による〈第１回ミニサッカー選手権〉を開催した。翌年にも第２回大会が開催されたが，その後スポンサーのサポートがつづかず，残念ながら２回で終了してしまった。

女子は，1976年に三菱養和会スポーツクラブの人工芝のグラウンドで，８人制のミニサッカーリーグがはじまった。実践女子大，三菱重工，三菱養和，相模女子大に，翌年にFCジンナン，聖徳短大，東京学芸大が参加して日本発の女子リーグが展開された。しかし，各チームは11人制を志向していたため1980年に解散し，やがて〈全日本女子サッカーリーグ〉が誕生した。

日本ミニサッカー連盟・旧日本フットサル連盟の誕生

1977年11月12日，現在の日本フットサル連盟の前身である〈日本ミニサッカー連盟〉が日本サッカー協会の下部組織として設立された。初代会長には竹腰重丸が就任した(その後，多和健雄，小長谷良策，そして鳩山邦夫が長く務めた後，現在は長沼健である)。そして1979年，同連盟は第１回全国小学生総合ミニサッカー大会を三菱養和会スポーツクラブで開催した。総合とは，屋内での５人制サロンフットボール，屋外での６人制ガーデンフットボール，８人制ミニサッカーの３種類の大会ということである。この大会はその後，10年間つづけられた。

その後連盟では，主競技であるサロンフットボールを真の全国規模の大会にするためには，この大会を協会の主催大会にすることであると判断した。1990年〈全日本少年ミニサッカー大会(現・バーモントカップ)〉と改称して協会主催大会として再スタートを切った。

1984年，少年大会に５年遅れて〈全日本ミニサッカー選手権大会〉がスタートした。この大会は1996年に日本サッカー協会が〈ニッサンカップ〉の名称で全日本選手権を開始したので，〈全国選抜大会〉と名称を変えて現在も連盟の主催事業として行われている。この大会への参加は主に東日本のクラブチームであったが，日本のフットサルを支えてきた唯一の大人のための大会であった。

旧フットサル連盟は，組織の拡大と人材の発掘に努めた結果，1980年代に入ると全国に50を超える支部を得ることができた。とくに1981年にはサンパウロ州U-18優勝のバネスパ，翌年から同パルメイラス，ブラジル選手権優勝のジェルカン，ジェルカンとマッケンジー大学と毎年来日し，東京・大阪を中心に各地で本場のサロンフットボールを披露した。この結果，日本のミニサッカー人気は一気に増大し，ブームともいえる発展を示した。1984年以降，オーストラリアの選抜少年チームがほぼ毎年来日した。

しかしながら1985年，FIFUSAとFIFAの紛争が表面化すると，国内のサッカー関係者にも不協和音が目立つようになった。1980年代後半は，日本のフットサルにとって冬の時代といってよい状況であった。

こうした閉塞状況を打開するため，FIFAとFIFUSAの調整がつくまで，ひとまずサロンフットボールを組織として独立させて国際紛争の渦中から離れることになった。将来国際紛争が解決した際には再度合体する確認の下，1988年6月に〈日本サロンフットボール協会〉を発足させた。この協会の大部分のメンバーは，その後連盟に復帰したが，ごく一部はなお北海道だけで活動をつづけている。

1989年にはFIFAの世界選手権の開催もあり，1990年代に入るとふたたび〈ミニサッカー〉すなわち〈フットサル〉に関心が集まりはじめた。マスメディアが次つぎにイベントとしてのフットサルに進出し，露出度が高まったのである。

▶フットサル委員会の設立と新フットサル連盟

1994年7月，日本サッカー協会に1種から5種に加えて6番目の種別競技委員会に当たる〈フットサル委員会〉が設置され，新たな組織とフットサル登録制度がはじまった。ここで画期的なことは，サッカーのように年間を通じた個人・チーム登録ではなく，〈大会ごとのチーム登録〉という新登録制度を発足させたことである。以来，47都道府県にフットサル委員会が設置され，長くフットサル連盟独自の努力に委ねられていたこの競技は，全国網が整えられることによって新たな展開をみることになった。1995年からは新たに全日本選手権が，またU-15の同大会が協会主催としてはじまった。

1999年，フットサル委員会はさらなる将来の発展をめざした組織の改組再編を図ることにした。そのねらいは，急速に増えつづけるフットサル愛好者が日常的に楽しむためのリーグ戦を各地で展開できる組織づくりであった。そこで旧フットサル連盟を発展解消し，新連盟を誕生させた。

新フットサル連盟は，フットサル委員会の統括の下に全国9地域でリーグ戦を展開し，全国選抜大会を真の地域選抜チーム同士の大会にするため，鋭意組織整備中である。

▶21世紀のフットサル

〈いつでも，どこでも，だれでも〉が楽しめるスポーツ。それが旧フットサル連盟スタート時からの合言葉であり，今も変わらぬコンセプトである。フットサルは本来，コミュニティスポーツであり，ファミリースポーツであり，生涯スポーツである。そこでは自由な〈遊び感覚〉がもっとも大切である。しかし，フットサルはまた，サッカーのすべてのエッセンスを凝縮した競技スポーツでもある。ゲームにおいては個人技術の高さはもちろん，チームのインテリジェンスがもっとも問われるスポーツである。遊びの自由性とチームインテリジェンスによる規律性とが一体となったとき，このスポーツの醍醐味が知的興奮となって観る者をも魅了する。

21世紀に生きる私たちの大きな命題は，〈人類の平和と共存〉である。そのためには，単なる物質的な豊かさの共有を意図するのではなく，人類共通の思想と文化の構築が重要である。学問，芸術，スポーツはその中心課題である。中でもスポーツは，人びとの心情に直接訴える力をもった人類共通の文化である。ところで，文化という以上は，日常的にそして老若男女だれでも親しめるものでなければならない。そして同時に，もっとも高い人間の知的，精神的働きが表現され，実現されたものでなければならない。フットサルは，まさにその両面を兼ね備えたスポーツであり，21世紀の人類の融和と協調と友情に応えうるスポーツ文化である。

〈いつでも，どこでも，だれでも〉というモットーの中にどれだけ高い精神性を盛り込めるか，そして人びとの自由で豊かなスポーツライフに寄与できるか，それが21世紀のフットサルに課せられた課題である。(榮　隆男)

5-4

サッカーの医・科学

サッカーの科学

1 サッカーの科学的研究の歴史

日本にスポーツ科学が根づくきっかけになったのは東京オリンピックである。その理由は，地元開催のために好成績をあげる必要性から，競技力向上にスポーツ科学の導入を考えたからである。したがって，強化費のなかに研究費が予算化され，研究組織がつくられ，結果として研究者が育成されたことによる。具体的には，日本体育協会が受け皿になり，各競技団体のなかにスポーツ科学を担当するセクションが組織され，実行に移された。日本蹴球協会(当時)にも阿部三亥(東京教育大学教授)をヘッドに科学研究を担当するグループが組織された。その後は，この組織が技術委員会科学研究部，科学研究委員会，科学研究グループと名称を改めながら受け継がれ，現在にいたっている。

サッカーに関する研究分野の主流は自然科学系であるが，なかでも体力を中心にしたスポーツ生理学，キックなどの動作分析を研究するバイオメカニクス，そしてゲーム分析などが主なものである。近年はJリーグ誕生，総合型地域スポーツクラブの振興などの影響を受けてスポーツ社会学，スポーツ経営学に関する研究も多くなり，スポーツ心理学を含めた人文科学系も活発になってきている。

研究発表の機会は日本体育学会，日本体力医学会などを中心に，それぞれの分野における学術団体が主催する学会である。一方，これらの内容を競技力向上など現場に生かすた

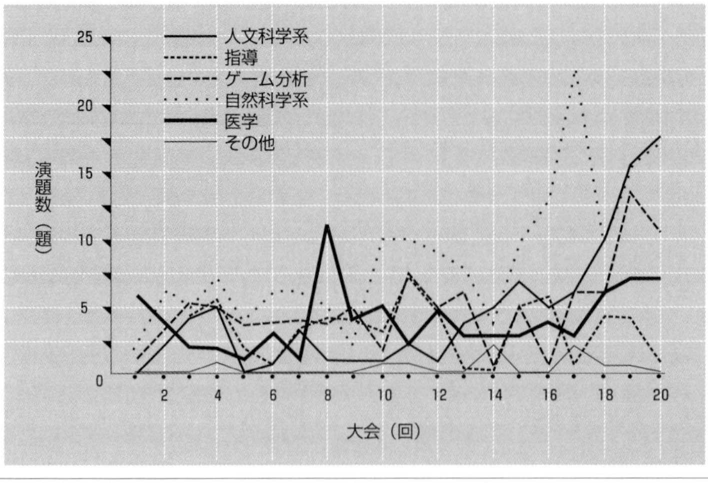

◀図1　サッカー医・科学研究会における演題内容の変化
(戸苅, 2000)

めに設立されたのが日本サッカー協会主催の〈サッカー医・科学研究会〉であり，20年の歴史がある。先に述べた研究分野も含め，発表演題数の変遷を示したものものが，図１である。国際的には，国際サッカー連盟が共催した〈1st International Congress on Sports Medicine Applied to Football〉がイタリア・ローマで1979年に開催されたが，１回だけで終わってしまった。その後，イギリスのスポーツ生理学者ライリー(Reilly,T.)の呼びかけで発足した〈Science and Football〉という研究集会が，４年に１回，ワールドカップの翌年に開催されており，すでに４回を数えている。ただし，この研究集会はサッカーに限定せず，ラグビーなど広くフットボールと名のつく競技を対象としたものである。そのほかには，ワールドカップ時に開催国の裁量でスポット的に研究集会が行われたり，アジアでもこれまでに２回にわたり〈Asian Congress on Science and Football〉が開催されている。

2　サッカーの運動強度

サッカーというスポーツを科学的にアプローチするには，まずゲーム自体の質，量を把握する必要がある。このような分析は，古くはウインターボトム(Winterbottom,W.)の名著《*Soccer Coaching*》のなかにも〈analysing play〉として１章設けられて，試合中の移動距離などの記述が見られる。つまり，ゲーム分析という手法を用いて試合中の選手のパフォーマンスを量的側面から分析することにより把握できる。日本ではメキシコ・オリンピック・アジア予選を対象に日本蹴球協会科学研究部(当時)がゲーム分析的な手法を開発して発表したのがきっかけとなっている。

一方，選手の生体負担度については，生理学的側面から運動強度を把握することが可能で，試合中の心拍数，血中乳酸値，酸素摂取量，エネルギー消費量から知ることができる。ここでは，ゲーム分析とスポーツ生理学の両側面からサッカーの運動強度を紹介する。

ゲーム分析からみた運動強度

●移動距離

試合中の移動距離は，多くの国内外の研究者が報告しているが，10kmというところがフィールド・プレーヤーの平均的な数値である(表１)。やや古い資料だが，第１回から10回までのトヨタカップにおけるGKを除く全選手の移動距離を測定したものでは，欧州代表が9,937.9m，南米代表が10,008.9mという報告があり，約10kmということがいえる。サッカーのスタイルを欧州，南米に分類しても，そう多くは変わるものではなく，むしろポジション特性などのほうが運動量には影響を持つようである。

ポジション特性としては，MFやDFのサイドを担当する選手，つまりLD(ラテラル・ディフェンダー)の量が多く，CD(セントラル・ディフェンダー)とFWはやや少ない傾向にある。これまでの報告によると，多い選手で約13km，少ない選手で８km弱といったところである。

このように，移動距離の絶対量からサッカー選手に求められる体力は，少なくともローパワーが必要だといえる。しかし，持久性は試合時間の経過にともない衰えていく傾向もみられる。たとえば，５分ごとに移動距離の推移を見ると，試合経過とともに減少傾向にあり，前後半の減少率から個人差がみられる

表１　サッカーの試合中の平均移動距離
(Reilly T.文献より作成,1994)

出典	人数	距離(m)	
イングランド	40	4,834	筆記法
フィンランド	7	7,100	テレビカメラ(2台)
イングランド	40	8,680	テープレコーダ
日本	2	9,845	三角測量法
スウェーデン	10	9,800	筆記法
日本	ー	9,971	三角筆記法
ベルギー	7	10,245	シネフィルム
デンマーク	14	10,800	ビデオ(24カメラ)
スウェーデン	9	10,900	シネフィルム
チェコスロバキア	1	11,500	不明
オーストラリア	20	11,527	ビデオテープ
日本	50	11,529	筆記法

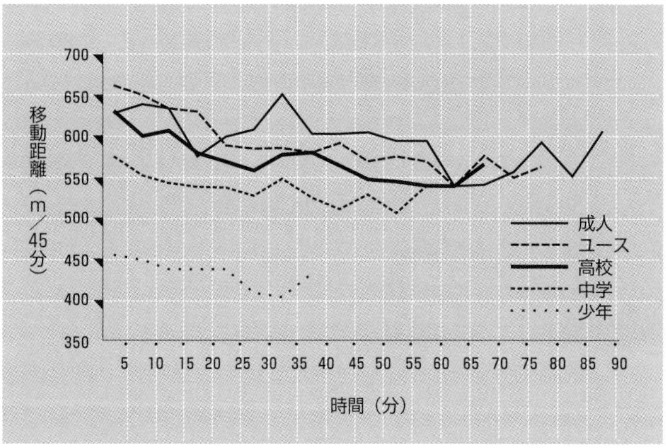

◀図2　移動距離の変動（大橋, 1981）

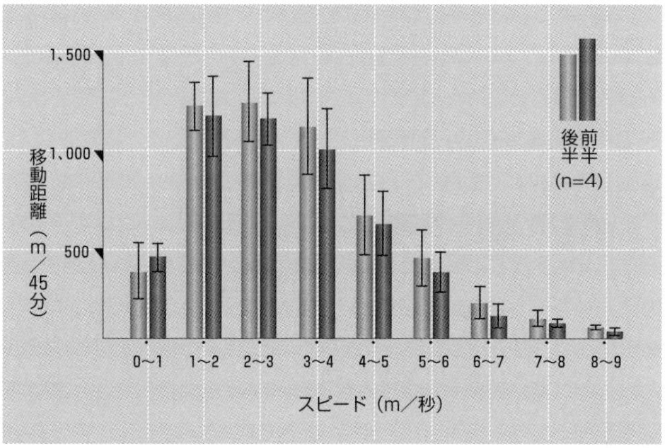

◀図3　移動スピードの分布（大橋, 1987）

(図2)。

●移動速度

サッカーは90分間に約10kmも動き回るから，一般的に激しいスポーツと考えられている。しかし内容をみると，同じ10kmでも陸上競技のように，ほぼ一定速度で動き回るわけではない。

移動速度を分類したものからみると，4m/sec以下のそう速くない速度が約90％を占めていることがわかる(図3)。つまり，全体的に激しく動いているように見えるのは，観客がボールを中心に試合を追っているからである。しかし，ボールに関与しているときは，単に高速度で一定距離を移動するだけではなく，相手と競りあったり，方向転換をしたり，時にはスライディング・タックルをしたりと激しい筋収縮を不規則に行っている。

つまり，サッカーはダッシュ，ラン，クルーズ，ジョッグ，ウォーク，スタンドというような不規則な移動運動と，キックなど技術発揮に必要な動作を加えたかなり激しい間欠的運動(intermittent activity)といえる。

●ボールタッチ回数

1人の選手が，試合中にボールに関与する回数はどのくらいであろうか。大橋は，多くの資料から90分間における1人の平均は，キック37～52回，トラップ16～30回，ドリブル9～19回，ヘディング5～9回であると報告している。もちろん，ポジションやチームの戦術的役割により差があるが，実際にはワンプレーでストップ，ドリブル，キックというように関与した回数となると平均で100回に近いものである。

●インプレー時間

試合時間は前後半45分ずつ，90分にロスタイムを加えた時間であるが，実際にはそのなかでボールがピッチ外に出たり，ファウルやケガなどのためのアウト・オブ・プレーもある。したがって，実際にプレーされている時間をインプレー時間という。これまでの報告では，全体の約３分の２がインプレーに費やされていたとされているが，最近は審判の処置，選手のプレーを速くしようという意識，マルチボールといいピッチからボールが出たときの配球措置など，全体にプレーが速くなったことによりインプレー時間が長くなっている傾向があると考えられる。しかし，多くのデータはインプレー時間があい変わらず全体の３分の２程度と報告している。〈ユーロ2000〉を対象にしたもっとも新しい資料でも，90分で終了した全試合の平均は，試合時間がロスタイムを含んだ95分18秒であったのに対し，インプレー時間は52分58秒というもので，むしろ短くなっている傾向さえある。

●得点

最近５回のワールドカップの１試合平均得点は，スペイン2.81，メキシコ2.54，イタリア2.21，アメリカ2.71，フランス2.67というもので，第７回チリ大会を境に２点台と少なくなっている。ここでは，シュートにしぼって分析した結果を紹介する。

シュートは，ゴールに対して飛んでいかなければ得点になる可能性は低い。したがって，ゴールに飛ぶ頻度は，オン・ターゲット，オフ・ターゲットという言葉を使って比較する。フランス・ワールドカップにおけるゲーム分析をした結果が表２である。これをみると，日本代表のような得点の少ないチームは，オン・ターゲット率が低く，得点の決定率も低い。つまり，いくらよい形でシュート・チャンスをつくっても，ゴールに飛ばなければ得点チャンスはほとんどないということである。

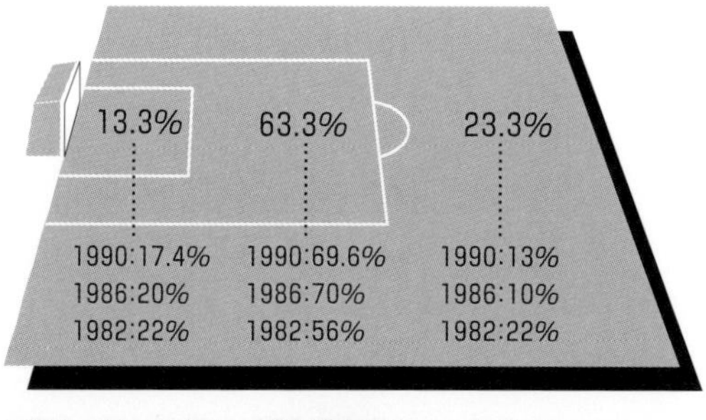

▲図４　ワールドカップ全得点のシュートゾーン
（フランスサッカー協会，1994）

●シュートエリア

得点に結びつくシュートは，どのエリアが多いのだろうか。ワールドカップのデータを見ると，得点の多いのはペナルティエリア内で，しかもペナルティスポット近辺である（図4）。ペナルティエリアの外から打ったゴールは派手さがあり，われわれの記憶に残りがちだが，いかにゴールに近いところに持ち込んで，確実に決めるかが得点を奪うポイントである。したがって，シュート練習もこういったデータを考慮に入れて行う必要がある。

生理学的側面からの運動強度

サッカーは90分間に平均で10km前後を移動することを述べたが，これは生体負担度から運動強度を示したことにはならない。運動強度を示す生理学的指標としては，試合中の心拍数，血中乳酸値，酸素摂取量，消費エネルギー量などが用いられる。

●心拍数，血中乳酸値など

心拍数，血中乳酸値を報告したものは少なくないが，スウェーデンリーグを対象にしたエクブロム（Ekblom,B.）のものを紹介しよう（図5）。心拍数は，競技レベルにもよるが，平均で165拍から175拍/分という報告が多い。血中乳酸値は，運動強度と関係が強く，試合中でも動きの強さによって変動する。この報告はやや高い例であるが，多くのものが４mmol/ℓから６mmol/ℓ程度であり，試合内容によっては一時的に10mmol/ℓを超える場合もある。したがって，図６のように上位リーグは試合内容が激しいため，下位リーグにくらべて血中乳酸値が高く，レベルや個人により差がある。

●酸素摂取量

酸素摂取量は，直接的にヒトから得たガスにより分析しなければならないので，データ収集がむずかしい。過去においては，模擬試合によりバッグを携帯してガスを採集することも行われたが，時間経過とともに採気用バッグが充満して大きくなり，運動が制限されるなどの難点がある。最近は，携帯式酸素摂

表2　ワールドカップ・フランス大会参加国別のゴールに関するデータ　(JFA,1999)

	シュート数	On Target	Off Target	On Target率	ゴール	決定率	試合数	1試合あたりのシュート数
フランス	164	62	102	37.80%	15	9.15%	7	23.43
ブラジル	93	38	55	40.86%	14	15.05%	7	13.29
クロアチア	98	34	64	34.69%	11	11.22%	7	14.00
オランダ	142	67	75	47.18%	13	9.15%	7	20.29
イタリア	58	25	33	43.10%	8	13.79%	5	11.60
アルゼンチン	96	31	65	32.29%	10	10.42%	5	19.20
ドイツ	69	19	50	27.54%	8	11.59%	5	13.80
デンマーク	59	28	31	47.46%	9	15.25%	5	11.80
イングランド	70	32	38	45.71%	7	10.00%	4	17.50
ユーゴスラビア	46	23	23	50.00%	5	10.87%	4	11.50
ルーマニア	62	21	41	33.87%	4	6.45%	4	15.50
ナイジェリア	70	19	51	27.14%	6	8.57%	4	17.50
メキシコ	56	26	30	46.43%	8	14.29%	4	14.00
パラグアイ	55	28	27	50.91%	3	5.45%	4	13.75
ノルウェー	38	14	24	36.84%	5	13.16%	4	9.50
チリ	44	18	26	40.91%	5	11.36%	4	11.00
スペイン	63	31	32	49.21%	8	12.70%	3	21.00
モロッコ	31	14	17	45.16%	5	16.13%	3	10.33
ベルギー	31	11	20	35.48%	3	9.68%	3	10.33
イラン	37	11	26	29.73%	2	5.41%	3	12.33
コロンビア	44	22	22	50.00%	1	2.27%	3	14.67
ジャマイカ	30	10	20	33.33%	3	10.00%	3	10.00
オーストリア	38	15	23	39.47%	3	7.89%	3	12.67
南アフリカ	39	15	24	38.46%	3	7.69%	3	13.00
カメルーン	42	17	25	40.48%	2	4.76%	3	14.00
チュニジア	42	14	28	33.33%	1	2.38%	3	14.00
スコットランド	45	22	23	48.89%	2	4.44%	3	15.00
サウジアラビア	22	5	17	22.73%	1	9.09%	3	7.33
ブルガリア	50	20	30	40.00%	2	2.00%	3	16.67
韓国	31	9	22	29.03%	2	6.45%	3	10.33
日本	55	11	44	20.00%	1	1.82%	3	18.33
アメリカ	52	18	34	34.62%	1	1.92%	3	17.33
合計	1,872	730	1,142		171		128	
平均	58.5	22.8	35.7	39.00%	5.3	8.8%	4	14.2

注）On Target：枠内に飛んだシュート，Off Target：枠外に飛んだシュート

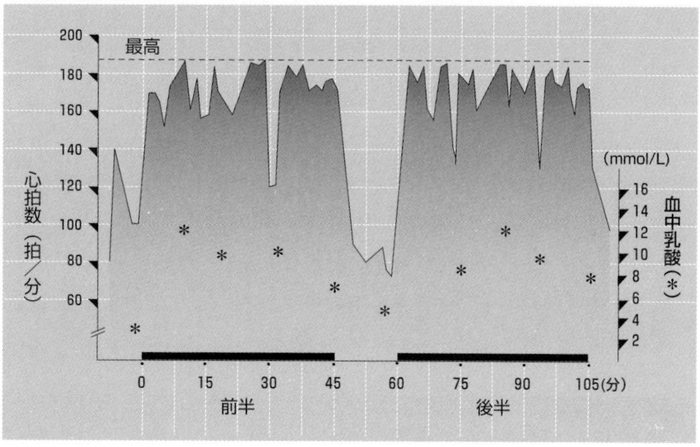

▶図５　試合中の心拍数および血中乳酸の変動・スウェーデン１部リーグ
（Ekblom, 1986）

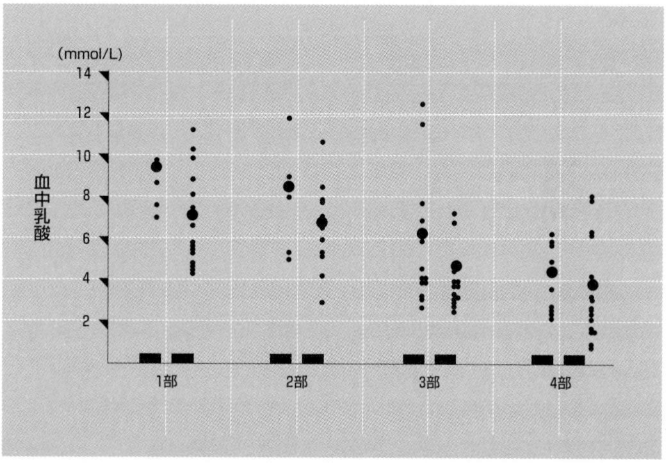

▶図６　スウェーデン１部から４部リーグのハーフタイムおよびゲーム終了後の血中乳酸濃度　（Ekblom, 1986）

取量測定装置が開発され，多少は測定しやすくなっている。また，心拍数の測定が比較的簡便であることを利用して，試合と実験室による測定結果から，心拍数－酸素摂取量関係により推定する方法も用いられている。

宮城たちが大学生サッカー選手を対象に，携帯式で実測した酸素摂取量は，37.0±8.5 ml/kg・minであり，実験室で測定した最大酸素摂取量に対する割合は61.9±13.4％であったと報告している。一方，松本たちは，大学生一流サッカー選手の試合で，心拍数－酸素摂取量関係から推定した値が平均80％ $\dot{V}O_2max$ だったと報告している。

●消費エネルギー量

消費エネルギー量に関しては，運動強度が心拍数，血中乳酸値，酸素摂取量などの生理学的側面から測れるために，山岡らによる古い報告はあるものの，最近のデータは少ない。瀬戸らは，高校生を対象に70分の試合をタイムスタディ法により求めた結果，ポジションによっても異なるが，１試合でおおよそ700kcalであるという報告をしている。国外のものも数少ないが，ライリーたちはイングランドのプロサッカーの試合で，1,476kcalであったという報告をしている。最近のものでは，宮城らは実測した消費酸素摂取量からみると，大学生の90分の試合で1,140.4±189.2kcalであったと述べている。

サッカーは時代の流れとともに激しさが増してくる傾向にあり，動きの量も多くなるので，消費エネルギー量も増加すると考えられるが，１試合でおおよそ1,000～1,500kalというところである。

3 サッカー選手の体格，体力

サッカーの科学が競技力に直接結びつくのは，体力などスポーツ生理学的側面がもっとも大きい。つまり，サッカーがダイナミックに身体を駆使する以上，体格，体力を無視するわけにはいかないのである。

体格

サッカーは他のボールゲームとくらべて，体格の影響を受けにくい種目である。しかし，ポジションなどを考えれば，まったく体格を無視するわけにもいかない。白石たちは，サッカー選手の体格，体力を扱った内外の論文から，統計的手法を用いたメタ分析により体格とポジションの特徴を検討している。これをみると，GKは身長が大きいのは当然だが，他のポジションはDF＞FW＞MFという傾向であると報告している。DFのなかでもサイドを受け持ついわゆるLDには比較的小さい選手もいるが，DFの真中，つまりCDは大柄な選手が多く，ゴール前の空中戦に対抗できるプレーヤーを配置していることが多い。MFは，これまでに170cmにも満たない名選手も多く，マラドーナ，キーガン，ジレスなど中盤から前に位置するプレーヤーのよい例である。

しかし，問題は身長による差異よりも，いかにがっちりした体格をしているかが大切であり，比体重がある程度大きいことが必要である。

サッカー選手の体力と評価

サッカーに要求される体力はハイパワー，ミドルパワー，ローパワーとすべてにわたっ

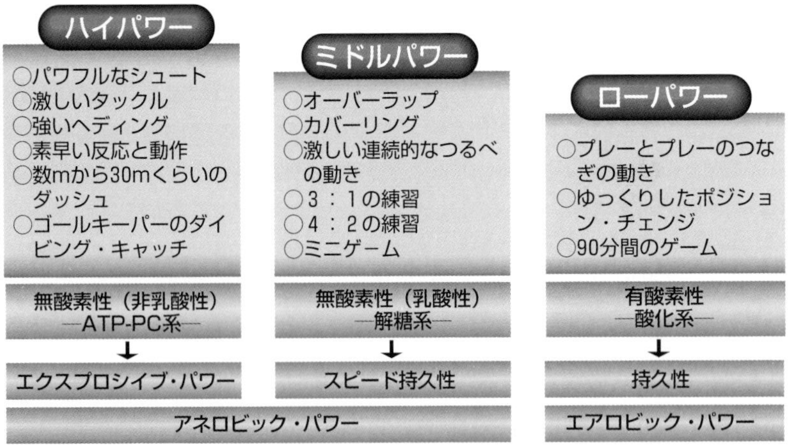

◀図7 サッカー選手に必要な体力とその構造（戸苅，1991）

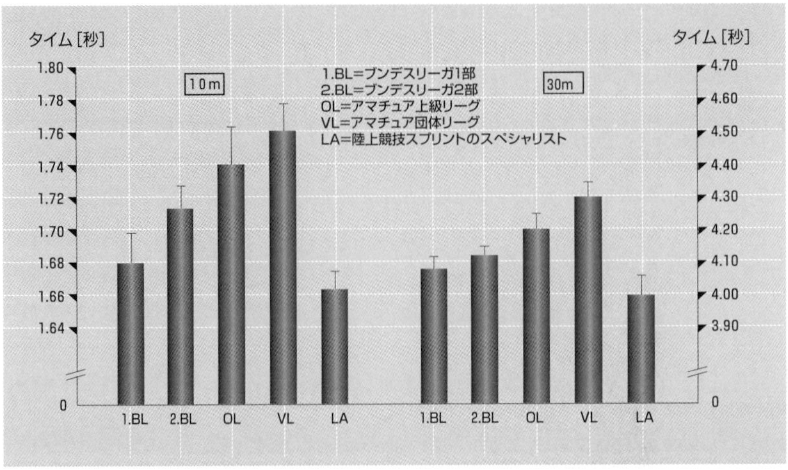

◀図8 ドイツ・サッカー選手のスプリント能力（Geese1990，戸苅改変）

ている(図7)。このような幅広い体力をハイレベルに保つには，大変な努力がいる。しかし，だからこそサッカーというスポーツが奥深く，大衆に支持されるものだともいえる。

しかし，それぞれの体力要素もヒトの上限までを要求する必要はない。たとえば，ハイパワーでもスプリント能力は，とくに20～30mぐらいのダッシュ力と加速力に優れていればよい。ローパワーでは，スタミナとはいってもマラソン選手なみの能力を要求する必要はない。あくまでもサッカー選手に必要な体力を持てばよい。

ここでは，サッカー選手を対象とした体力評価から主だった能力を概観する。

●ハイパワーー走速度

サッカーの場合は，ゲーム分析のデータから考えても，試合中に最大努力で50～100mを走りぬくことはそうあることではない。したがって，走速度は短い距離のダッシュ力や加速力を評価することが多い。欧州，南米では，光電管を使った10m間隔の速度変化の評価がよく用いられる。とくにゲーム中に頻度の多い10m前後のダッシュ力と，30mぐらいまでの加速力の大きさが注目される。ここでは欧州・ドイツの例を紹介しておく(図8)。

●ハイパワーージャンプ力

全身のパワーと膝を中心に下肢の多関節をいかにうまく動かすかの評価に，ジャンプが用いられる。イタリアを中心に南欧，北欧などでボスコジャンプ，エルゴジャンプなどとして普及している。ジャンプには6種類があり，基本的には腰に手を当てて，膝角度90度に曲げて，静止した状態からのスクワットジャンプ(SJ)と，手の位置は同様で，立った姿勢から膝の反動を使うカウンター・ムーブメントジャンプ(CMJ)の2種類が用いられる。日本代表(2000年)は，SJが41.0±5.7cm，CMJが44.9±5.5cmであるのに対し，フランス，イタリアの一流選手はそれぞれ46cmと51cm程度だという。日本選手は，ジャンプ高の絶対値にも差があるが，とくにCMJに劣る傾向がある。これは，日本選手の膝の柔軟な使い方に問題があることを示唆している。

●ハイパワーー動的筋力

脚の伸展，屈曲の動的筋力を等速性筋力機器であるバイオデックスやサイベックスなどを用いて評価するのが一般的である。測定機器が高額であり，安易に測定することは困難だが，トップクラスの選手たちには筋パワー能力と下肢障害の回復過程でのリハビリテーションの評価に用いられる。測定の運動速度は，60，180，300°/secが一般的である。測定機器の特性により測定値に固有のものがあるので，ここでは数値を紹介しない。ただし，多くのデータから日本選手は脚の伸展力と屈曲力の比率が外国人にくらべて小さいことが指摘されている。とくに脚屈曲力が低い傾向にあり，このバランスが悪いことはダッシュ力に影響し，ケガの引き金にもなるといわれている。

●ミドルパワー

運動時間にすると30秒前後の最大努力で発揮されるパワーで評価される。テスト法としては，ウインゲートテスト，40秒パワーといった自転車エルゴメータを使用するものと，ナベットテスト(イタリア)など間欠的ランニングテストが用いられる。とくにサッカーは間欠的運動なので，後者のようなフィールド的な能力を評価することが多くなっている。

●ローパワー

実験室テストとしては，トレッドミルや自転車エルゴメータを用いた最大酸素摂取量で評価されることが国際的にも一般的である。最近では，乳酸を評価の中心にした無酸素性作業閾値(Anaerobic Threshold；AT)も用いられている。そのほかに，フィールドテストとしては12分間走，20mシャトルランなどが一般的であるが，バングスボ(Bangsbo,J.)が提唱したヨーヨー・インターミッテントテストもスピードの持久性を評価する方法として有効なものである。

もっともポピュラーとされている最大酸素摂取量($\dot{V}O_2max$)は，一流選手は60～65ml/kg・minぐらいの能力が必要だとされている。これまでの報告によれば，とくに

MFの数値は高く，移動距離の多さとも関連してスタミナが要求されるポジションだといえる。

サッカー選手の筋線維組成

ヒトの筋線維組成を収縮特性から分類すると，速筋線維(Fast Twitch fiber;FT)と遅筋線維(Slow Twitch fiber;ST)の２種類がある。FTには，さらにサブグループがあり，これをFTaとFTbといい，前者はやや遅筋線維を帯びた中間的な性質であり，後者は極端な速筋線維である。

それぞれの筋線維の性質は，FTは短時間に爆発的に大きな張力を発揮するが，長つづきせず，STは発揮張力は小さいが，長つづきするという特性を持っている。一般人の組成比率はそれぞれ50％程度といわれているが，一流マラソン選手はSTの比率が約80％と多く，一流スプリンターは約70％もFTを有しているという報告がある。

サッカー選手の筋線維組成の比率は，マラソンランナーやスプリンターほど極端なものではなく，平均するとFTが55％程度と，やや速筋線維が多い傾向にある報告が多い。これは，サッカーの競技特性が単純にスピードやスタミナがあればよいということではなく，卓越した技術や瞬時に判断をくだす戦術能力などが要求されるからである。ただし，速さに関してはある程度の能力を持ち合わせる必要があり，筋線維組成はやや速筋タイプであるといえよう。

4　キックのバイオメカニクス

●ボールスピード

これまでのキックに関する研究は,〈正しいキックのあり方〉を問題にしてきているが，その場合のパフォーマンスには，ほとんどボールスピードが用いられている。したがって，これまでに述べられてきたボールスピードは，精度の高い方法で測定された実験室的なものである。たとえば，古くはシネカメラや光電管を，最近はビデオカメラによりボールスピードを算出したものが多い。

初期の報告では，戸苅らは日本人一流選手がインステップキックで蹴った場合，初速にして32m/sec，その後，浅見が外国人一流選手で36m/secというものがある。これらは実験室内など制限が加えられた状況でのキックであるから，材質が改良された最近のボールを芝の上でフリーに蹴った場合は，40m/secを超えるようなスピードが出るものと考えられる。つまり，時速にすると実験室で実測したものは初速が約130kmであるから，条件を整えれば140km程度のスピードでキックできるものと考えられる。

●インステップキックのポイント

インステップキックは，足の甲をボールの中心に当てるもので，もっとも強く，速く，飛距離の出るキックである。したがって，ゲーム中にはシュートをはじめ多くの場面で使われる。このような爆発的なキックをハイスピードで撮影した画像分析でみると，インパクト時の足関節角度は大きく，足首が伸展されていることがわかる。とくに一流選手のインステップキックほどその傾向が強い。戸苅や渋川によれば，足関節は理論的に固定されているほうが高速度のキックができることを証明している(図9)。また，足関節の伸展に使われる腹筋，前脛骨筋(ぜんけいこっきん)の働きを筋電図で見ると，よいインステップキックをすると評価される一流選手ほど固定するために使われている(図10)。

一方，インステップキックでパワフルなキックをするためには，脚伸展パワーが大きく影響することも報告されている。そのために，キックの主働筋となる大腿四頭筋がサッカー選手はよく発達している。しかし，最近は大腿四頭筋ばかりでなく，腰骨の前面下部についている腸腰筋(ちょうようきん)がインステップキックに大きな役割をしていることが指摘されている。つまり，キックに際しては，まず股関節が伸展され，つづいて屈曲するわけだが，その動きに大きく関与するのが腸腰筋である。したがって，キック力を高めるには大腿四頭筋ばかりに目がいきがちだが，腸腰筋も大きく関係

1）膝，足関節とも完全固定　1.37
2）膝関節自由，足関節固定　1.16
3）膝関節固定，足関節自由　0.871強
4）膝，足関節とも回転自由　0.871弱
　数値は足スピードに対するボールスピードの割合

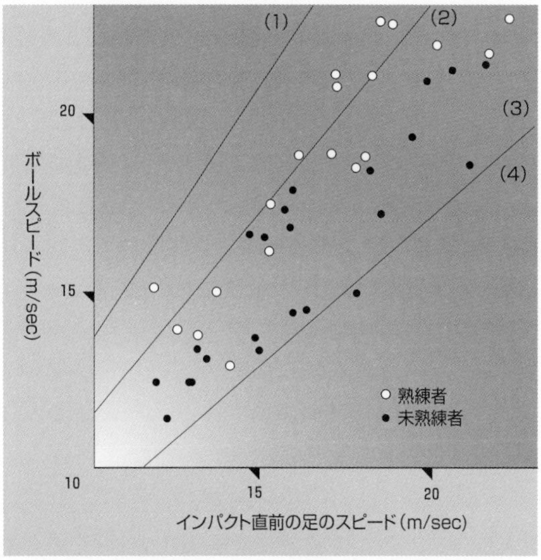

▶図9　インステップキック時のインパクト直前の足のスピードとキックされたボールスピードの関係
（渋川が戸苅の実測値に理論値を用いて作図，1973）

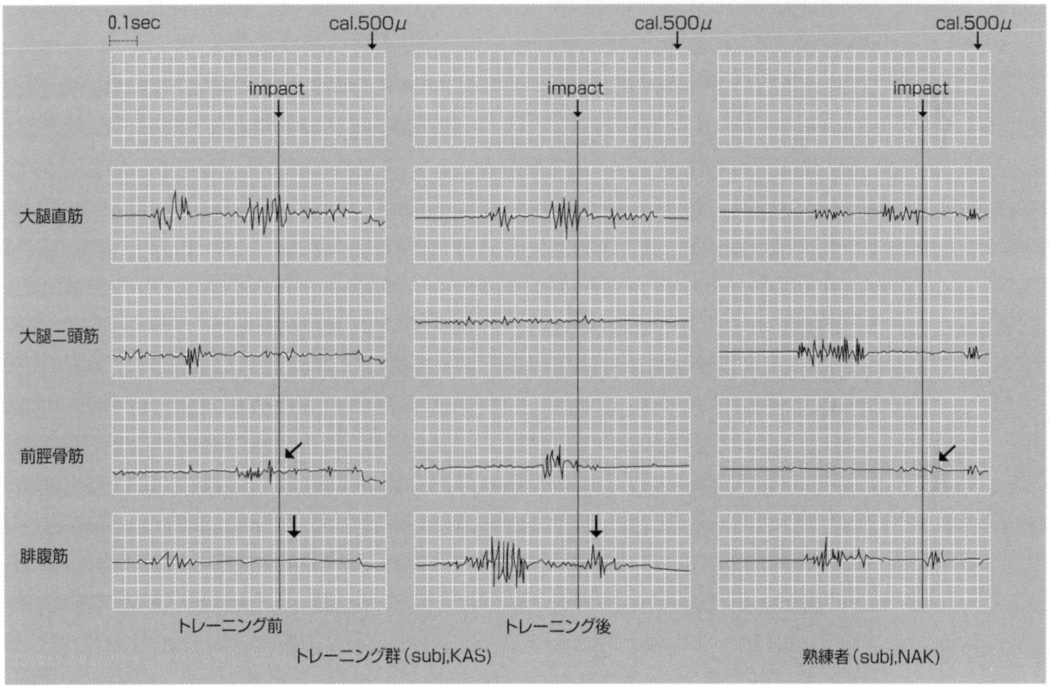

▲図10　インステップキックの蹴り足にみられる筋電図（戸苅たち，1997）

していることを考慮に入れてキックを練習する必要がある。

●正確なインサイドキック

短い距離を正確にキックするには，インサイドキックがもっとも多く使われる。このキックは，1960年代に日本の指導法に大きな影響を与えたクラマーの考え方が根強く浸透している。つまり，つま先を上にあげ，足首を固定して〈つま先－かかと－くるぶし〉で結ぶ三角形の面でボールをインパクトし，腰を前に移動させながらキックするというものである。

しかし，最近の外国一流選手たちのインサイドキックは，長い距離もスピードを落とさずに正確なキックをしている。そこで，谷らは動作を3次元解析できるDLT法を用いて，外国一流選手と日本代表選手のインサイドキックの動作解析をしている。その結果，外国一流選手は，腰を前方へ押し出すキックではなく，腰の回転を使っており，長い距離にも

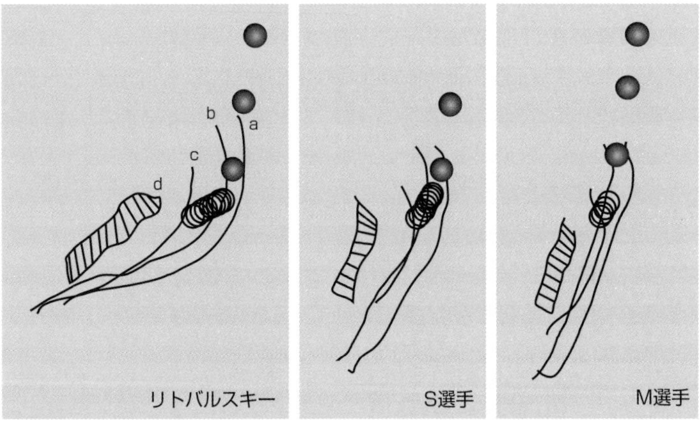

日本選手が直線的な動きなのに対して，リトバルスキー選手は回転を加えてキックしている。

◀図11　サイドキックを上方からみたときの足先(a)，足首(b)，膝(c)，腰(d)の動きの特徴（谷たち, 1999）

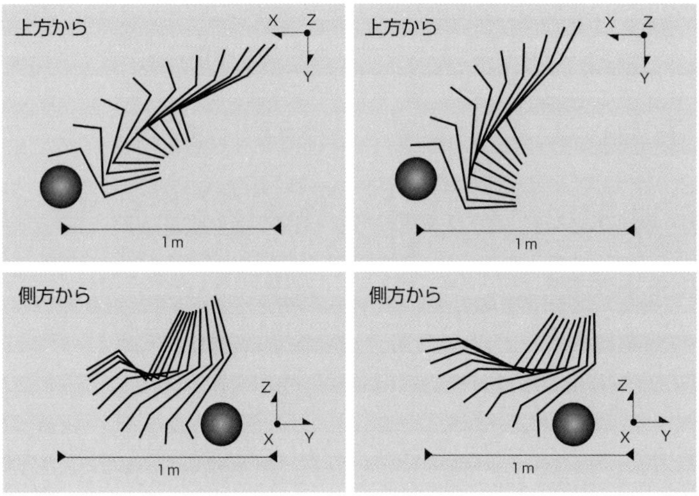

◀図12　カーブキック(左)とストレートキック(右)にみられるスティックピクチャーの特徴（布目たち, 1997）

対応したインサイドキックをしていることを解明した(図11)。この結果を参考にすれば，インサイドキックは足の内側を中心にしたキックではあるが，これまでの概念とは少し違う考え方で指導しなければならない。

●変化球ーカーブキック

最近のサッカーは，コーナーキックやゴールに近いフリーキックでは回転をともなった変化をつけたキックをすることが多い。かつての木村和司選手や，最近の中村俊輔選手のように，25m前後の距離からのフリーキックでは，かなりの確率でゴールをねらえるが，このキックにはボールに回転を与えて変化がつけられている。

このキックの特徴は曲がりながら落ちるボールである。布目や浅井は，このカーブキックを，先に紹介したDLT法を使って動作解析をしている。その結果，インステップキックとくらべると，足関節角度は小さく，膝関節を大きくして，ボールの外側を上方へこすりあげるようにスイングしている特徴があるとしている。スティックピクチャーから判断すると，カーブボールは足関節でボールの外側をとらえ，膝を上方に引き上げながらキックしている様子がうかがえる(図12)。

（戸苅晴彦）

サッカーの医学

1 サッカー外傷と障害

サッカー外傷と障害

スポーツにおけるケガには，大きく分けて２つの種類がある。１回の強い外力で受傷したもの，たとえば捻挫，脱臼，骨折，打撲などであり，これらは外傷と呼ばれる。

一方，障害というのは身体の同じ部位にくり返し小さな力が加わって，その部位に故障が生じたものをいう。同じ動作をくり返し，しかも運動量が多すぎたときなどに生じやすい。種目別で代表的なものとして，野球肩・肘，テニス肘などがあり，また特別に種目との関連はないが，腰椎分離症やオスグッド病などがこれに含まれる。選手個々の身体(からだ)つき，あるいは年齢なども関連しており，選手個人個人が持っている素因にも影響される。

サッカーに多い外傷と障害

サッカーでは蹴る，走る，ジャンプする，急激なターンをするなど，種々な動作が要求され，またそれ以外にも他の選手からタックルされたり，お互いにぶつかり合ったり，ということも多い。したがって，身体のすべての部位にケガが生じる可能性はあるが，なんといっても腰から下の脚，すなわち下肢の外傷，障害が多い。

●発育期に多い外傷，障害

日本サッカー協会が行っているナショナル・トレーニングセンターに参加した選手12歳以下，14歳以下，および17歳以下の３世代に対して，1995年から1998年の間にわたり，過去，あるいは調査時のケガの状況について調査を行ったデータがある。調査の対象となった選手は合計1,035名であったが，その結果をみると，12歳以下では32％，14歳以下では50％，そして17歳以下では70％の者がなんらかの外傷を経験したか，あるいは外傷を負っている状態であった。そのうち，下肢は75～85％を占めており，もっとも多いのが打撲，捻挫(足関節，ついで膝関節)であった。一方，若年の世代では骨折も比較的多くみられ，12歳以下，14歳以下の世代では，上肢，下肢を合わせると全外傷の25％以上を占め，これは17歳以下の世代より明らかに高い発生率であった。

障害についてみると，12歳以下で27％，14歳以下で46％，17歳以下では43％の者がなんらかの慢性的障害を経験していた。その内訳は，12歳以下では膝関節のすぐ下に痛みを訴えるオスグッド病がもっとも多く，全障害のほぼ50％を占めていた。一方，14歳以下の世代ではこのオスグッド病の頻度は減り，腰痛が多く見られ，やはりこの世代の全障害の40％となっていた。17歳以下の世代でも腰痛が40％と一番多く，ついで膝関節痛(オスグッド病以外)やシンスプリント(膝から下のすねの内側に疼痛(とうつう)を訴えるもの)が20％であった。

●成人に多い外傷，障害

成人の選手においては，発育期に見られるような特徴的な障害は少なく，１回の大きな力で受けた外傷が慢性化したものが多い。

慢性的な障害としては，腰痛，股関節の内側にある内転筋の炎症，スポーツ・ヘルニア，およびアキレス腱の炎症などがある。１回の外傷後に慢性的な痛みを残すものとしては，肉離れが代表的なものである。

外傷については，1995年から2000年までの間のＪリーグ公式戦の試合中における外傷発生報告例の集計でみてみると，やはり下肢の外傷が圧倒的に多い。その外傷の内訳は打撲，捻挫，肉離れ，ついで靭帯損傷の順であった。下肢外傷の発生頻度は全外傷の65％以上を占め，打撲はそのうちの30～40％，ついで足関節の捻挫が約30％であった。肉離れは大腿後面(太ももの後面)に多く，下肢全体の外傷の20％を占めていた。なお，膝関節の靭帯損傷は5〜7％であった。

外傷，障害の予防

●発育期における予防

発育期，とくに低年齢層ではプレーのスピードは遅く，ぶつかり合いもさほど多くはない。したがって，突発的なケガとしての骨折は別として，重度な外傷はみられない。

予防策として，①十分な休養，②技術を主体とした練習，③激しいタックルの制限，などが必要となる。

障害についてみてみると，1週間の練習時間が12時間以上のグループではそれ以下の練習時間のグループと比較して，障害を有する者の率は高くなり，とくに若い世代ほど練習時間によって障害の発生率に差が出ることが報告されている。また，硬い土のグラウンドでの練習，底の硬いスパイクシューズの使用などが腰痛や膝痛の原因となることも明らかとなっている。

したがって，障害の予防策としては，①練習量（時間)の制限，②練習方法(内容)の検討，③十分な休養，④シーズンオフをつくりいろいろなスポーツを行う，⑤練習環境の整備(用具の選択，グラウンドの整備)，そして⑥栄養摂取に対する配慮，などが重要となる。

●成人における予防

成人選手では外傷の発生のほうが慢性障害よりも多い。

国際サッカー連盟のスポーツ医学委員会の調査(F-MARC, FIFA Medical Assessment and Research Center)によれば，ケガのうち，75％は外傷で，over-use(使いすぎ，運動のやりすぎ)によると思われる慢性の障害は25％である。そして，外傷の原因として以下の項目をあげている。

①過去の外傷歴
②不十分なリハビリテーション
③過密なゲーム日程
④それにともなった相対的なトレーニング量の不足
⑤練習，および試合前のウォームアップ不足
⑥体力不足
⑦不適切なトレーニング内容
⑧不適切な用具選択
⑨荒れたグラウンド
⑩危険なファウルプレー

予防策としては以下のことがあげられる。

1）過去にケガをした部位への十分なケア
2）ケガをした後の十分なリハビリテーション
3）トレーニング量をふやし，相対的にゲーム数を減らす
4）チーム全体としてのトレーニング以外にも個々のコンディションに合わせたトレーニングを行う
5）柔軟性の獲得
6）技術力の向上
7）体力，持久性の向上
8）フェアプレーの徹底

2　サッカーのメディカル組織

サッカーにおけるスポーツ医学の歴史

東京オリンピックが開催された1964年当時，日本サッカー協会のなかには5名の医師(石川洋平，大畠襄，戸田達雄，野上典則，鈴木義昭)が所属していたが，その当時は国内で開催される試合に際して会場の医事運営が主であった。

1968年，メキシコ・オリンピックの年に上記5名の医師が日本サッカー協会の医事委員として正式に任命され，オリンピックにはチームドクター1名，マッサー1名が参加した。なお，日本サッカー協会が代表チームにチームドクターを公式に帯同させるようになったのは，1970年の第6回アジア大会からである。

その後，1974年6月より日本リーグ1部リーグのチームドクター協議会も発足し，選手の健康管理のすべてについて日本サッカー協会の医事委員会と連携をとるようになった。そして，日本代表チームの海外遠征には医事

委員会のメンバーがチームドクターとして帯同することとなった。その後，この医事委員会は国際サッカー連盟にならってスポーツ医学委員会と名称を変更している。代表チームに対する医学的サポートは，この委員会が行っている。

▶ 代表チームに対する
▶ 医学的サポートの基本方針

スポーツにおける外傷では，受傷直後の処置，および試合復帰の可否の判断が大切であり，これはチームドクターにとって大きな責任である。とくに海外においては環境や医療事情も異なるため，チームドクターが帯同して選手の健康管理や傷害，疾病に対する適切な治療を行うことが不可欠となっている。

現在，日本サッカー協会が行っている代表チームの海外遠征には，

①競技大会参加：オリンピック大会，アジア大会など

②単一競技種目の大会参加：ワールドカップ，アジアカップなど

③強化遠征

などがあるが，これに加えて各世代別のチーム(オリンピック代表，ユース代表，女子代表など)の海外遠征も多く行われている。これらの遠征には日本サッカー協会のスポーツ医学委員会によって選考されたチームドクター，およびアスレティック・トレーナー(日本体育協会認定)が帯同している。

また，現在では海外遠征以外に，国内における強化合宿にもチームドクターとアスレティック・トレーナーが帯同している。

▶ 代表チームに対する
▶ 医学的サポートの内容

海外遠征におけるメディカル・スタッフの帯同の目的は，選手の外傷，疾病の治療，および健康管理を行い，コンディションを維持することである。しかし，これらの医学的管理はなにも選手が代表チームに合流してからのみ行えばよいというのではなく，候補選手選考の時点からサポートしなければならない(右表)。

●情報収集

日本代表に選ばれたことのある選手はもとより，Ｊリーグに所属しているすべての選手は，個人個人の医学的情報を記録したいわゆる〈サッカーヘルスメイト〉を持っている。これには過去の外傷，疾病歴，および現在のケガや疾病の状態が記入されており，代表チームにくるときには必ず携帯する。これを見ることにより，その選手の過去，および現在の身体の状態についての情報を得ることができる。同時に重要な点は，これ以外にも代表のチームドクターとＪリーグ各クラブのチームドクター，およびトレーナー同士がつねに密接な連絡をとり，各チームでの医学的管理と代表チームでの健康管理の継続性を保つようにすることである。なお，年間を通じてのメディカルチェックや体力テストはＪリーグの各クラブで行われている。

●合宿，および大会中の業務

代表チームに合流した選手は，主として四肢の関節や体幹などについて最終的な整形外科的メディカルチェックを受ける。

この期間におけるチームドクターの業務の主たるものは，いうまでもなく外傷，疾病の治療が主となる。それと同時に，ケガをした選手が練習参加，あるいは試合出場が可能か否か，あるいは休むとすればその期間はどのくらいか，その間のコンディションをいかに保つか，について的確にコーチに伝えることも重要である。

また，チームドクターはつね日ごろから各選手のコンディションを把握しておかなければならない。このためには日ごろから選手と密なコミュニケーションをとっていることが不可欠である。また，練習状況や身体的所見

代表チームにおけるメディカルサポート

1)内科的，整形外科的メディカルチェック
2)外傷，疾病の予防と治療
3)チーム全体，および各選手のコンディションの評価
4)故障者に対するコンディショニングの個別指導
5)ドーピングの防止
6)栄養指導

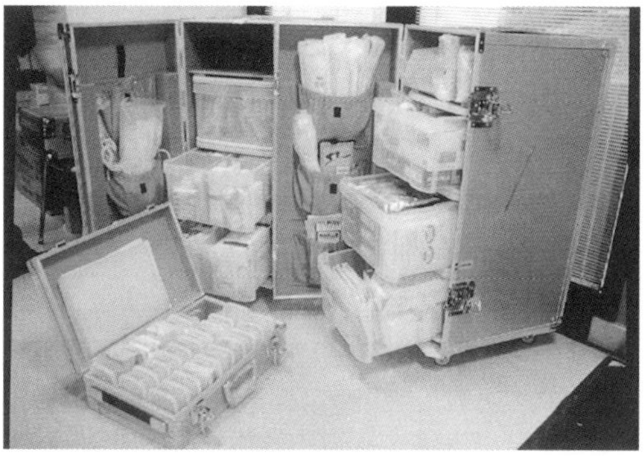

▲図1　遠征，合宿に必要な薬品，医療器材はすべてジュラルミンの箱にセットして収納しておく。

にもとづいた判断に加え，コンディションを客観的に評価しようという方法もとっている。選手の毎日の体重変動を測定することは選手のコンディションをみるのにもっとも簡便な方法であるが，より客観的な判断を得るために合宿時に血液検査を行っている。

●薬品，備品の整備

海外遠征，および国内合宿に際しては薬品や医療器材をそろえることが必要である（図1）。薬品類は主として消炎鎮痛剤，抗生剤，胃腸薬などの内服，注射，および外用薬で，医療器材は包帯類，シーネ類，創口を縫う縫合セットなどである。遠征期間，場所により適宜量をふやしたり，新たに追加したりする。

栄養補助剤も追加するが，前記の薬品も含め，ドーピング・コントロールを考慮した選択をする。

また，ある程度の故障をかかえながらプレーをする選手もいるので，大会中，合宿中ともに治療を行う必要がある。このため，種々な物理療法器具もそろえている。

●チームドクターについて

チームドクターは，スポーツ医学委員会のメンバー，あるいは委員会が選考したドクターがこれに当たっている。各世代の代表チームは，1チームあたり2名のドクターが担当し，交代でチームに帯同する。各チームに対する医学的管理の一貫性を保つために責任ドクターを決め，監督，コーチとの意思疎通をはかっている。

●アスレティック・トレーナーについて

代表チームには，チームドクター以外にもドクターを補助する者として，日本体育協会公認のアスレティック・トレーナーを1名，協会専属として契約している。日本代表には3名，オリンピック代表には2名，他のユース，ジュニアユース代表チームには1名が帯同している。専属トレーナー以外については，アスレティック・トレーナー有資格者のなかからサッカーに関連する経歴などを勘案し，スポーツ医学委員会が選考している。

●栄養サポートについて

海外遠征の場合，選手のコンディションに影響を与えるものは，大会の試合スケジュール，大会開催地の気候などであるが，同様に食事は重要な因子である。

栄養に関する選手へのサポートは，ユース世代に対する食事指導からスタートした。その後，日本代表チームに対する食事に関するサポートとして，アメリカ・ワールドカップのアジア最終予選のとき(1993年)に調理師がチームに帯同，ついでフランス・ワールドカップのアジア地区予選の海外での試合の際にも，現地での食材の確保，調理など，チームの要望に応じた態勢をとった。

また，アトランタ・オリンピック代表には栄養士が帯同し，食事摂取に関する指導や食事メニューの一部追加，といった本格的な栄養サポートを行った。さらに，1999年3月のナイジェリアにおけるユース世界選手権大会においても，事前に現地の水質について衛生的なチェックを行うと同時に，安全な食材の確保を行った。

▶特殊環境下における ▶大会に対する準備

国内で行われる大会は別として，国際大会ではその開催地によっては種々な環境のもとでプレーしなければならない。代表チームが持てる力を十分に発揮するためには，そのような環境への対応策をとらなければならないことがある。

●高地における試合に対する対策

1995年，ジュニアユース世界選手権は南米のエクアドルにおいて開催された。日本が出場したエクアドルのキトは標高2,580mの高地であり，プレーに対する影響は必至と考えられた。その対応策を講じるために事前遠征を行い，各選手個人個人の高山病の症状の内容やその程度について調査し，その結果より高度馴化(じゅんか)のための必要な対策を立てた。

●高温度下での試合に対する対策

1996年，アトランタ・オリンピックは男子，女子ともに出場を果たしたが，この際問題となったのは，暑熱に対していかなる準備をするかであった。暑熱対策として一番重要なことは試合中の水分摂取である。そこで，暑熱下での国内での試合を機会に選手個人の体重の変動と水分摂取量をチェックし，それをもとに個々の選手が試合中にとるべき水分量を指示した。

●伝染病対策

1999年，ナイジェリアにおいて行われたユース世界選手権大会では，あらかじめ候補選手全員にナイジェリア入国に際して法的に義務づけられている黄熱病をはじめとして，国際サッカー連盟のスポーツ医学委員会の勧告にもとづき，肝炎A, B, および破傷風の予防接種を，さらにマラリアに対しては予防薬の投与も行った。また，チームドクターとして整形外科医以外に内科医も帯同した。

飲料水についても現地の水の水質検査を事前に日本国内で行い，その安全性を確認している。また，食材の管理と一部メニューの追加を目的として調理師も帯同した。

▶ 代表チームのメディカルチームを ▶ 支える外部のシステム

現在の日本代表，オリンピック代表選手のすべて，およびユース代表チームの大部分の選手はＪリーグのクラブに所属している。

各代表チームのチームドクターは，つね日ごろから選手の健康管理や外傷，あるいは疾病の治療に携わっているわけではない。したがって，各クラブチームでの医学的管理の情報を知ることは，選手に対する医学的管理の一貫性を保つために必要不可欠なことである。

●Ｊリーグクラブにおけるメディカルチェックの義務化

Ｊリーグでは，各チームにおける選手の医学的管理を担当するものとしてチームドクターを登録することを義務づけている。同時にシーズン前，および契約時にメディカルチェックを行うよう求め，かつその実施状況およびその結果をＪリーグメディカルチェック報告書としてＪリーグへ報告させている。これには，内科的検査(血検，尿検を含む)，および整形外科的チェックが含まれている。

●〈サッカーヘルスメイト〉の活用

Ｊリーグに登録された選手には,〈サッカーヘルスメイト〉が個人別に作成される。これはＪリーグがＪ１，Ｊ２の２部制になった現在においても変わりはない。

この〈サッカーヘルスメイト〉(図２)には，前述のごとく選手個人のスポーツ歴，過去，および現在治療中のすべての外傷，障害や疾

▶図2　サッカーヘルスメイトは，選手が必要なときには携帯できるようカバーをつけておき，なかの記録用紙に情報を追加，記入する。

患が記録される。当然のことながら，各クラブで行った血液検査などのメディカルチェックの結果もすべて記載される。

●Jリーグにおける外傷，障害の報告

Jリーグでは開始以来，公式戦の毎試合後に外傷，障害の報告書，およびその後の経過報告書の提出を義務づけている。さらに1997年からは，公式戦以外における外傷，障害についての報告義務も加わった。

以上のようなシステムにより，選手個人個人は所属が変わってもつねに自己の医学情報をもつことができ，かつ新たにメディカルチェックを行う場合も統一した内容のチェックを受けることができる。また，Jリーグのクラブ自体も自分たちの管理下にある選手の医学的情報を記録しておくことができる。

先に述べたように，代表チームのチームドクターはこのヘルスメイトを活用し各チームドクターと連絡を行っている。

●発育期選手に対する健康管理の指導

日本代表チームに対するメディカルサポートは，直接的には代表チームそのものに向けられるが，将来代表チームを担うであろう若い選手に対する医学的管理も重要である。

日本サッカー協会のスポーツ医学委員会では，12歳から15歳までの世代の選手に対しては，協会が主催しているナショナル・トレーニングセンターに選ばれた選手を対象にメディカルチェックを行い，外傷，障害の発生予防に努めている。また，この世代では健康に対する自己管理の意識をもたせることを目的とし，栄養指導を行うとともにアスレティック・トレーナーがストレッチングやテーピングの方法などの指導も行っている。

同時に，この年代を指導する指導者の講習会では，スポーツ医学に対する認識を高めてもらうために，スポーツ医学委員会が担当して暑熱対策，救急処置および over-use の防止についての教育を行っている。

3　ドーピング・コントロール

ドーピングは各種目の競技会において大きな問題となっている。サッカーでは，オリンピック大会，アジア大会はもちろんのこと，大きな国際大会ではドーピング・コントロールが行われている。

なぜドーピングはいけないか

第1は，フェアプレーに反する行為だということである。薬物という外からの力を借りるというのは，平等というスポーツの大原則に反する行為と考えられるからである。

第2に，薬などをみだりに使うことが選手の健康を損なうことがあげられる。ドーピングで試合中に死亡した例や，副作用や後遺症で健康を損なった選手も数多くいる。選手の健康を守るためにもドーピングは絶対に許されることではない。

さらに社会に対する影響も考えなければならない。とくに青少年の憧れでもあるスポーツ選手が，薬の力を借りているのだということにでもなれば，薬の悪用が社会に広がる種を蒔くことにもなりかねないのである。

日本のサッカーにおけるドーピング・コントロール

わが国では，Jリーグにおいて1995年よりJリーグドーピング・コントロール委員会が発足した。日本のプロスポーツ界としてはじめてのドーピング・コントロール導入であった。現在，Jリーグでは各節1試合を選び，1チーム2名，計4名の選手に対して国際サッカー連盟の規則にのっとりドーピング・テストを行っている。

これはドーピング・コントロールの直接の目的である，選手の健康，フェアプレーの精神ということ以外に，チームスタッフ，ドクター，そして選手に対して非常に大きな教育的効果をもっている。このシステムが確立されていることにより，クラブのチームドクター，および代表チームのドクターのドーピング・コントロールに対する責任意識も高まり，また選手も薬物の使用や栄養補助薬品の使用に対し日ごろから注意を払うようになっている。　（青木治人）

第6部 世界のサッカー

ENCYCLOPEDIA OF FOOTBALL

6-1 世界のサッカー組織と大会

FIFAの組織と歴史

1 メンバーシップ

世界のサッカーを統括する組織，それが国際サッカー連盟(Federation Internationale de Football Association，略称FIFA，〈フィーファ〉と読む)である。スイスのチューリヒに本部を置き，第8代のヨゼフ・S・ブラッター会長の下，「For the Good of the Game (サッカーの利益のために)」を合言葉に活動している。

FIFAのメンバーシップは，全世界に広がる204(2001年8月現在)の国あるいは地域のサッカー協会(Association)。1国1協会が原則で，1国から2協会がそれぞれにFIFAに加盟することはできない。〈新日本サッカー協会〉のような組織をつくっても，FIFAに加盟できないだけでなく，現在は世界中のサッカーがFIFAの傘下にあるため，対外試合をすることもできないことになる。

ただし，まだ独立を達成していない地域の協会も，本国の協会の承認によって加盟を申請することができる。たとえばアジアでは，香港，マカオ(ともに中国)が，1協会として中国とは別にFIFAへの加盟を認められている。

サッカー発祥の地である英国(連合王国)では，イングランド，スコットランド，ウェールズ，北アイルランドの4協会が，それぞれ独自にFIFAへの加盟を認められている。これは特例である。

2 地域連盟

FIFAの下には，メンバー協会をまとめる6つの地域連盟(Confederation)が，主として大陸別に置かれている。

・アジア・サッカー連盟(AFC)45協会
・アフリカ・サッカー連盟(CAF)52協会
・北中米カリブ海サッカー連盟(CONCACAF)35協会
・南米サッカー連盟(CONMEBOL)10協会
・オセアニア・サッカー連盟(OFC)11協会
・欧州サッカー連盟(UEFA)51協会

各地域連盟は，FIFA主催の大会の地域予選を主催し，また，地域内のクラブの大会を主催している。

3 FIFAの役割

FIFAの主たる役割は，以下のようなものである。

①競技規則(ルール，FIFA外の国際評議会＝IFAB＝が決定)を管理し，世界中に徹底すること。
②ワールドカップをはじめとした世界選手権の開催。
③選手の国際移籍の管理。

④レフェリーのレベルアップ。
⑤サッカーの〈低開発国〉に対する支援。

4 FIFAの誕生と発展

1896年にはじまり，たちまちのうちに大きな話題となった近代オリンピック大会の成功に刺激されて，フランスとベルギーのサッカー関係者の間で〈世界選手権〉とそれを主催する〈国際連盟〉の創設が企画された。フランス・サッカー協会の創設メンバーでもあったロベール・ゲランのリーダーシップの下，1904年５月21日に欧州７か国の関係者がパリに集まり，会議をもった。そして初代会長にゲランを選び，FIFAを誕生させた。最初のメンバーは，フランス，ベルギー，オランダ，デンマーク，スウェーデン，スイス，スペイン。本部は，パリに置かれた。

問題は，サッカーの母国であるイングランドをはじめとした英国の４協会が参加しなかったことだった。自他ともに〈世界最強のサッカー国〉と認めるイングランドは，欧州のサッカーには興味はなかった。競技規則を決める機関である国際評議会(IFAB)の権限をFIFAに奪われるのではないかと危惧したことも，加盟拒否の一因だった。

▲パリの裏通りにあったFIFA本部　©FIFA

しかし1905年，FIFAがIFABをルール決定の正式機関と認めたことで，イングランドがFIFA加盟を決定，他の英国協会も順次加盟して，FIFAは〈国際連盟〉としての実質を整えていった。

1904年に７協会ではじまったFIFAは，その年のうちにドイツが入って８協会となり，1910年には18協会(すべて欧州)となっていた。1912年にはじめて欧州外からアルゼンチンが加盟し，翌1913年にはアメリカが加盟。1920年代に入ると，1923年にアフリカから初の加盟国エジプトが誕生，アジアからも1925年のタイにつづいて1929年には日本も加盟し，1930年には49の加盟国をもつ堂々たる〈国際連盟〉になっていた。

第２次世界大戦終了後，アフリカ諸国の独立があいつぎ，1950年代には24か国，1960年代にはなんと42か国が加盟して一挙に142か国という巨大組織となった。さらに1980年代の終わりから1990年代にかけては，東欧共産圏の解体が一気に進み，2000年にはついに204の加盟国を数えた。

5 ワールドカップの開催

1920年代，FIFAはあい変わらずパリの裏通りの小さな事務所から抜け出ることができなかった。専任の事務員さえいないというありさまだった。創設時にめざした世界選手権の開催は，何度も検討が行われたが，実現にはいたらなかった。

当時，世界選手権に代わるものは，オリンピックだった。当然，アマチュアの参加に限られていたが，1908年ロンドン大会から正式種目となり，FIFAが大会の運営を行った。この時期，ヨーロッパ大陸諸国ではまだ正式なプロ化が行われていなかったが，イングランドのトップリーグはすでにプロ化が完了しており，オリンピックにはアマチュアの選抜チームを出さなければならなかった。しかしそれでも，イングランドは無敵だった。ロンドン大会，そしてつづく1912年のストック

◀スイスのチューリヒにある現在のFIFA本部
© P.Kishimoto

ホルム大会も，圧倒的な強さで優勝を飾った。

アマチュア選抜でさえ勝てるチームを相手にフル代表が出ていくのは時間の無駄とばかりに，イングランドは世界選手権の企画に反対を唱えつづけた。

そして1914年，第１次世界大戦がはじまる。４年間，欧州を疲弊させた大戦が終了すると，イングランドはFIFAに〈敵国〉ドイツがいることに露骨な不快感を示した。そしてついに，1920年，FIFAを脱退してしまうのだ。

それでもイングランドは，８年ぶりに開催されたオリンピック・アントワープ（ベルギー）大会にチームを送ったが，１回戦でノルウェーに１－３で敗れて大恥をかいた。

イングランドのFIFA脱退は，思わぬところで〈ワールドカップへの道〉の助けとなった。初代ロベール・ゲランを継いで1906年に第２代会長に納まっていたイングランド人のダニエル・バーリー・ウールフォール（1918年に死去）の後任として，第３代会長にフランス人のジュール・リメが就任することになったからだ。

第１次世界大戦後の復興期に，サッカーは全世界で急速な発展を遂げていた。戦争が終わって，人びとは心から楽しめるものを欲していた。どこでも国内リーグは満員になり，シーズンごとに最多記録を更新していた。それとともに，FIFA加盟国数も飛躍的に伸びていった。

観客が入れば，収入が保証される。収入があれば，参加国の旅費などの経費を負担して世界選手権を開催することができる。

第１回ウルグアイ大会開催

そうした情勢を加速させたのが，1924年のパリ・オリンピックだった。24チームの参加で行われたこの大会に，はじめて南米のチームが参加した。フランス人の大半がどこにあるかも知らない，ウルグアイという小さな国だった。しかし，ウルグアイはスピードと技巧を兼ね備え，決勝戦でスイスを破って優勝してしまったのだ。

FIFA会長ジュール・リメは，懸案の世界選手権の開催が，ウルグアイで可能になるのではないかとひらめいた。そして6年，ついに世界選手権〈ワールドカップ〉が現実のものとなった。

ウルグアイで開催された第１回ワールドカップは，大会としても事業としても大成功だった。コミュニケーション手段の少ない当時だったが，ワールドカップの魅力は世界に理解された。そして，FIFAはようやく安定した財源を確保できるようになった。

1932年，28年間住み慣れたパリのサントノレ通りの事務所を引き払い，FIFAはスイスのチューリヒに本部を構えた。そしてはじめて常勤の職員も雇うことができるようになった。まさに，FIFAを本当の世界組織にしたのは，ワールドカップだったのだ。

6 総会と理事会

FIFAの最終的な意思決定機関は，２年ごとに開催される総会である。全加盟国が参加し，それぞれ国や組織の大きさに関係なく１票の投票権をもつ。会長選挙は４年ごと，通常ワールドカップ開幕の直前に開催される総会で行われる。

FIFAの日常の意思決定機関が，会長と24人の理事からなる理事会である。

24人の内訳は，７人の副会長と，理事16人，そして事務総長である。

2001年８月現在のメンバーは，

副会長（７人）

フリオ・グロンドナ（アルゼンチン，筆頭副会長）
デービッド・ウィル（スコットランド）
レンナート・ヨハンソン（スウェーデン）
イッサ・ハヤトウ（カメルーン）
アントニオ・マタレーゼ（イタリア）
鄭夢準（チョンモンジュン）（韓国）
ジャック・ワーナー（トリニダードトバゴ）

理事（16人）

アブドラー・アブダバル（サウジアラビア）
スリム・アルルー（チュニジア）
ミシェル・ドゥーゲ（ベルギー）
イサック・サッソ・サッソ（コスタリカ）
リカルド・テイシェイラ（ブラジル）
ペル・オムダル（ノルウェー）
モハマド・ビンハマム（カタール）
チャック・ブレーザー（アメリカ）
ウォラウィ・マクディ（タイ）
ニコラス・レオス（パラグアイ）
イスマイル・バムジー（ボツワナ）
アンヘル・ビリャール（スペイン）
ビアチェスラフ・コロスコフ（ロシア）
ムハマド・サウカーン（フィジー）

事務総長は，スイス人のミカエル・ゼンルフィネン。1998年，前事務総長のブラッターが会長に就任した後に〈代行〉から昇格した。

現会長ヨゼフ・ブラッターは第８代目。時計会社の広報担当としてアイスホッケーなどのスポーツにかかわり，1975年にテクニカル・ダイレクターとしてFIFAのスタッフとなった。1981年に事務総長に就任，1974年に就任したジョアン・アベランジェ会長を助けて，コマーシャリズムの導入など，FIFAの近代化，事業の多角化などを推進する原動力となった。

1998年，アベランジェ前会長の引退にともない，会長選挙に立候補，UEFA会長でありFIFA副会長のレンナート・ヨハンソンを破って第８代会長に就任した。事務局スタッフから会長になったのははじめてのケースだった。

ブラッター会長の前任者は，以下のとおり。

ロベール・ゲラン（フランス）1904～1906年
ダニエル・バーリー・ウールフォール（イングランド）1906～1918年
ジュール・リメ（フランス）1921～1954年
ロドルフ・ウィリアム・セールドライヤース（ベルギー）1954～1955年
アーサー・ドリューリー（イングランド）1955～1961年
スタンレー・ラウス（イングランド）1961～1974年
ジョアン・アベランジェ（ブラジル）1974～1998年

7 FIFA主催の諸大会

FIFAワールドカップ

４年に一度開催。1930年から行われている年齢制限のない世界選手権。FIFAの４年間の活動費の大きな部分がこの大会の収益から捻出される。原則として大会は１か国の国境内での開催とされてきたが，第17回の2002年大会は日本と韓国の共同開催で行われる。

FIFAコンフェデレーションズカップ

FIFA傘下の６つの地域連盟のチャンピオンを集めた大会。1992年に非公式の〈インターコンチネンタル選手権〉としてサウジアラビア国王をパトロンにはじまり，２年に一度の大会として1995年に第２回大会を開催，1997年の第３回大会から正式に〈FIFAコンフェデレーションズカップ〉となった。2001年には，第５回大会が日本と韓国の共同開催で行われたが，第６回大会の開催は未定。2005年に，第５回大会と同様，ワールドカップのプレ大会としてドイツで開催される可能性が高い。

クラブ世界選手権

2000年にブラジルで第１回大会が開催された初のFIFA主催のクラブ選手権。伝統的にFIFAは代表チームのサッカーだけを扱ってきたが，ブラッター会長の強い要望ではじめられた。しかし，2001年７月にスペインで開催が予定されていた第２回大会は直前に中止となり，次の大会は2003年(開催国未定)に開催されることになった。

ワールドユース選手権

20歳以下の選手による世界選手権。世界にサッカーを普及させるためにジョアン・アベランジェ前会長(ブラジル)が発案し，〈コカコーラ〉からの援助を得て1977年に実現した。アフリカやアメリカ，オーストラリア，アジアなど，サッカーの〈後進地域〉といわれていた地域の選手に国際試合の経験を与え，世界のサッカーの発展に大きく寄与することになった。

FIFA U-17世界選手権

17歳以下の選手による世界選手権。ワールドユース選手権の成功を得て1985年に〈U-16(16歳以下)世界選手権〉としてはじまり，後に〈U-17〉に改められた。アフリカなどでは，U-17，ワールドユース，そしてオリンピック(23歳以下)を経て，世界的なスターに育っていく選手が多い。スポンサーは〈JVC〉。

オリンピック大会

主催はIOCだが，FIFAが大会運営を担当し，〈23歳以下の世界選手権〉と位置づけている。かつてはアマチュア選手の大会だったが，IOCのアマチュア規定削除により，1984年ロサンゼルス大会からプロの参加もできるようになり，1992年バルセロナ大会から23歳以下の大会となった。IOCが年齢制限を撤廃することを要求しているため，現在は１チーム３人までこの制限を超える選手の参加を認めている。1996年アトランタ大会からは女子のトーナメントもはじまった。

世界フットサル選手権

５人制のインドアサッカーの世界選手権。1989年にオランダで第１回大会が開催され，1992年香港，1996年スペイン，そして2000年グアテマラと，４年ごとの大会として定着した。最初の３大会ではブラジルが３連覇を飾ったが，2000年大会ではスペインが優勝，フットサルが世界に急速な勢いで広がっていることを印象づけた。スポンサーは〈スニッカーズ〉。

女子ワールドカップ

女子選手によるワールドカップ。1991年に中国で第１回大会が開催され，1995年スウェーデン，1999年アメリカと過去３回の大会を開催，アメリカが第1回と第３回大会を制している。オリンピックの女子サッカーの出場枠が８チームに制限されているため，現在では女子ワールドカップの上位８チーム(オリンピック開催国を含む)がオリンピックに出場できる形となっており，〈オリンピック予選〉という意味もある。 (大住良之)

FIFAの主要大会

1 FIFAコンフェデレーションズカップ

FIFA傘下の６地域連盟のチャンピオンを集めて，〈チャンピオンのなかのチャンピオン〉を争う大会。FIFA主催の代表チームの大会としてはもっとも新しく，1992年に誕生，1999年の第４回大会から正式に〈FIFAコンフェデレーションズカップ〉という現在の名称となった。2001年の第５回大会までは〈２年ごとの開催〉が原則だったが，第６回大会は，４年おいて2005年に開催の可能性もある。

●1992年第1回大会

はじまりは，〈キング・ファハド杯インターコンチネンタル選手権〉という大会だった。1988年アジアカップ優勝のサウジアラビアが，1992年10月，首都リヤドに1991年コパアメリカ(南米)優勝のアルゼンチン，1991年CONCACAFゴールドカップ(北中米カリブ海)優勝のアメリカ，そして1992年アフリカ・ネーションズカップ優勝のコートジボワールを招待して，最初の〈大陸間選手権〉を開催した。

勝ち抜きトーナメント方式の大会。１回戦ではサウジアラビアがアメリカを３－０，アルゼンチンがコートジボワールを４－０で下して決勝進出，８万観衆の前で行われた決勝戦は，ガブリエル・バティストゥータらの活躍でアルゼンチンが３－１でサウジアラビアを下し，初代チャンピオンとなった。

●1995年第２回大会

第２回大会は1995年１月，同じくリヤド。今回は1992年欧州選手権優勝のデンマークを含む６チームが参加，３チームずつ２グループでのリーグ戦の後，両グループの首位が決勝戦を争うという形式がとられた。1992年アジアカップ優勝の日本も，加茂周監督の〈デビュー戦〉として参加，しかしシーズン終了直後でコンディションが整わず，アルゼンチン，ナイジェリアを相手に厳しい戦いとなった。

初戦，ナイジェリアと対戦した日本は，相手のフィジカルについていけず，0－3の完敗。2日後，アルゼンチンとの対戦では，三浦知良がFKを直接決めて１点をマークしたものの，アリエル・オルテガやバティストゥータのスピードあふれる攻撃についていけず，1－5という第１戦以上の大敗となった。

もうひとつの組では，地元サウジアラビアがメキシコ，デンマークにともに0－2で連敗。最後のメキシコ対デンマークは1－1で引き分けたが，決勝戦進出チームを決定するためそのままPK戦を行い，デンマークが４－2で勝った。

アルゼンチンの連覇は確実と思われた決勝戦，しかしマイケルとブライアンのラウドルップ兄弟を中心とするデンマークが，速攻に冴えを見せて2－0で優勝を飾った。

●1997年第３回大会

第３回は，〈FIFAコンフェデレーションズカップ(キング・ファハド杯)〉と名称が変わり，1997年12月にリヤドで開催された。FIFAの公式大会となって最初の大会には，1994年ワールドカップの王者ブラジル(1997年コパアメリカ優勝)が参加するなど，８チームが参加し，非常に華やかになった。

しかし，本来なら代表試合のないはずの12月に，スター選手が２週間も拘束されるのは各選手の所属クラブにとって死活問題。とくに，ブラジル代表を多くかかえるイタリア，スペインのクラブから強いクレームが出た。そして，1996年欧州選手権優勝のドイツがついに棄権，準優勝のチェコが代替出場した。

翌年のワールドカップ・フランス大会で５回目の優勝をめざすブラジルは，ロナウド，ロマリオという新旧のエース・ストライカーを並べて順当に決勝戦に進出した。相手はオセアニア代表のオーストラリア。11月のワールドカップ予選プレーオフでイランにショッキングな敗戦を喫したオーストラリアだったが，メキシコを破り，ブラジルと引き分けて準決勝進出，延長戦で1995年コパアメリカ優勝のウルグアイを１－０で退けた。

しかし，決勝戦は一方的な試合。ロナウドとロマリオが仲よくハットトリックを達成し，６－０の大差で優勝を飾った。

●1999年第４回大会

1999年，大会ははじめてサウジアラビアを離れ，メキシコに舞台を移して７月に開催された。会場はメキシコ市とグアダラハラの２都市が使用された。

直前のコパアメリカで圧倒的な強さを見せて優勝したブラジルは，若手中心のチームを送った。しかし，1998年ワールドカップ優勝ということで招待されたフランスは棄権した。すでに国内リーグが開幕し，しかも代表選手をかかえるスペインやイングランドの強豪クラブが猛烈に反発したためだった。欧州から唯一参加したのがドイツ。2000年７月に予定されていた2006年ワールドカップ開催国決定に悪影響を与えてはいけないとの判断からの参加で，モチベーションが低く，初戦でブラジルに０－４で敗れるなど，失望させた。

準決勝に進出したのは，メキシコとアメリカ，そしてブラジルとサウジアラビア。ブラジルの連覇かと思われたが，地元メキシコが熱狂的なファンに後押しされて見事なプレーを見せ，4－3で勝って優勝を飾った。

しかし，1997年大会につづく欧州のクラブチームとの衝突で，大会の将来は危ぶまれることになる。FIFAはコンフェデレーションズカップでの苦い経験を生かして，〈国際サッカーの統一カレンダー問題〉に真剣に取り組むことになる（444頁参照）。

●2001年第５回大会

2001年大会は，５月末から６月にかけて日本と韓国の共同開催で行われ，躍進・日本が決勝戦に進出したが，フランスに０－１で敗れて準優勝に終わった。

2　オリンピック大会

オリンピックにおけるサッカー

●公開競技からスタートしたサッカー

ピエール・ド・クーベルタン男爵の提案により第１回近代オリンピック大会がギリシャのアテネで開催されたのが1896年。しかし，このときにはまだ国際的なサッカーの統括機関であるFIFAは存在せず，サッカーも〈公開競技〉として開催されたにとどまった。

デンマーク選抜，イズミール（トルコ西部）選抜，そしてアテネ選抜の３チームが参加。しかし，現在明らかになっている記録は，デンマークが15－０でイズミールを破ったという１試合だけである。

1900年のパリ（フランス）大会も公開競技。このときには，フランス選抜，ベルギー選抜，そして英国を代表してロンドンのアプトン・パークFCが参加した。クラブの参加は，公開競技でもオリンピックの原則外だったため，フランスが７－4でベルギーを下して優勝。ただし，〈決勝戦〉ではアプトン・パークがフランスを４－０で下した。

1904年のセントルイス（アメリカ）大会も公開競技で，カナダのゴルトFC，地元セントルイスのクリスチャン・ブラザーズ大学とセントローズ・キッカーズが参加，ゴルトFCが連勝して優勝した。

1906年，ふたたびアテネで開催された〈中間大会〉も公開競技として行われ，第１回のオリンピック大会と同様，デンマーク選抜が３連勝でサロニカ（ギリシャ）選抜，イズミール（トルコ）選抜，そしてアテネ選抜を退け，２回目の優勝を飾った。

●ロンドン・オリンピックで正式種目に

サッカーがオリンピックの正式種目になったのは1908年，オリンピックが〈サッカーの母国〉イングランドのロンドンにやってきたときだった。

以後，オリンピックにおけるサッカーの歴史を概観すると，いくつかの時代に区切ることができる。そこには，世界のサッカーの流れ，スポーツと社会のかかわり，そして何よりもオリンピック大会自体の変遷を見ることができる。

第１次世界大戦前には，イングランドが世界の王座を堂々と守った。しかし，第１次世界大戦後は欧州勢が台頭し，また，その後には南米から参加した小国ウルグアイが２連覇を飾ってセンセーションとなった。ウルグアイのオリンピック優勝は，ワールドカップの誕生に結びつく重要なできごとだった。

第２次世界大戦後，オリンピックは1948年のロンドン大会から再開された。その大会は，大戦の影響が少なかったスウェーデンが優勝を飾ったが，以後，1952年ヘルシンキ(フィンランド)大会から1980年モスクワ(ソ連)大会までは，東ヨーロッパの〈ステートアマ〉がタイトルを独占した。

厳格な〈アマチュア主義〉がとられていたオリンピック。共産主義の東ヨーロッパには，〈プロのサッカー選手〉という職業はなく，事実上プロであっても，公的には別の職業をもっていることになっていた。ワールドカップに出場する同じチームが，オリンピックにも出ていたのだ。プロをもつ国の〈アマチュア代表〉や〈プロ予備軍の若手代表〉が太刀打ちできる相手ではなかった。

アマチュア主義が完全に廃棄された現在でも，西ヨーロッパの多くの国ではオリンピックのサッカーに対する認識が低い。そうした風潮は，30年間にわたる東ヨーロッパの支配の時代に形づくられたものに違いない。

●FIFAとIOCの確執

1984年ロサンゼルス(アメリカ)大会，オリンピックはプロフェッショナルに門戸を開いた。そして「原則としてワールドカップおよびその予選に出場した選手を除く」という条件がつけられた。FIFAとIOC(国際オリンピック委員会)の対立がはじまるのはこのときからである。

IOCは，ワールドカップ・レベルの大会を望んだ。世界的なスターを出場させることにより，観客数を伸ばし，収入を上げるためである。しかし，FIFAは一貫して「ワールドカップはひとつだけ」という姿勢を貫いてきた。放映権やマーチャンダイジングを自らコントロールできないオリンピックを「もうひとつのワールドカップ」にしてしまえば，FIFAの生命線であるワールドカップの商品価値がそれだけ下がってしまうからだ。

もし，サッカーがオリンピックの総入場者の半数以上を引きつける人気スポーツでなければ，IOCは簡単にサッカーをオリンピックから放り出していただろう。サッカーはオリンピックの〈ドル箱〉であり，現在にいたるまでオリンピックの財政面の土台となっている競技なのである。

1984年は若手の代表を並べたフランスが優勝，1988年ソウル(韓国)大会ではソ連が優勝した。両大会とも，決勝戦で敗れたのがブラジルだったところに，それまでの30年間からのオリンピックの変化があった。

1992年バルセロナ(スペイン)大会から，オリンピックのサッカーに新しいレギュレーションが導入された。ほかには何の制限もつけない23歳以下の大会にするというFIFAの主張が通ったのである。

FIFAは，1974年に会長に当選したジョアン・アベランジェの下，〈年代別世界選手権〉の創設と整備に努めてきた。1977年に20歳以下の〈ワールドユース選手権〉をスタートさせ，1985年には17歳以下の〈U-17世界選手権〉(当初はU-16)をはじめた。この２つのユース大会とワールドカップをつなぐ大会として，オリンピックを位置づけたのである。

IOCは〈年齢制限の撤廃〉を主張しつづけた。FIFAとの交渉のなかで生まれたのが，1996年アトランタ(アメリカ)大会からの方式だった。FIFAは23歳以下という原則を崩さなかったが，１チームにつき３人まで年齢制限をつけない〈オーバーエージ〉の選手の参加を認めた。その見返りとして，IOCは，女子もオリンピックの正式種目として認めたのである。

1996年大会は，21世紀の世界サッカーの勢力図を予期させるチャンピオンが生まれた。ナイジェリアが，はじめてオリンピックのタイトルをアフリカにもたらしたのである。2000年シドニー(オーストラリア)でもカメルーンが優勝し，アフリカの王座は守られた。

U-17世界選手権では，1985年の第１回大会でナイジェリアが優勝を飾り，以後もアフリカ勢はコンスタントに上位に進出している。U-20のワールドユース選手権でも，アフリカから決勝戦進出チームが出ている。それがオリンピックの年代にまできたのだ。

FIFAは女子のワールドカップを1991年にはじめたが，オリンピックの女子サッカートーナメントが８チームしか出場できないため，現在はワールドカップの上位８チームにオリンピック出場権を与えるという方式がとられている。女子サッカーにおいては，オリンピックがワールドカップより上位にあるということになる。

各大会の概要

●1908年ロンドン(英国)大会

公式競技になって第１回の大会には，６チームが参加，トーナメント方式で行われた。厳格にアマチュア主義が守られ，出場チームに支払われたのは，旅費と滞在費だけだった。出場国は４チームまで出すことを許されたが，複数のチームを出したのはフランス（２チーム)だけ。

地元英国はイングランド・アマチュア代表を出場させたが，圧倒的な強さを見せた。１回戦でスウェーデンを９－１で下し，準決勝でもオランダに４－０で勝った。非公式大会で二度の優勝を飾っているデンマークは，１回戦でフランスBに９－０，準決勝でフランスAに17－１で勝った。これは今も残るオリンピックの最多得点記録であり，ソフス・ニールセンの１人10ゴールも最多記録である。ニールセンは11ゴールでオリンピックの初代得点王となった。

決勝戦は10月24日にシェパーズ・ブッシュ・スタジアムで行われ，２－０で英国が勝った。

●1912年ストックホルム(スウェーデン)大会

11チームが参加し，予備戦，１回戦(準々決勝)，準決勝，決勝というトーナメント方式で開催された。サッカーはこの大会ですでにオリンピックの主役となり，決勝戦は大会閉幕の前日にメイン会場の〈ストックホルム・スタジアム〉で開催された。

前回同様，イングランドのアマチュア代表を出場させた英国が，またも圧倒的な強さを見せた。１回戦でハンガリーを７－０，準決勝ではフィンランドを４－０で下し，２大会連続して決勝戦でデンマークと当たった。

デンマークが前半途中で選手１人を負傷で失うというアクシデント(当時は交代は許されていなかった)があり，英国は楽々と試合を進めて４－２で連覇を飾った。

得点王は，10ゴールを記録したドイツのゴットフリート・フックスだった。

●1916年ベルリン(ドイツ)大会

大会中止

●1920年アントワープ(ベルギー)大会

はじめて〈五輪旗〉が使用されたこの大会，サッカーには14チームが参加した。この大会はまた，サッカーの試合が会場都市以外の都市でも行われた最初の大会となった。アントワープのほか，ブリュッセルとヘントでも開催された。

３連覇をねらった英国(イングランド・アマチュア選抜)は１回戦でノルウェーに１－３で屈し，オリンピックのサッカーでは〈名門〉といっても過言ではなかったデンマークも０－１で初出場のスペインに屈した。スペインの19歳のGKリカルド・サモラは，14年後の第２回ワールドカップでも活躍し，この時代の世界最高のGKといわれた。

地元ベルギーとチェコスロバキアが対戦した決勝戦は，ひどい試合となった。前半30分にベルギーが２点目をあげて２－０とすると，チェコの選手たちは主審の判定が偏りすぎていると総引き上げしてしまったのだ。

もちろん，ベルギーには金メダルが与えられた。しかし，FIFAはチェコの態度に激怒し，準々決勝，準決勝で敗れたチームを対象に2，3位決定トーナメントを行った。準決勝で負けたフランスがすでに帰国していたための処置だった。準々決勝でベルギーに1－3で負けていたスペインがスウェーデン，イタリアを下して最後にオランダと対戦し，2－0の勝利。スペインに銀メダル，オランダに銅メダルが与えられた。

大会得点王は，7得点をあげたスウェーデンのヘルベルト・カールソンだった。

●1924年パリ(フランス)大会

フランス・オリンピック委員会副委員長のジュール・リメが，1921年にFIFA会長に就任したこともあり，FIFAがはじめてオリンピックのサッカーを完全に運営した。22チームが参加。イングランドは出場を辞退したが，欧州での大会にはじめて大西洋を越えての参加があった。アメリカと南米の小国ウルグアイである。

欧州の国々は，ウルグアイというチームをまったく知らなかった。ウルグアイは，最強のナショナルチームでさえなかった。強豪クラブのペニャロールがオリンピックの直前に協会を脱退していたからだ。しかし，ウルグアイはセンセーションとなった。予備戦でユーゴスラビアを7－0で下し，1回戦はアメリカに3－0，準々決勝ではフランスを5－1，準決勝でオランダを2－1，そして決勝戦ではスイスを3－0で下し，圧倒的な強さで優勝してしまったのだ。黒人のMFホセ・レアンドロ・アンドラーデの優雅なテクニックは，パリっ子をとりこにした。

大会得点王は8点を記録したウルグアイのペドロ・ペトローネだった。

●1928年アムステルダム(オランダ)大会

パリ大会でのウルグアイ優勝に刺激されて，アルゼンチン，チリ，メキシコが参加。しかし欧州側は，アマチュア問題をめぐって大もめだった。大会で保証されている旅費と滞在費のほかに，イングランドは仕事を休むことによる賃金ロスの補償を求めてFIFAと衝突し，この年FIFAを脱退していた。オーストリア，ハンガリー，チェコスロバキアなど，すでにプロ化した国も出場を辞退した。出場は17チーム。

決勝戦は，圧倒的な成績で勝ち進んできたアルゼンチンと，苦しい試合をつづけて勝ち上がったウルグアイ。はじめての(そしてこれまででわずかに1回の)〈南米決戦〉となった。

しかし，〈最初の〉決勝戦は120分間を戦って1－1。3日後に再試合が行われた。ウルグアイは疲れの見える主力4人を休ませて，フレッシュなパワーを投入した。これが，アルゼンチンの猛攻をしのがせ，2－1の勝利を手中にする力となった。

得点王は，9ゴールのドミンゴ・タラスコニ(アルゼンチン)だった。

●1932年ロサンゼルス(アメリカ)大会

サッカーは開催せず。

●1936年ベルリン(ドイツ)大会

1930年，1934年の2回のワールドカップを経て，世界のサッカーは大きな変貌を遂げていた。世界各国でプロが正式にスタートしたのだ。そしてその一方で，アマチュアの最高の大会として，オリンピックも再認識された。ベルリン大会の組織委員会は，「サッカーなくしてオリンピックの財政は支えられない」と，サッカーの復活を熱望した。16チームが参加，トーナメント方式で戦われた。

中国とともにアジアから初参加した日本は，初戦で優勝候補のひとつスウェーデンと当たり，0－2の劣勢を逆転して3－2で勝ち，大会のセンセーションとなった。しかし，2回戦では，イタリアに0－8と玉砕した。

優勝したのはそのイタリア。2年前の第2回ワールドカップで優勝したビットリオ・ポッツォ監督は，学生を中心に若いアマチュア代表を組織し，決勝戦でオーストリアを2－1で下して優勝を飾った。このチームから，2年後，ワールドカップで連覇を果たすイタリア代表のレギュラーとなる選手が3人も出るのである。

この大会のサッカーは完全にオリンピックの主役であり，オリンピックスタジアムで開催した4試合の平均観客は9万5,000人を突破，総観客数も50万を超え，1試合平均3万1,717人を記録した。

得点王は，イタリアのアンニバレ・フロッシ(7点)だった。

●1940年東京(日本)大会

中止

●1944年ロンドン(英国)大会

中止

●1948年ロンドン(英国)大会

第2次世界大戦後再開されたオリンピック。その最初の大会はロンドンで開催され，決勝戦はウェンブリー・スタジアムで開催された。18チームが参加。初参加のインドは，サッカーシューズを着用せず，はだし，あるいはソックスのままプレーして話題となった。

決勝戦はスウェーデン対ユーゴスラビア。準決勝で地元英国を3－1で下したユーゴは，ワールドクラスの選手を並べていた。しかしスウェーデンには，後に〈グレ・ノ・リ〉として有名になるFWのトリオ，グンナー・グレン，グンナー・ノルダール，そしてニルス・リードホルムがいた。3人の活躍でスウェーデンが3－1で勝ち，優勝を飾った。

得点王は，ノルダール(7点)だった。

●1952年ヘルシンキ(フィンランド)大会

25チームが参加，ブラジルがはじめて参加した。トーナメント方式で行われた。

ハンガリーはフェレンツ・プスカシュを中心としたワールドクラスのチーム。ユーゴスラビアとの決勝は，オリンピックのサッカー史上でも最高の試合といわれる内容だった。プスカシュがユーゴのDFをごぼう抜きにして先制点を決め，2－0でハンガリーが勝った。

得点王はともにユーゴのライコ・ミティッチとブランコ・ゼベチ(7点)だった。

●1956年メルボルン(オーストラリア)大会

この年に起きたハンガリー動乱と，南半球オーストラリアの夏に合わせた12月の大会開催ということで出場辞退があいつぎ，結局11チームの参加で行われた。日本は，韓国との予選を抽選で勝ち抜き，2回目の出場を果たした。しかし，1回戦で地元オーストラリアに0－1と屈した。初出場のインドネシアがソ連に0－0で引き分け，再試合(0－4)に持ち込むという健闘を見せた。

ユーゴスラビアが3大会連続で決勝戦に進んだが，今回はソ連に0－1で敗れた。ソ連の優勝を支えたのは，ファインセーブを連発したGKのレフ・ヤシンだった。

得点王はブルガリアのディミタル・ミラノフ。わずか4得点だった。

●1960年ローマ(イタリア)大会

この大会から，出場16チーム，4チームずつ4グループに分かれてグループリーグを行い，各組上位2チームが準々決勝以降の決勝トーナメントに進む方式となった。

3大会連続で銀メダルだったユーゴスラビアが，決勝戦でデンマークを3－1で下し，念願の金メダルを手中にした。

得点王はともにユーゴのミラン・ガリッチとボリボイエ・コスティッチで，7点だった。

●1964年東京(日本)大会

大会直前にイタリアが棄権，朝鮮民主主義人民共和国(北朝鮮)が失格となって14チームで開催された。東京のほか，横浜，大宮でも試合が行われた。

イタリアの棄権で3チームになった第4組では，日本がアルゼンチンに3－2で勝ち，ガーナには2－3で負けたものの，グループを2位で通過した。しかし準々決勝では，チェコスロバキアに0－4で完敗だった。

優勝はハンガリー。エースのフェレンツ・ベネが得点を量産し，決勝でチェコを2－1で下した。得点王はベネ。12得点だった。

●1968年メキシコ(メキシコ)大会

ハンガリーが決勝でブルガリアを4－1で下し，2連覇を飾った。

しかし，この大会でセンセーションとなったのは日本。第2組でナイジェリアに3－1，ブラジルに1－1，スペインに0－0，2位で準々決勝に進み，フランスを3－1で下した。準決勝ではハンガリーに0－5で完敗したが，3位決定戦では地元メキシコを2－0で下した。GK横山謙三のPKストップが効いた試合だった。得点王は日本の釜本邦茂。日本の全9点のうち7点を決めた。

●1972年ミュンヘン(西ドイツ)大会

16チームを４グループに分けた１次リーグの後に，４チームずつ２グループによる２次リーグを行い，両グループの首位が決勝戦を争うという方法がとられた。

決勝戦に残ったのはハンガリーとポーランド。３連覇がかかったハンガリーだったが，カジミエシ・デイナ，ブロジミエツ・ルバンスキ，ロベルト・ガドーハなど高い技術をもった攻撃陣をそろえたポーランドが２－１で勝った。ポーランドは，ほとんど同じチームで２年後のワールドカップに出場，３位に入る活躍を見せた。

得点王はデイナ，９ゴールだった。

●1976年モントリオール(カナダ)大会

アフリカ諸国の大会ボイコットで，出場の決まっていたガーナ，ナイジェリア，ザンビアが棄権，ウルグアイも出場辞退したが，これはキューバが代替出場，結局13チームで行われた。１次リーグの後は，ふたたび〈決勝トーナメント〉方式に戻された。

ミシェル・プラティニを中心としたフランスの台頭はあったが，決勝戦は東ドイツ対ポーランドの東ヨーロッパ同士。パワーとスピードに勝る東ドイツが初優勝を飾った。

得点王はポーランドのアンジェイ・シャルマッハ，６得点だった。

●1980年モスクワ(ソ連)大会

前年末のソ連のアフガニスタンへの軍事介入に抗議してアメリカ，西ヨーロッパを中心に43もの国がボイコットするという異常な大会。サッカーでも，出場が決まっていた16か国のうち７か国がボイコットで代替出場国が出た。

モスクワのほか，ミンスク，キエフ，レニングラードで試合が行われ，182万1,624人もの観客を集めた。１試合平均５万6,926人という大変な数字。陸上競技に集まった観客は，110万2,706人だったという。

ベスト４はすべて東ヨーロッパ勢。スターをそろえて優勝を期待されたソ連は，準決勝で東ドイツに０－１で敗れ，銅メダルに終わった。決勝では，チェコスロバキアが東ドイツを１－０で下し，初優勝を飾った。

得点王はソ連のセルゲイ・アンドレエフ(５ゴール)だった。

●1984年ロサンゼルス(アメリカ)大会

はじめて公式にプロの出場が認められ，ワールドカップあるいはその予選に出場していなければ，プロ，アマを問わないことになった。

1980年モスクワ大会ボイコットへの報復として，ソ連を中心とした東ヨーロッパ勢がユーゴスラビアを除いてボイコットし，フランス，ブラジル，イタリアなどが上位を占めた。

決勝はフランス対ブラジル。オリンピック史上最多の10万8,800人の観衆をパサデナのローズボウル・スタジアムに集め，フランスが２－０で勝った。両国にとってはじめてのオリンピックのメダルだった。得点王はダニエル・シュエルブ(フランス)，ボリボイエ・ツベトコビッチ，ステイパン・デベリッチ(ともにユーゴスラビア)の５得点だった。

●1988年ソウル(韓国)大会

久しぶりに〈世界の祭典〉となったオリンピック。サッカーも，ブラジルのロマリオ，西ドイツのユルゲン・クリンスマンなど世界のトップに近づいている若手が出場し，盛り上がった。

決勝戦はソ連対ブラジル。ブラジルがロマリオの大会７点目(得点王)となるゴールで先制したものの，後半イゴール・ドブロボルスキーのPKで追いつき，延長戦に入ってユーリ・サビチェフのゴールで金メダルを獲得した。

●1992年バルセロナ(スペイン)大会

この大会からオリンピックは23歳以下の大会となり，〈若手のワールドカップ〉の色彩を帯びた。世界でも〈サッカー王国〉のひとつであるスペインには，これまで何の世界タイトルもなかったが，グアルディオラを中心にタレントを並べ，ロスタイムに決勝ゴールというドラマチックな決勝戦で３－２とポーランドを下し，初優勝を飾った。

３位はガーナで，アフリカ勢としてはじめ

てのオリンピック銅メダル獲得。4位はオーストラリア。新しい力の台頭が目立った。

得点王はアンジェイ・ユスコビアク(ポーランド，7得点)だった。

●1996年アトランタ(アメリカ)大会

3人の〈オーバーエージ〉が認められ，ブラジルは初の金メダルをめざしてベベット，リバウドらを投入した。

日本が1968年メキシコ大会以来28年ぶりに出場権を獲得。初戦でブラジルを1－0で破るという快挙(マイアミの奇跡)を成し遂げたが，ナイジェリアに0－2で敗れ，ハンガリーには3－2で勝ったものの，得失点差でグループ3位となって敗退した。

ヌワンコ・カヌなどタレントをそろえたナイジェリアは大会後半に調子を上げ，準決勝でブラジルを4－3(延長)，決勝でアルゼンチンを3－2で下して初優勝を飾った。得点王はアルゼンチンのエルナン・クレスポとブラジルのベベット(6得点)だった。

この大会からはじまった女子では，日本はグループリーグでドイツに2－3，ブラジルに0－2，ノルウェーに0－4と3敗に終わった。決勝はアメリカ対中国。アメリカが3－2で勝って初代チャンピオンとなった。

●2000年シドニー(オーストラリア)大会

日本が連続出場。アトランタでは使わなかった〈オーバーエージ〉をフルに使い，メダルをめざした。中田英寿を中心にグループリーグを2－1南アフリカ，2－1チェコスロバキア，0－1ブラジルで乗り切ったが，準々決勝でアメリカと2－2，PK戦4－5で敗れた。

決勝戦はカメルーン対スペイン。スペインが前半2－0とリードしたがそれを守りきれず，カメルーンが追いついてPK戦にもつれ込み，5－3でカメルーン。アフリカ勢の2連覇となった。得点王はチリのイバン・サモラノ(6点)。

女子は連覇をねらうアメリカをノルウェーが阻止。2－2で延長に入り，ダグニー・メルグレンが〈ゴールデン・ゴール〉を決めて3－2で初優勝を飾った。

3 ワールドユース選手権

開催までの経緯と現状

FIFAが主催する〈年代別世界選手権〉のひとつ。20歳以下の選手を対象に，1977年から隔年開催で行われている。

1974年にFIFA会長に就任したジョアン・アベランジェの「サッカーを真に世界のスポーツにする」という公約実現の第一歩が，この大会だった。アフリカ，アジアなど〈サッカー後進地域〉といわれてきた地域の選手たちに早くから国際経験を与え，世界のサッカーのレベルを上げていこうという趣旨だった。

開催国のサッカー普及度，大会に対する理解度などで千差万別だが，ユース年代のサッカーで大きな収益をあげることはむずかしく，資金面でのベースづくりが大会実現の条件だった。FIFAはその歴史ではじめて〈コカコーラ〉とスポンサー契約を結び，ワールドユース大会と，〈途上国〉援助の資金を得た。現在の正式名称は，〈FIFA/コカコーラ・ワールドユース選手権〉である。

〈20歳以下〉といっても，大会時には20歳を迎えている選手もいる。かつては欧州の学年制にあわせて〈8月1日〉で区切っていたが，誕生日が確かでない国，パスポートに生まれた年しか記載されない国もあるため，現在では〈1月1日〉で区切っている。2001年にアルゼンチンで開催された第13回大会の出場制限は，「1981年1月1日以降生まれの選手に限る」という形だった。

●レベルの高い大会は大成功

1977年，チュニジアで第1回大会を開催，観客も少なく，大きな成功とはいえなかったが，試合のレベルは高く，その後に期待を抱かせた。

そして日本で行われた1979年の第2回大会で，大会は決定的な飛躍を遂げる。アルゼンチンを率いた18歳のディエゴ・マラドーナのプレーは，当時まだアマチュアだけのものだったオリンピックよりレベルが高いと評価され，日本のファンも熱狂させて大成功の大会となったのだ。

この成功を受けて，1979年までは〈ワールドユース・トーナメント〉だった正式名称を，FIFAは1981年の第３回大会から〈ワールドユース・チャンピオンシップ〉に変更した。そして，次代の世界のサッカーを占う場として定着した。

過去13回の大会の優勝国は，南米が７回，欧州が６回と，世界の勢力図そのままだが，過去20年間の間にアジア，アフリカ，そしてアメリカ，オーストラリアなどが確実に力をつけ，上位に進出するようになっている。1981年大会でカタールが決勝に進出したのを皮切りに，1983年大会で韓国が４位，1985年大会ではナイジェリアが３位，1989年大会でナイジェリアが準優勝，アメリカが４位，1991年大会でオーストラリアが４位，ガーナは1993年大会で準優勝，1997年大会で３位，1999年大会では日本が準優勝，マリが４位，2001年大会ではガーナが準優勝，エジプトが３位に入っている。

過去13回の大会でもっとも優勝が多いのがアルゼンチンの４回。とくに1995年大会からは，４大会のうち３大会を制覇している。それにつぐのがブラジルの３回だが，こちらは1980年代に２回優勝，1993年にも優勝したが，以後は決勝進出さえない。この〈サッカー王国〉の近年の落ち込みを予感させる成績でもある。

そのほかでは，1989年，1991年と連覇を達成したポルトガルが目立つ。1966年にワールドカップで３位になった以後は，国際大会で目立った成績を残していなかったポルトガルは，1980年代の後半に育成強化に力を割き，〈ゴールデンジェネレーション〉と呼ばれる世代を生み出した。その選手たちが，現在のポルトガル・サッカーの隆盛を支えている。

●次代のスター選手輩出

この大会のもうひとつの要素が，次代の世界のスター選手が登場すること。1979年のマラドーナを皮切りに，後に世界に飛翔した選手がたくさん出た。

1983年大会で優勝したブラジルからは，ジョルジーニョ，ドゥンガ，ベベトなど後に1994年ワールドカップで優勝したメンバーが出た。1987年に優勝したユーゴスラビアには，後に〈クロアチア代表〉となって1998年ワールドカップで大活躍するズボニミル・ボバン，ロベルト・プロシネツキ，ダボール・シュケルなどがいた。1991年大会で優勝したポルトガルには，ルイ・コスタ，フィーゴなど，現在の世界のトッププレーヤーがいた。

日本は，1979年大会を地元で開催した後，なかなかアジアの予選を突破できなかったが，1995年大会からは連続して出場権を獲得し，徐々に成績を上げてきた。中田英寿を擁した1995年大会は，準々決勝でブラジルに１－２で屈し，柳沢敦，中村俊輔，明神智和，宮本恒靖，戸田和幸ら現在の日本代表選手を数多く並べた1997年大会では，決勝トーナメントで１試合を勝って準々決勝に進んだものの，そこでガーナに０－１で敗れた。小野伸二，稲本潤一，中田浩二らを擁した1999年大会では，見事決勝に進出，スペインに０－４で敗れたものの，高い評価を受けた。しかし2001年大会は，グループリーグで敗退した。

大会は1995年の第10回大会まで16チーム参加，４グループでのリーグ戦の後，準々決勝からのトーナメント（第１回大会は準決勝から）という形で行われ，1997年大会以降は24チーム参加，６グループでのリーグ戦の後，各グループ上位２チームと，３位６チームのなかから成績のよい４チーム，合計16チームで決勝トーナメントを争う形となった。

各大会の概要

●1977年チュニジア大会

準備期間が短く，また，〈ユース大会〉への理解も浅かったうえに地元チュニジアがグループリーグで最下位となったこともあって，盛り上がりに欠けた。決勝戦でソ連がメキシコを2－2からPK戦9－8で破り，初代チャンピオンとなった。MVPはウラジミル・ベッソノフ(ソ連)，得点王はグイナ(ブラジル，4点)。

●1979年日本大会

東京のほか，大宮，横浜，神戸の計4都市で開催された。日本はグループリーグでスペインに0－1，アルジェリアに0－0，メキシコに1－1で4位。唯一のゴールを決めたのは，水沼貴史だった。

大会を盛り上げたのはアルゼンチン。すでにアルゼンチン代表の中心選手でもあったディエゴ・マラドーナが意欲的なプレーでチームを引っ張った。決勝でソ連と対戦したアルゼンチンは，3－1で逆転勝利。国立競技場を埋めた4万人のファンを熱狂させた。MVPはもちろんマラドーナ，得点王はラモン・ディアス(アルゼンチン，8得点)。

●1981年オーストラリア大会

アラビア半島の小国カタールが準々決勝でブラジルに3－2，準決勝でイングランドに2－1で勝つ快進撃を見せたが，決勝戦では西ドイツに0－4の完敗を喫した。MVPはラムルス・ガボル(ルーマニア)，得点王には4点で5人の選手が並んだ。

●1983年メキシコ大会

ブラジルが初優勝，後に1994年ワールドカップで優勝するメンバーが中心だった。決勝戦は南米の宿敵アルゼンチンを1－0で下した。得点王(6点)，MVPともに，ブラジルのジェオバンニのものとなった。また，韓国が4位に入り，1980年代半ばからの代表チームの〈アジア最強時代〉へとつなげた。

●1985年ソ連大会

ブラジルがシーラスとミューレルのコンビで連覇を飾った。決勝は1－0スペイン。MVPはシーラス，得点王には3得点で6人の選手が並んだ。ナイジェリアがアフリカからはじめて4位に入った。

●1987年チリ大会

俊英を集めたユーゴスラビアが決勝戦で西ドイツを1－1(PK5－4)で退け，初優勝を成し遂げた。このチームの主力は，後にユーゴスラビアとクロアチアに分かれ，1998年ワールドカップで活躍した。得点王は西ドイツのマルセル・ビテチェク(7点)，MVPはユーゴスラビアのロベルト・プロシネツキ。

●1989年サウジアラビア大会

アジアで2回目の大会。ポルトガルが決勝でナイジェリアを2－0で下して初優勝。アメリカが4位に入った。得点王はオレグ・サレンコ(ソ連，5点)，MVPはブラジルのビスマルク(元鹿島アントラーズ)。

●1991年ポルトガル大会

ポルトガルが2大会連続出場のジョアン・ピントを中心に，ルイ・コスタ，フィーゴというタレントの働きで連覇を飾った。12万人という，ワールドカップを除くFIFAの試合では最多観客を記録した決勝戦は，ブラジルと0－0(PK4－2)だった。得点王はソ連のセルゲイ・チェルバコフ(5点)，MVPはポルトガルのペイシェだった。

●1993年オーストラリア大会

オーストラリアで2回目の大会。ブラジルが決勝戦でガーナを2－1で下し，3回目の優勝を飾った。ガーナは16歳のドゥアのゴールで先行したが，ブラジルは後半ヤンのゴールで追いつき，終了直前にジャンが決勝点を決めて2－1で勝った。地元オーストラリアが4位に入る健闘を見せて盛り上がったこの大会，MVPはブラジルのアドリアーノ(元浦和レッズ)，得点王はコロンビアのヘンリー・サンブラーノ(3点)だった。

●1995年カタール大会

ナイジェリアで開催の予定だったが，直前になってFIFAが開催地を変更，カタールでの開催となった。日本がはじめてアジア予選を突破して出場，中田英寿，松田直樹，奥大介という現在の日本代表選手を中心としたチームでベスト8に入った。チリに2－2(得点：大木勉，中田)，ラウルを擁するスペインに1－2(得点：中田)，ブルンジに2－0(得点：安永聡太郎，山田暢久)で準々決勝に進んだが，奥の得点でブラジルに先制したものの，前半のうちに逆転されて1－2で敗れた。

優勝は久しぶりにアルゼンチン。決勝戦で

ブラジルを２－０で下した。得点王はスペインのホセバ(５点)，MVPは日本戦で２点を決めたブラジルのカイオだった。

●1997年マレーシア大会

出場国が24にふやされ，決勝トーナメントが１回戦ふえた。連続出場した日本は，初戦スペインに１－２(得点:柳沢敦)で敗れたものの，コスタリカを６－２(得点：大野敏隆２，中村俊輔，城定信次，福田健二，永井雄一郎)で下し，パラグアイと３－３(得点：城定，廣山望，柳沢)でグループを通過。決勝トーナメント１回戦では柳沢のゴールでオーストラリアを１－０で下したが，準々決勝でガーナに１－２(得点:柳沢)で敗れた。

ティエリ・アンリ，ダビド・トレゼゲをＦＷに並べたフランス，17歳のマイケル・オーウェンを押し立てるイングランドなど，好チームが目白押しだった大会，優勝を飾ったのは，しっかりとしたチームプレーを見せたアルゼンチン。決勝戦ではウルグアイを２－１で下し，連覇を飾った。ブラジルが韓国に10－３，ベルギーに10－０と２回にわたって１試合10ゴールを記録し，韓国戦で６点を決めたアダイウトンが10得点で得点王となった。MVPはウルグアイのニコラス・オリベラだった。

●1999年ナイジェリア大会

フィリップ・トルシエ監督が率いる日本が準優勝を達成した。グループリーグの初戦こそ１－２(得点:高原直泰)でカメルーンに敗れたが，アメリカに３－１(得点：相手オウンゴール，高原，小笠原満男)，イングランドに２－０(得点:石川竜也，小野伸二)と連勝して１位でグループを通過，その後も１－１(得点：遠藤保仁)PK５－４でポルトガルを下し，２－０(得点：本山雅志，小野)でメキシコに完勝，強豪ウルグアイにも２－１(得点：高原，永井雄一郎)で競り勝って決勝戦へ駒を進めた。スペインとの決勝戦は主将の小野が出場停止，隙のない攻撃を見せたスペインに０－４で敗れた。しかし，FIFAの大会での準優勝は日本のサッカー史上最高の快挙だった。

大会得点王は，スペインのパブロとマリのマハマドウ・ディッサが５点で分け合い，MVPにはマリのセイドウ・ケイタが選ばれた。日本からは小野と本山がベスト11に選ばれ，高原もその補欠に入った。

●2001年アルゼンチン大会

開催国アルゼンチンが，最多の４回目の優勝を達成した。日本はグループリーグでオーストラリアに０－２，アンゴラに１－２(得点：山瀬功治)と連敗し，最後のチェコに３－０(得点：森崎和幸，山瀬功治，田原豊)で快勝したものの，最下位に終わった。

決勝はアルゼンチンの圧勝。ガーナを３－０で下した。11得点をあげたアルゼンチンのハビエル・サビオラは，得点王とMVPの２冠に輝き，大会後，アルゼンチンのリバープレートからスペインのバルセロナへ34億円という巨額で移籍した。

4 U-17世界選手権

ワールドユース(U-20世界選手権)の成功を受けて1985年にはじまった。17歳以下(Under 17)の世界選手権。1989年の第３回大会までは〈U-16〉という表記だったが，1991年大会から〈U-17〉に改められた。実質的な年齢制限は変わらなかった。開催年の１月１日以降に17歳になる選手が対象。

大会のメインスポンサーはJVC(日本ビクター)。大会の正式名称は〈FIFA/JVCカップU-17世界選手権〉となっている。

この年代の選手に世界選手権が必要かという議論もあったが，この大会をスタートさせたことによって，とくにアフリカのサッカーが急激に伸びた。過去９回の大会のうち，ナイジェリアとガーナが２回ずつ優勝し，他の地域(欧州２回，南米１回，アジア１回)を大きくリードしている。それが，その後のワールドユースやオリンピックにつながり，さらに，ワールドカップのタイトルにまでアフリカが迫ろうとしている。

しかし，2001年にトリニダードトバゴで行われた第９回大会では，フランスが圧倒的な強さを見せて優勝した。欧州でも，次世代の代表チーム強化につながるこの年代の育成が進んでいることを印象づけた。フランスの優勝により，今後，この大会の重要性がさらに見直され，大会のレベルも上がっていくはずだ。

日本は1993年大会を地元で開催し，グループリーグを突破して準々決勝で優勝したナイジェリアに１－２で惜敗するという健闘を見せた。つづく1995年大会には，はじめてアジア予選を突破して大会に臨んだが，グループを勝ち抜くことはできなかった。2001年大会でもふたたびアジア予選を突破したが，グループ３位だった。チームづくりの期間が中学から高校への進学時期と重なり，日本にとっては強化がむずかしい大会でもある。

FIFAはまた，この大会を新しいルール案のテストにも役立ててきた。1991年にはペナルティエリアのラインまでオフサイドがないルールがテストされ，1993年にはスローインに代わるキックイン，1995年には前後半の途中に１回ずつの〈タイムアウト〉(90秒間）がテストされた。ただ，いずれのルール案も評価が低く，正式採用はされなかった。

この大会の大きな問題は年齢詐称。1987年大会ではメキシコの詐称が発覚し，メキシコは1990年のワールドカップに出場停止という厳しい処分を受けた。しかし，大会のたびに年齢についての疑義が提出され，解決しがたい問題になっている。国によって，個人の生年月日が正確に登録されていないところもあり，大きな課題として残されている。

●1985年中国大会

16チーム参加，４グループに分けたグループリーグの後に，各組上位２チームが準々決勝以降の決勝トーナメントという，現在もつづく方式で行われた。高い身体能力を誇るナイジェリアが決勝戦で西ドイツに２－０で勝って優勝。FIFAの歴史はじまって以来はじめてのアフリカからのチャンピオンが誕生した。得点王は西ドイツのマルセル・ビテチェク(８点)，MVPはウィリアム・セーザル・ジ・オリベイラ(ブラジル)。

●1987年カナダ大会

ナイジェリアが２大会連続で決勝に進出，しかしソ連と１－１で引き分け，PK戦１－３で敗れた。得点王はコートジボワールのムーサ・トラオレ(５点)，MVPはナイジェリアのフィリップ・オソンドゥ。

●1989年スコットランド大会

サウジアラビアが，FIFAの大会でははじめてアジアにタイトルをもたらした。決勝戦では地元スコットランドと当たり，２－２のまま決着がつかなかったが，PK戦５－４でチャンピオンの座をつかんだ。得点王はギニアのフォデ・カマラら５人で，３得点。

●1991年イタリア大会

ペナルティエリアのラインまでオフサイドがないルールがテストされ，ガーナの小柄なテクニシャン，ニイ・ランプティ(14歳で1989年大会にも出場)が大活躍。決勝ではガーナがスペインを１－０で下して初優勝を飾った。大会得点王はブラジルのアドリアーノ(元浦和レッズ)とランプティが４点で分け合い，MVPはランプティ。

●1993年日本大会

初出場の日本は，小嶺忠敏監督の下，読売クラブの財前宣之を中心に中田英寿，船越優蔵の攻撃陣，宮本恒靖，松田直樹，戸田和幸の守備陣と充実した布陣。ガーナに０－１で負けたが，イタリアと０－０で引き分け，メキシコを２－１(得点：船越，松田)で退けてグループを突破，準々決勝はナイジェリアと当たり，中田のゴールで追いすがったものの，１－２で敗れた。

決勝はナイジェリアとガーナのアフリカ同士。ヌワンコ・カヌがリードするナイジェリアが２－１で勝ち，２回目の優勝を飾った。得点王はナイジェリアのウィルソン・オルマ(６点)，MVPはガーナのダニエル・アドゥ。財前がベスト11に選ばれた。

●1995年エクアドル大会

日本がはじめてアジア予選を突破して出場。小野伸二，稲本潤一，高原直泰らを擁し，初戦ガーナと０－１，２戦目のアメリカ戦で２－１(得点：山崎光太郎，高原)で勝ったが，

3戦目に地元エクアドルの堅守を崩すことができず0－0，得失点差で3位に終わった。

優勝はガーナ。決勝戦は圧倒的な強さを見せてブラジルを3－2で下した。得点王はオーストラリアのダニエル・オルソップとオマーンのモハメド・カティリ(5点)，MVPはオマーンのカティリだった。

●1997年エジプト大会

ガーナが4大会連続して決勝に進出したが，今回はブラジルに1－2と惜敗した。ブラジルは初優勝。得点王はスペインのダビド(7点)，MVPはブラジルのセルジオ。

●1999年ニュージーランド大会

ガーナは準決勝でブラジルに2－2(PK2－4)で敗れ，5大会連続の決勝進出はならず。決勝戦はブラジルがオーストラリアを0－0(PK8－7)で下して連覇を達成した。得点王はガーナのイスマヘル・アドゥ(7点)，MVPはアメリカのランドン・ドノバン。

●2001年トリニダードトバゴ大会

日本がアジア予選を突破して3大会ぶりに出場。グループリーグ初戦でアメリカに1－0(得点：阿部祐大朗)で勝ったが，ナイジェリアに0－4，フランスに1－5(得点：矢野貴章)で連敗して敗退。決勝は日本を破ったフランスとナイジェリアの対戦となり，3－0でフランスが完勝した。

得点王(新記録の9得点)とMVPのダブル受賞となったフローラン・シナマポンゴレ，彼とコンビを組んだアントニ・ルタレックなどスケールの大きなタレントをそろえたフランスは，この大会に新次元をもたらすものとなった。

5　FIFAフットサル世界選手権

ブラジルを中心とした南米で行われていた〈サロン・フットボール〉，欧州で冬季に行われていた〈インドア・サッカー〉など，少人数のサッカーは，サッカーとは別の競技として，あるいは，冬季のエキジビションとして開催されてきた。

しかし，1980年代の後半に，FIFAは少人数制のサッカーも〈サッカーの仲間〉であるとして統一ルールをつくり，世界選手権を開始した。それが〈フットサル世界選手権〉である。

6人制，5人制，周囲の壁を使うことができるかどうかなど，まちまちのルールで行われていたものを，FIFAは5人制，20分ハーフ，壁なし，1チーム12人を登録し，交代自由などの統一ルールをつくった。

1989年オランダで第1回世界選手権が開催され，以後1992年香港，1996年スペイン，2000年グアテマラと4年に一度開催されている。当初の大会正式名称は〈インドア世界選手権〉だったが，第3回スペイン大会から〈フットサル世界選手権〉と変わった。

フットサルは，たんに11人制のサッカーのトレーニングや冬季の対策ではなく，独自のおもしろさをもった将来性のある競技として期待されている。スピード感があり，得点が多く，個々のテクニックを間近で見ることができることなど，11人制のサッカーに負けない魅力をもっている。

過去4回の世界選手権で圧倒的な強さを見せているのがブラジル。サッカーとはまったく別の競技として長い歴史をもつブラジルは，この新しいルールのゲームにもすぐに対応し，第1回大会から第3回大会まで3連覇。第4回大会では決勝戦でスペインに敗れたものの，4大会連続の決勝戦進出は，堂々たる王者の風格だ。

それに対抗するのが，欧州の雄スペイン。第4回大会で念願の初優勝を達成する前にも，第3回大会でも決勝進出，第2回大会では3位と，着実に上位に進出している。第1回で3位，第2回大会で準優勝を達成したアメリカも，世界の強豪のひとつだ。

11人制のサッカーのような広い競技場を必要とせず，手軽にできるフットサルは，世界的な広がりを見せている。予選エントリーチーム数も，1996年大会で46だったのが，2000年大会では70か国へと急増，数字も人気を裏づけている。競技関係者たちは，2004年アテネ・オリンピックでの正式種目化をめざす運動をはじめている。

この大会に参加する各国の代表チームは，11人制の代表チームとはまったく違う選手で構成され，プロでない場合も多い。しかし1989年大会には，後にアメリカ代表として1990年，1994年のワールドカップで活躍するタブ・レイモスら，11人制の代表選手が6人含まれていた。

日本は，〈日本フットサル連盟〉で代表チームを組織し，1989年の第1回オランダ大会に出場したが，以後はアジア予選で敗退し，出場できていない。第1回大会の成績は，1次リーグで3敗(0－3ベルギー，1－2アルゼンチン，2－6カナダ)で，最下位に終わっている。

●第1回オランダ大会(1989年)

オランダ・サッカー協会の創立100周年記念事業として，1989年1月に開催された。

16チームが参加，4チームずつ4グループで1次リーグを行い，各組上位2チームがさらに4チームずつ2グループの2次リーグを行う。そして両グループの上位2チームが準決勝，決勝に進出する方式がとられた。この大会方式は，第4回大会まで変わらずにつづけられている。

大会の初日にブラジルがハンガリーに2－3で敗れるという波乱があったが，ブラジルはその後サウジアラビアに8－0，スペインに4－1で快勝して2位で2次リーグに進出。ここでもパラグアイに5－1，アルゼンチンに6－3で快勝した後，アメリカに3－5で敗れたが，2位で準決勝に進んだ。

ベスト4に残ったのは，ベルギー，オランダとアメリカ，ブラジル。地元オランダが厳しい守備をベースにアメリカに2－1で勝って決勝進出，もうひとつの準決勝，ブラジル対ベルギーは，3－3で決着がつかず，PK戦5－3でブラジルが勝った。

それまでのブラジル国内のルールとの違いにとまどっていたブラジルだったが，ロッテルダムで開催された決勝戦は安定した試合でオランダを2－1で下し，初代の〈フットサル世界チャンピオン〉となった。

●第2回香港大会(1992年)

「大会をできるだけ数多くの大陸で順番に開催する」というFIFAの方針のもと，第2回大会は香港で開催された。参加は第1回大会と同様16チーム。

ブラジルは2次リーグでアメリカと2－2で引き分けたが，残りの全7試合をすべて圧勝し，2連覇を飾った。決勝戦はブラジル対アメリカ。ブラジルが4－1で勝った。ブラジルを率いた歯科医のタカン監督にとっても，2大会連続の優勝だった。

●第3回スペイン大会(1996年)

大会の正式名称が〈フットサル〉になった最初の大会。参加は前回と同様16チーム。

この大会でもブラジルが圧倒的強さを発揮，ウクライナと2－2で引き分けた以外は，7試合とも大量得点で勝利，3連覇を達成した。

決勝戦はブラジル対地元スペイン。ブラジルが6－4で勝った。

●第4回グアテマラ大会(2000年)

はじめてブラジルの牙城が崩れた。

この大会でもブラジルは圧倒的に強く，グループリーグのグアテマラ戦は29－2という大会歴代最高記録の得点で勝つなど，1次，2次リーグとも3連勝，準決勝でもポルトガルに8－0と圧勝して4大会連続決勝戦に進んだ。

しかし，前大会決勝でブラジルに敗れたスペインも7連勝で決勝に進出，壮絶な点の取り合いとなったが，後半のロスタイムにハビ・ロドリゲスが決勝ゴールを決め，スペインが4－3で逆転勝ちした。

6　クラブ世界選手権

●大会開催までの経緯

FIFAは代表チームの大会だけを主催する団体だった。「クラブサッカーは各地域連盟が管轄するもの」という立場をとり，ワールドカップを筆頭とした代表チームのサッカーだけを担当してきた。その90数年間の伝統を破ったのが，2000年1月の〈クラブ世界選手権〉の開催だった。

〈クラブの世界一決定戦〉としては，〈インターコンチネンタルカップ(別名世界クラブ選手権)〉が，1960年から行われていた。欧州と南米のクラブチャンピオン同士が対戦する大会で，1980年度(試合は1981年2月)からは〈トヨタカップ〉として日本で開催されてきた。

欧州と南米のクラブにしか参加のチャンスがないトヨタカップが〈世界選手権〉でないのは当然のことだった。しかし，その次のステップとしては，この大会を拡大し，地域連盟が日程を調整し，それぞれの代表を出して〈クラブチーム世界チャンピオン〉を決める大会へと発展させていくのが当然だった。

しかし，FIFAは1993年以来〈クラブ世界選手権〉開催の検討をはじめ，1999年，第1回大会の開催を決めた。開催国には，トルコ，アメリカ，タヒチ，中国，パラグアイ，サウジアラビア，メキシコ，ブラジル，ウルグアイという9か国からの立候補があったが，1999年6月，FIFAは第1回大会の開催国をブラジルと決定した。

問題は開催時期だった。世界の〈サッカー・カレンダー〉はすでに飽和状態にあった。欧州のトップクラブは，8月から翌年5月まで自国の国内リーグを戦いながら〈UEFAチャンピオンズリーグ〉に参加し，さらに所属選手の大半が，毎月1試合，あるいは2試合，自国の代表チームに戻って試合をこなさなければならないからだ。

いくつかの候補のなかから決定されたのは，2000年の1月だった。第2回大会は2001年，以後，奇数年に開催することとなった。

出場チームの決定にもトラブルが続出した。FIFAは，各地域連盟のチャンピオン6チームとともに，1998年のトヨタカップ優勝チーム(レアル・マドリード＝スペイン)，そして開催国ブラジルのチャンピオン1チームを招待し，計8チームで大会を行うこととした。

欧州代表は，1999年UEFAチャンピオンズリーグ優勝のマンチェスター・ユナイテッド(イングランド)。130年の伝統をもつFAカップを棄権しての参加は，2000年7月に予定されていた2006年ワールドカップの開催国決定に向け，FIFAの印象をよくするためだった。

南米連盟は，1998年〈リベルタドーレス杯南米選手権〉優勝のバスコ・ダ・ガマ(ブラジル)に出場権を与えた。激怒したのがすでに1999年リベルタドーレス杯で優勝を飾っていたパルメイラス(ブラジル)だった。大会はリオデジャネイロとサンパウロというブラジルの2大都市を舞台に行われる予定で，1998年のブラジル・チャンピオンはコリンチャンス(サンパウロ市)だったため，観客動員のためにリオデジャネイロ市のチームを入れようと，パルメイラス(サンパウロ市)ではなく，バスコ・ダ・ガマ(リオデジャネイロ市)を選んだのだといわれた。

アフリカ代表は，1999年アフリカ・チャンピオンズ・カップ優勝のラジャ・カサブランカ(モロッコ)，北中米カリブ海代表はメキシコのラージョス・デ・ネカサ。オセアニアはオーストラリアのサウス・メルボルン。アジアは，すでにジュビロ磐田が1999年の〈アジアクラブ選手権〉優勝を決めていたにもかかわらず，1998年〈アジアスーパーカップ〉優勝のアルナスル(サウジアラビア)を代表として選出した。

●2000年第1回大会

大会は2000年1月5日に開幕，1月14日に決勝戦。わずか10日間という短い大会日程のなかで，各チームはグループリーグの試合を1日おきに戦わなければならなかった。

サンパウロでのA組はレアル・マドリード，アルナスル，コリンチャンス，ラジャ・カサブランカ，リオデジャネイロでのB組はマンチェスター・ユナイテッド，ネカサ，バスコ・ダ・ガマ，サウス・メルボルン。両組の1位同士で決勝戦，2位同士で3位決定戦を戦うという大会方式だった。

A組ではコリンチャンスとレアルが2勝1分けで首位に並んだが，得失点差でコリンチャンスが上まわって首位を占めた。B組ではマンチェスターがまったく振るわず，ネカサに1－1で引き分け，バスコには1－3で完敗して3位。バスコが3戦全勝で首位を占めた。

3位決定戦はネカサが1－1の引き分けの後，PK戦4－3でレアルを下した。

リオデジャネイロのマラカナン・スタジアムに7万3,000人を集めたブラジル同士の決勝戦は激しい戦いとなった。エジムンドとロマリオというベテランFWに引っ張られたバスコの攻撃をコリンチャンスがしのぎ，エジウソンを中心とした速攻をくり出す。しかし，120分間戦っても得点は生まれず，PK戦4－3でコリンチャンスが初代チャンピオンとなった。

決勝戦は盛り上がったが，他の試合は観客数も少なく，大会の将来を不安視する声も高かった。

●第2回大会は突然中止

第2回大会は2001年7月から8月にかけてスペインで開催されることになっていた。日本からはジュビロ磐田が参加する予定だったが，この年の5月になってFIFAは突然大会のキャンセルを発表した。FIFAの公認エージェントであるISLの倒産でスポンサー探しが困難になったためだった。

第3回大会は2003年に開催の予定で準備がはじまっているが，開催国はまだ決定していない。

7　女子ワールドカップ

傘下の各国サッカー協会に対しFIFAが女子サッカーも管轄下におくように指導を開始したのが1980年代のことだった。

サッカーは女性の間でも19世紀末から行われ，1895年にはロンドンで最初の試合が行われたという記録も残っている。しかし，スポーツ界での女性差別が長くつづき，ようやく各国で女子サッカーが立場を認められたのは，1970年代のはじめになってからだった。

FIFAは1988年に中国の広州で招待大会を開催し，その成功を見て1991年からワールドカップのスタートを決めた。

男子のサッカーでは，ブラジル，ドイツ，アルゼンチン，イングランドなどが世界のリーダー役を果たしているが，女子のサッカーは勢力地図が少し違う。圧倒的に強いのがアメリカ。過去3回のワールドカップのうち2回を制し，選手たちは国民的なスターになっている。それにつづくのが北欧のノルウェー，スウェーデン，ドイツ，そしてアジアの中国など。高い技術とともにスピード感あふれるプレーが見られるようになった女子サッカーは，1996年からオリンピックの正式種目となり，21世紀には大きな飛躍を遂げると期待されている。

●第1回中国大会(1991年)

1991年11月16日から30日まで，中国南部の広州を中心に5都市で開催された。参加は12か国。

日本はブラジル，アメリカ，スウェーデンとB組にはいった。1990年アジア大会では中国につづいて銀メダルを確保し，アジアの強豪のひとつに育ちつつあった日本だが，初戦のブラジル戦を0－1で落とすと，アメリカに0－5，スウェーデンに0－3と3連敗。1得点もあげられずに敗退した。この組ではアメリカが圧倒的に強く，3連勝で首位を確保。2位スウェーデンとともに準々決勝に進んだ。

中国，ノルウェー，デンマーク，ニュージーランドが組んだA組では，広州で行われた開幕戦で中国が最大のライバルであるノルウェーを4－0で下して最高のスタートを切った。6万5,000人という大観衆の前で，欧州チャンピオンのノルウェーは力を発揮することができなかった。中国はデンマークと引き分けたものの，ニュージーランドを問題なく下して首位を確定。2位ノルウェー，3位デンマークとともに準々決勝に進んだ。

ドイツ，イタリア，台湾，ナイジェリアがはいったC組では，ドイツが3連勝。2位イタリア，3位台湾がベスト8に進んだ。

波乱が起きたのが準々決勝。スウェーデンが中国を1－0で破ったのだ。中国は圧倒的に試合を支配したが，前半５分の失点を取り戻すことはできなかった。

準決勝ではノルウェーがスウェーデンを４－１，アメリカがドイツを５－２の大差で下して決勝進出を決めた。

広州で行われた決勝戦は緊迫した試合となった。アメリカがミシェル・エイカーズのヘディングで先制すると，ノルウェーもリンダ・メダレンのゴールで追いつき，１－１のまま終盤を迎える。残り３分，ノルウェーのバックパスをカットしたエイカーズが抜け出し，GKも抜き去って決勝ゴール。２－１で勝ったアメリカが初代の世界チャンピオンとなった。10得点で得点王となったアメリカのエイカーズは，世界の女子サッカーのトップスターとなった。

●第2回スウェーデン大会（1995年）

1995年６月５日からスウェーデンの５都市で開催された。参加は，第１回大会と同様12チーム。

A組に入った日本は，初戦ドイツに０－１で敗れたが，この善戦が自信につながり，野田朱美の２得点でブラジルを２－１と下し，ワールドカップ初勝利を記録した。スウェーデンには０－２で敗れたが，グループ３位で準々決勝に進んだ。

この大会は，翌1996年のアトランタ・オリンピックの予選も兼ね，オリンピックの開催国アメリカを含む８チームまでがオリンピックの出場権を得ることになっていたが，C組でアメリカが首位通過を決め，日本のオリンピック出場も決まった。

準々決勝の日本の相手はそのアメリカ。正面からぶつかったが，０－４で完敗した。しかし，連覇を狙ったアメリカも準決勝でノルウェーに０－１で敗れ，決勝戦はノルウェー対ドイツ，欧州同士の対戦となった。

雨のなか２万人近い観衆を集めて行われた決勝戦，ノルウェーが前半にヘゲ・リーセとマリアンネ・ペテルセンのゴールで２－０の勝利をつかみ，ワールドカップを手中にした。

●第3回アメリカ大会（1999年）

1999年６月19日から７月10日までアメリカの８都市を舞台に開催された。過去２回の大会の成功を受けて参加チームが16チームにふやされ，４グループの各上位２チームが準々決勝に進出する形となった。

過去２大会とは大きくメンバーを変えて臨んだ日本は，カナダ，ロシア，ノルウェーとC組に入った。初戦のカナダ戦が重要な試合だったが，前半０－１とリードされ，後半に大竹奈美のゴールで追いついたものの逆転にはいたらず，１－１で引き分けた。つづくロシアには０－５，ノルウェーには０－４と完敗を喫し，グループ４位で終えるとともに，翌年のシドニー・オリンピックへの出場権も逃した。

圧倒的な強さを見せた地元アメリカと中国の対戦となった決勝戦は，1994年ワールドカップの決勝会場ともなったパサデナ（ロサンゼルス）のローズボウル・スタジアムに９万185人という女子スポーツ史上空前の観客を集めて行われ，スリリングな展開の末，延長が終わって０－０。PK戦を５－４で制したアメリカが２回目の優勝を飾った。

1996年アトランタ・オリンピックの金メダルにつづくワールドカップ優勝に，アメリカでは女子サッカーが大きな人気となり，2001年にはプロリーグのWUSAがスタートしている。

（大住良之）

世界サッカーのカレンダー問題

◇カレンダー問題の発端

1990年代のなかば，欧州のクラブサッカーが未曾有の繁栄を迎えた。デジタル多チャンネル化を迎えたテレビ業界から想像を絶する資金が流れ込んだことがその最大の要因だった。

〈UEFAチャンピオンズリーグ〉の成功もあって大きな資金を得た欧州のビッグクラブは，1995年12月の〈ボスマン判決〉にも後押しされて世界的なスターをかき集め，強力な態勢をつくった。

1997年，それまで〈インターコンチネンタル選手権〉として開催されてきた大会をFIFAが〈FIFAコンフェデレーションズカップ〉として正式にはじめようとしたとき，参加チームの選手の多くをかかえる欧州のビッグクラブから猛烈な反発が生じた。選手に大金を投じているクラブとしては，ワールドカップ予選で多くの選手を使えなかった後に，さらにクラブの試合から選手を遠ざける大会の創設は大きな〈営業妨害〉と受け取ったからだ。

欧州内では，1990年代のはじめから試合のスケジュールが非常によく管理されていた。以前は，毎週週末の国内リーグの試合は動かさずに水曜日にワールドカップ予選，欧州選手権予選，そして欧州のクラブカップ戦などを組み入れていた。予選の試合も，ホームとなる協会の都合でばらばらだった。

しかし，1990年代にはいると，欧州内で統一された試合スケジュールが組まれるようになった。1シーズンのなかで，代表チームの国際試合日と，クラブチームの国際試合日，国内試合日をしっかりと分けたのだ。ナショナルチームは，原則として水曜日に試合をするが，その前の週末にはどこの国も国内リーグを入れない。これにより，どこの国のクラブに所属していても，ナショナルチームの活動日はほぼ同じになり，ひとつの試合の準備に1週間以上使うことが可能となった。

しかし，これはあくまで欧州の統一スケジュールで，欧州でプレーする南米の選手たちは，ワールドカップ予選や2年に一度開催されるコパ・アメリカ（南米選手権）への参加に苦労した。

FIFAとしては，欧州のクラブがあまりに強くなり，各国のナショナルチームがおろそかにされる状態を見過ごすことはできない。そこで，「世界統一の試合カレンダーをつくろう」という動きができてきた。

◇FIFA国際カレンダーの作成

2000年3月，FIFAはその基本案をつくった。

1年間52週のうち，4週間を休養，4週間を新シーズンへの準備に充てる。また，6週間をFIFAワールドカップや各地域連盟の選手権（アジアカップ，コパ・アメリカなど）に充てる。残る38週で，1週間に2回試合が可能とすると，76試合日が確保できる。そのうち46日を国内のリーグおよびカップ戦とし，16日を各地域連盟のクラブカップ戦，そして12日をナショナルチームの試合日（予選，親善試合）とする。残る2日は予備日とする。

この基本案にもとづいて，各年の予定を決めることになる。

これまで，日本のサッカーはアジアや世界のサッカーの日程に大きな影響を受けつつ，その影響を受けない部分においては独自のスケジュールで行われてきた。

とくに大変だったのは，アジアの大会のスケジュールが毎年，そして大会ごとに大きく変わり，それに合わせなければならないことだった。政治・宗教・民族など複雑な問題をかかえるアジアのサッカーは，世界でもスケジュールの調整がもっともむずかしい地域だったからだ。しかし，FIFAの国際カレンダーがきちっと機能しはじめたら，日本代表やアジアの大会に出ていく各クラブの活動はずっとスムースにいくはずだ。

2000年，日本国内のサッカーは9月のシドニー・オリンピックと10月のアジアカップでずたずたにされた。しかし，2001年にはそうした大きな大会は5月末から6月上旬にかけて行われたFIFAコンフェデレーションズカップひとつであったこともあり，欧州のカレンダーに合わせた国内日程を組むことができた。

3月にフランス，4月にスペインとアウェーで国際試合の経験を積むことができ，また，10月にフランスとイングランドでセネガル，ナイジェリアというアフリカ勢と対戦することができたのは，欧州の〈国際カレンダー〉に合わせて日程を組んだためだった。

選手はクラブに所属している。サッカーの歴史では，時として，クラブにとってナショナルチームとは〈敵〉のような存在になっていた。クラブの大事な試合のときにナショナルチームの試合で抜けられるのは，クラブにとって死活問題でもあったからだ。

しかし，サッカーが発展していくためには，クラブチームと同時にナショナルチームもしっかりと活動できる状態でなければならない。

世界的なカレンダーづくりは，「クラブかナショナルチームか」ではなく，「クラブとナショナルチーム」が共存し，ともに繁栄していくために必要不可欠なことといえる。

FIFAの国際カレンダーは，2002年から施行されていく予定だ。　（大住良之）

ボスマン判決と新しい移籍ルール

◇ボスマン判決

●クラブの〈保有権〉を認めない判決

2001年，FIFAは新しい国際移籍の規定を制定した。それは，19世紀末から100年以上つづいてきたサッカー界の慣習を根底から覆す改革だった。

従来，サッカー界は選手に対するクラブの〈保有権〉を認めることによって，底辺からの構造を維持してきた。いったんひとつのクラブと契約すると，契約期間が満了しても，クラブが保有権を持ち，選手が他のクラブに移籍する場合には〈移籍金〉を請求できるという仕組みだった。これによって，プロを持つビッグクラブだけでなく，少年たちの育成に力を注ぎ，移籍金によって成り立つ中小のクラブが存続することができた。サッカー界にとっては，合理的なシステムといえた。

しかし，この選手とクラブの関係は，近代的な雇用関係とはほど遠いものだった。契約期間が満了してもクラブに拘束される選手は，人間というより，いわば〈商品〉として扱われていたことになる。

イングランドでサッカー選手の〈保有権〉の考え方が成立したのが1893年。実に100年間にわたってつづけられてきたこの制度に風穴を空けたのが，1995年12月にEU（欧州連合）の〈欧州司法裁判所〉（ブリュッセル）で示された〈ボスマン判決〉である。

●労働者の権利を主張したボスマン

ベルギーのFCリエージュと契約していたプロサッカー選手ジャンマルク・ボスマンは，1990年夏，リエージュとの契約が満了したため，フランス・リーグ2部のダンケルクへの移籍を希望した。しかし，移籍金交渉がまとまらず，リエージュは移籍を拒否した。ボスマンはベルギーの裁判所に訴訟を起こしたが，ベルギー・サッカー協会はボスマンを出場停止処分にした。彼は訴訟を取り下げ，別のフランス・クラブに移籍した。しかし，選手生活はうまくいかず，ついに1995年，欧州司法裁判所に再度の訴訟を起こした。相手は欧州サッカー連盟(UEFA)とベルギー・サッカー協会。その移籍規定が，EUの基本法ともいうべき〈ローマ条約〉で認められている労働者の権利を侵すものであるという主張だった。

判決は，予想どおり，ボスマンの勝訴だった。この瞬間，EU圏内では，〈保有権〉という考えはなくなった。選手とクラブを結びつけるのは契約だけであり，契約期間が満了したら，選手は自由に次に契約するクラブを選択できることになったのだ。

●EU圏内での外国人選手登録数は無制限に

〈ローマ条約〉は，同時に，EU圏内での労働者の移動の自由も保障していた。フランス人がドイツの会社で働くことに何の制約もないことになっていた。サッカーでは，自国のサッカーの発展を妨害しないように，ひとつのクラブが契約できる外国人選手数が限定されていた。しかし，ボスマン判決では，EU圏内の選手に限って，これも違法とされた。すなわち，イングランドのクラブがフランス人を何人登録しようと，まったく制限はないことになったのだ。

FIFAとUEFAは，EUのこの決定に猛反発した。「これでは，移籍金収入で経営を成り立たせている中小のクラブがつぶれてしまう」というのがUEFAの主張だった。FIFAも，「同じサッカーなのに，EU圏内とその他の地域で制度が違うのは問題である」と，UEFAを支持した。

しかし，欧州司法裁判所で判決が出た以上，EU圏内のクラブは，すべてそれに従わざるをえなくなった。

幸いなことに，このボスマン判決と前後するように欧州サッカーにはテレビ界から巨額の資金が流れ込むようになり，UEFAがそれをうまくコントロールして中小のクラブの援助に充ててきた。数年を経ても，中小のクラブが壊滅するという事態には陥っていない。しかし，EU内とその外で選手とクラブの関係がまったく違うという状況は，決してよくない。

●新たなる問題

欧州では，別の問題も生まれはじめていた。アフリカから10代前半の少年を連れてきてトレーニングを施し，スターに育て上げようというプログラムだ。ボスマン判決後，欧州のクラブは，当然，選手と複数年契約を結ぶようになった。一部のスター選手とは，10年間もの契約を結んだ。移籍金も取れずに他のクラブにもっていかれてしまうのを防ごうとしたのだ。契約期間中に移籍させれば，EUの基本法にひっかからずに多額の移籍金（補償金）を取ることができる。しかし，スターの数には限りがある。そこで，資金的にそう裕福でない多くのクラブが，アフリカから少年を連れてきてスターを育てるという方法を編み出したのだ。ただ同然で連れてきた少年が，数年後に何億，何十億もの移籍金に化けるのなら，言うことはない。

しかし，実際には，スターになれるのは，多数の少年のなかの，幸運なごく一部にすぎない。その他の少年たちはこうしたプログラムの犠牲者になるのだ。

◇新移籍ルールの制定

FIFAとUEFAは，2000年からEUと緊密な協議を重ね，全世界に共通する新しい〈国際移籍規定〉を策定し，2001年に制定した。それは，伝統的な〈保有権〉の考えを廃棄し，選手の契約の自由を認めるとともに，こうした少年移籍の禁止，選手を育成するクラブの保護，その骨子は，以下のとおりである。

1　選手は契約以外では拘束されない。
2　18歳未満の選手の国際移籍を原則として禁止する。
3　23歳未満の選手の移籍には，移籍先のクラブから移籍元のクラブへの〈トレーニング費用〉の補償が必要となる。

日本でも2002年から実施されるこの制度，Jリーグのあり方も変わっていくにちがいない。

（大住良之）

FIFA年間最優秀選手賞

◇ナショナルチーム監督による選出

FIFAは1991年から〈FIFA年間最優秀選手(FIFA World Player of the Year)〉を選出し，表彰している。

選出にあたるのは，FIFA全加盟国のナショナルチーム監督。年末にアンケートを出し，推薦選手を１位，２位，３位と順位をつけて書いてもらう。そして，１位に５ポイント，２位に３ポイント，３位に１ポイントをつけて，総ポイント数で最終順位をつけるという方法がとられている。

それまで，FIFAは長年の功労者に〈特別功労賞〉のようなものを贈ってきたが，大会以外で現役の選手を表彰の対象としたのはこれがはじめて。しかもジャーナリストの投票ではなく，ナショナルチーム監督の投票ということで，大きな注目を集め，また，重要な表彰となっている。

2000年には，全世界から150人ものナショナルチーム監督が投票に参加し，フランスのジダンが２年ぶり２回目の〈年間最優秀選手〉となった。２位はポルトガルのフィーゴ，３位はブラジルのリバウドだった。

日本のフィリップ・トルシエ監督は，１位ジダン(フランス)，２位バティストゥータ(アルゼンチン)，３位エムボマ(カメルーン)に投票した。なかには，自分の国の選手を３人並べる監督，女子選手の名前を書く監督もいる。

(大住良之)

© P.Kishimoto

FIFA年間最優秀選手賞

1991年
1位 ローター・マテウス(ドイツ)
2位 ジャンピエール・パパン(フランス)
3位 ガリー・リネカー(イングランド)

1992年
1位 マルコ・ファンバステン(オランダ)
2位 フリスト・ストイチコフ(ブルガリア)
3位 トーマス・ヘスラー(ドイツ)

1993年
1位 ロベルト・バッジオ(イタリア)
2位 ロマリオ(ブラジル)
3位 デニス・ベルカンプ(オランダ)

1994年
1位 ロマリオ(ブラジル)
2位 フリスト・ストイチコフ(ブルガリア)
3位 ロベルト・バッジオ(イタリア)

1995年
1位 ジョージ・ウェア(リベリア)
2位 パオロ・マルディーニ(イタリア)
3位 ユルゲン・クリンスマン(ドイツ)

1996年
1位 ロナウド(ブラジル)
2位 ジョージ・ウェア(リベリア)
3位 アラン・シアラー(イングランド)

1997年
1位 ロナウド(ブラジル)
2位 ロベルト・カルロス(ブラジル)
3位 デニス・ベルカンプ(オランダ)
　　ジネディーヌ・ジダン(フランス)

1998年
1位 ジネディーヌ・ジダン(フランス)
2位 ロナウド(ブラジル)
3位 ダボール・シュケル(クロアチア)

1999年
1位 リバウド(ブラジル)
2位 デビッド・ベッカム(イングランド)
3位 ガブリエル・バティストゥータ(アルゼンチン)

2000年
1位 ジネディーヌ・ジダン(フランス)
2位 ルイス・フィーゴ(ポルトガル)
3位 リバウド(ブラジル)

アジアのサッカー 6-2

アジア・サッカー連盟(AFC)の組織と歴史

1 連盟の創設とメンバー

アジア・サッカー連盟(AFC)創設の提案がはじめて出たのは，1952年の夏だった。フィンランドのヘルシンキでオリンピックが開かれ，FIFA総会のために集まったアジア各国のサッカー協会代表の間で，〈アジアのサッカー発展のための組織結成〉が話し合われたのだ。このときの話し合いを受けて，2年後の1954年5月にフィリピンのマニラで第2回アジア競技大会が開かれたのを機に，フィリピン協会のジョン・M・クレランド会長を議長として3回の会合が持たれ，5月8日の3回目の会議でアジア・サッカー連盟(AFC)設立が正式に決まった。

創立メンバー12か国

創立メンバーは，アフガニスタン，ビルマ(現・ミャンマー)，中華民国(現・チャイニーズ・タイペイ)，香港，インド，インドネシア，日本，大韓民国，パキスタン，フィリピン，シンガポール，ベトナムの12か国。初代会長には香港のロー・マンカムが選出され，事務局長には香港の往年の名FW李恵堂(リーワイトン)が任命された。そして，本部も香港に置かれることが決まった。

発足したばかりのAFCは，1954年6月21日にスイスのベルンで開かれたFIFA総会で承認され，FIFA理事会にも議席を持つことが認められる。南米大陸には1916年以来，南米サッカー連盟(CONMEBOL)が存在していたが，欧州連盟(UEFA)もようやくAFCと同じ1954年に創立されたばかりで，ほかの大陸にはまだ大陸別連盟は結成されていなかった。

AFCの創立メンバー12か国の顔ぶれは，東アジア，東南アジア，インド亜大陸に限られている。

アジアのサッカーは，最初にインド，その後，マラヤ，シンガポール，中国へと貿易ルートに沿ってアジア大陸各地に設けられた英国植民地が中核となって普及・発展してきた。近代スポーツとしてのフットボール(アソシエーション式＝サッカー，およびラグビー)が確立されたのは19世紀半ばのことだったが，それは大英帝国が世界最強の経済大国となり，7つの海に植民地の網(貿易拠点)を伸ばしていったビクトリア朝時代のことだった。

たとえば，中国のサッカーを初期の時代にリードしていたのは香港であり，極東大会やベルリン・オリンピックなどに出場した中国代表チームの中核は香港の南華体育会(サウスチャイナ)のメンバーだった。AFCの創立メンバーの顔ぶれは，そうしたアジアのサッカーの歴史を反映したものだったのである。

西アジアに目を転じると，レバノン，シリ

アには第２次世界大戦前からサッカー協会が存在していたし，イラン，イラクにも1950年までにはサッカー協会が成立していたが，これらの諸国はまだ東アジアとの交流はほとんどなかった。

フランスの勢力圏にあったレバノン，シリアは欧州や北アフリカのアラブ諸国と交流していたし，イラン・サッカーの対外交流は中央アジア諸国に限られており，インド以東の諸国で構成されたAFCとは別個の存在でしかなかった。サウジアラビアなど湾岸産油国でサッカーが盛んになるのは1970年代に入ってからだった。

初代会長のロー・マンカムは半年で辞任。その後も第２代会長のチャン・クォク，第３代のJ・P・ローイー，第４代のN・C・チャンといずれも香港人が会長を務めていたが，1958年５月29日に東京で開かれた総会で，当時のマラヤ連邦（後にマレーシア連邦）首相だったトゥンク・アブドル・ラーマンが会長に選ばれた。以後，アブドル・ラーマンは，1977年まで20年間にわたって会長を務めた。

アブドル・ラーマンは，自らもスポーツ愛好者であり，アジアのスポーツ発展に努め，マレーシアではマラヤ独立を祝って1957年以降，毎年ムルデカ・トーナメントを開催，またアブドル・ラーマンの提唱で1959年にはアジア・ユース選手権が開催されるようになった。どちらも，アジアのサッカーの発展に大きく貢献した大会である。

1965年には，AFC事務局もマレーシアのペナン島に移され，FIFA副会長に就任した香港のリー・ワイトンに代わって，マレーシア人のコー・ヨー・テクが２代目の事務局長に就任。以後，AFCの会長職，事務局長職はマレーシア人によって受け継がれ，本部もマレーシアに置かれつづけている（事務局は当初のペナン島の事務局が洪水の被害を受けた後にマレーシアの首都クアラルンプールに移り，さらに同市内および近郊で何度か移転しているが）。

2　AFCの懸案事項

中国問題

AFCにとっての最大の懸案は，中国問題だった。

第２次世界大戦前，香港，広東，上海などを中心に，中国はアジアのサッカー界でもっとも重要な位置を占めていた。日本がスウェーデンを破ったことで有名なベルリン・オリンピックでは，中国も英国相手に０－２という善戦をしていた。

第２次世界大戦終了後の国民党と共産党の内戦を経て，1949年には毛沢東が中華人民共和国の成立を宣言し，その後も北京にある中華人民共和国のサッカー協会がFIFAに加盟していた。ところが，1954年のAFC発足にあたって，国民党の蒋介石政権とともに台湾に移った中華民国の協会が創立メンバーとして加盟し，FIFAがAFCの発足を承認したため，中華人民共和国のサッカー協会は〈２つの中国〉は認められないとして1958年にはFIFAを脱退してしまい，以後，中国本土との交流は非公式のものに限られてしまったのだ。

中国（北京）サッカー協会の復帰

そうした事態打開のきっかけになったのが，1971年のニクソン米大統領の訪中発表と，同年秋，中国の国連での議席回復という国際政治の動きだった。

1974年のFIFA総会では，ブラジルのジョアン・アヴェランジェが新しい会長に選ばれた。欧州諸国出身でない人物がFIFA会長に選ばれたのははじめてのことだった。アヴェランジェは，アジアやアフリカ諸国の票を集めるためもあって，中国問題解決に熱意を示していた。結局，アヴェランジェ会長は，台湾の中華民国協会を〈チャイニーズ・タイペイ（中国台北）〉という呼称の下でオセアニア連盟に加盟させることによって，ついに1979年になって中国（北京）のサッカー協会をAFC

およびFIFAに復帰させることに成功した。

この方式は，後にIOCなどでも踏襲されることになる。また，その後，〈チャイニーズ・タイペイ〉はAFCに復帰し，現在では中国と〈中国台北〉はAFCの枠内で共存している。

しかし，〈中国台北〉のオセアニア連盟加盟，中国の加盟問題によって，マレーシア首相でもあるAFCのアブドル・ラーマン会長は辞任に追い込まれる。多民族国家であるマレーシアでは，中国系の国民(いわゆる〈華人〉)が経済的な実権を握っており，独立後のマラヤ政府はマレー人優遇政策をつづけていた。また，第２次世界大戦直後のマラヤでは陳平(チンペン)党首率いるマラヤ共産党によるゲリラ活動が活発で，共産党支配下の中国に対して警戒心が強かったのである。

イスラエル問題

もうひとつ，AFCが直面した政治問題が，イスラエル問題である。

イスラエルは，欧州をはじめ世界に離散したユダヤ人が入植して，第２次世界大戦後にパレスチナの地につくられた国家である。パレスチナにはもともとアラブ系のパレスチナ人が住んでおり，イスラエル建国以前は入植していたユダヤ人とも平和的に共存していたが(パレスチナは第２回ワールドカップ予選に出場している)，イスラエル国家がパレスチナ人を排除する政策を採ったためパレスチナ人は難民化し，以後，周囲のアラブ諸国とイスラエルは鋭く対立し，戦争をくり返していた。

パレスチナは地理的にアジア大陸に属するので，イスラエルはAFCに加盟した。そして，第１回アジアカップでの準優勝，初期のころのアジア・クラブ選手権での連覇など，アジアのサッカーのなかではトップクラスの実績を誇っていた。1970年のメキシコ・ワールドカップには，イスラエルがアジア代表として出場した。

アラブ諸国の台頭

一方，第２次世界大戦後，エネルギー資源のなかで石油の重要性が高まり，大規模な油田をかかえるペルシャ湾岸諸国は石油輸出によって莫大な収入を得ることになる。アラブの産油国は，このオイルダラーと呼ばれる収入の一部を使ってスポーツとくにサッカーの振興に力を入れ，1970年代には中東諸国のサッカーのレベルが急激にあがってきていた。

サウジアラビア(1959年)，クウェート(1962年)につづいて，1970年代に入るとカタール(1970年)，UAE(アラブ首長国連邦＝1972年)などがAFCに加盟して，豊富な資金力にものをいわせて発言力を強めてくる。

1973年のいわゆる第３次中東戦争とそれにともなうオイル・ショックによってアラブ諸国は，スポーツ大会の場でもイスラエルとの対戦を拒否する動きが出てきた。こうして，AFCのなかでもアラブ諸国の発言力が高まってきた結果，1977年にはイスラエルをAFCから除名することが決まったのだ。イスラエルは，大陸連盟には加盟せず，直接FIFAに所属し，ワールドカップ予選などでは欧州グループに入ることになった(現在ではイスラエルは欧州サッカー連盟に正式に加盟している)。

3 AFCの近況と組織

残念ながらサッカーの競技力ということでは，アジア大陸は欧州，南米はもちろん，アフリカ，北中米カリブ海の後塵を拝しているのが現状である。だが，1954年にわずか12か国によって創立されたAFCは，現在では45か国が加盟する組織に成長し，広大な地域と膨大な人口，そして20世紀後半に飛躍的な発展を遂げた経済力を背景に持っている。21世紀最初の2002年ワールドカップは，アジア大陸での共同開催と決まった。

1990年代前半には，ソビエト連邦の崩壊にともなって独立した中央アジア５か国(カザフスタン，ウズベキスタン，キルギス，タジキスタン，トルクメニスタン)がAFCに加盟した。アジアの勢力地図を見ると，プロリーグの発足によって急激にサッカーが発展しつつある日本，韓国，中国の東アジア勢，そして，オイルマネーを使って，1970年代から1980年代にかけて急速に強化した中東勢，そして，欧州サッカーの流れを汲む中央アジア勢が３大勢力といってよいだろう(カザフスタン連盟はAFCを脱退し欧州連盟に加盟の意向と伝えられている)。そして，地理的にはそうしたサッカー先進地域の中間に位置する東南アジアに属するマレーシアがバランサーとなって，アジア・サッカー連盟(AFC)という組織が成り立っている。

AFCの最高決定機関は総会であり，アジア競技大会とともに４年に一度，定期総会が開かれ，中間年には中間総会が開かれる。そして，総会によって選出される任期４年の理事会が執行機関である。理事会の下には17の常任委員会が設けられており，執行機関として事務局が置かれ，事務局長が執行にあたる。

1977年にアブドル・ラーマンが会長を辞任した後，イラクのカンビズ・アタビが会長代行となったが，その後マレーシアの王族であるタン・スリ・ハジ・ハムザ会長となり，さらに同じく王族の１人スルタン・ハジ・アーメド・シャーが跡を継いで現在にいたっている。また，事務局長もコー・ヨー・テクの後，やはりマレーシア人であるトー・チィエ・ヒンが受け継ぎ，1978年からはインド系マレーシア人で，元代表選手で教師でもあったダト・ピーター・ベラパンが事務局長として実権を握って今日にいたっている。

(後藤健生)

アジアの主要な代表チームの大会

1　アジアカップ

アジア・サッカー連盟(AFC)主催の大会のうち，もっとも重要な大会がアジアカップである。コパアメリカ(南米選手権)，欧州選手権などと同じ，ナショナルチームによる大陸別選手権大会のひとつである。参加チームは予選を行い，予選勝ち抜きのチームと開催国のチームを含めて決勝大会が開かれる。

1956年大会

まず，この大会の歴史を振り返っておこう。

1954年にマニラで開かれたAFC設立総会にあたって，中心となったフィリピン協会のクレランド会長が起草した大会規則によれば，アジア大陸は３地区に分けられ，各地区予選を勝ち抜いた３チームに開催国を含めた４か国が参加して，本大会を開くことになっていた。そして，AFC結成２年後の1956年にAFC本部の所在地であった香港で第１回大会が開かれ，AFCの創立メンバーである加盟12か国中の８か国が参加した。

第１回大会は西地区から唯一の参加となったイスラエル，中地区予選を勝ち抜いたベトナム，東地区の韓国に開催国の香港を加えて4チームが参加して開かれ，リーグ戦形式で優勝を争った。第１回大会では韓国が２勝１敗で優勝，イスラエルが準優勝となった。

1960年～1968年大会まで

４年後には，第２回大会が前回優勝の韓国の首都ソウルで開かれ，地元の韓国が３戦全勝で優勝。イスラエルが準優勝となった。そして，第３回はイスラエルのテルアビブで開かれ，このときも地元のイスラエルが３戦全勝で優勝した。

1968年の第４回大会にはイランがはじめて参加し，同時に本大会の開催国となった。リーグ戦方式で行われた本大会では，イランが４戦４勝で優勝を飾り，かつての強豪ビルマ(現・ミャンマー)が２位に食い込んだ。なお，この第４回には，日本のB代表チームが参加したが，予選敗退となった。

1972年，1976年大会

1972年大会からはアラブ諸国が参加し，クウェートとイラクが本大会に勝ち残った。そして，この大会から本大会が総当たりリーグ戦ではなくなり，３チームずつ２組に分かれて1次リーグを行い，上位２チームが準決勝に進むという方式に変更となる。タイで行われた本大会の決勝ではイランが２－１で韓国を下して，連覇を達成した。

1976年大会はふたたびイランで行われ，決勝ではイランがクウェートを１－０で下して３連覇を遂げた。レザ・シャー・パフラヴィ(パーレビ)国王統治下で近代化を推進していた当時のイランは，サッカーの世界でもまさに黄金時代を迎えており，1978年にはアルゼンチンで開かれたワールドカップにも出場した。なお，1976年大会にはFIFAに復帰したばかりの中国が参加し，３位に入った。また，この大会には北朝鮮，日本のA代表がはじめて参加するなど，予選参加申し込みは17か国に達した(ただし，レバノン情勢の悪化により，棄権があいついだ)。日本は，このときも予選で敗退している。

1980年，1984年大会

つづく1980年大会は，クウェート開催となった。AFC最高の大会がクウェートで開かれたことは，中東湾岸産油国の勢力拡大の現れであり，この大会の後，アジアカップ本大会は東アジアと西アジアで交互に開かれることが暗黙の了解事項となった。参加国はこの大会でも17か国。本大会参加国も10か国に拡大され，５チームずつ２組でグループリーグ戦を行った結果，準決勝では韓国が北朝鮮に２－１で勝って決勝に進出。しかし，韓国は決勝ではクウェートに０－３で敗れ，地元クウェートが初優勝を飾った。

1984年大会も同じ形式での大会となり，この大会には21か国が参加。シンガポールで開かれた本大会では，東南アジアでの大会であったにもかかわらず，ベスト４のうち３チームが中東勢となり，アジアのサッカー界での中東勢の躍進ぶりを示した。準決勝では，PK戦でイランを下したサウジアラビアが，決勝でも中国を破って初優勝。サウジアラビアは，これ以降５回連続で決勝に進出することになる。

1988年，1992年大会

1988年大会は，カタールのドーハで開かれた。22か国が参加したこの大会でも10チームが本大会に進んだ。決勝トーナメントは接戦の連続となり，決勝でもサウジアラビアと韓国が０－０で引き分け，PK戦の末，サウジアラビアが４－３で勝って連覇を飾った。なお，この大会には日本の大学選抜チームが参加し，はじめて予選を突破した。日本は本大会にも大学選抜チームを派遣したが，１分３敗の最下位に終わっている。

1992年には，1994年アジア大会のプレ大会および2002年ワールドカップ招致活動の一環として，日本の広島でアジアカップが開かれた。この年の春に，はじめての外国人監督としてハンス・オフトが就任した日本は，夏に行われたダイナスティ・カップで優勝。翌年のＪリーグ発足を前に地元優勝をねらっていたが，アラブ首長国連邦(UAE)，北朝鮮に連続して引き分けてしまい，グループリーグ敗退の危機を迎えたが，最終戦でイランを下して勢いに乗ると，準決勝では中国，決勝ではサウジアラビアを下して，ついにアジアカップを手にした。

なお，1992年大会では，本大会参加国数はふたたび８チームにへらされた。

1996年大会

アラブ首長国連邦(UAE)で開かれた1996年大会では，決勝大会参加国数が12にふえ，開催都市数も従来のように１都市でなく，同国の首都のアブダビなど３都市で行われた。また，ソ連の崩壊によって独立した中央アジア諸国がアジアカップにはじめて参加し，ウズベキスタンが予選を勝ち抜いた。

本大会では12チームが３つのグループに分かれて戦い，各組上位２チームと３位のう

▲2000年，2度目のアジアカップ優勝を喜ぶ日本チーム
© P.Kishimoto

ち成績のよいチームの合計8チームが準々決勝に進んだ。そして，日本，中国，韓国の東アジア勢は準々決勝で姿を消し，イランとサウジアラビア，建国25周年を記念してベテラン主体の最強チームを送り込んできた地元のUAE，それにイラクの侵攻から立ち直ったクウェートによる優勝争いとなり，中東勢が圧倒的に優位に立った大会となった。結局，サウジアラビアが準決勝でイラン，決勝でUAEとともに無得点のまま引き分け，いずれもPK戦で勝って王座を奪回したが，完全にアジアの強豪の地位を回復したイランの攻撃力も注目された。

2000年大会

2000年大会は，東西交互開催の原則が破られ，やはり中東のレバノンで開かれた。12か国が参加し，準々決勝・決勝からノックアウト戦という方式は，前回を踏襲したもの。大会はグループリーグで，日本が前回チャンピオンのサウジアラビアに4－1，ウズベキスタンに8－1と大勝。その後，監督を更迭して立ち直ったサウジアラビアとの決勝戦に苦戦したものの，日本は6試合で21得点，6失点という圧倒的な攻撃力で2度目の優勝を飾った。

2004年大会は，本大会参加国数を16か国に拡大して，中国を舞台に開かれることが決まっている。

2 アジア競技大会

アジア全域のフル代表チームが出場する大会としては，ほかにアジア競技大会がある。オリンピックと同じ総合競技大会だが，サッカー競技に関しては，出場資格をめぐってさまざまな問題があったオリンピックとは違って，アジア大会の場合，サッカーは最大の観客動員が期待できるメイン種目と考えられている。

第1回アジア大会は，1951年にインドのニューデリーで開かれ，6か国が参加し，地元のインドが優勝，イランが2位，日本が3位という結果が残っている。日本は，アジアカップには長いこと本格的に参加しなかったが，体育協会の予算から参加費用が出ることもあって，アジア大会には積極的に参加してきた。

アジア大会は，その後1954年からはオリンピックの中間年に4年に一度開かれている。第2回大会が開かれたマニラでAFCが設立されたのは，〈アジア・サッカー連盟(AFC)の組織と歴史〉の項で述べたとおりである。第2回，第3回大会では，中華民国(台湾＝実際上は香港選抜)が連覇を飾り，韓国が連続して2位に入っている。

1962年のジャカルタ大会ではインドがふたたび優勝し，1966年，1970年(どちらもバンコク開催)はビルマ(現・ミャンマー)が連覇した(1970年大会は決勝で韓国と引き分け，同位優勝となった)。インド，ビルマは旧英国植民地で，第2次世界大戦前はアジアのサッカーの先進地域であり，インドは1950年のワールドカップ予選も勝ち抜いた(本大会は棄権)。その後はすっかり地盤沈下してしまったが，アジア大会では1970年ごろまでその力を発揮していたわけだ。

1970年代に入ると，アジア大会にもアラブ諸国が参加し，また1994年の広島大会からは中央アジア勢も参加。アジアカップと違って予選を実施しないので，各地域で盛んなサッカー競技の場合，参加国数が多くなりすぎ，また入場料収入拡大のため主催国が試合数をふやそうとするため，過密日程が大きな問題となっている。

AFC内部には，アジアカップを最高の大会と位置づけ，1998年の第13回大会からはオリンピックと同じく23歳以下の代表による大会とするというアイディアもあったが，この計画は実現しなかった。ただ，第13回大会には，日本がU-21代表で参加したほか，韓国も若手主体で参加するなど，国によって異なった性格のチームを送り込んできたが，最強メンバーのフル代表で参加したイランが優勝している。

3　ワールドカップ・アジア予選

アジア大陸で，ナショナルチームが参加する第3の大会が，ワールドカップ予選である。予選の方式は毎回のように変わっているが，アジアカップ，アジア大会がともに予選，本大会とも集中開催で行われるのに対して，ワールドカップ予選はホーム・アンド・アウェー制が取り入れられている唯一の大会である。

4　その他の大会

地域別大会

その他の大会としては，各地域ごとの選手権がある。

極東地域では1989年以来〈ダイナスティ・カップ〉が開かれていたし，総合競技大会である〈東アジア大会〉も３回目を迎えている。東南アジアには，総合競技大会である〈東南アジア大会〉と，サッカー単独の大会としてかつては〈東南アジア半島大会〉があり，現在は東南アジア10か国すべてが参加する〈タイガーカップ〉がある。インド亜大陸では，〈南アジア競技大会〉。中東諸国では，湾岸協力会議諸国が参加する〈ガルフカップ〉がある。そして，中央アジア諸国も〈中央アジア大会〉という総合競技大会を行っている。さらに，アジア大陸のアラブ諸国だけでなく，北アフリカのアラブ諸国が参加する〈アラブカップ〉も不定期的に開かれる。

年齢別大会

また，年齢別の競技大会としては，1959年に，当時のアブドル・ラーマンAFC会長の提唱ではじまった〈アジア・ユース選手権大会〉があり，アジアのサッカーの発展に大いに貢献した。

1970年代までは毎年開催されていた同大会だが，現在はFIFAのワールドユース選手権のアジア予選として位置づけられるようになり，FIFAの大会の前年に２年に一度開かれるようになった。また，FIFAの17歳以下の世界選手権発足により，アジア予選を兼ねた〈アジア・ユース(U-16)選手権〉も同じく２年に一度開かれている。

招待大会

1957年にはじまったマレーシアの〈ムルデカ大会〉は，公式選手権大会ではない招待大会だったが，アジアのサッカーの交流，発展のために大きな役割を果たした。また，その他の国が開く招待大会も数多く存在していた。ムルデカ大会のほか，主なものには，バングラデシュの〈アガ・カーン・ゴールドカップ〉，インドの〈ネルー・ゴールドカップ〉，タイの〈キングスカップ〉，シンガポールの〈マーライオンカップ〉，インドネシアの〈マラハリムカップ〉，韓国の〈大統領カップ〉，日本の〈ジャパンカップ(キリンカップ)〉などがあった。

だが，現在では各レベルの公式大会が整備されたため，こうした大会は一部存続はしているものの，かつてのような大きな意味のある大会ではなくなっている。　(後藤健生)

アジアの主要なクラブチームの大会

アジア全体が参加するクラブチームの大会としては，アジア・クラブ選手権とアジア・カップウィナーズ選手権の２つの大会，そして両大会の優勝チーム同士が対戦するアジア・スーパーカップがあるが，欧州，南米，アフリカの各大陸にくらべると，その歴史はまだ浅い。

1 アジア・クラブ選手権

アジア・クラブ選手権は，欧州チャンピオンズカップ(現・チャンピオンズリーグ)を模した大会であり，参加資格は各国リーグのチャンピオン・チームである。

1966年にタイのバンコクでアジア大会の際に開かれたアジア・サッカー連盟(AFC)総会で，サー・スタンリー・ラウスFIFA会長の提案で開催が決まり，翌1967年から実施されたのだが，４回行われただけで中断してしまう。

イスラエルチームの独壇場

1967年には，８チームが参加して第１回大会が開かれた。第１回大会は欧州カップと同じようにホーム・アンド・アウェーで行われ，決勝はタイのバンコクで開催された。そして，当時はAFCに属していたイスラエルのハポエル・テルアビブが，マレーシアのスランゴールを２－１で破って優勝。広大なアジア大陸では移動のための負担が大きすぎることから，1968年の第２回大会はバンコクで短期集中開催され，今度は同じテルアビブのマッカビが韓国の中央情報局のチーム陽地(ヤンジ)を１－０で破って優勝する。

1969年には大会は開かれず，第３回大会は1970年にイランのテヘランで開かれ，地元イランの空軍のクラブ，タージがハポエルを２－１で破って，イスラエル以外のチームとしては初優勝。第４回大会はふたたびバンコクに戻り，マッカビ・テルアビブが２回目の優勝を飾り，優勝カップを取り戻した。

第１回から第４回まで，イスラエルのチームが優勝３回，準優勝１回と，圧倒的な強さを発揮した。

４回で中断した理由

欧州カップと違って，集中大会として行われるようになったのは，広大なアジア大陸でホーム・アンド・アウェー方式の大会を行うのは不可能と思われたからだった。したがって，大会が第４回で中断してしまった理由は，一般には移動の負担が大きすぎたためとされているが，実はイスラエルのチームが強く，アラブ諸国との間で政治的対立を生んだからだった。1970年の第３回大会では，レバノンのホメネトメンが準決勝でハポエルとの対戦を拒否，第４回ではイラクのアル・シュルタが決勝戦を棄権してしまったのだ。

そして，1972年には第３次中東戦争が勃発。中東を中心とする石油輸出国機構(OPEC)が石油の生産調整を実施し，石油危機が引き起こされてしまった。これによって政治の世界と同様，AFC内部でもアラブ諸国の発言力が増し，ついに，まだ生まれたばかりだったアジア・クラブ選手権大会も中止に追い込まれてしまったのだ。

なお，発足したばかりの日本サッカーリーグで，４連覇を成し遂げた東洋工業も第２回大会に参加し，３位に入賞しているが，ほかの３回の大会には日本チームは参加していない。

大会復活

AFCは，1985年にこの大会を復活する。イスラエルはすでにAFCから離れ，1970年代，1980年代の経済発展のおかげで，多くのチームが参加するだけの財政的基盤もできていた。実際，1985年から1986年にかけて開かれた第５回大会(再開後最初の大会)には25チームが参加している。そして，それ以降，大会は毎年行われるようになった。

再開後も，大会の形式は少しずつ変化しているが，現在は次のような方法で行われている。参加国は東地域と西地域にゾーン分けされ，ホーム・アンド・アウェー方式で１回戦，２回戦が行われ，各地域で勝ち抜いた４チームずつで準決勝リーグが行われる。この準決勝リーグは1か国での集中開催である。そして，最後に両地域の準決勝リーグの上位２チームずつ，合計４チームがふたたび１か国に集まって，１回戦制の準決勝，決勝を戦い，優勝チームを決める。

現段階での課題

しかし，現在の方式には，いくつかの問題点がある。弱小チームが参加する１回戦，２回戦では２けた得点の大差となるようなゲームも多い。このような試合をホーム・アンド・アウェー方式で行っているのだが，弱小チームは財政的にも苦しく，またこうした試合では観客動員は望めないから，財政的な負担は大きい。こうして，１回戦，２回戦では無理をしながら，ベスト８以降は集中方式に変わってしまうのだ。しかも，東西のベスト４が顔をそろえた決勝大会が，参加国のひとつでの集中大会となることはあまり公平でないし，観客動員にもつながらない。

さらに，大会の日程も一応の決まりはあるものの，実際には対戦国が決まってから，両国の間で調整して決められることが多い。準決勝リーグや決勝大会の日程すら，直前に決まることになるのだ。それによって，各国とも国内の日程との調整がむずかしく，強豪が参加しない，あるいは途中棄権するなどといったことも頻繁に起きている。

80年代後半の優勝争い

日本チームはアジア・クラブ選手権大会が再開してからは，1985年大会に古河電工が史上はじめて天皇杯の日程を変更して参加し，サウジアラビアのリヤドで行われた決勝大会で地元の強豪クラブ，アル・ヒラルに勝って見事に優勝を飾った。西ドイツで活躍していた奥寺康彦が帰国して，古巣の古河電工に復帰したばかりの大会で，日本に帰国してから奥寺がもっとも活躍した大会となった。公式国際大会での日本チームの優勝は，1930年の極東選手権(中国と引き分け，同位優勝だった)以来のことだった。

つづく1986年にも，黄金時代を迎えつつあった読売クラブが勝ち進んだ。そして，決勝ではサウジアラビアのアル・ヒラルと対戦することが決まったが，サウジアラビアの大学の試験日程と試合が重なり，アル・ヒラルは棄権してしまったのだ。読売クラブは，その後もこの大会には何度も参加しているが，日本リーグの日程と調整がつかず，なかなか最強メンバーで戦えない状態がつづいていた。

1988年には，読売クラブのライバルだった日産自動車が勝ち進んだが，決勝で当時国内リーグでの覇権を握りつづけていた中国の遼寧省に惜敗してしまう。

90年代－３強時代

その後は，中東のチーム，タイのファーマーズバンクなどが優勝を分け合うようになる。韓国は，国内リーグの日程優先で，この時期はほとんど参加を見合わせていたが，1995年から1996年の大会で一和が優勝すると，その後は本気で参加し，３年連続で韓国勢が優勝する。

さらに，1990年代の終わりには，日本のJリーグクラブも，最強チームを送って優勝をめざすようになり，1998年から1999年の大会でジュビロ磐田が優勝，磐田はその後毎年のように決勝大会に残っている。

現在では，アジア・クラブ選手権大会の優勝争いは日本，韓国，サウジアラビアにほぼ絞られた状況だが，日程問題など解決しなければならない問題は多い(後述)。

なお，この大会の優勝チームは，かつてアフリカ・チャンピオンズカップ優勝チームと，アジア・アフリカ・クラブ選手権をかけて対戦することになっており，古河電工がエジプトのザマレクと，読売クラブが同じくエジプトのアル・アリと対戦し，ともに敗れている。しかし，2006年ワールドカップ開催国決定の過程でAFCとアフリカ・サッカー連盟(CAF)の関係が悪化してしまい，1999年を最後にアフリカとの対戦はなくなっている。

2　アジア・カップウィナーズ選手権

アジア・クラブ選手権の成功を受けて，AFCは欧州カップウィナーズカップを模したアジア・カップウィナーズ選手権を1990年から開催することにした。各国のカップ戦(日本では天皇杯)優勝チームの大会だが，カップ戦がない国の場合は，なんらかの方法で選ばれたチームが参加する。

参加チームは，やはり東西両地域に分けられ，ホーム・アンド・アウェー方式でベスト４まで絞られる。かつては〈決勝まですべてホーム・アンド・アウェー〉というわかりやすい方式だったが，現在では残った４チームが集まって，集中方式で決勝大会が行われ，なぜか西地域同士，東地域同士で１回戦制の準決勝が行われ，決勝進出チームが決まる。

アジア・クラブ選手権と同じく，大会の方式にも問題ありといわざるをえない。しかも，この大会でもやはり日程の調整が大きな問題となっている。

日本チームの優勝目白押し

1990年の第１回大会では，イランのピルージが，アル・ムハラクを破って優勝。第２回大会では，日産自動車がサウジアラビアのアル・ナスルに２試合合計で６－１という大差で初優勝。第３回は，日産自動車の後継チームである横浜マリノスが，イランのピルージと対戦。ホームゲームで１－１と引き分けてしまい，アウェーでテヘランに遠征するものの大雪で試合が中止というアクシデントに見舞われ，再度遠征した敵地テヘランでの試合で10万人以上の観衆の前でピルージを１－０で破って，連覇を果たした。

第４回大会では，横浜マリノスは日程の問題で棄権せざるを得なかったが，第５回大会ではベルマーレ平塚，第６回大会では横浜フリューゲルスが優勝。さらに第10回大会でも清水エスパルスが優勝。アジア・カップウィナーズ選手権では，日本のチームが半数近くの大会で優勝している。

3　アジア・スーパーカップ

アジア・クラブ選手権とアジア・カップウィナーズ選手権の勝者は，アジア・スーパーカップを戦う。1995年から行われているイベントである。

欧州にもスーパーカップはあるが，欧州の場合は，シーズン開幕を告げるプレシーズンマッチ的な色彩が濃い。しかし，アジアのスーパーカップは，それ以上の意味のある試合となっている。というのは，この試合の勝者がFIFA主催のクラブ世界選手権大会の出場権を得るからである。

第１回大会では横浜フリューゲルス，第２回大会はベルマーレ平塚と，日本のチームが連覇してはじまったスーパーカップ。その後は，日本チームの優勝がなかったが，ついに1999年のアジア・クラブ選手権でジュビロ磐田が優勝し，世界選手権への参加権を得たのである。

今後の課題

先にも述べたように，アジアのクラブチームによる大会には，日程の問題などをめぐって多くの問題がある。

試合日程については，いずれFIFAの共通カレンダーづくりと絡んで，徐々にではあるが整備されていくことだろう。

また，アジアでは上位国と下位国の格差が大きすぎ，大差のつくゲームが多すぎる。こんな試合をしていてもアジアのサッカーの強化にはつながらない。なんとか下位同士，上位同士の実力の伯仲した大会をふやしていくべきだろう。強いチーム同士の対戦機会をもっとふやすためにも，大会方式の見直しが不可欠だろう。

AFCは両大会を統合したスーパーリーグの開催を決めている。詳細は未定だが，どのような方式の大会となるのか注目したい。

AFC主催の２つの(スーパーカップを入れれば３つの)クラブチームの大会のほかに，地域的にクラブチーム同士の試合が行われているケースは，代表チームの大会にくらべるとはるかに少ない。東アジアではかつて日本リーグ・チャンピオンと韓国の国内リーグ（実業団リーグ，銀行リーグ，プロリーグなど）の優勝チームの間で大会が行われており，現在は中断しているが，数年のうちには中国なども含めたクラブチーム同士の大会が実現しそうだ。また，アラブ諸国の間では，クラブの大会も行われている。　　(後藤健生)

アジア各国の現況

1990年代のアジアのサッカーを振り返ってみると，アジアカップ，アジア大会そしてワールドカップ予選を通じて，日本，韓国，中国，イラン，サウジアラビア(東から)が，時によって順序は変わってもつねに上位を占めつづけてきた。これ以外では，イラク，クウェート，アラブ首長国連盟(UAE)，ウズベキスタンなどが，これらの大会でそれぞれ一度上位に残ったことがあるだけだ。

そこで，この項では韓国，中国，イラン，サウジアラビアのサッカーの現況について簡単に紹介することとする。

1　韓国のサッカー

「韓国人はサッカーをするために生まれてきた民族である」といわれるほど，サッカーが盛んな国だった。第２次世界大戦前の日本統治時代から，日本のチームと互角の戦いをしていたし，日本の敗戦にともなって独立を回復すると，1948年のロンドン・オリンピック，1954年のスイス・ワールドカップに出場している。アジアカップやその他の各種の招待大会では，圧倒的な強さを発揮していた。そして，1986年に32年ぶりのワールドカップ出場を果たすと，以後，共同開催国となった2002年を含めて５回連続でワールドカップに出場することになる。そして，オリンピックでも1988年のソウル・オリンピック以来連続して出場をつづけている。

▲韓国サッカー界のスーパースター洪明甫　©P. Kishimoto

一方，国内でも他のアジア諸国に先駆けて，1993年にプロ・リーグ(初期はアマチュアチームも含めたスーパーリーグ)が発足し，以後プロ野球の後塵を拝する低迷期もあったが，最近は人気を盛り返している。だが，韓国ではナショナルチームが優先されている状況は変わらない。

世界に勝てない韓国

ただ，ワールドカップでは，1998年大会まで５大会に出場しているが，いまだに本大会での勝利がないし(４分10敗)，オリンピックでも１次リーグ敗退をくり返している。アジアでは圧倒的な強さを誇りながら，世界では勝てないのが韓国の現状なのである。

行き詰まりの原因はいくつかある。

第１に，施設の貧弱さ。これまで，韓国ではちゃんとした芝生の完備した競技場や練習場はほとんど皆無に等しく，芝生の上でのプレーの機会が限られていた。大学などの全国大会でも人工芝の上でのプレーを強いられていた。大学，高校，中学の練習場でも，状態は悪い。

第２に，学校以外の育成組織がなかったこと。そして，学校でのエリート教育の弊害があった。各年代の学校のうち，サッカー部があるのは一部の指定校だけで，サッカー部の生徒は一般学生とはまったく別に採用され，授業も一部免除でサッカーのエリート教育がなされる。そして，各年代の学校で全国大会のベスト４に入らないと上の年代の指定校には進めないのだ(これを〈四強制度〉という)。したがって，弊害があることがわかっていても，サッカーをつづけるためには勝利至上主義の教育をせざるをえない。

第１と第２の原因で，韓国のサッカーはたいへんに力強く，精神的にも勝負強いが，戦術的にはゴール前にロングボールを蹴り込む単純なプレーが多くなってしまう。

第３に，プロクラブの経営の劣悪さ。韓国のプロ球団は，財閥企業の宣伝活動の一部とみなされており，企業丸抱えで，赤字は企業が全面的に補塡するので，収入をふやすための努力もなされていないクラブが多い。親企業はリーグ戦での成績のみを重視し，財政基盤が貧弱なので育成のための下部組織の充実が不可能になってしまう。

そして，最後に，兵役制度の存在で，選手たちはプロになってもキャリアのピークである20代に競技生活を中断せざるをえないのだ。

▶2002年ワールドカップ ▶開催後に期待

しかし，こうした劣悪な状況も少しずつではあるが，変わりつつある。

すでにプロクラブ入団の際のドラフト制度はなくなったし，〈四強制度〉も近い将来には見直されることだろう。現場のコーチたちは，その弊害をよく知っている。クラブのなかには新しい経営形態を模索する動きもある。そして，施設面では2002年のワールドカップ開催で，環境は一変するはずだ。国内10か所に新しいワールドカップ用スタジアム(その多くがサッカー専用スタジアム)がつくられ，その他，キャンプ地には芝生のトレーニング・グラウンドができるのだ。これらの施設をうまく維持管理していけば，韓国のサッカーのレベルは一段と向上することだろう。

2 中国のサッカー

中国のサッカーは1994年のプロ化で，大きく変わりつつある。

それまでは全国大会といっても，集中大会を何度か行う形式だったが，プロ化とともにホーム・アンド・アウェーのリーグ戦(１部，２部)となった。そして，各チームは，財閥企業の支援を受け，チーム名も〈都市名プラス企業名〉が定着している。

バックにある親企業の出資額によって，クラブの経営規模はかなり異なるが，企業の支援がついたことによって，育成のための下部組織が充実してきている。各クラブともユース年代のチームを持ち，専用のトレーニング・グラウンドも整備されている。そして，各クラブとも外国人も含めてプロのコーチを育成に当たらせている。最近では，プロ選手のほとんどがプロクラブの下部組織育ちになっているという。

▶数年後の注目株

今後数年もすれば，こうした新しい組織の

▲中国のヤン・チェン　©P. Kishimoto

なかから優れた若手選手が育ってくることだろう。そうなれば，中国サッカーが大きく変わるのは間違いない。2001年のワールドユース選手権で，中国はアジアで唯一，グループリーグを突破，決勝トーナメントでも優勝したアルゼンチンを苦しめる戦いをした。

だが，現在の状況では，ナショナルチームでも，クラブチームの試合でも，まだまだ体格のよさを生かしたロングキック多用の戦術が主流を占めている。

ナショナルチームでは，名将といわれるボラ・ミルティノビッチ監督の手腕で2002年ワールドカップ出場を決めたが，本当の注目は数年後である。

中国では，毎年春に雲南省の昆明にすべての中国人プロ選手を集めて，合同合宿を行い，ここで体力テストを行って，基準に満たない選手はプロ契約ができないという制度がある。かつては代表選手でありながら，このテストに合格せず，シンガポールのクラブに移籍してしまった選手までいた。現在は，さすがに代表選手は検査を免除されているが，それにしても体力だけでサッカー選手の能力を測るというのは理解できないことだし，中央集権的な考え方である。

社会主義など全体主義の国では，思考の柔軟性が失われ，サッカーという発想の豊かさを競うスポーツでは，本当に強いチームは生まれない。経済の自由化につづいて，政治，社会の自由化が進んだときこそ，中国のサッカーが本当に変わるときだろう。

3　イランのサッカー

同じ中東といっても，イランは湾岸産油国とはまったく状況が異なっている。

第1に，この国も多民族国家であるが，人口の約半分を占める主要民族であるペルシャ人は欧州の白人と同じくアーリア系民族であり，体質的にも他のアジア人やアラブ人とは違う強さを持っている。

スポーツの歴史も湾岸諸国にくらべればはるかに古く，スポーツクラブは裕福ではないが，政府からは独立した民間組織で，競争原理で動いている。

西側諸国からの経済援助を使って，近代化路線を歩んだレザ・シャー・パフラヴィ（パーレビ）国王の時代には，政府の豊富な資金が投入され，イランのサッカーは最初の黄金時代を迎え，アジアカップでは1968年大会から3連覇。そして，アジア大会ではテヘラン開催の1974年に優勝。そして，1978年にはアルゼンチン・ワールドカップに出場している。

ところが，1979年に強引に近代化を推し進めたパフラヴィ国王に対する反発が強まり，ホメイニ師に指導された革命が起こり，イランはイスラム法学者によって指導される宗教国家となった。

新政府は，当初はスポーツには力を入れず，8年間にわたるイラクとの戦争もあって，イランのサッカーは弱体化したと思われたが，戦争が終わるとたちまち強化され，1990年の北京でのアジア大会に優勝。最近では1997年のワールドカップ予選のプレーオフでオーストラリアに競り勝って本大会に出場し，同年のアジア大会でも優勝を飾っている。

ただ，選手たちの生活は貧しく，多くの選手が欧州のクラブに出てしまい，代表チームの強化が進まないという問題がある。しかし，若手も順調に育っており，イランがアジアのサッカーをリードする立場にあることは間違いないだろう。

▲イランのストライカー・ダエイ　©P. Kishimoto

4 サウジアラビアのサッカー

サウジアラビアなど中東の湾岸産油国は，中東からペルシャ湾を通ってインド洋，東南アジア，そして極東地域へのルートに当たっていたため，英国の勢力下にあり，その影響でサッカー自体は古くからプレーされていた。だが，本格的にサッカーの強化がはじまったのは1970年ごろから。第３次中東戦争およびその後の原油価格の上昇によって豊富なオイル・マネーが入り，その資金をスポーツに注ぎ込んだのだ。湾岸諸国のサッカーの現況は共通性が多いので，ここではサウジアラビアの例を述べたい。

施設の充実と一流コーチの招へいで強化

サウジアラビアでこの任に当たったのが青少年福祉省。サッカー強化は，まず施設の建設からはじまった。それまでは，首都のリヤドでもグラウンドは２面しかなかったというが，政府はスポーツクラブを設立し，そこにスタジアム，サブグラウンド，体育館，宿舎，会議室など，欧州の総合スポーツクラブと同じような施設を建設する。そのため，現在でも各クラブの施設はよく似た設計で，各クラブのクラブカラーに塗り分けられているだけで，構造自体は似かよっている。

次に，各競技に外国人の一流コーチを招へいする。バスケットボールはアメリカ人，柔道や空手は日本人や韓国人といったように，そのスポーツに応じてさまざまな国籍のコーチが招かれた。サッカーの場合も，欧州(とくにユーゴスラビアなどの東欧)や南米から多くのコーチがやってきた。そして，代表チームの監督には，たとえばブラジルのザガロやイングランドのドン・レビーなど各国の代表監督経験者級が招かれた。

そして，スポーツクラブやオリンピック委員会の運営を担当する役員とすべく若いスポーツ官僚が欧米の大学に留学し，最新のスポーツ経営学を身につけて，サウジアラビア・スポーツの運営に当たっているのだ。

各クラブは無給のボランティア役員によって効率的に運営されており，若い選手の育成にも資金が投入され，いっさいの費用をクラブがもって子どもたちがサッカーなどのスポーツに打ち込める環境にある。このあたりも，欧州などの総合スポーツクラブと同じだ。

驚異的な成績

こうした努力が実って，サウジアラビアは1980年代に入るとアジア最強国のひとつとなり，1984年のロサンゼルス・オリンピックの出場権を獲得。また，アジアカップでは1984年大会以来５大会連続で決勝に進出という驚異的な戦績を残している。また，ワールドカップ出場はなかなか実現しなかったが，1994年，1998年と２大会連続出場を果たし，1994年大会では２勝１敗の成績でグループリーグを突破した。

問題点があるとすれば，現在でもスポーツクラブの運営資金は政府の資金，およびクラブの役員となっている王族のポケットマネーや王族の関連企業からのスポンサー料でまかなわれており，また，プロ選手の給与はオリンピック委員会の査定によって，青少年福祉省つまり政府が支払っている。その結果，クラブ間の競争原理が働かず，国内リーグなどの観客動員が伸びない状況がつづいている。

(後藤健生)

▲サウジアラビアのジャバ　©P. Kishimoto

韓国サッカーの歴史

◇サッカーは民族高揚の武器だった

朝鮮半島にサッカーが伝わったのは1882年。伝えたのは，イギリス軍艦の乗組員たちだった。彼らは異国での退屈しのぎにサッカーボールを蹴って遊び，興味を示す住民にはボールを寄贈した。それが，韓国サッカーの出発点となった。

その後，欧州から渡来した宣教師や外国語学校の教師たちがサッカー普及の役割を担った。朝鮮半島は，アジアのなかでキリスト教の布教がもっとも成功した国のひとつであり，その布教活動にサッカーがよく活用された。

なにしろ，ボールひとつあれば大勢が楽しめるサッカーは，貧しかった朝鮮半島において身の丈に合った娯楽だった。役所のサークル，外国語学校，教会などでサッカーが盛んに行われたし，20世紀に入ってから体育の授業にサッカーを取り入れる学校も多くなり，サッカーは徐々に国民的なスポーツになっていった。

1921年には，第１回全朝鮮蹴球大会も開催された。

学生チームや実業団チームなど合計18チームが大会に参加。だが，各チーム間でルール解釈の違いが露呈して紛糾し，２日目にして中止となってしまった。そのことは残念だったが，全朝鮮蹴球大会が開始された意義は大きかった。

翌年の第２回大会は，京城中学運動場で中等部と青年部に分かれて開催され，青年部は平壌戊午団が仏教青年会を３－０で破り，初代の朝鮮王者の座を獲得した。

日本と朝鮮（1948年までの国名は朝鮮と記す）が，本格的にサッカー交流をはじめたのは1926年４月のことだ。大阪サッカー倶楽部が朝鮮半島に渡り，京城運動場で２試合の親善試合を行い，１敗１分けに終わった。

1920年代の前半，朝鮮でもっとも強かったのは平壌戊午団とソウルの仏教青年会で，その仏教青年会が母体となって結成されたのが朝鮮蹴球団であった。

この朝鮮蹴球団は，1926年10月に来日して日本全国で強豪チームと８試合の親善試合を行い，５勝３分けの好成績を収めた。日本の植民地になっていた朝鮮では，民族発揚の武器としてサッカーをとらえる風潮が強かった。それだけに，なみなみならぬ闘志で日本チームに立ち向かっていった。

朝鮮はスピードと体力にまかせてキック・アンド・ラッシュで攻めるスタイル。日本はパスをつなげて組織力で攻撃を組み立てていくスタイル。両国は当時も，現在とあまり変わらぬスタイルを得意にしていたが，成績は朝鮮のほうがずっとよかった。

1935年６月には，京城蹴球団が全日本総合蹴球選手権に出場。朝鮮のチームが日本一を決める大会に参加したのは，史上はじめてのことだった。この京城蹴球団も順調に勝ち進み，決勝で東京文理大に６－１と圧勝した。京城蹴球団は同年秋の明治神宮体育大会（現在でいえば国体）でも優勝し，最強の名をほしいままにした。

翌年，日本はベルリン・オリンピックのサッカー競技に出場することになっていて，その代表選手は２つの全国大会に優勝したチームから選ぶことになっていた。本来なら，京城蹴球団の中から数多くの選手を選ぶべきだったが，結局出場したのは金容植（キムヨンシク）１人だけだった。実は，朝鮮半島から２人が選出されたが，差別的な選考方法に朝鮮蹴球協会が猛烈に抗議して１人を辞退させたのである。

金容植を加えた日朝合同チームは，本番のベルリン・オリンピックの１回戦で優勝候補のスウェーデンと対戦。予想をくつがえして３－２で逆転勝ちし，〈ベルリンの奇跡〉を起こした。しかし，つづく準々決勝はイタリア

▶1930年代後半に日本代表入りした朝鮮の選手たち。右から２人目が金容植　©大韓蹴球協会

に大敗し，準決勝進出はならなかった。

日本は1940年に東京オリンピックを開催する予定だったので，地元での好成績を期し，一転して朝鮮の選手を数多く日本代表入りさせた。それだけ日本代表がレベルアップされ，アジアの国際大会で圧倒的な強さを発揮した。

しかし，日中戦争が激しくなり，東京オリンピックも返上されて，日朝の合同代表チームも自然消滅する形になった。

◇初の日韓対決を制してワールドカップへ

1945年８月15日，日本の敗戦によって朝鮮は植民地支配から解放された。自由を得た人びとはさらにサッカーに打ち込むようになり，学校から実業団までのあらゆるレベルで全国的な対抗試合が盛んになった。

しかし，政治的には国内の建国準備委員会が主導権争いで混乱したうえに，米ソによる南北分割統治が実施された。この悲劇がのちの国家分断につながってしまう。

そうしたなかでも，スポーツ界はエネルギッシュだった。1947年６月にIOCへの加盟が正式に認められ，1948年のロンドン・オリンピックには18種目67人の選手が出場した。その18種目のなかには，もちろんサッカーも入っていた。

最初の対戦相手はメキシコ。朝鮮は劣勢を伝えられていたが，その12年前にベルリン・オリンピックに出場した経験をもつ金容植の活躍もあって，メキシコを５－３で破った。だが，スウェーデンには０－12と大敗。世界の壁の厚さを思い知らされたが，オリンピックという檜舞台を肌で知ることができたのは貴重だった。

その経験を生かして韓国サッカーも飛躍が期待されたのだが，悲しむべきことに朝鮮半島は２つの国家に分裂してしまった。1948年８月15日に，北緯38度線の南に大韓民国が成立し，その１か月後の９月９日には北に朝鮮民主主義人民共和国(北朝鮮)が建国された。しかも，1950年６月25日に朝鮮戦争が勃発し，未曾有(みぞう)の悲劇が生まれた。

1953年７月27日にようやく朝鮮戦争は休戦となったが，韓国の経済は最悪のままで，サッカーを楽しむ余裕がある人はほとんどいなかった。その間，韓国サッカーを支えたのは軍隊内に組織されたチームだった。当然ながら，代表選手のほとんどを軍人が占めるようになった。

そうしたなかで，史上初の日韓対決が行われた。1954年，スイス・ワールドカップのアジア予選として，日本と韓国は３月７日に明治神宮競技場(現在の国立競技場)で戦った。初戦は韓国が５－１で勝ち，第２戦は２－２の引き分けとなったが，勝ち点で韓国が上まわり，スイス・ワールドカップの出場権を獲得した。

それなのに，ワールドカップに向けた準備は大幅に遅れた。前年に朝鮮戦争が休戦になったばかりで，とくに資金の面で余裕がなかったためである。

しかも，民間の航空ルートさえ整っておらず，欧州に行くのも大変だった。なんとかアメリカ空軍の輸送機を利用させてもらって，苦行の末に選手団はチューリヒに到着した。

それも，なんと大会初日の６月16日の夜。すでに開会式は終わっていたというから，韓国選手のあわてぶりが目に浮かぶ。

長い移動時間による疲れを残したまま，韓国はハンガリーとの対戦に臨まなければならなかった。

当時のハンガリーは，〈マジック・マジャール〉と呼ばれ，世界最強を誇っていた。力の差は歴然としていたし，韓国の選手たちのコンディションは最悪だった。

韓国は０－９と大惨敗を喫し，つづくトルコ戦も０－７と敗れた。はじめて出場したワールドカップで記録的な大敗を二度も喫した韓国選手たちの失望は，あまりに大きかった。

◇誇りを傷つけられた韓国サッカー

初のワールドカップはひどい成績だったが，同時に闘志がメラメラと湧いてきたのも事実だった。朝鮮戦争が休戦となったばかりで，韓国の国内はまだ焼け跡の状態だった。

「国もサッカーも，これから再建しなければ……」

まさに一からのスタートだった。ワールドカップの惨敗にもめげず，世界に通用するサッカーをめざして，韓国サッカーの新たな挑戦がはじまった。

その意気込みが，やがて結果に表れた。1956年の第１回アジアカップでは，決勝でイスラエルを２－１で破って優勝。最初のアジア王者になった。また，日本が惨敗した1958年のアジア大会でも，韓国は準優勝となり一応の面目を保った。

当時の日韓は，ワールドカップやオリンピックという大舞台の出場をかけて，ことごとく予選での直接対決を余儀なくされていた。お互いに〈宿命のライバル〉として強烈に意識し合ったわけだが，しばらくは韓国の強さばかりが目立っていた。

その雲行きが怪しくなったのが，1964年の東京オリンピックだった。韓国もまた日本と同様に，東京オリンピックに向けてなみなみならぬ熱意を傾けた。日本は数多くの在日韓国人が住む地である。同胞の熱狂的な応援に応え，その社会的地位を高めるためにも，韓国はなんとしてもオリンピックで好成績をあげる必要があった。

しかし，肝心の本番で韓国は散々の成績だった。予選リーグでチェコとブラジルに惨敗を喫し，３試合目のアラブ連合(現在のエジプト)との試合でも，まったく精彩がなく０－５と敗れた。

一方の日本は，強豪のアルゼンチンに勝ってベスト８に入った。日本より優位に立っているというのが韓国サッカー界の誇りだったが，そのプライドも粉々に砕けてしまった。しかも，韓国サッカーが不振の間に，分断国家として激しく対立していた北朝鮮が1966年，イングランド・ワールドカップで飛躍的な活躍を見せた。

予選リーグでイタリアを１－０で破り，堂々と準々決勝に進出。優勝候補だったポルトガルと対戦した北朝鮮は，いきなり3－0とリードした。各選手の俊敏な動きは強豪にもまったくひけを取らず，しかも，全面攻撃と全面防御をくり返す組織的プレーは，世界を驚かせた。最後にはポルトガルに３－５で敗退したが，その健闘は大いに讃えられた。

従来から朝鮮半島の北の地域はサッカー熱が盛んで，北朝鮮が建国された後にも伝統が強く受け継がれていた。とはいえ，低迷する韓国には北朝鮮の活躍はショックだった。

韓国サッカーにとって茨(いばら)の道がつづく。1968年，メキシコ・オリンピックの出場権をかけたアジア最終予選(1967年10月に東京で開催)で，韓国は日本と史上に残る名勝負をくり広げたが３－３の引き分けとなり，得失点差の関係で韓国はオリンピック出場を逃した。

出場権を得た日本は，釜本邦茂の大活躍もあって本番で銅メダルを獲得。結果的に韓国は日本の後塵を拝することとなった。

さらに，ミュンヘン・オリンピック東アジア予選でも，韓国は不振だった。この予選は，日本，韓国，マレーシア，台湾，フィリピンの５か国が参加して，1971年９月23日からソウルで行われたが，韓国は格下のマレーシアにまさかの敗戦を喫して，オリンピック出場をマレーシアにさらわれてしまった。

ファンの厳しい批判を浴びて，大韓蹴球協会の役員や代表コーチ陣が退陣に追い込まれた。韓国サッカー界を激震が襲ったのである。

◇プロリーグの誕生

苦境に立った韓国サッカーは，代表選手の世代交代を積極的に進め，若手の発掘に力を注いだ。そのなかで頭角を現してきたのが車(チャ)範根(ボムグン)だった。

車範根が大活躍したのが1976年９月に行われた第６回大統領杯のときだった。第１試合で韓国はマレーシアと対戦したが，マレーシアにとことん攻められて残り時間が７分となっても１－４とリードされていた。

しかし，最大の苦境を車範根が救った。彼はわずか６分の間にハットトリックを決め，おかげで韓国は４－４の同点に持ち込むことができた。この若きエースの得点ラッシュによって最終的に韓国は決勝に進み，ブラジルと対戦した。ここでも車範根が貴重な同点ゴールを決め，１－１の引き分けとなって両国の優勝となった。その瞬間，車範根は韓国で真の英雄となったのである。

日韓定期戦でも車範根は大活躍し，日本は韓国にまったく勝てなくなった。韓国サッカーの誇りを１人で取り戻したのが車範根だといっても過言ではない。しかも，1979年に車範根は西ドイツ(当時)でプロテストを受けて合格。アイントラハト・フランクフルトの一員となった。

車範根は1989年まで西ドイツで10年間活躍し，308試合で98得点をあげ，ブンデスリーガでプレーした外国人選手の最高得点を記録した。

車範根が欧州に去ってしまったが，1980年代に入ってからも韓国サッカー界は活況を呈した。象徴的だったのは，1980年12月にはじめてのプロチーム〈ハレルヤ〉が誕生したことだった。

ハレルヤは，韓国の宗教団体〈ハレルヤ教会〉が布教活動の手段として設立したもので，その団長には金容植が就任した。この人選にはだれもが驚いた。〈伝説〉の金容植が統括するチームとして，ハレルヤは高い評価を受けて船出したのである。

そして，念願のプロリーグがはじまったのが1983年だった。最初は〈スーパーリーグ〉と呼ばれ，プロ２チームと実業団３チームの変則的な組み合わせでスタートした。完全にプロチームだけになったのが1987年のことだ。

このスーパーリーグの誕生には，時の大統領だった全斗煥(チョンドファン)の意向も大きく働いていた。彼は軍隊時代から大のサッカー好きとして知られたが，自分の趣味を満足させたいからというより，もっと根本的にプロリーグの創設を画策する必要性があった。というのは，当時の韓国では民主化闘争が激しく燃え上がっており，日常生活に支障をきたすデモが頻発していた。その国民のエネルギーをスポーツに向けることで，政府への批判を和らげようという意図が全斗煥にはあった。そこで彼は，有力な財閥に働きかけてプロリーグをつくらせたのだ。

このように，政治的なもくろみが背景にあっただけに，プロリーグの運営は純粋なスポーツ精神とはかけ離れていた。プロチームを持った親会社の財閥も魅力あるチームづくりができず，ファンの人気を得られなかった。とはいえ，プロはプロである。まがりなりにもプロリーグの存在が，韓国サッカーのレベルアップに貢献したのは確かだ。それを如実に証明したのが，1986年メキシコ・ワールドカップのアジア最終予選だった。

韓国と日本は最後まで勝ち抜き，両国の直接対決でワールドカップ出場が争われることになった。

初戦は1985年10月26日に行われた。

◀韓国は1998年のフランス大会まで5回もワールドカップに出場している（写真はフランス大会の韓国対ベルギー戦）

62,000人の超満員の観衆が東京の国立競技場を埋め尽くしたが，韓国が余裕をもってアウェーで２－１と勝った。

11月３日，ソウルで第２戦が行われたが，韓国は堅い守りで日本につけ入るすきを与えず１－０で連勝した。こうして，韓国は実に32年ぶりにワールドカップに駒を進めたのである。

◇ワールドカップの常連となった韓国

1954年，スイス・ワールドカップ以来，32年ぶりに世界最強決定戦の舞台に戻ってきた韓国。そのメキシコ・ワールドカップで，韓国は長き空白を埋めるような健闘を見せた。１次リーグを１分け２敗で終えて結果的に１勝もできなかったのだが，前回優勝のイタリアを相手に善戦。２－３で惜敗したとはいえ，最後まで勝負を捨てずに２ゴールを決めた闘志あふれるプレーは，世界中で高く評価された。

韓国はつづいて1990年，イタリア・ワールドカップにも出場。ここでも３敗に終わったが，アジアでは安定した力を発揮し，すっかりワールドカップの常連になったかのようだった。

プロリーグのほうも，1990年代に入ってから少しずつチームがふえて国民の人気を獲得していった。1996年にはリーグ名が〈Kリーグ〉となり，1997年に現在の10チーム体制となった。その10チームのチーム名と創立年は以下のとおりとなっている。

Kリーグのチームと創立年

チーム名	愛　称	本拠地	チーム創立
富川ＳＫ	・・・	富川市	1982年
安養ＬＧ	チータース	安養市	1983年
城南一和	チョンマ	城南市	1989年
水原三星	ブルーウィングス	水原市	1995年
大田	シチズン	大田市	1997年
全北現代	モーターズ	全州市	1994年
全南	ドラゴンズ	光陽市	1994年
浦項	スティーラーズ	浦項市	1973年
蔚山現代	ホランイ	蔚山市	1983年
釜山	アイコンス	釜山市	1983年

大きなタイトルはリーグ・チャンピオン，FAカップ，リーグカップの３つ。リーグ・チャンピオンがシーズンを通して最高のタイトルであり，FAカップとリーグカップは日本でいえばそれぞれ天皇杯とナビスコカップに相当する。

2000年度までもっとも多くリーグ・チャンピオンになっているのは，４度優勝の釜山アイコンス。つづいて３度王座についているのが，城南一和チョンマ，安養LGチータース，浦項スティーラーズである。

その一方で，1990年代の韓国サッカーは日本の激しい追い上げを受けた。1970年代から1980年代にかけては韓国が日本を圧倒していたが，1993年のＪリーグ創設を契機に日本も実力を向上させていた。

そのことをとくに印象づけたのが，1993年10月にカタールで行われたアメリカ・ワールドカップ(1994年)のアジア最終予選だった。韓国は日本と10月25日に対戦した。

それまでのワールドカップ予選で，韓国は日本に対して7勝3分けで一度も負けたことがなかった。ところが，日本に対して自信たっぷりのはずの韓国が，消極的なサッカーに終始し，攻めも単発的だった。終わってみれば，後半14分のカズの決勝ゴールが虎の子となり，1－0で日本が韓国に勝った。

しかし，〈ドーハの悲劇〉は起こった。日本は最後のイラク戦で痛恨の引き分けを喫し，ワールドカップの初出場を逃した。その代わりに，韓国は3大会連続のワールドカップ出場を決めた。

その1994年，アメリカ・ワールドカップで，韓国は最初にスペインと対戦して2－2で引き分けた。もっとも楽な相手と見られたボリビアとも0－0で決着がつかなかったが，強豪ドイツとの対戦では，前半に0－3とリードされたものの後半に粘りを発揮して2－3と肉薄。結局はそのまま敗れて決勝トーナメント進出を逃した。それでも，欧州の強豪国から合計4点も奪った攻撃力は世界から称賛された。

その後，2002年のワールドカップ開催をめぐって，日本と韓国は激しい招致合戦をくり広げた。どちらが招致に成功しても，しこりが残る情勢となった。憂慮したFIFA側は妥協案として日韓共催を提案。1996年5月31日，勝者も敗者もいないまま2002年ワールドカップは日韓共催という形で決着した。

◇日韓共催が最高の契機になる

ワールドカップ初の2か国共同開催となれば多くの困難が予想されるが，それを乗り越えて大会を成功させれば，ワールドカップに新しいビジョンを示すことができる。日韓はむずかしい共同事業を世界から託されたのである。

幸いに両国は1998年，フランス・ワールドカップに同時出場を果たした。ともに1次リーグ敗退を喫して成績はよくなかったが，日韓それぞれのサポーターが合同で日本と韓国の試合をフランスで応援するという〈日韓合同応援団〉も生まれ，両国のファンの交流も活発になった。

そして，いよいよ2002年のワールドカップ日韓共催大会を迎える。韓国はこの大会で何を一番期待しているのだろうか。

まず，韓国という国を世界中に紹介できるメリットが大きい。名を広めることに全力を尽くすのが韓国流。それゆえに，韓国は国家規模でワールドカップ開催の成功に邁進（まいしん）している。

しかも，施設面の充実は，はかりしれない波及効果を生むはずだ。新設される開催10会場の7つがサッカー専用競技場である。日本とくらべてサッカー施設があまりに貧弱だったが，ワールドカップ開催を機にサッカーのインフラ整備が一気に進む。その成果は韓国サッカーの底辺拡大に必ず結びつくだろう。

さらに，日本と共同で世界的イベントを共催する意味も大きい。これまで両国は力を合わせてひとつの事業を成し遂げたことがなかった。

そんな両国が，世界が熱狂するワールドカップを共同で成功させれば，両国関係は想像以上に深まっていく。そのことを韓国は一番期待している。

それは日本も同じだ。政治や経済ができなかったことを，サッカーのワールドカップが実現させようとしているのだ。

未来指向の新しい日韓関係を築くうえでも，2002年の日韓共催は最高の契機になるだろう。

(康　熙奉)

▼大韓蹴球協会があるソウルのサッカー会館にはサッカー博物館があり，韓国のサッカー史がよくわかる。

南米のサッカー 6-3

南米サッカー連盟(CONMEBOL)の組織と歴史

連盟の創設と加盟協会

南米サッカー連盟(CONMEBOL)は，FIFA傘下にある6つの地域連盟のうち，最も小さな連盟である。加盟国わずか10。しかし，その歴史は古く，また欧州に対抗する世界サッカーの巨大勢力として，世界のサッカーの発展に重要な役割を果たしてきた。設立は1916年。その他の地域連盟が1950年代から1960年代に設立されたことを考えると，その〈先進性〉が理解できるだろう。

会長はパラグアイのニコラス・レオス。本部はパラグアイの首都アスンシオンに置かれている。

1930年の第1回ワールドカップを開催したのは南米のウルグアイであり，開催国決定にあたってはCONMEBOL全体の強力なバックアップがあった。そして，1998年フランス大会まで過去16回のワールドカップのうち，半数の8回は南米チームが優勝を飾っている。ブラジルが4回，ウルグアイとアルゼンチンが各2回である。現在加盟国が51を数える欧州サッカー連盟(UEFA)にくらべると加盟国は極端に少ないが，欧州と並ぶサッカーの〈先進地域〉として世界に認められているのは，その歴史によるものだ。

1998年，2002年と2回のワールドカップで連続して5か国が出場権を獲得した。それは，CONMEBOL加盟国の実に半数にあたる。それも，南米サッカーの地位の高さを物語っている。

加盟協会は，アルゼンチン，ウルグアイ，ブラジル，チリ(以上1916年～)，パラグアイ(1921年～)，ペルー(1925年～)，ボリビア(1926年～)，エクアドル(1927年～)，コロンビア(1936年～)，そしてベネズエラ(1952年～)。南米大陸には，このほかに，ガイアナとスリナムという2つの独立国と，フランス領ギアナという地域がある。しかし，ガイアナとスリナムはともに北中米カリブ海サッカー連盟(CONCACAF)に加盟し，フランス領ギアナはフランス・サッカー協会の傘下にあって独立のサッカー地域とはなっていない。ベネズエラが加盟してから50年間，CONMEBOLはつねに10か国で組織され，安定した運営が行われてきた。

世界初の地域サッカー連盟

1916年7月9日の夕刻，ブエノスアイレスにあるアルゼンチン・サッカー協会の事務所に，アルゼンチン，ウルグアイ，ブラジル，そしてチリの4か国のサッカー協会で会合をもった。そして2時間後に会合が終わるときには，世界ではじめての地域サッカー連盟の組織を決議していた。南米サッカー連盟(CONMEBOL)の誕生である。

会議をリードしたのは，ウルグアイのエクトル・リバダビア・ゴメスだった。彼は

1912年から連盟設立のアイディアをもち，各方面に働きかけてきた。そして，アルゼンチンが建国100周年を記念してブエノスアイレスで国際大会を開催することになった機会を利用して，連盟の設立にこぎつけたのである。ゴメスは〈名誉ダイレクター〉という地位についた。CONMEBOLでは，1936年まで〈会長〉という職はなく，〈名誉ダイレクター〉がその役割を負っていた。

南米にサッカーがはいったのは19世紀後半のことだった。英国人たちは世界に商売を広げ，その安全のために英国海軍は世界の港に出入りしていた。そしてまた，19世紀の後半には，南米各地で鉄道建設が進められ，そのためにたくさんの英国人が南米各地にはいりこんでいた。アルゼンチンで最初の〈中央鉄道〉の建設がはじまったのは1863年，ロンドンに〈フットボール・アソシエーション(FA)〉が設立されて近代スポーツとしてのサッカーがはじまったその年のことだった。

1867年6月20日には，南米で最初のサッカー試合が記録されている。ブエノスアイレス北部に広がるパレルモ公園のなかで，8人対8人の試合が行われたのだ。試合を組織したのは後に〈アルゼンチン・サッカーの祖父〉といわれる英国人トーマス・ホッグ。最初は11人対11人の試合を行う予定だったのだが，参加予定選手の6人が出場を拒否した。観戦の若い女性たちの前で半ズボン姿になることを拒んだためだった。

1884年には，〈アルゼンチン・サッカーの父〉アレクサンダー・ワトソン・ハットンが〈イングリッシュ・スクール〉を設立，そこでサッカーを奨励したことから，サッカーはますます盛んになった。ハットンは1893年のアルゼンチン・サッカー協会設立に重要な役割を果たした。

1893年のアルゼンチンにつづき，1895年にはチリにサッカー協会が設立された。さらに，1900年にウルグアイ，1906年にパラグアイ，そして1914年にはブラジルにサッカー協会がつくられ，CONMEBOLが誕生した時点では，南米大陸の5か国にサッカー協会があった。そのすべてが，CONMEBOLに参加したことになる。

ブラジルはポルトガル語だが，他の国はすべてスペイン語を母国語とする国であり，民族的にも，主としてスペイン人と先住民，そしてその混血で構成されること，宗教もローマカトリックであることなどから，戦争らしい戦争もほとんどなく，南米は基本的に平和で友好的な国の集まりだった。南米サッカーの発展のために国際組織をつくろうというゴメスのアイディアに反対する国はなかった。

このころ，欧州では第1次世界大戦(1914～1918年)が長引き，サッカーどころではない状態がつづいていた。平和と，そして欧州への食料輸出によってもたらされた経済的繁栄が，サッカーの国際組織誕生の背景にあった。

コパ・アメリカの開催

1916年に第1回大会が開催された〈コパ・アメリカ(南米選手権)〉は，1920年代には毎年開催されるようになった。そして定期的な国際交流は，南米各国の競技力向上に大きな働きをした。

南米のサッカーは1924年のパリ・オリンピックではじめて欧州人の目の前に登場した。ウルグアイが圧倒的な強さで優勝を果たしたのだ。勝っただけではない。当時の欧州では想像もつかなかった高度なボールテクニックを見せて，ウルグアイはセンセーションとなった。翌1925年にはボカ・ジュニアーズというアルゼンチンのクラブが単独で欧州遠征を行い，15勝3敗という輝かしい成績を残して帰国した。そして1928年のアムステルダム・オリンピックでは，ウルグアイとアルゼンチンが決勝を争い，2－1でウルグアイが勝って連覇を果たした。

19世紀末まで英国人の影響下にあった南米のサッカーは，20世紀にはいって英国人が去るにつれて，各国で国民的スポーツになっていった。そのなかで，独自のプレー，独自の技術，そして独自のゲーム運びが発展した。ウルグアイのオリンピック連覇は，その象徴的なできごとだった。

1930年の第1回ワールドカップが大成功すると，南米各国に新しいサッカーの波が押し寄せた。それまでオリンピックを視野に入れて反対の多かったプロフェッショナリズムが，プロも出場できるワールドカップの成功で一挙に進んだのだ。

それはまた，南米サッカーの〈宿命〉のはじまりでもあった。1934年にイタリアで開催された第2回ワールドカップに，南米からはブラジルとアルゼンチンの2チームが出場したが，国内体制が整わずボタフォーゴ・クラブの選手だけで構成されたブラジルだけでなく，アルゼンチンも弱体化をまぬがれなかった。MFルイス・モンティと，ライムンド・オルシ，エンリケ・ガイタ，そしてアティリオ・デマリオアという3人のFWが，イタリアのクラブに引き抜かれ，イタリア国籍を与えられてイタリア代表としてプレーしたからだ。

各種大会の創設

戦後，CONMEBOLは新しい取り組みをはじめている。1954年に第1回大会が開催された20歳以下の選手による〈南米ユース選手権〉である。この大会が各国の若い世代に大きな刺激を与え，南米サッカーがさらに発展する力になったのは間違いない。そして，1974年に欧州以外からはじめてFIFA会長に就任したブラジルのジョアン・アベランジェが，就任後最初に実現した新しい大会が，やはり20歳以下の〈ワールドユース選手権(1977年～)〉だったのは，南米でのユース大会の成果を見ていたために違いない。

1950年ワールドカップでウルグアイが2回目の優勝を飾り，1958年にはブラジルが念願のワールドカップ初優勝を達成。日の出の勢いのCONMEBOLは，1960年に新しい大会を開始し，たちまちのうちに南米全土に大ブームを巻き起こした。クラブチームの南米選手権〈リベルタドーレス・デ・アメリカカップ(リベルタドーレス杯)〉である。

ウルグアイのペニャロールが最初の南米チャンピオンになると，CONMEBOLは即座に欧州サッカー連盟(UEFA)と両大陸チャンピオン同士の対戦をアレンジし，〈欧州サウスアメリカ・カップ(通称世界クラブ選手権)〉として実現した。この大会は南米と欧州で1試合ずつの〈ホーム・アンド・アウェー〉形式で開催されていたが，1970年代に欧州チームの棄権があいつぎ，1980年度から中立地・東京での1回戦制という形で〈トヨタカップ〉として行われている。

代表チームによる〈コパ・アメリカ〉と，クラブチームによる〈リベルタドーレス杯〉は，以後，南米サッカーのふたつの大きな柱となった。

クラブチームによる大会は，1988年に〈南米スーパーカップ〉，1992年に〈CONMEBOLカップ〉，さらに1998年には南米南部の5か国(チリ，アルゼンチン，ブラジル，ウルグアイ，パラグアイ)のクラブによる〈メルコスール・カップ〉，南米北部の5か国(ペルー，ボリビア，エクアドル，コロンビア，ベネズエラ)に中北米のメキシコとアメリカを加えたクラブで開催する〈メルコノルテ・カップ〉もはじまった。

代表チーム強化の負担

しかし，1990年代なかばから欧州のサッカーに巨額のテレビマネーが流れ込み，欧州のクラブと南米のクラブの資金力の差はますます開いた。その結果，南米の主力選手の大半が欧州のクラブでプレーするようになった。それは，各国代表チームの強化にも影響を与えている。

かつてはグループ分けして開催していたワールドカップ予選を，1998年フランス大会と2002年韓国/日本大会では，CONMEBOLは全チームのホーム・アンド・アウェーという形式で行った。全10か国が予選に参加した2002年大会では，2年間で18試合をこなすという大変な日程となった。ブラジル，アルゼンチンといった，代表の主力の大半が欧州のクラブでプレーするチームにとっては大きな負担となる予選だ(この形式は次回から改正される予定)。

1930年に第1回ワールドカップを開催し，その後も1950年にブラジル，1962年にチリ，1978年にアルゼンチンと，3回のワールドカップを開催してきた南米も，すでに24年間ワールドカップの舞台とはなっていない。1986年大会はコロンビアで開催される予定だったが，経済状況の悪化で返上を余儀なくされた。

現在も次から次へとスター選手を生み出し，ワールドカップでは優勝候補チームをいくつも出す南米は，間違いなく世界のサッカーの大きな勢力である。FIFAの内部でも，南米は一目置かれる存在である。この大陸では，サッカーが欧州や他のどの地域以上に人びとの日常生活のなかにはいり込み，文化として重要な地位を占めている。しかし，数十年にわたる経済の低迷が，〈サッカー大陸〉にふさわしいワールドカップ開催を遠ざけている。こうした状況は，まだしばらくつづきそうだ。

(大住良之)

南米の主要な代表チームの大会〈コパ・アメリカ〉

CONMEBOL主催の6つの大会

南米サッカー連盟(CONMEBOL)は，ナショナルチームの大会として，〈コパ・アメリカ〉を筆頭に6つの大会を開催している。

コパ・アメリカ南米選手権
オリンピック予選(23歳以下)
南米ユース選手権(20歳以下)
南米U-17選手権(17歳以下)
南米フットサル選手権
南米女子選手権

コパ・アメリカを除くと，すべて世界選手権の南米予選を兼ねて行われている。

南米における各種のナショナルチーム大会の特徴は，〈予選がない〉ということだ。加盟国が10か国しかないため，すべての国が開催国に集まって集中的に大会を開催することができる。弱いチームでも，必ず南米のチャンピオンを決める大会の舞台に立つことができ，それが刺激となって南米全体のレベルアップに役立ってきた。

初の黒人プレーヤーの登場

コパ・アメリカは，世界で最も古いナショナルチームの大会である。1916年にアルゼンチンの独立100周年を記念した大会がブエノスアイレスで開催され，このときにCONMEBOLも誕生した。アルゼンチン，ウルグアイ，ブラジル，チリの4か国の1回戦総当たり制で行われたこの大会は，ウルグアイが2勝1分けで優勝を飾った。

当時の南米各国は，ブラジルも，まだスポーツクラブは白人のためだけのもので，黒人のスポーツ選手はほとんど見当たらなかった。そのなかで，ウルグアイが2人の黒人プレーヤーを出場させて大きな話題となった。ともにFWのフアン・デルガドと，イサベリーノ・ガルディンだった。

ガルディンは小柄ながら爆発的なスピードをもった選手だった。彼は，陸上競技の短距離の選手でもあり，200mと400mで当時の南米記録の保持者でもあったのだ。全3試合に出場したガルディンは，チリ戦で2点，ブラジル戦でも1点を決めて，ウルグアイの優勝に貢献するとともに，得点王にもなった。

なお，ブラジルも，この大会で1人の褐色の選手を出場させている。ドイツ人を父にもつFWのアルツル・フリーデンライヒだ。1914年にブラジルがはじめての国際試合をイングランドから遠征してきたエグゼター・シティと行ったときからの代表メンバーで，この大会ではウルグアイ戦で1点を記録している。彼が活躍したのは，ブラジルが完全なプロ化をする前の時代だったが，トップクラスのサッカーで生涯1,329ゴールを決めたといわれており，ペレの1,282ゴールを上回る世界記録とされている。

ウルグアイとアルゼンチンの間で行われた最終日の試合は，ブエノスアイレスに隣接するアベジャネダ市のラシンクラブ・スタジアムに３万人もの観客を集めた。この成功に力を得たCONMEBOLは，翌年，名称を〈コパ・アメリカ〉として第２回大会を開催する。会場はもちろん，ウルグアイの首都モンテビデオだった。

ブラジルの台頭

この第２回大会も，前年と同じ４か国の総当たり方式で行われ，ウルグアイが３戦全勝で優勝した。チリに4－0，ブラジルに4－0，そして最終日には宿敵アルゼンチンに1－0で勝って完全優勝を飾った。ガルディンは出場できなかったが，後に２回のオリンピックと1930年の第１回ワールドカップ優勝の中心選手となるFWエクトル・スカローネがデビューし，アルゼンチン戦で決勝ゴールを決めた。

ウルグアイとアルゼンチンというラプラタ川をはさんだライバルの争いだったコパ・アメリカに第３の勢力ブラジルが加わったのは，1919年の第３回大会だった。地元リオデジャネイロで開催したこの大会，ブラジルはチリに6－0で勝ち，アルゼンチンも3－1で下した。2勝同士のウルグアイとの最終日の対決は2－2。３日後に再試合が行われ，ブラジルがフリーデンライヒのゴールで1－0の勝利。初優勝を飾った。

しかし，2001年コロンビア大会まで40回の大会の歴史を振り返ると，ブラジルはウルグアイとアルゼンチンの戦績に遠く及ばず，わずか６回の優勝しか記録していない。ウルグアイとアルゼンチン両国は，なんと14回ずつ優勝を飾っている。

アルゼンチンの初優勝

そのアルゼンチンの初優勝は，1921年の第５回大会だった。チリが国内事情で不参加。しかし，この年CONMEBOLに加盟したばかりのパラグアイが出場し，初戦で前回優勝のウルグアイを2－1で破ってアルゼンチンファンの大喝采を浴びた。アルゼンチンは，フリーデンライヒを外して〈白人のみ〉で参加し，弱体化したブラジルを1－0で下し，パラグアイを3－0と寄せつけず，最終日にはウルグアイを1－0で下して優勝を飾った。

この３試合のすべてで１点ずつを記録し，優勝のヒーローとなったのが，FWのフリオ・リボナッティだった。ロサリオ市のニューウェルズ・オールド・ボーイズ所属のリボナッティは，1925年にイタリアのトリノに移籍，南米から欧州への移籍第１号となった。セリエAで11シーズン，284試合に出場して164ゴールをあげただけでなく，翌1926年にはイタリア代表となり，以後17試合に出場して15ゴールを記録している。リボナッティの成功に勇気づけられたのは，南米の選手だけではなかった。イタリアのクラブも南米選手の質の高さに注目し，以後，南米から欧州へという選手の動きが加速されていく。

大会は1929年のアルゼンチン大会を最後に６年間の中断を見る。1930年ワールドカップ決勝(ウルグアイ4－2アルゼンチン)以来，ウルグアイとアルゼンチンの関係が悪化し，コパ・アメリカを開催することができなかったのだ。２チームはようやく，1935年にペルーで開催された第13回大会で対戦することになる。２勝同士で迎えた最終戦は3－0でウルグアイの完勝だった。７回目の優勝。しかしこの優勝が，1920年代からつづいたウルグアイの黄金時代のチームの最後だった。

3国以外の優勝

ウルグアイ，アルゼンチン，ブラジル以外の国に，はじめてタイトルが渡ったのが1939年のペルー大会。開催国ペルーがウニベルシタリオ・クラブでもコンビを組むFWテオドロ・フェルナンデスとホルヘ・アルカルデの活躍で，全勝同士で迎えたウルグアイとの最終戦を2－1で勝ち，初優勝を飾った。

1953年の第22回大会では，パラグアイが初優勝を果たす。パラグアイは，順番からいえばこの大会の開催権があったが，大きなスタジアムがなく，やむなくペルーに開催を譲った。アルゼンチンは，主力の大半がコロンビアのFIFA管轄外のリーグに出てしまっていたため出場を取りやめたが，パラグアイ，ブラジル，ウルグアイ，チリ，ペルー，ボリビア，エクアドルと7チームが参加，パラグアイは総当たりのリーグ戦を3勝2分け1敗で終えて勝ち点8でブラジル(4勝2敗)と並び，決定戦で3－2の勝利をつかんだ。

1963年の第28回大会では，ボリビアが優勝する。標高3,600mの首都ラパスを中心に行われた大会，ボリビアは地元の利を生かして5勝1分けの成績を残し，見事優勝を飾った。大会の最終日にブラジルと対戦したボリビアは，5－4というスコアでワールドカップ2連覇の〈巨人〉を下し，国民の喜びは沸騰した。

しかし，アルゼンチンは代表経験のない若手ばかりをこの大会に送り，ブラジルも，ワールドカップ出場選手は皆無の〈州選抜〉という状況で，大会が曲がり角にあることは明らかだった。かつては毎年行われていた大会も1960年代から1980年代にかけては4年に一度の開催となり，世界最古の国際大会のプレステージも薄れていった。

方式を変えた第30回大会

1967年の第29回大会から8年の空白を経て1975年に開催された第30回大会から，方式が大きく変えられた。この大会でCONMEBOL加盟の10か国がはじめて勢揃いしたが，前回優勝のウルグアイを除く9か国を3グループに分けてホーム・アンド・アウェーのグループリーグを行い，各組勝者にウルグアイを加えた4か国で準決勝，決勝戦を行う。ただし，これもホーム・アンド・アウェー形式。連盟には，集中大会開催の費用がなかったのだ。

決勝戦はコロンビア対ペルー。1勝1敗となり，中立地ベネズエラのカラカスで第3戦が行われた結果，ペルーがウーゴ・ソティルのゴールで1－0の勝利。

1970年ワールドカップで活躍し，このころにはスペインのバルセロナでヨハン・クライフとコンビを組んでプレーしていたソティルは，コパ・アメリカへの出場はこの1大会だけ。しかも出場は，決勝戦の第3戦だけ。そこで記録した唯一の得点が，ペルーに2回目の優勝をもたらすことになった。

再度一国に集まっての大会へ

1987年の第33回大会から，コパ・アメリカはふたたび一つの国に集まっての大会となった。しかし，連盟加盟国が10か国という制約から，前回優勝国は準決勝から出場という大会方式は守られた。グループリーグを勝ち抜いた開催地元のアルゼンチン，チリ，コロンビアが疲労のピークにある準決勝で初登場したウルグアイが，準決勝でアルゼンチンを，そして決勝ではチリをともに1－0で下して優勝を飾った。

ここからコパ・アメリカは2年に一度の大会となる。1989年，協会創立75周年を記念してブラジルが大会を誘致，前回優勝チームの優遇をやめ，5チームずつ2グループの1次リーグの後，両組上位2チーム，計4チームによる決勝リーグという形が取られた。ベベット，ロマリオなどスターを並べたブラジルは決勝リーグで実力を発揮，3戦全勝で優勝を飾った。

連盟外からの招待

1993年の第36回エクアドル大会，CONMEBOLは新しい試みをはじめた。連盟外から2チームを招待し，12チームによる大会としたのだ。これによって，4チーム3グループによる1次リーグと，各組上位2チームに3位から2チームを加えた8チームで準々決勝以降を戦うという大会形式が固まった。

1993年大会には同じ〈アメリカ大陸〉のメキシコとアメリカが招待され，メキシコはすばらしいプレーを見せて準々決勝でペルーに4－2，準決勝ではエクアドルに2－0で勝ち，決勝戦に進出した。決勝戦ではアルゼンチンのガブリエル・バティストゥータに2点を許して1－2で敗れたが，見事な活躍だった。

1995年の第37回ウルグアイ大会でもメキシコとアメリカが招待され，アメリカが準決勝に進出した。

1999年の第39回パラグアイ大会には，はじめて〈アメリカ大陸〉を離れて日本が招待された。しかし，日本は同時期にシドニー・オリンピックのアジア第1次予選を開催しており，準備不足で参加したこともあって3戦して1分け2敗，グループ最下位に終わった。

2001年にはじめてコロンビアで開催された第40回大会では，セキュリティ上の問題からアルゼンチンが出場を辞退，一時は大会の開催も危ぶまれたが，メキシコ，コスタリカとともに中米からホンジュラスを招待し，この3チームのがんばりで盛り上がった。

3チームはそろって準々決勝に進出し，コスタリカはウルグアイに1－2で敗れたものの，メキシコはチリに2－0で完勝，ホンジュラスはブラジルを2－0で下して世界的なセンセーションとなった。

決勝はコロンビア対メキシコ。コロンビアがイバン・コルドバのヘディングシュートで1－0の勝利。初優勝を達成した。

40回の大会の内訳は，ウルグアイとアルゼンチンがそれぞれ14回の優勝，ブラジルが6回，ペルーとパラグアイが各2回，そしてボリビアとコロンビアが各1回の優勝となっている。大会のホスト国は，コロンビアの初開催で9か国となり，ただ一つ，ベネズエラだけが開催していない。（大住良之）

南米の主要なクラブチームの大会

主要な3つの大会

現在，CONMEBOLは3つの公式クラブ大会を開催している。リベルタドーレス杯，メルコスール・カップ，そしてメルコノルテ・カップである。このうちリベルタドーレス杯は1960年に第1回大会が開催され，途絶えることなく現在までつづいている歴史ある大会だが，残りの2大会は，いずれも1998年に創設された新しい大会である。

1980年代の後半から，CONMEBOLは新しい大会を乱発した。

1988年，〈スーパーカップ〉を創設した。過去のリベルタドーレス杯優勝チームを集めた大会で，1997年まで10回行われた。翌1989年には，日本航空がスポンサーになった〈JALレコパ〉を創設した。その年のリベルタドーレス杯優勝チームとスーパーカップ優勝チームが1回戦制で対戦する大会で，一時は神戸で開催されたが，この大会も1997年を最後に消えた。

1992年には，〈CONMEBOLカップ〉と〈スーパーカップ・マスターズカップ〉が創設された。後者はスーパーカップの過去の優勝チームを集めた大会。こうなると，わけがわからなくなる。

CONMEBOLカップは，リベルタドーレス杯に出場できなかったチーム，すなわち，リーグ上位のチームが出場して争う大会で，欧州の〈UEFAカップ〉に相当した。しかし，この大会も，1999年で役割を終えた。〈CONMEBOLカップ・マスターズカップ〉は1996年に一度行われただけだった。

1998年，南米大陸を南北に分けた大会がはじまった。それが，メルコスール(アメリカ南部)カップとメルコノルテ(アメリカ北部)カップだった。〈南部〉はアルゼンチン，チリ，ウルグアイ，パラグアイ，ブラジルの5か国。そして〈北部〉には，ボリビア，ペルー，エクアドル，コロンビア，ベネズエラの5か国がはいったが，2000年の第3回大会からメキシコとコスタリカ，さらに2001年にはメキシコとアメリカというCONCACAF(北中米カリブ海連盟)のクラブも参加している。

現在は，2月から6月までリベルタドーレス杯を開催し，7月から12月までをメルコスールおよびメルコノルテにあてている。両大会に出場するチームはかなり重複しており，各国のビッグクラブは1年を通じて国際大会に参加していることになる。

どこへ行くにも2時間程度の飛行時間ですむ欧州と違い，南米大陸は広い。首都間の距離を見ても，最も南に位置するアルゼンチンのブエノスアイレスと最北のベネズエラ，カラカスの距離は5,000kmを超え，優に7，8時間のフライトを要する。この〈広さ〉が，南米大陸を網羅するクラブ大会の開催を阻止しつづけてきた。代表チームの大会であれば，1か国に集まって集中開催すればよいが，クラブチームの大会は，〈ホーム・アンド・アウェー〉というベースがない限り成り立たない。その〈行ったり来たり〉が不可能だったのだ。

1920年代から構想がありながら，ようやくリベルタドーレス杯が実現したのが1960年。南米各地に航空交通網が張り巡らされてからだった。そして，1998年にメルコスールとメルコノルテという〈分割大会〉がつくられたのも，チームの移動時間を短縮することがひとつの目的だった。

しかしその一方で，この〈分割大会〉は，南米サッカーの〈南北問題〉をそのまま表している大会でもある。過去42回のリベルタドーレス杯で，〈北部〉のクラブが優勝したのはわずか1回，1989年のナシオナル・メデジン(コロンビア)だけ。残りの41回は，すべて〈南部〉のクラブが優勝を飾っている。〈南部〉諸国にとっては，〈近くて，強いところだけで試合をしたい〉という願いがかなったのが，メルコスール・カップの実現だった。

リベルタドーレス杯の創設

リベルタドーレス杯がようやく1960年に実現した背景には，1955年にスタートしてたちまちのうちに欧州サッカーの花形となった〈欧州チャンピオンズ・カップ〉の成功があった。大会を主催する欧州サッカー連盟(UEFA)のアンリ・ドロネー事務総長は，CONMEBOL会長のジョゼ・ラモス・フレイタスに手紙を送り，「欧州と南米のチャンピオンの間で世界チャンピオンを決める試合をしよう」と呼びかけたという。それにせかされるように，1959年，ブエノスアイレスで開催されたCONMEBOL総会で大会の創設が決まった。

正式な大会名は〈リベルタドーレス・デ・アメリカ(アメリカ大陸の解放者たち)〉カップ。スペインなど欧州からの支配に敢然と立ち向かって独立を獲得した先人たちを記念する大会とされた。

第1回大会の参加は7クラブ。ペルー，エクアドル，ベネズエラのクラブは不参加だった。2クラブずつ3グループに分けて1回戦を行い，抽選でパラグアイのオリンピアが準々決勝にシードされた。決勝はオリンピア対ペニャロール(ウルグアイ)。地元モンテビデオでの初戦を1－0で勝ったペニャロールが，アスンシオンでの第2戦，終了間際にルイス・クビジャのゴールで1－1の引き分けに持ち込み，初代チャンピオンに輝いた。

大会のヒーローは，エクアドル人FWのアルベルト・スペンサー。2試合連続引き分けでプレーオフとなったサンロレンソ(アルゼンチン)との準決勝で2ゴールをあげてペニャロールを決勝戦に導き，決勝でも初戦の唯一のゴールを叩きだした。スペンサーは，大会通算54ゴールというとてつもない記録の持ち主でもある。

6月19日に優勝を決めたペニャロールは，7月3日にはモンテビデオに欧州チャンピオンのレアル・マドリード(スペイン)を迎えて〈世界クラブ選手権(欧州/南米カップ)〉の初戦を戦い，0－0で引き分けた。しかし，9月4日にマドリードに遠征しての第2戦は1－5で敗れ，〈世界制覇〉はならなかった。翌年，ふたたび南米チャンピオンとなって欧州のベンフィカ(ポルトガル)と対戦したペニャロールは，プレーオフの末勝利を収め，念願の〈世界チャンピオン〉の称号を手にすることになる。

1962年，1963年の第3，4回大会にはペレを擁するサントス(ブラジル)が連続優勝，欧州との対戦でも勝って，ペレとブラジル・サッカーの力を世界に示した。

しかし，1964年以降はアルゼンチン勢が大会を席巻する。インデペンディエンテ，ラシン，エスツディアンテス，ボカ・ジュニアーズ。1964年から1978年までの15年間で，アルゼンチン勢は12回の優勝を飾った。とくにインデペンディエンテは，1972年から1975年までの4連覇(大会記録)を含む6回の優勝をこの間に達成，1984年と合わせて7回の優勝は，ペニャロールの5回をしのぐ最多記録だ。

3強以外からの優勝

1979年にパラグアイのオリンピアが優勝，はじめてアルゼンチン，ウルグアイ，ブラジルの〈3強〉以外からの優勝となった。オリンピアは1990年に2回目の優勝を飾っているが，〈3強〉以外の優勝は，このほか，1989年のナシオナル・メデジン(コロンビア)，1991年のコロ・コロ(チリ)があるだけだ。

通算すると，アルゼンチンのクラブが優勝19回と群を抜いており，それにつづくのがブラジルの11回となっている。最初の2大会を制したウルグアイは，8回の優勝にとどまっている。

最初の30年間，わずか5回(4クラブ)の優勝にとどまったブラジルは，1990年代にはいると力を発揮し，1992，1993年のサンパウロの連覇につづき，1995年にはグレミオ(1983年についで2回目)，1997年にはクルゼイロ(1976年につぎ2回目)，1998年にはバスコ・ダ・ガマ(初優勝)，1999年にはパルメイラス(初優勝)と，6回の優勝を飾っている。

トヨタ・リベルタドーレス杯に

1998年には，大会の大きな改革があった。第1にトヨタ自動車が大会の冠スポンサーにつき，〈トヨタ・リベルタドーレス杯〉になったこと，そして第2には，メキシコのクラブに参加を認めたことだ。

リベルタドーレス杯は，長い間，CONMEBOL加盟の10か国が2クラブずつ出し，計20チームを2か国(4クラブ)ずつ5グループに分けて1次リーグを行い，その後決勝トーナメントに移るという方式がとられてきた。メキシコを加えた1998年以降は，メキシコとベネズエラのそれぞれ2クラブずつで〈予選リーグ〉を行い，2クラブが1次リーグに進出する方法がとられた。

さらに2000年には，出場クラブが20から32へとふやされた。アルゼンチン，ブラジルの〈2強〉からは4クラブが出場できるようになった。前年優勝チームはこれとは別枠なので，2001年大会には，アルゼンチンから5クラブが出場した。1990年代のなかばに〈チャンピオンズ・カップ〉から〈UEFAチャンピオンズ・リーグ〉へと変身して大きく変わった欧州の大会に刺激されて，リベルタドーレス杯も〈巨大大会〉への道を歩みはじめたといっていいだろう。

この拡大された2大会では，アルゼンチンのボカ・ジュニアーズが連覇を飾り，通算優勝回数を4と伸ばした。

2001年の決勝戦の相手はメキシコのクルス・アスル。メキシコ代表を多数擁する強豪だ。第1戦，メキシコ市のアステカ・スタジアムでは，1－0でボカが勝った。終了5分前にFWのマルセロ・デルガドがあげた決勝点は，2000年につづくボカの連覇を濃厚にしたかと思われた。しかし，1週間後ブエノスアイレスでの第2戦で，クルス・アスルが奮闘した。前半のロスタイムにフアン・パレンシアが決めたゴールが決勝点となり，1－0で勝ったのだ。優勝の行方は，前年の決勝(ボカとブラジルのパルメイラス)と同様，PK戦で決められることになった。

前年，2本のキックをストップしてボカにタイトルをもたらしたコロンビア人GKオスカル・コルドバが，この日も相手を威圧するプレーを見せた。クルス・アスルの2人目のキッカー，パブロ・ガルダメスのシュートを止めると，３番手ホセ・エルナンデス，４番手ジュリオ・セザル・ピニェイロが連続して失敗，ボカに3－1の勝利をもたらしたのだ。

その他の大会の状況

メルコスール・カップでは，1998年はパルメイラス，1999年はフラメンゴ，2000年にはバスコ・ダ・ガマと，ブラジル勢が３連覇を飾った後，2001年にようやくアルゼンチンのサンロレンソが優勝した。

一方のメルコノルテ・カップでは，コロンビア勢の支配がつづいている。〈北部〉で唯一のリベルタドーレス杯優勝記録をもつナシオナル・メデジンが1998年，2000年に優勝し，そのライバルであるアメリカ・カリ(リベルタドーレス杯で準優勝4回)が1999年に優勝，そして2001年には，首都ボゴタのミリョナリオスが優勝を飾っている。

２月から12月まで，クラブチームの国際大会が絶えることなくつづく南米は，やはり〈サッカー大陸〉だ。 (大住良之)

南米各国の現況

1　アルゼンチンのサッカー

協会設立：1893年
FIFA加盟：1912年
CONMEBOL加盟：1916年
タイトル：ワールドカップ優勝 1978，1986
ワールドユース選手権優勝 1979，1995，1997，2001
コパ・アメリカ優勝 1921，1925，1927，1929，1937，1941，1945，1946，1947，1955，1957，1959，1991，1993

南米で最も早くサッカーがはいり，最も早く組織化された国であり，アルフレード・ディステファノ，ディエゴ・マラドーナという20世紀を代表する名選手を輩出してきた世界のサッカー王国のひとつ。ワールドカップには，1938年，1950年，1954年と1970年大会の４回を除く13回(2002年まで)の大会に出場している。

サッカーの誕生とともに英国人の手で持ち込まれ，1865年には早くもブエノスアイレ

▼アルゼンチンの新旧ストライカー（左ケンペス，右バティストゥータ） ©Actionimages/P.Kishimoto

ス・フットボールクラブがつくられた。選手権大会も1891年から行われており，これは英国以外ではどこよりも早い。

1928年のアムステルダム・オリンピック，1930年の第１回ワールドカップでともに準優勝を飾り，コパ・アメリカでも数多くの優勝を記録しているが，ワールドカップ初優勝は1978年，地元で開催された第11回大会。セサル・ルイス・メノッティ監督に率いられた若いチームは，国民的な声援に支えられて勝ち進み，決勝戦では延長戦の末オランダを３－１で下した。決勝戦での２点を含む６得点をあげたマリオ・ケンペスは，大会の得点王となった。

1986年には，ディエゴ・マラドーナがキャプテンとして数々の貴重なゴールを決め，２回目のワールドカップ制覇を成し遂げた。

1990年代以降，フリオ・グロンドナ会長の指導力の下，アルゼンチン協会は非常にうまく運営されており，ユースの強化策が実って次から次へとタレントを輩出している。2001年に地元アルゼンチンで開催したワールドユース選手権を圧倒的な力で制したユース代表と，エースのハビエル・サビオラは，そのシンボルといえるだろう。そうしたタレントがチームの勝利のために戦い抜くという伝統ができつつあるアルゼンチン代表は，現在，世界で最も安定した力をもっている。

クラブのサッカーでは，首都ブエノスアイレスの２大クラブ，ボカ・ジュニアーズとリバープレートが圧倒的な人気と実績を誇っている。インデペンディエンテ，ラシン，サンロレソ，ベレス・サルスフィエルドなど，その他の有力クラブの大半も首都ブエノスアイレスとその近郊の衛星都市に集中している。他の都市では，ラプラタ市のエスツディアンテス，ロサリオ市のロサリオ・セントラルらが，国際舞台でも活躍している。

2 ボリビアのサッカー

協会設立：1925年
FIFA加盟：1926年
CONMEBOL加盟：1926年
タイトル：コパ・アメリカ優勝　1963

長い間，南米サッカーの〈弱い国〉のひとつと見なされてきたが，近年〈タウイチ〉というユースクラブが南米では画期的な育成プログラムで成功し，次つぎと好プレーヤーを出して実力をつけている。

チリ人のレオンシオ・スアスナバルが1896年につくった〈オルロ・ロイヤル・クラブ〉がこの国のサッカーのはじまりとされるが，アンデス山中を中心とした高地の国であったためか，サッカーの普及が遅れた。

ワールドカップでは，1930年，1950年と，ともに南米で行われたワールドカップには出場したが，両大会とも全敗で終わり，以後低迷期がつづいた。しかし，1990年代にスペイン人のハビエル・アスカルゴルタが監督に就任，しっかりとした強化が行われて1994年アメリカ大会に44年ぶりの出場を果たした。この大会もグループ最下位に終わったが，韓国と引き分けてワールドカップでの初勝ち点を記録した。

首都ラパスは，標高3,600m。富士山の頂上なみの高さで，ここに遠征してきたチームは酸素の薄さに苦しむ。1993年のワールドカップ予選で，ブラジルに予選史上はじめての黒星をつけたのがボリビアであり，会場はこのラパスだった。2002年大会の予選でも，ホームでは９戦して４勝４分け１敗という抜群の成績を残した。白星のなかには，ブラジルに対する３－１という勝利も含まれている。ただし，アウェーでは２分け７敗と，勝利なしに終わった。アウェーでひとつかふたつ勝てれば，十分ワールドカップ出場可能なポジションにいけただけに，〈低地〉でも高地と同じ力を出せるかどうかが今後の大きなカギとなる。

クラブサッカーでは，首都ラパスのボリバル，ザ・ストロンゲスト，高原都市コチャバンバのホルヘ・ウィルステルマン，低地サンタクルスのオリエンテ・ペトロレロ，ブルーミングらが南米の舞台で活躍している。

3 ブラジルのサッカー

協会設立：1914年
FIFA加盟：1923年
CONMEBOL加盟：1916年
タイトル：ワールドカップ優勝
1958，1962，1970，1994
ワールドユース選手権優勝
1983，1985，1993
U-17世界選手権優勝
1997，1999
コパ・アメリカ優勝 1919, 1922,
1949，1989，1997，1999

ワールドカップ優勝４回，世界サッカーの頂点に立つサッカー王国。ペレ，ガリンシャ，リベリーノ，ジーコなど，サッカー史に残る名選手を数多く輩出している。また，初優勝した1958年のワールドカップで披露した4-2-4システムは，その後の世界の戦術的発展に大きな影響を与えた。ワールドカップの全17大会(2002年まで)に出場している唯一の国でもある。

サッカーをこの国にもたらしたのは，ブラジル生まれの英国人，チャールズ・ミラーといわれている。本国への留学から帰国した彼は，その旅行かばんのなかに２個のサッカーボールを入れていた。そのボールをもとに，サンパウロでサッカーの種がまかれた。

たちまちのうちにブラジル全土に広まったサッカーだったが，最初のうちは先に普及したアルゼンチンやウルグアイに対抗できなかった。本当に強くなったのは，1930年代，スポーツ界での人種差別が消え，黒人選手が中心的役割を果たすようになってからだった。1938年ワールドカップで得点王になったレオニダスの活躍は，その象徴的できごとだった。

地元開催の1950年ワールドカップでウルグアイに逆転負けを喫したブラジルだったが，1958年スウェーデン大会では17歳のペレのゴールに導かれて初優勝。ほぼ同じチームで臨んだ1962年チリ大会も制した。そして1970年メキシコ大会では，29歳のペレの円熟したプレーを中心に見事なサッカーを見せて６戦全勝優勝(ワールドカップで，全勝で優勝したのは，このときのブラジルだけ)。1994年には，ロマリオという天才ストライカーの活躍で４回目の優勝を遂げた。

不思議にオリンピックでの優勝こそないが，ワールドユース選手権，U-17世界選手権でも優勝を飾り，次つぎと新しい選手が生まれていることを示している。近年は，女子代表も強くなり，南米では無敵，世界のトッ

▼王者ブラジルの復活の鍵を握るリバウド（左），ジョニーニョ(右)　©Mag Photo/P.Kishimoto

プクラスに迫る急成長を見せている。

ただ，代表チームは，近年苦しい戦いがつづいている。2002年ワールドカップの予選では，９勝３分け６敗という信じがたい成績で，ようやく３位にはいり，出場権を獲得した。予選の最中に２回も代表監督が代わるなど，チームをうまく編成できなかったためだった。

ブラジル・サッカー協会は，FIFAの理事でもあるリカルド・テイシェイラが会長を務めているが，会長自身のスキャンダルのうわさも絶えず，協会は混乱がつづき，それが代表チームの不振の最大の要因になっている。リバウド，ロベルト・カルロスなど，現在の世界でも屈指の名プレーヤーをもっているだけに，惜しまれるところだ。

ブラジルのサッカーの中心は，リオデジャネイロとサンパウロの２大都市。リオにはフラメンゴ，フルミネンセ，ボタフォーゴ，バスコ・ダ・ガマなどの有力クラブがひしめき，サンパウロにも，サンパウロFC，コリンチャンス，パルメイラス，そしてサンパウロ州のサントスにはサントスFCなどがある。そのほかでは，南部ポルトアレグレ市のグレミオとインテルナシオナル，中部ベロオリゾンテ市のクルゼイロとアトレチコ・ミネイロなどが，有力クラブとして知られている。

4　チリのサッカー

協会設立：1895年
FIFA加盟：1912年
CONMEBOL加盟：1916年

ブラジル，アルゼンチン，ウルグアイの〈３強〉に次ぐ勢力で，ワールドカップに７回出場し，1962年に自国で開催した大会では３位という好成績を残している。しかし，2002年ワールドカップ予選では世代交代がうまくいかず，10チーム中最下位と低迷した。

チリにサッカーがはいったのは1880年代。首都サンチャゴの外港にあたる港湾都市バルパライソに住む英国人たちが最初にプレーした。1889年には，バルパライソFCが設立されている。1895年には協会が設立され，アルゼンチンとの交流も行われた。しかし，コパ・アメリカでは，第１回大会から参加しながら，４回準優勝があるだけで，まだ優勝はない。

イバン・サモラノ，マルセロ・サラスという２人の優秀なFWの力で1998年ワールドカップでは決勝トーナメントに進出したが，若手タレントが出ず，過去数年で急速に力を落とした。

有力クラブの大半は首都サンチャゴに集中している。コロ・コロ，ウニベルシダ・カトリカ，ウニベルシダ・デ・チレなどが国際舞台で活躍しているが，なかでもコロ・コロは，1991年のリベルタドーレス杯で優勝を飾っている。1980年代の前半には，カラマという北部アタカマ砂漠の町に本拠を置くコブレロアというクラブが南米を舞台に活躍した。

5　コロンビアのサッカー

協会設立：1924年
FIFA加盟：1936年
CONMEBOL加盟：1936年
タイトル：コパ・アメリカ優勝　2001

1980年代の後半から1990年代にかけて力をつけ，1990年，1994年，1998年とワールドカップに３大会連続出場，南米らしい技術を主体としたサッカーで高い評価を受けた(その他のワールドカップ出場は1962年大会の１回だけ)。しかし，その1990年代をリードした名MFカルロス・バルデラマに代わるゲームメーカーが育たず，2002年ワールドカップ予選では５位ウルグアイと同勝ち点ながら６位にとどまって出場権を逃した。

コロンビアにサッカーがはいったのは1880年代。カリブ海に面した港湾都市のバランキヤで英国人たちがプレーしたのが最初だった。1924年にはサッカー協会が誕生したが，当初は南米ではなく中米カリブ海諸国との交流が多く，現在はなくなった〈中米カリブ海連盟〉に所属した。CONMEBOLに加盟したのは，1936年になってからのことだった。

プロリーグ加盟をめぐる国内のごたごたで，1950年代には一時FIFAから資格停止になっていたコロンビア協会だったが，1956年には処分も解け，CONMEBOLの一員として活動するようになった。そして1980年には，1986年の第13回ワールドカップの開催国に決定した。1982年スペイン大会の閉会時には，「４年後にコロンビアで会いましょう」というメッセージが流れた。しかし，大会３年前の1983年，経済状況の悪化で大会の準備ができなくなり，コロンビア協会は開催の返上を決めた。FIFAは代替開催国を募り，アメリカ，モロッコなどのなかからメキシコが選ばれた。

2002年ワールドカップ出場をあと一歩で逃したコロンビア。しかし2001年は，コロンビア・サッカーにとって重要な年となった。はじめて開催したコパ・アメリカで，見事初優勝を飾ったのだ。

1990年代のチームの基礎をつくったフランシスコ・マツラナ監督が復帰して臨んだこの大会，コロンビアは得点王になったビクトル・アリスティサバルの活躍で勝ち上がり，決勝戦ではキャプテンのDFイバン・コルドバのヘディングシュートでメキシコを１－０で下した。コロンビアにとっては，メジャーな大会での初優勝だった。

首都１都市に集中する傾向の強い南米のサッカーにおいて，コロンビアのサッカーは多数の都市に分散されており，リーグ戦は非常にレベルが高い。メデジン市のナシオナルが1989年のリベルタドーレス杯で優勝し，1998年からはじまったメルコノルテ・カップでは，1998年ナシオナル・メデジン，1999年アメリカ・カリ，2000年ナシオナル・メデジン，2001年ミリョナリオスと，コロンビアのクラブが４連覇を飾っている。

首都ボゴタ市には，ミリョナリオス，インデペンディエンテ・サンタフェ，カリ市にはアメリカ，デポルティボ，メデジン市にはナシオナル，インデペンディエンテ・メデジンなど，強豪クラブがひしめいている。

6　エクアドルのサッカー

協会設立：1925年
FIFA加盟：1926年
CONMEBOL加盟：1927年

長い間，ベネズエラ，ボリビアとともに〈南米の３弱〉といわれつづけてきたが，2002年ワールドカップ予選では快進撃をつづけてアルゼンチンにつぎ２位を占め，初出場を果たした。

ボリビアの例にならって，予選のホームゲームを首都キト(標高2,800m)で開催したことが大きく，ホームでは６勝２分け１敗という好成績を残した。敗れた相手はアルゼンチンだけ。６勝のなかには，ブラジル戦の１－０の勝利も含まれている。

しかし，エクアドルの成長はそれだけではない。コロンビア人監督のエルナン・ダリオ・ゴメスの下，ゲームメーカーのアレックス・アギナガ，FWのイバン・カビエデス，アグスチン・デルガドが活躍し，アウェーでも３勝２分け４敗という成績を残した。ブラジル，パラグアイ，アルゼンチン，ウルグアイという，いずれも2002年大会の出場権を獲得したチームには４連敗だったが，その後のベネズエラ，ペルー，ボリビアに勝ち，コロンビア，チリとは引き分け。この勝負強さが，エクアドル躍進の秘密だった。

エクアドルのサッカーも19世紀の末にはじまった。英国に留学していた若者たちが帰国して各種のスポーツを盛んにし，1899年に港湾都市グアヤキルにグアヤキル・フットボールクラブを設立した。

エクアドル・サッカー史上最高の名手と呼ばれるのが，黒人FWのアルベルト・スペンサー。グアヤキルのバルセロナ・クラブでキャリアをスタートし，ウルグアイのペニャロールに移籍して大スターとなった。リベルタドーレス杯優勝３回。その３回の決勝戦でいずれも得点を記録し，リベルタドーレス杯通算で54得点という最高記録をもっている。そして後に国籍をウルグアイに移し，ウルグアイ代表としても活躍した。

エクアドルのサッカーの中心は，海港のバランキヤと，首都キト。バランキヤには，この国随一の人気を誇るバルセロナがあり，実力派のエメレクと競っている。キトの人気クラブはエル・ナシオナルとデポルティボ・キト。

7 パラグアイのサッカー

協会設立：1906年
FIFA加盟：1921年
CONMEBOL加盟：1921年
タイトル：コパ・アメリカ優勝
1953，1979

首都アスンシオンにはCONMEBOLの本部が置かれ，地理的にもサッカーの面でも南米サッカーのひとつの中心となっている。1930年，1950年，1958年，1986年，1998年，2002年と6回のワールドカップ出場を果たしている。2002年大会予選では，安定した成績でアルゼンチンを追い，出場が決まった後に連敗して4位となったが，GKホセ・チラベルトを中心に力をつけていることを証明した。

パラグアイにサッカーをもたらしたのは，オランダ人のウィリアム・パーツ。1900年，アスンシオンの大学の体育教官に就任したパーツが生徒たちに教えたのがはじまりだった。2年後，彼と彼の生徒たちは，この国最初のサッカークラブであるオリンピアを創立した。

1930年代には，いまも〈パラグアイ・サッカー史上最高の名手〉と呼ばれるアルセニオ・エリコが登場した。しかし彼の名声は，アルゼンチンのインデペンディエンテでのプレーで築かれた。そして後にはアルゼンチン代表でもプレーした。

1953年にはじめてコパ・アメリカで優勝。1979年の2回目の優勝の立役者となったフリオ・セサル・ロメロは，いまでも国民的アイドルだ。

主要クラブの大半は，首都アスンシオンとその衛星都市に集まっている。オリンピアは，この国最古のクラブであり，同時に，リベルタドーレス杯の歴史で最初にウルグアイ，ブラジル，アルゼンチンの〈3強〉からタイトルを奪った(1979年)クラブでもある。アスンシオン市内には，2001年に廣山望が活躍したセロ・ポルテーニョ，グアラニーなどがある。また，アスンシオンに隣接するルケ市には，スポルティボ・ルケーニョという人気クラブがある。

8 ペルーのサッカー

協会設立：1922年
FIFA加盟：1922年
CONMEBOL加盟：1925年
タイトル：コパ・アメリカ優勝
1939，1975

ペルー代表チームのユニフォームは全身真っ白で，左肩から右の脇にかけて，赤い〈たすき〉がかけられている。このユニークなユニフォームが世界に知られるようになったのは，1970年代から1980年代にかけてだった。1970年，1978年，1982年と，3回のワールドカップに出場して10ゴールを記録したテオフィロ・クビジャスを中心に攻撃的なサッカーを見せたのだ。

とくに，南米予選でアルゼンチンを退けて40年ぶりの出場を果たした1970年メキシコ大会では，すばらしいテクニックで人気チームとなり，優勝したブラジルに2－3という接戦を演じた。

しかし，1930年大会と合わせて4回のワールドカップに出場したペルーも，以後は20年以上大会から遠ざかっている。2002年大会の予選では4勝4分け10敗とふるわず，10チーム中8位に低迷した。

ペルーにサッカーをもたらしたのは英国人。首都リマに1884年につくられたスポーツクラブで，サッカーがプレーされたという。1912年にはリマでリーグ戦も組織されたが，ペルー協会の創立は1922年と遅かった。しかしそれでも，1939年にはコパ・アメリカで初優勝し，〈黄金時代〉を迎えた1975年には２回目の優勝を飾っている。

この国のサッカーの中心はなんといっても首都リマで，有力クラブがここに集まっている。大衆的な人気を誇るアリアンサ・リマは，1987年に航空機事故でチームが全滅するという痛手を負ったが，OBのクビジャスがチームを再建して強豪の地位を守った。ウニベルシタリオは上流階級のクラブ。そしてスポルティング・クリスタルも人気がある。リマ以外では，隣接するカヤオ市のスポート・ボーイズがタイトル争いに加わっている。

9 ウルグアイのサッカー

協会設立：1900年
FIFA加盟：1923年
CONMEBOL加盟：1916年
タイトル：ワールドカップ優勝 1930，1950
オリンピック優勝 1924，1928
コパ・アメリカ優勝
1916，1917，1920，1923，1924，1926，1935，1942，1956，1959，1967，1983，1987，1995

ブラジル，アルゼンチンと並ぶ南米の〈ビッグ３〉。1930年，1950年と２回のワールドカップで優勝を飾り，それに先立つ1924年，1928年のオリンピックも制覇している。コパ・アメリカでも，アルゼンチンと並ぶ14回の優勝を誇る。人口はわずか330万。横浜市程度の小国が，これほどのサッカーの伝統をもつのは驚異といってよい。

2002年ワールドカップの予選では苦戦がつづいたが，最後の３試合をいずれも１－１の引き分けでしのいだことがきいて５位となり，オーストラリアとのプレーオフへの出場権を得た。そしてメルボルンでは０－１で敗れたが，モンテビデオでは抜け目のない攻守で３－０と快勝，３大会ぶり10回目の出場を果たした。

ウルグアイで最初のサッカーの試合が行われたのは1878年。鉄道建設にかかわっていた英国人技術者のチームと，モンテビデオ港に立ち寄った英国船の船員との試合だった。サッカーはすぐに地元の人びとにもプレーされるようになった。

ウルグアイのサッカーは，首都モンテビデオのふたつのビッグクラブそのものといってよい。英国人がつくった鉄道会社のチームに源を発するペニャロールと，ウルグアイ人の学生がつくったナシオナルだ。国内のタイトルの大半はこの２クラブが分け合い，そしてリベルタドーレス杯でも２クラブを合わせて８回の優勝を飾っている。

10 ベネズエラのサッカー

協会設立：1926年
FIFA加盟：1952年
CONMEBOL加盟：1952年

CONMEBOL加盟国のなかでサッカーがナンバーワン・スポーツではない唯一の国。石油の産出国としてアメリカと強いつながりをもつこの国では，少年たちは，サッカーの選手になるより，アメリカのメジャーリーグ，あるいはマイナーリーグの野球選手になることを夢見ているという。

当然，南米でも最も弱く，大きなクラブもスタジアムもないため，ただひとつ，コパ・アメリカの開催国になっていない。強豪のそろった南米から世界大会に出ていくのはむずかしく，ワールドカップはもちろん，オリンピックやワールドユース選手権，U-17世界選手権などへの出場もない。

この国にサッカーをもたらしたのも英国人で，1890年代に金を掘りにきた人びとによってもたらされたという。1926年にサッカー協会が設立されたが，最初は中米カリブ海サッカー連盟に所属し，1952年にFIFAと同時にCONMEBOLにも加盟した。

主要クラブは首都カラカスをはじめ各地に散っているが，なかでもコロンビアとの国境に近い南部の都市サンクリストバルをホームタウンとするタチラがよく知られている。

（大住良之）

伝説のトレーナー花井貫一

◇南米サッカーの発展に貢献した日本人

2001年夏，日本代表のエース高原直泰（ジュビロ磐田）がアルゼンチンのボカ・ジュニアーズに移籍した。〈留学〉中にアルゼンチンのリーグでプレーした選手は過去に何人もいたが，日本人選手が正式の〈移籍〉としてアルゼンチンのクラブに加わるのははじめて。しかも移籍先がアルゼンチンきっての人気クラブ，ボカ・ジュニアーズとあって，日本だけでなくアルゼンチンのメディアも期待を込めた報道を展開した。そのなかに，日本とアルゼンチンのサッカーの意外なつながりを示す記事があった。〈カンイチ・ハナイ〉という1人の日本人の存在だった。

花井貫一，1885年生まれ。1920年代から1930年代にかけてボカ・ジュニアーズのトレーナーを務め，正式なプロ化の時期にあったアルゼンチン・サッカー界で特異な地位を占めるとともに，この国，そして南米サッカーの発展に大きく貢献した日本人である。

医師の家庭に生まれ，医学の勉強をしていた花井だったが，1904年に父が日露戦争従軍中に戦死，学問を断念して世界放浪の旅に出た。欧州で得意の柔術を教えながら骨折や関節をいためた人びとの治療にあたり，やがて南米のラプラタ川地域にたどり着いた。ウルグアイやアルゼンチンで柔術を教えていた花井が，ようやく定住の地を見つけたのが，アルゼンチンの首都ブエノスアイレスだった。

●サッカー観戦でのできごと

アルゼンチン南部鉄道の職員となった花井は，1920年代のはじめ，そこのサッカーチーム〈ドック・スッド〉の応援に行ってはじめてサッカーの試合を見る。

当時のアルゼンチン・サッカーは，まだアマチュアの時代だった。プレー環境もクラブの態勢も整っていなかった。しかし，ウルグアイとアルゼンチンを含む〈ラプラタ地域〉は，南米でも最もサッカーが盛んで強い地域で，両国のライバル関係を中心に非常な盛り上がりを見せていた。小さなスタジアムはいつも超満員で，熱気あふれる試合が展開されていた。ドック・スッドの試合もそうだった。スタンドにはいりきれない観客がタッチライン近くまで陣取り，選手に声援を送っていた。

そして試合のなかば，花井の目の前で1人の選手がひどいケガをした。クラブの役員が付き添って「だいじょうぶか」と声をかけるが，選手は苦痛に顔をゆがめている。交代が許されなかった当時，負傷でプレーできなければ，チームは10人で試合を進めなければならない。役員はなんとか試合に戻そうとしていた。しかし花井の目には，プレー続行はむりのように思えた。

彼は観客席から出ていって選手を見た。そして「これはむりだ」と役員にいった。するとその役員は，「では，きみがついていてくれ」といって，ベンチに戻ってしまった。

●ボカのトレーナーに

次の試合から，花井はドック・スッドのベンチにはいることになった。

花井の処置は，たちまち評判になった。小さなケガなら，花井がその場でテーピングをしてプレーをつづけさせることができた。試合後に花井が施すマッサージも，疲労回復が驚くほど早くなると選手たちに歓迎された。

花井の評判を聞いたアルゼンチン・サッカー協会が，代表チームのマッサージ師になるよう要請してきた。当時のアルゼンチン協会は，ボカ・ジュニアーズを中心に運営されていた。役員の大半がボカの人間だった。花井の腕を認めたボカの役員は，ボカのトレーナーになるよう要請した。

●評判の治療に患者が殺到

花井は，ボカ・ジュニアーズのクラブがあるボカ地区からリアチュエロ川の対岸にある

▶1930年代，ボカ・ジュニアーズの選手たちとカメラに収まった花井（後列右端）

ドック・スッド地区に自分自身の診療所を開き，ボカと契約してそのトレーナーになることになった。そしてやがて，いくつもの伝説的な治療が花井の名声を高め，南米中から患者が押しかけるようになる。

あるときには，ボカの選手が試合中に足の骨にひびがはいるという重傷を負った。本人の痛がりようを見て，だれもがプレー続行はむりだと思った。しかし，花井は自分のバッグから1本の布テープを取り出し，それを選手の足に巻きはじめた。巻き終わると，選手に立つように命じた。

選手が恐る恐る立ってみると，不思議に痛みは感じなかった。それどころか，試合に戻り，最後まで走ることができたのだ。さらに，その後の治療も非常に短期間で済んだ。

花井の患者は，サッカー選手だけではなかった。ボクサーをはじめとしたスポーツ選手だけでもなかった。当時，ブエノスアイレスで有名だった義賊や，治療費も払えない人びとも，彼を頼ってくる人ならだれでも分け隔てなく治療した。

ボカのライバル・チームの選手を治療することもあった。ラシンの選手が，ボカとの試合の直前に来たこともあった。花井の娘がラシンのファンだったのだ。花井はしっかりと治療し，最後にこういった。「だいじょうぶ，次の試合に出場できるよ」。その試合で，ボカはラシンに０－１で負けた。決勝点を決めたのは，花井が治療した選手だった。

●アルゼンチンで最も有名な日本人

しかし，そんなことがあっても，花井に対するボカの選手たちの信頼は揺るがなかった。花井を最も信じ，頼りにしていたのは，選手たちだった。

1925年に，ボカは単独での欧州遠征を計画した。1試合，2試合の遠征ではない。１か月間で18試合をこなすという大変な遠征だった。前年にウルグアイがパリで開催されたオリンピックに出場し，優勝を飾っていた。ボカの遠征は，南米のサッカーにとって，そのウルグアイにつぐ２チーム目の欧州遠征だった。

しかし，花井は同行することができなかった。ビザの関係で，当時の花井はアルゼンチンを離れることができなかったのだ。

「すべての試合にカンイチを帯同してほしい。彼がいなければ試合はできない」。

選手たちは，こういって花井もいっしょに欧州に行けるようにと働きかけた。それがむりだとわかると，選手たちは一時遠征の中止を訴えたほどだった。

どんなときにも，選手たちは花井への感謝の気持ちを忘れなかった。タイトルを取れば，優勝メダルを花井にプレゼントするのが，慣例になった。そして，チームが試合前に記念撮影するときには，必ず花井にもはいるように求めた。選手たちは，思い切ってプレーできるのは花井のおかげであり，花井も重要なチームの一員であると考えていたのだ。

〈ハポネス・デ・ボカ(ボカの日本人)〉の評判は，広く南米全体に及んだ。ブラジルからわざわざ治療を受けにくる選手もいた。

それ以上に，注目したのは，アルゼンチン国民の半分といわれるボカのファンたちだった。

「いつも選手たちと写っているあの眼鏡をかけた日本人はだれだ？」

新聞に載る写真から，花井に対する興味が広がっていった。間もなく，花井はアルゼンチンで最も有名な日本人となった。

◇伝説のトレーナー，ハポネス・デ・ボカ

●トレーナーの先駆者

アルゼンチンのサッカーは1931年にプロ化を達成した。アルゼンチンだけでなく，1930年代の前半には，ブラジル，ウルグアイなど，南米各地でプロ化が行われ，サッカーは急速な発展期にはいっていく。

クラブの管理体制が進歩し，指導もより科学的になった。

それと同時に，南米サッカーの進歩の要因のひとつとして，〈キネシオロジコ(トレーナー)〉と呼ばれる人びとの活躍も見逃すことができない。

たとえば，1920年代なかばには，膝の半月板の存在さえ知られていなかった。ウルグアイの1人の若手選手は，膝の負傷から回復せず，20代はじめでの引退を余儀なくされた。しかし，日本で解剖学を勉強し，欧州時代の放浪生活のなかでたくさんのケガ人を見てきた花井は，医学的知識とともに，数多くの治療体験をもっていた。

練習や試合後のマッサージ，応急手当，負傷後の治療。花井は，そうしたものをアルゼンチンのサッカーに持ち込み，さらに南米全体に影響を与えた。選手の肉体管理が進歩したことが，選手生命を延ばし，より高度なプレーを可能にして，南米サッカーのレベルを引き上げた。

トレーナーの重要性を認識させ，〈先駆者〉としての役割を果たしたのが，花井だった。そうして，〈ハポネス・デ・ボカ〉は，アルゼンチン・サッカーの伝説となった。

▲花井はアルゼンチン女性と結婚し，2男3女をもうけた

●南米サッカーから学ぶ

彼の没後半世紀を経て，日本のサッカーはようやく本格的なプロ化の時期を迎え，急速な発展期を迎えた。その発展期には，ブラジル，アルゼンチンを中心とした南米サッカーの大きな助けを受けている。

1993年，Ｊリーグの初年度に得点王になったのは，アルゼンチン人のラモン・ディアス(横浜マリノス)だった。そして，鹿島アントラーズをはじめ多くのクラブがブラジルから指導者と選手を招き，彼らの指導の下でプロの名にふさわしいクラブへと成長していった。

日本と南米のサッカーの〈貿易収支〉を見れば，圧倒的な日本の〈入超〉である。日本が急成長したといっても，南米のレベルには追いついておらず，まだまだ学ぶところも多い。

しかし，60年以上昔に，１人の日本人が南米のサッカーの発展に大きく貢献し，いまもその活躍ぶりが人びとの間で伝えられている。花井貫一。その名を，私たち日本人も知っておくべきではないだろうか。　(大住良之)

欧州のサッカー 6-4

欧州サッカー連盟(UEFA)の組織と歴史

FIFAに並ぶ統括組織

過去16回のワールドカップの半数以上にあたる９回の大会を開催して優勝８回。クラブサッカーでも他の地域を圧倒する実績と実力を誇る世界サッカーのリーダー，欧州。その統括組織である欧州サッカー連盟(UEFA)も，世界のリーダーの役割を果たし，FIFAと肩を並べる力をもっている。設立は1954年。会長はスウェーデン人のレンナート・ヨハンソン，本部はスイスのニヨンに置かれている。2001年現在の加盟は51だが，近くアジア・サッカー連盟(AFC)を脱退したカザフスタンが加盟して52にふえる予定だ。

世界サッカーの一大勢力

ワールドカップ出場国数の比較だけでも，欧州がいかに世界のサッカーで圧倒的な地位を占めているかがわかる。1930年から1988年まで，過去16回の大会の延べ出場国数は総計297か国になるが，欧州がその60％にもあたる167か国を占めている。2002年大会も，前回優勝国フランスを含めて14の自動出場枠と，アジアとのプレーオフで勝ったアイルランドを含め，32か国中15か国を出しているのだ。UEFAの加盟国数が，FIFA全体のちょうど４分の１であることを考えれば，いかに大きな勢力であるかが理解できるだろう。

UEFAの主要イベントは，代表チームのチャンピオンを決める〈欧州選手権〉(４年に一度ワールドカップの中間年に開催)と，クラブチームで争う〈UEFAチャンピオンズ・リーグ〉(毎シーズン開催)。ともにテレビ放映権を中心に莫大な利益を稼ぎ出し，クラブや加盟協会に配分してそれがまた各国のサッカーのレベルを引き上げる働きをしている。

1950年代のはじめ，FIFA加盟国の３分の２は欧州の国で占められ，FIFAの歴代会長もすべて欧州人で，FIFAは欧州そのものという状態だった。南米では南米サッカー連盟(CONMEBOL)が1916年という非常に早い時期に設立されたが，UEFAの設立が1954年と非常に遅れたのは，欧州ではその必要性を感じなかったからだった。

欧州選手権の開催

UEFAができる前から，欧州では，地域ごとの国際大会が盛んだった。イギリスの４協会による〈ホーム・インターナショナル〉，スカンジナビア選手権，バルカン・カップなどである。しかし，UEFA設立とともに1956年のシーズンから欧州選手権がはじまり(第１回大会の決勝戦は1958年)，以後，この大会が欧州のチャンピオンを決める大会として定着した。

欧州選手権は，1976年に決勝戦が行われた第５回大会までは，グループリーグの後，準々決勝まではホーム・アンド・アウェーで開催し，準決勝から１か国に集まって〈決勝大会〉を開催する方法がとられていた。しかし，1980年のイタリア大会から，決勝大会には８か国が参加し，４チームずつの１次リーグの後に準決勝，決勝を行うという大会方式に変わった。そして1996年イングランド大会からは，決勝大会出場国は16か国にふやされ，４グループの１次リーグと，準々決勝以降の決勝トーナメントという形になった。

大会の巨大化は，1990年代にはいって，ソ連，ユーゴスラビアなどで共産主義国家が崩壊し，数多くの独立国が分裂して，UEFA加盟国が急速にふえたためだった。16チーム，32試合の欧州選手権は，テレビ放映権収入，スポンサー収入，そしてテレビ視聴者数などで大きな成功を収め，いまやワールドカップ，夏季オリンピックにつぐ巨大なスポーツイベントに成長している。

クラブチーム大会開催

しかし，UEFA設立の最大の〈果実〉は，欧州チャンピオンズ・カップ(今日のUEFAチャンピオンズ・リーグ)の設置だった。

クラブチームの欧州大会を開催しようという動きは1920年代からあった。1927年には，オーストラリア人ヒューゴ・マイスルの提唱で〈ミトロパ・カップ〉がスタートし，オーストリア，チェコスロバキア，ハンガリー，イタリアの４か国を中心に，ルーマニア，スイス，ユーゴスラビアも加わってクラブチームの国際大会が行われ，1992年までつづいた。

しかし1955年，フランスのスポーツ新聞『レキップ』の編集者ガブリエル・アノ(フランス代表の経歴をもった記者だった)が全欧州のチャンピオン・クラブを集めた〈チャンピオンズ・カップ〉の開催を提案，この提案に賛成する欧州の主要クラブが集まって開催が決まった。

一躍欧州サッカーの花形に

ホーム・アンド・アウェーのノックアウト方式。最初の５シーズン，スペインのレアル・マドリードがすばらしいサッカーを見せて５連覇を飾ったことが，この大会の人気を決定的にした。本格的な放送がはじまったテレビで中継されることで，〈チャンピオン・リーグ〉はまたたくまに欧州サッカーの花形となった。

そして1992年，大会は〈UEFAチャンピオンズ・リーグ〉と改称し，大会途中でリーグ戦を入れる新しい方式に切り替えられた。ノックアウト方式では，安定した試合数が確保できず，弱い国のクラブとの対戦では観客を集めることができないと，ビッグクラブがチャンピオンズ・カップに不満を示し，大会から抜けて〈スーパーリーグ〉を組織するという動きを見せたからだった。

その後，過去の成績に応じて，各国のチャンピオンでないクラブにも門戸を開き，大会は毎年のように方式を変え，拡大していった。そして現在では，予選を勝ち抜いた16クラブと，自動出場の16クラブによる32クラブの〈１次リーグ〉，さらにそれを勝ち抜いた16クラブによる〈２次リーグ〉を実施し，その上位８クラブで準々決勝以降を行うという方式になっている。

チャンピオンズ・リーグは，テレビ放映権で大きな収入を得ている。それは，優勝チームの約60億円を筆頭とする出場チームへの分配だけでなく，UEFA加盟各国協会への分配，中小クラブへの援助など，欧州のサッカー強化のために使用されている。

ボスマン判決

1995年には，EU(欧州連合)の司法裁判所で〈ボスマン判決〉が下され，UEFAの中心をなすEU内では，選手はすべて契約以外では拘束されない〈フリーエージェント〉となり，また，EU域内の選手には〈外国人制限〉をしてはならないことになった。当初，この判決は，欧州サッカーに大きな打撃になると考えられたが，各国のクラブはそれを利用して欧州中からスターをかき集め，さらに残された〈外国人選手枠〉で世界中のスターを欧州に集める力となった。そして，選手を育てではその移籍金で経営してきた中小クラブには，チャンピオンズ・リーグが生んだ収益の一部を回すなど，しっかりとした手当てをしてきた。欧州サッカーはボスマン判決を生かし，それをバネにしてさらなる飛躍を遂げようとしているのだ。

その他大会の統合

欧州のクラブ・カップ戦には，1956年にはじまったチャンピオンズ・カップのほか，1961年にはじまった〈欧州カップ・ウィナーズ・カップ〉(各国カップ戦優勝チームによる大会)，そして1971年にはじまった〈UEFAカップ〉(その他，リーグ戦上位チームなどが出場)が行われていたが，現在はUEFAカップに統一され，チャンピオンズ・リーグとの２本立てになっている。

ワールドカップでの成績

欧州で，ワールドカップで優勝したことのあるのは4か国。イタリア，ドイツ（優勝はいずれも〈西ドイツ〉時代）が各3回，そしてイングランドとフランスが各1回である。これに，欧州選手権で優勝経験をもつスペイン，オランダを加えた6か国が，現在も欧州サッカーの〈大国〉として君臨している。

●イタリア

1934年に自国で開催された大会で，そして４年後の1938年にフランスで開催された大会で，ワールドカップ連覇を成し遂げたイタリアだったが，戦後はふるわず，ようやく３回目の優勝に王手をかけたのが1970年メキシコ大会。このときにはブラジルに１－４というスコアで敗れたが，12年後の1982年スペイン大会，パオロ・ロッシの活躍でブラジルを３－２で破り，決勝戦では西ドイツを３－１で下して３回目の優勝を飾った。

●ドイツ

ドイツは，戦前の大会ではまったくふるわず，1954年のスイス大会でワールドカップ初優勝。20年後の1974年には，地元で開催された大会でフランツ・ベッケンバウアーにリードされて勝ち進み，決勝戦では最強といわれたオランダを２－１で下して２回目の優勝を遂げた。そして1990年イタリア大会では，ローター・マテウスのリードの下，スピーディーなサッカーを見せ，決勝戦，アルゼンチンを１－０で下して３回目の優勝を飾った。

●イングランド

イングランドは，1966年に自国開催の大会で優勝。ボビー・ムーアが守備を引き締め，ボビー・チャールトンが攻撃をリード。決勝戦では，延長戦の末，西ドイツを４－２で下した。

●フランス

フランスは，1958年スウェーデン大会ではじめて好成績を収め，３位となり，1982年，1986年大会ではミシェル・プラティニを中心にしたチームで連続して準決勝進出を果たしたが，初優勝は地元で開催された1998年大会。決勝戦でジネディーヌ・ジダンが2点をあげる活躍を見せてブラジルを３－０で破った。

FIFAとの対立

チャンピオンズ・リーグと欧州選手権拡大化の成功で，UEFAは現在最も豊かな資金力をもち，自他ともに世界のリーダーと認めている。そして，近年は，ブラジル人会長ジョアン・アベランジェがリードしてきたFIFAと鋭く対立する場面もあった。

UEFA会長のレンナート・ヨハンソンは，1998年のFIFA会長選に立候補し当選が有力視されていた。しかし，自ら引退することを決めていたアベランジェは，数多くの後継者候補に出馬を拒否された後，事務総長として長い間彼を支えてきたスイス人ヨゼフ・ブラッターを立候補締め切り間際に候補にたてた。ブラッターはアフリカを中心に選挙運動を展開，UEFAに接近しているとみられたアフリカ・サッカー連盟(CAF)に〈ワールドカップ・アフリカ開催〉を約束して，投票直前に取り込みに成功した。1998年にパリで行われた会長選挙で，ヨハンソンは思わぬ敗北を喫し，UEFAの〈世界支配〉の野望は崩れた。

他地域台頭のなかで

ワールドカップ出場国の60％を握り，財政面ではFIFAをもしのぐ強さをもつUEFAだが，FIFA総会は，加盟国がそれぞれ1票の議決権をもつため，52か国をもつアフリカ，そして45か国をもつアジアなどとの連係をとらない限り勝つことはできない。

これまで２回に１回の割合でワールドカップ開催国を欧州にもってきていたUEFAだったが，2006年こそドイツにもってくることに成功したものの，FIFAによる〈ワールドカップ・ローテーション制度〉(オセアニアを除く５地域連盟でワールドカップを持ち回りにする)の決定により，欧州での次のワールドカップ開催は2026年となる。〈欧州中心〉に回ってきた世界のサッカーが，アフリカやアジア，そして北中米カリブ海地域の台頭で変革のときを迎えるなか，UEFAがどう変化し，域内のサッカーを発展させていくか，注目される。

(大住良之)

欧州の主要なクラブチームの大会

これまで欧州の主なクラブ大会といえば，〈UEFAチャンピオンズリーグ(旧チャンピオンズカップ)〉，〈カップウィナーズカップ〉，〈UEFAカップ〉の３大クラブカップであった。だが1999年を最後に，カップウィナーズカップはUEFAカップに統合される形で消滅し，UEFAチャンピオンズリーグとUEFAカップ，さらにUEFAカップ出場権が勝者に与えられるインタートトカップ(1995年に開始)が，今日は交錯しながら併存している。

また，１試合(1回戦)のみのカップとしては，チャンピオンズリーグとUEFAカップ(以前はカップウィナーズカップ)の勝者が戦う〈スーパーカップ〉，チャンピオンズリーグの覇者が南米チャンピオン(コパ・リベルタドーレスの勝者)と実質世界一を競う〈インターコンチネンタルカップ(トヨタカップ)〉などがある。これらの大会のなかで，もっとも伝統と権威をもち，しかも人気があるのはUEFAチャンピオンズリーグである。

1 UEFAチャンピオンズリーグ

欧州チャンピオンズカップの創設

チャンピオンズリーグの前身である〈欧州チャンピオンズカップ〉の開始は，1955年までさかのぼる。それまでも欧州には，地域的なクラブ大会は存在した。イタリアとスペイン，フランス，ポルトガルのチャンピオンが覇を競うラテンカップや，ハンガリー，オーストリア，チェコスロバキアなど中部ヨーロッパのクラブにより争われるミトロパ・カップがそれである。ところが1954年になると，真の欧州チャンピオンを決める大会を開こうという動きが高まった。

提案したのは，フランスのスポーツ新聞レキップ紙のガブリエル・アノ。1954年12月16日付けの同紙に発表された各国のリーグチャンピオンによるトーナメントという彼のアイディアは，翌年４月３日，16のクラブ代表を集めたパリの会議で，正式に実現することとなった。当初は乗り気でなかったUEFAも，反響の大きさに企画を認めざるをえなかった。

第１回大会にはレアル・マドリード，ACミラン，スタード・ドゥ・ランスら16か国のチャンピオンが参加。サッカーの母国イングランドは出場を見合わせ，パリの決勝ではアルフレード・ディ・ステファーノのレアルが，レイモン・コパを擁するランスをシーソーゲームの末に破り，栄えある初代王者に輝いた。レアルはこの勝利を皮切りに，コパをはじめサンタマリア(ウルグアイ)，プスカシュ(ハンガリー)などスター選手を補強して5連覇を達成。黄金時代を築きあげた。

ラテンとゲルマンサッカーの競り合い

レアルにつづいては，エウゼビオのベンフィカが2連覇。ついでACミラン，インテル・ミラノのミラノ勢が3年連続で優勝する。1966年のレアル・マドリードまで，ラテンのクラブの支配がつづいた。

1967年にグラスゴー・セルチック，1968年にマンチェスター・ユナイテッドと英国勢がラテン支配を破ると，1970年代はゲルマンサッカーが優位を占める。1970年のフェイエノールトにつづき，1971年からはヨハン・クライフのアヤックスが，1974年からはフランツ・ベッケンバウアーとゲルト・ミュラーのバイエルン・ミュンヘンがそれぞれ3連覇。その後はリバプール，ノッティンガム・フォレスト，アストンビラらイングランドのクラブが6連覇を達成する。

だがイングランドの絶頂期は，突然に幕を閉じる。リバプールとユベントスが顔を合わせた1985年の決勝は，試合前にフェンスに殺到したリバプールのファンにより，両チームのサポーターを隔てていたフェンスが崩壊し，逃げ場を失い下敷きになったユベントスサポーター39人が死亡するという大惨事が生じた。いわゆるヘイゼルの悲劇である。

この結果，イングランドのクラブは5年間国際試合出場禁止処分となり，覇権はゲルマン，アングロからふたたびラテンへと傾いていく。東欧勢として初優勝を果たしたステアウア・ブカレスト，ラバ・マジェールのトリッキーなゴールで戦前の不利を覆したFCポルトの後に，ラテン優位を決定づけたのがACミランの登場であった。

アリーゴ・サッキが実践したプレッシングとオフサイドトラップを多用する斬新な戦術はゾーンプレスと呼ばれ，ミランはノッティンガム・フォレスト以来の2連覇を達成した。そして，1990年代にはイタリア勢が7年連続決勝進出を果たし，またオランピック・ドゥ・マルセイユの初優勝やレアル・マドリードの33年ぶりの優勝と，イタリアの優位，ラテンサッカーの優位がつづいた。

現状と展望

21世紀を迎えた今日，イタリアのクラブは1990年代のような絶対的な強さを失った。とともに欧州の覇権も，イングランド，ドイツ，スペインのクラブの間で争われるようになっている。

当初，試合はホーム・アンド・アウェーのノックアウト方式がとられ，決勝のみが中立地の一発勝負であった。各ラウンドの終了とともに抽選で，次の対戦相手を決めた。

2試合を通じて同勝ち点，得失点差も同じときは再試合が行われた。アウェー2倍ゴールが導入されたのは1967年から。また，それでも得失点が同じ場合に，前後半15分ずつの延長戦と，さらに勝負が決しない場合の5人ずつのPK戦が行われるようになったのは，1970年からであった(ただし，1974年まで決勝のみはPK戦を行わずに再試合)。

変革は1990年代に起こる。1991～92年シーズンから，ノックアウト方式に変わるリーグ戦が取り入れられるようになった。〈チャンピオンズリーグ〉の誕生である(別項参照)。また，翌シーズンには，参加チームの増加による予備予選も導入された。長年，慣れ親しまれてきた方式は，社会主義体制の崩壊やテレビ放映権料の高騰，ボスマン裁定による外国人枠の撤廃など，さまざまな要因により変化を余儀なくされ，今もその過程にある。

2 カップウィナーズカップ

カップウィナーズカップの誕生

UEFA第2の公式クラブ大会である〈カップウィナーズカップ〉が産声をあげたのは，1960年のことであった。チャンピオンズカップの成功を受けて，各国のカップ戦勝者による大会を開こうとする動きが起こったのは，きわめて自然な流れであった。

だがこの大会は，当初は期待よりも不安が

まさった。もともとカップは，リーグにくらべ価値が低い。また，UEFA参加国・地域のなかには，カップを開催していない協会も多数存在した。そのうえリーグとカップの2冠を達成したクラブは，チャンピオンズカップに出場する。その場合には，ファイナリストがカップウィナーズカップに出ることになるが，はたしてそんな大会が人気を集められるかという懸念であった。準備を担当したのが当初はUEFAではなく，ミトローパカップ委員会であったことからも，それはうかがえる。

だが10チームが参加した大会は，人びとの大きな関心を呼んだ。ホーム・アンド・アウェーで行われた決勝では，クルト・ハムリーンの活躍でフィオレンチーナがグラスゴー・レンジャースを下し第1回の覇者となった。

第2回には出場クラブが23に増大する。さらに各国のカップ戦も整備され，開始から10年でアルバニアとリヒテンシュタインを除くUEFAのすべての協会が，この大会に参加するようになった。

人気の低迷と消滅

しかし，人気面の懸念は，なかば現実となる。第2回から決勝は中立地での一発勝負になった。ところが，収容人員14万人のハンプテンパーク(グラスゴー)に集まったのは，わずか2万7,000人の観衆のみ。試合はフィオレンチーナ，アトレチコ・マドリードともに譲らず，1対1の引き分けに終わり，規定により再試合が行われることになった。

だがハンプテンパークは開催を望まず，引き受けたのはシュツッツガルトのネッカー・スタジアム。イタリア，スペインともにチリワールドカップに出場したために，試合は9月までずれ込み，アトレチコがフィオレンチーナに3－0で快勝した。

たしかにカップウィナーズカップは，チャンピオンズカップほどの動員は見込めなかった。東欧のチームが決勝に進出したときはとくに顕著で，1964年(スポルティング・リスボン対MTKブダペスト)，1970年(マンチェスター・シティ対ゴルニック・ザブジェ)，1974年(ACミラン対FCマグデブルク)，1981年(ディナモ・トビリシ対カーツ・ツァイス・イエナ)はいずれも1万人に満たなかった。

カップの性格上，番狂わせが起こりやすく，無名のクラブが活躍しやすいのがこの大会であった。古くはバイエルン・ミュンヘンやディナモ・キエフ。新しいところではサンプドリアやパルマ，パリSG，ラツィオといったクラブが，この大会を登竜門にしてトップの仲間入りを果たしている。

また，東欧のクラブの活躍も，3大カップのなかでもっとも目立った。1969年のスロバン・ブラチスラバにはじまり，1974年のマグデブルク，1975年・1986年のディナモ・キエフ，1981年のディナモ・トビリシと，旧共産圏のクラブが5度も制覇しているのはカップウィナーズカップだけである。

とはいえ，人気においてはチャンピオンズリーグに遠く及ばず，プレーのレベルにおいてもUEFAカップに劣る大会が，20世紀の終わりに消滅したのは，ある意味で必然といえるだろう。

3 UEFAカップ

〈UEFAカップ〉の開始は1955年。チャンピオンズカップと並んで古いが，当時はUEFAの公式大会ではなかった。国際フェアーを開催する都市が，市のアトラクションとして大会を考えたのが，そもそものはじまりだった。だがこの大会には，他とは異なり当初から英国人が絡んでいた。後のFIFA会長，サー・スタンレー・ラウスである。彼の肝入りで，イングランドのチームも第1回から参加した。

市の開催に合わせるため，10チームが参加した第1回大会は3年の長きに及んだ。決勝に進んだのは，FCバルセロナとロンドン選抜。チームプレーに優るバルセロナが，初戦を2対2で引き分けた後，カンプ・ノウでの第2戦に6対0と大勝して優勝した。

第2回大会からリーグ戦形式をやめて，他のカップ戦同様にホーム・アンド・アウェーのノックアウト方式になるが，このときも決勝まで２年を要している。毎シーズン行われるようになるのは，1961年の第３回大会からであった。

1971〜72年シーズンからは，UEFA公認の大会として名前もUEFAカップに改められる。参加クラブは64。過去５シーズンの成績に応じて，各国に１から４の枠が割り振られるのであった。こうして以後30年にわたり継続する３大クラブカップができあがった。

チャンピオンズカップが欧州の覇権を争う大会であるのに対し，UEFAカップは各国のレベルを示す大会といえる。つまり，欧州でどこのリーグがもっとも高いレベルにあるかは，UEFAカップの成績を見ればわかる。

1960年代のスペイン。1960年代後半から1970年代にかけてのイングランド。1970年代後半の西ドイツ。1990年代のイタリア。欧州サッカーの中心は，時代とともに推移している。

現在，UEFAカップは，チャンピオンズリーグの下位トーナメントという色彩を強め，独立性を失いつつある。しかしこの大会が，欧州の勢力図を反映する鏡であることは，今も変わりがない。

4 スーパーカップ

チャンピオンズカップ(現在はチャンピオンズリーグ)とカップウィナーズカップ(同UEFAカップ)の覇者が戦う〈スーパーカップ〉は，もともとはオランダの新聞デ・テレグラフが，1972年にアヤックス・アムステルダム対クラスゴー・レンジャースの試合を企画したのがはじまりだった。翌年にUEFAは，スーパーカップを正式に開始するが，問題は日程が定まらないことであった。

第１回のアヤックス対ACミランは1974年にずれ込み，1974年大会は調整がつかずに行われなかった。ホーム・アンド・アウェーが原則だが，ときに１試合のみのこともあり，また大会そのものが中止となることもあった。1998年からは，８月末にモナコで１試合を行うやり方が定着し，今日にいたっている。

(田村修一)

欧州の主要な代表チームの大会・欧州選手権

欧州選手権の創設と大会の概要

●フランス人の構想の実現

ワールドカップ，欧州チャンピオンズカップにつづき，欧州選手権(EURO)もまた，１人のフランス人のアイディアにより創設された。その人物とは，フランス・サッカー協会の事務局長を長く務めたアンリ・ドロネーである。

すでに1927年にドロネーは，FIFA主催による国同士の欧州選手権の構想を持っていた。だがそれは，南米まで含めたワールドカップという形で，30年に結実する。そして彼の欧州選手権構想も，その後およそ四半世紀にわたり，日の目を見ることはなかった。

次に話が具体化したのは，1950年代に入ってからだった。FIFAにはワールドカップ以外の大会，地域選手権(たとえそれがお膝元の欧州のものであっても)を開催する気はなかった。そこで設立されたばかりのUEFAのイニシアチブ確立をめざすフランスは，スペイン，東欧諸国と共謀して，選手権の創設に消極的なイングランド，スコットランド，イタリア，西ドイツを牽制。1958年，ストックホルムでのUEFA総会で，選手権の創設にこぎ着けたのだった。

最初の発案者であったドロネーは，すでに亡くなっていた。しかし，彼の意志を尊重して，優勝トロフィーにはアンリ・ドロネーの名前が冠された。

▲2000年欧州選手権優勝はワールドカップにつづいてフランスが優勝してビッグタイトル２連覇の快挙であった
©Actionimages/P. Kishimoto

●当初は欧州ネーションズカップ

当初は欧州ネーションズカップ（第４回大会から欧州選手権＝現EUROに改名）と呼ばれたこの大会は，第１回（1960年）から第５回（1976年）までは，４か国による決勝大会が行われた。ベスト４に残った４か国のうちから開催国を決め，準決勝と３位決定戦，決勝を行うのである。

1970年代になるとジョアン・アベランジェ会長のもと，FIFAはワールドカップ拡大路線をとり，1982年から出場国を16から24にふやした。それにともないワールドカップにおける欧州の相対的な地位も低下。欧州は危機感を募らせた。

EUROの規模を拡大し，欧州の威信を取り戻そうとするのは，FIFAに対するUEFAの必然的な抵抗であった。しかし，1980年の第６回大会（イタリア）は，イタリアが準備にあまり熱心でなかったこともあり，出場国こそ８にふえた（地元のイタリアは予選免除）ものの，4か国のグループリーグの後に決勝という大会は，スタンドに空席が目立った。大会そのものは成功したとはいいがたかった。

●再生した1984年大会

EUROが再生に成功したのは，つづく第7回大会（フランス）である。出場の８か国こそ前回と同じだが，フランス大会はすべての国が，グループリーグの3試合を違う会場で戦うという，1998年フランス・ワールドカップの先駆けとなる方式が導入された。そして，イタリア大会では廃止された準決勝も復活し，多くのスタジアムが満員になった。もちろん，地元フランスが優勝したことも，大会を盛りあげる一因となったのもいうまでもない。

フランス大会と同じやり方は，つづく第８回（西ドイツ），第９回（スウェーデン）大会でも踏襲される。さらに出場国がふえたのは，1966年の第10回大会（イングランド）からである。東欧州の社会主義体制崩壊により，UEFA加盟国は49にふえた。また，ワールドカップ出場国が98年フランス大会から32に増加したことも影響し，EUROも本大会の出場枠が16に拡大された。そして2000年には，ワールドカップの日韓共催に先駆け，ベルギーとオランダで世界初の共催大会であるEURO2000が開催された。

欧州選手権の通史

●東欧勢が活躍した1960，70年代

さて，記念すべき第１回大会には17か国が参加した。しかし，当時はいわゆるサッカー大国の関心も低く，アイルランドを除く英国勢やイタリア，西ドイツ，ベルギー，オランダらは軒並み不参加だった。

準決勝にはフランス，ユーゴスラビア，ソ連，チェコスロバキアの４か国が進出。決勝には激しい点の取り合いの末にフランスを逆転で破ったユーゴと，チェコに完勝したソ連が勝ち上がった。ユーゴはテクニカルでエレガントな洗練されたチームだった。が，ソ連は黒クモの異名を取ったGKレフ・ヤシンが，ユーゴの前に立ちはだかった。ハイレベルの熱戦は延長にまでもつれ込んだが，フィジカルに勝るソ連がユーゴを振り切り，栄えある初代チャンピオンに輝いた。

途中に番狂わせはあるとはいえ，EUROは欧州のトップ４が集まる大会である。レベルは当初から高かった。しかも試合は２試合(準決勝と決勝)だけ。それも場所は欧州域内に限られるため，ワールドカップほどの周到な準備も要らず，ふだんどおりの実力を発揮しやすい大会といえた。それもあってか，開催国の優勝がワールドカップほど顕著ではない。

また，1992年までは，ワールドカップよりも出場枠は少なく(1982年のスペイン・ワールドカップ以降，欧州の出場枠は13にふえた)，予選突破がむずかしい大会であった。たとえばイタリアは，ワールドカップに優勝した次のEUROで，本大会に出場できなかった。

初期の1960年代から1970年代にかけては，東欧州の活躍が目立った。優勝こそソ連(1960年)とチェコ(1976年)が一度ずつしか記録していないものの，ユーゴやハンガリーなどもベスト4に何度も名乗りをあげた。これは1960年代のワールドカップで，東欧勢が好成績を収めたことと一致する。

1970年代に入ると，西ドイツが台頭する。1972年の初優勝以来，3回連続で決勝に進出し，欧州に西ドイツの黄金時代を築きあげた。その後も1996年に3度目の優勝を果たし，通算成績では他の追随を許さない。

●時代の趨勢を反映する優勝チーム

歴代優勝チームを見ると，やはりその時々の時代の趨勢を反映している。1964年のスペインは，フランコ独裁政権のもとで開催されたもの。前回は準々決勝でソ連との対戦を拒否したスペインであったが，今回は地元マドリードでの決勝でソ連を下し，今日に至るまで最初で最後のビッグタイトルを獲得した。また，ゲームメーカーのルイス・スアレスも，この年の欧州最優秀選手賞(バロン・ドル＝フランスフットボール誌が各国記者の投票により，毎年１人を選出。欧州で最も権威ある個人表彰)に選ばれた。

1968年からは，予選がトーナメントではなくリーグ戦形式となった。欧州の32か国を８つのグループに分け，ホームアンドアウェーの総当たりリーグ戦を行う。そこで１位となった８か国が，ホーム・アンド・アウェーの準々決勝を行う。ベスト４以降はそれまでと同じである。

スペインにつづき地元で優勝したイタリアは，カテナチオ(閂(かんぬき)をかけるという意味の，守備的なシステム)の全盛にあった。欧州で最初の戦術を全面に押し出したサッカーは，２年後のメキシコ・ワールドカップでも，西ドイツとの歴史的な準決勝の末に決勝まで進出する。

1972年の西ドイツは，ゲームメーカーのギュンター・ネッツァーとリベロのフランツ・ベッケンバウアーが有機的に結合し，多彩な攻撃をつくりだす〈未来の〉チームであった。準々決勝第１戦ではイングランドを3－１と葬り去った。イングランドがウエンブリーで大陸のチームに敗れたのは，1953年のハンガリー戦以来のことだった。

ユーゴスラビアで開催されたつづく第5回大会は，4試合すべてが延長にもつれ込む熱戦となった。下馬評ではワールドカップ優勝の西ドイツと，準優勝のオランダが有利といわれたが，両者を下したチェコスロバキアが初優勝を果たした。

●トータルフットボールの時代

その後は1980年が西ドイツ(1982年ワールドカップ準優勝)，1984年はフランス(1982年ワールドカップ4位，1986年3位)と，ともに欧州最強と目されるチームが優勝する。西ドイツでは，若きゲームメーカーのベルント・シュスターが注目を浴びた。また，フランスは，ミッシェル・プラティニの全盛期で，ここにフランスサッカーはひとつの頂点を迎えたのだった。

1988年の優勝はオランダ。ルート・フリット，マルコ・ファンバステンらの若い世代の台頭とともに，一時は下火となったトータルフットボールが復活した（クラブレベルではやはりフリット，ファンバステン，フランク・ライカールトのオランダトリオが所属するACミランが，チャンピオンズカップを連覇）。以降，1990年代はふたたびトータルフットボールの時代となる。

●地域選手権の新たな時代

1992年のデンマークは，内戦により出場停止となったユーゴスラビアに代わり，代理出場が大会の急遽2週間前に決まったチームの優勝であった。そして希少性というプレステージをEUROが持ちつづけた時代は，このデンマークの優勝で終わりを告げる。次の1996年イングランド大会から，EUROは出場枠を16に拡大し，ワールドカップと同じ様相を帯びる。アフリカ（2000年のガーナ・ナイジェリア大会から）やアジア（2004年の中国大会から）も追随する，地域選手権の新たな時代が幕を開けたのだった。

その拡大EUROを制したのは，東西両ドイツが統合したドイツであった。東ドイツ出身のリベロ，マティアス・ザマーの活躍がひかり，決勝の相手は，やはりスロバキアと国が分裂したチェコ。時代の変動をここでも感じさせた。

●2000年フランスの快挙

初の共催となった2000年は，フランスが2度目の優勝。1998年ワールドカップと合わせてのダブルは，1970年代前半の西ドイツ（順番はEUROが先でワールドカップが後で，フランスとは逆）以来の快挙であった。ゲームメーカーのジネディーヌ・ジダンは，世界最高の選手にふさわしい活躍を見せた。

（田村修一）

欧州各国の現況

1 欧州サッカー界の動向

●ボスマン判決の影響

欧州のサッカーは，1990年代から大きく変化した。国際大会としては，クラブレベルでチャンピオンズリーグとUEFAカップ。代表レベルではEUROという優良な大会をかかえ，イングランド，スペイン，イタリアなど，主要国のリーグも大いに繁栄している。一見何の問題もないように見える欧州だが，20世紀末を襲った地殻変動は，今も収束してはいない。各国の個別状況を見る前に，まずは全体をざっと俯瞰してみよう。

地殻変動を促したのは，ひとりの選手が起こした訴訟だった。その選手の名はジャンマルク・ボスマン。ベルギーの2部リーグに所属する無名選手であった彼は，クラブが契約満了後も選手を拘束し，移籍を制限するのは不当であるとして，UEFAとベルギー協会を相手どり訴訟を起こした。

彼の主張は全面的に認められ，クラブは契約期間だけしか選手を拘束できなくなった。〈保有権〉の概念が否定されたのである。そして〈ローマ条約〉にもとづく移動の自由も選手に保障された。クラブに課せられていた，外国人枠も撤廃（EU以外の外国人に関しては残る）されたのだった。

保有権を失ったクラブは，高額年俸と複数年契約で，選手を縛るようになる。契約切れの前に選手を移籍させることで，移籍金をこれまでのように確保したのだが，これはシーズン内に何度もクラブを変わる移籍の活発化と，移籍金の高騰というインフレーションを生み出した。

また，外国人枠の撤廃は，選手の移動を促

進した。ビッグクラブは軒並み〈世界選抜軍〉化し，大金をかけてスター選手を囲い込む。その結果，人気クラブには富と名誉が集中し，貧富の差はこれまで以上に拡大した。

テレビ放映の増加と，テレビマネーの流入が，この傾向に拍車をかけた。たとえば，欧州の最も高額なプレミアリーグの放映権と，チャンピオンズリーグの出場収入(勝ち点へのボーナスを含む)を加えた，マンチェスター・ユナイテッドの年間収入はおよそ220億円に達する。

この結果，クラブの発言力が増大し，ビッグクラブの間では，さらなる利益を保証する欧州リーグ構想も起こった。UEFAが欧州カップの改革に着手したのは，この欧州リーグを牽制するためでもあった。現在でもG14(主要14クラブの集まり)は，クラブ間の利害を調整するだけでなく，UEFAに対する圧力団体としての意味も強い。

●ドーピング問題

欧州カップ＝チャンピオンズリーグの改革は，試合数の増加を意味していた。

今日，トップクラブに所属する代表選手は，年間70試合以上の公式戦を戦うことを強いられる。シーズン中は週２試合のペースが，休むことなく最後までつづく。この過密カレンダーが，別の問題を引き起こしている。それが，ドーピングである。

先ごろ，バルセロナからラツィオに移籍したジュゼッペ・グァルディオラが，２度にわたるドーピングテストで陽性反応が出て，大きな話題となった。もともと欧州では，サッカーにはドーピングが存在しないといわれていた。自転車競技などと異なり，ドーピングの効果がサッカーではあまり期待できないというのがその理由であったが，他方では以前から，組織的なドーピングの噂も絶えなかった。

疲労回復のために，医者やトレーナーから渡された薬を飲む。その中に禁止薬物が含まれている。選手はそれと気づかぬままに，ドーピングを行うことになる。そんなケースは，グァルディオラの例を見るまでもなく，十分に起こりうる。表に現れているのは，氷山の一角にすぎないだろう。

●選手育成の深刻化

育成の問題も深刻だ。今日，サッカーのレベルを測る尺度はふたつある。ひとつはクラブの経済力。これによりその国のクラブサッカーが，どの位置にあるかがわかる。もうひとつ，代表のレベルを測る基準となるのが，育成制度の充実だ。育成システムと代表チームとの間には，緊密な関係がある。優れた選手を育てられるか否かが，代表の強さに直結しているからだ。

育成システムを脅かしているのが，青田刈りの問題だ。あるクラブが育てた選手を，そのクラブがプロ契約を結ぶ前に，別のクラブが高額の契約金で奪い取ってしまう。法的にはなんら問題ない行為であるが，選手を育てたクラブには，なんのメリットもなくなってしまう。クラブ間の貧富の差も拡大する。

FIFAは2001年，23歳以上の選手の移籍金を，完全撤廃することを決定した。しかし，22歳以下については，選手を育成したクラブに，しかるべき保証金を支払わねばならないとしている。選手を育てるクラブの保護は，これによりなされるが，他の地域(特にアフリカ)からの青田刈りと，プロ契約できなかった選手の問題は，解決の見通しもなく社会問題化している。

2 イタリアのサッカー

1990年代はイタリアの時代だった。代表レベルでは，地元開催の1990年ワールドカップで３位。1994年アメリカ大会で２位。だがそれ以上にきわだっているのは，クラブの好成績である。1989・1990年にACミランがチャンピオンズカップで２連覇をなし遂げた後，1992年から1998年までイタリアのクラブが，７年連続でチャンピオンズリーグの決勝に進出。３大クラブカップでいえば，10年間で13のタイトルを獲得している(決勝には25回進出)。つまり，ほぼ２つに１つの割合で，イタリア勢がタイトルを取りつづけたことになる。

▲イタリア・セリエAのゲーム，ローマ対ウディネーゼ
©Y.Koike/P.Kishimoto

これだけ圧倒的な支配は，1950年代から1960年代にかけてのスペイン以来である。イングランド(1960年代後半から1970年代初頭，1970年代後半から1980年代なかば)や西ドイツ(1970年代なかば)の場合は，ここまで圧倒的でもなく，また長つづきもしなかった。

なぜイタリアが，これだけ欧州を席巻できたのか。その理由はまず第1に，クラブが世界最高の外国人選手を集めたこと。1980年代からはじまったその傾向は，1990年代に入ってもつづいた。そして彼らに刺激される恰好で，イタリア人選手のレベルもアップした。

1990年のワールドカップを自国で開催したことも，無縁ではないだろう。1966年のイングランド大会以降，ワールドカップ開催国に欧州の中心がシフトするのは，一般的にいえることである。さらにイタリア経済が好調で，フィニンベスト(ACミラン)やパルマラート(パルマ)などが，クラブに潤沢な資金を提供した。

だが，今，イタリアの優位は失われた。欧州カップでは，イングランドやスペインのクラブに遅れをとり，決勝はおろかベスト8にすらなかなか進めなくなった。予算規模でマンチェスター・ユナイテッドやバイエルン・ミュンヘン，レアル・マドリードといったところに及ばず，以前のように最高の外国人選手を独占できなくなった。また，タイトルを取り尽くしたことによる，モチベーションの低下も感じられる。クラブは欧州のタイトルよりも，国内の戦いに集中している感すらある。

いずれにせよひとつの時代，イタリアが欧州と世界サッカーの中心であった時代は，幕を閉じたということなのだろう。育成にさほど力を入れているわけでもない。サッカー大国でありつづけるのは間違いない。が，イタリアはどこに行くのだろうか。

3　イングランドのサッカー

イタリアとは逆に，1990年代から復興がはじまったのがイングランドだった。

1980年代なかばまで，イングランドのクラブは欧州カップにおいて圧倒的な強さを誇っていた。1978年からチャンピオンズカップ6連覇。その後もリバプールは1983年と1985年に決勝に進出し(1983年は優勝)，またカップウィナーズカップやUEFAカップでもエバートンやトットナム，イプスウィッチらが優勝。イタリアやスペイン，西ドイツに対する優位を誇っていた。

だがそれは，39人の死者を出したヘイゼルの悲劇(1985年のチャンピオンズカップ決勝で，リバプールのサポーターがユヴェントスのサポーターを試合前に圧死させた事件)と，その結果イングランドのクラブに課せられた対外試合出場停止処分(5年間，リバプールは無期限)により，もろくも崩れてしまう。またフーリガン(暴徒)も社会問題化し，さらに1989年には，96人という最大級の死者を出した(やはりフェンスに挟まれて圧死)ヒルズボロの悲劇まで起こった。イングランドサッカーは，存亡の危機に立たされた。

改革は1990年代に行われた。危険な立ち見席を廃止し，スタジアムを近代化する。入場者の身元確認をし，フーリガンの入場を制限し，スタジアム内はビデオカメラで監視する。さらには従来のフットボールリーグに代わるプレミアリーグを創設し，リーグ自体も

▶イングランドのプレミアリーグのゲーム
ボールを争うデイビッド・ベッカム(マンチェスター・ユナイテッド)とアンディ・インピー(レスター・シティ)
©Actionimages/P.Kishimoto

新しくした。

財政的にも安定するようになった。とくに莫大なテレビマネーの流入は，イングランドのクラブの経済力を，イタリアやスペインを凌駕するまでに押し上げた。それにより，以前には考えられないほど多くの外国人選手(イングランドは伝統的に，英国４協会とアイルランド以外の選手はほとんどいなかった)が，プレミアリーグに入ってきた。監督も同様で，アーセン・ベンゲルやジェラール・ウリエといったクラブの監督からイングランド代表(スベン・ゴラン・エリクソン)まで，サッカーの母国の威信をかなぐり捨てた国際化は，イングランドサッカーを見事に蘇らせた。

選手の育成にも力を入れている。アカデミー(育成センター)の創設がそれである。2001年の欧州最優秀選手に輝いたマイケル・オーウェン(リバプール)をはじめとする若い世代は，このアカデミーから生まれている。イングランドの将来は明るい。

4　ドイツのサッカー

代表のサッカーにおいて，ドイツ(西ドイツ)は第２次世界大戦後，一貫して欧州をリードしてきた。ワールドカップでは1954年の初優勝以来，今日まで13回連続出場。うち優勝３回，準優勝３回，３位と４位が各１回。残りもベスト８と，ブラジルと並ぶ成績を残している。

また欧州選手権(EURO)でも，1972年の初優勝以来優勝３回，準優勝２回，３位１回。これだけの好成績は，他の追随を許さない。

一方，クラブシーンでも，1963年のブンデスリーガ設立以来，着実に進歩したドイツのクラブは，欧州カップの優勝回数ではイタリア，スペイン，イングランドのトップ３には及ばないものの，それに次ぐ地位を確立している。「ブラジルは強い」と同様に，「ドイツは強い」(ただしサッカーは面白くないがという注釈が，その後に必ずつくが)もまた，20世紀後半におけるサッカー界の真実であった。その真実が今，揺らぎつつある。

ワールドカップでは２回連続でベスト８止まり。EUROも1996年の優勝を最後に，2000年は１次リーグ突破もままならなかった。そしてさきのワールドカップ予選では，ホームでイングランドに１－５と歴史的大敗。かつてのドイツの面影は，もはやどこにもない。

原因はいくつか考えられる。フィジカルと戦術がかつてはドイツ・サッカーの特徴であったが，各国もそこに力を入れた結果，もはやどちらも優位ではなくなった。加えてテク

◀ブンデスリーガのゲーム，FCバイエルン対シャルケ04
©P.Kishimoto

ニックのレベルの低下。これは育成策の遅れによるものである。

それでも1990年代までは，人材を排出した。が，東西ドイツの統合が止めを刺した。経済は停滞し，クラブの競争力が低下した。加えてフランスのように移民を認めないために，トルコや旧ユーゴスラビア系住民を取り込めず，彼らの子弟を祖国に逃してしまう結果を招いた。

とはいえ，バイエルン・ミュンヘンのように欧州のトップ10に名前を連ねるクラブや，ドルトムントやシャルケのように，次につづくクラブは競争力を保っている。とくにバイエルンは，資金力にものをいわせた多国籍化が著しく，レアル・マドリードやバルセロナのような世界選抜軍の様相を帯びている。

ドイツは2006年のワールドカップ開催が決まっている。それを契機に，ドイツ・サッカーが上昇気流に向かうことは，十分に考えられる。もちろんそのためには，育成制度の整備が大前提ではあるが…。

5　スペインのサッカー

欧州のクラブサッカーにおいて，スペインはつねに中心的な位置を占めてきた。レアル・マドリードとFCバルセロナは，欧州カップの通算成績において，つねに1位と2位を維持しつづけている。レアルがチャンピオンズリーグ優勝８回(他にUEFAカップ優勝２回)を誇れば，バルセロナもこれまでに獲得した３大クラブカップは８つを数える。

1990年代以降は相対的な地盤沈下が進み，イタリアのクラブに勝てない時期がつづいたが，ここ数年はふたたび盛り返してきた。2000年のチャンピオンズリーグ決勝は，レアル・マドリード対バレンシアという，スペイン勢同士の対戦となった。チャンピオンズリーグで同じ国のクラブが決勝であいまみえるのははじめてのこと。制度改革により１か国１クラブの原則が崩れ，複数のクラブの出場が可能になったとはいえ，この年のベスト４をスペインの３クラブが占めたのは，イタリア勢の支配の終焉と，スペインの台頭を示す象徴的なできごとであった。

スペインのクラブの伝統は，地域対立に根ざしている。レアル・マドリード(カスティーリャ)とバルセロナ(カタルーニャ)の関係は，内戦(スペイン市民戦争)と，その後およそ30年に及んだフランコ独裁の地域対立を，そのまま反映している。また，独立運動の盛んなバスク地方しかり。対立はクラブのレベルを上げる効果を生んだ。が，代表の求心力を阻害するというマイナスの要素も持ち合わせていた。

スペインの場合，クラブの隆盛にくらべて，代表チームの実績は大きく見劣りする。これまでに獲得した主なタイトルといえば，1964年の欧州選手権優勝ぐらい。ワールドカップでも，1950年にベスト４に進んだだけで，あとはよくてベスト８止まりである。

育成に力を入れていないわけではない。むしろスペインは，ポルトガルと並び，若手の育成には定評がある。日本が決勝に進んだ1999年のワールドユースでも，日本の前に立ちはだかったのが，チャビ(バルセロナ)らを擁するスペインであった。問題は優秀な若手が現れても，クラブ内では外国人選手の力が強く，中心選手に育ちきれないことである。

とはいえ，このところスペイン代表は力をつけている。ワールドカップでもジンクスを破り，ベスト４以上に進むことも決して不可能ではない。

6　フランスのサッカー

スペインとは逆に，代表チームは世界最高レベル(2002年３月現在FIFAランキング第１位)にありながら，クラブが振るわないのがフランスである。それでも1990年代は，オリンピック・マルセイユやパリ・サンジェルマンといったクラブが，欧州カップを獲得したし，他のクラブも準決勝や準々決勝に毎年のように進出していた。

だが，1999年のマルセイユ(UEFAカップ決勝進出)を最後に，それも途絶えてしまう。クラブの地盤沈下は深刻である。

とはいえ，フランスの強みは，世界最高といわれる育成システムにある。クレールフォンテーンをはじめとするI′NF(国立育成センター)に加え，１部リーグの各クラブは育成センターの設置を義務づけられている。その育成システムそのものが，1970年代前半にまで遡る歴史を持っている。四半世紀の努力の成果が，今日に現れているわけである。

だが育成は，その前段階として，アマチュアのクラブでも行われる。そこでは手弁当の指導者たちが，休日や余暇の時間に子どもたちを教えている。その中から１部や２部のクラブの育成センターに進む子どもがあれば，褒賞金という形でクラブは収入を得る。

ボスマン裁定とその結果生じた移籍金の撤廃は，そうしたアマチュアのクラブを脅かした。彼らは大きな収入の道が断たれてしまったのだった。

フランスは，欧州の主要５か国のなかでは，国外のクラブに在籍する選手の数がもっとも多い。フランス代表にしても，９割がたが国外の名門クラブに所属している。

これはリーグの活性化という点ではマイナスだが，代表のレベルアップには多大な貢献となっている。国外の高いレベルで揉まれることで，選手たちがさまざまな経験を身につけたからだ。それがフランスの弱点とされた勝負弱さを克服することを可能にした。

育成は今も順調に進んでいる。昨年のワールドユース(20歳以下)では，優勝したアルゼンチンとほぼ互角に戦い，U-17世界選手権では，圧倒的な強さを見せつけて優勝した。選手を輸出しつづけても，国内が空洞化しないだけの豊かさが，今のフランスにはある。

代表に関しては，しばらくはフランスの時代がつづくだろう。たとえこのワールドカップに優勝できなくとも，また世代交代の時期を迎えても，最先端の育成システムを持ちつづける限り，フランスの地位は揺るがない。

7　東欧サッカー界の変化

1990年代の欧州を激震させたのが，東欧州社会主義圏の崩壊であった。政治地図の大幅な変化は，サッカー地図をも大きく塗り替えた。

顕著なのが名門クラブの没落である。レッドスター・ベオグラードやステアウア・ブカレストといった強豪が，今日では欧州カップ出場すらままならなくなった。東欧諸国は全体に選手供給源の意味あいが濃くなり，その供給先はギリシャやトルコにまで及んでいる。

（田村修一）

アフリカのサッカー 6-5

アフリカ・サッカー連盟(CAF)の組織と歴史

独立運動と連盟創設

FIFA傘下の6地域連盟のなかで最多52の加盟国をもつのが，アフリカ・サッカー連盟(CAF)だ。連盟設立は1957年。会長はイッサ・ハヤトウ(カメルーン)，エジプトのカイロに本部が置かれている。

19世紀の後半に欧州諸国が競い合うように植民地化したアフリカ。20世紀を迎えたときに独立を保っていたのは，3,000年の歴史をもつといわれるエチオピアと，アメリカから解放された奴隷の国として1847年に建国されたリベリアの２か国だけだった。

アフリカでの最も古いサッカーの試合の記録は，1860年代。南アフリカのポート・エリザベスという港町で英国人たちがしたという試合だった。

北アフリカでは，早くから現地の人びとがスポーツとしてのサッカーを楽しみ，アルジェリアやチュニジアでは1920年代からリーグ戦が組織された。サハラ砂漠以南の〈ブラック・アフリカ〉でも，ガーナ，ナイジェリア，コンゴなどで盛んになったが，20世紀なかばにいたるまで，多くのアフリカ人たちはスポーツどころではなかった。サッカーは熱狂的にプレーされていたが，それはただ楽しみのためのものであり，〈スポーツ〉は欧州から来ている人びとのものだった。

1922年に英国の植民地支配から形式的に独立したエジプトでは，1921年にサッカー協会が設立され，1923年にFIFAに加盟した。そして1934年の第２回ワールドカップに出場した。もちろん，これがアフリカにとってのはじめてのワールドカップだった。

第２次世界大戦後，アフリカの独立運動が高まり，1950年代の後半から1960年代の前半にかけて数十の国が誕生する。そうしたなかで，1957年にCAFが組織される。すでに独立していたエジプト，エチオピア，南アフリカ(1910年に独立)，スーダン(1956年に独立)の４か国が結成のメンバーだったが，人種差別政策をとる南アフリカはその後追放となった。

CAFの設立会議は，スーダンの首都ハルトゥームで行われた。そのとき同時に，アフリカ・ネーションズ・カップの第1回大会も開催され，エジプトが優勝を飾っている。

〈アフリカの年〉といわれた1960年を境に，CAF加盟国はあっという間に30を超え，巨大組織へと育っていく。

アフリカサッカーの発展

アフリカのサッカーを発展させた最大の力は，クラブチームのカップ戦を導入したことだった。1964年にはアフリカ・チャンピオンズ・カップ，1975年にはアフリカ・カップ・ウィナーズカップをスタート，クラブサッカーの人気がアフリカのサッカーを支えてきた。

どの国も貧しく，そして広大な大陸を移動しなければならないというハンディにもかかわらず，クラブはスポンサーや，ときには国からの援助を得て活発な活動をしてきた。

代表チームのサッカーも，過去30年間のうちに飛躍的な向上を見せた。1934年大会のエジプトにつづくワールドカップへのアフリカからの出場は，1970年のモロッコ。1962年までは予選で勝てず，1966年には，アジア，アフリカ，オセアニアを合わせてわずか１か国という出場枠の少なさに抗議して，エントリーした全16か国が予選をボイコットして大きな問題となった。この抗議運動が通じたのか，1970年メキシコ大会でFIFAははじめてアフリカに単独の出場枠を与えた。

●ワールドカップでの戦績

その1970年大会には，モロッコが西ドイツから先制点をとる健闘を見せたが，結局，ブルガリアに引き分けただけの１分け２敗で，1次リーグで敗退した。

つづく1974年大会には，ザイール(現在のコンゴ民主共和国)が出場した。〈ブラック・アフリカからのはじめての出場国〉として注目を集めたが，３連敗に終わった。

アフリカ選手，とくにブラック・アフリカの選手たちの身体能力と技術の高さは，早くから欧州でも知られていた。1960年代には，モザンビーク出身のエウゼビオがポルトガル代表になってワールドカップやチャンピオンズ・カップで活躍し，1960年代から1970年代にかけては，マリ出身のサリフ・ケイタがフランスのサンテチエンヌで活躍してアフリカ・サッカーの評価を高めた。

しかし1974年のザイールは，高い能力をもっていることは確かだったが，組織として戦う欧州のチームに対抗できず，またアフリカ以外のチームと戦った経験もほとんどなかったため，ユーゴスラビアに０－９で敗れるなど大敗を喫した。

しかし，つづく1978年大会に出場したチュニジアは，メキシコを破ってアフリカ勢としてはじめてのワールドカップ勝利を記録，1982年にはアルジェリアが西ドイツを２－１で破る快挙を成し遂げた。この1982年は，ワールドカップが16チームから24チームへと拡大された大会で，アフリカは出場枠を２か国にふやされた。アルジェリアとともにカメルーンが初出場を果たし，イタリアと１－１で引き分けるなど〈３戦３分け〉の成績を残した。

●ワールドカップを制するのは

そして1986年メキシコ大会では，モロッコがついに1次リーグを突破，1990年イタリア大会でカメルーンがベスト8に進出したことにより，1994年アメリカ大会では３枠に，さらに，32か国の大会となった1998年には5枠へと出場枠がふやされた。ナイジェリア，カメルーンなど，優勝候補とも互角に戦うことのできる実力チームもそろい，「近い将来にアフリカが世界を制する」という声はあい変わらず高い。

オリンピックでは，すでに1996年アトランタ大会でナイジェリア，そして2000年シドニー大会ではカメルーンと，2大会連続でアフリカ勢が優勝し，U-17世界選手権ではナイジェリアやガーナのアフリカ勢がつねに優勝争いを展開している。「次はワールドカップか」と多くの人が思うのは当然だろう。

アフリカが生んだ名選手

アフリカは，過去，数多くの名選手を輩出してきた。ポルトガル代表としてワールドカップの得点王になったエウゼビオを別にしても，1960年代から1970年代にフランスで活躍したFWサリフ・ケイタ(マリ)，1976年と1990年にアフリカ年間最優秀選手となり，41歳というワールドカップ最年長ゴール記録をもつFWロジェ・ミラ(カメルーン)，1980年代にポルトガルで活躍したＭＦラバー・マジェール(アルジェリア)，1990年代にフランスで活躍したMFアベディ・ペレ(ガーナ)，そしてフランスとイタリアなどのクラブに所属し，内戦で疲弊した自国の代表に資金援助しながら好成績を残したFWジョージ・ウェア(リベリア)など，枚挙にいとまがない。

現在では，アフリカの10代の選手が欧州

のクラブに引き抜かれ，欧州で育てられて一流選手になる例も数多くある。といっても，プロになれないまま消えていく選手も多く，「青少年の虐待にあたる」と，FIFAは2001年の移籍規定改正に際して「18歳以下の選手の国際移籍は原則として禁止する」という条項を設けたほどだった。

また，アフリカで生まれながら，両親とともに幼いころに欧州に移住し，そこで育って名選手になる例も多い。1998年ワールドカップで優勝の立役者になったフランスのジネディーヌ・ジダンも，アルジェリアからの移民だった。カメルーンの英雄パトリック・エンボマは，カメルーンの外交官の息子としてパリで生まれ育ったが，フランス代表になる道を選ばず，カメルーン代表になった。

こうした欧州で育った選手を中心にしたアフリカのチームは，身体能力や高い個人技という従来のアフリカ・サッカーの特徴に加えて，規律，チームプレー，戦術能力など，欧州サッカーの特徴も身につけ，非常にレベルが高くなっている。北アフリカ各国の代表チームは欧州でプレーしている選手と国内でプレーしている選手が半々だが，ナイジェリア，カメルーン，セネガルなどの代表チームは，選手の大半が欧州のクラブに所属している。

アフリカサッカーの現状

●南アフリカの再加盟

近年におけるアフリカ・サッカーの最大のできごとは，南アフリカの再加盟だろう。1910年に協会がつくられ，FIFAにも加盟したが1926年に脱退，1952年に再加盟したが，人種差別政策を改めないため1964年に資格停止となり，1976年に正式にFIFAから追放となった。しかし，1991年に人種差別を廃した新しいサッカー協会が設立され，1992年にFIFAへの復帰が認められた。そして1996年には，アフリカ・ネーションズ・カップを地元で開催して優勝，ワールドカップでも，1998年，2002年と2大会連続出場を果たした。

南アフリカは，白人と黒人の混成でチームがつくられている，アフリカではユニークなチーム。経済的にアフリカで最も豊かといわれ，施設やプロ組織も欧州なみのレベルにあるといわれており，いまやアフリカ・サッカーのリーダーに育ちつつある。

他の国々は，とくにブラック・アフリカの国々では，施設が非常に貧弱で，それが国内サッカー発展の大きな障害となっている。

施設の貧弱さとともに，各国協会の運営の悪さも，ワールドカップなどでの成績に響いている。ボーナスの支払いをめぐって，つねに協会と代表選手たちが争っている国もあり，協会の強化は，チームの強化以上に大きな課題といわれている。

●2010年大会は初のアフリカ開催

FIFAの理事会は欧州人の手に握られているが，CAFはUEFA(欧州サッカー連盟)の51か国をしのぐ52か国のFIFA加盟国をもっており，FIFAの最高議決機関である総会では非常に大きな勢力になっている。

FIFAの会長選挙は，4年ごとに，ワールドカップの開幕直前に行われる総会で決まるが，過去数回は，つねにアフリカがキャスティングボードを握った。1998年の選挙ではUEFA会長のレンナート・ヨハンソンの当選が有力視されていたが，土壇場でアフリカ勢がヨゼフ・ブラッターへの投票に切り替え，逆転でブラッターが会長に就任するというひと幕もあった。CAF会長のイッサ・ハヤトウ自身が，FIFAの次期会長になる可能性も十分ある。

FIFAの〈ワールドカップ・ローテーション策〉により，2010年のワールドカップがアフリカで開催されることが決定している。2006年大会の開催をわずかな差で逃した南アフリカが有力だが，何度も立候補しては敗退しているモロッコの可能性もある。

いずれにしても，2010年はアフリカで初のワールドカップとなる。そこに向けてアフリカのサッカーはさらに盛り上がり，そして，優勝も具体的な目標として見えてくることだろう。

（大住良之）

アフリカの主要な代表チームの大会〈アフリカ・ネーションズ・カップ〉

アフリカ大陸のNo.1チームを決めるアフリカ・ネーションズ・カップ(CAN)は，アフリカ・サッカー連盟(CAF)の成立と時を同じくして創設された。1957年2月8日にスーダンのカーツームで，CAFの第1回総会が開催され，その2日後に同じハルトゥームで，記念すべきCANの最初の試合，スーダン対エジプト戦が行われた。

●南アの連盟除名

第1回大会にはスーダン，エジプトの他に南アフリカとエチオピアが参加した。しかし，南アフリカは，黒人選手も出場させてほしいというCAFの要請を断ったために，連盟を除名されてしまう。彼らの復帰は，アパルトヘイト(人種隔離政策)が廃止され，ネルソン・マンデラが大統領に就任する1992年まで待たねばならなかった。

●エジプトの3連覇を阻む

初代チャンピオンには，準決勝でスーダンを，決勝では南アフリカに不戦勝で勝ち上がったエチオピアを破ったエジプトが輝いた。3か国の総当たりで行われたつづく第2回大会(1959年，エジプト)もファラオズ(エジプト代表の愛称)が連覇。得点王も第1回のアド・ディバにつづきモハメド・アル・ゴハリが獲得した。

ウガンダの参加で4か国にふえた第3回大会(1962年，エチオピア)では，地元エチオピアがエジプトの3連覇を阻んだ。翌1963年には，大会ははじめて西アフリカで行われ，独立間もないガーナ〈ブラックスターズ〉が，地元で初出場初優勝をなし遂げた。ガーナは第5回大会(1965年，チュニジア)でも，オセイ・コフィらの活躍で連覇を達成。アフリカのブラジルの異名を獲得した。

第6回(1968年，エチオピア)と第7回(1970年，スーダン)も，ガーナは決勝に進出する。しかし，覇権はブラックスターズからコンゴ・キンシャサ，そしてスーダンへと移っていった。

●サリフ・ケイタの活躍

第8回(1972年)は，地元開催のカメルーンが初制覇に意欲を見せた。監督にドイツ人のペーター・シュニットガーを迎え，ジョセフ・マイヤやジャンピエール・トコト(ともにマルセイユ)といったフランスのクラブで活躍する選手を擁したカメルーンだったが，準決勝でコンゴに敗れてしまう。

しかし，大会で注目を浴びたのは，優勝したコンゴでも地元カメルーンでもなかった。それは初出場のマリを決勝まで導いた，サンテチェンヌ(フランス)のエースストライカー，サリフ・ケイタであった。アフリカ・サッカー史上屈指の大選手でありながら，小国マリに生まれたために，ケイタがCANに出場したのはこの一度限りである。

第9回(1974年，エジプト)は，ワールドカップ初出場を決めて勢いに乗るザイールが初優勝。ノックアウト方式の準決勝・決勝に代わり，4か国総当たりのリーグ戦が採用された第10回(1976年，エチオピア)ではモロッコが初優勝。

さらに第11回(1978年，ガーナ) では，地元ガーナがアブドゥル・ラザクの活躍で13年ぶり3度目の優勝。決勝での連敗に終止符を打った。

●ナイジェリア，カメルーンの台頭

1980年代には変化が訪れる。ナイジェリアとカメルーンの台頭である。ドイツ人ハインツ・マロツケのもとで1970年代から強化に取り組んでいたナイジェリアは，地元に招致した第12回大会(1980年)に，ブラジル人オットー・グロリア(大会直前にユーゴスラビア人チコ・ヤリシアシエから受け継ぐ)の指揮で臨む。ムダ・ラワルやアロイリウシウス・アテグブ，フェリックス・オウォラビといった中盤のタレントをそろえたナイジェリアは初戦から波に乗り，決勝でもアルジェリアを寄せつけず，念願の初優勝を果たした。

政治的な圧力を跳ねのけてリビア開催を貫き通した第13回大会(1982年)は，アベディ・ペレとコフィ・アブレイ，アルハッサンを擁するガーナが，PK戦の末に地元リビアを破り４度目の優勝をなし遂げる。そしてコートジボワールで行われた第14回大会(1984年)は，ロジェ・ミラとジョセフ・アントワーヌ・ベルに，絶好調のアベガ・テオフィルを加えたカメルーンが，ナイジェリアを破り初優勝を飾った。

カメルーンはつづく第15回(1986年，エジプト)，第16回(1988年，モロッコ)でも，クロード・ルロワ監督(フランス)に率いられ決勝に進出する。そして，1986年こそ決勝でエジプトにPK戦の末敗れたものの，２年後にはナイジェリアを破り覇権を奪回。1986年には得点王，1988年は大会最優秀選手に輝いたロジェ・ミラが黄金時代を築きあげた。

ところが，つづく第17回(1990年，アルジェリア)では，カメルーンは精彩を欠く。３か月後のワールドカップで発揮した輝きは片鱗すら見られず，主役の座を地元アルジェリアに譲り渡した。ラバー・マジェール率いるアルジェリアは，決勝でナイジェリアを破り初優勝。キャプテンのマジェールは大会最優秀選手も併せて獲得した。

第18回(1992年，セネガル)は，王座奪還をめざすカメルーンが，準決勝でPK戦の末にコートジボワールに破れ，決勝はそのコートジボワールとガーナの対決となった。そしてアベディ・ペレを累積警告による出場停止で欠くガーナを，PK戦で破ったコートジボワールが初優勝をなし遂げた。

●南アで開催された20回大会

第19回(1994年，チュニジア)は，オケチュク，アモカチ，オリセー，オコチャ，フィニディ，イェキニ，アムニケといったそうそうたるスターを擁するナイジェリアが，14年ぶり２度目の優勝。そして変革は，次の第20回大会(1996年，南アフリカ)に訪れた。

この大会は，まず1992年に28年ぶりにCAFに復帰した南アフリカで開催され，地元南アがネルソン・マンデラ大統領の見守る前で初優勝を飾ったこと。そして第２に，大会がこれまでの12か国(1990年までは８か国)から16か国に拡大され，一応の成功を見たことが特筆に値する。

●トルシエ率いるブルキナファソの活躍

つづく第21回(1998年，ブルキナファソ)は，大会規模はそのままに，アフリカでも最も経済水準が低いブルキナファソで開催された。

エジプトが４度目の優勝を果たしたこの大会は，フィリップ・トルシエ率いる地元ブルキナファソの活躍で大いに盛り上がった。チュニジアをPK戦の末に破り，初の準決勝進出。しかし，エジプトに敗れて臨んだコンゴ共和国との３位決定戦では，試合終了４分前まで４対１とリードしながら，瞬く間に同点に追いつかれ，最後はPK戦の末に敗れるという派手な負け方だった。

●カメルーンの黄金時代到来

第22回(2000年)はジンバブエが開催を返上し，CAFは初の共同開催(ガーナとナイジェリア)を決定した。共催ブーム(EURO2000と2002年ワールドカップ)に乗った安易な決定といわざるをえず，地理的にも歴史・経済・文化的にも何のつながりもない両国での開催は，まったく別の２つの大会の並立という様相を示した。結果は，カメルーンとナイジェリアが決勝で三たびまみえ，PK戦の末にカメルーンが３度目の優勝。しかし，明らかに決まっていたイクペバのPKが，ノーゴールと判定される後味の悪いものだった。

マリではじめて開催された第23回(2002年)は，地元マリの躍進(準決勝進出)で大いに盛り上がった。決勝は王者カメルーンと進境著しいセネガルの対決。拮抗した勝負は前回同様PK戦までもつれ込み，カメルーンが連覇をなし遂げた。連続優勝はエジプト，ガーナにつぎ史上３度目。４度目の優勝もエジプト，ガーナと並ぶタイ記録。カメルーンの黄金時代が到来したといえる。（田村修一）

北中米 6-6 カリブ海のサッカー

1 地域サッカー連盟の設立過程

北中米カリブ海サッカー連盟(略称CONCACAF)は，北米，中米，そしてカリブ海，さらには南米大陸の一部を含む広大で多様な地域をカバーする地域連盟である。1961年に設立，現在35の国および地域が加盟している。本部をニューヨーク(アメリカ)に置き，会長はジャック・ワーナー(トリニダード・トバゴ)。

●CCCFとNAFCの合併

1924年のパリ・オリンピックに際して，〈中米スポーツ会議〉という組織がつくられ，すぐに〈中米カリブ海スポーツ組織〉と改称されてこの地域の総合スポーツ大会を開催するようになった。

その第3回大会，1938年にパナマで開催された大会で，〈中米カリブ海サッカー連盟(CCCF)〉が組織された。1941年からは，CCCFの選手権(2年おき)も開催された。コロンビア，ベネズエラという南米大陸の国も加盟し，活発な活動が行われていた。

一方，CCCFに参加しなかったメキシコとキューバは，1939年にアメリカを加えて〈北米サッカー連盟(NAFC)〉を組織し，1947年と1949年には選手権も開催された。しかし，メキシコとキューバは，同じスペイン語圏である中米の国ぐにとの交流が盛んになり，1950年代にはアメリカ1か国が取り残される形となった。

最終的には，FIFAが調停に乗り出し，CCCFとNAFCが合併，1961年に北中米カリブ海サッカー連盟(CONCACAF)が誕生した。南米(設立1916年)，欧州(1954年)，アジア(1954年)，アフリカ(1957年)につぐ5つめの地域連盟の誕生だった。

●地域連盟の問題点

しかしこの連盟には，大きな問題があった。

ひとつの問題は，メキシコの存在だった。メキシコはこの地域で唯一の本格的なプロ組織をもつ国で，実力的にも他を圧して抜きん出ていた。CONCACAFは1963年から選手権を開催したが，メキシコは本気で出場することはなく，ワールドカップ予選で勝ったチームがこの地域のチャンピオンとみなされる時期がつづいた。

もうひとつの問題は，アメリカだった。アメリカの代表チームも，そして1970年代なかばに盛期を迎えたニューヨーク・コスモスを中心とするNASL(北米サッカーリーグ)のクラブも，いずれもCONCACAFの大会に出ていくことに消極的だった。

しかし，1994年にアメリカでワールドカップを開催することが決まると，状況は大きく変わった。1992年，CONCACAFはその事務局をアメリカのニューヨークに移し，連盟選手権も1991年以来〈CONCACAFゴールドカップ〉と名称を変え，新しいスタートを切った。

アメリカは1990年以来ワールドカップに4回連続出場を果たし，1994年に地元で開催した大会では決勝トーナメントに進出するという快挙を達成した。メキシコだけでなく，アメリカ，そして最近ではコスタリカ，ホンジュラス，カナダなどの国が力をつけてきたことで，CONCACAFのレベルは飛躍的に上がった。

2000年には，新しい試みも行われた。〈北中米カリブ海サッカー連盟〉，略称〈CONCACAF〉はともに長すぎると，〈ザ・フットボール・コンフェデレーション〉，略称を〈FC〉としたのだ。いかにもアメリカ主導のパブリシティ戦略だが，現在のところ，世界のメディアもFIFAもこの名称を採用するには至っていない。

2 北中米カリブ海のサッカー史

●アメリカへの普及

北中米カリブ海地域は，ヨーロッパ大陸以上に早くサッカーがはいった地域だった。17世紀に北アメリカの東海岸が英国領になって以来，サッカーの母体となったフットボールがプレーされ，ロンドンでサッカー協会が組織される前年の1862年には，ドリブルを主体とするフットボールのクラブである〈オネイダ・フットボールクラブ〉が設立されている。それは，イングランドで最初のドリブル主体のフットボールクラブ〈クリスタル・パレス〉ができた翌年であり，スコットランドのクラブより5年も早かった。1869年11月6日には，ニュージャージー州のニュー・ブランズウィックで，プリンストン大学とルットガーズ大学の間で，サッカーのルールにもとづく最初の試合が行われている。サッカーとラグビーのルールを掛け合わせたものとしてアメリカンフットボールが形成されるのは，1880年のことであったことからも，サッカーがいかに早くアメリカでプレーされていたかわかるだろう。

●メキシコへの普及

メキシコにも1880年代には，英国人，スペイン人，フランス人らの手でサッカーがもたらされた。そして時を経ることなく，メキシコ人たちの間で熱狂的にプレーされるようになっていった。1903年には世界に先駆けて全国リーグが結成され，1931年にはプロ化も行われた。

連盟の設立は5番目でも，北中米が世界でも有数の〈サッカー先進地域〉であったことは，こうした歴史を見ても明らかだ。1930年の第1回ワールドカップにはメキシコとアメリカの両国が出場し，イングランドとスコットランド出身のプロ選手を中心としたアメリカは3位を占めた。これは，1998年までのワールドカップの歴史上，欧州と南米以外で準決勝に進出した唯一の例となっている。

また，2002年大会まで，全17回のワールドカップにチームを送っているのも，欧州と南米を除くと，北中米カリブ海地域だけである。ワールドカップに出場したことのある国は，メキシコ，アメリカのほか，キューバ(1938年)，エルサルバドル(1970年)，ハイチ(1974年)，ホンジュラス(1982年)，カナダ(1986年)，コスタリカ(1990年，2002年)，そしてジャマイカ(1998年)と，合計9か国にのぼっている。

3 北中米カリブ海サッカーの現状

●地域をリードしたメキシコ

しかし，この地域をリードしたのは，明らかにメキシコだった。メキシコ市を中心に，グアダラハラ，トルーカ，ベラクルスなど各地にプロチームがあり，激しい競争のなかから高いレベルのサッカーが生まれた。ワールドカップには，2002年大会を含めて13大会

▲北中米カリブ海をつねにリードしてきたメキシコ
©New Sport/P.Kishimoto

に出場，とくに第２次世界大戦後には，1950年から1970年まで６大会連続出場を果たした。それだけでなく，1970年と1986年には，地元でワールドカップを開催した。1986年大会は，コロンビアの開催返上による代替開催だったが，これまでワールドカップを２回開催しているのは，イタリア（1934年，1990年）とフランス（1938年，1998年）とこのメキシコの３か国だけであるところからも，メキシコの〈サッカー大国〉ぶりが実証されるだろう。

●アメリカが新しいリーダーに

1990年代から，そのメキシコを追い上げ，新しいリーダーの地位を築きつつあるのがアメリカだ。1930年ワールドカップで３位となり，1950年にはイングランドを破ってセンセーションを巻き起こしたアメリカだったが，その後は低調な時代がつづいていた。1967年にスタートしたプロリーグNASLが1970年代の後半に大きなブームになったことはあったが，その大半が欧州や南米からの選手で占められていたこともあって，アメリカ・サッカーのレベルアップには直結しなかった。しかし，1994年ワールドカップの自国開催が決まってから，アメリカ代表は急速な進歩を遂げた。

40年ぶりに出場した1990年ワールドカップでは３連敗で終了したが，1994年には見事１次リーグを突破して決勝トーナメントに進出，その１回戦でブラジルと当たって０－１で敗れた。

1996年には新しいプロリーグ〈メジャー・リーグ・サッカー(MLS)〉がスタートし，こんどはアメリカ人選手が中心になったこともあって急速なレベルアップにつながった。

アメリカは，1977年にはじまったワールドユース選手権と1985年に第１回大会が行われたU-17世界選手権の常連で，U-17の1999年大会ではMFのランドン・ドノバンがMVPに選ばれるなど，次つぎと好プレーヤーが出てきている。

●新勢力コスタリカの台頭

この２か国につぐのが，コスタリカだ。コスタリカは初出場の1990年ワールドカップでスコットランド，スウェーデンを破って決勝トーナメントに進出，2002年ワールドカップの予選では，イングランドで活躍するFWパウロ・ワンチョペの活躍により首位で出場権を獲得した。

●CONCACAFの大会

1963年にエルサルバドルの首都サンサルバドルで行われた第１回CONCACAF選手権ではコスタリカが優勝，以後，1965年メキシコ，1967年グアテマラ，1969年コスタリカ，1971年メキシコ，1973年ハイチ，1977年メキシコ，1981年ホンジュラス，1985年カナダ，1989年コスタリカとチャンピオンが決まってきた(1977年以降はワールドカップ予選で代行)。

〈CONCACAFゴールドカップ〉となった第１回，1991年にはアメリカが優勝，1993年，1995年，1996年，1998年とメキシコが４連覇した後，2000年にはカナダが優勝，2002年大会はアメリカが２回目の優勝を飾った。

CONCACAFは1962年以来〈チャンピオンズ・カップ〉を開催しているが，それも２年に一度の割合でメキシコのクラブが制覇してきた。とくにメキシコ市にホームタウンを置くクルス・アスルは，計５回の優勝を飾っている。

変化が出てきたのが1990年代。前半の1993年から1995年には，サプリサ(1993年，1995年)とカルタヒネス(1994年)のコスタリカ勢が３連覇を飾り，後半にはMLSのクラブが力をつけてメキシコの王座を脅かしている。

1998年にDCユナイテッドが，そして2000年にはロサンゼルス・ギャラクシーが優勝し，CONCACAFの新しい時代を象徴している。

（大住良之）

オセアニアのサッカー 6-7

1 OFCの組織と歴史

オセアニア・サッカー連盟(OFC)は，FIFA傘下の地域連盟のなかでも最も歴史が浅く，1966年に設立された。ただし，FIFAの理事枠を与えられる〈正式な地域連盟〉の承認を得るまでには，30年という長い年月を要した。OFCがFIFAから理事会の座を１つもらったのは，ようやく1996年になってからだった。

●OFCの特殊性

メンバーは，アメリカ領サモア，オーストラリア，クック諸島，フィジー，ニュージーランド，パプア・ニューギニア，サモア，ソロモン諸島，タヒチ，トンガ，バヌアツに，暫定メンバーのニューカレドニアを加えた12か国(地域)。本部はニュージーランドのオークランドに置かれ，会長はオーストラリア人のバシル・スカーセラが務めている。

この地域は，〈連盟〉として活動するにはあまりに特殊で，困難な事情が多かった。OFCは，オーストラリアが主導的な立場をとり，ニュージーランド，フィジー，パプア・ニューギニアを加えた４か国でスタート。その後しだいに加盟国をふやして現在は12か国で形成されているが，地域があまりに広いこと，そしてオーストラリア，ニュージーランド，パプア・ニューギニアを除くと人口が100万人にも満たない小さな島国ばかりで，貧しいうえに力の差がありすぎることなど，大きな問題をかかえていた。

さらに特殊なのは，加盟12か国の多くの国で，サッカーがナンバーワン・スポーツではないという点だ。最強のオーストラリアでさえ，オーストラリアン・フットボールとラグビーの人気が高く，ニュージーランド，フィジー，パプア・ニューギニア，サモア，トンガなどもすべて〈ラグビーの国〉だ。かろうじて，フランスの影響の強いタヒチ，バヌアツ，ニューカレドニアではサッカーが盛んといわれている。

●地域内の実力差

地域内の力の差は歴然だ。2002年のワールドカップ予選には，暫定メンバーでエントリー権のないニューカレドニアを除く11の全正式加盟国が参加したが，その１次予選でオーストラリアはトンガに22－０，アメリカ領サモアには31－０という信じがたい大差で勝った。ニュージーランドも，グループのライバル，タヒチに５－０で完勝，ともに全勝でオセアニアの決勝に進出した。そしてその決勝も，アウェーで２－０，ホームで４－１とオーストラリアの楽勝だった。オーストラリアの力が突出し，かろうじて試合になるのがニュージーランドだけという状況である。

こうした状況を打破しようと，長い間，オーストラリアは，アジア・サッカー連盟(AFC)への加盟の働きかけをつづけてきた。ワールドカップ予選では，1970年大会からアジアのグループに入れられアジアとオセアニアで１つの出場権を与えられる形がとられてきた。それならいっそのこと，AFCに入るのがいいと考えたのである。しかしFIFAだけでなく，AFCもこれに反対し，実現することはなかった。

1996年にスイスのチューリヒで開催され

たFIFA総会でOFCの〈正式承認〉が諮られたとき，173のFIFA加盟国中，オーストラリアだけが異議を唱えた。OFCが正式な地域連盟になると，AFCに加盟する道が完全に閉ざされてしまうからだ。それほどオーストラリアはOFCにいることの不利を感じていたのだ。

●ワールドカップ予選の不利

OFCの不利は，ワールドカップ予選に最も色濃く表れている。1982年まではアジア予選に入れられ，1974年にはオーストラリア，1982年にはニュージーランドが勝ち抜いてそれぞれ本大会に出場したが，その後はいろいろな大陸とのプレーオフを強いられ，ワールドカップへの道を閉ざされている。

1986年には，アジア内で試合のできないイスラエル，台湾と１次予選をしてオーストラリアが勝ち上がったが，欧州第７組２位のスコットランドとプレーオフをしなければならず，１分け１敗で涙を飲んだ。1990年大会ではイスラエルに遅れをとって，南米とのプレーオフに出場することもできなかった。1994年大会は北中米カリブ海２位のカナダとまず戦い，それに勝った後にマラドーナを要するアルゼンチンとプレーオフを戦わなければならなかった。このときにも，１分け１敗で涙を飲んだ。1998年大会ではアジア４位とのプレーオフだったので，大きなチャンスだったが，イランと２引き分け，アウェーでのゴール数で劣って敗れた。そして2002年大会ではふたたびプレーオフの相手が南米となり，ウルグアイに１勝１敗ながら２試合通算１－３で敗れ，またも出場はならなかった。

このプレーオフ後，OFCは「オセアニアに単独の１枠を」と強力な運動をはじめたが，それは現状ではむずかしいだろう。オーストラリアだけが図抜けた力をもち，他は非常にレベルが低いからだ。2002年大会の予選で，オーストラリア自身がそれを証明してしまったのは皮肉だが…。

●OFCネーションズ・カップの創設

OFCは，1973年と1980年に〈オセアニア・カップ〉を開催したが，オーストラリアが出場しなかった1973年大会はニュージーランドが優勝，ニューカレドニアで開催された1980年大会はオーストラリアが圧倒的な強さで優勝を飾った。しかし，それが短命に終わった〈オセアニア・カップ〉の最後だった。

1995年，OFCははじめての公式地域選手権を開催する。〈インターコンチネンタル選手権〉として非公式に開催されていた大会を，FIFAが全面的に運営に乗り出し，２年に一度の〈FIFAコンフェデレーションズカップ〉としてスタートすることを決めたからだ。その出場権を争う大会として，〈オセアニア・ネーションズ・カップ〉がはじまった。

1995年にホーム・アンド・アウェー形式で行われた第１回大会では，オーストラリアが圧勝した。タヒチとの対戦となった決勝，アウェーで６－０の勝利を収めたオーストラリアは，キャンベラでの第２戦も５－０で快勝，合計11－０という圧倒的な強さだった。

1997年にサウジアラビアのリヤドで開催された第１回FIFAコンフェデレーションズカップ，オーストラリアは決勝に進出，ブラジルに０－６で完敗したが，実力の高さを示した。

OFCは〈ネーションズ・カップ〉を1998年から２年に一度の大会にすることを決定(この時点では，FIFAコンフェデレーションズカップが２年に一度の開催だったため)，その1998年大会からは集中開催方式にすることも決めた。

しかし，第２回大会では，決勝戦でニュージーランドが１－０の勝利を収めた。国内にいる選手だけで大会に臨んだオーストラリアに対し，ニュージーランドは数少ない外国のクラブに在籍する選手たちを呼び戻し，〈最強チーム〉で臨んだ。決勝ゴールを決めたMFマーク・バートンは，ドイツ３部のオズナブリュックの選手だった。

2000年にタヒチで行われた第３回大会から，正式名称は〈OFCネーションズ・カップ〉となり，オーストラリアがタイトルを取り返した。決勝戦はまたもオーストラリアとニュージーランドの対戦。今度はオーストラリアが２－０でしっかりと勝った。

しかしこの大会では，他の参加国，とくにバヌアツとソロモン諸島の成長ぶりが目を引いた。準決勝でオーストラリアと当たったバヌアツは0－1という接戦を演じ，同じくニュージーランドと対戦したソロモン諸島も0－2と，サッカーらしいスコアになった。

2 オセアニア・サッカーの現況

●オーストラリアの強さの秘密

圧倒的なオーストラリアの強さ。しかも，この国は，世界中のプロリーグに100人以上の選手を出している。とくにイングランドのリーズ・ユナイテッドで破壊的なFWコンビとして知られるマーク・ビドゥカとハリー・キューウェルは，プレミアリーグでも高い評価を受けている。

その秘密は，ユース育成策にある。オーストラリアは1981年と1993年の２回にわたってワールドユース選手権を開催，1991年，1993年と連続して４位に入った。オリンピックでも，23歳以下になった1992年大会で４位に入っている。17歳以下の選手によるU-17世界選手権でも常連で，1999年のニュージーランド大会では決勝に進出，０－０からPK戦で惜しくも敗れたが，オーストラリアの若い世代のレベルの高さを示した。全国の若いタレントをサッカー協会が集めて集中的にトレーニングするエリート方式が技術レベルを上げ，持ち前のフィジカルの強さ，激しい身体接触をともなうプレーと結びついて，近年のレベルアップを生んでいる。

オーストラリアにサッカーが入ったのは1880年代で，英国人の炭鉱技師の間でプレーされ，最初のクラブも1881年につくられた。しかし，ラグビーや新しくできたオーストラリア式フットボールが好まれ，サッカーはあまり発展しなかった。1921年に発足したオーストラリア・サッカー協会(ASA)も，広大な国土をカバーすることはできず，活動はシドニーを中心としたニュー・サウス・ウェールズ州に限られてFIFAへの加盟も進まなかった。

第２次世界大戦後，オーストラリアは欧州から多くの移民を受け入れ，その移民たちの間でサッカー熱が高まった。強豪に育っていったクラブも，〈セントジョージ・ブダペスト〉，〈シドニー・クロアチア〉など，出身国そのものの名前が多かった。

そうした中から，サッカー人気がしだいに高まり，1961年ASAに代わる組織としてASF(オーストラリア・サッカー協会)が誕生，1963年にはFIFAへの加盟も認められて国際サッカーの一員となった。1977年にはようやく全国リーグが誕生し，サッカー発展の態勢が整った。オーストラリア代表は緑のユニフォーム，ニックネームは〈サッカールー〉だ。

●ニュージーランドのサッカー

ニュージーランドでも，サッカーが入ったのは1880年代のこと。1891年には早くもしっかりと運営がなされるようになった。しかし，本当の発展がはじまったのは第２次世界大戦後。1948年にFIFAに加盟すると，イングランド，オーストラリア，オランダなどから選手が入ってくるようになり，1970年に全国リーグが実現した。

この国が生んだ最高のサッカー選手は，1995年から1996年にかけてジェフ市原でもプレーしたFWのウィントン・ルーファー。19歳で1982年ワールドカップに出場した後，1989年から1995年までドイツ・ブンデスリーガのベルダー・ブレーメンで活躍した。

ニュージーランドの代表は真っ白なユニフォームで知られている。ラグビー代表の〈オール・ブラックス〉に対抗し，〈オール・ホワイツ〉とも呼ばれる。しかし，ラグビーの圧倒的な人気に押されているのは確かだ。

●オセアニア出身のチャンピオン

1998年，オセアニアのサッカーは１人の〈世界チャンピオン〉を生んだ。フランス代表としてワールドカップ優勝を飾ったMFクリスチャン・カランブーだ。ニューカレドニア生まれのカランブーが世界の頂点に立ったことは，オセアニアの人びとにとって大きな喜びになると同時に，自分たちにもできるんだという大きな勇気づけになった。（大住良之）

メルボルンの悲劇

◇イラン，20年ぶりの出場をかけて

1997年のワールドカップ・フランス大会予選。マレーシアのジョホールバルで行われたアジア第3代表決定戦で，延長，ゴールデンゴールで日本に敗れたイランは，最後の望みをかけて，オーストラリアとのプレーオフに挑んだ。ジョホールバルでの劇的な敗戦から1週間で，イランは見事にモチベーションを上げてきた。1978年以来20年ぶりのワールドカップ出場は，全イラン国民の悲願であった。

一方のオーストラリアにとっても，もしフランス大会に行ければ，それは1974年以来24年ぶりとなる。ただし，オーストラリアではサッカーはナンバーワン・スポーツではないから，オーストラリア・サッカー界の悲願ではあっても，オーストラリア国民の悲願とはいいがたかった。

24年の間に，オーストラリアはチーム力を上げていた。西ドイツ大会のときは，欧州から流れてきた選手たちの寄せ集めチームで，ドイツ出身のシェファー主将は，まだオーストラリアの公用語である英語がうまく話せなかったような状態だったが，今では，逆にオーストラリア生まれの選手が数多く欧州のクラブで活躍するようになっていた。4年前の予選では，マラドーナのいるアルゼンチンと戦って，ホームで1－1，アウェーで0－1の惜敗だった。そして，今回の代表監督は前イングランド代表監督だったテリー・ベナブルス。ベナブルスの就任以来，オーストラリアは12戦無敗だった。

◇オーストラリア優位の前評判

テヘランでの第1戦は1－1の引き分け。これで，オーストラリアはますます有利な立場に立った。プレーオフでは「アウェーゴール2倍ルール」が適用されるから，ホームゲームを0－0で引き分けさえすれば，オーストラリアの本大会進出が決まるのである。

第2戦の舞台にメルボルン・クリケット・グラウンド（MCG）が選ばれたこと自体，オーストラリアでのサッカー人気の上昇を物語っていた。MCGは，約10万人を収容する，オーストラリア最大のスタジアムだ。メルボルン・オリンピックのメイン・スタジアムとしても使われた。ふだんは，クリケットや独特のルールで行われるオーストラリアン・フットボール（オージーボール）で使われる。オーストラリア・サッカーの，それまでの観客動員

▼オーストラリアとのプレーオフに勝利したイラン
©P.Kishimoto

記録は，1993年秋のワールドカップ予選，対アルゼンチン戦の43,967人（シドニー・フットボール・グラウンド）だった。10月29日，MCGにはなんと85,022人が集まった。ほぼ満員である。オーストラリア全土からサッカー・ファンが集まってきた。

◇勝利を目前に流れが変わる

朝から晴れ上がっていたメルボルンの空だったが，夕方になると南極から吹きつける南風に乗った黒雲に覆われていた。雲の切れ間からは赤い夕陽が差し込んでいた。

試合は，開始早々からオーストラリアがペースを握った。ヴィドゥカが左サイドを突破して，ヴィドマーがフリーでシュート。開始40秒のことだ。その後，5分までにオーストラリアは6回のチャンスをつかんだが，しかしゴールには結びつかない。左サイドのラザリディスが再三攻撃をしかけるが，クロスが不正確だった。

だが，31分，オーストラリアはようやく先制ゴールを決めた。ヴィドマーが左からクロスを入れた。そこに，当時まだ19歳で，すでにリーズ・ユナイテッドに在籍していたキューウェルが突っ込んで，押し込んだのだ。そして，後半に入っても48分にヴィドゥカがヘッドで決めて追加点を奪う。試合内容も一方的で，この時点で，だれもがオーストラリアのワールドカップ出場は決まったかと思った。

だが，2点をリードしてからオーストラリアの動きがすっかりおかしくなってしまった。さらに攻めつづけるのか，それとも2点を守りに入るのか，意識がばらばらになってしまったようだ。

60分を過ぎるころから，イランが前線でキープするようになる。

72分，中央にいたイランのFWアジジから若手のマハダビキアにパスが通ったが，マハダビキアのシュートはGKのボスニッチがしっかりと押さえる。しかし，この攻撃をきっかけに，イランがチャンスをつかみはじめる。そして，75分，アジジがアリ・ダエイとのワンツーで右からゴール前にボールを持ち込み，そこで混戦となり，タハミに当たったボールがもう一度アジジの前に転がる。アジジがすばやくクロスを入れるとバゲリが詰めて，まず1点。2－1となる。

そして，79分にはオーストラリアのGKボスニッチのキックをバゲリがカットし，そのボールがダエイに渡った瞬間にアジジが飛び出す。ダエイから完璧のタイミングでスルーパスが通り，最後はアジジが落ち着いてGKの脇を抜けるシュートを流し込んだ。

◇大逆転，「これがサッカーだ」

2－2。なんと，イランが追いついたのだ。2試合合計では3－3。そして，アウェーゴール2倍ルールによって，イランが優位に立つことになった。残り時間はあったが，オーストラリアには，ゲームを立て直す力はもう残っていなかった。

10月17日の中国戦以来，1つも勝てなかったイランがフランス行きを決めた。そして，オーストラリアは無敗のまま，ワールドカップへの道を閉じられてしまったのだ。オーストラリアのベナブルス，イランのビエイラ（ブラジル人）の両監督は，試合後まるで申し合わせたかのように「ディス・イズ・フットボール（これがサッカーだ）」と語った。またしても，サッカーの神の悪戯だった。

それにしても，テヘランや東京でこのような大逆転劇が起こったら，国中がどんな騒ぎになり，国民はどれだけ落胆したことか！　だが，オーストラリアの観衆は，落胆はしながらも，騒ぐことも，落ち込むこともなくスタジアムを去っていった。オーストラリアのサッカー人気は，まだその程度のものだった。

（後藤健生）

第7部 資料編

- 用語解説
- サッカー史年表

ENCYCLOPEDIA OF FOOTBALL

用　語　解　説

あ行

RSCアンダーレヒト

(Royal Sporting Club Anderlecht)

ブリュッセルで1908年に創立。国内リーグ26回，カップ戦8回の優勝はともにベルギー最多。人気，実力ともにナンバーワンのクラブといえる。1964年からリーグ5連覇を果たすなどコンスタントにタイトルを手にする。オランダ代表の名ウィングであるロブ・レンセンブリンクらが中心になった1970年代には，カップウィナーズ・カップで2度の優勝（1976，1978年）を果たし，欧州タイトルも手にしている。1983年には，UEFAカップでも優勝。（松戸）

ISL・ISMM

ISL社（International Sport, Culture and leisure Marketing AG）はドイツのフルクターナス社と電通が出資して1982年にスイスに設立したスポーツマーケティングの専門会社（出資比率はフルクターナス51%，電通49%。その後電通比率は10%に減少）。翌1983年，電通はISL社と協力して，サッカーの4大国際大会（ワールドカップ，欧州選手権，カップウィナーズ・カップ，チャンピオンクラブズカップ）の日本における独占マーケティング権を獲得，国際的なスポーツビジネスに本格的に乗り出す第一歩となった。なお，フルクターナス社はスポーツ用品メーカー〈アディダス〉のオーナー，ホルスト・ダスラーの持ち株会社であり，その後業務内容の進展とともに，スポリス社，さらにISMM社と社名変更をした。

ISL社はFIFAのマーケティングにかかわる販売独占権を獲得，ワールドカップをはじめとして世界のスポーツビジネスにかかわってきた。その後ISL社は，スポーツ放送権ビジネスにも進出，キルヒ社とともに2002年と2006年のワールドカップ放送権を高額で落札して話題を集めた。ISMM社が2001年5月，倒産したのにともない，傘下のISL社も倒産した。FIFAのマーケティング業務はFIFAマーケティング社が引き継ぎ，放送権業務はキルヒ社が引き継いでいる。[1]（矢野）

1FCケルン（1.FC Köln）

1948年に西ドイツ・ケルンで創立。奥寺康彦が日本人としてはじめてプロ契約をかわしたチームとしても知られる。その奥寺やGKシュマッハーなどを擁した1978年にリーグ，カップの2冠を達成するなど，これまでにブンデスリーガで3回，ドイツカップで4回の優勝を誇る名門クラブ。近年は2部降格も経験し，一時期の勢いはなくなったが，依然として人気の高いチームである。（松戸）

アシスタントレフェリー

副審のことである。レフェリーには主審1人，副審2人，そして第4の審判がいる場合は，その4人で試合の審判を協力して行う。主な役割は，主審の決定にしたがいつつ，ボールの全体がフィールドから出たとき，どちらのチームがスローイン，コーナーキック，ゴールキックを行うのか，オフサイドのポジションにいることによって罰せられるとき，選手の交代のとき，主審の見ていなかった不正行為やその他のできごとが起きたときに主審に合図する。（木幡）

アトランタ・オリンピック大会

日本にとって，1968年メキシコ・オリンピック以来，28年ぶりの出場となったオリンピック大会。日本は，グループリーグでロベルト・カルロス，リバウドなどを擁するブラジルを1－0で撃破し，世界に衝撃を与えた。しかし，つづくナイジェリア戦は0－2で敗退，ハンガリーには3－2で勝利するが，得失点差で3位となり大会を後にした。大会は，準決勝でブラジルを2－1，決勝でアルゼンチンを3－2で下したナイジェリアが優勝，〈アフリカの時代〉到来を予感させた。（櫻井）

アフリカの世界的な選手

アフリカ出身の名手は数多い。古くは，1966年ワールドカップ得点王でモザンビーク出身のエウゼビオ（ポルトガル），フランスで1960年代後半に活躍したサリフ・ケイタ（マリ），1990年代前半のアベディ・ペレ（ガーナ），1995年欧州最優秀選手のジョージ・ウェア（リベリア）が有名だ。近年では，ハッジ（モロッコ），エムボマ（カメルーン）やカヌー（ナイジェリア）などが欧州の一線で奮闘しているが，1980年代のベロウミ（アルジェリア）など隠れた名手も多い。[2]（櫻井）

アメリカ合衆国

かつて北米サッカーリーグ（NASL）というプロリーグがあったが，1984年を最後にリーグは解散した。しかし，1994年の自国開催のワールドカップをきっかけにサッカー熱が高まり，1996年にプロリーグMLSがはじまった。ワールドカップでの成績は，1990年に10大会ぶりに出場し，以降3大会連続して出場しているが，それ以前は第1回大会のベスト4，近年では1994年のベスト16が最高と苦戦がつづく。MLSの成功が，アメリカ・サッカーが今後飛躍する鍵を握っている。（濱嶋）

アメリカ女子プロサッカーリーグ

(Women's United Soccer Association: WUSA)

2001年4月，8チームで開幕した，世界初の女子のプロサッカーリーグ。ケーブルテレビをはじめ，個人投資家などが計4000万ドルを出資し，それを等分にして運営資金とした。1999年女子ワールドカップ・アメリカ大会で活躍した20名のアメリカ女子代表選手，および世界各国のトップクラスのプレーヤー16名を各チームに割り当てた。日本の澤穂希選手もワールドクラス・プレーヤーとして，アトランタのチームに参加。

第1回は2001年9月に閉幕，フィラデルフィアが優勝。
参加チーム：アトランタ・ビート，ボストン・ブレーカーズ，ニューヨーク・パワー，ワシントン・フリーダム，フィラデルフィア・チャージ，キャロライナ・カレッジ，アトランタ・ビート，サンディエゴ・スピリット，ベイエリア・サイバーレイズ。以上8チーム。（小林）

アヤックス（Ajax）
オランダのアムステルダムを本拠地に，1900年チーム創立。このチームが世界のサッカーシーンに登場したのは1970年代である。クライフが指令塔として率いたこのチームは，監督ミケルスの考えた〈トータル・フットボール〉と呼ばれるこれまでのサッカーの常識を打ち破る戦術を用いて，1971年から欧州チャンピオンズカップを3連覇するなど世界中を驚嘆させ，現代サッカーの礎を築いた。（濱嶋）

アルゼンチン
南米の欧州と呼ばれるこの国は，ワールドカップ優勝2回など輝かしい実績を持ち，ケンペス，マラドーナなど多数のスター選手を輩出している。南米でもっとも古いサッカーの歴史を持ち（1893年サッカー協会設立），国内にはボカ・ジュニアーズ，リーベル・プレートなど強豪クラブも多い。しかし，近年は国内の経済状況がおもわしくなく，スター選手を海外に放出して経営をやりくりするなど各クラブとも苦しい状況にある。（濱嶋）

アルフレッド・ディ・ステファノ
（Alfredo di Stefano）
1926年7月4日アルゼンチン生まれ。FW。アルゼンチンのリーベル・プレートなどを経て，鳴り物入りで1953年スペインのレアル・マドリードに移籍。スピード，スタミナ，テクニックとあらゆる面でずば抜けた才能を発揮。センターフォワードとして得点も量産，1955〜56年シーズンから1959〜60年シーズンまでチャンピオンズカップ5連覇の原動力となる。しかし，ワールドカップには縁がなく，一度も出場できなかった。1957年，1959年欧州最優秀選手。[3]（櫻井）

アレッサンドロ・マッツォーラ
（Alessandro Mazzora）
1942年11月7日生まれ。クラブ歴＝インターミラノ(イタリア)。代表Aマッチ70試合，22得点。トリノの選手として活躍したバレンチノ・マッツォーラの息子。独特のセンスを持ったドリブルの名手。若くしてインターミラノ入りし，1962〜63年シーズンに23試合に出場し，10ゴールを決め優勝に貢献。1964年，1965年には欧州カップと世界クラブカップを連続して獲得。イタリア代表としても1968年欧州選手権優勝，1970年ワールドカップ・メキシコ大会準優勝に貢献した。（鈴木）

イートン校
〈ザ・ナイン〉と呼ばれるパブリックスクールの一つ。1441年，ヘンリー6世により設立された英国バークシャーにある準王立学校。ケンブリッジ大学との関係を深め，ウェリントンやグラッドストーンなど英国の名宰相を輩出。1519年にはフットボールをしていたとされる。18世紀には〈壁ぎわのフットボール〉と呼ばれるイートン独特のフットボールをはじめており，現在の縦長のピッチの原型である細長い土地に11人制でプレーしたとされる。（北岡）

イエローカード，レッドカード
選手の反スポーツ的行為，言葉または行動によって異議を示す行為などに対し，レフェリーは警告として〈イエローカード〉を示すことになっている。1試合に2つ目の警告を受けた場合や乱暴な行為，著しく不正なプレーなどには〈レッドカード〉が示され，その場で退場となる。罰則による退場のため交代選手は認められず，チームは少ない選手で残り時間を戦わなければならない。退場者は次の試合は出場停止となり，長期出場停止となるケースもある。国際試合で互いに言葉が通じない主審と線審が「警告なら黄色，退場なら赤の紙を出そう」と決めたのがはじまりといわれる。（澤井）

移籍
所属チームを変更すること。代理人を通じて交渉が行われ，チームに多額の移籍金が支払われる。たとえば1986年，ACミランは2年間に総額600億リラ（約42億円）を投入，有名選手を外国から獲得した。このような過激な移籍合戦は，メディア放映権の販売というチームの経営戦略ともからんでいる。これに対し，海外からの移籍選手の大量参入から欧州域内の選手の地位を守る動きがある。EU法(労働法)によるボスマン判決が有名。（北岡）

イタリア
協会創立1898年，FIFA加盟1905年。ワールドカップ出場14回，優勝3回（1934年イタリア，1938年フランス，1982年スペイン），準優勝2回（1970年メキシコ，1994年アメリカ)。欧州選手権優勝1回（1968年イタリア）。国内リーグはセリエAで，全18チーム。カップ戦はコッパ・イタリア。クラブ・代表ともに世界トップレベルのサッカー大国。結果主義の国民性で，守備重視の〈カテナチオ〉が有名。逆に得点力が低く，国際大会ではPK決着が多い。[4]（櫻井）

イングランド
サッカー発祥の地としての歴史を持ち，1863年にはサッカー協会ができ，1888年にはリーグがはじまった。その誇りからFIFAに加盟と脱退をくり返していたため，第3回ワールドカップまで出場権を得ることはなかった。ワールドカップでは1966年の優勝のみで，グラウンド外ではフーリガンが凶暴化し，観客数は減少，さらには多数の死者を出す騒ぎまで起こすなど，世界の支配者としての誇りはもう失われてしまっている。（濱嶋）

インジュアリー・タイム
試合中にケガをした選手を治療するのに要した時間のことをさす。しかし，このとき主審の時計が止められて試合時間には換算されない。正規の試合時間を過ぎて残り時間として明示される。接触プレーをしたときに，ケガをしたかのように故意に試合時間の消費を行う選手には，イエローカードが提示される。（木幡）

インターミラノ（Inter Milan）

イタリア・ミラノで，1908年にACミランから分離してできたチームで，ミランのイングランド風とは異なり，イタリア風のスタイルを持つ。本拠地，スタジアムともにミランと同じで，ミランとのミラノダービーはサポーターにとっても重要な意味を持つものである。UEFAカップは1998年をはじめ1990年代に３度制するなどトップレベルのクラブではあるものの，1988～89年シーズン以来，14度目のスクデッドはまだ獲得していない。（濱嶋）

インディペンディエンテ

（Club Atletico Independiente）

アルゼンチン・ブエノスアイレスで1905年に創立された。〈南米の赤い悪魔〉と恐れられる強豪チーム。1964年には，アルゼンチンではじめてリベルタドーレス杯制覇を果たし，翌年にも優勝。

1972年からも３連覇を達成するなど，同杯で最多の７回の優勝を誇っている。1973年にはインターコンチネンタル・カップでユベントスに勝利，トヨタカップに名前を変えた後の1984年にもリバプールを下して世界一の栄冠を手にしている。（松戸）

ウィング

左右両サイドから縦に突破し，センタリングを上げたり，内へ切れ込んでシュートを打つポジション。３トップでは左右のFWが担当し，現在流行の4-2-3-1システムでは，３にあたる左右ハーフが同様の働きを行う。かつては，ドリブラーが技術の見せ場として配置されたが，現代サッカーではスピード重視でシュート力やパス展開能力も要求されている。ブラジルのガリンシャ，オランダのオーバーマルスなどがこのポジションの代表的な選手。（櫻井）

ウーベ・ゼーラー（Uwe Seeler）

1936年11月５日ドイツ生まれ。ずんぐりむっくりの体型ながらアクロバチックなシュートを得意とした西ドイツのセンターフォワード。出身地のチーム，ハンブルガーSVひとすじのサッカー人生で，ファイティングスピリットにあふれるプレーは，万人から愛された。ワールドカップには，1958年から４回連続出場した。[3),5),6)]（山口）

ウーマンズ・カレッジ

（財）日本サッカー協会が行っている女子サッカー普及振興のための講習会。ウーマンズカレッジ・インストラクター（女性）を派遣して，各地域のユース年代の強化をし，初心者講習会，指導者講習会などを開催する。女子サッカーのネットワークを広げ，サッカーをする女子の人口をふやすことを目的としている。2001年度から47都道府県１泊２日開催となった。（小林）

ウォーミングアップ

スポーツ前に行うウォーミングアップは，血流量，筋温および体温を上昇させ，その後の運動パフォーマンスを向上させるといわれている。一般的には，ストレッチとランニングによって関節の可動域を広め，体温を上昇させ，呼吸循環系を円滑に働かせる。間欠的に高強度運動がくり返されるサッカーの運動特性を考慮して，心臓循環系などのからだのさまざまな機能にウォーミングアップから間欠的な運動刺激を与える配慮が必要となる。（安松）

ウルグアイ

アルゼンチンとブラジルにはさまれた小国で，近年は両国の陰に存在が薄れがちであるが，1930年の第１回ワールドカップ優勝をはじめ，1924年，1928年のオリンピック優勝など20世紀初頭は黄金期であった。以後も，ウルグアイ最高のプレーヤーと呼ばれるファン・スキアファーノを擁して1950年のワールドカップに優勝するなど，ワールドカップ出場9回を誇るサッカー強国であることは間違いない。国内ではインターコンチネンタル・カップを３度制したペニャロールが有名。（濱嶋）

エウゼビオ

（Eusebio Ferreira Da Silva）

1942年１月25日ポルトガル生まれ。ポルトガルを1966年のワールドカップで３位に導いた原動力（９得点で得点王も獲得）。1965年の欧州年間最優秀選手。ベンフィカ・リスボンでは欧州チャンピオンにも輝く（1961～62年）。モザンビーク出身のエウゼビオは〈黒豹〉と呼ばれ，その強靱なバネを活かし，軸足をボールの前方に置く強シュートは日本の釜本も参考にしたという。[3),5),6)]（山口）

ACミラン

（Milan Associazione Calcio）

イタリア・ミラノを本拠地として1899年創立。スタジアムはサン・シーロ（85,847人収容）。1980年代前半は，八百長疑惑などセリエB降格も味わったこのチームは，しかし，監督サッキのもと1989年，1990年にはチャンピオンズリーグ，トヨタカップ，スーパーカップを制するなど，ゾーンプレスと呼ばれた戦術で世界を席巻，1991～92年シーズンからリーグ３連覇など，1990年代を代表するクラブとなる。（濱嶋）

FCバルセロナ（FC Barcelona）

スペインのバルセロナを本拠地に，チーム創立は1899年。ホームスタジアムのカンプ・ノウは11万5,000人を収容することができ，この収容人員がバルセロナを強くしてきた。1980年代のバルセロナのホームゲームは，平均して10万人を超える観客を集め，これにより豊富な資金を得て次つぎとトップ選手を獲得。1990年代には５度，リーグを制するなどレアル・マドリードと激しい争いを演じる。（濱嶋）

エミリオ・ブトラゲーニ

（Emilio Butragueno）

1963年７月22日スペイン生まれ。FW。1983年から12年間レアル・マドリードに在籍，1997年アトレティコ・セラヤで引退。

その名前に加え，ゴールへの嗅覚と小柄で軽い体ながらDFの裏に抜けてゴールを奪う姿から，ついたあだ名が〈エル・ブイトレ（ハゲ鷲）〉。ハイライトは，1986年ワールドカップ決勝トーナメント１回戦のデンマーク戦。圧倒的な攻撃力を誇ったデンマークに対して４得点をあげ，５－１の勝利の立役者となった。1986年，1990年ワールドカップ出場。[3]

（櫻井）

LOC（Local Organizing Committee）

世界各国と地域のサッカー協会をいう。日本では〈財団法人・日本サッカー協会（Japan Football Association，通称JFAジェイエフエイ）〉がこれにあたる。これをたばねるのが〈アジアサッカー連盟（Asian Football Confederation，AFCエーエフシー）〉。大陸連盟は全部で６連盟あり，他の５つの大陸連盟は，欧州サッカー連盟（UEFAウエファ），南米サッカー連盟(CONMEBOLコンメボル，またCFSシーエフエスという場合もある)，オセアニア・サッカー連盟（OFCオーエフシー)，アフリカ・サッカー連盟(CAFカフ)，北中米カリブ海サッカー連盟（CONCACAFコンカカフ)。これをたばねる組織が国際サッカー連盟(FIFAフィファ)である。日本サッカー協会は，Jリーグや天皇杯全日本サッカー選手権を主催する。1921年，大日本蹴球協会として発足した。現在の会長は岡野俊一郎。

（矢野）

延長戦

前・後半90分で決着がつかない場合，前・後半同じ時間を延長して試合を行うこと。通常15分ハーフで行われるものが多いが，ゴールデンゴール方式（Vゴール方式）による延長戦もふえてきている。

（上向）

黄金のカルテット

1982年ワールドカップ・スペイン大会のブラジルの中盤を構成した，ジーコ，ソクラテス，トニーニョ・セレゾ，ファルカンの４人をさす。テレ・サンターナ監督率いるブラジルは個々の選手の創造性をベースに，ダイレクトパスを多用した攻撃的なサッカーを展開したが，〈黄金のカルテット〉はその攻守の要となった。ブラジルは本来の自由奔放なスタイルを戦術に取り入れたと評価され，同大会の優勝候補の最右翼とされたが，２次リーグでイタリアに敗れ，大会を去った。

（鈴木）

欧州サッカー連盟（Union des Associations Europeennes de Football；UEFA）

1954年創立。全欧州のサッカー協会を統括する連盟。2001年現在，加盟数は51の国と地域。事務局はスイスのベルン。会長はレナート・ヨハンソン（スウェーデン)。加盟国は以下のとおり。アイスランド，アイルランド，アゼルバイジャン，アルバニア，アルメニア，アンドラ，イスラエル，イタリア，イングランド，ウェールズ，ウクライナ，エストニア，オーストリア，オランダ，北アイルランド，キプロス，ギリシャ，グルジア，クロアチア，サンマリノ，スイス，スウェーデン，スコットランド，スペイン，スロバキア，スロベニア，チェコ，デンマーク，ドイツ，トルコ，ノルウェー，ハンガリー，フィンランド，フェロー諸島，フランス，ブルガリア，ベラルーシ，ベルギー，ポーランド，ボスニア・ヘルツェゴビナ，ポルトガル，マケドニア，マルタ，モルドバ，ユーゴスラビア，ラトビア，リトアニア，リヒテンシュタイン，ルーマニア，ルクセンブルク，ロシア

（澤井）

欧州選手権

欧州サッカー連盟（UEFA）が主催する欧州のナショナルチームの王者を決める大会。第１回大会は1960年にフランスで開催され，以後４年ごとにワールドカップの中間年に開催されている。1976年ユーゴ大会まで決勝大会はベスト４による準決勝，決勝だけだったが，1980年イタリア大会から８チーム参加，1996年イングランド大会から16チーム参加となり，ワールドカップに次ぐビッグイベントに成長した。

（鈴木）

オーバーラップ

前のポジションの選手を追い越して，攻撃に参加すること。主にDFの選手に対して使われることが多い。現代サッカーではDFの攻撃参加が不可欠になっており，とくに４バックにおける両サイドバックのオーバーラップは，重要な攻撃オプションでもある。両サイドでは，相手ゴールライン付近まで攻め上がってセンタリングやシュートを行う。また，守備的MFやセンターバックが攻め上がり，ミドルシュートという流れもひとつのパターンである。

（櫻井）

オープンスペース

相手守備選手の背後にある地域のこと。このスペースを攻略し，支配することで有効な攻撃を組み立てることができる。守備チームは，このオープンスペースにおけるすみやかなカバーリングが鍵になる。

（木幡）

岡野俊一郎

1931年８月23日生まれ。東京都出身。1950年都立小石川高等学校，1957年東京大学文学部卒業。1953年ユニバーシアード日本代表。1955年に日本代表選出。1960年に，日本代表ユース・チーム監督に就任。1963～70年に日本代表コーチを務め，その間1968年メキシコ・オリンピック代表コーチとして銅メダル獲得。

1970～72年日本代表監督に就任。1987～98年(財)日本サッカー協会副会長を経て1998年より(財)日本サッカー協会会長就任。同理事，(財)2002年ワールドカップサッカー大会日本組織委員会副会長を兼任する。また，1990年から国際オリンピック委員会(IOC)委員も務める。和菓子の老舗岡埜栄泉社長。サッカー解説者としてNHK放送文化賞，東京都文化賞などを受賞している。

（澤井）

奥寺康彦

1952年３月12日生まれ。MF・DF。1970年，日本リーグの古河電工入団。1972年に日本代表入り。1977年，日本人初の海外移籍選手としてドイツの１

FCケルンに入団。同年リーグ，ドイツカップ優勝。ヘルタ・ベルリン，ヴェルダー・ブレーメンを経て1986年に帰国，古河電工と国内初のプロ契約を結ぶ。1988年に現役引退。正確なクロスとシュート，戦術に即したプレーから〈東洋のコンピュータ〉と賞賛された。1999年，横浜FCのGMに就任。[2)] （櫻井）

尾崎加寿夫

1960年3月7日東京都生まれ。ポジショニングのよさでゴールを量産した三菱重工のFW。1982年のキリンカップでオランダの強豪フェイエノールトを相手に4ゴールをあげたことがきっかけで，西ドイツのアルミニア・ビーレフェルトへ移籍。日本人プロ第2号となる。デビュー戦の対1FCケルン戦で貴重な同点ゴールを決めるなど，同国では62試合で9得点をあげる。いくつかのチームを渡り歩き1990年に帰国，浦和レッズやヴェルディ川崎でプレーした後，1993年に引退した。代表Aマッチ17試合出場で3ゴールを記録。 （松戸）

オズワルド・アルディレ
(Osvald Ardiles)

1952年8月3日アルゼンチン生まれ。17歳で地元ウラカンでデビュー。1978年，自国開催のワールドカップに中盤の指令塔として出場し初優勝に貢献。同年，英国初の外国人プレーヤーとしてトットナムへ移籍。フォークランド紛争勃発により1982年ワールドカップ・スペイン大会出場後，パリSGに一時レンタルされるも翌年復帰。1989年に現役引退後，スウィンドン・タウン，ニューキャッスル，トットナム，グアダラハラを経て1996年清水エスパルス監督として来日，1998年Jリーグ最優秀監督。1999年，クロアチア・ザグレブ解任後，2000年横浜F・マリノス監督として再来日，1stステージ優勝を果たすが，2001年1stステージ途中で解任。 （上向）

オフサイド

オフサイドは，ボールをオフサイドライン（守備側の選手の後ろから2人目を通ってゴールラインと平行に引いた線）より前にいる味方の選手にパスを出すことである。近年，ゲームのスピード化やオフサイドトラップの多様化により，判定が微妙な場面が見受けられる。最新の研究によれば，それは副審の網膜における投射角度によって人間の知覚システムの限界から必然的に起こるものであることが報告されている。[7)] （安松）

オフサイドトラップ

相手側の選手からパスが出る瞬間，DFラインを意図的に前方へ押し上げ，パスを受ける選手をオフサイドポジションに置き去りにして，オフサイドを誘う高度な戦術。1920年代のニューカッスルの選手，ビル・マクラッケンが考案したといわれ，1925年にFAがルールの変更を行ってから戦術として認められた。1994年からオフサイドポジションの選手がプレーしなければファウルでないという改正が行われてから，多用するチームは減っている。[3)] （櫻井）

オランダ

アヤックス，フェイエノールト，PSVアイントホーフェンの欧州でも屈指のクラブとともに1970年代以降，オランダは世界に登場した。1974年，指令塔クライフのもとワールドカップ準優勝。つづく1978年ワールドカップも準優勝。そして1988年の欧州選手権では〈もっとも魅力的なチーム〉が最高の結果をおさめた。しかしそれ以降，ワールドカップでもつねに優勝候補であるものの，オランダの理想主義的なサッカーは現実主義を超えられずにいるのが現状である。 （濱嶋）

オレグ・ブロヒン (Oleg Blnkhin)

1952年11月5日旧ソ連生まれ。クラブ歴＝ディナモ・キエフ（ソ連）→フォルベルツ・シュテイル（オーストリア）。代表Aマッチ101試合，35得点。ディナモ・キエフとソ連代表の一員として活躍した快足ウィング。1975年ディナモ・キエフがカップウィナーズ・カップを制し，ブロヒンが欧州最優秀選手に選出されて国際的名声が高まった。ソ連代表として1982年，1986年ワールドカップに出場。引退後はオリンピアコス(ギリシャ)のコーチに転じた。 （鈴木）

か行

カールハインツ・ルムメニ
(Karl-Heinz Rummenigge)

1955年9月25日ドイツ生まれ。19歳でプロデビューしてから1987年までバイエルン・ミュンヘンでFWとして活躍。西ドイツ代表としても1977年から不動のレギュラーとなり，1978年アルゼンチン，1982年スペイン，1986年イタリアと3度のワールドカップに出場し，2回準優勝している。この間に1980年，1981年の2年連続で欧州年間最優秀選手に選ばれている。1984～87年イタリアのインテルでプレーし，1987～89年スイスのセルベッテでのプレー後引退。 （上向）

風間八宏

1961年10月16日静岡県清水市生まれ。大学卒業後の1984年，西ドイツのバイヤー・レバークーゼンへ入団。同国のチームを渡り歩いた後1989年に帰国しマツダSCへ。1993年のJリーグ開幕戦では，日本人初ゴールを豪快かつ華麗なボレーシュートで飾る。1994年にはサンフレッチェ広島のキャプテンとして，また中盤の要としてチームを引っ張り，1stステージ優勝の原動力となった。1997年に同チームを退団。ふたたびドイツへ渡り，かの地で選手生活に幕を下ろす。Jリーグ通算103試合，代表Aマッチ30試合出場。 （松戸）

カテナチオ (Catenaccio)

イタリアの守備的戦術の代名詞。〈閂をかける〉の意。20世紀初頭に北イタリアのチームが採用したのが起源とされる。厳重なマンマークを実施し，後方にリベロを配してカバーさせる。攻撃は少数のFWによるカウンターアタック。「スコアレスドローで十分。1対0で勝てるならなおよし」のコンセプトだが，1点が取れるとみたときの攻撃力，集中力，巧みさ，いやらしさもまたカテナチオを特徴づける重要な要素。（羽後）

釜本邦茂

1944年4月15日京都市生まれ。FW。京都府立山城高校卒，1963～1967年早稲田大学，1967～85年ヤンマーディーゼル。1978～85年ヤンマー監督（プレーイングマネジャー）。1991～95年ガンバ大阪（Jリーグ）監督。1962年にユース代表，1964年東京オリンピック日本代表。1968年にはメキシコ・オリンピック日本代表として銅メダルと得点王（7得点）を獲得。日本リーグ通算202ゴール，得点王7回，ハットトリック13回。日本代表通算144ゴール。国際Aマッチ75試合で72得点。1995年参議院議員当選。1998年(財)日本サッカー協会副会長就任，1999年，2002年強化推進本部本部長就任。2000年自由民主党副幹事長，参議院議員自由民主党副幹事長，労働総括政務次官を歴任（いずれも同年退任）。2001年7月現在，スポーツ議員連盟常任理事，(財)日本サッカー協会副会長，JAWOC（2002年FIFAワールドカップ日本組織委員会）理事，日韓議員連盟幹事，2002年ワールドカップ推進国会議員連盟常任幹事，大阪市スポーツ振興審議会委員。

（澤井）

ガリンシャ

(Manoel Francisco dos Santos, dit)

1933年10月16日ブラジル生まれ。FW。1947年ECパウグランデでプロ契約。主な所属チームはボタフォゴ，コリンチャンスなど。幼少から左右の足の長さが違うハンデを負うが，それが独特のリズムを生み，フェイントを織り交ぜたドリブルで相手DFを翻弄。1958年，1962年ワールドカップ優勝。テクニックはペレ以上ともいわれ，とくに1962年は〈ガリンシャの大会〉と呼ばれた。晩年は酒に溺れ，49歳でこの世を去った悲運の天才ドリブラー。[3]（櫻井）

カルロス・バルデラマ

(Calros Valderrama)

1961年9月2日コロンビア生まれ。クラブ歴＝サンタ・マルタ→ミロナリオス→アトレチコ・ナシオナル（以上コロンビア）→モンペリエ（フランス）→バリャドリッド（スペイン）→メデリン→アトレチコ→ジュニオール・バランキア（以上コロンビア）→タンパベイ（アメリカ）。代表Aマッチ111試合，10得点。南米最優秀選手受賞（1987年，1993年）。ワールドカップ出場（1990年，1994年）。インサイドキックによるショートパスで試合を組み立てる名MF。独特の髪形でも知られる。

（鈴木）

川淵三郎

1936年大阪市生まれ。早稲田大学在学時から日本代表に選出。1964年東京オリンピック代表。古河電工監督，日本代表監督を経て1988年に日本サッカー協会総務主事。1991年Ｊリーグ発足と同時にチェアマン（理事長）に就任。（澤井）

環境対策

暑熱環境や高地環境は，サッカーのような長時間の間欠的運動パフォーマンスを低下させることが知られている。したがって，このような環境でサッカーの試合を行う際には，対策を講じる必要がある。両環境ともに，順化が効果的である。暑熱環境では1週間，2,300ｍまでの高地環境では2週間が必要である。また，暑熱環境では発汗による，高地環境では乾燥による脱水を防ぐために，両環境とも水分補給が必要となる。（安松）

カンポス (Jorge Campos)

1966年10月15日メキシコ・アカプルコ生まれ。メキシコシティのUNAMでプロデビューを果たし，1992年に代表入り。以来，代表で100試合以上に出場，ワールドカップには1994年，1998年と出場している。身長168cmはゴールキーパーとしてはかなり小柄であるが，持ち前の運動神経と攻撃的なプレーで世界の注目を浴びている。自らデザインした蛍光色の派手なユニフォームを着ることでも有名。（松戸）

キックの種類

基本的なキックの種類としては，主にシュートの際に用いるインステップキック，短いパスに使用するインサイドキック，中長距離のパスやプレースキックの際，ボールにドライブをかけるためのインフロントキックがある。他にアウトフロントキック，ヒールキックなどがある。近年は，かつては南米特有のテクニックであったラボーナキックなど，トリッキーなキックを使う選手がふえてきている。[8), 9), 10)]（山口）

グジェコシュ・ラトー

(Guzegorz Boleskaw Lato)

1950年4月8日ポーランド生まれ。類まれなる俊足で，1974年のワールドカップでポーランドを3位に導いたばかりか，7得点をあげ得点王に輝いた。ポーランドのシュタル・ミエレツでキャリアをスタートさせ，ここで2度のリーグ制覇を成し遂げる。その後，ベルギーとメキシコのチームでプレーした。この間，1978年と1982年のワールドカップに出場，1982年には2度目の3位を獲得している。代表歴は100試合（45得点）でポーランド歴代1位。[5), 6)]（山口）

クリア

ディフェンダーが，パスで味方にボールを渡すのではなく，自陣からボールを大きく前線やタッチライン外に蹴り出し敵の攻撃を逃れること。[8), 9), 10)]（山口）

クロス・センタリング

後方または両サイドからゴール前にボールを供給すること。ともに意味は同じ。もっとも効率よくゴールを奪う方法は，ゴールに近い場所からシュートを打つことである。しかし，相手守備陣に対して，ドリブルや短いパスだけでは，ゴール付近に攻め入ることは困難になる。そこで，一気にゴールへの距離を縮め，ワンタッチでシュートを打つチャンスをつくるのがこのパスだ。空中戦が強いチーム

には有効だが，多用すると攻撃が単調になる短所もある。（櫻井）

ゲームメーカー

ゲームをつくる選手＝パスやドリブルで試合を組み立てる選手の意。1970年代の日本における用語で，優れた技術と判断力でチームを指揮するタイプの選手に多く用いられた。ジャンニ・リベラ（イタリア），ウォルフガング・オベラート，ギュンター・ネッツァー（ともに西ドイツ），ヨハン・クライフ（オランダ），ガジミエジ・ディナ（ポーランド）などが名ゲームメーカーと呼ばれ，その系譜はミシェル・プラティニ（フランス），ジーコ（ブラジル）など，〈10番〉をつける選手に受け継がれた。（鈴木）

ケニー・ダルグリッシュ
(Kenny Dalglish)

1951年3月4日スコットランド生まれ。グラスゴー・セルティックとリバプールの2つのクラブでしかプレーしていないが，数多くのタイトルを手にしている。とくにリバプールではリーグ7回，FAカップ1回，リーグカップ4回，チャンピオンズカップ3回と優勝を経験している。正確なボールコントロールとすばやい動きからゴールを量産したスコットランドを代表するFWであるが，代表でのタイトルには恵まれていない。（上向）

ケビン・キーガン (Kevin Keegan)

1951年2月1日イングランド生まれ。1970年代のイングランドを代表するFWまたはMF。リバプール，ハンブルガーSV，ニューカッスルUなどでプレー。1978年，1979年欧州最優秀選手受賞。1977年欧州チャンピオンズカップ優勝。代表63キャップ。引退後は代表，ニューカッスルU監督などを務める。小柄だがスピーディで勤勉。〈マイティマウス〉と呼ばれた。なぜかワールドカップには縁が薄く，1982年スペイン大会2次リーグ最終戦で途中出場したのみ。（羽後）

ゲルト・ミュラー (Gerhard Muller)

1945年11月3日ドイツ生まれ。1974年自国開催のワールドカップをみごと優勝で飾った西ドイツのセンターフォワード。ずんぐりとした体型で，鋭くゴールの臭いを嗅ぎつけ，泥臭いシュートで相手ゴールを陥れるさまは〈ボンバー（爆撃機）〉と呼ばれ，バイエルン・ミュンヘンでも盟友の〈エンペラー（皇帝）〉ベッケンバウアーと好対照を成した。1970年大会では得点王に，ブンデスリーガでは実に7回もの得点王に輝いている。[5)]（山口）

KOWOC

〈2002年FIFAワールドカップ™サッカー大会韓国組織委員会（Korea Organising Committee for the 2002 FIFA World Cup Korea/Japan）〉のこと。FIFAとともに大会の開催準備にあたる。また，韓国での運営全般にあたる財団法人（同様に日本での開催準備と運営はJAWOCがあたる）。1996年5月，FIFAで日韓大会共同開催が決定されたのにともない，1997年1月に財団設立が許可された。委員長は李衍沢（イヨンテク）と鄭夢準（チョンモンジュン），事務総長は文東厚（ムンドンフ）。（高橋）

ゴードン・バンクス
(Gordon Banks)

1937年イングランド生まれ。同国サッカー史上を代表するGK。1966年の自国でのワールドカップを優勝で飾り，1970年メキシコ大会でもベスト8に残った。わけても1970年大会でのペレの完璧なヘディングシュートを止めたビッグセーブは，その瞬間をとらえた美しい写真とともにサッカーファンの記憶に残るものである。1972年に交通事故に遭い，惜しまれながらも引退した。[3), 5)]（山口）

コーナーキック

守備側チームの選手が地上，空中を問わず最後にボールに触れて，自陣ゴールラインからボール全体が越えたとき，相手チームに与えられるプレー再開の方法である。ボールが出た地点に近いコーナーアークから行われる。コーナーキックから直接得点することができる。（木幡）

ゴールデンゴール

前・後半90分の試合で決着がつかず，延長戦に入った場合，これまでは前・後半同じ時間（主に15分）の延長戦を行うことが規定されていたが，選手の負担減や時間短縮，また可能な限り引き分けを減らすことなどを目的として，先に1点をあげたチームがその時点で勝ちとする方式。Jリーグでは開幕から〈Vゴール〉としてこの方法を採用しているが，通常はトーナメント方式の大会で採用されることが多く，この選択は大会主催者に任されている。[11)]（上向）

国際サッカー評議会 (International Football Association Board ; IFAB)

競技規則の制定，改正をはじめ，サッカーに関する重要事項について審議決定する機関。イングランド，スコットランド，ウェールズ，北アイルランドの英国4協会と国際サッカー連盟（FIFA）の5団体によって構成される。評議会は年に2度の会議を持ち，競技規則について討議する年次総会は例年2月14日～3月14日の間に開催される。競技規則の改正は，年次総会において投票権を持つ出席者の4分の3以上の賛成を得た場合に実施される。（澤井）

国際サッカー連盟
(Federation Internationale de Football Association ; FIFA)

1904年5月21日に世界選手権（のちのワールドカップ）の実施を目的に創設された。当初のメンバーは，フランス，ベルギー，スイス，デンマーク，オランダ，スペイン，スウェーデンのわずかに7か国。〈母国〉イングランドは不参加だった。現在では6大陸連盟の203の国と地域で構成されている（2001年現在）。サッカーの各国協会を統括する機関で，ワールドカップをはじめ，年代別の世界選手権などを開催する。本部はスイスのチューリヒ。（澤井）

コチシュ（Sandor Kocsis Peter）

1929年９月23日ハンガリー生まれ。奇跡のチーム〈マジック・マジャール〉ハンガリー代表のトップスコアラー。これは，コチシュ自身が絶対の自信を持つヘディングの能力に負うところが大きい。クラブチームでは，代表での盟友プスカシュのいたレアル・マドリードのライバルチーム，バルセロナで活躍，しのぎを削った。1954年ワールドカップ得点王（11得点）。[5), 6)] （山口）

さ行

サッカーで起きる傷害

サッカーにみられる外傷は，捻挫，打撲，肉離れ，膝靭帯損傷，骨折，膝半月板，脱臼，挫創などである。また，障害では，膝周囲炎，腰痛，足部痛，恥骨炎，アキレス腱炎などである。傷害の一番の原因はプレーヤー同士の接触であるため，未然に防ぐには，トレーニングによる関節周辺の筋力，および腱の強化やあらゆる方向からの衝撃に対しても臨機応変に対抗できるコーディネーション能力（神経・筋の調整能力）が必要である。 （安松）

サッカーの登場する映画

ワールドカップの記録映画としては，1966年イングランド大会の模様を収めた『ゴール』が有名。サッカーを題材にした映画は世界中で製作されているが，FAカップ決勝の喧噪に乗じて泥棒を働く『新・黄金の７人』（1968年・イタリア），『ゴールキーパーの不安』（1971年・西ドイツ），『サッカー小僧』（1974年・スウェーデン），ペレやアルディレスが出演した戦時の収容所を舞台にした脱走劇『勝利への脱出』（1981年・アメリカ）などは古典的作品。最近は『ディディエ』（1997年・フランス），『マイ・ネーム・イズ・ジョー』（1998年・英国），『ザ・カップ　夢のアンテナ』（1999年・ブータン），『シーズンチケット』（2000年・英国）などが話題になった。 （鈴木）

サポーター

狭義にはスタジアムのゴール裏などで特定のチームをファナティックに応援するファンたち。広義にはサッカーを愛し，その振興を願うすべての人びとをさす場合もある。フランス・ワールドカップでは日本サポーターのマナーのよさが評価されたが，反面，同じ格好をして画一的な応援で不気味だった，との指摘も。サッカーシーンでは，代表と並んでその国のイメージを伝える有力な媒体となり得る存在。 （羽後）

澤穂希（さわ ほまれ）

1978年９月６日生まれ。アトランタ・ビート。MF。元読売ベレーザ。第２回女子ワールドカップ・スウェーデン大会（当時最年少），アトランタ・オリンピック，第３回女子ワールドカップ・アメリカ大会に出場。45キャップ25得点。1999年，アメリカ代表対世界選抜の試合に，日本人でただ１人MFとして出場。アメリカ女子プロサッカーリーグ（WUSA）には，世界トップ選手としてドラフトでアトランタ・ビート入り，2001年のリーグ準優勝に貢献した。 （小林）

3-5-2

過去にも採用されることがあったが，もっとも機能的で世界的に知られたのが1990年ワールドカップの西ドイツだろう。DFは，フラットもしくは２ストッパーにリベロを置き，両ウィングハーフ（WH）は，守備時にはDF，攻撃時にはウィングとなる。そのため，両WHの走力・体力的負担は大きい。カウンター戦術，また中盤５人でパスをまわして攻撃を組み立てたり，２トップ下の攻撃的MFの才能を活かすなど，多様な戦術に対応できるシステムでもある。 （櫻井）

サントス（Santos FC）

ブラジル・サンパウロで1912年に創立された。サンパウロ州選手権に15回優勝している強豪。ペレやジウマールら1958年ワールドカップの優勝メンバーを擁した1950年代後半から1960年代に黄金期を迎える。1962年にはリベルタドーレス杯で優勝した２つ目のチームとなり，翌1963年と２年連続で同カップとインターコンチネンタル・カップを制した。1973年のペレ引退後はタイトルから遠ざかっており，よくも悪くもペレのイメージが強いチームだ。 （松戸）

サンパウロFC（São Paulo FC）

ブラジル・サンパウロに本拠をおくこのチームは，1935年，パウリスタクラブ（当時のブラジルのスポーツクラブで，サッカーだけを行っていたわけではない）がサッカーを中止すると決定したことに不満を持った選手らによって設立された。1970年代以降はタイトル争いの常連となり，1992年，1993年はリベルタドーレス杯，トヨタカップを連覇，1993年にはスーペルコパも優勝するなどトップクラブの地位を得る。 （濱嶋）

ジーコ（Artur Antunes Coimbra, dit）

1953年３月３日ブラジル生まれ。クラブ歴＝フラメンゴ（ブラジル）→ウディネーゼ（イタリア）→フラメンゴ→鹿島（日本）。1980年代のブラジルの10番を背負った名手。フラメンゴで若くして頭角を現し，〈白いペレ〉の異名をとる。代表デビューは1975年の対ウルグアイ戦。ワールドカップには1978年，1982年，1986年の３度出場。国際的名声を決定づけたのは1982年ワールドカップ・スペイン大会で，〈黄金のカルテット〉の１人として華麗なサッカーを演出。1989年の引退後，政治の世界に入ったが，1991年より日本の住友金属で現役活動を再開。1993年Ｊリーグの発足とともに鹿島アントラーズの優勝に貢献し，1994年に引退した。引退後はブラジルで少年のためのサッカークラブ運営などに尽力している。 （鈴木）

時間の浪費

ゴールキーパーが６秒より長くボールを保持した場合，故意に時間を浪費した（稼いだ）とみなされ，相手チームに間接フリーキックが与えられる。また，ペナルティエリア内での時間稼ぎを目的としたドリブルやスローイン，ゴールキックなどリスタートプレーの再開の遅れも時間の浪費と判断され，警告(イエローカード)が与えられる。（上向）

JAWOC

通称〈ジャオック〉と呼ばれる。〈2002年FIFAワールドカップ日本組織委員会(Japan Organising Committee for the 2002 FIFA World Cup Korea / Japan)〉のこと。FIFAとともに大会の開催準備にあたる。また，日本での運営全般にあたる非営利団体（同様に韓国での開催準備と運営はKOWOCがあたる)。

1996年5月，FIFAで日韓大会共同開催が決定されたのにともない，7月に〈2002年ワールドカップ開催準備委員会〉が発足，1997年12月に〈2002年FIFAワールドカップ日本組織委員会〉へと発展的に改組された。組織体制は理事会（会長・那須翔)，実行委員会（委員長・岡野俊一郎)，本部事務局（事務総長・遠藤安彦)，開催地の10支部を持ち，メンバーは約400名（2001年11月現在)。日本サッカー協会，開催地自治体，関係民間企業からの出向者と新規採用者の混成部隊。大会予算は約600億円（FIFAから1億USドル，日本でのチケット収入の全額，オフィシャルパートナー・サプライヤーからの現金や現物支給，宝くじや寄付金などが収入源)。（矢野）

ジュール・リメ (Jules Rimet)

1873年フランス生まれ。ジュール・リメ杯世界選手権（ワールドカップの前身）の創設者。1921年から33年間，FIFA第3代会長を務めた。ジュール・リメ杯は1930年ウルグアイ第1回大会から優勝カップとなり，1970年メキシコ大会で3回目の優勝をしたブラジルが永久保存している。この黄金の優勝カップは，1966年のイングランド大会で一般公開会場から突然紛失。雑種犬〈ピックルス〉が発見したという逸話を持つ。イタリアやブラジルでも紛失騒ぎが起こっている。（北岡）

ジョアン・アベランジェ
(Joao Havelange)

ベルギー系ブラジル人。水球の選手で，大実業家。ブラジル・スポーツ連合(CBD)会長。1974〜98年までFIFA会長を務めた。テレビ放映やマスコットを販売するなどワールドカップの商業的イベント価値を高め，FIFAを頂点とする経済基盤を確固たるものにした。また，1977年にワールドユース，1985年にジュニアユースを創設。1992年にはオリンピックを23歳以下の世界選手権にするなど，年齢別のワールドカップを整備。1991年には女子ワールドカップを創設。（北岡）

城　彰二

1975年6月17日北海道室蘭市生まれ。FW。鹿児島実業高校で1991年高校選手権ベスト8，1993年にはインターハイ準優勝，全日本ユース選手権準優勝，高校選手権3位。1994〜96年ジェフユナイテッド市原（Jリーグ)，1997〜99年横浜マリノス（Jリーグ）を経て2000年バリャドリード（スペイン1部リーグ）にレンタル移籍し，日本人として初得点（2得点）を記録。2000年横浜マリノス復帰。U-16，U-19の各ユース代表に選出され，1994年にはオリンピック代表，日本代表候補選出（当時の最年少記録)，1995年パラグアイ戦で日本代表デビュー。1996年アトランタ・オリンピック代表，1998年フランス・ワールドカップ日本代表。（澤井）

ジョージ・ウェア (George Weah)

1966年10月1日リベリア生まれ。1995年のFIFA世界年間最優秀選手，アフリカの20世紀最優秀選手に選ばれ，アフリカ大陸のサッカーを語る上でもっとも重要な選手となった。〈リベリアの怪人〉の異名を持つ。ACミランをはじめとして欧州の一流クラブを渡り歩く。34歳で迎えた2002年ワールドカップの予選をプレーイングマネジャーとして戦うも，日本・韓国への切符を手に入れることはできなかった。[3), 5)]（山口）

ジョージ・ベスト (George Best)

1946年5月22日アイルランド生まれ。流れるようなドリブルでなみいるDFを抜き去ってシュートを決め，〈赤い悪魔〉マンチェスター・ユナイテッドの1960年代後半の黄金時代を築いた。華麗なプレーと奔放な私生活とは裏腹に，母国アイルランドのワールドカップ出場は叶わなかった。1967〜68年欧州チャンピオンズカップ優勝。1966年欧州年間最優秀選手。[3), 5)]（山口）

女子プロジェクト

2000年に立ち上がった，日本の女子サッカーを発展させていくためにできたプロジェクト。技術部，事業部，広報部など，協会内のさまざまな部署の幹部からなる。日本の女子サッカー人口をふやし，強化していくためには何をするべきか，多角的に検討する。（小林）

女子ワールドカップ

1991年以来，4年に一度行われている女子のワールドカップ。第1回中国大会は，各大陸の予選を勝ち抜いた12か国が参加。日本女子代表も出場したが，予選リーグで敗退している。世界的なストライカー，ミッシェル・エイカース率いるアメリカチームが優勝，ノルウェーが準優勝した。1995年スウェーデン大会も12チーム，日本は予選リーグを突破し，ベスト8に輝き，1996年女子サッカーがはじめて正式種目となったアトランタ・オリンピック出場権を獲得した。ノルウェーが優勝，ドイツ準優勝。第3回1999年アメリカ大会は，女子スポーツの歴史を塗りかえる記録づくしの大会であった。参加チーム数を16に拡大。入場券はほとんど完売，全観客数65万人，入場料収入2,810万ドル（約30億円）と大成功を収め，アメリカでは女子サッカーブームが起きた。アメリカが優勝。中国が準優勝。日本は1分け2敗で予選リーグ敗退。シドニー・オリンピック出場権を逃す。第4回は2003年中国開催の予定。（小林）

スイス

英国人留学生らにより1860年代にサッカーが広められ，1895年にはサッカー協会がムーリに設立される。ワールドカップには，1954年の自国開催をはじめ７回出場し，３度のベスト８がある。しかし，1966年以降は1994年に出場したのみで欧州列強のなかで国際舞台は遠のきつつある。国内リーグではグラスホッパーがもっとも知られているクラブであるが，欧州では苦戦をしいられている。（濱嶋）

スウェーデン

サッカー連盟は1904年設立。〈北欧の巨人〉と呼ばれるこの国は，ワールドカップに９回出場し，1958年の自国開催のワールドカップで準優勝，1950年のワールドカップで３位，1948年のオリンピックで優勝するなど，1900年代半ばに黄金期を迎える。以後，1994年のワールドカップで３位になるも，近年はそれ以外に目立った活躍はない。国内リーグはアマチュアが多く，多くの優れた選手は海外でプレーするためか「能力はあるが想像力に欠けるチーム」と評される。（濱嶋）

スタンレー・マシューズ

(Stanley Matthews)

1915年２月１日イングランド生まれ。2000年２月23日没。当時のイングランドが誇る右ウィングで，そのプレーと人柄でだれからも愛された。ストーク・シティとブラックプールで50歳まで現役をつづけた。ワールドカップは1950年と1954年に出場している。1956年の第１回欧州年間最優秀選手。[5]（山口）

ストッパー

少なくとも４バックのDFでは死語に近いポジション名。マンマーキングを主務とし，カバー役のスウィーパーとのペアで中央の守備を担当した。ゾーンディフェンス主体の南米では一般的ではなく，ヨーロッパ大陸で採用された。とくにドイツからは名ストッパーが輩出。フォクツ，フェルスター，コーラーなどが有名。日本でも1980年代半ばまではその存在が当たり前だったが，オフト代表監督就任前後を境にラインディフェンスが台頭。急速に姿を消した。３バックでカバー役１人を余らせる方式を採る際〈ダブル・ストッパー〉としてまれに現れる程度。（羽後）

すねあて

プラスチックやポリウレタンなどを素材としたすねを保護する用具。安全のために選手は着用が義務づけられており，試合開始前に必ずチェックを受ける。着用したすねあての上をストッキングで完全に覆っていなければならない。（上向）

スパイク

サッカーシューズのソール（靴底）に取りつけられている鋲（スタッド）のこと。1990年以前は取り替え式シューズのスタッドには，直径12.7㎜以上，高さは19㎜以下という規定があったが，現在ではなくなっている。一般にサッカーシューズそのものをさす意味合いで使用されることが多いが，本来は正しくない。[11]（上向）

スパルタクス・モスクワ

ロシア・モスクワを本拠地に1922年〈MKS〉のチーム名で創立。ホームスタジアムはルズニキ(87,845人収容)。1935年に古代ギリシャの勇者スパルタクスの名をとってチーム名をスパルタク・モスクワとする。旧ソ連時代から含めて，リーグ優勝20回，カップ戦優勝12回を数えるロシアの名門チーム。自由で攻撃的なチームスタイルでつねにロシアのサッカー界をリードしている。（濱嶋）

スペイン

FIFA加盟1904年，協会創立1913年。ワールドカップ出場10回，最高順位４位(1950年ブラジル)。欧州選手権優勝１回（1964年スペイン）。国内リーグのリーガ・エスパニョーラは，全20チーム。カップ戦として，国王杯が行われる。リーグは攻撃重視のスタイルで海外のファンも多い。地域間の対立心が激しく，競争意識からバルセロナ，レアル・マドリードなどクラブは欧州トップレベル。だが，代表の成績は芳しくなく，サッカー界の七不思議と呼ばれる。[4]（櫻井）

背番号10

サッカーのエース番号といわれている。現在の持ち番号制度ではなく，GKから背番号をつけていった時代に，チームの点取り屋であるFWのセンターがつけたことによる。現在ではMFの選手がつけることも多い。この背番号をつけたもっとも有名な選手は，サッカーの神様といわれるペレ。他にはワールドカップでリベリーノ，ジーコ，マラドーナ，マテウス，ストイコビッチ，R・バッジョ，ベルカンプ，シーフォ，バルデラマ，ジダンらがつけている。（北岡）

1966年ワールドカップ幻のゴール

1966年７月30日，ワールドカップ・イングランド大会決勝，イングランド対西ドイツ戦。２－２で迎えた延長後半６分，イングランド・ハーストのシュートはゴールバーを叩き，ゴールラインの延長線上をなぞるように真下へ跳ね返る。慌てて西ドイツDFがクリアしたが，判定はゴール。その後，追加点をあげたイングランドが４－２で優勝。後に写真，コンピュータ解析などでノーゴールと断定されたこのゴールは，今もファンの語り草となっている。[3]（櫻井）

戦術

勝利の可能性をより高めるために，プレーの優先順位をさまざまな形で体系づけたもの。個人，チーム，攻撃，守備など多様な観点から語られる。ボール技術やフィジカルといった個人能力と密接に関連づけられることもあれば，なかば衒学的に戦術だけが切り離して語られることもある。選手やチームを論評するときに「戦術的には…」と頭につけるともっともらしく聞こえる言葉。（羽後）

ゾーンディフェンス

自陣の守備地域を分担して守る守備戦術である。相手選手がポジション・チェンジして自分の守備地域に侵入してきたときは，お互い味方同士でマークの受け渡しを行って守る。また守備チームは，味方選手のカバーリングもさることながらオープンスペースのカバーリングも要求される。（木幡）

ゾーンプレス・チェイシング

ゾーンプレスとは，ボールを持つ相手選手があらかじめ設定されたエリア（ゾーン）に侵入した際，ゾーン周辺の選手がパス・ドリブルコースを塞ぎつつプレッシャーをかけ，ボールを奪取する戦術。その際，パスコースを限定し，プレッシングエリアに追い込むためボール保持者を追う行為がチェイシングだ。この戦術には，選手個々の高い戦術眼と意思統一が必要で，なかでも1990年代のACミラン，ユベントスはその時代最高峰の完成度を誇った。（櫻井）

ソクラテス（Socrates Sampaio de Souza Vieira de Oliveira）

1954年2月19日ブラジル生まれ。MF。1973年にボタフォゴでデビュー後，コリンチャンス，フィオレンティーナ，フラメンゴを経てサントスで1990年に引退。プロ選手になる前は医学生で，かの哲学者同様知性派として尊敬された。長身ながら足元のテクニックが抜群で，冷静な判断とイマジネーションあふれるパスでゲームを支配。1982年ワールドカップではジーコらと〈黄金のカルテット〉を形成した。1982年，1986年ワールドカップ出場。1983年南米最優秀選手。[3]（櫻井）

ソン・ウェン（Sun Wen）

1973年4月6日中国生まれ。アトランタ・ビート。中国が誇る世界トップクラスの女子選手。第1回，第2回，第3回ワールドカップ，1996年アトランタ，2000年シドニー・オリンピックに出場。1999年第3回女子ワールドカップ・アメリカ大会では，7得点で得点王，決勝はPKでアメリカに敗れるが，大会最優秀選手に輝いた。ミッシェル・エイカースとともに，FIFA20世紀最優秀選手賞受賞。（小林）

た行

退場

選手が，以下の7つの違反を犯した場合にレッドカードが示され，ピッチから退場となる。①著しく不正なプレーを犯す，②乱暴なプレーを犯す，③相手選手などにつばを吐きかける，④意図的に手でボールを扱い得点やその機会を阻止する，⑤ゴールに向かう相手選手の決定的な得点の機会をファウルによって阻止する，⑥攻撃的，侮辱的，口汚い発言をする，⑦同じ試合で2つ目の警告（イエローカード）を受ける。（上向）

タックル

相手の保持するボールを，スライディングを含む足による激しいチャージで直接奪う技術。相手への激しい接触による危険がともなうため，1998年のワールドカップでも後方からのタックルに対して即退場の措置がとられるケースが散見された。とくに近年は，スライディングタックルそのものの禁止が取り沙汰されている。[8),9),10)]（山口）

タッチライン

競技を行う長方形の長いほうの境界線をタッチラインという。その長さは90〜120mの範囲内と規定されている。また，国際試合では100〜110m内とされており，さらに日本国内での国際試合，全国的規模の大会，およびFIFAワールドカップ，オリンピック，ワールドユースなどの大会では，105m（ゴールラインは68m）と定められている。ラインの幅は12cm以下と定められている。（上向）

WMフォーメーション

1925年にオフサイドルールが改正された後，1930年代にアーセナル監督のハーバート・チャップマンが考案したシステムである。それまでの2-3-5フォーメーションにおいて，攻撃チームの中央突破に対処するために，守備者のカバーを目的にセンターハーフの1人を下げ，センターバックとした。また，フォワードラインのインサイドフォワード2人を下げ，中盤の厚みを増し，中盤を支配する形をとった。（木幡）

車範根（チャ・ボムグン）

1953年5月21日韓国生まれ。FW。1978年にドイツのタルムシュタルトに入団，韓国初のプロサッカー選手となる。アイントラハト・フランクフルトを経て1988年にバイエル・レバークーゼン退団まで308試合に出場，98得点をあげ，当時の海外選手得点記録を樹立し，韓国最大のスターの地位を不動とした。1986年メキシコ・ワールドカップ出場，1得点。1997年韓国代表監督に就任，1998年フランス・ワールドカップのオランダ戦に大敗し，大会中に更迭された。（櫻井）

チリ

しばしば南米第4のサッカー国と称される。サッカーの歴史は南米でアルゼンチンについで古いものの，出場7回のワールドカップのうち，1962年の自国開催のワールドカップでベスト4に残った以外は目立った戦績はない。しかし，1962年のワールドカップのイタリア戦で〈サンチアゴの戦闘〉と呼ばれる乱闘事件を起こしたり，1990年のワールドカップ予選ではGKロハスが自作自演の負傷騒ぎを起こすなど，不名誉な事件もチリを有名にさせている。（濱嶋）

2トップ

前線にフォワード選手2人を配置して攻撃するシステムである。得点能力の高い2人が守備陣背後のオープン・スペースでボールを受け，シュートを打つことが求められる。あるいは，守備ラインから引いてボールを受け，攻撃の起点になることで有効な攻撃を展開することが必要である。（木幡）

ディエゴ・マラドーナ
（Diego Maradona）

20世紀を代表する巨人。1960年10月30日アルゼンチン生まれ。MFまたはFW。ナポリ，ボカ・ジュニアーズなどでプレー。ワールドカップ1986年優勝，1990年準優勝，南米年間最優秀選手5度受賞など。若き日はスーパードリブラー，後にパスにも円熟味を増し，晩年は半径10mのプレーゾーンから必殺のパスをくり出していた。引退−復帰をくり返し，メディアとのトラブルやドーピング疑惑で名声は地に堕ちたが，母国アルゼンチンでは永遠のヒーローとして崇められている。（羽後）

ディノ・ゾフ (Dino Zoff)

1942年2月28日イタリア生まれ。歴代のイタリアGKのなかでも最高の選手として語り継がれている。ウディネーゼ，マントーバ，ナポリと渡り歩き，1972年から12年所属したユベントス時代には6度のスクデッド，2度のコッパ・イタリア，1度のUEFAカップに優勝。ワールドカップにも1970〜82年まで4大会に連続出場し，40歳で出場した1982年にはキャプテンとして優勝している。また，1973〜74年にかけて国際試合で1,142分無失点の世界記録もつくっている。（上向）

ディヴィジョン1

1933年にスタートしたフランスのサッカーリーグ。初年度は，1グループ10チームの2グループ制の変則的なスタイルで行われた。トップリーグはディヴィジョン1で，18チームで構成されている。下位3チームがディヴィジョン2へ自動降格となっている。ここ数年でのフランス代表の好成績を反映するように，有望な選手が多いだけに，欧州のビッグクラブの標的になりやすく，優勝しても翌年のスタート時には，主力選手のほとんどが移籍してしまって，別なチームになっていることがよく起こる。（長岡）

ディフェンス

守備のことをさす。また，それを主に行う選手のことも意味する。現在は，3-5-2システムのように守備ラインを3人で守ることが多い。その他，一列に並んだ4人で守備をする4バックスやスウィーパーを配置する布陣をとるチームもある。（木幡）

デットマール・クラマー

(Dettmar Cramer)

1925年4月4日ドイツ生まれ。ボルシア・ドルトムントの選手。1951年引退。ドイツ代表アシスタントコーチの後，1960年日本代表チームコーチに就任。1964年東京オリンピックでベスト8，1968年メキシコ・オリンピックでは銅メダルに導いた。クラマー語録ともいわれる名言・警句を代表選手に残しただけでなく，日本サッカーリーグの創設や少年サッカースクールの普及に尽力した。後にブンデスリーガ監督やFIFA技術委員・巡回コーチとして各国の指導にあたる。（北岡）

テレビ放送権

以前は放映権といわれていたが，ラジオなど映像以外も扱うことから今では放送権と呼ばれる。独占的に放送する権利である。視聴率がある水準以上見込めるスポーツの試合には市場価値が発生する。1990年代のテレビには，従来の地上波や有線放送(CATV)に加え，衛星放送（BS)，放送通信(CS)の参入で競合が激化した。そのため，コンテンツの売手市場となり，高い視聴率を取る試合の放送権は高騰した。サッカーワールドカップの場合，1990年（イタリア大会)，1994年（アメリカ大会)，1998年（フランス大会）の3大会分一括してFIFAは放送権を360億円で国際放送連合（世界の公共放送を中心とする連合体）に販売していたが，2002年日韓大会はスポリス/キルヒグループに13億スイスフラン（1,170億円）で一括販売した。1大会当たり100倍の高騰である。スポリス/キルヒグループから各国への放送権販売は高価格のため交渉は難航しており，スイスやイタリア国営のイタリア放送協会（RAI）は購入を断念した（2001年11月21日現在)。フランスは民放（TF1）が1億4,750万ドル（約180億円）で取得した。日本の場合，NHK・民放・スカイパーフェクTVが198億円で購入した。1990年〜98年の3大会の放送権を日本(NHK)は一括して6億円で購入しており，これも100倍の値上がりである。アフリカ諸国の一部など放送権を購入する経済力のない国では試合を見られないとか，高額の放送権を出した国では有料でないと見られなくなるのではないかと心配されていたが，2002年日韓大会に関してはそのようなことにはしないとFIFAは言明している（上記スイスやイタリアの場合，民間放送での対応が考えられる)。20世紀末に，インターネットが新しく映像媒体として登場してきた。インターネットは瞬時に映像を世界中に行き渡らせることから，テレビの視聴率を押し下げ，国家単位で取り引きされてきた放送権の価値下落につながると見られている。放映権ビジネスも新たな転換期に入っている。（矢野）

天皇杯

1941（大正10）年より，大日本蹴球協会設立とともに〈ア式蹴球全国優勝競技会〉としてはじまる。1948（昭和23）年に天皇杯を拝受。当初東西対抗の勝者に授与されていたが，1951年第31回大会より〈天皇杯全日本選手権大会〉となり，その優勝チームに拝受されることとなった。日本リーグ発足の1965年45回大会からは，日本リーグ上位4チームと大学選手権のベスト4で争うようになり，55回大会から日本サッカー協会第1種登録チームすべてが参加するトーナメント大会となる。1995年からは，第2種登録チーム（18歳未満）の参加も認められ，Jリーグチームの他各都道府県から1チームが出場している。（澤井）

ドイツ

ワールドカップ優勝3回，準優勝3回を誇り，確実性の高いシンプルなサッカースタイルを好む国でもある。1954年のワールドカップで当時4年間無敗のハンガリーを決勝で破り初優勝。1963年に国内リーグ（ブンデスリーガ）ができ，それ以降，押しも押されもせぬサッカー強国へとのしあがり，皇帝ベッケンバウアーが率いた1970年ワールドカップのイタリア戦，1974年ワールドカップのオランダ戦など，その不屈のゲルマン魂で幾多の名勝負を演じ

る。（濱嶋）

ドゥンガ

(Calros Caetano Bledorn Verri)

1963年10月31日ブラジル生まれ。1994年にブラジルの４度目のワールドカップ優勝に大きく貢献した闘志あふれるボランチ。時としてその激しさゆえにチーム内で軋轢を生むこともあるが，あくなき勝利への意志とともに，正確な技術に裏づけられた冷静な状況判断が光る。ジュビロ磐田に在籍した３シーズンでもチームに魂を吹き込んだ。合計３度出場したワールドカップでは，1998年に準優勝にも輝いている。[5)]（山口）

ドーハの悲劇

1993（平成５）年10月27日，カタール・ドーハのアルハリ競技場で行われたアメリカ・ワールドカップアジア最終予選リーグ戦の日本対イラクの最終戦で，勝てばはじめてのワールドカップ出場が決まる日本は，三浦知良，中山雅史のゴールで２－１とリードしながら，後半ロスタイム45分17秒，右サイドからのセンタリングをヘッドで合わされて同点のゴールを許し，引き分けに終わった。日本は，勝ち点を７に伸ばしたサウジアラビア，同６点の韓国に得失点差で抜かれ，1994年アメリカ・ワールドカップ出場を逃した。（澤井）

ドーピング

国際オリンピック委員会医事委員会では，「ある特定の競技者または競技団体が薬物や物理的な方法あるいは他の方法で，競技に際して生体の体力的または生理的能力を改変させるために行う不正行為である」と定義している。1994年アメリカ・ワールドカップにおいてマラドーナから禁止薬物であるエフェドリンが発見され，即座に出場停止，そして国際サッカー連盟（FIFA）から15か月間の資格停止処分と罰金が科せられた。フェアプレーの精神から人為的，不公正に競技能力を高めようとすることを厳重に禁止している。

（木幡）

toto

通称〈サッカーくじ〉といわれ，サッカーの試合を対象としているが，収益金がサッカーの助成金として使われるわけではない（サッカーにも助成金として一部配分されるが）。日本のスポーへの助成金は国・地方の公的予算とスポーツ振興基金（〈政府出資金250億円と民間からの寄付金〉の運用益を財源）とでまかなわれてきたが，新たに第３の財源として，平成13年３月〈スポーツ振興くじtoto（トト）〉がスタートした。選手の強化活動（強化合宿，海外派遣や招待，コーチ研修，調査研究）への助成，大会開催への助成，優秀な選手・指導者への助成などに使われる。所管は文部科学省管轄の特殊法人〈日本体育・学校健康センター〉。当初の想定売上は800億円，この収益金の配分は平成14年度から。くじの方式はＪリーグの13試合を対象に〈勝ち・負け・引き分け〉を予想するもの。一口100円。当せん金は売上金の50％（当面47％）とし，１等（全試合的中），２等（１試合はずれ），３等（２試合はずれ）で，１等は50％配分。最高限度額は一口１億円。平成13年は年間31試合をtotoの対象試合とした。19歳未満は購入禁止とされていながら現場では管理がルーズであるという批判も出ている。また，人気のかげりからか発券枚数が減ってきており，平成13年の売上金は目標の800億円に届かず600億円程度となった。（矢野）

トトカルチョ

トト（くじの胴元）とカルチョ（蹴球）を合わせた〈サッカーくじ〉を意味するイタリア語。イタリアオリンピック委員会が1946年に運営開始，この財源で1960年ローマ・オリンピックを賄っている。勝ち・負け・引き分けを予想するサッカーくじは1923年英国ではじまり，欧州や南米各国でも公営で行われ，世界にサッカーを大衆化させた。賭け競技はローマ時代の剣闘士競技などにはじまるが，市民の社会への不満を除去するガス抜き政策でもある。（北岡）

トヨタカップ（インターコンチネンタル・カップ）

世界のサッカー界をリードしている欧州と南米がクラブチームの世界一を決めるために，1960年からスタートさせた。欧州クラブは，欧州チャンピオンズカップ（現・UEFAチャンピオンズリーグ）の優勝チーム。南米からは，南米クラブ選手権（現・コパ・リベルタドーレス）の優勝チームが，ホーム・アンド・アウェー方式で世界一のクラブチームを決めていた。しかし，試合はたびたび大荒れとなってしまって，対戦チームが参加を拒否するなどの最悪な事態になってしまった。そこで中立国において１試合で決着をつける方式が提案された。中立国に選ばれたのは，冠スポンサーになった企業のある日本となった。新方式は，1981年２月にスタートされた。（長岡）

ドリブル

足のさまざまな部位（インサイド，インステップ，インフロントなど）で，ボールを押し出し（蹴り出し）ボールをコントロールして運ぶ技術。パスの代わりにスペースを埋めたり，突破してゴールに近づいたりさまざまな用法がある。[9), 12)]（山口）

トレーニング

日常のトレーニングは，試合におけるパフォーマンスの向上と傷害予防の面において，大変重要である。サッカーに必要な体力要素として，間欠的持久性，持続的持久性，水平方向の跳躍力，垂直方向の跳躍力，スピード，筋力，コーディネーション能力などがあげられる。それぞれの体力要素には，トレーニングに適した年齢があり，神経系の要素は少年期に，筋力や垂直方向の跳躍力は青年期にかけて獲得されると考えられている。（安松）

トレバー・フランシス

(Trevor Francis)

1954年４月19日イングランド生まれ。バーミンガムシティでデビュー後，1979年に英国初の100万ポンド選手としてノッティンガム・フォレストに移籍。1979年，1980年と欧州チャンピオンズカップ連覇に貢献。その年に行われた第1回トヨタカップでもエースストライカーとして出場したが，ウルグアイのナシオナル・モンテビデオに0－1で敗れた。その後，マンチェスターシティを経てイタリア，スコットランドでのプレー後，監督への道を歩んでいる。 (上向)

な行

中田英寿

1977年1月22日山梨県生まれ。MF。1993年，韮崎高校で高校選手権出場。1995～98年ベルマーレ平塚（Jリーグ），1998～2000年ACペルージャに移籍し，日本人として2人目のセリエAプレーヤーとなる。2000～01年ASローマに移籍，日本人としてはじめて〈スクデット〉を獲得。2001年シーズンからパルマに移籍。U-15，U-17，U-19，U-20のすべてのユース代表に選出され，1996年アトランタ・オリンピック代表。1997年対韓国戦で日本代表初選出初出場し，フランス・ワールドカップ予選で活躍。1997年11月16日，ジョホールバルでのイランとのプレーオフでは日本の3得点すべてをアシスト。1998年フランス・ワールドカップ日本代表，2000年シドニー・オリンピック代表（ベスト8）。1997年，1998年と2年連続でアジア年間最優秀選手に選出。 (澤井)

名波　浩

1972年，11月28日生まれ。MF。ジュビロ磐田所属。清水商業時代に全国制覇，また，各年代の日本代表を経験。1995年にジュビロ磐田入団，同年日本代表に選出され，1998年にはワールドカップ初出場を果たす。1999年イタリアのヴェネチアに移籍，リーグ戦24試合に出場，2000年に帰国。左足からくり出すスルーパス，フリーキックが武器。守備的MFの経験から展開力・守備力にも磨きがかかり，オールラウンドなMFに成長。[13] (櫻井)

西澤明訓

1976年6月18日静岡県清水市生まれ。FW。清水東高校卒業。1995～2000年セレッソ大阪（Jリーグ），2000年RCDエスパニョール（スペイン1部リーグ），2001年7月よりボストン・ワンダラーズ(プレミアリーグ)に移籍。1995年カタールのワールドユースで活躍。1997年5月の日韓戦(国立)で日本代表デビュー。 (澤井)

2002年ワールドカップスポンサー

2002年FIFAワールドカップ日韓大会では，フランス大会での〈オフィシャルスポンサー〉という呼称を〈オフィシャルパートナー〉に改めた。スポンサーとなりうる企業は，今のところコンピュータ関連や通信・情報関連，映像，飲食物，運輸など大会運営に欠かせないサービスや商品を供給できる企業であることが前提である。見返りとしての権利は，〈公式呼称使用権〉，〈試合会場や関連場所での販促活動をする権利〉，〈マスコットやエンブレムの使用権〉，〈入場券の優先購入権〉，〈競技場のフィールドでの広告ボード掲出権〉などがある。オフィシャルパートナーは，これらの権利を全世界でのマーケティング活動に利用できる。スポンサーシップフィーは50億円・60億円（または相当するサービスや商品の提供）。権利の使用期間は大会年の12月末日まで。2002年日韓大会のオフィシャルパートナーはアディダス・バドワイザー・富士ゼロックス・ジレット・日本ビクター・マスターカード・フィリップス・アバヤ・コカコーラ・富士写真フィルム・ヒュンダイ・東芝・KT・NTTの14社。また，日本国内だけでマーケティング活動が可能なスポンサーを〈オフィシャルサプライヤー〉という。権利内容はオフィシャルパートナーに準じる。スポンサーシップフィーは15億円。朝日新聞社，日本生命，野村證券，東京電力，東京海上火災，日清食品の6社。スポンサーの権利の価値を高めるため，パートナー・サプライヤーを通して1業種1社とし，ワールドカップでの他ブランドのPR活動・販促活動を排除している。 (矢野)

日本

サッカー協会は1921年設立。銅メダルを獲得した1968年のメキシコ・オリンピック以前からオリンピックには縁があるもののワールドカップは出場経験がなかった。しかし，1993年にプロリーグが発足すると，それを機に，1996年のアトランタ・オリンピックでメキシコ・オリンピック以来の国際舞台に復活し，1998年ワールドカップに初出場。1999年のワールドユース選手権で準優勝，2000年のシドニー・オリンピックではベスト8など着実に進歩し，中田英寿ら多くの選手が海外で活躍している。 (濱嶋)

日本女子サッカーリーグ（Lリーグ）

1989年に6チームではじまった日本の女子サッカーのトップリーグ。当時は，女子選手を社員として雇用，半日会社で仕事をし，午後は練習という，企業チームが主だった。1991年に新たに4チームが参加，10チームとなった。1993年Lリーグと改め，世界トップクラスの外国人選手がもっとも集まる女子サッカーリーグといわれた。しかし，バブルが崩壊し，不景気になった1997年を境に次つぎと企業が撤退。1999年8チームに減り，経費削減のため東西に分かれて上位と下位の順位リーグを行うことに決定した。2001年は10チーム。参加チーム：日テレベレーザ，YKKフラッパーズ，ジェフ市原，浦和レイナス，清水第八，宝塚バニーズ，伊賀FC，田崎ペルーレFC，スペランツァFC高槻，ルネサンス熊本FC。 (小林)

日本の女子サッカー

1960年代に創設された神戸の福住女子サッカースポーツ少年団が日本初の女子チームといわれている。1979年，日本サッカー協会が女子チームの登録を開始，1980年にはじめて全国大会が開催される。1989年日本女子サッカーリーグ（後に〈Lリーグ〉と改称）がスタート。日本女子代表は，第1回（1991年），第2回（1995年），第3回（1999年）のワールドカップに出場，1996年のアトランタ・オリンピックにも出場している。日本サッカー協会の女子選手の登録数は約2万人。中学年代のチームの受け皿不足により，選手数が減ってきている。（小林）

は行

バイエルン・ミュンヘン
(Bayern München)

ドイツ・バイエルンを本拠地に1900年創立。スタジアムはオリンピア・シュタディオン（69,000人収容）。1963年のブンデスリーガ創設以来，最多の17回のリーグ優勝を誇る。〈皇帝〉ベッケンバウアーを生み，1974年からは欧州チャンピオンズカップを3連覇するなど黄金時代を迎え，クライフ率いるオランダのアヤックスとたびたび好勝負を演じた。欧州3大カップをすべて制したチームでもある。（濱嶋）

買収事件

1993年のオリンピック・マルセイユ(フランス)の事件では，チームぐるみの八百長が発覚し，チームの会長らに有罪判決が下された。1994年のマレーシア・リーグの事件では，プロ賭博3人が複数選手と審判を買収して試合を操作し，50人以上が逮捕された。サッカーくじとからんでの八百長事件には，マフィアのからむ影がつきまとう。選手・審判は試合前は外出や電話連絡禁止などプライベートな規制を受けるとされ，公正維持のため管理される。（北岡）

パウル・ブライトナー
(Paul Breitner)

1951年9月5日ドイツ生まれ。クラブ歴＝バイエルン・ミュンヘン（西ドイツ）→レアル・マドリード（スペイン）→アイントラハト・ブラウンシュバイク（西ドイツ）→バイエルン・ミュンヘン。代表Aマッチ48試合，10得点。西ドイツ代表監督ヘルムート・シェーンに見いだされ，1971年からドイツ代表入り。22歳の若さで地元開催の1974年ワールドカップに左サイドバックとして出場，決勝では同点のPKを決め優勝に貢献した。大会後レアル・マドリードに移籍。MFとして活躍した。1982年ワールドカップ・スペイン大会で代表にカムバックし，西ドイツ準優勝の原動力となった。（鈴木）

パオロ・ロッシ (Paolo Rossi)

1956年9月23日イタリア生まれ。セリエBビチェンツァでプロデビューし，ペルージャ，ユベントス，ACミラン，ベローナで31歳までプレーした。1978年アルゼンチン・ワールドカップでは3ゴール，1982年スペイン・ワールドカップでは6ゴールで得点王となり，イタリアの44年ぶりの優勝に貢献した。この大会の2次リーグでは優勝候補筆頭のブラジルとの試合でハットトリックを達成し，黄金のカルテットを打ち砕いた。[11]（上向）

パス

味方にボールを配給すること。足のほか，ヘッドパス，肩や胸でも行う。敵の間を通すパスはスルーパスと呼ばれ，難易度が高い。キラーパスとは，一本のスルーパスで決定的チャンスをつくるため，敵を殺す(キラー)パスの意味。すべてのパスは，出す側と受ける側の意志の疎通が必要で，高度なパスほど方向，スピード，軌道の精密さが要求される。選手全員が意志を持ち，何本もパスを展開する光景はサッカーの醍醐味のひとつである。（櫻井）

ハットトリック

1人の選手が1試合で3得点すること。言葉の起源は19世紀の英国で盛んであったクリケットにさかのぼり，3人の打者から連続でアウトを取った投手に新品の帽子が贈られたことから生まれた言葉とされている。ジュビロ磐田の中山選手が1998年1stステージに4試合連続ハットトリックを達成しており，ギネスの記録として認定されている。（上向）

パブリックスクール

英国の〈6年一貫教育〉の私立学校。〈ザ・ナイン〉と呼ばれる英国を代表するパブリックスクールには，ウィンチェスター（1382年創立）やイートン（1441年創立），ラグビー（1567年創立）などがある。教育の柱を〈古典重視の教養主義〉，〈宗教教育によるジェントルマンの養成〉に置き，フットボールを中心として〈スポーツを通じた全人格の養成〉を行った。〈エリート養成機関〉として多くの宰相を生み，英国の〈上級社会階層〉の源。（北岡）

ハンガリー

協会設立1901年，FIFA加盟1905年。ワールドカップ9回出場。1938年フランス大会，1954年スイス大会準優勝。国内リーグは17～18チームで争うディヴィジョン1。かつてプスカシュ，コチシュ，ヒデクチなどを擁した代表チーム〈マジック・マジャール〉は，1950～54年の間，ヘルシンキ・オリンピック優勝を含む29試合無敗と世界を席巻。だが，1954年ワールドカップ決勝で敗れて以降，1956年のハンガリー動乱で主力が国外亡命するなど低迷。ワールドカップは1986年以来出場していない。[14]（櫻井）

反スポーツ的行為

警告(イエローカード)を受ける対象となる違反の1項目。相手フリーキックによるリスタートの際に故意に妨害したり，主審を欺くことを意図してファウルされたことを装う行為（ペナルティエリア内での守備側選手のタックルに対するオーバーなジェスチャー）のように，スポーツ選手としてのモラルに反する行為。かつては非紳士的行為と呼ばれた。（上向）

パンチング

その名のとおり，手を握って拳をつくり，ナックルの部分でボールを打つ行為。ゴールキーパーがゴールを防ぐ技術の一つとして使われる。両手で行う場合は，より強く遠くへ弾くことが可能で，多くはコーナーキックやセンタリングのクリアに使われる。密集地帯で十分な体勢がとれない場合や，緊急時のクリアは片手で行うことが多い。また，シュートされたボールを手のひらの付け根でゴール枠外へ押し出すフィスティングもある。（櫻井）

ピーター・シルトン（Peter Shilton）
1949年9月18日生まれ。1980年代のイングランドを支えた守護神。経験が重視されるGKというポジションで10代から一線級でプレーし，47歳までゴールを守った。レスター，ノッティンガム・F，サウサンプトンなどでプレー。代表125キャップ，84被ゴール。ワールドカップではマラドーナに〈神の手ゴール〉と〈5人抜きゴール〉を喫するなど仇役の印象が強いが，安定感に満ちたゴールキーピングは，まさにワールドクラスであった。（羽後）

ファウル
プレーヤーが犯す反則と不正行為であり，罰則として直接フリーキックと間接フリーキックに分けられる。直接フリーキックには相手をける，つまずかせる，押すなどの10項目の違反があり，これらを自陣ペナルティエリア内で犯した場合には相手チームにペナルティキックが与えられる。また，間接フリーキックには，ゴールキーパーへのバックパスを手で扱ったり，6秒以上ボールを保持したり，相手の前進を妨げるなどの項目がある。（上向）

ファイナルドロー
ワールドカップ決勝大会の組み合わせ抽選のこと。2002年大会の抽選は釜山（プサン）で2001年12月1日に実施された。出場国にとっては試合相手，試合会場が決定する重要なセレモニー。参加各国のサッカー関係者が来場し，テレビ中継がなされ華々しく開催される。（高橋）

FIFAランキング
公表月から過去6か年における各国代表チームの国際Aマッチの結果を①勝敗，②得点，③アウェー試合でのボーナス，④大会の重要度，⑤大陸の力を反映した評価（同大陸間同士の試合に適用され，たとえばアジア同士の試合は，欧州同士の試合の80％のポイントしか得られない）の5つの基準でポイント化し，順位づけをしたものである。ただ，試合数に比例してポイントが多くなるため，必ずしも実力を反映しているとはいえない。（濱嶋）

フーリガン
英語では〈街の不良少年〉，〈無頼漢〉といった意味だが，サッカーの試合で暴力事件を引き起こす悪質なファンをさして使われるようになった。ロンドンに住んでおり，しばしば乱暴を働いた一家の姓〈Houlihan〉が語源といわれている。1985年にベルギーで行われた欧州チャンピオンズカップの決勝戦（リバプール対ユベントス）で39人が死亡する惨事が契機。1990年のワールドカップ・イタリア大会では，フーリガンの暴走を懸念，イングランドの1次リーグの全試合をサルデーニャ島で行った。（上向）

フェアプレー
ルールをしっかりと理解し，それをきっちり守ったきれいなプレー。レフェリーと相手チームの選手に敬意を払い，尊重してプレーをすること。試合中にケガをした相手選手が治療できるように，ボールをピッチ外に蹴り出し，スローインを相手に戻す状況があるが，相手を敵ではなく仲間として尊重したフェアプレーの典型的な状況である。（上向）

フォワード
相手陣内で攻撃を主に担う選手のことをいう。ドリブルで相手選手をかわしてのシュートやヘディングの競り合いに強いなど得点能力に優れている特徴を備えている。現在は，2人の選手を配置している2トップスタイルが主流である。日本では三浦知良（ヴィッセル神戸）や中山雅史（ジュビロ磐田）などこのポジションの代表的な選手がいる。（木幡）

プスカシュ（Ferenc Puskasu Biro）
1927年4月2日ハンガリー生まれ。1940年代後半から6年間無敗をつづけ，世界のサッカー史上にひときわ輝く〈マジック・マジャール〉ハンガリーのナショナルチーム。そのなかにあって，テクニック，シュートと申し分のない活躍で中心となったのがプスカシュであった。後年所属したレアル・マドリードでは，4度の得点王を含む数かずの栄光につつまれたサッカー人生を送った。[3), 5)]（山口）

フットサル
1930年代ウルグアイで〈サロンフットボール〉として組織化された5人制フットボール。1961年には世界サロンフットボール連盟が設立。1982年には第1回世界大会が開催され，ブラジルが優勝した。しかし，呼称もルールも世界各国でさまざまだったため，1993年にFIFAが〈FUTSUL〉と名称を統一。何度もルール改正を経て，現在は2000年改正版が世界統一ルールとして定着している。日本では，1994年から日本サッカー協会管轄のもと行われている。（櫻井）

ブラジル
いわずと知れたサッカー王国は，すべてのワールドカップに出場している唯一の国で，最多の優勝4回を数え，ペレをはじめ多数のスターを輩出してきただけでなく，サッカーにおける人種差別をなくした最初の国でもある。クラブもサンパウロFC，フラメンゴ，サントスFCなど多数の強豪チームが存在し，国民全員がセレソン（代表チーム）の監督といわれるほど，サッカーが生活に浸透しており，今日も結果に一喜一憂している。（濱嶋）

ブラジル体操
ブラジルで考案された集団で行うウォーミングアップのための体操のことをいう。3，4列の隊列になって移動しながら3拍子のリズムに合わせて関節の柔軟性や心拍数を上昇させる準備運動である。（木幡）

フラメンゴ

(Club de Regatas Flamengo)

ブラジル・リオデジャネイロで1895年創立。もともとはレガッタ・ボートのクラブだったが，1911年にフルミネンセを離れた者たちが加わりサッカーをはじめる。かつては20万人をも収容したというマラカナン・スタジアムを本拠地に，リオ州選手権で26回，全国選手権でも5回の優勝を誇る。ジーコやジュニオールを擁した1970年代から1980年代にかけては，まさに黄金時代。1981年にはリベルタドーレス杯を制して南米チャンピオンに。トヨタカップでもリバプールを下し世界一になった。（松戸）

フランコ・バレージ

(Franco Baresi)

1960年5月8日イタリア生まれ。キャリアのすべて（1977～97年）をACミランで過ごし，現在でも多くのミラニスタから愛される。ベッケンバウアーとともに20世紀最高のリベロと称されるだけでなく，ミラン黄金時代に集まった個性の強い選手たちをみごとなキャプテンシーでまとめあげた。現役中，スクデッド6回，チャンピオンズカップ3回，トヨタカップ2回と多くのタイトルを手にするも，ワールドカップでは1990年3位，1994年準優勝という結果である。（上向）

フランス

FIFA加盟1904年，協会創立1919年。ワールドカップ出場10回，優勝1回（1998年フランス），3位2回（1958年スウェーデン，1986年メキシコ）。欧州選手権優勝2回（1984年フランス，2000年ベルギー・オランダ)。国内リーグのディヴィジョン1は，18チーム。国内カップ戦はフランスカップ。代表チームは，プラティニを擁した1980年代に活躍。低迷後，若手育成システムが実を結び，1990年代後半から国際タイトルを総なめにしている。[4]（櫻井）

フランチェスコリ

(Enzo Francescoli)

1961年11月12日ウルグアイ生まれ。MF・FW。18歳でワンダラーズから1部デビューしてから，日の昇る勢いで南米のトッププレーヤーに上り詰める。その後，リーベルプレート，マルセイユ，トリノなどを経て，1998年にリーベルプレートで引退。優雅な身のこなしと繊細なボールタッチで操るドリブル，ファンタジックなシュートでファンを魅了し，〈エル・プリンシペ（王子)〉と呼ばれた。1986年，1990年ワールドカップ出場。1984年南米最優秀選手。[3]（櫻井）

フランツ・ベッケンバウアー

(Franz Beckenbauer)

ドイツの誇るサッカーの〈皇帝〉。1945年9月11日生まれ。ポジションMFまたはDF。バイエルン・ミュンヘン，ニューヨーク・コスモスなどでプレー。代表歴103キャップ。1966年ワールドカップ準優勝。1970年3位。1974年優勝。監督として1986年準優勝，1990年優勝。欧州最優秀選手受賞2回。近代サッカーにおけるリベロの概念を確立した。現役時代の冷静沈着なプレースタイルとピッチサイドで猛り狂う代表監督時代のギャップが印象的。（羽後）

フリーキック

試合中に反則や不正行為を受けたチームに対して与えられるプレー再開の方法である。これには，直接フリーキックと間接フリーキックとがある。直接フリーキックが与えられる10項目の反則がある。相手選手を①蹴る，②つまずかせる，③飛び掛かる，④チャージする，⑤打つ，⑥押す，⑦ボールを奪うためにかけたタックルがボールより先に相手に接触する，⑧抑える，⑨つばを吐きかける，⑩ボールを意図的に手で扱うなどがある。間接フリーキックでは，危険なプレーや相手選手の前進を妨げたり，オフサイド，不正な手段でのプレーに対して与えられる。レフェリーは一方の腕を頭上に上げて間接フリーキックであることを示す。いずれも違反の起きた地点から行われる。（木幡）

フリスト・ストイチコフ

(Hristo Stoichkov)

1966年生まれ。ブルガリアサッカー史上最高のプレーヤー。その左足から振り抜かれる強シュート，正確無比なロングパス，悪魔のようなスルーパスは，1994年のワールドカップベスト4進出の原動力となった。同時に6ゴールをあげ，ロシアのサレンコとともに得点王となったストイチコフは，クライフ率いるバルセロナで欧州制覇も成し遂げている。柏レイソルでも1シーズンを送っている。[3),5]（山口）

フリッツ・ワルター

(Friedrich Walter)

1920年10月31日ドイツ生まれ。マテウスにまでつらなるドイツのキャプテンシーの歴史の嚆矢となった，1954年のワールドカップ優勝の西ドイツのキャプテン。当時，6年間無敗の絶対的な優勝候補ハンガリーを倒しての優勝は，第2次世界大戦の敗戦に沈む西ドイツ国民の心の支えとなった。出身地であるカイザースラウテルンでキャリアを全うしたワルターは，その技術とともにすばらしいリーダーでありつづけた。[5]（山口）

フルミネンセ（Fluminense FC）

1902年に在留英国人のクラブとしてブラジル・リオデジャネイロで創立。リオ州の連盟と選手権の発足に尽力し，1906年の第1回大会から4連覇も果たす。以後，リオ州選手権では最多の28回の優勝を誇っている。ロメリートを擁した1984年には悲願の全国選手権制覇も達成した。しかし，国際的なタイトルは未だになく，近年は財政面での危機にも直面しており，国内でのタイトルも手にしていない。（松戸）

プレミアリーグ

(F. A. Premier League)

プレミアリーグの前身であるイングランドリーグは，1888年にスタートした。そして1992年に，トップリーグの名称をプレミアリーグと改称して再スタートした。それまでのイングランドリーグのファースト・ディヴィジョンからサード・ディヴィジョンは，ひとつずつ〈階級〉を落とした。参加チームは，18チームとなっていて，下位３チームがファースト・ディヴィジョンへ降格する。昇格チームは，上位２チームが自動昇格となっているが，残り１チームについては，３位から５位までのチームによって，トーナメントによる昇格チーム決定戦を行って決定する。（長岡）

ブンデスリーガ（Bundesliga）

サッカー強豪国のドイツであるが，全国規模の国内リーグのスタートは意外にも遅く，1963年より旧西ドイツでスタート。ちなみに旧東ドイツでは，それ以前に国内リーグがスタートしていた。その後，東西ドイツ統一により，ブンデスリーガの構成チームが，旧東ドイツのクラブも含まれることになり，再編成された〈新生〉ブンデスリーガのスタートをきった。トップリーグ（１部）と２部はそれぞれ18チームで構成されていて，下位３チームが２部へ自動降格となり，２部の上位３チームが自動昇格のシステムとなっている。（長岡）

ヘイゼルの悲劇

1985年５月29日，ベルギーのヘイゼルスタジアム，欧州チャンピオンズカップ決勝・リバプール対ユベントス戦で起こった大事故。ゲーム開始１時間前，両サポーターの喧嘩から，リバプールのフーリガン数十人がユベントス側へ襲いかかった。スタンドの壁は押しつけられた観客の重みで崩壊，その上をフーリガンが蹂躙し，死者38人負傷者300人以上の大惨事となった。この後５年間，イングランドのクラブは欧州カップから締め出された。[15]（櫻井）

ペナルティエリア

ゴールポストの内側から16.5m（18yd）のところに，ゴールラインと直角に16.5mのラインを引き，その先端をゴールラインと平行なラインでつないでできた範囲。守備側のゴールキーパーがボールを手で扱うことのできるエリアである。また，この自陣エリア内で直接フリーキックとなる反則を犯した場合，相手チームにペナルティキックが与えられる。（上向）

ペナルティキック

直接フリーキックを与える10項目の反則のうち一つを自陣ペナルティエリア内で試合中に犯したときに相手チームに与えられる。ボールはペナルティアーク上に置かれ，キックする選手は特定されている。ゴールキーパーは，ボールが蹴られるまでキッカーに面してゴールの間のゴールライン上にいなければならない。その他の選手は，ペナルティエリアの外でかつペナルティアークから9.15m以上離れたフィールドにいなければならない。（木幡）

ペニャロール（Club Atletico Penarol）

ウルグアイ・モンテビデオで1891年に創立。リーグ優勝46回を誇り，ナシオナル・モンテビデオと並ぶウルグアイの名門チーム。ウルグアイ代表のクビジャやローチャを擁した1960年代に全盛期を迎え，第１回（1960年），第２回（1961年）のリベルタドーレス杯で連覇，1961年と1966年には同杯につづきインターコンチネンタルカップにも優勝，世界一に輝いた。リベルタドーレス杯５回，インターコンチネンタルカップ３度の優勝を誇る。（松戸）

ベルギー

北海に面し，ブリュッセルにはEU本部が置かれているこの国は，サッカー協会が英国以外ではもっとも早くつくられた国の一つで1895年設立，同年にリーグ戦がはじまる。国内リーグではアンデルレヒトが，圧倒的な強さを誇る。また，代表チームはワールドカップに10回出場し，1998年は１次リーグで敗退するも，1986年のベスト４をはじめ，1982年から４大会連続でベスト16に残るなどの成績をあげている。（濱嶋）

ペレ（Edson Arantes do Nascimento, dit）

サッカー史上，そしてブラジルの史上もっとも著名な人物。サッカーの〈王様〉。1940年10月21日生まれ。ワールドカップ本大会４回出場。３回優勝。ポジションMF。サントス，ニューヨーク・コスモスでプレー。通算1,362試合出場，1,280ゴール，ハットトリック92回。引退後は監督にもならず，何度も推されたブラジル大統領にもならず，今も〈健全なるスポーツマン〉の〈正しいアイドルイメージ〉を保ちつづけている。（羽後）

ベンフィカ・リスボン

（Sport Lisboa e Benfica）

リスボンで1904年に創立。リーグ30回，カップ戦26回の優勝はいずれも国内最多で，ポルトガルを代表する名門チーム。FWエウゼビオ，MFコルナを擁した1960年代に最盛期を迎え，1961年と1962年にはチャンピオンズカップを制覇している。近年ではポルトガル代表の指令塔ルイ・コスタを輩出，1993年のカップ戦と1994年のリーグ戦で優勝した。しかし，財政的な危機に直面，国内ナンバーワンクラブの座もポルトに明け渡す格好になっている。（松戸）

暴動・暴力

1970年メキシコ・ワールドカップ予選の試合が原因とされるエルサルバドル・ホンジュラス間の戦争や，1985年欧州チャンピオンズカップでのリバプールとユベントスサポーターのブリュッセル大乱闘事件，1989年ヒルズブラ競技場のフーリガンの大乱闘事件，コロンビア・エスコバル選手射殺事件が代表的にあげられる。14世紀のイングランドでは，プレー中の死亡事故や試合結果の諍いによる暴力事件が起こっており，これを伝える史実が現存している。（北岡）

ホーム・アンド・アウェー方式

対戦する両チームが公平な条件で戦えるよう，それぞれの地元グラウンドで１試合ずつ対戦する方式のこと。リーグ（総当たり）戦はもちろん，カップ（勝ち抜き）戦でもこの方式により次ラウンドに進むチームを決めることが多い。一般に，ホームチームは慣れたピッチ条件や観衆の応援など，有利な

条件で戦うことができる。 （鈴木）

ポーランド

ドイツとロシアの間に位置する東欧のこの国は，出場5回のワールドカップで，1974年と1982年の3位をはじめ，1938年のワールドカップをのぞき1次リーグを突破している。この国では1970年代，1972年のミュンヘンオリンピックで優勝，1974年のワールドカップで，ポーランドきっての名プレーヤーと称されたヤジミエシ・ディナを擁し，3位決定戦でブラジルを破り3位となるなど，黄金期を迎えていた。しかし，1986年ワールドカップを最後に国際舞台から遠ざかっている。 （濱嶋）

ポール・ガスコイン(Paul Gascoigne)

1965年5月27日イングランド生まれ。小太りでかわいげのあるベビーフェイスという風貌とは裏腹な，繊細なパスとクリエイティブなゲームメークで人気を集めたMF。1976年ニューカッスルでデビュー後，1988年に当時最高額でトットナム・ホットスパーに移籍し，1990年イタリア・ワールドカップでのイングランド4位，1991年にはFAカップ優勝に貢献し，1992年ラツィオに移籍するもケガに泣かされる。スターゆえにグラウンド外での言動でも注目を集めた。 （上向）

補欠メンバー

サブ(Sub：Substitute)と表記され，スターティングメンバー11名以外でベンチに入る選手。この人数は7名のうち3名交代出場可能というのが一般的であるが，大会主催者の意向により5名まで交代出場可能な大会もある。 （上向）

ポストプレー

主に相手ゴール前で行われる壁パス(ワンツーパス)のボールの受け手側の動作のこと。主にセンターフォワードに位置するプレーヤーが，自分で突破するのではなく，時には相手のマークを引き連れておとりの動きをして，自らがターゲットとなり見方のパスを受け，ゴールにつながるチャンスを演出する。ディフェンスの技術が高度になった現代では，より重要度が増してきている。[8), 9), 10), 14)] （山口）

ボスマン判決

1995年6月，ベルギーのプロサッカー選手ジャンマルク・ボスマンがEU(欧州連合)司法裁判所に，欧州サッカー連盟（UEFA）とベルギー・サッカー協会を相手に「契約満了後も選手を拘束するサッカー界のルールが，プロ選手としての活動を妨害し，損害を与えた」として約1億円の損害賠償訴訟を起こした。EU司法裁判所は同年12月に最終判決を下し，ボスマンの主張を認めた。この〈ボスマン判決〉により，EU圏内のサッカー選手は契約満了後，移籍金をともなわずにほかのクラブに自由に移籍することができるようになり，従来の〈クラブの選手保有権〉と〈移籍金〉に関する考え方やルールが根本的に変わるきっかけとなった。 （鈴木）

ボビー・チャールトン
(Bobby Charlton)

古きよきフットボールの時代の象徴的名選手。1937年10月11日イングランド生まれ。ポジションMFまたはFW。マンチェスターU，プレストンでプレー。1963年FAカップ優勝，1966年ワールドカップ優勝，同年欧州最優秀選手受賞，1968年欧州チャンピオンズカップ優勝。左足から放たれる〈キャノンシュート〉を看板に，名門マンチェスターU，イングランド代表の主力として活躍した。代表106キャップ，49ゴール。マンチェスターU601試合，198ゴールを記録。 （羽後）

ボビー・ムーア
(Robert Frederick Chelsea Moore)

1941年4月12日イングランド生まれ。1993年2月24日没。代表出場108回を誇るイングランドサッカー史上最高のキャプテンと称されるセンターバック。ワールドカップには，1962年，1966年，1970年の3回出場。1966年大会では，抜群のキャプテンシーを発揮して自国開催を優勝で飾った。1993年に52歳の若さで亡くなり，イングランドの人びとは大いに悲しんだ。[5)] （山口）

ボランチ

1990年代になって急速に普及したMFのポジション名。それ以前は守備的MFと呼ばれていたポジションにほぼ該当する。ブラジルサッカーからの輸入語といわれ〈舵取り〉の意。従来の守備的MFが中盤の〈守備職人〉的だったのにくらべ，攻守のオーガナイズなどピッチ全体を統率する色合いが強い。ただ，従来型も含めてボランチと呼んでいるケースもあり，厳密な定義はない。 （羽後）

ボルシアMG
(Borussia Mönchengladbach)

正式には〈VfLボルシア・メンヘングランドバッハ〉といい，1900年創立のドイツにおける名門クラブ。ホームはボルシアのボケルベルク・シュタディオン。名将・故バイスバイラー監督のもと，ネッツァー，フォクツ，シモンセンなどを擁して徹底した攻撃サッカーを展開し，1969～70年シーズンにブンデスリーガ初制覇。翌シーズンも連覇，1974年から1977年シーズンには3連覇を達成。1975，1979年にはUEFAカップも制覇するなど1970年代の欧州を席巻した。1999年に2部へ陥落したが，2001～02年シーズンから1部へ復帰。[2)] （櫻井）

ポルトガル

協会創立1914年，FIFA加盟1926年。ワールドカップ出場2回，3位1回（1966年イングランド)。ポルトガルリーグは，18チームで争われる。国内カップ戦は，ポルトガル・カップ。スピードよりもテクニックを重視し，中盤のパス回しに華麗な面を見せる。1966年ワールドカップ得点王のエウゼビオや現在のルイ・コスタ，ルイス・フィーゴなど世界トップレベルのプレーヤーを輩出するも，これまでクラブ・代表ともにきわだった活躍は少ない。[4)] （櫻井）

ま行

マーク

対峙する相手プレーヤーが自由にプレーできないように，適切な距離を保ち注意するプレーのこと。現代サッカーでは，有効なスペースの争奪のために，ボールを保持していないプレーヤーとの距離のとり方や予測がますます大事になってきている。[8), 9), 10)]　（山口）

マッチコミッショナー

試合の公式立会人。マッチコミッサリーと呼ばれる場合もある。代表経験者，監督経験者，指導者資格保有者，１級審判経験者，学識経験者などが任命の基準。試合の運営全般を確認，監督するとともに，フェアプレーの精神に則り，選手のプレーぶりや審判の判定ぶりにも目を光らせる。　（羽後）

マリオ・ケンペス
(Mario Alberto Kempes)

1954年７月15日アルゼンチン生まれ。1978年に自国で開催されたワールドカップのウィナーにして得点王（６得点）。スペインのバレンシアでもプレーし，この間２度の得点王に輝いた。〈エル・マタドール(闘牛士)〉と呼ばれた彼のプレーの特徴は，大きなストライドのドリブルシュートにあった。その後はスペインやアルゼンチン，オーストリアのチームでキャリアを積んだ。[3), 5), 6)]　（山口）

マルコ・ファンバステン
(Marco Van Basten)

1964年10月31日オランダ生まれ。アヤックスで育ち，17歳でプロデビュー。1983～84年シーズンから４年連続でオランダリーグ得点王となり，翌年フリットとともにACミランに移籍。1988年欧州選手権では５得点をあげて得点王となり，優勝に貢献。ACミランではリーグ優勝４回，チャンピオンズカップ優勝３回，トヨタカップ優勝２回に加え，1988年，1989年，1992年と３度の欧州年間最優秀選手に選ばれた。しかし，天才もケガには勝てず1994年に復活することなく引退した。　（上向）

マンチェスター・ユナイテッド
(Manchester United)

イングランド・マンチェスターに本拠地を置き，設立は1878年。スタジアムはオールド・トラフォード（55,300人収容）。1950年代に黄金期を迎えていたこのチームは1958年，チャンピオンズカップの最中ミュンヘンでの飛行機事故で主力のほとんどを失う悲劇に見舞われる。しかし，10年後，〈赤い悪魔〉と恐れられたこのチームは，イングランド初の欧州チャンピオンとなる奇跡の復活を果たす。　（濱嶋）

マンツーマンディフェンス

特定の選手のマークを決めて守備をする戦術方法である。とくに，ボール保持者である相手選手へのプレッシャーが要求されるため，マークする者とされる者相互の能力の違いが影響する。これは，通常は〈マンマーキング〉と呼ばれ，ゾーン・ディフェンスと対比される。　（木幡）

ミア・ハム (Mia Hamm)

1972年３月17日アメリカ生まれ。ワシントン・フリーダム。FW。218キャップ，127得点(2000年度末現在)。15歳で代表入り，ずば抜けた身体能力と得点力を誇る。現在，男女を通じて国際試合世界最高得点記録を更新中。アメリカの女子サッカーを代表するスター選手で，〈ハムマニア〉という流行語をつくり，1999年女子ワールドカップ優勝の原動力となった。　（小林）

三浦知良

1967年２月26日静岡県生まれ。静岡学園高校を中退し，ブラジルのジュベントス（ユース）→キンゼ・デ・ジャヴー→サントスFC→SEマツバラ→CRB→キンゼ・デ・ジャヴー→コリチーバFC→サントスFCと渡り歩き，1990年より読売クラブ。1992～94年ヴェルディ川崎，1994～95年ジェノアに移籍し日本人はじめてのセリエAプレーヤーとして１得点をあげる。1995～99年ヴェルディ川崎，1999年NKディナモ・サブレブ，1999～2001年京都パープルサンガ，2001年からヴィッセル神戸。1990年に日本代表初選出。1992年にはダイナスティカップ，アジアカップ優勝に貢献，アジア年間最優秀選手に選出される。1993年Ｊリーグ初代MVP。　（澤井）

ミッシェル・エイカース
(Michelle Akers)

1966年２月１日アメリカ生まれ。FW・MF。アメリカ女子代表の伝説的プレーヤー。153キャップ，105得点。1991年第１回女子ワールドカップで10得点し，アメリカ代表を優勝に導いた。1993年慢性疲労免疫不全症候群と診断され，数か月寝たきりの生活を強いられながらも病と闘い，数度にわたる膝，腰の手術を経て，1999年ワールドカップ・アメリカ大会まで現役生活をつづけた。FIFA20世紀最優秀選手賞受賞。　（小林）

ミシェル・プラティニ
(Michael Platini)

1955年６月21日フランス生まれ。〈背番号10〉がまだピッチの上で〈将軍〉として振る舞えた時代の，欧州の代表的な〈10番〉。ポジションMF。ナンシー，サンテチエンヌ，ユベントスでプレー。1978年，1982年，1986年ワールドカップ出場，1984年欧州選手権優勝，セリエA得点王３度，1983年，1984年，1985年欧州最優秀選手。フランス代表72キャップ，41ゴール。1986年ワールドカップのブラジルとの激闘，トヨタカップの幻のゴールなど，記憶に残るシーンは数多く，天賦のスター性を備えていた。　（羽後）

ミュンヘンの悲劇

1958年２月６日，イングランドのマンチェスター・ユナイテッドを襲った飛行機事故。ベオグラードで欧州チャンピオンズカップを闘った帰路，給油のため立ち寄ったミュンヘンでチームが乗っていた飛行機が離陸に失敗。死亡者23人のうち８人の選手，２人のコーチを亡くした大事故だった。その後，生存者であるバスビー監督，ボビー・チャールトンはチー

ムを再建，10年後には悲願の欧州チャンピオンズカップ優勝を遂げた。[15]（櫻井）

メジャーリーグサッカー/MLS

1996年に開幕したアメリカのプロサッカーリーグ。開幕当初は10チームだったが，現在では西，中，東地区の計12チームで構成されている。3月から10月までの間に1チームあたり32試合行い，各地区2位までの6チームとワイルドカード2チームを加えた8チームによるプレーオフにより優勝を争う。ペレ，クライフ，ベッケンバウアーを獲得しながら失敗に終わった北米リーグの教訓を生かし，チーム数を安定させ運営されている。ストイチコフやバルデラマらも活躍している。（上向）

や行

ヤン・クーレマンス(Jan Ceulemans)

1957年2月28日ベルギー生まれ。ポジションFWまたはMF。1980年代のベルギーを代表する〈高速重戦車〉。代表96キャップ。1986年ワールドカップでは主将として4位躍進に導く。〈ヘラクレス〉とも呼ばれ，パワフルでスピーディな突破をみせるFWとして恐れられたが，晩年1990年ワールドカップにはMFとして登場。スピードの衰えを経験でカバーし，みごとモデルチェンジを果たした。サポーターからは〈ヤン〉の愛称で親しまれた。（羽後）

UEFAカップ

1958年にインターシティーズ・フェアーズ・カップとしてスタート。1971年にUEFAカップに改称するとともに，大会方式も変わった。各国トップリーグの上位チームによって争われるカップ戦として，1997年までは決勝戦までホーム・アンド・アウェー方式で行われていたが，翌年からは決勝のみ1試合で決着をつけることになった。1999年よりUEFAチャンピオンズリーグの大会方式が大幅に変更されたことにともない，UEFAカップウィナーズ・カップを吸収する形となり，こちらも大幅に大会方式が変わった。（長岡）

UEFAカップウィナーズ・カップ

1960年にUEFA加盟国の国内カップ戦優勝チームによって争われるカップ戦としてスタートした。国内カップ戦の優勝チームということで，ときどき2部リーグやそれ以下のリーグに所属するチームが出場することがあった。トップリーグではないチームにとって，唯一欧州のカップ戦に出場できる大会でもあった。1999年に，UEFAチャンピオンズリーグの大会方式が大幅に変更された影響で，大会そのものがUEFAカップに吸収されて，消滅することになってしまった。（長岡）

UEFAチャンピオンズリーグ(カップ)

フランス・レキップ紙のガブリエル・アノとジャック・フェランが発案した欧州クラブチャンピオン決定戦。1955年の第1回大会は16か国のクラブが参加し，レアル・マドリードが優勝。当初はトーナメント方式のカップ戦だったが，1992～93年シーズンから現在の名称となり，大会システムもグループリーグ方式へと変更された。参加枠は1997～98年シーズンに24，1999～2000年シーズンからは32チームと増大。現在,欧州でもっとも権威ある大会。[3]（櫻井）

ユニフォーム

チームの顔というべき存在が，ユニフォームである。選手は，シャツ，パンツ，ソックスを着用しなければいけない。対戦するチームは，見分けのつけられる色のユニフォームをそれぞれ着用しなければいけない。またゴールキーパーは，フィールドプレーヤーと別な色のユニフォームを着用しなければいけない。最近の傾向として，審判員のユニフォームがカラー化したこともあり，それまでは着用が許されなかった黒のユニフォームが着用できるようになった。（長岡）

ユベントス(Juventus)

イタリア・トリノを本拠地にチーム創立は1897年。スタジアムはデル・アルピ（69,041人収容)。スクデッド25回をはじめ，国内外40を超えるタイトルを獲得している。また「サッカーの世界に貴族社会があるなら，間違いなくその中に含まれるだろう」と評されるほど，フェアプレーの伝統を持つ。近年はプラティニ，R・バッジョ，ジダンらのスター選手が在籍していた。（濱嶋）

ユルゲン・クリンスマン

(Jurgen Klinsmann)

1964年7月30日ドイツ生まれ。1980年代末から1990年代にかけて，ドイツの栄光を担った〈ミレニアム・ファルコン（黄金時代の隼)〉。ポジションFW。バイエルン，インテル，トットナムなどでプレー。代表108キャップ，47ゴール。1990年，1994年，1998年ワールドカップ出場。17試合11ゴール。1990年ワールドカップ優勝。若き日はブロンドをなびかせて疾走する甘いマスクの〈アイドル系〉だったが，歳を重ねてにがみを加えた〈勝負師〉に変貌。貴重なゴールをもたらした。（羽後）

ヨハン・クライフ(Johan Cruijff)

1947年4月25日オランダ生まれ。クラブ歴＝アヤックス（オランダ）→バルセロナ（スペイン）→ロサンゼルス・アズテクス→ワシントン・ディプロマッツ（以上アメリカ）→レバンテ（スペイン）→アヤックス→フェイエノールト（オランダ）。1970年代前半，アヤックスとオランダ代表で〈トータルフットボール〉と呼ばれた革新的なサッカーの中心として活躍した天才プレーヤー。背番号14をつけ，〈スーパースター〉と呼ばれた。とくに1974年ワールドカップ西ドイツ大会でのプレーは世界中に衝撃を与え，オランダは優勝候補の筆頭といわれたが，決勝で西ドイツに敗れた。1973年よりスペインリーグのバルセロナでプレー。1978年アルゼンチン大会予選でオランダを本大会に導いたあと代表チームを引退。アメリカに渡り，北米リーグに参加。1981年の帰国後は，アヤックスとかつてライバルであったフェイエノールトの優勝に貢献し，1983年に現役を引退した。1987年，監督としてアヤックスを欧州カップウィナーズ・カップ優勝に導き，バルセロナ監督に。1992年欧州チャンピオンズカップ優勝。1990年から４年連続でスペインリーグ優勝を達成し，名将の仲間入りを果たした。 （鈴木）

4-3-3

1962年のワールドカップチリ大会でブラジルが導入したシステム。もともと従来の５トップ，WMシステムを４-2-４に変革したのが1958年ワールドカップのブラジルだった。このシステムはそのアレンジ型で，FWには，センターフォワードと左右のウィングを配置。MFを含め理論的攻撃人数といわれる６人を実現するため中盤の人数をふやし，攻守の振り分けがバランスよく行えるようになった。このシステムから中盤の重要性が評価され，世界の主流となっていった。 （櫻井）

4-4-2

現在，もっともオーソドックスなシステム。ゾーンディフェンスの概念ができてから中盤の人数をふやし，攻撃はスペースを活用するため，２トップとなった。DFは３人の後ろにスイーパー・リベロを置く形とフラットライン型がある。中盤はダイヤモンド型とフラット型，また４人を2-２とボックス的に配置するタイプがある。1990年代のACミラン，ユベントスがこのシステムで世界を席巻した。カウンター戦術にも合い，バランスがいいシステム。 （櫻井）

ら行

ライー
(Rai Souza Vieira de Oliveira, dit)

1965年５月15日ブラジル生まれ。1982年黄金のカルテットの１人であったソクラテスの実弟。1981年にデビューするも目立った活躍はなく，1987年サンパウロ移籍後，その才能は開花する。1989年，1991年，1992年サンパウロ州選手権，1992年，1993年リベルタドーレス杯，1992年トヨタカップと優勝に貢献し，1992年には南米年間最優秀選手にも選ばれている。1993年にはパリ・サンジェルマンに移籍しいくつかのタイトル獲得後，1998年にサンパウロ復帰。1994年ワールドカップ優勝時のキャプテンも務めた。 （上向）

ラウール・ゴンサーレス
(Raul Gonzalez Blanco)

1977年６月27日スペイン生まれ。レアル・マドリード所属。FW。17歳でデビュー後，スペイン代表として1996年にワールドユース，アトランタ・オリンピック出場。1998年フランス・ワールドカップはグループリーグで敗退するも，ナイジェリア戦のスーパーボレーで存在をアピール。1998年，2000年チャンピオンズリーグ制覇。1.5列目，ワントップもこなす万能型のアタッカー。抜群のポジショニングでゴールを量産。1998～99年，2000～01年シーズンのスペインリーグ得点王。[3] （櫻井）

ラグビー

イートン校を中心にウェストミンスター校やチャーターハウス校で協会式フットボールとして発足したサッカーに対し，ラグビー式フットボールは，ウォリックシャーのラグビー校で行われていた学校式フットボールが発達して近代スポーツとして体系化された。初期のカナダ式は14人で行われ，アメリカ式(アメフト)は，イートン校の影響を受け11人で行うとされた。エリス少年の伝説でも知られるラグビー・フットボールは1871年に協会が設立されている。 （北岡）

リーガ・エスパニョーラ

スペインで1928年にスタートしたリーグ。初年度は，10チームにて行われた。トップリーグは，プリメーラと呼ばれており，20チームで構成されている。下位４チームがセグンダAへ自動降格となっている。この国のリーグ戦の特色としては，レアル・マドリードとバルセロナの２チームが，つねに優勝争いの中心であることと，強豪チームは２軍チームを〈Bチーム〉でリーグ戦に参加させて，若手の選手たちに実戦経験を積ませながら育成していることだろう。 （長岡）

リバプール

イングランド・リバプールを本拠地として，1892年創立。スタジアムはアンフィールド・ロード(41,000人収容)。1960年代後半まで長期低迷するも，創立以来リーグ優勝18回など内外多数のタイトルを獲得。また，コップと呼ばれるサポーターが有名であるが，1989年，〈ザ・コップ〉と呼ばれる狭い立見席に彼らが殺到し95人以上が圧死するという〈ヒルズボロの悲劇〉の当事者となる。 （濱嶋）

リバープレート
(Club Atletico Riverplate)

1901年創立。同じブエノスアイレスのボカ・ジュニアーズと人気を二分するアルゼンチンの代表クラブ。〈ミジョナリオス（百万長者）〉と名づけられるとおり，大金を注いで実力選手を集め，各年代に多くのスター選手を輩出してきた。これまでに国内リーグ最多の25回の優勝を誇る。一方でリベルタドーレス杯では1986年にようやく初優勝，その年はトヨタカップも制し世界一に輝いた。リベルタドーレス杯には1996年にも優勝。 （松戸）

リンダ・メダレン (Linda Medaren)

1965年６月17日ノルウェー生まれ。FW・DF。1988年非公式の女子の世界大会を制覇。1993年から1997年まで日興證券ドリームレディース。1995年の第２回女子ワールドカップ・スウェーデン大会ノルウェーの優勝に貢献，世界最強のストライカーといわれた。1999年第２回女子ワールドカップ・アメリカ大会では，ディフェンダーに転向。2000年シドニー・オリンピックでは優勝を果たしている。 （小林）

ルイス・フィーゴ
(Luis Filipe Figo Madeira Caeiro)

1972年11月４日ポルトガル生まれ。レアル・マドリード所属。MF。1990年にスポルティング・

リスボンと契約。ポルトガルU-20代表として1991年ワールドユース優勝。1995年FCバルセロナに移籍し，1997年カップウィナーズ・カップ優勝，1997〜98年，1998〜99年シーズンにはスペインリーグ優勝に導く。2000〜01年シーズンにレアル・マドリードに移籍，リーグ優勝に貢献。2000年欧州最優秀選手。キレのあるドリブルからくり出すラストパス，シュートで攻撃を演出する。
(櫻井)

ルート・フリット (Rudd Gullit)

1962年9月1日オランダ生まれ。ファンバステン，ライカールトとともに〈オランダトリオ〉と呼ばれ，オランダ代表，ACミランで黄金時代を築いた。驚異的な身体能力と柔軟なボールテクニック，独特の風貌とカリスマ性を備え，さまざまなポジションをこなす。ハーレム，フェイエノールト，PSV，ACミラン，サンプドリア，チェルシーと渡り歩き，1987年には欧州年間最優秀選手賞受賞を筆頭にワールドカップ以外のタイトルをほぼ獲得している。(上向)

ルーマニア

バルカン半島に位置するこの国は，ワールドカップ出場7回のうち1990年以降は3大会連続してベスト16以上に入り，とくに1994年のアメリカ大会では，〈東欧のマラドーナ〉と呼ばれたゲオルゲ・ハジの活躍もあり，ベスト8という過去最高の成績をおさめる。また，国内のクラブチームもステアウア・ブカレストが1986年のチャンピオンズカップで優勝するなど，そのテクニックは世界でも一流であることが証明されている。
(濱嶋)

レアル・マドリード (Real Madrid)

スペイン・マドリードを本拠地に1902年創立。1950年代半ばには，欧州チャンピオンズカップを5連覇するなど当時のレアルに対抗できるチームは世界にもほとんどなかったといわれる。リーグ最多の28回の優勝を誇り，近年は，FCバルセロナと覇権を争う。そのライバル心はグラウンド外にも飛び火しており，選手獲得でも激化。そんななかで，つねにトップレベルを維持している。
(濱嶋)

レイモンド・コパ

(Raymond Kopaszewski)

1931年10月13日フランス生まれ。〈将軍〉プラティニの前には〈ナポレオン〉コパがいた。3位に輝いた1958年のワールドカップで，13ゴールをあげ得点王になったフォンテーヌの得点のほとんどをアシストしたことが示すように，中盤でのコンダクターとしての才能はなみはずれていた。レアル・マドリードに在籍した3シーズンすべてにチャンピオンズカップ優勝を果たしている。1958年欧州年間最優秀選手。[5)]
(山口)

レガ・カルチョ・セリエA

イタリアで1898年にスタートしたが，そのときの参加チームは，なんとわずか4チームしかなかった。〈セリエ〉は，ディヴィジョンと同じ意味であり，サッカーだけでなくリーグ戦が行われている他の競技でも使用されている。トップリーグであるセリエAは，18チームで構成されていて，下位4チームがセリエBへ自動降格することになっている。ただし，このリーグの特徴として，勝ち点が並んだ場合には，普通は〈得失点差〉や〈当該チーム間の試合結果〉などで順位決定するが，ここでは改めて〈決定戦〉を行って決定することになっている。
(長岡)

レッドスター・ベオグラード

(Redstar Belgrade)

ユーゴスラビアの首都ベオグラードを本拠地に1945年チーム創立。ホームスタジアムはマラカナ(96,800人収容)。リーグ優勝20回，カップ戦16回優勝の実績が示す強さは，国内だけにとどまらず，1991年には，欧州チャンピオンズカップを初制覇。トヨタカップでもチリのコロコロを3－0で破って初優勝を飾るなど，欧州屈指のトップクラブである。
(濱嶋)

レフェリー

主審のことである。主審は，競技規則を施行し，主審と副審および第4の審判員がいる場合はそれらの審判員と協力して試合をコントロールする。プレーに関する事実についての主審の決定は最終のものである。ただし，プレー再開前に下した決定に正しくないことに気づいたとき，または主審の判断によって副審の助言を採用したとき，その決定を変えることができる。
(木幡)

レフ・ヤシン (Lev Iwanovic Yashin)

1929年10月22日－1990年3月20日。ソビエト。20世紀のベストゴールキーパーの1人で，第1回の欧州選手権優勝，1966年のワールドカップベスト4などソ連の黄金時代を象徴するフットボーラー。黒づくめのユニフォームを身にまとい，ダイナミックなセーブを見せるヤシンには〈黒クモ〉のあだ名がつけられた。長年ディナモ・モスクワでプレーし，1963年には，ゴールキーパーとして唯一の欧州年間最優秀選手に選ばれている。[5)]
(山口)

ローター・マテウス

(Lothar Matthaus)

1980〜90年代版〈ドイツの魂〉。1961年3月21日生まれ。ボルシアMG，バイエルン・ミュンヘン，インテル・ミラノなどでプレー。1982〜1998年のワールドカップ5大会連続出場，通算25試合出場。代表124キャップ。1990年ワールドカップ優勝。ブンデスリーガ優勝6回，セリエA優勝1回などタイトル多数。華麗さとか創造性とは無縁ながら，精力的で攻守のツボを心得たプレー，強烈なパーソナリティは賞賛された。
(羽後)

ロサンゼルス宣言

1999年7月女子ワールドカップ・アメリカ大会の際のシンポジウムでFIFAが出した女子サッカー振興を呼びかける宣言。FIFAが各国サッカー協会に対して，女子サッカーの普及・振興に積極的にかかわっていくように促したもの。2003年までに女子サッカー選手の登録人口を男子の10%にふやすこと，意思決定機関の委員の1割は女性にすることなど，具

体的な内容が盛り込まれている。（小林）

ロシア

旧ソ連時代から現在も含めて，この国のサッカーを表現するときには〈眠れる巨人〉という言葉が用いられる。他のスポーツではつねにトップを争ってきたこの国も，サッカーではトップに立てずにいる。欧州選手権では1960年の優勝，1964年，1988年の準優勝，オリンピックでは1956年の優勝などの成績をおさめているが，ワールドカップでは1966年大会〈黒クモ〉と称されたGKヤシンを擁して4位になったのが最高と，巨人は未だ目覚めていない。（濱嶋）

ロジェ・ミラ (Roger Milla)

1952年5月20日カメルーン生まれ。FW。1976年バランシアンヌ入団以来，ASモナコ，サンテチエンヌなどキャリアの大半をフランスで過ごす。世界的に有名となったのは，1990年ワールドカップ。当時38歳，ほぼ毎試合後半から出場し5試合で4得点，ベスト8進出の立役者となった。ゴール後の歓喜の踊り〈マコサ・ダンス〉はファンを魅了。1998年フランス・ワールドカップにも出場し，42歳での最年長出場・得点記録を持つ。1976年，1990年アフリカ年間最優秀選手。[3]（櫻井）

ロスタイム

競技中に発生した，負傷した選手の搬出とその治療，選手の交代，時間の浪費，その他の理由によって空費された時間。この時間は主審の判断により前半・後半それぞれの正規の時間に追加して競技がつづけられる。現在ではこの時間を客観的に示す目的で，予備審判が規定時間終了時に交代ボードを用いて主審から指示された時間を分単位で表示することができるようになっている。（上向）

ロナウド

(Ronaldo Luiz Nazario de Lima)

1976年9月22日ブラジル生まれ。FW。インテル・ミラノ所属。1991年にサンクリストバンで頭角を現し，クルゼイロ，PSVアイントホーフェン，バルセロナと所属したほとんどのチームで得点王となる。トップスピードにのると止められないドリブル，正確で破壊力溢れるシュートが武器。1999年膝の故障で戦列を離れたが，2001年に復帰。1994年，1998年ワールドカップ出場。1996年，1997年FIFA世界最優秀選手，1997年欧州最優秀選手。[14]（櫻井）

ロビング

相手ゴール前で待つ味方プレーヤーの左右の前方（相手のゴールライン近く）からのセンタリング，つまりマイナスの折り返しではなく，左右後方からのシュートに結びつく中長距離の緩く高いパス。かつてイングランドが得意とした。いわゆる〈放りこむ〉マイナスイメージとは別に，組織守備の高度に発達した現代サッカーでは，ベッカムの正確なキックに見られるような攻撃のバリエーションの1つとして重視されている。[9), 12)]（山口）

ロベルト・バッジオ

(Robert Baggio)

1967年2月18日イタリア生まれ。1994年のワールドカップ決勝でのPK失敗によって優勝を逃し一躍悲劇のヒーローとなった。その華麗なボールさばきは，見る者を興奮させずにはおかない。1990年代のイタリアが世界に誇るファンタジスタである。1998年大会でも活躍，2002年のワールドカップでの代表入りがもっとも注目されるプレーヤーの1人である。[5]（山口）

ロベルト・リベリーノ

(Roberto Rivelino)

1946年1月1日ブラジル生まれ。クラブ歴＝コリンチャンス→フルミネンセ(以上ブラジル)→アルヒラル(サウジアラビア)。代表Aマッチ94試合(96試合説もあり)，26ゴール。1970年ワールドカップ・メキシコ大会のブラジル優勝メンバー。左サイドの深い位置から攻め上がり，左足による絶妙なクロスと強烈なシュートでチームの起爆剤となった。ペレ引退後のブラジル代表の10番として1974年，1978年のワールドカップでも活躍。壁の間を抜く正確なFKやキックオフ直後の隙を狙って決めたゴールなど，数多くの印象的なプレーを残した。（鈴木）

ロマーリオ

(Romario de souza Faria, dit)

1966年1月29日ブラジル生まれ。FW。バスコ・ダ・ガマ所属。1985年にバスコ・ダ・ガマと契約。その後，オランダのPSVアイントホーフェン，バルセロナなどを経て，ブラジルに帰国。1988年ソウル・オリンピックほか，所属した国すべてのリーグ得点王に輝く。1990年ワールドカップ出場，1994年には5得点で優勝に大きく貢献，大会MVPを受賞。168cmと小柄ながら，〈魔法使い〉と表現される俊敏な動きと細かいステップでペナルティエリアに侵入，GKの届かない場所へ流し込むゴールが特徴。2000年10月には34歳で代表復帰を果たした。[3]（櫻井）

ロングスロー

手で投げ入れるスローインのことであり，遠投のことを意味する。とくに相手ゴール前にボールを投げ入れることでフリーキックやコーナーキックと同様にフォーメーション攻撃が可能になる。このロングスローのできる選手がいることにより得点の可能性が高くなる。ロングスローをするためには，腹筋力や背筋力，肩関節の柔軟性などをトレーニングすることが必要になってくる。（木幡）

わ行

ワールドカップ開催国

FIFA第3代会長ジュール・リメの努力により，1930年に第1回ワールドカップが南米ウルグアイで開催された。第2次世界大戦中に一時中断したが，1950年ブラジル大会から再開され，1998年フランス大会まで，北・中・南米大陸と欧州大陸から交互に開催国が選ばれてきた。FIFAはワールドカップ本大会を〈1国内〉で開催すると規定していたが，2002

年大会を韓国と日本の共同開催と決定したことにより，自ら規定を破った。

ワールドカップ開催国と優勝国

第1回(1930)
ウルグアイ(ウルグアイ)
第2回(1934)
イタリア(イタリア)
第3回(1938)
フランス(イタリア)
第4回(1950)
ブラジル(ウルグアイ)
第5回(1954)
スイス(西ドイツ)
第6回(1958)
スウェーデン(ブラジル)
第7回(1962)
チリ(ブラジル)
第8回(1966)
イングランド(イングランド)
第9回(1970)
メキシコ(ブラジル)
第10回(1974)
西ドイツ(西ドイツ)
第11回(1978)
アルゼンチン(アルゼンチン)
第12回(1982)
スペイン(イタリア)
第13回(1986)
メキシコ(アルゼンチン)
第14回(1990)
イタリア(西ドイツ)
第15回(1994)
アメリカ(ブラジル)
第16回(1998)
フランス(フランス)　(鈴木)

ワールドカップ優勝国

1930年の第1回大会優勝国は地元ウルグアイだった。以後，第16回の1998年フランス大会までの優勝国(回数)は，ブラジル(4回)，イタリア(3回)，西ドイツ(3回)，ウルグアイ(2回)，アルゼンチン(2回)，イングランド(1回)，フランス(1回)の7か国にすぎない。全16回のうち，開催国の優勝は6回，北・中・南米大陸と欧州大陸に分けると，反対側の大陸の大会で優勝したのは1958年スウェーデン大会のブラジルのみ。ワールドカップにおいても〈ホーム有利〉は動かしがたい事実だ。　(鈴木)

【参考文献】

1)『電通100年史』
2)『Sports Graphic Number PLUS サッカー百年の記憶』，文藝春秋，1999年.
3)「サッカーダイジェスト創刊20周年記念 THE GREAT 100」，日本スポーツ企画出版社，2000年.
4)『逆説のワールドカップ インサイドストーリー』，日本スポーツ企画出版社，2001年.
5)『ワールドサッカー20世紀スタープレーヤー名鑑』，ベースボールマガジン社.
6)『ストライカー100』，日本スポーツ企画出版社
7) Raoul R.D. Oudejans et al.,『Errors in judging 'offside' in football-Optical trickery canundermine the assistant referee's view of this ruling』, 2000.
8)『最新スポーツ大事典』，大修館書店，1987年.
9)『スポーツ用語辞典　改定新版』，成美堂出版
10)『スポーツ用語事典』，ぎょうせい
11)『サッカーマルチ大辞典』，ベースボールマガジン社
12) 松村明監修，『増補大辞泉』
13)『Sports Graphic Number PLUS 世界戦記2002』，文藝春秋，2001年.
14)『スポーツ20世紀』，vol.1 サッカー英雄たちの世紀，ベースボールマガジン社，2000年.
15)『スポーツ20世紀』vol.6 サッカー名勝負の記憶，ベースボールマガジン社，2000年.

【執筆者】

上向貫志
羽後燦樹
北岡真幸
小林美由紀
木幡日出男
櫻井徹也
澤井和彦
鈴木崇正
高橋義雄
長岡　茂
濱嶋優徳
松戸宏輔
安松幹展
矢野英典
山口秀也

サッカー史年表

年度	世界のサッカー史	日本のサッカー史
1863年	The Football Association (FA) 設立。	
1904年	国際サッカー連盟 (FIFA) 創設。初代会長にロベール・ゲラン就任。	
1908年	オリンピック・ロンドン大会でサッカー正式種目となる。優勝は英国。	
1916年	南米サッカー連盟 (CONMEBOL) 設立され，南米選手権はじまる。	
1917年		5月　第3回極東選手権で日本代表初の公式国際対外試合（対中華民国），0－5で敗れる。
1919年		3月　イングランドFAより銀杯寄贈される。
1920年	イングランドFIFA脱退。	
1921年	ジュール・リメFIFA第3代会長に就任。	9月　大日本蹴球協会設立される。初代会長に今村次吉就任。 11月　天皇杯全日本選手権の第1回大会である〈ア式蹴球全国優勝競技会〉開催される。
1925年		3月　大日本蹴球協会が日本体育協会に加盟。
1927年		8月　第8回極東大会でフィリピンを下して日本代表国際試合初勝利。 全国に9支部設置決定。北海道，東北，東京，名古屋，京阪，兵庫，広島，九州，朝鮮。
1929年		5月　国際サッカー連盟(FIFA)に加盟。 9支部を10支部に改組。東京を関東に，名古屋を東海と北陸の2支部に分け，広島を中国に改称(1931年)。
1930年	第1回ワールドカップ開催。優勝は開催国ウルグアイ。	
1931年		6月　協会旗章〈3本足の烏〉制定。 10月　協会機関誌『蹴球』創刊。 京阪，兵庫の2支部を関西協会に昇格，関東，東海も協会に昇格，3地方協会，6支部になる。
1934年	第2回ワールドカップ・イタリア大会，優勝はイタリア。	
1935年		4月　第2代目会長に深尾隆太郎就任。
1936年		8月　ベルリン・オリンピック出場。優勝候補のスウェーデンを破る〈ベルリンの奇跡〉，ベスト8進出。
1938年	第3回ワールドカップ・フランス大会，優勝はイタリア。	

年度	世界のサッカー史	日本のサッカー史
1946年	英国４協会，FIFA復帰。	
1947年		４月　第３代会長に高橋龍太郎就任。
1950年	第４回ワールドカップ・ブラジル大会，優勝はウルグアイ。	９月　国際サッカー連盟(FIFA)に復帰。
1951年	第１回アジア大会がニューデリーで開かれ，サッカーはインドが優勝。	３月　第１回アジア大会で日本サッカーチームは３位。 ５月　全日本選手権優勝チーム（慶応BRB）が初の天皇杯を獲得。 11月　戦後初の欧州チーム，ヘルシングボリ（スウェーデン）来日。
1953年		８月　学生選抜を西ドイツで開催の国際大学スポーツ週間（後のユニバーシアード）に派遣。10か国中４位。
1954年	第５回ワールドカップ・スイス大会，優勝は西ドイツ。 アジア・サッカー連盟（AFC），欧州サッカー連盟（UEFA）創設される。	３月　ワールドカップ地域予選初出場。韓国に１分け１敗で本大会へ進めず。 10月　アジア・サッカー連盟（AFC）に加盟。
1955年	欧州チャンピオンズカップ（現・欧州チャンピオンズリーグ），欧州インターシティーズ・フェアーズカップ（現・UEFAカップ）はじまる。	４月　第４代会長に野津謙就任。
1956年	アフリカ・サッカー連盟（CAF）設立。 第１回アジアカップ香港で開催。優勝は韓国。	11月　20年ぶりにオリンピック出場するが，１回戦敗退。
1957年	アフリカ・ネーションズカップはじまる。	
1958年	第６回ワールドカップ・スウェーデン大会，優勝はブラジル。	５－６月　東京でアジア大会開催。日本サッカーはグループリーグで敗退。 ５月　市田左右一JFA理事が日本初のFIFA理事に就任。
1960年	南米クラブ選手権はじまる。 欧州カップウィナーズ・カップはじまる。 インターコンチネンタル杯（後のトヨタカップ）はじまる。	５月　古河電工が実業団初の天皇杯獲得。 10月　西ドイツからデットマール・クラマーがコーチとして来日。 11月　ワールドカップ予選で日本のスポーツチームとして初の訪韓。
1961年	北中米カリブ・サッカー連盟（CONCACAF）設立。	
1962年	第７回ワールドカップ・チリ大会，ブラジルが２連覇達成。	
1963年	西ドイツでブンデスリーガ誕生。	８月　ムルデカ大会で初の準優勝。 10月　西ドイツ・アマチームに国内で欧州チームに初勝利。
1964年		10月　東京オリンピックでベスト８に。強豪アルゼンチンを破る快挙。
1965年		４－５月　首都圏でアジアユース選手権開催。 ６月　日本リーグ（JSL）発足。

年度	世界のサッカー史	日本のサッカー史
1966年	第8回ワールドカップ・イングランド大会，優勝はイングランド。 オセアニア・サッカー連盟（CFC）設立。	12月　バンコクのアジア大会で過去最高位の3位入賞。
1967年	アジア・クラブ選手権はじまる。	9－10月　メキシコ・オリンピック予選東京で開催。日本は首位を占め本大会出場権獲得。
1968年	北米サッカーリーグ（NASL）発足。	10月　メキシコ・オリンピックで日本3位に，フェアプレー賞も受賞。
1969年	ワールドカップ予選結果をめぐり，ホンジュラスとエルサルバドルが戦争に突入（サッカー戦争）。	3月　ユネスコの1968年度フェアプレー賞，日本のメキシコ・オリンピック銅メダルチームに。 4月　野津謙JFA会長（AFC副会長）がFIFA理事に。日本からの理事は2人目。 7－10月　第1回FIFAコーチング・スクール開校。
1970年	第9回ワールドカップ・メキシコ大会，ブラジル3度目の優勝でジュール・リメ杯を永久所持。	
1971年	フェアーズカップは，UEFAカップに改称。	4－5月　第13回アジアユース選手権，首都圏開催。
1974年	第10回ワールドカップ・西ドイツ大会，優勝は西ドイツ。 アベランジェ（ブラジル）が第7代FIFA会長に就任。	3－4月　マラハリム・カップで23歳以下の日本ジュニア代表が初優勝。 8月　財団法人認可。〈日本サッカー協会〉と改称。
1976年	FIFAがアパルトヘイトの南アフリカを追放。	4月　第5代会長に平井富三郎就任。
1977年	第1回ワールドユース選手権（U－20）チュニジアで開催。優勝はソ連。 ペレの引退試合行われる。	9月　日本代表対ニューヨーク・コスモス戦でペレと釜本の引退試合。 10月　古河電工の奥寺康彦が日本人プロ第1号として1FCケルン入り。
1978年	第11回ワールドカップ・アルゼンチン大会，優勝はアルゼンチン。	1月　FIFAは1979年の第2回ワールドユース選手権開催地に日本を正式決定。 5月　ジャパンカップ（後のキリンカップ）はじまる。
1979年		3月　日本女子サッカー連盟発足。 8－9月　第2回ワールドユース選手権を日本で開催。アルゼンチンが優勝，マラドーナMVPに輝く。
1981年		2月　第1回トヨタカップ開催。 6月　日本女子代表，第4回アジアカップに出場，初の代表海外派遣。
1982年	第12回ワールドカップ・スペイン大会，イタリアが3度目の優勝。	
1983年	韓国でスーパーリーグが発足。 ジュール・リメ杯がブラジル連盟事務所から盗まれる。	

年度	世界のサッカー史	日本のサッカー史
1984年	北米サッカーリーグ（NASL）消滅	
1985年	第１回U-16世界選手権中国で開催される。初代チャンピオンはナイジェリア。	8－9月　ユニバーシアード神戸大会，サッカー正式種目として実施，日本４位。
1986年	第13回ワールドカップ・メキシコ大会，優勝はアルゼンチン。	12月　古河電工が第６回アジア・クラブ選手権で初優勝。
1987年		4月　第６代会長に藤田静夫，名誉総裁に高円宮殿下就任。
1988年		1月　読売クラブが古河電工につづきアジア・チャンピオンに。 5－6月　JSL若手編成の日本代表がマラハリム・カップで優勝。
1989年	第１回FIFAフットサル世界選手権オランダで開催，ブラジルが初代チャンピオンに。	9月　日本女子リーグ開始（1994年にLリーグと改称）。
1990年	第14回ワールドカップ・イタリア大会，西ドイツが３度目の優勝。 第１回アジア・カップウィナーズ選手権開催される。	8－9月　第１回全日本ユース選手権開催。 9－10月　北京アジア大会女子で日本銀メダル獲得。
1991年	第１回女子ワールドカップ中国で開催される。優勝はアメリカ。	2月　1993年春スタートのプロリーグ10チーム決定。 3月　プロリーグ設立準備室発足。 6月　2002年ワールドカップ日本招致委員会設立。 7月　新リーグの名称〈日本プロサッカーリーグ〉（Jリーグ）と決定。 11月　〈社団法人・日本プロサッカーリーグ〉設立。
1992年	第１回FIFAコンフェデレーションズカップ開催される。優勝はアルゼンチン。 南アフリカFIFA復帰。	2月　日産自動車が第2回アジア・カップウィナーズ選手権で初優勝。 3月　読売クラブの優勝で〈日本リーグ〉閉幕。 ハンス・オフト初めての外国人日本代表監督に就任。 5月　第７代会長に島田秀夫就任。 8月　北京での第２回ダイナスティカップで日本初優勝。 9－11月　Jリーグ初の公式大会〈ナビスコカップ〉，ヴェルディ川崎優勝。 10－11月　第10回アジアカップ広島大会で日本初優勝。
1993年		4月　横浜マリノスが第３回アジア・カップウィナーズ選手権で２連覇。 5月　日本ではじめてのプロサッカーリーグ，Jリーグ開幕。 8－9月　第５回U-17世界選手権を日本で開催。日本準々決勝で敗れる。ナイジェリアが２回目の優勝。 10月　日本代表がアジア・アフリカ選手権でコートジボワールを下し初優勝。カタールでのワールドカップ・アメリカ大会アジア最終予選で日本出場権逸す。
1994年	第15回ワールドカップ・アメリカ大会，ブラジルが最多４度目の優勝。	5月　クアラルンプールでのAFC総会でアジア選出のFIFA副会長選挙で村田忠男日本協会副会長が落選，韓国協会の鄭夢準会長が当選。 第8代会長に長沼健副会長が就任。 9月　第29回アジアユース選手権で日本２位となり，ワールドユースへの出場権を獲得。 10月　広島アジア大会でウズベキスタン初優勝。女子は中国２連

年度	世界のサッカー史	日本のサッカー史
		覇，日本2位となり，1995年の第2回世界選手権への出場権獲得。 12月　AFC40周年記念表彰式で日本がフェアプレー賞受賞。
1995年	アジア・スーパーカップはじまる。 ボスマン判決によりEU加盟国間の選手移動自由化。	1月　横浜フリューゲルスが第5回アジア・カップウィナーズ選手権で初優勝。 2月　日本，香港でのダイナスティカップで2連覇。 6月　日本女子代表が第2回女子世界選手権でベスト8に入り，1996年アトランタ・オリンピック出場権獲得。AFCが6月から新設した月間表彰の最優秀チーム賞に日本オリンピック代表選ばれる。日本協会は〈フェアプレー賞〉を設けることを決定。 7月　1996年度から天皇杯の地域大会を廃止，各都道府県選手権兼予選とすることを決定。クラブユースや高校の参加も認める。 8月　阪神・淡路大震災チャリティFIFAオールスターマッチ開催。横浜フリューゲルスが第1回アジアスーパーカップの初代チャンピオンに。 9月　ユニバーシアード福岡大会で日本初優勝。 12月　ベルマーレ平塚が第6回アジア・カップウィナーズ選手権で初優勝。
1996年	アメリカでメジャーリーグ・サッカー（MSL）開幕。 2002年ワールドカップ日韓共催決定。	2月　第1回フットサル全日本選手権開催，全国9地域代表が出場。AFCの2月最優秀チーム賞に日本代表選ばれる。 3月　23歳以下代表がアトランタ・オリンピック出場権を獲得。 7月　オリンピック大会でブラジルを破る〈マイアミの奇跡〉を起こすも，8強入りならず。 12月　ワールドカップ国内開催地10自治体決定。
1997年		11月　ワールドカップ第3代表決定戦でイランを破り本大会出場権を獲得。
1998年	第16回ワールドカップ・フランス大会，優勝はフランス。 ジョセフ・ブラッター（スイス）が第8代FIFA会長に就任。	6－7月　ワールドカップ初出場の日本は，3戦全敗でグループリーグ敗退。 9月　フィリップ・トルシエ（フランス）日本代表監督に就任。
1999年		4月　ワールドユース選手権（U－20）で日本代表が準優勝。 11月　シドニー・オリンピックのアジア予選を突破し，本大会出場権を獲得。 ジュビロ磐田アジア・スパーカップで優勝し，第2回クラブ世界選手権の出場権を得るが，同大会は中止。
2000年	FIFAクラブ世界選手権開催される。	4月　清水エスパルス，アジアカップ・ウィナーズ選手権を獲得。 9月　オリンピックで1次リーグを突破するが，準々決勝でPK戦の末アメリカに敗退。 10月　第12回アジアカップ・レバノン大会で2度目の優勝を飾る。
2001年		1月　鹿島アントラーズは2度目の天皇杯を獲得し，リーグ戦，ヤマザキナビスコ・カップと初の3冠を獲得。 3月　スポーツ振興くじ（サッカーくじ）〈toto〉開始される。 5－6月　コンフェデレーションズカップ，日本・韓国で開催，優勝はフランス，日本2位。 8月　ユニバーシアード北京大会で日本2度目の優勝。

●編集委員
浅見俊雄(日本サッカー協会特任理事，国立スポーツ科学センター長)
牛木素吉郎(日本サッカーライターズ協議会々長)
鈴木武士(スポーツライター)
大住良之(サッカージャーナリスト)
戸苅晴彦(日本サッカー協会科学研究グループリーダー)
豊島吉博(日本サッカー協会理事，事務局長)
田嶋幸三(日本サッカー協会技術委員会委員，U-20代表監督)
小野　剛(日本サッカー協会ナショナルコーチングスタッフ)
高橋義雄(名古屋大学総合保健体育科学センター専任講師)

●執筆者(50音順)
青木浩人(日本サッカー協会医学委員会委員長)
浅見俊雄
石川　聡(サッカージャーナリスト)
岩崎龍一(スポーツライター)
牛木素吉郎
大住良之
大塚孝史(共同通信社運動部)
小野　剛
賀川　浩(スポーツライター)
川村伸和(共同通信社大阪運動部)
木ノ原久美(ジャパンタイムズ運動部)
康　熙奉(作家)
後藤健生(サッカージャーナリスト)
財徳健治(東京新聞運動部長)
榮　隆男(日本サッカー協会フットサル委員長)
塩見要次郎(読売新聞運動部)
杉山　茂(スポーツプロデューサー)
鈴木武士
薗部和弘(時事通信社パリ特派員)
竹内　浩(共同通信社運動部)
武智幸徳(日本経済新聞運動部次長)
田村修一(フットボールアナリスト)
戸苅晴彦
永嶋正俊(日本サッカー協会参与)
名取裕樹(共同通信社運動部次長)
平野　史(フリーランスライター)
柳原英児(日本サッカー協会特任理事)
[編集協力]　鹿島　修/持丸和夫/中島克美

●用語解説執筆者
上向貫志(武蔵大学助教授)
羽後燦樹(フリーライター)
北岡真幸(IT未来創造研究所代表)
小林美由紀(スポーツ翻訳・通訳)
木幡日出男(東京成徳大学助教授)
櫻井徹也(ライター)
澤井和彦(東京大学助手)
鈴木崇正(編集者)
高橋義雄(名古屋大学講師)
長岡　茂(JAWOC茨城)
濱嶋優徳(名古屋大学大学院)
松戸宏輔(スポーツ新聞社)
安松幹展(立教大学講師)
矢野英典(日本ジャーナリスト会議会員)
山口秀也(フリーライター)

[写真提供]
Photo Kishimoto/ユニフォトプレス/Actionimages/New Sport/Mag Photo/Y. Koike/Bongarts/共同通信社/鹿島　修/大韓蹴球協会/小野　剛/吉田文久/榮　隆男

[写真出典]
『アサヒ・スポーツ』朝日新聞社
『日本サッカーの歩み』講談社
『天皇杯65年史』日本サッカー協会
『最新スポーツ大事典』大修館書店
"Football History Laws of the Game Referees" FIFA

最新 **サッカー百科大事典**

◎初版第1刷　2002年4月1日

◎編集……………………………………(財)日本サッカー協会/日本サッカーライターズ協議会
◎発行者…………………………………鈴木一行
◎発行所…………………………………株式会社 大修館書店
〒101 東京都千代田区神田錦町3-24
電話　03-3295-6231(販売部)／03-3294-2358(編集部)
振替　00190-7-40504
[出版情報]　http://www.taishukan.co.jp

◎装丁・本文デザイン ……………………中村友和(ROVARIS)
◎印刷・製本 ……………………………図書印刷

ISBN 4-469-06216-2　Printed in Japan